KEY KOREA

성리소설의 미학 ①

홍길동전의 野性美

야성미

설성경

연세대학교 출판문화원

설성경

대구에서 태어나 연세대학교 문과대학 국어국문학과를 졸업하고, 같은 대학원에서 문학 석사 및 박사학위를 받았다. 순수학의 심화 위에서 응용학으로 확장하는 신국문학 운동의 개척자다. 연세대학교 인문과학연구소장, 국학연구원 원장, 강진다산실학연구원 원장, 남해유배문학관 명예관장을 역임하였고, 현재는 아시아문화연구원 이사장, 나손인문학연구실 대표이며, 연세대학교 명예교수다.
순수학 연구 이론을 토대로 「춘향전 특별전」을 비롯한 다양한 응용학을 전개하여 학술의 대중화와 세계화에 힘쓰고 있는 현장 지향적 연구자다. 대표 저서로는 『구운몽의 비밀』, 『홍길동전의 비밀』, 『춘향전의 비밀』 등이 있다.

홍길동전의 야성미

2024년 12월 16일 1판 1쇄

지은이 설성경
펴낸곳 연세대학교 출판문화원
주소 서울특별시 서대문구 연세로 50
등록 1955년 10월 13일(제9-60호)
전화 02) 2123-3378~80
팩스 02) 2123-8673
전자우편 ysup@yonsei.ac.kr
홈페이지 http://press.yonsei.ac.kr
인쇄 (주)동국문화

ISBN 978-89-6850-901-8 (94810)
ISBN 978-89-6850-900-1 (세트)

값 60,000원

머리글

허균은 한국 역사에 특이한 인물이다. 역모의 주모자로 몰려 처형된, 그것도 능지처참이라는 참혹한 방법으로 죽음을 맞은 비운의 인물이다. 부친 허엽을 비롯한 허봉·허성의 형님들과 누나 허초희와 함께 한국사에서 한 가족이 5대 문장가로 평가되는 최고의 문장가 집안 출신이다. 그러나 광해군은 그를 역모로 처형한 다음, 괴물이라고까지 하였다. 또 허균에 의해 과거시험에 합격한 한문학의 대가 택당 이식은 그를 향해 '모반을 하다가 베임을 당했으니 이것은 귀머거리·벙어리가 되는 것보다 심한 응보였다.'라고 평하였다. 그럼에도 불구하고, 그의 명작 「홍길동전」의 주인공인 홍길동은 일제 암흑기부터 한국인의 대명사가 되었고, 지금도 여전히 온 국민이 사용하고 있다. 이런 현상을 외국인들은 전혀 이해할 수 없을 것이다. 하물며 그를 처형한 후, 괴물이라고까지 하였던 광해군은 그 후 5년 뒤에 일어난 인조반정에 의해 폐군주가 되었지만, 허균은 인조반정 후에도 신원 되지 않았다는 사실이 더욱 의아할 따름이다.

허균은 중국을 여섯 번이나 내왕한 외교통이며, 중국의 사신들까지도 그의 천재성을 인정한 대표적 문인이다. 그는 조선문화의 자존심을 드러내기 위하여, 중국 사신에게 신라부터 당대까지의 조선의 대표 시를 암송해서 들려주었고, 사신은 중국에 돌아가서 『조선시선』이라는 시집으로 출간하기도 하였다. 그 시집 중에 자신과 누이 허난설헌의 시에는 한시와 더불어 훈민정음을 병기함으로써, 조선이 자국의 문자가 있는 문화국임을 밝힌 실천적 애국 지성인이다.

허균은 최초의 한글소설인 「홍길동전」을 지은 명작가이다. 그의 소설

「홍길동전」의 주인공 홍길동은 고려말의 명장 홍징장군의 손자를 대표 모델로 하였다. 홍징은 무진참화에 처남인 염흥방이 연루되어 삼족이 피해를 입고 억울하게 처형당하게 되자, 멸문지화의 위기에서 그의 막내아들인 홍상직을 유모에 의해 겨우 피신시켜 생명을 보존시켰다. 세상에는 홍상직이 죽은 것으로 위장하고, 숨어 사는 도망자의 처지에서 홍길동을 낳았다. 홍길동은 장군의 손자이지만, 서얼의 신분으로 당시 국내에서는 활동할 수 없어, 멀리 유구의 최남단 지역에서 민중영웅으로 살다가, 후에 모반자로 몰려 정부군과 싸우다 전사했다. 허균은 이 홍길동을 지워진 역사에서 발굴하여 세상에 「홍길동전」으로 지어 알렸다. 어찌 보면 작가 허균은 정치가요, 최고의 문인이요 사상가로서의 그의 삶이 끝에 가서는 모반자로 몰려 비참하게 생을 마감하게 되었고, 자신이 역사에서 발굴한 실존 인물 홍길동의 삶도, 장군의 손자요, 유구의 민중영웅까지 되었지만, 끝에 가서는 모반의 주인공으로 정부군과 맞서 싸우다 전사한 역사 인물이고 보면, 작가 허균과 자신의 작품 속 주인공인 홍길동의 삶과 어느 정도 동일시 되는 것을 「홍길동전」을 통해 판단할 수가 있다.

「홍길동전」은 그동안 통속소설로 이해되어 왔으나, 필자의 평생에 걸친 연구 결과로는 한국 최초의 군주학 차원의 성리소설이다. 임진왜란이라는 전쟁과 모함과 당파성에 의한 옥사와 반정 등에서 벗어나는 성리 본원심의 회복과 아울러, 혼미한 난정 시대의 군주에게 유능한 인재의 발굴과 국방과 외교를 담당할 영웅적 존재의 등용을 모범적으로 제안하며, 성리학의 응용학으로 제시한 대안소설이다. 작가 허균은 홍길동이 비록 서출이지만 끝내 율도왕으로까지 나아가는 야성미 넘치는 영웅상을 국민들에게 소설로 제시함으로써, 문학을 통해 희망을 전했다. 이런 홍길동의 영웅적 삶과 비극적인 종말을 소설로 창작하여 역사 인물 홍길동을 신원시킨 것이 허균이라면, 필자는 허균의 비극적인 삶을 인문학적 차원에서 신원시키고자 50년에 걸친 연구자의 길을 걸어왔다. 마침내 한국인의 인내와 끈질긴 탐구정신이 허균의 「홍길동전」은 대중 통속소설을 넘어선 성리소설이라는 평가로 다시 살아났다. 허균은 「홍길동전」을 통해 서얼 허통과 민생 구제, 그리고 국방과 외교의 문제를 통합적으로 서술했다. 특히, 민생에 있어서는 빈궁의 원인이 된 탐관들과 사찰의 횡포를 바로잡고, 서얼차대의 부당성과 그 극복에서 생겨나는 힘의 결실로는 왜란의 참상을 성찰하여, 병조판서 율곡의 강병 정책의 중요성을 입증하듯, 조선의 병조판서 홍길동의 중국 진출과 율도국 정복 부분의 서술을 통해, 평화 유지와 강병부국에 대한 작가 허균의 혁신적인 발상을 제시하였다.

이 책은 작가의 방, 그리고 작품의 방을 상호 연계시켜 「홍길동전」 탄생의 비밀을 독자들이 이해하고, 이런 토대 위에서 「홍길동전」의 특징인 야성미를 고급 독자들이 향수할 수 있도록 구성한 저술이다. 이 방법은 필자가 개발한 인문학적 문예학의 연구방법인 광통학의 결실로서, 한국을 중심으로 한중일 3국의 동아시아 비교문학 차원에서, 한국문학의 작가적 정체성과 민족적인 독창성을 객관적으로 제시하고자 함이 목적이다. 이제 한국에서 개발된 광통학의 방법으로, 성리소설 「홍길동전」의 창작의 설계도를 복원해 냄으로써, 하나의 명작이 탄생하는 역사적인 과정과 작품의 주제와 미학을 탐색하는 고급 인문학의 향유 시대가 열리게 되었다. 작품의 주제와 미학을 탐색하는 과정에서 구미의 방식에 의지하던 시대를 벗어나 한국적 연구방법인 광통학이 동아시아를 넘어 세계문학, 나아가서는 세계 인문학의 지평을 확장하는 데에도 기여할 수 있기를 기대한다.

2024년 8월 15일

설 성 경

차 례

1

들머리

필자가 이 저술을 위하여 개발한 한국적 연구방법은 광통학이다. 이 문학 연구 방법은 성리소설의 특징인 철학과 역사를 융합하여 이면서사를 전개하는 지성적인 작품을 분석하는데 유용한 방법을 구하고자 평생을 천착하여 개발한 방법이다. 이 방법론의 기반이 되는 것은 주자 성리학 이후, 한국의 성리학적 사유체계가 구비하고 있는 동양적인 인문학에 근거한 대상의 현상을 분석하여, 본질적인 구조를 파악해 나가는 문학연구 방법이다. 문학 작품의 연구라는 이론적 배경이 학술의 분석 대상 텍스트의 작품이 일어나기 전에 먼저 갖추어졌다면 적절했겠지만, 한국 고전문학의 연구사로 볼 때, 이러한 연구 방법론에 대한 도전은 조동일교수의 『한국소설의 이론』을 제외하고는 아직은 나선 이가 없다. 이런 미개척 분야로 평가될 수 있는 현실 속에서, 한국적 방법론의 부재를 헤쳐나가려는 필자의 의지는 한국 고전소설 작품 연구에 실제로 광통학의 초기적 방법론을 적용하며, 작품을 작가론적인 측면을 전제로 해석해내는 방식의 개발로 이어졌다. 그 최소한의 결실이 이 저술로 이루어지기를 기대하면서 광통학의 방법을 기본으로 본격적인 논리를 전개하게 되었다. 그러므로 이 연구에서는 광통학의 방법이 현재의 한국 고전문학, 더 구체적으로는 17세기 성리소설의 본질을 이해하는 데, 국문학 연구의 이론적 실제로서의 효용성을 파악하는 사례가 될 수 있는 한국형 이론이 문학 연구의 인문학적 확장 연구에 얼마나 유용하게 적용될 수 있는지를 검증해보는 실천적인 연구 성과에 해당한다.

한국문학의 연구의 방법론으로 제시하는 광통학의 방법은, 인문학적 문예학 연구방법에 해당한다. 이런 광통학이 확립되는 데에는, 선학들의 학문 연구의 지향과 태도에서 받은 도움이 매우 컸다. 즉, 이어령교수의 기호론과 산여 박창해교수와 심재 한태동교수의 구조주의 분석 방법이 큰 밑바탕이 되었다. 이 외에도 융합적인 연구 방법의 가장 근본이 된 것은 고전문학 중에서도 나의 학문의 뿌리인 춘향전학을 이끌어 주신 서울대학교 출신 기호 학맥의 정신을 잇는 나손 김동욱교수와 성균관대학교 출신 영남 학맥의 정신을 잇는 연민 이가원교수의 학문정신이 비로소 나에게서 융합되어 춘향전 연구의 학문적 토대가 된 것이다.

김동욱교수는 홍성 출신으로 고려말 충신 상촌 김자수의 직손이고, 이가원교수는 안동 출신으로 퇴계 이황의 14대 손이다. 이들 두 분의 선생님은 1960년대 초에 연세대학교 국어국문학과에 교수로 초빙되었고, 필자는 1962년에 연세대학교 국어국문학과에 입학하여, 학부와 대학원 과정을 거치면서 두 선생님께 배웠고, 각각 지도교수와 석박사 논문 심사위원장을 맡아주시면서 춘향전 연구의 근본 토대를 닦아 주셨다.

광통학은 이런 환경에서 잉태되어 드디어 62학번이 다시 62년이 흘러, 새로 62학번이 된 올해, 고전 현대 통합 춘향전 1호 박사로서의 책임을 갖고, 한국적 연구방법론에 도전하여, 박사 이후 줄기차게 연구하여 개발한 광통학의 방법으로 한국 대표 고전소설의 연구 결과를 독자들과 향수자들 앞에 내놓게 되었다. 광통학의 방법으로 연구 분석한 허균의 「홍길동전」은 대중통속소설을 넘어서 성리학자가 쓴 응용 성리학에 해당하는 성리소설이며, 그 진면목을 야성미로 밝혀 독자들에게 제공하게 되어 보람을 느낀다. 이 방법은 구체적으로는 작품의 방, 그 외연에 놓인 작가의 방, 다시 그 2차적인 외연에 놓이는 연구자의 방이 3중의 중첩된 동심원을 이루는 형식을 전제로 한다. 이 방법은 3중 동심원 밖에서 독자 내지 문학 향수자들이 작품의 현상으로 제시된 표면서사의 내면에 은밀히 내장된 이면서사가 연계되어 있는 이중 내지 다중 서사구조를 분석해내는 방법이다. 그러기에 광통학 에서는 연구자의 역량에 따라 작가의 생각지도에 가장 가까이 근접하여 작품의 원초 창작 설계도를 복원하는 논증력이 중요하게 대두된다. 그러므로 광통학에서는 연구자의 역량에 따라 작가와 작품을 독자들에게 제공하는 수준이 달라질 수 있다고 판단된다.

이 연구에서는 『조선왕조실록』을 비롯한 관찬 자료와 개인 문집의 자료를 최대한 활용하면서, 작가가 성리철학자 출신의 조정 관료로서 보여주는 신하로서의 개성과 당파성, 그리고 당파성을 넘어서는 개인적인 언행과 성격의 실현을 포괄적이고 미세한 부분까지 점검하였다. 특히 철학과 역사의 융합으로 한 단계 더 심화시키는 지성적인 작가의 문학을 다룰 때는, 성리소설의 특성상 성리철학에 기반한 성리문학의 본질과 미학을 해석해내고 표현해내는 문학 연구의 인문학적 확장 방법인 광통학의 방법으로 구체적인 작품의 분석과 아울러 전후 시대 작품과의 상대적 상관관계까지 분석해내게 되었다.

허균의 「홍길동전」은 영웅의 일대기를 바탕으로 한 한글소설로서, 사회의 부조리를 척결하고 새로운 사회인 율도국을 건설한다는 이상적인 내용을 담고 있다. 또한 적서를 차별하는 신분 제도와 관료 사회의 비리 등 당대의 사회 현실을 소재로 하여 모순된 사회제도를 개혁하려는 혁명성과 서민 정신을 반영한 작품이다. 그동안의 연구에서는 「홍길동전」의 주인공 홍길동의 모델을 1500년에 체포된 연산군 때의 강도 홍길동으로 보았다. 그래서 『조선왕조실록』에 강도로 체포된 인물을 허균이 소설로 지으면서, 강도 홍길동을 의적으로 미화하여 영웅적 일대기로 그려낸 사회소설로 평가하였다. 그러면서도 강도 홍길동을 한국인의 대명사로 부르는 모순 내지 자가당착에 빠져 있음을 주목하지 않았다. 필자는 홍길동은 유구로 출국하여 그곳에서 민중의 영웅으로 활동하다 1500년에 전사하였으며, 홍길동의 조카들은 성종시대와 연산군 시대에 조정에서 주요 활동을 했던 인물임을 후속 작업에서 낱낱이 밝혀 출간까지 하였다. 작가 허균은 역사적 인물 홍길동만이 아니라, 병조판서 율곡, 그리고 허균 자신의 이념을 복합소재로 형상하여 소설 속 홍길동의 이면서사의 모델에 투사시켰다. 선행 연구에서는 서출 홍길동만을 부각시켰기 때문에, 국외에서 펼치는 조선 병조판서의 활약상을 간과하였고, 특히 율도왕이 되는 이야기를 상징적 사건으로 단순 해석해 왔다. 이 연구에서는 「홍길동전」의 확장지향의 서사와 단계별 활동상을 분석하여 해외에서 전개하는 율도왕 홍길동의 활약상이 내우외환을 극복하는 이념적 주제 제시에 있음을 증명하였다. 또, 「홍길동전」의 숨겨진 핵심에 해당하는 울동은 조선의 현실에서 일어난 내우외환의 근본문제를 직시하고, 그 해결방안을 은유적으로 제시한 것으로 판단했다. 「홍길동전」의 미학적 특질은 홍길동의 해외 진출 대목을 통해 구체적으로 드러난다. 즉, 조선 병조판서 홍길동의 중국 진출과 율도국 정벌의 행동 체계에서 확인되는 야성적인 성향으로 임진왜란에서 겪은 전쟁의 상처를 강력한 국방력을 드러내어 해한시키는 야성미로 파악했다.

이 연구에 대한 진정한 의미는 필자가 일생을 두고 천착했던 고전소설의 본질과 의미의 최종 결과물이라 할 수 있다. 지난 4백여 년 동안 통속소설에 가려져 있던 성리소설의 미학을 증명해내기 위해, 작가인 교산 허균과 그의 작품 「홍길동전」을 새로운 방법론까지 개발하여 인문학적으로 분석한 결과에 대한 대국민 보고서와도 같다. 조선시대에는 정치적으로 부정적인 대우를 받았지만, 그가 남긴 「홍길동전」은 그야말로 한글로 쓴 조선의 대표적인 첫 번째 성리소설이다. 그는 「홍길동전」을 통해 한국인의 나아갈 방향을 제시한 선구적 지성이요, 구국의 일념을 작품에 담아낸 애국자이다. 그러므로 필자는 이 연구를 통해 그의 신원과 복권에 기여하고자 한다.

2

「홍길동전」의 본질과 연구사에 대한 성찰

2-1. 「홍길동전」은 성리학 시대의 학자가 창작한 성리소설

(1) 「금오신화」의 정치 풍자 기법을 계승한 「홍길동전」

한국 소설의 역사, 조선조의 고전소설의 한 산맥은 동봉 김시습의 『금오신화』, 교산 허균의 「홍길동전」으로 이어진다. 윤춘년이 쓴 『매월당 선생집』과 율곡의 「김시습전」에 의하면 동봉 김시습은 생전에 젊었을 때의 모습과 늙었을 때의 모습을 두 점의 자화상으로 그렸다. 두 그림은 원래는 젊을 때의 모습과 늙은 때의 모습이었지만, 현재는 늙었을 때의 모습을 그린 초상화만 남아있다.

김시습은 스스로 그렸다는 자화상을 보고 읊은 「자사진찬[1]」에서 "이하를 내리깔아 보아 해동의 최고라고들 말하지. 격에 벗어난 이름과 헛된 명예 네게 어이 걸맞으랴. 네 몸은 아주 작고 네 말은 너무도 지각없구나. 너는 의당 네 몸을 구학 속에 두어야 하리."라 하였다. 그의 늙은 때의 모습을 전하는 초상화도 시간과 공간의 차이에 따라 구체적인 모습이 달라진다. 승려의 모자에 수염을 기른 것은 변하지 않지만, 염주나 복색에 있어서는 원래의 승려의 상징인 염주가 없거나, 유자의 복색으로 바뀌기도 한다.

정유재란 때인, 1597년 가을에 무량사는 병화를 입었다. 그러나 기자헌은 1620년 추정의 『매월당시 사유록』을 편집할 때에 찬한 「매월당시 사유록 후서」에서 "김시습이 손수 그린 화상이 홍산 무량사에 있는데, 1597 봄, 전쟁으로 화재를 입기 전에 이영윤이 모사해 주었다"고 하였다.[2] 그 후에, 1650년대는 무량사 원본을 정본으로 한 이징의 이모본이 그려져 무량사 경내 청

---

1) 자찬진사(自寫眞贊).

2) 설성경 · 최영, 『홍길동전 바로알기』, 나녹, 2019, 42쪽.

풍각에 안치되었다. 즉, 1658년에 홍산 수령 권흔의 주도로 청풍각이 무량사 밖 서원 옆으로 옮겨질 때 거기에 있던 초상화도 함께 봉안된다. 이는 김시습을 배향한 사당이 사찰 밖에 생겨나 유학자들 사이에 보다 본격적으로 추존되기 시작한 결과다. 이때 무량사 원본은 이징의 이모본과 함께 일단 무량사 밖으로 빠져나왔다가 사라지고, 무량사에는 김시습 자화상 원본 및 이모본이 전하지 않게 되었다. 그 후에 새롭게 유복 차림의 개모본이 그 자리를 대신한 것으로 추정된다. 이러한 사실은 유학자 박태보가 무량사의 유복본 초상화를 보고 「김동봉 화상찬」이란 찬문을 지을 때, 홍산 무량사 동봉화상은 이율곡이 일컬은 '동봉이 스스로 그렸음은 유학자의 옷차림이나 그 의중을 알 수 있다.'고 하였다. 『명재유고』에서는 무량사 경내에 동봉 김시습의 화상이 있는데, 동봉이 이 절에서 세상을 세상을 떠났을 때 남긴 것이라고 전한다.

다음의 글은 당시의 상황을 보다 더 구체적으로 보여준다.[3)]

> "지난 신유년(1621)에 죽서 심종직이 이곳의 수령이 되어 처음으로 하나의 전각을 건립하여 그 화상을 안치하였고, 수령 윤형각이 절의사(節義祠)라 이름하고, 청풍(淸風)이라 편액을 걸었습니다. 저희 종제 윤운거가 수령으로 왔을 때, 그 화상이 흐릿해져서 이름난 화사 이징을 불러 그 초상을 다시 모사하고 새롭게 꾸몄습니다. 그 후 1658년 10월 모일에 수령 권흔이 고을 선비 이복형 등과 그 청풍각을 향교 옆으로 옮기고, 화상을 모셔와서 걸고, 봄가을로 제사 지내기를 향현사처럼 하였습니다. (중략) 혹자는 말하기를 '초상의 모습이 중의 형상이니, 절에다 두는 것이 마땅하고 서원에 전각을 세우는 것은 옳지 않다'고 하는데, 저의 생각은 그렇지 않습니다. 율곡이 지은 전에 '심유적불(心儒迹佛)'이라는 네 글자로 그 평생을 논단하였다. 이런 글을 올려서 임

3) 설성경 · 최영, 『홍길동전 바로알기』, 나녹, 2019, 43쪽.

금이 보셨으니, 지금 어찌 그 자취를 잡고서 그 마음을 가릴 수 있겠습니까?”

어려서부터 천재라는 소리를 듣고 자란 김시습은 청년이 되어 삼각산 중흥사에서 공부하며 포부를 키워가고 있었다. 스물한 살 되던 1455년 어느날, 계유정난으로 권력을 잡은 수양대군이 끝내 단종까지 몰아내고 왕이 되었다는 소식을 듣게 된다. 그는 3일간 통곡을 하고는 자신이 보던 모든 책을 불살랐다. 그리고 스스로 머리를 깎고 승려가 되어 전국을 떠돌아다니기 시작했다. 단종에 대한 충성과 절개를 지키겠다는 의지의 표현이었다. 하지만 세조는 끊임없이 김시습을 불러댔다. 자신을 거부했지만 버려둘 수 없는 아까운 인재라 여겼던 것이다. 세조의 부름에 응하기만 하면 김시습은 관직에 올라 부귀영화를 누릴 수 있었다. 그는 유가의 지사로서 절의와 공명을 두고 고민하면서도 자신의 앞에 펼쳐진 두 길의 선택이라는 갈등을 극복하고자 10년을 떠돌아다녔다.[4)]

김시습은 세조의 왕위 찬탈에 크게 절망하면서도 세조의 부름에 고뇌하며, 그 고뇌를 극복하고자 하는 의지를 『전등신화』[5)]를 가져다가 혁신시킨 『금오신화[6)]』에서 드러내었다. 이런 작가의 속마음을 읽어내는 독서는 한국 최초의 소설 『금오신화』를 고급독서로 읽는 방법이다. 『금오신화』에는 사람과 귀신의 사랑을 다룬 「만복사저포기」[7)]와 「이생규장전」[8)], 사람과 선녀의 만남을 그린 「취유부벽정기」[9)], 다른 세계인 염부주지와 용궁을 배경으로 하는

---

4) 설성경 · 최영, 『홍길동전 바로알기』, 나녹, 2019, 44쪽.

5) 『전등신화(剪燈新話)』.

6) 『금오신화(金鰲新話)』.

7) 「만복사저포기(萬福寺樗蒲記)」.

8) 「이생규장전(李生窺墻傳)」.

9) 「취유부벽정기(醉遊浮碧亭記)」.

「남염부주지」, 「용궁부연록」[10]등, 다섯 편이 수록되어 있다. 소재에 귀신, 용왕, 염부주, 용궁 같은 비현실적 소재로 이승의 인간이 귀신, 용왕 등 환상의 캐릭터들과 만나며 이야기를 풀어내는 현실과 판타지가 어울어진 작품이다.[11]

김시습은 『금오신화』를 창작하면서, 자신의 특징을 훗날 율곡이 핵심을 꿰뚫어 '심유적불[12]'이라 표현한 것처럼, 표면의 서사에서는 『전등신화』와 흡사한 비현실의 소재로 이야기를 전개하면서도, 작가의 깊은 의도는 이면의 서사를 통하여 우의적 이중 기법으로 세조의 왕위 찬탈을 빗댄 당시의 정치적 메시지를 드러내는 새로운 기법을 창안하였다. 이는 천재 작가 김시습이 겉으로는 중국소설을 모방한 듯이 서술하면서도, 실상에 있어서는 필화 사건을 피하면서 잘못된 당시의 조선의 정치 현실을 비판하는 고도의 속임수 전략을 구사하였던 결과이다. 이런 전제에서 김시습의 속마음의 생각을 고려하며 「만복사저포기」를 살펴보면, 주인공인 양생과 여자 귀신과의 관계에서 양생은 김시습을, 여자 귀신은 단종을 우의적으로 비유한 것임을 쉽게 파악할 수 있다. 양생은 여인을 원했고 귀신을 원한 것이 아니다. 귀신은 여인인 것 같지만 실상은 여인이 아니기에, 양생이 살아 있는 여인을 만나고 싶었던 목표는 이루어지지 않는다. 김시습은 자신이 현실에서는 단종과 함께할 수 없다는 사실을 인식하고 있었기에, 양생이 여자 귀신을 처음 만났을 때, 그녀의 정체에 대하여 궁금해 하는 것으로 설정한다.

본문 중에서는 "그대는 누구시기에 혼자서 이곳에 오신 것입니까?" "저도 사람입니다. 어찌 의심하실 일이 있겠습니까? 당신은 다만 좋은 배필만 얻으면 될 것이니, 굳이 저의 성명을 물어 일이 잘못되게 하실 필요는 없지 않

10) 「남염부주지(南炎浮洲志)」「용궁부연록(龍宮赴宴錄)」.

11) 설성경 · 최영, 『홍길동전 바로알기』, 나녹, 2019, 45쪽.

12) 심유적불(心儒迹佛).

은가요?" 처럼 여자 귀신은 양생에게 굳이 자신을 알려고 하지 말고, 처음 마음먹은 그 길을 가라고 권유한다. 양생이 더 캐묻지 않는 것은, 단종에 대해서 이런저런 생각을 버리고 그냥 의리의 길을 따르겠다는 김시습의 굳은 마음을 드러낸 것이다. 즉, 임금의 자질을 논하기보다는 신하의 도리로서 한 임금을 섬기라는 유교의 이념을 지키겠다는 의지의 표현인 것이다.

양생은 여인을 그대로 받아들이고, 두 사람은 행복한 시간을 보낸다. 여인이 다시 살아날 수 없는 존재임에도 양생은 아끼고 사랑한다. 하지만 산 사람과 죽은 사람이 영원히 함께 할 수는 없다. 양생은 여인의 부탁에 따라 그녀가 준 은그릇을 들고 딸의 제사를 지내려는 여인의 부모를 기다린다. 길가에서 양생이 은그릇을 들고 서있는 것을 본 하인은 "아가씨 장례 때 무덤 속에 같이 묻은 귀한 물건들이 이미 도굴당한 것 같습니다."라 한다. 은그릇은 양생과 여인의 사랑의 징표이며 증거이다. 이로써 세조를 버리고 단종을 따르려던 사람들에 대한 인식을 우회적으로 드러낸다. 둘의 관계를 인정받은 양생은 부모가 지내는 제사에 참여하여 다시 여인을 만나지만, 그 자리에서 영원한 이별을 한다. 그 후, 양생은 모든 재산을 처분하여 여인을 위하여 천도제를 올려준다. 그 후의 어느 날 저녁, 공중에서 그녀가 양생을 불렀다. "저를 위하신 낭군의 정성에 힘입어 저는 다른 나라에서 남자로 태어나게 되었습니다." 그 후 양생은 다시는 장가들지 않고 지리산으로 들어가 약초를 캐며 살았는데, 어떻게 되었는지는 아무도 모른다." 처럼 「만복사저포기」의 결말은 양생의 정성으로 여인은 다시 태어나게 되지만, 그들은 다른 나라라고 하는 공간의 차이도 있고, 남자로 태어났기 때문에 다시 만날 수도 없다. 양생에게는 더 이상 지향해야 할 목표가 사라졌기에 세상을 등지고 살아가는 길을 선택한다. 즉, 김시습은 현세에서 단종과 재회하는 것이 불가능하지만, 소설을 통하여 한편으로는 자신의 군주에 대한 절의와 충성을 드러내고, 다른 한편에서는 현실에서의 재회가 불가능한 것에 대한 아쉬움을 표현하고 있다. 이는 곧 김시습 자신도 양생과 같이 단종을 따라 세상을 등질 결심을

하는 것을 단적으로 보여주는 것이다.[13)]

「이생규장전」에서는 개성에 사는 사내 이생이 최랑이라는 처녀와 사랑에 빠진다. 신분의 차이로 부모의 반대를 겪기도 하지만 설득 끝에 혼인에 이른다. 이생이 과거에 급제하면서 해피엔딩으로 마무리되는 듯했지만 홍건적의 난이 일어나 최랑은 목숨을 잃는다. 이생은 죽은 최랑의 혼령을 밤마다 만나며 위안을 얻는다. 「용궁부연록」에서는 세조의 부름에 응하지 않겠다고 최종 판단을 다시한번 결심 한다. 그 대신 「남염부주지」에서는 박생으로 살다가 염왕의 뒤를 이어 염라왕이 되는 것으로 맺는다.[14)]

이러한 우의적인 내용을 곳곳에 담고 있는 『금오신화』을 완성하고, 김시습은 이 책을 석실에 감추면서 '후대에 반드시 나를 알아 줄 사람이 있을 것'이라고 외쳤다고 전한다. 그만큼 이 작품에는 작가의 현실에 대한 숙고의 결과와 자신의 다양한 철학이 우의적으로 당대 정치현실을 풍자하는 내용도 있기에 단순한 통속적인 재미 이상의 정치적인 주제를 이면적인 서사 속에 감추고 있음을 보여준다. 작가 자신이 먼 훗날 천년의 세월이 지나면 누군가 고급독자가 나타나 자신의 고뇌어린 생각과 『전등신화』를 넘어서는 조선의 『금오신화』가 지닌 정치적인 측면의 주제를 밝혀주리라는 기대는 이제 소설을 연구 대상으로 삼는 이 시기에 와서 그 진정한 의미가 빛을 발하게 되었다.

이러한 점은 허균보다 앞 선 시기에 살았던 김시습의 정치 풍자적인 한문단편 「금오신화」의 격조 높은 우의적 표현 기법은 허균에 의해서 다시 작가 당시인 광해군 시대의 정치 갈등을 풍자하는 주제를 포함하여, 그런 갈등을 해소하는 방식까지 작품의 전고형 응용 방식을 통한 이면서사로 발전시킨 성리소설 「홍길동전」으로 나타나게 되었다. 이는 표면서사로 바라보면 일반

---

13) 설성경 · 최영, 『홍길동전 바로알기』, 나녹, 2019, 47쪽.

14) 같은 책, 47쪽.

적 영웅서사를 다룬 통속소설같지만, 좀더 냉철히 살펴보면 성리학의 이념을 서사 속에 역사적 전고와 연계시키면서 작가자신이 품고있는 정치담론을 녹여내고 있다는 점에서, 한편으로는『금오신화』를 계승하고, 다른 한편에서는 그 형식적인 기술을 더욱 개발하여 발전시킨 것으로 최초의 영웅소설계의 성리소설의 특질을 살린 것이다. 물론『금오신화』도 중국의 작가 한유의 다음과 같은「모영전」[15]이 보여주는 가전 형식의 이중기법을 잇는 작품이다.

毛穎者中山人也	모영은 중산 사람이었다.
其先明眎	그의 조상은 명시란 토끼였는데,
佐禹治東方土	우임금을 도아 동쪽 땅을 다스리고
養萬物有功	만물을 양육하는데 공을 세워
因封於卯地	묘땅을 봉해 받았고,
死爲十二神	죽어서는 십이신의 하나가 되었다.
嘗日	일찍이 말하기를,
吾子孫神明之	"내 자손들은 신명의 후예이어서
可與物同	다른 동물과 같아서는 안 될 것이니,
當吐而生	마땅히 자식을 입으로 토하여 낳을 것이다." 하였다.
已而果然	그 뒤로 과연 그렇게 되었다.
(중략)	
其子孫甚多	그의 자손이 매우 많아져
散處中國夷狄	중국과 오랑캐 땅에 흩어져 살게 되었는데,
皆冒管城	모두 관성사람이라 내세웠으나
惟居中山者	오직 중산에 사는 사람들만이
能繼父祖業	조상들의 가업을 잘 계승하였다.

15) 「모영전(毛穎傳)」.

太史公曰	태사공이 말하기를,
毛氏有兩族	"모씨에는 두 족속이 있다.
其一姬姓	그 중 하나는 희성인데
文王之子	문왕의 아들로서
封於毛	모 땅에 봉해진 사람들로
所謂魯衛毛聃者也	이른바 노나라와 위나라의 모담의 후손들이며,
戰國時	전국시대에는
有毛公毛遂	모공과 모수가 있었다.
獨中山之族	다만 중산에 사는 족속들은
不知其本所出	그 근본이 어디에서 나왔는지 알 수 없으되
子孫最爲蕃昌	자손들이 가장 번창하여 있다.
春秋之成	〈춘추〉를 이룸에 있어서
見絕於孔子	공자에 의하여 절필 당하기도 하였으나
而非其罪	그들의 죄는 아니었다.
及蒙將軍	몽념 장군이
拔中山之豪	중산의 빼어난 털을 뽑아
始皇封諸管城	진시황이 그들을 관성에 봉함으로써
世遂有名	세상에는 마침내 그 이름이 알려졌으나,
而姬姓之毛無聞	도리어 희성의 모씨는 보기 힘들게 되었다.
穎始以俘見	모영은 처음에 포로로 잡히어 황제를 뵈었지만
卒見任使	마침내는 벼슬에 임용되어,
秦之滅諸侯	진나라가 다른 제후들을 멸망시키는 데에
穎與有功	모영도 공을 세웠다.
賞不酬勞	그러나 그 공로에 대한 상은 주어지지 않고
以老見疏	늙었다 하여 버림받았었으니,
秦眞少恩哉	진나라는 다만 적은 은총을 베푸는데 그쳤음을 알겠다."

이러한 비유적인 이중서사의 기법은 고려시대 임춘의 술과 돈을 비유한 「국순전」과 「공방전」[16]으로 등장하였다. 조선시대에 와서는 임제의 「수성지」[17]에서 주요 인물로 마음을 의인화한 천군으로 설정하였다. 무극의 의인인 무극옹,[18] 술의 의인인 국양 등은 충신형 인물이다. 간신형의 인물로는 수성을 쌓은 굴원과 송옥 등이 있다. 표면상으로는 인심과 도심, 즉 충신과 비충신의 갈등 구조와 심성 수양이 주제이나, 이면적으로는 수심과 그 원인이 된 인물과의 화해를 주제로 설정하였다. 이러한 이중서사는 남명 조식의 성리학을 그림으로 설명한 도설인 「신명사도」[19]를 잇는 「천군전」 계통의 성리소설로 심성을 소재로 한 의인형 가전에서 온 이중서사 기법과 상통하는 새로운 조선 특유의 서사전통을 세우게 되었다.

작가로서의 허균은 가전체 의인단편과 심성계 의인소설로 전해오던 두 갈래의 기법인 이중서사 방식을 통속형 영웅소설 형식을 표면서사에서 보여주는 「홍길동전」으로 한 단계 발전시켰다. 즉, 평서민들도 읽을 수 있도록 한글을 사용한 소설을 창작하면서도 상층의 한문으로 문학 활동을 하던 고급의 문학 기법으로 「홍길동전」을 창작하여 「천군전」보다 진일보한 이중서사 방식과 더불어 평서민 독자들도 독서 행위에 참여할 수 있는 국민문학의 길을 열었다. 그 결과 「홍길동전」에서는 표면서사의 대중적 영웅담은 세종 시대의 역사상 실존 인물인 홍상직의 아들 홍길동을 표제로 내세우며, 병조판서로서 가장 대중적 인기도가 높은 대학자인 율곡의 인간상을 융합시켜서 서얼허통의 필요성을 작중 인물 홍길동의 국제적인 활약상으로 대변할 수 있게 되었다.

---

16) 「국순전(麴醇傳)」과 「공방전(孔方傳)」.

17) 「수성지(愁城志)」.

18) 무극옹(無極翁).

19) 「신명사도(神明舍圖)」.

이것은 소설의 서사 전개 방법을 새롭게한 것으로 현실 정치의 갈등 문제를 유학의 인의예지[20]와 성리학의 인심과 도심[21]의 이론을 통해 갈등을 극복하는 방법으로 서사를 끌고가는 방식이다. 즉, 작가의 생각 속에 존재하는 창작 지도에 따라 서사화된 내용을 통하여, 성리학의 도심인 본원심을 가진 주역들이 성리학의 이념적 지향인 권선징악, 사필귀정에 이르는 행복한 결말로 이야기를 종결시키는 것이다. 허균은 「홍길동전」에서 표면서사와는 달리, 이면서사에 전고형의 사건을 포진시켜서 정치적인 혁신을 꿈꾸는 작가의식을 내장시켰다. 이것은 일반 통속소설에서는 담아낼 수 없는 핵심 주제라 할 수 있는 동인과 서인 사이의 대화합을 상징하는 율곡과 허초희의 이념 혼사를 통해 내우외환의 풍자와 그 원천적인 대응책을 제시함에 해당한다.

허균의 사상은 「홍길동전」을 통하여 표현되었다. 그는 「홍길동전」의 표면적인 서사 못지않게 전고를 활용한 내면적 서사를 통하여 자신의 사상은 물론, 그가 존경하는 성리학자요 임진왜란 직전에 병조판서를 지내며 서자들에게도 벼슬길을 열어주어 국가 인재를 적극 활용하자는 정책을 제안하기까지 한 율곡의 사상에 지지와 동의를 얼출인 홍길동이 자원하여 병조판서가 되는 이야기로 표현했다. 이렇게 병조판서가 된 홍길동이 중국에 진출한 다음, 중국의 악한 존재 울동을 처단하고, 여세를 몰아서 마침내 동남아의 율도국에 진출하여 왕위에 오르는 국제적인 영웅담을 제1 홍길동이 해외에 나아가 활동한 이야기에 덧보태어 서사화 하였다. 이러한 창작의 배경에는 군주가 신하에 대한 요청과 약속을 믿어주고, 책임을 지워준 만큼 결과를 낼 수 있는 율곡이지만, 조정에서 그렇게 하지 못했음을 소설 「홍길동전」에서는 조정의 서자 출신을 병조판서로 제수하고, 거기에 더하여 요청한 쌀 2천석을 제공하는 결단까지 보여주는 것으로 표현하면서, 당파적 견해나 고정 관념

---

20) 인의예지(仁義禮智).

21) 인심(人心)과 도심(道心).

을 벗어나지 못했던 광해군 당시의 혼미한 조정에 대한 비판을 한다[22] 허균은 작품 속에서 홍길동이 활빈당 수령으로서 함경감영과 해인사에서 보여준 공격적인 행동도 이와 맥락을 같이하는 서사로 전개하듯 허균은 「홍길동전」을 통해, 자신의 비판적인 생각과 나름의 대안을 제시하고 있다.

1610년대라는 시점에서 허균이 「홍길동전」을 창작하였던 당시의 정치 현실로 보면 허균의 부친 허엽은 결과적으로 선조 때의 치열한 당쟁의 원류에 있었던 인물이다. 동인과 서인으로 학문적 배경이나 정치적인 이익에 따라서 당이 갈라진 뒤로 허엽은 동인의 영수가 되어 의논이 가장 엄격했다. 그의 세 아들인 허성과 허봉과 허균은 조정에 나아가 활동하였지만, 세상에서는 치열한 당파의 갈등 속에서도 허엽 가문이 당파의 가문 중에 가장 치성하였다는 평[23]을 들은 만큼 공과도 컸다.

허균은 난세 난국을 맞이한 광해군 시대를 바라보며, 시대의 현실에서 야기되는 정치적인 갈등을 작품에서는 홍길동을 모해하는 세력들과 맞서고 투쟁하는 서사로 전개하였다. 이런 표면서사의 이면에는 당대의 사화들인 을사사화 갑자사화 등 일련의 사화에서 보여준 발생의 배경을 가정적 갈등이라는 홍판서 집안의 모함에서 생긴 홍길동의 수난으로 우의화시켜 그 이면적인 서사의 주제를 은유적인 수준의 정치 사회 문제로 집약적이고 사실적인 장면으로 서술하였다. 허균은 「홍길동전」에서 새로운 창작 기술인 복합이중서사 방식을 구사하여 자신의 정치적 사회적 문제의식을 흥미로운 표면서사의 이면에 내장시키는 방식으로 서사화하여 일반 독자들도 쉽게 접근하여 향수할 수 있도록 하였다. 즉, 작품의 표면서사에서 홍길동은 홍판서 집안에서 서자로 태어나 가장 천하고 핍박받는 존재이지만, 밖에서는 활빈당을 이끄는 수령이요, 해외로 진출해서는 무한의 능력을 아낌없이 발휘하는

22) 이이화, 『허균의 생각』, 여강출판사, 1991, 175~176쪽.

23) 『조선왕조실록』, 『선조수정실록』, 선조 13년(1580) 2월 1일.

조선의 병조판서 출신의 영웅이다. 허균은 홍길동을 중국의 폭력자 괴물 울동을 제압하고, 율도국의 왕이 되어 백성들의 삶을 편안하게 해주는 보국안민의 군주요, 강병부국의 영웅상으로 제시하였다. 특히, 나라에 필요한 인재를 등용하는 문제와 국제정세에 기민하게 대처하는 문제를 제기하는 부분의 서사는 얼출 홍길동이 활빈당의 수령을 거쳐 병조판서가 되고, 국제적으로는 조선의 병조판서 출신 홍길동이 중국의 망탕산 주변을 장악하고 있는 괴물 울동을 제압하고, 그가 납치한 백씨녀와 조씨녀를 구출한 후에는 다시 중국 밖으로 진출하여 율도국의 왕에까지오르는 이야기로 전개하였다.

허균은 이렇듯 「홍길동전」을 통해 조선의 병조판서 출신 영웅의 거대한 출세담을 제시하고 있다. 그는 주인공으로 내세운 홍길동을 강병부국의 실천가로서, 병조판서 출신으로 율도국의 왕이 되는 수준에까지 올려놓는다. 여기에는 임진왜란 때 당한 국가적인 수난을 문학으로 정신적 치유와 회복을 이루고자 하는 작가의 애민애국 정신이 표면서사의 이면에 자리한 작품 밖의 역사 현실에서 활동하였던 병조판서 율곡 등과 임란 때에 승병장으로 보여준 강병부국을 향한 활동이 복합 소재가 되었기 때문이다.[24)]

역사 현실에서는 허균이 처한 시대가 서얼 차대로 인해 유능한 인재도 서얼출신이라 벼슬길에 나아가지 못하던 시대였고, 더구나 조정은 전체적으로 붕당의 갈등으로 난국의 위기 상황이었다. 허균은 이런 시기에 일어나는 당파간의 갈등이 북인 정권으로 치달아가던 시기였기에 이에 대한 조정의 혁신을 촉구하는 한 사례를 홍판서 집안에서의 모함과 술수로 일어나는 사건을 통해 유능한 인재인 홍길동의 능력을 무력화시키고 죽여 없애려는 사건으로 보여준다. 또한 사회적으로는 허세만 부리는 무능한 포도대장을 앞세우고, 가족 윤리로 접근하는 팔도에서 일어난 홍길동 체포 전략에 대한 비판 등을 내용으로하여 당대의 정치사회상을 풍자하였다.

---

24) 설성경 · 최영, 『홍길동전 바로알기』, 나녹, 2019, 324쪽.

허균이 「홍길동전」 창작에서 보여주는 이중소설의 기법은 일반적인 통속소설인 「조웅전」이나 「유충렬전」 같은 창작군담 소설과는 다른 지향을 보여주는 홍길동이 국내를 떠나서 중국에서 활동을 한 후에는 다시 중국의 해외인 남쪽 바다 건너 율도국이라는 섬나라의 군왕으로 등극하는 영웅적 일생을 보여준다. 이런 거대한 공간에서 펼치는 영웅담의 표면서사는 홍판서의 얼출 홍길동의 집안에서의 핍박과 서얼로서의 한, 그리고 주변의 모함으로 죽을 상황에 놓였지만, 무술과 도술로 목숨을 구하고 자객을 죽이는 사건으로 보여준다. 이면서사의 전고를 표면에 올려놓는 기법으로 표면서사의 전개만으로도 서사적 완성도가 높지만, 그 이면서사의 주제 또한 치밀하다. 세종 때에 시작하여 성종과 연산군 때를 거쳐서 광해군 시대까지 거의 200년에 가까운 기간에 일어난 역사적 정치적 사건을 풍자하고 성리이념으로 상황을 성찰하고 반성하면서, 자신을 비롯한 정치인들이 성리 본심인 도심을 회복해야함을 촉구하는 주제이다. 허균은 이처럼 이중서사 기법을 활용하여 홍판서의 얼출이지만, 성리본심인 도심을 지닌 홍길동의 삶에 투사하여 이면서사의 주제를 전달하고 있다. 특히, 도심을 지닌 홍길동은 국내에서의 가난한 백성들을 구제만이 아니라 해외에서 나가서도 영웅적인 삶을 보여주다가 마침내 율도국에까지 진출하여 성리학적 이상국가로 나라와 백성이 평화를 누리는 행복을 제공하는 것으로 서사를 마무리 한다. 이러한 표면서사의 이야기를 펼쳐나가는 이면에서는 포도대장 이흡과 같은 기축옥사와 연관된 주요 역사 인물에 대한 전고를 근거로 내장된 이면서사의 의미를 고급 독자들과는 소통하는 길을 열어놓았다. 이런 성리소설의 기법은 중국에 진출한 직후에 망탕산을 거쳐서 울동이 백씨의 딸과 조씨의 딸을 납치하여 지하 동굴에 감금해놓았다는 다소 기이한 이야기를 통하여, 허균의 생각 속에 가장 깊이 잠재된 기옥옥사 같은 정치적 대사건은 잘못된 것이라는 고급스런 정치 풍자를 해내고 있다.

허균은 동인의 영수의 막내 아들로 태어나 치열한 동서분당의 갈등 많은 시대를 살아온 허균은 내우외환의 근본 문제를 화합하지 못하는 동서의 분당으로 보았다. 허균이 제안하는 「홍길동전」 창작의 대주제는 내우외환의 원천적 해결에 대한 대안이면서 자신의 가장 아픈 부분에 대한 문학적 치유와 회복에 관한 문학적인 대안이었다. 그는 극복되어야만 할 동서 분당의 갈등을 해결하는 열쇠로 역사상 현실에서 존재하는 동인과 서인 집안의 남녀를 모델로 삼아 그 이념적인 표면서사에서 이념혼사를 성사시켰다. 이는 대혼사를 통한 대통합으로 정치적으로 야기된 정치적인 갈등의 근본이 된 동서 분당의 갈등을 극복시키고 마침내 사랑과 평화의 이념적 결합을 이루자는 작가의식을 소설로 전환시킨 결과였다. 내우외환에 대한 정신적 치유와 회복을 통해 함께 성리학적 이상국가를 이루고자 하는 혁신적이고 선구적인 대안으로 소설을 창작하였다, 그 결과 허균이 창작한 「홍길동전」에는 통속적인 소설로 이해해서는 인식할 수 없는 현상적인 이야기에 내장된 본질적인 주제인 성리 본원심 즉, 도심의 회복을 통해서 성리입국 조선의 이상적인 삶이 가정과 사회, 그리고 국가 차원의 조정에서 군신과 신신 사이에 조화롭게 이루어지기를 염원하는 성리심이 주제가 되고 있다.

작가 허균의 머릿속에 존재한 성리소설로서의 「홍길동전」의 창작 지도를 인문학적 수준에서 광통학의 방법으로 탐색해보면, 허균은 「홍길동전」의 시간적인 배경을 세종 시대로 삼은 것이 특징이다. 또한, 작가 허균의 역사에 대한 해박한 지식이 인문학적 수준에서 활용되었으며, 사실과 허구가 융합된 팩션형 작품이다. 조선에서 자원 병조판서가 된 홍길동이 중국에 진출하는 것은 홍길동이 비록 조선에서는 홍판서의 얼출로, 또는 경상감사 홍인형의 이복 동생의 위치이지만, 허균이 인식하고 있는 제1 홍길동의 모델이 황조인[25], 즉 조상들이 중국에서 조선에 귀화한 후손임을 고려한 설정이었다. 제1 홍길동의 이복형인 홍일동이 중국어 교수인 한학훈도를 지냈다는 사실

25) 황조인(皇朝人).

을 염두에 두고, 조상들의 나라였던 중국으로 홍길동을 진출시킨 다음에, 홍판서가 낮잠을 자다가 꾼 청룡 꿈의 징조와 중국에서 천자가 나온다는 신화를 가진 망탕산의 기운을 연결시켰다. 홍길동이 괴물 울동을 퇴치한 다음에 조상들이 귀화해서 정착한 조선이 아닌 제3국인 중국의 남쪽, 가상의 율도국으로 진출한다. 허균은 율도국을 점령하여 왕에 오르는 조선의 병조판서 이야기를 표면서사의 축으로 삼고, 남양 홍씨 가문의 실제 역사에서 발굴한 홍징장군의 손자 제1 홍길동을 중심으로 여러 소재들을 융합하여 영웅 홍길동의 삶을 서사화시켰다. 허균은 홍상직의 서자인 제1 홍길동이 해외로 출국한 정보를 알고 있었기에, 작품 안에서 홍길동이 1차로는 조선의 병조판서의 직함을 가지고 중국으로 진출하고, 다시 후반부에서는 그 여세를 몰아서 제3국인 율도국으로까지 나아간다는 발상을 할 수 있었다. 그 주역인 제1 홍길동의 기상과 충천한 사기는 임진왜란 이후 다시 불어닥친 광해난정에 시달리던 백성들의 상실감을 치유하고 회복시키기 위하여 희망의 아이콘으로 활용하기에 충분했다.

허균의 「홍길동전」 창작 의도에는 바닥까지 떨어진져버린 백성의 사기를 다시 북돋우고 회복시키기 위해 제1 홍길동을 성리 도심을 가진 주인공으로 도전과 혁신을 이루어내는 영웅적인 삶으로 서사화하여 성리소설 「홍길동전」을 창작하였다. 허균은 소설의 이면서사를 통하여 작가 자신이 직접 조선에서의 반정을 거론하지는 않지만, 분명한 성리소설의 창작 의도를 가지고 있었다. 내우외환의 원천에 해당하는 조정과 관리들의 부패와 무능, 유재와 호민을 유효 적절하게 활용하지 못하는 당대 현실에 대한 심각한 비판과 풍자를 하기 위함이다. 허균이 이미 지었던 논설과 한문 단편의 형식이 아닌 비록 사실성이 결여되는 부분이나 서술이 있다 할지라도 내우외환에 대비하는 이야기를 도술을 가미한 흥미로운 소설로 제시하면서, 군주학이라는 측면과 일반 백성들을 향한 치유와 회복의 측면을 공존시켰다. 이는 당시까지의 소설사에서는 찾아볼 수 없었던 새로운 작품 창작 방식으로 허균으로부터 시작되는 세로운 성리소설의 세계라 할 수 있다. 특히, 둘째형 허봉의 친구로서 자신도 형님처럼 따르던 사명당의 문집에 서문을 쓰는 것이 또 하나의 계기가 되었다고 본다. 사명당은 비록 승려였지만 국가의 위기 상황에서 승복을 벗고 의병장으로, 통신사로 나서며 탁월한 외교를 펼쳤다. 허균은 그의 비문을 지으면서 사명당이 왜국의 장군들에게도 당당히 맞섰던 기개와 용맹을 구체적으로 접하게 되었으며, 자신의 정의감과 애국심에 대한 반성의 기회가 되었을 것으로 판단한다. 그래서 사명당의 애국정신을 주인공 홍길동의 삶과 활동 속에 투사시켰다. 스승 서애 류성룡의 우국충심과 항왜의식이 담긴 「징비록」의 정신에 기반하여 내우외환을 야기시키는 원천을 해결하는 도심의 영웅, 홍길동을 형상하여, 유례가 없는 새로운 수준의 성리소설 「홍길동전」을 창작하였다.

허균은 서얼 출신 제1 홍길동과 당대 최고 정치가요 학자인 병조판서 율곡을 복합 소재로하여 홍길동의 핵심 모델로 구상하였다. 또 「홍길동전」의 표면서사에서는 율곡 모델의 홍길동과 난설헌 모델의 백씨녀를 부부로 설정함으로써, 울동의 압제에서 구해내서 혼사를 이루는 것으로 하였으며, 이를 이면서사에서는 동서 당파성으로 인해 생겨나는 정치 갈등을 성리 본심인 도심을 지닌 인물들의 가장 강력한 화합으로 해결하는 이념 혼사로 설정했다.[26)]

허균은 자신의 정치 담론과 내우외환에 대한 대안을 소설로 제시하고자 역사에서 발굴한 국제적 민중영웅이 된 제1 홍길동의 정신 위에, 임꺽정, 서양갑 등 서자들의 정신, 조광조, 정여립, 허엽, 율곡, 서애, 사명당, 시인 이달 등의 정신을 무르녹여 새로운 홍길동 정신으로 탄생시켰다. 작품 속의 얼출 활빈당 수령, 조선의 병조판서, 이념적인 제3국인 동남아의 해양국인 율도국의 왕에까지 오른 이념적 영웅상에 내우외환에 시달린 백성들의 소망을 담아 형상화 하였다. 이런 「홍길동전」의 특성은 그 이후에는 중국을 배경으

26) 설성경 · 최영, 『홍길동전 바로알기』, 나녹, 2019, 250쪽.

로 한 「소대성전」 「조웅전」 「유충렬전」과 같은 남성 군담계 영웅소설은 물론, 여성 군담계 영웅소설의 유행까지 이끌었다. 조선 후기의 한글 통속소설 중에서 가장 큰 인기를 모았던 다양한 창작 군담 소설은 배경을 중국으로 하고 있으나, 「홍길동전」은 처음으로 그 출발을 달리하여 조선에서 출생한 홍길동이 중국을 거쳐서 제3 세계로까지 진출하여, 조선의 국위를 선양하고, 제3국인 율도국의 왕이 되어서는 조선을 형님 나라로 섬기는 해외 개척의 영웅담이다. 이는 동아시아에서 조선 중심의 새로운 국제관계를 설정하고 있는 것이다. 허균이 「홍길동전」을 통해 제시하는 주체적 국가관은 후속 일반 작가들이 창작한 국가관과는 근본에서 그 지향점이 확실히 차별화된 점을 주목해서 보아야 한다. 즉, 「홍길동전」은 기본적으로 불의에 대한 투쟁과 국제 사회의 새로운 질서 개편에 적극적으로 동참하는 조선 국력의 확장을 율도국 이야기로 제시하고 있다. 당시로서는 충격적인 발상의 주제를 담은 성리소설의 시작이다. 이는 17세기 중반에 창작된 제2형의 성리소설인 산서 조경남의 「춘향전」으로, 다시 17세기 후반에 창작된 제3형의 성리소설인 서포 김만중의 「구운몽」으로 이어져, 본격적인 성리소설의 효시라는 점이 성리소설사에서 「홍길동전」의 확고한 위상이다.

이런 점을 종합해보면, 허균이 「홍길동전」을 창작한 의도나 작품 전개에서 보여준 특질은 홍길동을 통하여 혁명적인 길과 탈혁명적인 길의 양면성을 보여주는 중간자적 길을 걷게 하여, 모반소설 체제전복 소설의 작가라는 비판을 면할 수 있는 제3의 길로서, 홍길동이 출국하여 해외인 제3국 율도왕이 되는 영웅 왕위 등극담을 전개하였다는 점이다. 조선 홍판서의 얼출 홍길동이 마침내 율도왕에 등극하였다는 방식은 홍길동이 군주인 세종에 대한 충성심을 저버리지 않고, 군주를 축출하지도 않고, 외국으로 나가서 최고 통치자가 되어서도 자신이 다스리는 율도국에 새롭게 선산을 조성하여 부모의 산소를 마련하는 등, 효와 충을 비롯한 유가적 시대의 회복된 질서를 제시하고, 조선과의 주종 관계를 설정한다. 여기서 허균의 「홍길동전」의 창작 목적은 모반과 반정이 아니며, 성리이념이 실현되는 이상국에 대한 큰 그림으로 성리 소설 「홍길동전」을 대안으로 제시하여 내우외환의 혼란으로 피폐한 백성을 위로하며 정치, 경제, 사회, 문화 전반에 걸친 유가적 이상국의 재건과 복구의 의지를 제시함에 있음을 보여 준다.

(2) 홍길동을 모델로 광해군 때의 정치 사회를 풍자하는 성리소설

허균은 자신이 발굴한 역사 인물인 고려말 홍징 장군의 손자요 조선 세종시대 홍상직의 서자인 홍길동을 「홍길동전」의 핵심 인물 소재로 활용하였다. 허균이 중앙 역사에서는 지워진 홍길동이라는 실제 인물에 대해 알게 된 계기는 그가 공무로 전라도 장성에 갔다가 그곳에서 구전을 통하여 알게 되었을 것으로 판단된다. 허균은 그 후 공주목사를 지낼 때에도 무성산성을 근거지로 활동했던 홍길동의 활동을 듣게 되었을 수도 있다. 물론 이 홍길동은 제1 홍길동인 홍상직의 아들인 장성 연고의 홍길동이다. 그를 따르던 장영기 등의 일행과 함께 출국을 한 이후, 후속 세력들을 거느리고 활동한 인물은 제2의 홍길동으로, 이들의 활동을 공주 무성산성의 요충지로서의 지형을 적극 이용하여 활동했던 사실을 비록 짧은 공주목사 재임 기간동안에 접하게 되었다. 이렇게 허균은 장성에서 전해 들은 제1 홍길동의 활동과 출국 그 후속 집단인 연산군 시대의 제2 홍길동의 활동까지를 총괄적으로 인지할 수 있었다.

허균은 임진왜란 중인 1594년 음력 2월 29일 문과 정시에 을과 급제, 합격자 13명 중에 3번째로 2위였다.

선조 27년(1594) 4월 2일의 〈비변사가 적세를 두루 설명한 것에 불만을 품은 고 시랑의 태도에 대해 아룀〉에 다음과 같은 기록이 있다.

비변사가 아뢰기를, "신들이 이정형(李廷馨)의 서장을 보건대, 대체로 중국 사람들은 우리 나라 일에 대하여 모두 염증을 내고 있습니다. 중국 조정에서도 봉공(封貢)의 인준 여부에 대하여 서로 다른 주장들을 하고 있어 결말이 나지 않을 것 같으므로 우리나라가 조용히 기다려 주기만을 바라는 것이 그들의 생각인 것입니다. 그렇기 때문에 급함을 고하는 등의 일을 듣기만 하면 곧 화를 내곤 하는데 계속 이렇게 한다면 앞으로 일하기가 더욱 어려워질 것입니다. 문안사(問安使)도 보내야겠지만 접반사(接伴使) 심희수(沈喜壽) · 허성(許筬) 등은 이미 그 일만을 위하여 떠나갔고 근일 허균(許筠)이 또 갔습니다. 또 총독도 아직 요양(遼陽)에 있다고 하니, 아직은 심희수 등의 치계(馳啓)를 기다려 형세를 보아가며 대처하는 것이 좋겠습니다." 하니, 상이 따랐다.

선조 27년(1594) 5월 3일 〈원접사 윤선각이 종사관으로 신흠을 데리고 가기를 청하다〉에 다음과 같은 기록이 있다.

원접사 윤선각이 아뢰기를, "신과 유영길이 위급하고 민망한 심정을 갖추어 진달해서 비변사에 의논하여 아뢰라는 명을 받았으므로 반드시 다른 사람으로 바꾸어 제수하시리라 여겼었는데, 끝내 전대로이니, 결국 일을 그르치게 되리라는 것은 점쳐 보지 않아도 알 수 있습니다. 그리고 종사관은 전부터 재능과 인망이 있는 선비를 극선(極選)하여 왔었는데, 이번에 오는 중국 사신은 관계되는 바가 더욱 중대합니다. 그런데 조정지(趙庭芝)는 현재 판교(判校)로 문서(文書)에 종사하고 있는데 데리고 갈 것을 계청하였고, 또 재주와 문장을 취하여 허균(許筠)을 데리고 갈 것을 계청하였다고 합니다. 허균은 연소하여 아직 일을 경험하지 못했고, 조정지도 근래 사정의 곡절을 모르기 때문에 신흠을 데리고 가게 해 줄 것을 계청했던 것인데, 정원이 문사 낭청으로 계체(啓遞)하였습니다. 하지만 지금 조정의 의논은, 이 사람이 오랫동안 비변사에 있으면서 중국을 왕복했으므로 크고 작은 일을 매우 잘 알고 있어서 명류(名流)들 중에서 구한다 해도 그에 견줄 만한 사람이 드물다고 합니다. 더구나 지금은 옥사(獄事)가 거의 끝나가고 있으니, 조정지를 체차하고 신흠을 데리고 가게 해 주소서." 하니, 전교하기를, "신흠이 아니라도 종사관으로 삼을 만한 사람이 있을 것이다. 윤허하지 않는다." 하였다. 윤선각이 예조 정랑 신광필(申光弼)을 데리고 가기를 계청하였다.

또, 1597년에도 음력 4월 2일 문과 중시에서는 장원 급제했으며, 합격자 5명 중에서 1위였다.[27] 이후 명나라 사신을 접견하는 직인 접반사가 되어서 명나라 사신을 수행하면서 외교관으로서 공을 세웠다.

허균은「홍길동전」에서 유구로의 진출 이야기는 자신이 가지고 있는 역사적인 현실에 대한 우의와 자기 신념을 홍길동을 내세워 야성정신으로 형상화시켰다. 국내에서는 팔도, 즉 의주로 대표되는 함경감영과 종교계를 대표하여 임란에서 사명당 등 승병의 활약과는 거리가 먼 경상도 해인사를 직접 거론하여, 군사 전초기지인 변경의 행정 기강과 정신적인 지주인 종교 기강의 해이를 풍자했다. 의금부로 대표되는 중앙치안은 홍길동의 활빈당을 제어할 지략이나 능력을 갖춘 인물이 없어 우왕 좌왕하는 모습과 전투나 토벌보다는 친인척을 통한 인간적 호소에 의존하는 소극적인 대응을 못 벗어나는 것으로 묘사했다. 사회 경제적으로는 백성의 가난 문제를 해결하고, 치안을 확립하고, 국가적으로는 국토를 방어할 수 있는 능력을 갖춘 병조판서의

27) 『조선왕조실록』 선조 30년(1597) 4월 9일 문무과 합격자를 방방하다. 문무과의 중시 · 별시의 방이 있었다. 중시 문과에는 전 검열 허균 등 5명이고, 무과에는 전 주부 장사행 등 36명이었으며, 별시 문과에는 생원 조수인 등 19명이고, 무과에는 겸사복 오남 등 4백 78명이었다. 『선조수정실록』 선조 30년(1597) 3월 1일에, 중시와 별시를 실시하여 조수인 등 19인을 뽑다. 중시와 별시를 실시하여 조수인 등 19인을 뽑았는데, 중시에서는 전 검열 허균 등 5인을 뽑았다.

인물을 부각시킴으로서, 국가를 대표하는 활빈당 당수 전력을 갖춘 홍길동에게 병조판서를 제수하고, 해외 개척을 위한 국비로서의 국토 개척비용을 빌려 해외로 진출한다. 홍길동은 해외에서도 부당한 침략군에 맞서 적을 토벌하고, 강점 내지 속국화 되어 있는 곳에 평화를 되찾아주는 국제 평화군의 역할을 해냈다. 즉, 홍길동의 중국 제도와 율도국의 개척은 국제 평화 유지의 의미를 담고 있다. 이는 전후의 민생문제를 해결하지 못하고, 외침에 속수 무책이었던 당대 국가와 사회에 대한 거대하고 전면적인 비판과 풍자를 성리학의 이념 위에서 소설로 펼친 것이다.

허균은 작품의 주인공인 홍길동을 앞세워 내우외환에 시달리지 않으면서 행복하게 살아갈 수 있는 삶을 보여주고자 했다. 신분 차대나 사회의 부패를 해결하며, 시대를 거스르거나 시대를 비껴간 자들이 아닌 시대에 맞서 당당하게 헤쳐 나가는 주인공 홍길동은, 국제 사회에 진출해서도 중국에 밀리지 않고, 왜국의 침입에도 고통을 받지 않는 동아시아의 강국으로 살아가는 모범적인 사례를 주인공의 도전정신과 야성미로 제시하고 있다. 그는 나라와 백성을 남달리 생각하며, 성리학의 근본이념인 본원심을 지키며 내우외환의 상황을 극복해 나가는 홍길동을 가리워진 역사에서 발굴하고 영웅상으로 내세워 성리소설 「홍길동전」을 창작하였다.

표면서사에는 역사에서 발굴한 제1 홍길동을 비롯하여 제2 홍길동 등과 하층 및 서얼 출신등 다수의 복합적 인물 소재를 이미지로 융합하여 보여주고, 이면서사에서는 중앙 중신들 중에서 민중의 추앙을 받던 병조판서 율곡의 정책을 접목시켰다. 그는 상대적으로 다른 두 성향의 세력인 야성적이고 진보적이며 모반적인 개혁인물과 정통 보수형 정치인의 이미지를 융합시켜 서얼 출신 활빈당수요, 병조판서가 추종세력을 이끌고 중국으로 건너가 능력을 길러서 제3국으로까지 진출하여 끝내 율도국의 왕으로 등극하는 홍판서의 청룡의 기운을 실현하는 모반과 저항과 개혁적 정책 제안을 서사로 극대화시켰다. 이는 양극적 지향 세력의 대통합 이미지로, 강력한 호민형의 절충적 노선을 통하여, 조선왕을 축출하는 모반이나 반정의 형식은 피하면서, 제3국의 국왕이 되는 서사로 호민적인 백성과 극단적 체제 비판을 하는 백성 쪽과 중앙 정부에서 정책을 통하여 비판적 정치 개혁을 이루려는 고관 충신 쪽의 개혁,혁신, 반정의 의지를 중용 지향적 조화 정신으로 형성한 중간 포용 노선의 행동이 서출 병조판서의 해외 개척을 통한 율도왕 되기이며, 청룡꿈에 대한 양면적 포용적 절충과 우회적 서사화이다. 그러므로 「홍길동전」은 그 서사의 표면적 문맥과 그 속에 잠재하는 내면적 메시지를 통하여, 국내의 정권 내지 궁궐에 대한 온건하면서도 과격하게 체제 비판을 가하는 사회소설이요 정치소설이다. 이 작품은 인간의 성리 본원심의 견고함을 홍길동이라는 영웅담으로 다룬 것으로, 율도왕에 오르는 영웅담이라는 표면서사의 이면에는 구국과 애민의 영웅담을 내장시켜 성리철학을 구체적으로 쉽게 표현하려는 의도에서 창안된 「성학십도」나 「신명사도」에서 한 걸음 더 성리학의 이념을 쉽게 표현해낼 수 있는 방법으로 성리학의 원론을 교육적인 효용성을 높일 수 있는 이중서사 기법을 활용한 한글로 표기한 대중적인 성리소설이다.

2-2. 「홍길동전」 연구사의 성찰과 전망

(1) 제1세대 연구자들의 단편적인 논의들

(가) 허균 창작설을 전하는 유학자들의 기록

한국 고전문학 연구는 일제 강점기에 시작하여 주체적인 연구 방법론이 없었다. 서양의 방법론에 의존하거나, 일제 주도하에 식민사관을 크게 벗어나지 못한 국문학 연구는 「홍길동전」을 통속 대중소설에 묶어 두었다. 이제 지난 시대의 인식의 틀을 벗어나 「홍길동전」은 대중 통속소설이 아니라, 성리학시대에 중앙 조정에서 활동한 정치가요, 학자요, 대문인인 교산 허균이 성리학의 이념을 소설에 무르녹여 지은 성리소설임을 인식할 때가 되었다. 허균의 성리소설 「홍길동전」의 주인공인 '홍길동'의 이름이 국권 상실 시기인 1930년대부터 현재에 이르기까지 명실공히 '한국인의 대명사'로 자리잡아 온 국민이 사용하고 있는 것은 지극히 다행스러운 일이다. 그러나 여기에는 불편한 진실과 마주해야 할 국문학의 난제가 자리 잡고 있었다. 국민 모두가 한결같이 한국인의 대명사로 쓰고있는 '홍길동'이 연산군 1500년에 잡힌 떼강도의 두목이라는 아이러니한 상황이 중첩되어 있음을 알고, 국문학자로서 국민에게 빚을 지고 있는 심정이었던 필자는 평생이 걸리더라도 반드시 풀어내어 학자로서 국민에게 빚을 갚으리라는 각오로 지난 40여년을 허균과 홍길동의 뒤를 줄기차게 따라다녔다.

허균은 「서유록발」에서 자신이 중국소설을 널리 읽어 그 책이 수십 종에 이르렀음을 전하면서, 다음과 같은 평가를 하였다.

> 내가 희가(戱家)의 소설 수십 종을 얻어 읽어보니, 『삼국지연의』와 『수당지전(隋唐志傳)』을 제외하고, 『양한지(兩漢志)』는 앞뒤가 맞지 않고, 『제위지(齊魏志)』는 치졸하며, 『잔당오대사연의(殘唐五代史演義)』는 추졸하다. 『북송삼수평요전(北宋三遂平妖傳)』은 소략하고, 『수호』는 간사한 속임수에 기교를 부렸다. 이 작품들은 모두 독자를 교훈하기에 충분치 못한 것들인데 한 사람의 손에서 지어졌으니, 나관중의 자손이 3대나 귀머거리에 벙어리로 살아간 것도 당연한 일이다.

이처럼 허균은 「수호지」는 간사한 속임수에 기교를 부렸다고 하였다.[28] 비

28) 『서유기』는 현장의 『취경기』를 가지고 부연한 것이다. 수련하는 뜻을 독특하게 가탁하였

록 뒷 시대의 인물이지만, 이덕무도 "나는 일찌기 「수호지」를 보았는데 그 인정 물태의 묘사와 문심의 교묘는 소설의 괴수이며 녹림화적의 직필이라 하겠다. 그리하여 사대부들이 모두 여기에 빠지고 있다. 김성탄은 「수호전」을 극찬하고 맹자를 매도하였으니, 그의 광망도패를 이것으로 가히 알 수 있다. 그 앙양현란하는 변론으로 보건데 참으로 그는 재사이다. 「수호지」의 작자 시내암은 비단 같은 재주를 갖고도 이를 펴보지 못하며 원분이 맺혀서 마침내 허언으로서 서술하여 맹세하였으니 그의 고충은 모르는 바 아니나 머리털을 뜯어내도 속죄할 수 없을 것이다.[29]하였다. 이런 평가[30]에 근거해 보면, 허균은 「수호지」를 애독하여 그 작품이 지닌 성향에 대해서 충분히 인지하고 있었기에, 자신은 「홍길동전」을 창작하면서 「수호지」의 일정 부분을 수용하면서도, 이와는 달리 주인공을 성리이념에 바탕을 둔 도심을 실현하는 영웅담으로 전개시켰다.

허균이 「홍길동전」을 지었다는 것을 보여주는 가장 오랜 문헌과 그 기록은 택당 이식의 『택당집』[31] 「별집」에 있는 다음과 같은 기록이다.[32]

다. 후왕의 좌선은 자기 몸을 단련하는 것이고, 노조궁에서 단을 훔친 것은 서주를 삼킨 것이며, 천궁을 크게 시끄럽게 한 것은 바로 년념이다. 법사를 모시고 서역에 가는 것은 바로 하거를 운반하는 것이고, 화염산 홍해는 바로 화후이며, 흑수가 천하에 통하는 것은 바로 퇴부후이다. 서쪽에 이르렀다가 동쪽으로 돌아온 것은 서호가 동룡과 교제하는 것이며, 하루에 서천 십만리 길을 돌아오는 것은 바로 하늘의 빽빽한 별을 일시에 세는 것이다.

29) 『청장관전서』 권오, 영처잡고 제일.

30) 임형택, 「홍길동전의 신고찰」, 『창작과 비평』, 1984, 240쪽.

31) 『택당집』은 1674년에 초간되었다. 1747년과 1764년 등 그 뒤로도 몇 차례 중간되었다. 편집과 출간에는 김수항과 송시열이 간여하였다. 특히 「홍길동전」에 관한 부분은 송시열이 교열하였다.

32) 『조야집요』에도 같은 내용이 전한다.

> 세상에 전하기를 『수호전』을 지은 사람은 삼대가 귀머거리 · 벙어리가 되고 도둑들이 그 책을 높였다고 한다. 허균과 박엽들이 그 책을 좋아하여 도둑 장수의 별명을 각각 차지해 호를 삼고 서로 어울어졌다. 허균이 또 「홍길동전」을 지어 「수호전」에 비겼는데 그 무리인 서양갑, 심우영들이 몸소 그런 행동을 답습하여 한 마을이 시끄러웠다. 허균 또한 모반을 하다가 베임을 당했으니 이것은 귀머거리 · 벙어리 되는 것보다 심한 응보였다.[33]

이 인용문에서, 전형적인 유학자였던 택당 이식은 허균이 역적으로 몰려 처형이 되자 자신이 허균과의 거리를 두기 위하여, 허균이 연의소설, 중국소설, 「수호지」를 탐독하고 그 영향으로 「홍길동전」까지 짓게 되었다는 사실을 기록함으로써, 허균의 행동과 창작 행위를 비판하며 쓴 글이지만, 결과적으로는 오늘날 「홍길동전」이 허균의 작품임을 논증하는 가장 결정적인 직접 자료가 되는 데에 당대 최고의 관료요 학자인 이식의 기록이 큰 역할을 했다. 이 기록과 관련된 주변 상황을 좀 더 깊이 살펴보면, 문맥상으로 「수호지」처럼 허균은 「홍길동전」만을 지은 것이 아니라, 그의 주변에는 그가 지원하는 서양갑 등의 일곱 서자들도 허균을 따랐을 뿐만 아니라, 허균의 작가를 알고 있었다는 점이다.

심재[34]와 허균의 처가의 가계도를 보면, 허균과 택당 이식은 가까운 동서 관계라 할 수 있다. 그뿐아니라 허균은 이식이 과거 시험을 볼 때, 심사위원으로서 이식을 선발했다는 특별한 인연이 있다.

허균의 친인척의 관계를 보면, 허균의 장모인 심씨와 서인의 영수 심의겸,

33) 이식, 『택당별집』, 권 15, 「잡저」 "世傳 作水滸傳人 三代聾啞 受其報應 爲盜賊遵其書也 許筠朴燁等好其書 以其賊將別名 名占爲號以相謔 筠又作洪吉同傳 以擬水滸 其徒徐羊甲沈友英等 躬蹈其行 一村배粉 筠亦叛誅 此甚於聾啞之報也".

34) 백승종, 「고소설 홍길동전의 저작에 대한 재검토」, 『진단학보』, 80, 1995, 311쪽.

그리고 서자 심우영은 연관되어 있음을 확인할 수 있다.

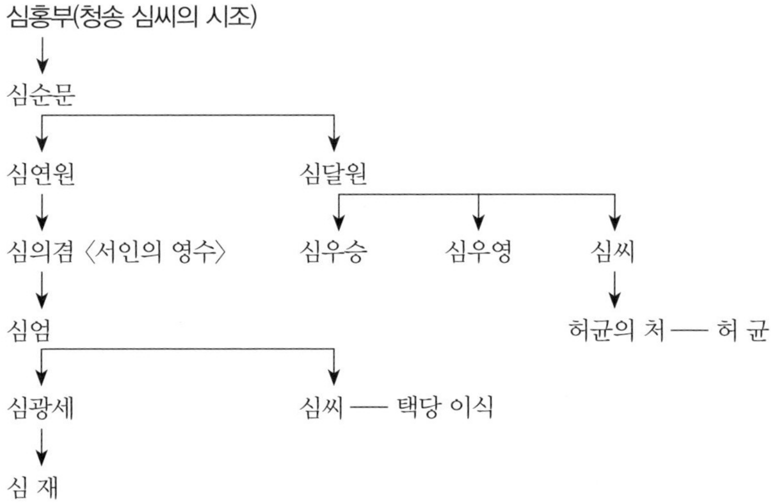

심우영은 허균이 말년에 서양갑 등 7서얼들 관련 사건이 일어났을 때, 허균의 결백을 끝까지 증언한 사람이다.

> 죽은 영의정 박순(朴淳)의 서자(庶子) 박응서(朴應犀), 서익(徐益)의 서자 서양갑(徐羊甲), 심전(沈詮)의 서자 심우영(沈友英), 이제신(李濟臣)의 서자 이경준(李耕俊), 박충간(朴忠侃)의 서자 박치인(朴致仁)과 박치의(朴致義) 등이 사우(死友)가 되어 여강(驪江)에서 같이 살면서 강변칠우(江邊七友)라고 자칭하고, 몰래 도적질을 하였으나, 오래도록 사람들이 모르고 있었다. 계축년 봄에 박응서가 조령(鳥嶺)에서 상인을 죽이고 재물을 빼앗았으므로 상인의 집에서 포도청에 고발하여 박응서 등이 잡혀서 문초를 받게 되었다. 그때 한희길(韓希吉) · 정항(鄭沆)이 포도대장이었는데, 박응서를 유혹하기를, "네가 만약 이러이러하게 진술하면 죽음을 면할 뿐 아니라, 큰 공을 세울 수 있다." 하니, 박응서가 드디어 다시 진술하기를, "우리들은 절도가 아닙니다.

장차 큰일을 일으키려고 식량과 기계를 준비하려 한 것입니다. 일찍이 일곱 친구와 함께 국구(國舅) 김제남(金悌男)과 내통하여 영창대군(永昌大君)을 임금으로 세우려 하였습니다."하였다. 한희길 등이 드디어 흔연히 공초(供招)를 받아 가지고 들어가 아뢰었다.[35)]

금부가 죄인 김비(金斐)·박치인(朴致仁)·심우영(沈友英)과 그 딸 경신(敬信)·사경(思敬)을 나수(拿囚)하였다.[36)]

왕이 서청(西廳)에 나아가 친국하였는데,(중략) 선왕께서 승하하신 뒤 중국 조정에서 조사(詔使)가 나오자 허홍인과 서양갑이 활을 들고 남별궁(南別宮) 문 밖에 가서 조사를 쏘아 맞추고 그 때를 이용해 군사를 일으키려 하였으나 조사의 호위가 엄밀하였기 때문에 그 계책을 이루지 못했습니다. 지난 해에는 이경준(李耕俊)이 흥의 군문(興義軍門)의 명호(名號)로 격문을 작성하고 사대문(四大門)에 붙여 민심을 동요케 한 뒤 곧바로 군사를 일으키려 하였으나 마침 김직재(金直哉)의 변고가 발생하였기 때문에 경준이 도로 격문을 빼앗아 불태워버리고 계책을 뒤로 미루었습니다.

7년 전에 서양갑이 맨 먼저 역모를 주장하였습니다. 그는 심우영·허홍인·유효선(柳孝先) 등과 함께 여주(驪州) 강변의 넓은 들판에 같이 살며 의식(衣食)을 함께 하였는데, 어느 날 흉모를 이야기하기를 '우리들이 뛰어난 재질을 갖고 있는데도 오늘날의 법 제도 때문에 출세길이 막혀 뜻을 펴지 못하고 있다. 사나이가 죽지 않는다면 모르지만 죽는다면 큰 이름을 드러내야 할 것이다.' 하였습니다. 그 뒤로 김평손(金平孫)·김비(金斐)와 결탁하는 한편 또 무사들과 관계를 맺으려 하였으나 금은이 없는 것을 한스러워하였습니다.

신해년 가을에 서양갑이 직접 소금 장사를 하며 해주(海州)에 눌러 있은 지 반년 만에 사람을 죽이고 도망쳐 왔습니다. 지난 해 봄에 정협·허홍인·

35) 『조선왕조실록』, 광해군 5(1613) 4월 25일.

36) 『조선왕조실록』, 광해군 5년(1613) 4월 26일.

박종인 · 김비가 왕사(王使)라고 거짓 칭하고 부자인 이의숭(李義崇)의 집을 털어 금은을 도적질했으나 또 금액이 적어 한한 나머지 지난 해 가을과 겨울 사이에 허홍인 · 유인발 · 김비 · 김평손과 함께 세 차례나 경상도에 가서 왕래하는 은상(銀商)을 때려 죽여 수천 금을 얻은 다음 토호(土豪)와 결탁하려 하였으나 뜻대로 되지 않았습니다. 그러다가 금년 봄 정월에 서양갑이 박치의 · 허홍인 등과 함께 은상을 때려 죽이고 은 6, 7백 냥을 얻었습니다.

지금까지 예정되어 있는 계획은 3백여 인을 동원해서 대궐을 밤중에 습격하는 것이었습니다. 이를 위해 먼저 우리와 친한 무사로 하여금 조정의 집정자(執政者)에게 뇌물을 써서 선전관(宣傳官)이나 내금위(內禁衛) · 수문장 등의 관직을 얻어 내응(內應)할 발판을 마련하는 동시에 또 금은을 집정자에게 뇌물로 주어 정협을 훈련 대장으로 임명하고 금과 비단을 모두 뿌려 3백여 인과 결탁한 다음 야음을 이용해 대궐을 습격하려 하였습니다. 이때 제일 먼저 대전(大殿)을 범하고 두 번째로 동궁(東宮)을 범한 다음 급히 국보(國寶)를 가지고 대비전(大妃殿)에 나아가 수렴 청정을 하도록 청하는 한편 성문을 굳게 닫고 백관을 모두 바꿔치려 하였습니다. 이와 함께 먼저 척리(戚里) 및 총병 · 숙위하는 관원을 죽이고 친구와 같은 패거리들로 조정을 채우는 동시에 서양갑 자신은 영의정이 되고 나머지는 순서대로 관직을 임명받을 계획이었습니다. 또 유배 중인 무리들을 석방하여 현관(顯官)에 임명함으로써 동심 협력해 대군(大君)을 옹립케 하고 팔도의 감사와 병사도 모두 같은 패거리로 채운 다음 사신을 보내 중국 조정에 주문(奏文)하려 하였는데 그 내용 중에는 차마 듣지 못할 점이 있었습니다. 이상이 예정된 계획이었는데 아직 대대적으로 모으지를 못했기 때문에 시일은 정하지 못했고 또 대비와 대군에게도 알리지 못했습니다.

3년 전에 심우영이 춘천(春川) 골짜기 안에 양곡을 비축해 두고 장래 군량으로 쓰려 하였습니다. 금년 봄에는 서양갑이 경상도에 가서 무사 권인룡(權仁龍)과 관계를 맺었는데, 인룡은 그야말로 일국(一國)의 장사로서 달리는 말을 뛰어서 따라잡는 자였습니다.

이 적들의 흉모는 이미 정해졌지만 아직 병마(兵馬)를 모으지 못했기 때문에 군안(軍案)은 없는 상태입니다. 서양갑·심우영·허홍인·박치의·박종인·김평손·김경손(金慶孫)·이경준·정협·김비·유인발·서인갑(徐寅甲)·유효선(柳孝先)은 뜻을 같이 해 의논이 이미 정해진 자들입니다." 하였다.[37)]

전교하기를, "금부에서 죄인을 혹 감방 하나에 가두면서 많은 경우에는 10여 명에 이르기까지 하니 일이 매우 타당하지 못하다. 지난 해의 예에 따라 별도로 처리하도록 하라." 하였다. (중략)

박종인과 정협 등을 응서가 서울에 우거하고 있을 때 그곳에서 실제로 한두 번 만난 적이 있긴 합니다. 그러나 그 시기가 바로 지난해 2월 그믐 무렵이었는데 조사(詔使)가 이때 과연 서울에 왔었습니까? 그리고 신에게 무슨 양식이 있어서 군량으로 쓴단 말입니까. 또 은상을 살해했을 당시 신은 홍천(洪川)에 있었으니 무슨 수로 알 수 있었겠습니까. 박응서가 살인한 대적(大賊)으로서 죽을 죄를 모면해 보려고 감히 역모했다는 설을 끄집어내어 사람들을 불측한 지경에 빠뜨린 것입니다. 원하건대 모두에게 공초를 받아보도록 하소서. 그러고도 의심할 만한 단서가 있게 된다면 그 뒤에는 달가운 마음으로 형을 받겠습니다." 하였다.[38)]

전교하기를, "금부에서 죄인을 혹 감방 하나에 가두면서 많은 경우에는 10여 명에 이르기까지 하니 일이 매우 타당하지 못하다. 지난 해의 예에 따라 별도로 처리하도록 하라."하였다. 왕이 친국을 행하여 심우영·박종인·김비·박치인의 공초를 받았는데, 심우영이 공초하기를,

"신은 빈한하여 살림 밑천이 없는데다 먹여 살릴 식구도 많아 생활이 무척 곤란하였습니다. 그래서 서양갑과 서로 아는 처지라서 같이 상의하여 기전

37) 『조선왕조실록』, 광해군 5년(1613) 4월 25일.

38) 『조선왕조실록』, 광해군 5년(1613) 4월 27일.

(畿甸)의 공한지(空閑地)를 얻어볼까 생각하였습니다. 그런데 듣건대 여주(驪州) 양화강(楊花江) 가에 버려진 제언(堤堰)이 있다고 하기에 이를 수축해서 농사도 짓고 또 어염(魚鹽)의 이익도 챙길 목적으로 그 지역으로 주거를 옮겼는데 박응서도 따라와 같이 살았습니다. 그러나 그 뒤 제언을 수축하여 농사를 지었으나 농사도 제대로 되지 않아 먹고 살기가 더욱 어려웠습니다. 그래서 일찍이 춘천(春川)에 있을 때 민간 백성의 딸을 첩으로 데리고 살았었기 때문에 이로 인하여 왕래하며 관곽(棺槨)을 팔아 생활 수단으로 삼으면서 몇 년을 보내었을 뿐입니다.

이덕형이 아뢰기를, "이들은 예전에 볼 수 없었던 흉악한 적들입니다. 그런데 심우영(沈友英)이야말로 그들의 괴수라 할 것인데, 이 역적의 괴수를 놔두고 다음 사람들을 신문한다는 것은 옥사를 다스리는 도리가 못 됩니다. 박응서와 심우영을 대질 신문케 한 뒤에 형추(刑推)하여 실정을 알아내도록 하소서." 하니, 왕이 이르기를, "대질 신문을 한 뒤에야 실정을 알 수 있는 것은 아니다. 곧바로 국문하도록 하라."하였다. 박승종(朴承宗)은 대질 신문시키도록 청하고, 최유원(崔有源)과 이지완(李志完)은 속히 국문할 것을 청하였는데, 왕이 후자의 의견을 따랐다. 심우영이 형신(刑訊)을 한 차례 받고도 자복하지 않자 박응서와 심우영을 대질 신문토록 하였는데, 박응서의 말이 모두 어긋나 변론하지 못하였다. 【응서가 말하기를 "무신년에 우영 등 3인이 조사(詔使)를 쏘아 죽여 변란을 일으킬 계기를 삼으려고 하였다." 하고, 또 말하기를 "결탁한 사람들의 숫자가 적기 때문에 그 사람들의 수를 늘린 다음에 계책을 이루려고 하였다." 하자, 우영이 말하기를 "무신년 여름 중국 사신이 왔을 때 신은 은진(恩津) 고을의 훈도(訓導)로서 사령 차사원(赦令差使員)이 되어 열읍(列邑)을 두루 돌아다녔는데, 이 사실에 대해서는 여러 수령들이 모두 증거해 줄 것이고 문안(文案)을 통해서도 상고할 수 있을 것입니다. 그리고 서양갑(徐羊甲)이 그때 역시 회덕(懷德)의 대촌(大村)에 있었는데 이를 증거해 줄 사람들이 필시 많을 것입니다." 하고,(중략) 응서가 또 말하기를 "이

의숭(李義崇)의 집에 들어가 강도질할 때와 영남을 왕래하며 은상을 엿봐 강도 살인했을 당시 우영이 본래 몸이 약한데다 병까지 있었기 때문에 같이 가지 못했습니다." 하였는데, 우영이 말하기를 "신은 체격이나 근력이 그들보다 낫습니다. 그런데 어떻게 이런 큰 일을 함께 하면서 뒤에 처질 리가 있겠습니까. 그리고 신은 지난 해에 조그마한 병에 걸린 적이 한 번도 없었으니, 이것 또한 말이 되지 않는 것입니다." 하였다. 응서가 또 말하기를 "우영과 깊은 관계를 맺은 뒤에 비로소 역모에 관한 일을 들었습니다." 하고, 또 말하기를 "역모에 대한 말을 꺼낸 것이 5, 6년 전의 일입니다." 하였는데, 우영이 말하기를 "선왕께서 승하하시고 나서 2, 3년이 지난 뒤에 처음으로 응서와 한두 차례 만났으니, 이른바 깊은 관계를 맺고 나서 말을 꺼냈다는 것 또한 말이 되지 않습니다." 하였다. 다른 말들도 대부분 이와 같았다[39]

왕이 친국하여 서양갑(徐羊甲)·김경손(金慶孫)의 공초를 받았다. 양갑이 공초하기를, "당초 노비를 추심(推尋)할 목적으로 영남에 갔었는데 박응서(朴應犀)와 허홍인(許弘仁) 등이 뒤따라 왔습니다. 이때 응서가 신을 꾀이기를 '이번에 아비를 죽인 반노(叛奴)를 만났는데 자네들이 나를 위해 원수를 갚아 주었으면 좋겠다.' 하기에 그길로 함께 뒤쫓아 가 조령(鳥嶺) 가운데에서 만나 죽였습니다. 전대 안에 들어 있던 은자(銀子)는 응서 자신이 차지하였는데 그 중 30냥은 신이 호조에 빚진 목면(木綿)을 갚도록 내주었습니다.(중략)"하고, 경손이 공초하기를, "신은 어려서부터 천식으로 기가 위로 올라오는 증세 때문에 대문 밖을 나오지 못한 지 40년이 지났으므로 서로 아는 사람이 매우 적은데 심우영이나 서양갑 등과는 대대로 교분이 있는 집안인 관계로 그냥 알고 지냈을 뿐이었습니다. 그런데 그것도 신이 살고 있는 철원(鐵原)과 여주(驪州)와는 거리가 멀리 떨어져 있기 때문에 기유년부터는 서로 만나는 일조차 드물게 되었으므로 그들이 무슨 생각을 하고 무슨 일을 하는지 전혀

---

39) 『조선왕조실록』, 광해군 5년(1613) 4월 27일.

알지 못했습니다. 언제 죽을지 모르게 된 사람이 무슨 희망이 있다고 멸족을 당할 죄를 저지를 수 있겠습니까."하였다.(중략)" 하니, 왕이 알았다고 하였다.(중략) 그런데 지금 슬쩍 경술년 때의 일로 상황을 바꾸려 하였으니, 이욱이 상을 받으려고 안달하는 것이 이와 같았다. 서양갑과 김경손은 각각 한 차례씩 형신을 받았으나 자복하지 않았으며, 심우영은 한 차례 압슬형을 받았으나 자복하지 않았다.[40]

또,『택당선생집』별집 제15권 잡저 편의 〈산록〉에는 "연사[41]의 형식으로 지어진 것들은 처음부터 아이들 장난과 같아서 그 문자를 보더라도 비속(卑俗)하기만 하니, 진정한 역사를 어지럽힐 수는 없다. 그럼에도 불구하고 그런 이야기들이 일단 오랜 세월 속에 유전(流傳)되어 오고, 그리하여 진짜 사실과 가짜 이야기들이 뒤섞여서 병행되어 오는 동안, 거기에 실린 말들이 꽤나 유서에 편입되었기 때문에, 문장에 종사하는 사람들이 또한 자세히 살피지도 않은 채 혼용하는 경우도 있다 하겠다. 예컨대 진수의「삼국지」로 말하면 마반에 버금가는 사서라고 할 것인데,「삼국지연의」에 은폐된 나머지 사람들이 더 이상 보지 않는 책이 되고 말았다. 지금에 와서는 역대에 걸쳐서 각 시대마다 연의가 나와 있는데, 심지어는 황조가 개국하면서 만든 성전에도 연의에 나오는 근거 없는 이야기를 채용해서 부연한 기록이 실릴 정도였으니, 진 나라 시대에 책을 불태웠던 것처럼 국가에서 통렬히 금단하는 것이 옳다는 생각이 들기도 한다. 세상에 전해지는 말에 의하면,「수호전」을 지은 사람의 집안이 3대 동안 농아가 되어 그 응보를 받았는데, 그 이유는 도적들이 바로 그 책을 높이 떠받들었기 때문이라고 한다. 그런데 허균과 박엽 등은 그 책을 너무도 좋아한 나머지 적장의 별명을 하나씩 차

---

40)『조선왕조실록』, 광해군 5년(1613) 4월 28일.

41) 여기서 연사(演史)는 역사 소설을 말함.

지하고서 서로 그 이름을 부르며 장난을 쳤다고 한다. 그런가 하면 허균은 또 「수호전」을 본떠서 「홍길동전」을 짓기까지 하였는데, 그의 무리인 서양갑과 심우영 등이 소설 속의 행동을 직접 행동으로 옮기다가 한 마을이 쑥밭으로 변하였고, 허균 자신도 반란을 도모하다가 복주되기에 이르렀으니, 이것은 농아보다도 더 심한 응보를 받은 것이라고 하겠다. 고서를 보면 괴이한 이야기들이 많이 실려 있고 문장이 또 유달리 기이하기만 한데, 그것들 역시 멀리 후세에까지 전해지고 있으니, 「초사」나 『산해경』 등의 책들이 바로 그것이다."라 하였다.

허균과 「홍길동전」의 관계를 두번에 걸쳐서 기록하고 있는 이식의 『택당집』은 이식이 세상을 떠난 지 28년이 되는 시점에, 허균과는 당색이 다른 노론의 영수인 우암 송시열[42]이 자신의 집에 보관 중이던 선대의 문적들을 정리하는 에서 찾아 내서 편집한 것이다. 이것 또한 택당 이식처럼 우암 송시열이 허균에 관련된 이 글의 내용이 동인 중에서도 다시 북인으로 있으면서, 특히 모반자로 처형되기 직전에는 당시의 실세였던 북인의 이이첨과 함께 뜻을 같이한 것을 비판하는 노론의 안목이 담겨 있는 활동과 기록을 통한 증거에 해당하는 것으로 허균을 역사 문헌 속에서 비판하기 위한 것이었다.

이식의 허균과 「홍길동전」을 관련지어 제시하는 기록은 뒷 시기인 18세기, 19세기에 허균의 「홍길동전」 창작을 수용하는 단편적인 글들이 나왔다. 이런 내용은 18세기 심재의 기록, 즉 심광세의 5대손인 심재도 『송천필담』에서 「홍길동전」의 저자가 허균이라고 밝혔다.[43] 서인의 영수인 심의겸의 손자인 심우영은 허균의 장모와 남매간이다. 부안 현령으로 재임하고 있던 심광세는 공주목사에서 파직되어 낙심하고 있던 허균에게 전답과 가옥을 마련해 주기도 했으며, 택당 이식의 처가 전라도 옥과현감을 지낸 심엄의 딸이고, 심광

42) 1607년에 태어나 1689년에 사망.

43) 설성경 · 최영, 『홍길동전 바로보기』, 나녹, 2019, 205쪽.

세와는 남매간이다.

허균과 택당 이식의 전후 관계를 살펴보면, 이식은 한때 성균관의 유생으로서 허균의 제자였다. 1610년에 허균은 이항복 · 이이첨, 이덕형 등과 함께 전시 과거 감독관이었는데 이때 신광업 등 19명이 합격하였다. 이 전시에서 감독관인 박승종의 아들, 조탁의 동생, 이이첨의 사돈과 친구, 허균의 조카인 허성의 아들, 사위, 그리고 제자인 택당이 합격을 하였는데, 전시가 끝난 20일 후, 광해군 2년 11월 13일에 지평 이헌명이 전시 부정 사건을 폭로했다. 대간들의 연이은 상소가 있었는데 허균이 혼자서 책임을 뒤집어쓰고 전라도 함열로 귀양을 갔으며, 사건과 관련성이 많은 5명 중 허균의 조카만 합격이 취소됐다. 이때 택당 이식은 합격이 취소되지 않았지만, 전시 부정사건의 구설수에 오르내렸다는 죄의식 때문에 3년 동안 벼슬길에 나가는 것을 사양했다. 3년 후 벼슬길에 나선 이식은 대간이 되어 사건의 혐의 사실을 거론했던 장호서 · 김성일의 태도를 무고라고 신랄하게 비난하였는데, 공교롭게도 이때 허균은 벼슬길에 나가지 못한 채, 전라도 함열현에서 1년간 귀양 생활, 부안에서 2년 동안 전원생활을 하고 있었다.[44)]

허균은 최악의 조건 하에서 반역자로서『광해군일기』의 졸기 서술의 해당자도 되지 않았을 뿐만 아니라 여러 다른 기사에서도 어느 당파에 속하건 역적으로 몰려 처형되었기에 부정적인 측면만이 부각되었다.[45)] 그 한 사례가

44) 허균은 과거의 시관들 가운데 여러 명이 사사로운 마음으로 친지들을 급제시켰지만 유독 허균만이 죄를 쓰고 귀양 간 것은 죄가 가장 컸기 때문이 아니라, 그의 세력이 가장 약한데다 적이 가장 많았기 때문이었다.

45) 이식은 허균이 시험관이었던 과거시험에서 합격을 하였다는 인연으로 스승으로서 예우하면서도, 한편으로는 자신은 일시적으로 허균 문하에 출입하였지만, 허균이 주동이 된 광해군의 계모인 인목대비를 폐위시키려는 폐모론을 계기로 관직에서 사퇴하였기 때문에 광해군으로부터 비판을 받은 허균에 대하여 이식은 자신의 안위를 위하여 허균에 대해 악평을 할 수밖에 없는 처지였을 것이다.

허균을 극단적으로 비판한 『광해군일기』에 기록한 광해군의 평가는 다음과 같다.

"허균은 천지 사이의 한 괴물입니다. 경운궁에 격서(檄書)를 던지는 등, 온갖 방법을 동원해 역모를 꾸민 정상이 이미 민인길의 고발에서 드러났고, 이홍로와 결탁하여 동궁을 해치려 꾀한 사실이 또 기준격의 소에서 나왔습니다. 허균이 진 죄명이야말로 오늘날 신자(臣子)된 입장에서는 같은 하늘 아래 살 수 없는 것이었는데 (중략) 이런 죄명을 진 사람은 수레에 매달아 찢어 죽여도 시원치 않고 그 고기를 씹어 먹어도 분이 풀리지 않을 것인데 (후략)"[46)]

"역적의 우두머리 허균은 성품이 사납고 행실이 개돼지와 같았다. 윤리를 어지럽히고 음란을 자행하여 인간으로서의 도리가 전연 없었으며, 윤기를 멸시하고 상례를 폐지하여 스스로 자식의 도리를 끊었다. 붓을 놀리는 자그마한 기예로 출세하여 등급을 건너뛰어 외람되이 작위를 차지하여 녹을 훔쳤다."[47)]

이처럼 허균이 능지처참을 당하는 1618년 8월 24일 전후의 『조선왕조실록』의 『광해군일기』의 기록에는, 천지간의 괴물이자 개돼지 같은 행실의 인물로 기록되었다.[48)]

---

46) 『광해군일기』 10년(1618년), 4월 29일.

47) 『광해군일기』 10년(1618년), 9월 6일.

48) 4월 29일과 8월 22일 두 차례에 걸쳐 '괴물'이라는 표현이 등장하고, 사형 이틀 전인 8월 22일에는 홍문관 관원들은 삭탈관직과 함께 임금의 명령으로 죄인을 신문하기를 청하면서 허균을 '하늘이 낸 괴물'이라고 비난한다. 허균은 이러한 광해군이 인조반정으로 폐위가 되고, 허균의 처형에 앞장섰던 이이첨이 처형된 다음에, 광해군 시절 역모 혐의로 사형을 당한 인사들은 복권되었으나 허균은 예외에 속하였고, 조선왕조가 역사에서 사라지는 순간까지 복권되지 못하고, 언급될 때면 성도 없이 '균'이라는 이름만 씌어지거나 아예

기준격은 광해군 9년(1617) 12월 24일에 허균을 탄핵하는 상소를 올렸다. 허균은 1618년 8월 18일의 공초에서, "세상에 전해지는 『산수비기』는 세상에 떠돌아다닌 지 이미 오래되었습니다. 참서를 집에 보관하는 것은 율문에 죄가 중하므로 신은 보고도 그냥 지나쳤을 뿐입니다. 천도의 설은 임자년에 한창 나왔는데 수십 년 전에 신이 어떻게 미리 알아서 첨가하였겠습니까?"라며 변론하였다. 그러나 8월 22일, 홍문관 관원들은 차자에서 "하늘이 낸 괴물인 허균이 2백년의 종사에 화를 전가시키려고 한 전후의 흉악하고 비밀스런 상황에 대해서, 사람마다 모두 마음속으로 통탄해하고 있었으나 입으로 말하지 못했을 따름입니다. (중략) 허균이 평생 동안 한 것은 온갖 악행을 다 갖추고 있는데 상도를 어지럽히는 패려궂은 행실은 다시 사람의 도리를 기대할 수 없을 정도였습니다. 상중에 창기를 데리고 있어서 인류에 버림을 받았고, 요망한 짓을 하고 참언을 조작하는 것은 곧 그의 장기이며, 화란을 탐하고 즐겨 오히려 미치지 못할까 근심하는 듯 하였습니다."는 격렬한 비난을 받았다. 허균은 마침내 비기에 의탁해서 참언을 지어내 몰래 천도의 설을 퍼뜨리고, 흉격과 흉서를 내붙여 역모를 꾀한 역적의 우두머리로 지목되어 1618년 8월 24일에 능지처참에 처해졌다.

허균의 몇몇 주변 사람들은 시세에 불만을 지니고 변혁을 꿈꾸던 사람들이었고, 허균은 광해군의 깊은 신임을 얻고 있었으며, 허균을 지원하던 북인 출신의 실세가 이이첨이었기에 허균은 형조판서가 되는 등 조정에서 활발한 활동을 하였다. 인목대비 사건이 일어났을 때, 허균의 일파는 인목대비 폐비에 찬성하고 나섰고, 인목대비를 모략하는 글을 인목대비가 거처하는 경운궁에 던졌을 때, 이를 주동한 사람이 허균의 일파인 김윤황으로 지목되었다. 인목대비의 폐비를 반대하는 세력들은 허균을 집요하게 비판하면서 일대 상소 운동을 일으켰다. 서로 공방 속에서 초기에는 허균 일파가 기선을 잡았지

무명씨로 불리는 슬픈 존재의 이름으로, 특별 취급을 받았다.

만, 곧 난리가 날 것이니 모두 도성에서 피난하라는 민심을 충동하는 내용을 담은 격문 사건이 남대문에서 벌어졌다. 이것을 붙인 주모자가 현응민이라는 사실이 밝혀지면서, 허균도 현응민과 가까운 사이라고 체포되었다. 이때 권력의 실세인 이이첨은 허균을 멀리하였을 뿐만 아니라, 허균과 그 일파를 처형하라고 광해군을 압박하였다. 허균 일당이 심문을 받을 때 현응민은 "앞뒤의 흉서는 모두 내가 한 것이고 허균은 알지도 못한다. 나를 죽이면 그뿐이요, 허균을 죽이는 것은 실로 원통하다."고 하였다.

이처럼 광해군은 직접 심문하면서 결안을 내지도 않은 위법의 상황에서, 이이첨에 밀려 마지못해 허균을 사형에 처하라는 조치를 내렸다. 그리하여 허균은 승려 · 무사들을 거느리고 일대 모반을 꾀했다는 죄명으로 그의 일파인 김윤황 · 하인준 · 현응민 · 우경방 등과 함께 의금부 서문의 사형장에서 처형되었다.

(나) 허균 창작설을 부정하는 연구자들과 그 한계

「홍길동전」의 작가는 허균이라는 선행하는 통설을 비판하는 주장은 1960년대 들어서 이능우 · 김진세 등에 의하여 제기되었다. 이 중에서, 허균 창작설은 허균의 17세기 초에 「홍길동전」을 창작하였다는 이식의 견해를 수용한 경우로, 내려오면서 원래의 텍스트가 부분적으로 개작되고 많이 변개된 것으로 보는 견해도 있다. 또, 17세기 초에 허균이 한문으로 표기한 「홍길동전」이 이식이 전하는 것으로서, 이 「홍길동전」은 소실되었고, 18세기 말이나 19세기 전반에 세책방[49] 주변에서 어떤 작가가 창작한 것이 현재 전하는 한글 텍스트라는 주장도 있다. 이러한 주장들의 시작은 경성제대에서 다카하시

49) 역사적 사건과 수백 년이나 떨어진 시대인 19세기에, 그것도 홍상징의 아들 길동이 살았던 호남 장성 지역과는 멀리 떨어진 한양 세책방의 서민작가가 창작했다는 것은 논리적 비약이 심하다.

도루의 지도를 받은 김태준의 『조선소설사』에 다음과 같이 서술되어있다.

> 傳하는 말에 許筠이가 水許傳을 百讀하고서 洪吉童傳을지엇다고한다.「許筠作洪吉同傳 以擬水許」(『澤堂雜著』·『松泉筆談』)라는文句로써 洪吉童傳의著者가 許筠임을 알엇다[50)]

연구사 초기에는 이러한 김태준의 견해가 통설로 받아지면서, 세부적인 설명에서는 보다 진전된 견해들이 덧보태지면서 허균 창작설은 입지를 확고히 하였다.

> 洪傳은 여러 點으로 보아서 우리 小說에서 重要한 位置에 있다. 作者에 對하여 李植의 「澤堂別集」 卷十五 雜著에 許筠이라 하였다. 許筠은 光海君 때 사람이며 李植은 光海君, 仁祖 때 사람이니까 信憑할 수 있겠으며, 또 任璟의 「玄湖瑣談」에 依하면 澤堂이 弱冠時에 許筠과 詩를 酬應하다 筠에게 極讚을 받고 이것으로써 그 이름이 알려지게 되었다 한다.
>
> 澤堂은 "許筠은 才調가 一代의 冠冕이나 幻奇를 좋아하고 輕薄하여 往往無賴輩와 親交하였다. 同志 朴燁等과 水滸傳을 愛讀하고 同人同志와 水滸傳의 豪傑別名을 붙여서 이것으로 서로 呼名하며 좋아하였고 筠은 水滸傳을 模倣하여 洪吉童傳을 지었다. 또 筠과 親近하였던 徐羊甲 沈友英 等輩는 洪吉童傳을 實際로 行하여 亂暴狼藉 害毒을 村里에 끼치고 나중에는 筠 自身도 殺奚되었으니 이것이 聾啞의 報다."라 하여, 許筠이 洪傳을 만든 經緯를 말하였다.
>
> 筠과 親近하던 사람에는 名門庶子와 文章이 非凡한 不遇한 人物들이 많았으며 이들에게 筠은 많은 同情을 가졌던 것이다. 이러한 事實에 비추어 考察

50) 김태준, 『조선소설사』, 청진서관, 1933, 56쪽.

하면 許筠이가 部下의 好意를 얻고자 하던 意思도 있거니와 또 그 當時 庶子賤待의 國法에 反抗하는 뜻으로 洪吉童傳을 만들었다고 보아도 可하다.[51)]

1965년에 이능우는 사서에 담긴 허균의 많은 결점을 들어 엄청난 소인 허균을 위대한 작품 「홍길동전」과의 결부시키기가 어렵기 때문에 허균의 사상과 인품으로 보아 그가 「홍길동전」의 작가일 수 없다고 주장하였다. 그는 체제 부정적인 내용의 「홍길동전」을 만약 허균이 썼다면, 그를 모함했던 기준격의 상소문에 당연히 그 사실이 기록되어 있어야 할 것인데 서양갑 · 박응서 등의 서얼들이 붙잡혀 질문을 받을 때도 전혀 이 사실을 폭로하지 않은 것은 허균이 『홍길동전』을 짓지 않았다는 근거로 제시하였다. 이외에도 「홍길동전」이 연산대의 실재인물 홍길동의 전일 것으로 추정하였지만, 허균이 반역죄인으로 갖은 죄목을 다 둘러쓰면서 「홍길동전」에 관하여는 한마디 매도가 없음으로 보아 허균이 「홍길동전」을 지었다고 보는 데에는 의심이 가며, 허균이 「홍길동전」을 지었다고 한 이식의 기술은 착각적 기술이 아닐까 하였다.[52)]

이능우는 1969년에도 「홍길동전」과 허균의 관계」[53)]에서 "연산군, 중종, 선조 조의 실록에서 홍길동이란 도적과 관련된 기록을 찾아내고, 강도 홍길동이 실재했음을 부각시키고 있다. 그는 「홍길동전」은 소설이 아니라, 한 사람의 역사 인물 홍길동의 전기로 보았다. 그는 실록에 나타난 홍길동의 활동으로 볼 때, "보통의 도적이 아니었던 것 같다"고 하면서도, 홍길동의 의적형 활동의 의미를 강조하지는 못하였다. 그러나 "쌀 2천석을 횡탈한 일도 있는 것 같다는 사실까지 전하였다." 를 근거로 허균 창작설을 부정하였다.

51) 이재수, 『한국소설연구』, 선명문화사, 1973, 141~142쪽.

52) 이능우, 앞의 책, 178쪽.

53) 이능우, 『국어국문학』 42 · 43 합병호, 1969.

김진세는 앞선 연구자인 이능우의 견해에 동조하면서 이식이 남긴 『택당집』의 기사가 신빙성이 떨어진다는 점을 허균 창작설의 문제점으로 제기하였다.[54)]

또, 백승종도 1995년 허균 창작설을 다음의 논지를 들어 부정하였다.

> 현재 전하고 있는 『홍길동전』의 저자는 허균이 아니며, 이 소설이 쓰여진 시기도 통설과는 달리 18세기 후반에서 19세기였으리라는 것이 필자의 管見이다.[55)] 그 근거로, 첫째, 사실 18세기 중엽까지도 고소설 『홍길동전』의 존재를 알고 있는 사람이 식자층 가운데 全無하였다. 일례를 들어서 實學者 李瀷(1681-1763)은 『星湖僿說』이라고 하는 일종의 백과사전을 집필하였는데 이 책에는 무려 3,057개나 되는 항목이 수록되어 있다. 만일 이익의 시대에 이미 고소설 홍길동전이 널리 읽혀지고 있었다면, 위 단락에 그러한 사실이 언급되었을 법하다. 이익은 같은 책에서 「수호전」과 '七庶'에 대하여도 약간의 지면을 할애하고 있는데, 거기서도 고소설 홍길동전에 대하여는 단 한 마디도 언급하지 않았다.[56)] 하물며 허균이 고소설 홍길동전의 저자라고 하는 진술은 더 이상 말할 필요도 없다. 고소설 홍길동전이 허균의 저작임에 틀림없고 그에 따라서 18세기 중반 이전에 이미 시중에 유통되고 있었다고 한다면, 이익의 저술에서 그 사실이 누락된 것은 중대한 문제이다. 그러나 이 소설이 18세기 중반 이후에 저술되었다고 한다면, 기록에 빠진 것은 오히려 당연한 일이다.[57)]

54) 김진세, 「홍길동전의 작가고」, 『논문집』, 서울대학교 1집, 1969.

55) 백승종, 「고소설 홍길동전의 저작에 대한 재검토」, 『진단학보』, 80호, 1995, 307쪽.

56) 7서자의 변란에 대하여는 이익의 「칠서얼」, 『성호사설』 Vol 1, 611쪽을 참조할 것. 그리고 「수호전」에 대하여는 「수호전」 같은 책, Vol 2, 20쪽에서 책의 구성을 소개하면서, 작가가 아마도 도둑의 마음을 품은 사람일 것이라고 비난하고 있다.

57) 백승종, 「고소설 홍길동전의 저작에 대한 재검토」, 『진단학보』, 80호, 1995, 325~328쪽.

차용주는 1972년 「홍길동전」의 허균 창작 부정설에 대한 반론을 제기했다. 허균의 불교관에서 그가 처음으로 불경을 보게 된 것은 불교의 흥리보다 그 독특한 문체에 매혹되었고, 이러한 계기로 불경과 접하게 된 그는 관로가 평탄하지 못하고 소탄한 성격이 시귀의 미움을 받게 되자 일시적으로 호불을 하였으나 ,독신은 아니었고, 오래 계속하지도 않았다는 점을 들고 있다. 그리고 그의 「송이나옹환지산서」 후미에는 불교에 대한 신랄한 비판이 보인다고 하였다. 그는 허균의 인간성에 대해서도 이능우의 전술한 바 자료 선택에 대한 불합리, 예컨대 『선조실록』, 『광해군일기』, 『대동야승』, 『조야집요』 등에서 대부분을 인용한 데 비해 『어우야담』, 『성소부부고』에서는 각각 하나씩만 인용한 부당함을 지적하였다. 또 그는 김진세, 이능우의 소론이 비록 수긍이 가는 점이 있다할지라도 「택당별집」의 기록을 부정할 만한 확연성은 희박하다고 하였다.[58)]

> 근래 논자에 따라 허균의 복주시의 죄명을 혁명의 웅도도 보기도 하나, 그에 대한 찬사를 애매한 사건에 대한 확대해석보다 이 시기로 돌려야 하리라고 생각하며, 이때 그는 홍길동전을 주제에 상응할 만한 사상적인 여유와 의욕이 충분히 있었다고 믿는다[59)]

이처럼, 차용주는 7인의 서류들이 여강에 집단적으로 거주하면서 사회적 차대에 비분하여 서류들의 사회 진출을 막는 제도를 타파하고자 모의한 것만은 사실이며, 허균과 그들이 어울린 것은 허균과 「홍길동전」과의 유기성을 충분히 보여준다고 보았다.

앞선 연구자들의 견해를 더욱 구체화시키는 작업으로 이윤석은 1997년 다

58) 김광순, 「한국고소설사와 논」, 새문사, 1990, 209~225쪽.

59) 차용주, 「허균론 재고」, 『아세아연구』 48호, 고려대학교, 1972, 165~166쪽.

음과 같은 견해를 제시하였다.

현존 〈홍길동전〉 이본은 모두가 19세기 후반기 이후의 작품이다. 허균이 지었다는 〈홍길동전〉은 작품이 없기 때문에 어떤 내용인지 알 수 없을 뿐만 아니라 실제로 〈홍길동전〉이 있었는지도 확실치 않다. 더구나 허균이 죽은 후에 250년 이상의 오랜 기간 동안 〈홍길동전〉이 어떤 경로를 거쳐 지금의 모습으로 남아 있는지 설명할 수 있는 아무런 자료도 없다. 택당문집의 〈홍길동전〉이 지금 우리가 연구하는 바로 그 〈홍길동전〉임을 실증적으로 증명하지 못하는 한, 현존 〈홍길동전〉을 허균의 작이라고 말하는 것은 모순이 아닐 수 없다.[60)]

만약 〈홍길동전〉이 18세기 말엽부터 19세기 중반 사이에도 널리 읽히던 소설이었다면 〈상서기문〉이나 〈추재집〉 또는 〈제일기언〉 가운데 어느 한 곳이라도 그 이름이 나와야 하지 않을까……이러한 정황으로 미루어 볼 때 〈홍길동전〉은 19세기 중반까지는 없었을 가능성이 크다.[61)]

조동일은 1981년에 허균 창작 부정설을 다음과 같이 비판하였다.

『澤堂別集』의 자료 가치를 의심할 수 있는 증거는 분명하지 않다. 둘째, 許筠이 처형될 때 가택 수색을 했어도 『洪吉童傳』은 비밀히 전해졌을 수 있다. 셋째, 『洪吉童傳』은 嫡庶의 차별을 타파하고자 주장했지. 一夫多妻制를 비판하거나 性生活의 절제를 주장하려고 한 것은 아니다. 따라서 홍판서는 낮에 侍婢 춘섬과 관계하여 홍길동을 낳았으며, 홍길동은 율도국의 왕이 된 후에 二妻를 두었다. 넷째, 許筠의 佛敎 신봉은 僧侶의 횡포에 대한 반감과 별개의

60) 이윤석, 『홍길동전 연구』, 계명대출판부, 1997, 114쪽.

61) 같은 책, 140쪽.

> 것으로 생각할 수 있다. 許筠이 佛敎를 신봉했다고 해서 자아와 세계의 대결을 불교에 의해 해결하려는 입장을 취한 것은 아니다.(僧侶였던 金時習의 경우도 이와 같다) 오히려 許筠은 당시의 지배적인 이념에 대한 반발에서 佛敎, 仙敎, 西敎 등의 諸異端을 두루 좋아했다고 할 것이다. 許筠이 『洪吉童傳』의 작가라는 적극적인 증거는, 앞으로 상론하겠지만 許筠에 의해 문제화된 自我와 世界의 對決이 『洪吉童傳』에서 그대로 나타난다는 사실이며, 한 예를 들면 「豪民論」과 「遺才論」의 내용이 『홍길동전』과 근본적으로 일치한다.[62]

이처럼 조동일은 허균은 이 「홍길동전」의 저자라는 적극적인 증거는 허균에 의해 문제화된 자아와 세계의 대결이 「홍길동전」에서 그대로 나타난다고 보았다.

장효현은 2001년 다음과 같이 「홍길동전」이 허균의 작이 아니고, 19세기 중반에 창작된 것이라는 견해를 다음과 같이 비판하였다.

> 첫째, 「홍길동전」이 18세기 말엽부터 19세기 중반 사이에 널리 읽히던 소설이었다면, 〈상서기문〉이나 〈추재집〉 또는 〈제일기언〉 가운데 어느 한 곳에라도 그 이름이 나와야 할 것 '이라고 하였으나, 이들 기록은 극히 제한적인 것이기 때문에 이들 문헌에 언급이없다고 하여 작품이 존재하지 않았다고 볼 수는 없는 것이다. 이미 학계에서 그 창작시기가 밝혀진 15세기 이래 19세기 전반까지의 수다한 소설 가운데서 이들 기록에서 거명된 것은 참으로 九牛一毛에 불과하기 때문이다. 둘째, 「홍길동전」은 택당 자신도 직접 보지 못했을 뿐만 아니라 내용도 몰랐던 것 같다 '고 하였으나, 아래에 면밀한 검토 결과에서 보듯, 택당 이식은 「홍길동전」의 내용을 충분히 독자에게 전달해주고 있기 때문이다 (중략)

62) 조동일, 『한국소설의 이론』, 지식산업사, 1981, 205~206쪽.

허균이 홍길동전을 지었을 가능성은 어느 작품보다 기록이나 전승에서의 신인도가 높기 때문에, 허균을「홍길동전」작가가 아니라는 주장은 수긍하기 어렵다. 이를 뒷받침해주는 몇 가지 사실들을 들어보자.

첫째, 허균설을 긍정하는 이들은 "택당 이식과 허균(許筠)은 15살 차이밖에 나지 않는 동시대의 인물일 뿐만 아니라, 허균의 제자에 속하므로 그의 기록은 신뢰할만하다. 둘째, 허균은 그의 저작 가운데「호민론」이나「유재론」과 같은 글을 통하여 통치자가 가장 두려워 하야할 대상은 백성이며, 인재의 등용에는 신분의 귀천을 따지지 말고 능력을 본위로 삼아야 된다고 주장하였는데, 홍길동전에도 이런 생각이 포함되어 있다. 셋째, 이식은 허균이 신분보다 개인의 능력을 중시하였던 서자를 스승으로 모셨을 뿐만 아니라, 반역죄로 죽게 된 서자들과 친한 사실로 보아, 서자에 대한 차별이 중요한 문제로 되어 있는「홍길동전」의 작자로 허균을 지목한 것은 적절하다

넷째, 허균은 혁명적 사상가 또는 시대의 반항아로 평가될 수 있기에 더욱 그러하다. 다섯째, 허균의 가족사로 보아도 그는「홍길동전」을 지을만한 여건을 갖추고 있다. 즉, 허균은 선조 때의 문신으로 부제학, 경상도 관찰사를 지낸 초당 허엽의 3남 3녀중 막내아들로 태어났다. 몇 차례의 과거에서 장원급제했지만 다섯 차례나 파직을 당하기도 했다. 특히, 전시 부정 사건에 연루되어 전라도 함열로 귀양살이까지 했다. 또, 그의 큰형 허성이 전라도 관찰사로 재직 중이던 1601년에는 세곡 운반 책임을 맡은 전운판관으로 호남 지방을 순시하면서 부안의 명기이자 시인인 매창과 사귀기도 하였다.[63]

이처럼 장효현은「홍길동전」허균 작가설은 작가일 수 있는 근거도 있고, 또 현전 텍스트가 그의 원작과는 많은 차이가 있다는 설에 대해 각각의 근거를 제시하였다.

---

63) 장효현,「홍길동전의 생성과 유전에 대하여」,『국어국문학』, 129호, 2001, 361~362쪽.

연구사의 현황이 이러하지만, 허균 창작설을 부정하는 연구자들은 결정적인 한계를 지니고 있다. 즉, 현전하는 「홍길동전」에 기축옥사와 연관된 역사 실존인물인 포도대장이 이흡이라는 실명으로 등장하여 홍길동으로부터 조롱을 당하는 이유와, 이 소설이 홍상직의 서자인 제1 홍길동을 표제로 다루고 있고, 작품의 특질이 통속소설이 아닌 이중서사 기법의 성리소설이며, 이런 조건들은 17세기 초에 정치가요, 문장가로 활동한 교산 허균이 아니고는 충족시킬 수 없는 창작 조건이라는 점을 파악하지 못했다는 한계를 지니고 있다.

(다) 허균이 「홍길동전」의 작가임을 보여주는 두 가지 증거

(ㄱ) 텍스트 외적인 문헌 기록으로 본 이식의 허균 창작설

허균이 「홍길동전」의 작가임을 밝혀주는 작품 외적 기록의 근거는 허균보다 15년 후에 태어난 택당 이식을 비롯하여, 허균이 창작했음을 전하는 조선조 기록들이 다수가 있다. 17세기에 시작하여 18세기나 19세기에 이미 허균이 「홍길동전」을 창작했음을 증명하는 단편적인 글들이 나와 있었다. 허균이 「홍길동전」을 창작했다는 사실을 보여주는 글로서 택당 이식의 기록이 가장 오랜 것이다. 우암 송시열이 전한 1674년 『택당집』 「별집」의 기록[64]에는 허균의 「홍길동전」 창작 에 관한 가장 결정적인 기록[65]이 있음을 간과해서는 안 될 뿐만 아니라, 이식이 허균을 비판적으로 바라본 태도와 이 기록의 상관성을 주목해야 한다. 즉, 허균이 1618년 모반죄로 처형을 당한 이후에, 이식은 자신과 허균과의 연결 고리를 끊거나 약화시켜서 당파성으로 모함이 증폭되

---

64) 『택당집』은 1674년에 초간되었다. 편집과 출간에는 김수항과 송시열이 간여하였다. 특히 「홍길동전」에 관한 부분은 송시열이 교열하였다.

65) 『조야집요』에도 같은 내용이 전한다.

는 처지를 막기 위해서는, 특히, 허균이 과거에 시험관이었을 때에 그가 과거에 급제하였다는 사실이 이런 「홍길동전」 창작 상황을 기술하게 되었을 것이다.

허균의 『성소부부고』의 〈서유록 발〉에는 "내가 희가의 소설 수십 종을 얻어 읽어 보니, 「삼국지연의」와 「수당지전」을 제외하고, 그 밖에 「양한지」는 앞뒤가 맞지 않고, 「제위지」는 옹졸하며, 「잔당오대지연의」는 거칠고 경솔하며, 「송태조용호풍운회」, 「북송연의」는 소략하며, 「수호전」은 간사한 속임수에 기교를 부렸다. 이것들은 모두가 독자를 교훈하기에 충분하지 못한 것들인데 한 사람의 솜씨에서 저술되었으니 나관중의 자손이 3대를 벙어리로 살아간 것이 당연한 일이다. 「서유기」라는 책이 있는데, 종번에서 나왔다고 하는 것으로 이는 곧 현장의 「취경기」를 부연한 것이다."고 하였다. 또, 이식은 「혼정편록」에서 "하물며 사민의 아내가 아직도 생존해 있는 때이지 않은가? 사민의 집에 사당을 세워 날마다 삼 희생 제물인 소 · 양 · 돼지로 제사 지내는 것이, 홍길동의 소염통 구이만 못할 것이로다' 하였다" 라는 기록도 보인다. 이로 미루어보면, 택당 이식은 홍길동이란 도적에 대해 꽤 좋지 않은 감정을 지니고 있었음을 알 수 있다.

또, 이식의 문집이 초간된 것은 1674년이다.[66] 이 문집의 편집과 출간에는 김수항과 송시열이 관여하였다. 「홍길동전」에 관한 부분은 송시열이 교열하였다.[67]

> "이식의 주장은 「수호전」을 애독하였거나 그 내용을 실천하려고 하였던 사람들은 모두 다 제 명대로 살지 못했다는 점에 있다. 허균과 서양갑 등이 동일한 사건의 연루자라고 본 것은 결코 아니었다. 칠서의 역모설, 즉 서양갑이

---

66) 송시렬, 『송자대전』, 제138권, 『택당집』 서.

67) 권오돈, 「택당집」, 『한국의 고전백선』, 동아일보사. 1969, 248~250쪽.

영창대군을 왕으로 옹립하려고 하였다는 광해군 당대의 공식적인 의견을 그는 조작으로 보고 있으며, 허균을 이 사건의 공모자로 보지 않는다."[68]

이식은 허균에 대하여, 확실한 근거를 제시하지 못하면서도, 일방적으로 비난을 일삼았다.

"처음에 이식은 허균의 문하에 출입하였으며, 허균이 시험관이 되어 주관하였던 文科에 급제하여 물의를 일으키기도 하였다. 1617년 허균이 주동이 되어 광해군의 계모인 仁穆大妃를 폐위시키려는 폐모론을 계기로 관직에서 사퇴하였다. 그 사건을 정점으로 이식과 허균이 서로 반목하게 되었고 이후 1624년 인조반정에 의하여 북인이 제거되자 이식은 재기용되어 점차 서인의 중심 인물로 부상하여 대사간의 지위에까지 올랐다. 그로서는 일시 동안이나마 허균의 제자였다는 사실이 정치적인 부담으로 작용할 수 있었다. 이식의 심리적인 부담감은 자술한 장문의 「墓誌」에서 허균과의 관계를 일체 언급하지 않는 사실에서 반증된다.[69] 그래서 그는 문제의 기사를 문집에 기록하여 허균을 헐뜯는 데에 앞장을 섰던 것이다. 이것은– 생시에는 물론이고 혹시 사후라도– 그가 본래 허균의 일당이었다고 하는 비난과 공격으로부터 벗어나기 위한 保身과 保名의 책략이었을 수가 있다."[70]

벼슬길을 길을 걸었던 이식으로서는 일시적으로 허균과 가까웠다는 것이 부담으로 작용하여 동인인 허균과의 관계에 거리를 두기 위하여 동인이었던 허균이 북인 정권의 중심 인물이며, 허균이 「홍길동전」의 작가일 뿐만 아니

---

68) 이익, 「칠서얼」, 『성호사설』 1권, 611쪽.

69) 여기서 이식은 허균과의 사우 관계나 과거 급제 당시 여론이 나빴던 사실에 대하여 일체 언급을 회피하였다. 『국조인물고』와 대조가 된다.

70) 백승종, 「고소설 홍길동전의 저작에 대한 재검토」, 『진단학보』, 80호, 1995, 317~318쪽.

라, 인조반정이 일어나자 즉시 처형된 박엽[71]과 같이 수호전에 등장하는 도적의 이름을 빌려서 즐겼다고 하였다.[72]고 하게 된 것이라는 비판적인 기록을 남기게 되면서 허균과 「홍길동전」 관계를 거론한 것으로 판단된다.

박엽은 1570년 생이며 1587년 문과 급제로 벼슬에 오르며 인조반정으로 광해군이 몰락하자 그 때에 함께 사사된 사람이다. 사서에서는 광해군을 혼군이며, 패륜아로 묘사하고 있다. 그의 충복인 박엽 역시 비슷하게 악평을 남기고 있다. 부정부패와 향락을 탐하는 최악의 신하로 서술하고 있다. 박엽은 광해군이 권좌에서 쫓겨난 것을 듣고 자기의 죽음도 받아들여야 함을 알게 되었다. 당시 평안도 군권을 쥐고 있던 평안도 관찰사이면 10만 군병을 움직일 수 있었다. 이 자리에 있던 박엽의 심복 부하 중 한 사람은 '지금 군대를 몰아쳐 한양으로 가서 왕을 구해냅시다. 이대로 죽을 수는 없잖아요?' 했으나, 박엽은 반항을 해봐야 결국 백성들의 피만 더 흘리게 할 뿐이란 사실을 알고 운명을 받아들여 칼을 받고 죽었다. 당시에 박엽의 휘하에는 여진족 출신의 군병들과 장수도 상당수 있었지만, 그들은 모두 여진족으로 돌아갔다.

사신을 보내어 박엽(평안 감사) · 정준(의주 부윤)을 베게 하였다. 박엽은 6년 간 관서 지방에 방백으로 있으면서 탐학한 짓으로 재물을 수탈하고 끝없이 사치와 욕심을 부려 개인이 지니고 있는 재물이 내탕고의 재물보다 더 많았으며, 일로(一路)에 해독을 끼쳐 마을이 폐허가 되었다. 정준은 정조(鄭造)의 아우로서 제일 먼저 폐모론을 주장하였고, 의주에 있을 때 탐학한 짓을 한

---

71) 이식의 이 글이 지닌 내면세계는 거기에 중심이 있는 것이 아니라, 허균과 박엽에 대한 비판을 하기 위한 방편으로 그런 행동을 거론하고 있다. 그러므로 북인 집권층의 핵심에 위치하였던 허균과 박엽이 도적으로 평가되던 호한들의 행동을 흉내내고자 하였다는 점을 부각시킴에 의도가 있다. 또 이런 사실을 근거로 하여, 허균이 도적들의 영웅담인 홍길동전을 창작한 경망스럽고도 부정적인 인물임을 강조하려는 것이다.

72) 「澤堂別集」, 卷十五 〈雜著〉 "許筠朴燁等好其書 以其賊將別名 名占爲號以相謔 筠又作洪吉同傳 以擬水滸".

것이 박엽에게 다음갔었는데, 허정식(許廷式) · 남이흥(南以興) · 윤수겸(尹守謙)과 함께 오적(五賊)이라고 칭하였다. 제장들은 이 두 사람이 서쪽 변방에 있으면서 스스로 의심하여 변란을 일으킬까 염려하여 제일 먼저 참형할 것을 계청하였는데, 상이 도원수 한준겸에게 비밀히 유시하여 베게 하였다. 박엽이 죽은 뒤에 평양 백성들이 관을 꺼내어 시체를 가루로 만들고 그가 타고 다니던 말까지 죽였는데, 그의 처자식은 겨우 모면하였다.[73)]

대장이 아뢰기를, "평안 감사 박엽(朴燁)과 의주 부윤 정준(鄭遵)은 탐욕과 포학을 부려 백성들의 고혈을 착취하여 전부 제 집에 실어 보냈으므로 진기한 보물이 산적하여 이루 헤아릴 수 없습니다. 관에서 몰수하여 국용에 보태게 하소서." 하니, 상이 이르기를, "이 두 사람의 재산은 공신들에게 나누어 주겠다. 기타 몰수할 재산을 아울러 자세히 살펴 서계하라."하였다. 뒤에 의주 부윤 이경직의 계청에 따라 정준의 재산은 본 고을 군졸에게 나누어 주었다.[74)]

『택당집』은 택당 이식의 사후 28년이 지나서 당시 노론의 영수인 우암 송시열[75)]이 자신의 집에 보관 중이던 선대의 문적들을 정리하는 데에서 찾아내 편집한 것이다. 이식의 글로 전하는 이 글의 내용은, 훗날 송시열은 허균을 비판하기 위하여 이 내용을 별집에 넣었을 수 있다. 즉, 이식은 허균이 1618년에 모반죄로 처형되었기 때문에 관직의 길을 위해서는 허균과의 연관성을 최대한 피해야했다. 특히, 그는 급진 개혁성향의 허균에 대한 비판으로 노론의 영수인 우암 송시열을 통해 「홍길동전」의 저자가 허균이라는 주장을 공론화 함이 필요했다고 판단된다.[76)] 왜냐하면, 우암은 허균이 「홍길동전」을 지

73) 『조선왕조실록』, 광해군 15년(1623) 3월 13일.

74) 『조선왕조실록』, 인조 1년(1623) 3월 21일.

75) 1607년에 태어나 1689년에 사망.

76) 이 시기의 치열한 당쟁의 분위기로는 이식이 아무 근거도 없이 허균이 「홍길동전」을 지었

었단 사실만으로도 정치적 맞수인 동인 측을 공격할 이념적 도구가 된다고 판단했을 것이다.[77]

또, 『택당집』과 상당히 비슷한 내용을 기술하였던 심재는 서인의 일파인 노론계의 학자였다. 허균과 동시대인이 아니었던 심재의 서술은 『택당집』을 근간으로 하였다고 믿어도 좋을 것이다. 심재는 같은 당파의 선배 학자인 이식에 대하여 특별한 존경심을 가지고 있었기 때문에, 『송천필담』에서도 이식의 학문과 행실에 대하여 적지 않게 언급하고 있다. 이러한 점으로 볼 때, 심재가 『택당집』의 기사를 전적으로 신뢰하였을 것은 의심의 여지가 없다. 따라서 「홍길동전」의 작가에 관한 한 『송천필담』의 기사는 사료로서의 독자적인 중요성을 가지지 못한다고 하는 판단이 가능하다."[78]

(ㄴ) 텍스트 내적 인물로 본 기축옥사와 연관된 포도대장 이흡

현재까지 전하는 「홍길동전」의 대부분 텍스트에는 홍길동을 체포하려고 조정에서 파견된 포도대장 이흡이 등장한다. 그는 자원하여 임금 앞에 나아가 홍길동을 체포하겠다고 호언장담을 하였지만, 체포 작전에 나선 현장에서는 그렇지 못하고 청포를 입은 소년으로 변장하여 도술로 대응하는 홍길동에게 맞수가 되지 못한다. 이런 내용으로 등장하는 포도대장 이흡은 실명으로 텍스트에 20여 회나 나온다. 「홍길동전」 전체 내용으로 볼 때도 홍길동 다음으로 가장 높은 빈도수를 보이며 실명 고유명사로 등장한다.

이흡 소재로 본 텍스트의 내적인 근거를 살펴보면, 포도대장 이흡은 계열별 변이상에도 불구하고 거의 변하지 않는 항속적 성격을 지닌다. 경판 30장

다는 거짓을 섣불리 유포할 경우나, 허균이 「홍길동전」 저자라는 택당집의 내용을 섣불리 부정하기는 힘들던 시기였다.

77) 이식의 「홍길동전」 허균 창작설에 대해 동인 측에서는 어떠한 문제 제기도 없었다.

78) 백승종, 「고소설 홍길동전의 저작에 대한 재검토」, 『진단학보』, 80, 1995, 317~8쪽.

본의 '우포장 니흡', 경판 24장본의 '우포쟝 니흡', 김동욱 55장본의 '어의딕장 니흡', 정명기 77장본의 '포도딕장 이흡', 조종업본의 '포도대쟝 니흡', 정우락본의 '포도딕장 이흡', 동양문고본의 '우포쟝 니흡', 김동욱 89장본의 '포장 이흡' 등에서는 이본의 차이에도 불구하고 거의 동일한 인물명 표기[79]가 발견된다. 서강대본을 제외한 나머지 검토대상의 이본이 국문본임을 고려할 때, 매우 특이한 양상이다. 왜냐하면, 「홍길동전」에 등장하는 중요한 화소인 '활빈당'의 경우에서조차 '할미당'[80]이라는 와전이 보임에도 불구하고, 유독 이흡이라는 인물 소재는 거의 변이가 되지 않는다. 이처럼 「홍길동전」에서 '이흡' 소재는 거의 불변의 화소로서 작가 허균이 직접 마련한 서사의 틀을 고스란히 유지하고 있음을 보여주는 증거이다.

「홍길동전」에서 주요 대목의 하나에는, 홍길동이 도술 실력을 발휘하는 대목으로 홍길동이 포도대장 이흡을 조롱하는 다음과 같은 장면이 있다.

> 임금이 말이 끝나지 않아 문득 반열에서 한 신하가 나와 이뢰기를, "이는 조그만 도적이라, 비록 약간 술법을 행하여 팔도에 작란하오나 어찌 옥체의 염려하실 바이리까. 신이 비록 재주가 없사오나 약간의 군사를 주시면 홍길동 등 모든 도적을 사로잡아 국가의 큰 환난을 없애고 성상의 염려를 덜어드릴까 하나이다." 하거늘, 모두 보니 이는 포도대장 이흡이었다. 임금이 기뻐하시어 즉시 정예 군사 수백명을 주며 말했다. "과인이 일찍이 경의 지략을 아나니, 족히 근심이 없거니와, 대궐 밖으로 나가서는 경이 임으로 처결하여

---

79) 완판 36장의 '포도딕장 이업'이나 박순호 86장본의 '포도딕중 이업' 및 서강대 30장본의 '捕盜大將李協'의 경우에서 일부 다른 표기가 발견되지만, 이 역시 이흡이라는 인물 표기에서 변형된 것이다.

80) 수지져 왈 이흡아 세상의 엇지 〃 잇시리요. 네 눈을 드러 날을 ᄌᆞ세히 보ᄅᆞ 나난 할미당 홍장군이라(정명기 소장, 77장본 「홍길동전」).

도적을 잡으라."

이흡이 드디어 임금을 하직하고 즉일 바로 행군하여 성밖에 나와 군사를 각각 흩어 보내며 약속을 정하되, '문경으로 모이라' 하고, 홀로 행하여 김포 오십 리를 나와 날이 저물었다. 주점을 찾아 쉬려고 하는데, 문득 한 청포(靑袍) 입은 소년이 나귀를 타고 동자를 거느리고 주점에 들어왔다.

이흡이 일어나 인사하고 자리를 정한 후, 청포 소년이 문득 한숨 지으며 탄식하니, 이흡이 물었다. "그대 무슨 근심이 있관대 이렇듯 슬퍼하느뇨?" 그 소년이, "하늘 아래 임금의 땅이 아닌 데가 없고, 모든 영토의 백성은 왕의 신하가 아닌 사람이 없다고 하니, 내 비록 시골구석의 유생이나 나라를 위하여 근심하노라." 하고 대답하니, 이흡이 말했다. "그대 근심하는 일을 잠깐 듣고자 하노라."

그 소년이 이르되, "이제 홍길동이라는 도적이 팔도로 다니며 작란하되, 술법이 있으니 각 읍 수령이 밤에 잠을 능히 자지 못하고, 임금이 근심하시어 팔도에 공문을 보내 잡는 자가 있으면 중히 쓰리라 하나, 힘이 약하고 잡을 사람이 없으니 이로 근심하노라." 이흡이 이르되, "그대 기골이 장대하고 말이 충직하니, 내 비록 재주 없으나 그대를 따라 작은 힘이라도 도울 것이니, 그대 나와 더불어 마음과 힘을 합하여 도적을 잡아 국가의 근심을 덞이 어떠하리오." 그 소년이 대답하기를 "그 도적의 용맹이 과인(過人)하여 혼자서 능히 몇 사람을 당해낼 만한 힘이 있다 하니, 그대가 나와 더불어 마음과 힘을 합하면 잡으려니와, 만일 그러지 아니하면 도리어 우리 화를 스스로 취할까 하노라."

이흡이 이르되, "대장부가 죽으면 죽을지언정 한번 언약한 후 어찌 신용을 잃으리오?" 하니, 그 소년이, "내가 벌써부터 잡고자 하되 용력있는 사람을 얻지 못하였더니, 이제 그대를 만났으니 어찌 다행이 아니리오. 그러나 그대 재주를 알지 못하니. 그대가 나를 따르고자 하면, 그윽한 곳에 가 재주를 시험하리라." 하고 몸을 일으켜 밖으로 나갔다. 이흡이 그 소년을 따라 한 곳에 다다르니 그 소년이 높은 바위 위에 앉으며, "그대 힘을 다하여 나를 발로 차서 언덕 아래로 내리치면 그 용력을 가히 알지라." 하고 자못 높은 바위 끝에 올라앉았다.

이흡이 가만히 생각하되, '제가 비록 산을 뽑을 수 있을 정도의 힘과, 세상을 덮을 만큼 왕성한 기개가 있은 들, 내가 한번 차면 제가 어찌 떨어지지 않으리오,' 하고, 평생 힘을 다하여 두 발로 매우 차니, 그 소년이 문득 몸을 돌려 앉으며, "그대가 과연 장사로다. 내 여러 사람을 시험하되 일찍이 한 사람도 나를 요동케 하는 자 없더니, 오늘날 그대에게 차이매 오장이 울리고 참기가 매우 어렵도다. 그대가 나를 쫓아오면 홍길동을 잡을 것이니 내 뒤를 따르라." 하고 첩첩산중으로 들어가니, 산천이 험악하고 수목이 무성하여 동서남북을 능히 분간할 수 없었다. 한 곳에 이르러서 그 소년이 돌아서며 말하되,

"이곳이 홍길동이 있는 소굴이라, 내가 먼저 들어가 탐지하고 나올 것이니 여기서 기다리라." 하니, 이흡이 대답하기를,

"내가 이미 그대로 더불어 사생을 허락하여 이곳에 이르렀거늘, 나를 이곳에 혼자 두어 승냥이와 이리의 해를 보게 하느뇨?" 그 소년이 웃으며, "대장부가 어찌 승냥이와 이리를 두려워하리오. 그대가 진실로 겁이 난다면, 먼저 들어가 도적의 종적을 탐지하고 나오라. 내 홀로 이곳에서 기다리리라." 하니, 이흡이 이르되, "그대 말이 쾌활하니 빨리 들어가 적세를 살피라. 이 도적을 잡아 국가의 근심을 덜고 큰 공을 세우리니 마땅히 명심하라."

청포소년이 미소만 짓고 대답은 없이 훌쩍 떠나 산골짜기로 들어갔다. 이흡이 홀로 기다리는데, 해는 서쪽으로 넘어가고 달이 동쪽으로 떠오르며, 문득 승냥이와 이리는 전후좌우로 돌아다니니 이흡이 진퇴유곡이었다. 하릴없이 큰 나무를 안고 그 소년 오기를 기다리더니, 홀연 산 위에 야단스레 떠드는 소리가 요란하며 수십 군졸이 내려왔다. 이흡이 크게 놀라 바라보니 그 군사들의 모양이 매우 흉악하여 바로 몸을 피하려고 하는데 그 군사들이 전후좌우로 에워싸고 결박하여 꾸짖었다. "네가 포도대장 이흡인가? 우리들이 저

승의 십대명왕 명령을 받아 너를 잡으러 각지를 두루 찾으며 돌아다녔으나 일찍이 잡지 못하였더니, 오늘날 이곳에서 만날 줄이야 어찌 뜻하였으리오." 말이 끝나자 철사로 목을 옭아 풍우같이 몰아갔다. 이흡이 불의지변을 만나 혼비백산하여 수십리를 갔다.

한 곳에 다다라 성문을 넘어 들어가니, 천지는 더 넓은데 인간이 사는 곳이 아닌 다른 세상이었다. 마음속으로 생각하되, '내 이렇듯 몰리어 이곳에 들어왔으니, 어찌 다시 살아 세상에 돌아가기를 바라리오.' 하고, 정신을 겨우 진정하여 눈을 들어 좌우를 살펴보니, 아름다운 궁궐에 광채가 영롱하고 햇빛에 비쳐 눈이 부시는데, 무수한 군졸이 머리에 누런 두건을 쓰고 좌우에 나열하였으니 태도가 자못 엄숙하였다. 또 떠드는 소리가 매우 요란하므로, 이흡이 마음속으로 헤아리기를, '살아 육신이 왔는가, 죽어 혼백이 왔는가? 하고 다만 엎드려 있었다. 문득 앞에서 큰 소리가 길게 나며 무수한 나졸이 내달아 잡아 층계 아래로 꿇렸다. 이흡이 어떻게 된 줄 몰라 엎드려 명령을 기다리는데, 윗자리에서 한 대왕이 비단 도포에 옥으로 만든 띠를 하고 의자에 높이 앉아 큰 소리로 말하기를, "그대 조그만 필부로서 감히 외람한 뜻을 내어 홍장군을 잡으려하매, 팔도의 산신령이 진노하여 십대명왕에게 그대를 잡아 죄를 묻고 지옥에 가두어, 이치에 맞지 않고 도의에 어그러진 말을 한 죄를 다스려 후인을 경계코자 하시니, 지옥으로 가라." 하고, 좌우에 분부하여, "저 죄인을 지옥에 엄히 가두어라." 하니, 말이 끝나지 않아서 수십 군졸이 일시에 소리에 응하여 달려들어 결박했다. 이흡이 난간을 굳게 잡고 크게 외치기를, "소인은 세상의 하찮은 인간으로 무죄히 잡혀 들어와 죄를 당하오니, 엎드려 빌건대 명부는 굽어 살피보서," 하고 말을 마치며 크게 울었다.

좌우가 크게 웃고, 길동이 꾸짖기를, "이 용렬한 사람아, 세상에 어찌 저승, 시왕전, 십대 명왕이 있으리오. 얼굴을 들어 나를 자세히 보라. 나는 다른 사람이 아니요, 이곳 활빈당 행수 홍길동이라. 그대 무식하고 천박한 소견으로 외람한 의사를 내어 나를 잡고자 하매, 그 용맹한 뜻을 알고자 하여 어제 내가 청포소년이 되어 그대를 인도하여 이곳에 이르렀으니, 그대로 하여금 우리의 위엄을 보게 함이라." 하고, 말을 마치며 좌우를 명하여 그 맨 것을 끌러 올려 앉히고 술을 부어 연하여 사오 배를 권하여 진정시킨 후에 말했다.

"그대 같은 무리는 천 명 만 명이라도 능히 나를 잡거나 막지 못하리니, 내 그대를 죽여 세상을 다시 보지 못할 것이로되, 그대 같은 필부를 죽이고 어디 가서 용납하리오, 그대는 빨리 돌아가라. 그러나 그대가 나를 보았다고 하면 반드시 죄에 대한 벌이 있으리니, 이런 말을 일절 내지 말고, 다시 살려준 은혜를 생각하여, 다시 그대 같은 사람이 있거든 경계하고 그대같이 속는 폐단이 없게 하라." 하고, 또 그 종자를 잡아들여 층계 아래에 꿇리고 크게 꾸짖었다.

"너희들은 무지하고 얕은 소견으로 이흡을 쫓아 나를 잡으려 하였으니, 내가 너희를 죽여 분을 풀 것이로되, 내 이미 너희 장수를 살려 보내며 너희들을 어찌 해하리오. 너희 다시 외람한 뜻을 품을진대 내 앉아서도 너희를 잡아다 죽일 것이니, 삼가 조심하라." 즉시 군사를 호령하여 그 맨 것을 끄르고 위로하여 술과 음식을 먹였다. 그리고 이흡을 향하여 말하기를, "그대를 위하여 우리 한 잔 술로 정을 표하리라." 하고 술을 내오라 하니, 이흡이 바야흐로 놀란 정신을 수습하여 자세히 보니 과연 청포소년이었다. 그제야 속은 줄 알고 머리를 숙이고 감히 한 말도 대답하지 못하고 다만 권하는 술을 감히 사양하지 못해 취하도록 먹었다. 길동이 담소하며 즐기거늘, 이흡이 그 신기함을 마음속으로 못내 탄복하였다.

이럭저럭 취한 술이 깨어 갈증을 견디지 못하여 일어나고자 하니, 홀연 사지가 묶여 움직이지 못하였다. 괴이히 여겨 가만히 정신을 진정하여 살펴보니, 가죽부대 속에 들어 있었다. 크게 놀라 허둥지둥 간신히 부대를 뜯고 나와보니 가죽 부대 셋이 일렬로 나무 위에 매어 달려 있는데, 차례로 끌러 내려놓고 보니 처음에 떠날 적에 데리고 가던 하인이었다. 서로 보며 이르되,

"이것이 어인 일인고? 꿈인가 생시인가? 죽어 황천에 돌아갔나, 세상에 살

아 있는가? 우리 어제 문경으로 모이자 약속하였더니 어찌하여 이곳에 왔는고?" 하며 정신이 산란하여 두루 살펴보니, 이곳은 다른 곳이 아니라 서울의 북악산이었다.

네 사람이 어이없어 도성 안을 굽어보니 꿈결 같았다. 한참 가만히 있다가 이흡이 이르되 "나는 청포 소년에게 속아 여기에 왔거니와, 너희들은 어찌하여 잡혀왔는가?" 하니, 세 사람이 아뢰었다.

"소인들이 주점에서 자는데, 한번 천둥소리 나며 풍운에 싸이어 급히 잡혀가니, 아무 데로 가는 줄 모르옵고 왔거니와, 어찌 이곳에 온 일을 생각할 수 있으리까." 이흡이 말하기를, "이 일이 자못 허무맹랑하니 남에게 말을 전하지 말라. 타인이 들은 즉 도리어 화(禍)를 취하리니, 너희들은 일절 누설치 말라. 그러나 길동의 신기한 재주와 교묘한 계책은 귀신도 헤아리지 못하리니, 어찌 인력으로 잡으리오. 우리들이 이제 들어가면 죄책이 있으리니 아직 몇 달을 기다려 들어가자." 하고, 네 사람이 내려오더라.[81)]

위의 인용처럼, 포도대장 이흡은 작가 허균과 같은 시대의 인물이면서, 「홍길동전」 속에서 주인공 홍길동 다음으로 가장 많이 실명으로 등장하는 역사 인물이다.

(ㄷ) 숙종 때의 장길산을 내세운 허균 창작설 부정에 대한 비판

「홍길동전」의 작가가 허균이 아니라는 주장을 하는 연구자들 중에는 「홍길동전」 속에 숙종 때의 강도인 장길산이 등장하므로, 허균보다 뒷 시대의 인물이 등장하는 것은 허균 창작이 아니라 숙종 시대보다 이후에 활동한 인물이라는 논리를 펴고 있다. 이런 점에 대해 주목한 것은 1976년 임형택으로부터이다. 그는 「홍길동전」에 나오는 '장충의 아들 장길산'은 17세기 말 숙종 시

81) 이윤석, 『홍길동전의 작자는 허균이 아니다』, 한뼘책방, 2018, 181~189쪽.

대에 활동하던 도적들의 대장으로 해석하여, 「홍길동전」을 창작한 것을 부정하는 텍스트 내의 근거로 삼았다.

또, 이런 주장을 지지하는 역사학자인 이덕일 · 이희군은 1999년 「홍길동전」에 등장하는 장길산에 대하여 다음과 같이 설명하였다.

> 허균의 『홍길동전』 이후에 지어진 다른 『홍길동전』에는 홍길동이 집을 떠나기 전 어머니에게 자신도 장길산(張吉山)처럼 "아름다운 이름을 후세에 남겨 보겠다"라고 말하는 장면이 나온다. 광대 출신의 도적 우두머리 장길산이 활동한 시기는 조선 후기 숙종 때였다.[82)]

이처럼 숙종 시대에 활동한 장길산은 광대 출신으로 광대놀이를 잘하고 용맹이 있었으며, 무리들을 모아서 도둑의 괴수가 되었다. 즉, 장길산에 대한 사건 기록은 숙종 18년인 1692년에 『조선왕조실록』에는 도둑의 괴수 장길산을 놓친 고을 현감을 죄주게 했다는 대목에서 처음으로 등장한다. 즉, "대신들과 비국의 여러 재상들을 인견했을 때에, 도둑의 괴수 장길산이 양덕 땅에 숨어 있으므로, 포도청에서 장교를 보내어 덮쳐서 잡도록 했었는데 관군이 놓쳐 버렸었으므로, 대신이 그 고을 현감을 죄주어 다른 고을들을 경계하도록 청하니, 임금이 옳게 여겼다."는 것이다.

또, 『조선왕조실록』에서는 다음과 같은 내용도 전하고 있다.

> 이절(李梲) · 유선기(兪選基) 등이 상변(上變)하기를, "어느 날 이영창(李榮昌)이 이절의 집에 와서 자면서 갑자기 묻기를, '그대가 장지(葬地)를 얻으려고 한다면 우리 스승을 가서 보는 것이 좋을 것이다.'고 하였습니다. 스승이

82) 이덕일 · 이희군, 『우리 역사의 수수께끼』, 김영사, 1999, 248쪽.

란 중은 바로 운부(雲浮)로서, 당시 나이 70세로 송조(宋朝)의 명신(名臣)이었던 왕조(汪藻)의 후손인데, 명나라가 망한 뒤 중국에서 표류하여 우리나라에 도착하였으며, 머리를 깎고 금강산(金剛山)에 들어갔는데, 그 사람은 위로는 천문(天文)을 통달하고 아래로는 지리(地理)를 통찰하고 중간으로는 인사(人事)를 관찰하여 재주가 옛날의 공명(孔明)과 유기(劉基)에 밑돌지 않는다는 자였습니다. 그가 불경(佛經)을 승도(僧徒)들에게 가르쳤는데, 그 중에서 뛰어난 자로는 옥여(玉如) · 일여(一如) · 묘정(卯定) · 대성(大聖) · 법주(法主) 등 1백여 인을 얻어 그 술업(術業)을 전수(傳受)시키면서 팔도(八道)의 중들과 체결(締結)하였습니다. 그리고 또 장길산(張吉山)의 무리들과 결탁하고, 또 이른바 진인(眞人) 정(鄭) · 최(崔) 두 사람을 얻어 먼저 우리 나라를 평정하여 정성(鄭姓)을 왕으로 세운 뒤에 중국을 공격하여 최성(崔姓)을 왕으로 세우겠다고 하였습니다. (중략) 4일에는 이영창이 최상중의 형제와 같이 이절의 집에 와서 문권을 내어 줄 것을 청하고, 그들과 함께 맹세하며 밤이 새도록 요망스런 말을 하였고, 이튿날 아침에는 유선기를 시켜 종이를 접어 둥글게 만들도록 하고, 그 가운데다 하나의 황(黃)자를 쓰고, 황(黃) 자의 획(畫) 가운데 가늘게 '의(義)를 맺어 형제가 되었으니, 마음으로 맹세하며 함께 나라를 세운다.'고 쓰므로, 유선기가 말하기를, '황(黃) 자의 뜻은 어디에 있는가?' 하니, 이영창이 말하기를, '일찍이 보니 운부(雲浮)가 다른 사람들과 함께 맹세할 때 이렇게 하였기 때문에 그렇게 한 것이다.'고 하였습니다. 이영창이 이어 그의 성명(姓名)을 써서 착명(着名)한 뒤에 네 사람에게 밀어 주면서 그들로 하여금 여기에 의거하여 나열하여 쓰라고 하므로, 그의 말대로 각자가 쓰자, 이영창이 말하기를, '동시에 향(香)을 피우고 꿇어앉아 절을 하고, 의(義)를 맺는 것이 좋겠다'고 하였습니다. (중략) 그래서 이절(李梲) 등이 그대로 따르니, 이영창이 둥글게 접은 종이를 유선기에게 주고는, 파(罷)하고 돌아갔습니다. 그 뒤 유선기가 이절에게 말하기를, '우리들이 김경함(金慶咸) · 김정열(金廷說)과는 정의(情誼)가 형제와 같으니 함께 일을 의논할 만하다.'고 하므로, 이절이 직접 가서 청하여다 그들과 함께 서로 의논한 뒤에 또 이영창을 불러다 시험삼아 탐지하여 물어 보니, 흉악하고 요사스런 말이 한결같이 전일(前日)과 같았습니다. 이러한 곡절을 가지고 김정열을 시켜 병조 판서에게 먼저 고하도록 하였습니다. (중략) 이영창이 또 이절에게 말하기를, '산인(山人)이 오면 특별히 좋은 소식이 있을 것이다.' 고 하더니, 조금 있다가 와서 말하기를, '운부(雲浮)가 중 한 명을 보내어「진인(眞人)이 멀지 않아 보개산(寶盖山)에 당도할 터이니 그대들 네 사람은 내일 아침 일찍이 일제히 와서 모이도록 하라.」고 하였다.' 하고는 혜찰(惠察)이란 이름을 가진 한 명의 중을 데리고 와서 처음으로 운부의 소식을 전하기를, '우리들의 일이 이미 모두 이루어졌는데, 경중(京中)의 경영(經營)은 지금 어느 경지에 이르렀는가?' 하면서 이어 세 사람의 손을 잡고 의논하며 서로 말하기를, '머지않아 틀림없이 좋은 일이 있을 것이다.' 고 하고는 떠났습니다. 실정과 형적(形迹)이 대단히 놀랍기 때문에, 별무사(別武士) 김체건(金體乾)으로 하여금 이영창 및 그의 아우 이영만(李榮萬)과 그의 종 중길(仲吉)과 그의 처(妻) 선옥(仙玉) 등을 뒤쫓아서 체포하여 구속시키고 결박하여 두고 달려와서 고합니다." 하니, 그대로 따랐다. 임금이 또 국청(鞫廳)에 하교(下敎)하기를,

"극적(劇賊) 장길산(張吉山)은 날래고 사납기가 견줄 데가 없다. 여러 도(道)로 왕래(往來)하여 그 무리들이 번성한데, 벌써 10년이 지났으나, 아직 잡지 못하고 있다. 지난번 양덕(陽德)에서 군사를 징발하여 체포하려고 포위하였지만 끝내 잡지 못하였으니, 역시 그 음흉(陰凶)함을 알 만하다. 지금 이영창(李榮昌)의 초사(招辭)를 관찰하니, 더욱 통탄스럽다. 여러 도(道)에 은밀히 신칙(申飭)하여 있는 곳을 상세하게 정탐하게 하고, 별도로 군사를 징발해서 체포하여 뒷날의 근심을 없애는 것도 의논하여 아뢰도록 하라." 하니, 국청에서 청하기를, "여러 도에다 은밀히 유시를 내려 도신(道臣)과 수신(帥臣)으로 하여금 별도로 방략(方略)을 베풀게 하고 널리 기찰(譏察)을 더하며, 또 비국(備局)으로 하여금 은밀히 군문(軍門)과 포청(捕廳)에다 분부하여 후한 상

(賞)과 높은 벼슬을 아끼지 않겠다는 뜻으로 일깨워서 안팎이 한마음이 되어 틀림없이 체포하는 데 기약하도록 하소서." 하니, 그대로 따랐다.[83]

이처럼 임금이 "극적 장길산은 날래고 사납기가 견줄 데가 없다. 여러 도로 왕래하여 그 무리들이 번성한데, 벌써 10년이 지났으나, 아직 잡지 못하고 있다. 지난번 양덕에서 군사를 징발하여 체포하려고 포위하였지만 끝내 잡지 못하였으니, 역시 그 음흉함을 알 만하다. 지금 이영창의 초사를 관찰하니, 더욱 통탄스럽다. 여러 도에 은밀히 신칙하여 있는 곳을 상세하게 정탐하게 하고, 별도로 군사를 징발해서 체포하여 뒷날의 근심을 없애는 것도 의논하여 아뢰도록 하라." 고 하면서, 각 관찰사와 병사에게 엄명을 내려 잡게 했고 많은 상금을 걸었지만 장길산은 끝내 잡히지 않았다. 이런 사태를 염두에 둔 이익은 조선의 3대 도둑으로 홍길동 · 임꺽정, 그리고 장길산을 들게 되었다.

연구사에서 보면, 임형택은 1976년에 경판 「홍길동전」에서, 길동이 집을 떠나기 전에 어머니에게 자기도 장길산처럼 "아름다운 이름을 후세에 남겨보겠다" 고 말하는 장면이 나온다는 사실을 지적하였다.

경판을 보면, 길동이 집을 떠나기 전에 어머니에게 자기도 장길산처럼 "아름다운 이름을 후세에 남겨보겠다" 고 말하는 장면이 나온다. 장길산은 17세기 말에 군도(群盜)의 대장으로 활약하던 광대(廣大) 출신의 인물이다. 장길산의 활동은 허균으로부터 거의 한 세기 다음의 일이다.[84]

이런 점에 대하여, 1984년 황패강과 정진형는 장길산이 등장하는 뒷 시대

83) 『조선왕조실록』, 숙종 23년(1697) 1월 10일.

84) 임형택, 「홍길동전의 신고찰」, 『창작과 비평』, 42호, 1976, 70쪽.

의 개작에서 생겨난 한 변이일 것으로 판단하여 다음과 같이 서술하였다.

> 경판본(京板本)에서는 홍길동이 출가를 만류하는 어머니에게 "녯날 장충의 아들 길산은 쳔싱이로되 십삼셰의 그 어미를 니별ᄒᆞ고 운봉산의 드러가 도를 닷가 아름다온 일홈을 후셰의 유전ᄒᆞ여시니 쇼ᄌᆡ 그를 효측ᄒᆞ여 셰상을 버셔나려 ᄒᆞ오니" 라고 하였는데, 장길산을 본받아서 세상을 벗어나려 한 것으로 나타났다. 장길산 사건은 숙종 때(1697) 일이므로, 아마도 후대에 첨가된 요소로 보인다. 남달리 자의식이 강한 그로서 초란의 모해가 아니었더라도, 부형의 천대는 두고라도 노복과 동류의 천대가 따라 다니는 홍문(洪門)에 더 이상 머물러 있었을 리가 없었다. 조만간 떠나게 되어 있었다고 본다.[85)]

김광순은 1990년에 이 문제에 대하여 다음과 같은 견해를 제시하였다.

> 장길산 에피소드, 대동미, 훈련도감 등의 사안도 허균의 사후에 삽입된 것으로 볼 수도 있다. 장길산은 허균 사후 약 100년 뒤의 사람이고, 대동미와 훈련도감도 허균 사후 60년 뒤에 생긴 제도이니 허균이 지었다는 원본 「홍길동전」 속에 삽입될 수 없을 것이다. 그러나 전술한 바, 해인사 공격의 에피소드처럼 홍길동 이야기의 전승 에서 삽입된 것으로 원작 「홍길동전」에서 개작된 양상을 보여준 증거라고 할 수 있다.[86)]

백승종은 1995년과 1999년에 거듭하여 다음과 같은 견해를 제시하였다.

---

85) 황패강 · 정진형, 『홍길동전』, 시인사, 1984, 12쪽.

86) 김광순, 「한국고소설사와 논」, 새문사, 1990, 225쪽.

「홍길동전」의 내용을 분석해 보면, 이 소설이 18세기 이후에 쓰여진 것을 짐작하게 하는 내용이 포함되어 있다. 이른바 선본(善本)이라고 하는 경판본의 경우 홍길동이 도적 장길산을 모범으로 삼았다는 내용이 기술되어 있다. 사실 장길산의 활동 시기는 1696년 경인데, 이 소설에서는 15세기의 인물로 비정된 홍길동전보다 先代의 인물로 간주되어 있는 것이다. 이것은 경판본의 작가가 홍길동의 생존시기는 물론이고 장길산이 활동한 시대에 대하여도 잘 모르고 있었다는 증거이다. 그러므로 작자는 장길산이 죽은 뒤 상당한 시간이 경과된 다음에 출생한 것으로 보아야 된다. 그는 18세기 중엽 이후에 출생한 것으로 짐작되는 것이다[87]

장길산의 활동은 허균으로부터 거의 한 세기 다음의 일이다.[88] 둘째, 경판본(京板本)에서는 홍길동이 출가를 만류하는 어머니에게 "녯날 장충의 아들 길산은 쳔싱이로되 십삼셰의 그 어미를 니별ᄒᆞ고 운봉산의 드러가 도를 닷가 아름다온 일홈을 후셰의 유전ᄒᆞ여시니 쇼ᄌᆡ 그를 효측ᄒᆞ여 셰샹을 버셔나려 ᄒᆞ오니" 라고 하였는데, 장길산을 본받아서 세상을 벗어나려 한 것으로 나타났다. 장길산 사건은 숙종 때(1697) 일이므로, 아마도 후대에 첨가된 요소로 보인다. 남달리 자의식이 강한 그로서 초란의 모해가 아니었더라도, 부형의 천대는 두고라도 노복과 동류의 천대가 따라다니는 홍문(洪門)에 더 이상 머물러 있었을 리가 없었다. 조만간 떠나게 되어 있었다고 본다.[89] 셋째, 「홍길동전」의 내용을 분석해 보면, 이 소설이 18세기 이후에 쓰여진 것을 짐작하게 하는 내용이 포함되어 있다. 이른바 선본(善本)이라고 하는 경판본의 경우 홍길동이 도적 장길산을 모범으로 삼았다는 내용이 기술되어 있다. 사실 장길산의 활동 시기는 1696년 경인데, 이 소설에서는 15세기의 인물로 비

---

87) 백승종, 「고소설 『홍길동전』의 저작에 대한 재검토」, 『진단학보』, 80호, 1995, 326쪽.

88) 임형택, 「홍길동전의 신고찰」, 『창작과 비평』, 42호, 1976, 70쪽.

89) 황패강 · 정진형, 『홍길동전』, 시인사, 1984, 12쪽.

정된 홍길동전보다 先代의 인물로 간주되어 있는 것이다. 이것은 경판본의 작가가 홍길동의 생존시기는 물론이고 장길산이 활동한 시대에 대하여도 잘 모르고 있었다는 증거이다. 그러므로 작자는 장길산이 죽은 뒤 상당한 시간이 경과된 다음에 출생한 것으로 보아야 된다. 그는 18세기 중엽 이후에 출생한 것으로 짐작되는 것이다[90]

택당이 얘기한 〈홍길동전〉은 택당 자신도 직접 보지 못했을 뿐만 아니라 내용도 몰랐던 것 같다. 왜냐하면 작품의 내용을 택당이 알았다면 그 내용을 소개하지 않았을 리가 없기 때문이다. 그런데 단지 발음이 같다는 이유로 택당 문집의 〈홍길동전〉과 현재 전하는 〈홍길동전〉이 같은 작품이라고 말하는 것은 지나친 것이다.[91]

또, 이윤석은 1997년에 「홍길동전」은 19세기 중반의 창작으로서, 허균의 작이 아니라고 하면서, 장충의 아들 장길산은 17세기 말 숙종 시대에 활동하던 도적들의 대장으로 해석하고 있다.

현존 「홍길동전」 이본은 모두가 19세기 후반기 이후의 작품이다. 허균이 지었다는 「洪吉同傳」은 작품이 없기 때문에 어떤 내용인지 알 수 없을 뿐 아니라 실제로 「洪吉同傳」이 있었는지도 확실치 않다. 더구나 허균이 죽은 후 250년 이상의 오랜 기간 동안 「홍길동전」이 어떤 경로를 거쳐 지금의 모습으로 남아 있는지 설명할 수 있는 아무런 자료도 없다. 택당문집의 〈洪吉同傳〉이 지금 우리가 연구하는 바로 그 「홍길동전」임을 실증적으로 증명하지 못하는 한, 현존 「홍길동전」을 허균의 작이라고 말하는 것은 모순이 아닐 수 없다.[92]

---

90) 백승종, 「고소설 홍길동전의 저작에 대한 재검토」, 『진단학보』, 80호, 1995, 326쪽.

91) 같은 책, 140쪽.

92) 이윤석, 『홍길동전 연구』, 계명대학교출판부, 1997, 141쪽.

「홍길동전」의 작가나 개작자는 이본에 따라 세종시대, 또는 세조 시대, 또는 선조시대로 작품의 배경을 설정하고 있다. 이런 시대적인 설정을 구체적으로 제시한 후에, 홍길동이 숙종 대의 서출 장길산을 본받겠다는 서술을 한다는 것은, 이 작품의 원래 작가인 허균의 창작 의도와는 상관없이 후대적 개작의 에서 개입된 소산으로 봄이 적절하다.[93] 그러므로, 「홍길동전」이 장길산 사건 이후에 창작되었다기 보다는 장길산이 등장하는 텍스트는 변이된 후기 이본이라는 것이다.

이덕일과 이희군도 1999년에 다음과 같은 견해를 제시하였다.

> 허균의 『홍길동전』 이후에 지어진 다른 『홍길동전』에는 홍길동이 집을 떠나기 전 어머니에게 자신도 장길산(張吉山)처럼 "아름다운 이름을 후세에 남겨 보겠다" 라고 말하는 장면이 나온다. 광대 출신의 도적 우두머리 장길산이 활동한 시기는 조선 후기 숙종 때였다.[94]

이윤석은 2018년에도 다음과 같은 견해를 제시하였다.

> 길동은 이미 아버지로부터 문과에 급제해도 정승이 될 수 없고, 또 무과에 급제해도 대장이 될 수 없다는 말을 들었으므로, 다른 방식으로 이름을 세상에 남기겠다고 말한다. 그리고 그 예로 든 사람이 "옛날 장충의 아들 길산"이다. 이 내용은 거의 모든 이본에 나오므로, 「홍길동전」이 창작된 시점부터 들어 있는 내용이다. "장충의 아들 길산"은 '장길산'을 말하는데, 장길산은 1690년

93) 실명소설 홍길동전을 저작하면서 서두에서는 세종 혹은 세조라고 시대를 설정해 놓고는, 뒷부분에서 세조 대보다 훨씬 후대의 인물인 숙종 대의 장길산의 삶을 본받겠다고 하는 수준의 서술을 하는 작가의 서사적 결함을 지닌 작품이 되어 작품 평가에 부정적 영향을 미치는 소재로 평가되었다.

94) 이덕일 · 이희군, 『우리 역사의 수수께끼』, 김영사, 1999, 248쪽.

대부터 이름이 알려진 도둑이다. 허균이 죽은 해는 1618년이므로 장길산이 등장하는 기록이 처음 나오는 시기는 허균이 죽은 뒤 약 70년 후가 된다. 「홍길동전」을 허균이 지었다면, 허균은 자신의 사후 70년이 되어서야 나타나는 인물을 작품에 등장시킨 것이 된다.[95)]

허균이 죽은 해는 1618년이므로 장길산이 등장하는 기록이 처음 나오는 시기는 허균이 죽은 뒤 약 70년 후가 되므로 허균의 사후 70년이 되어서야 나타난 인물[96)]이라는 주장을 폈다.

이 주장을 「홍길동전」의 문맥을 통해서 살펴보면, 주인공 홍길동이 '옛날 장충의 아들 길산'을 본받겠다는 서술을 살펴보았을 때, 이 장길산을 숙종 때의 도적 장길산으로 본다면, 작가가 작품의 서두에서 홍판서와 그의 서자 홍길동의 출생에 관한 시대 배경과 시대가 상충하는 모순을 일으키고 있다는 전제가 된다. 그러나 실상은 「홍길동전」에 등장하는 장충의 아들 장길산은 세종 때를 배경으로 등장하는 홍길동이, 중국의 전고를 사용하여 옛날 인물로 지칭된 '장충의 아들 장길산'을 본받겠다는 표현을 한 것이지, 숙종 때, 부모를 알 수 없는 광대 출신의 도적 장길산을 본받겠다는 표현이 아니다. 홍판서의 서얼로 태어나 모함과 위협 속에서 도저히 한 집안에서 같이 살 수 없는 처지에 놓인 홍길동이 집을 떠나며 모친 앞에서 밝히는 가출의 이유가 극단적인 도적으로 평가된 장길산 같은 인물로 살아가겠다고는 말할 수 없기 때문이다.

허균은 「홍길동전」 작품 전편에 6회에 걸쳐서 '옛날'로 시작되는 중국의 전고를 활용하여 일관된 서술 기법을 구사하고 있다.

95) 이윤석, 『홍길동전의 작자는 허균이 아니다』, 한뼘책방, 2018, 15~17쪽.

96) 같은 책, 15~17쪽.

옛날 장충의 아들 길산은 천한 종에게서 태어났으나, 13세에 그 어미를 이별하고 운봉산에 들어가 도를 닦아 아름다운 이름을 후세에 전하되, 그 처음과 끝을 알 사람이 없사옵니다. 소자도 또한 그런 사람을 본받아서 세상을 벗어나려 하오니, 엎드려 바라건대, 모친은 자식이 있다 마시고 세월을 보내면, 후일에 서로 찾아 모자의 정을 이을 날이 있으리이다."[97]

「홍길동전」에 등장하는 장길산은 중국 진나라 시대의 유명한 도사 장충의 아들인 장길산을 말한 것으로 추정된다. 즉, 장충은 중국 도교사에 실존했던 인물[98]이었기 때문에 장충의 아들 길산은 조선 숙종 때의 장길산을 지칭한 것이라는 판단은 적절하지 않다. 장충의 아들 장길산은 직접 역사기록에서 발견되지는 않는다. 다만 길산은 장충의 서자로서 태산에 은거하던 아버지 장충처럼 도사가 되길 원했고, 그는 아버지와 달리 운봉산에 들어가 도를 닦아 도교사에 그 이름을 남긴 인물로 추정할 뿐이다. 그러나 한문 기록의 전통으로 볼 때, 인용 전고는 비록 소설일지라도 정확하게 가져오는 경우가 많다. 장충이 실존인물이기에 그의 아들 길산 역시 실존인물일 가능성이 높다. 더구나 길산이 입산하여 도를 닦는다는 운봉산은 중국에 실제로 있는 산이다. 이 산은 태산과 같은 산동성 안에 소재하고 있으며, 태산과 운봉산의 상호 거리 또한 이러한 추정에 개연성을 더해준다. 나아가 운봉산은 실제 도사들이 즐겨 찾던 도교 성산의 한 장소[99]로서 이러한 추정은 가능하다.

---

97) 본문 인용은 이윤석교수『홍길동전의 작자는 허균이 아니다』, 한뼘책방, 2018.

98) 허균은 한문단편「남궁선생전」에서 비록 살인 후 나가서 도둑이 된 것이 아니라 도사가 된 것으로 서술하였다. 그는 스승이며 서출이었던 이달에 대한 입전에서는 '손곡산인'이라는 표현을 사용할 정도로 현실 정치에서 포부를 못펴면 도를 닦아 명성을 이룬다는 삶의 진로를 중시하고 있었다.

99) 중국 북위 시대의 도사인 정도소의 "與道俗□人出萊城東南九里登雲峰山論經書" 한시가 있다.

장충은 자는 거화(巨和)이고, 하북 중산 출신이다. 영가의 난리를 피해 산동성 태산에 은거하였다. 성품이 고요하고 욕심이 적어, 청허하게 기를 수련하였다. 지초와 돌을 먹으며 도양의 법을 닦았고, 여름에는 삼북더기 도포를 입고, 겨울에는 띠를 띠었다. 단정하게 두 손을 모으고 죽은 것처럼 수련하되, 거문고와 책에 힘쓰지 않았으며, 경전을 익히지도 않았는데, 권면하여 가르치기를 다만 지극한 도인 허무로써 중심을 삼았다. 그 거처는 높은 바위, 깊은 계곡에 땅을 파서 굴속방을 만들었다. 그 제자들 역시 굴에 거처하되 장충의 굴속방과 60여 보 떨어진 거리를 두고, 닷새에 한번씩 찾아와 문안하였다. 장충의 가르침은 자신의 형상을 보여주는 것으로써 하였고, 말로써 가르치지 않았다. 제자들의 수업은 스승의 형상을 보고 되돌아가는 것이었다. 장충은 굴혈의 위에다 기도단을 세우곤 매일 아침 배례를 행하였다. 식기는 질그릇을 썼고, 돌을 깍아 솥을 만들었는데, 좌우에 거처하는 사람들이 먹을 것과 입을 것을 드려도 하나도 받지 않았다. 신기한 일을 좋아하는 젊은이 하나가 장충에게 "홍수가 나고 가뭄이 드는 조짐을 미리 알 수 있을까요?"라고 자못 물으니, 장충은 "하늘은 말을 하지 않으나 사계절은 운행을 하고 만물은 생성되느니, 천지음양의 일은 깊은 산에 숨어 사는 늙은이가 능히 알 수 있는 바가 아닐세" 라고 대답하였다고 하니, 그 외물에 대해서 의심을 풀어 버린 것이 모두 이러하였다. 장충의 나아기 100세가 다 되었을 때, 전진(前秦)의 임금이 장충의 높은 이름을 듣고 사자를 파견하여 불러들였다. 임금의 사자가 이르자 장충은 목욕을 하고 일어나 제자들에게 말하였다. "내 여생이 얼마 남지 않았다. 그리고 현실 임금의 뜻을 거스를 수는 없겠구나." 하고 목욕을 마친 후에 수레에 올랐다. 장충이 장안에 이르자 부견이 의관을 내려주었다. 그러자 장충은 사양하며 말하길, "너무도 늙은 몸이라 의관을 감당해내지 못합니다. 청컨대 들사람의 복장으로 입조케 해주소서." 부견은 그 청을 받아들여주었다. 그리고 만나서 물어보기를, "선생은 산림에 묻어 사시며 도를 닦으셨으니 그 한 몸을 착하게 함에는 남음이 있을 것입니다만, 그 도를 세상에 펴서 두루 구제하는 공은 아직 없지 않습니까? 그래서 이렇게 멀리서 선생을 모셔와 장차 나라를 구제할 어른으로 삼으려 합니다." 장충은 이에 대해 대답하길, "저는 지난날 전란으로 말미암아 태산으로 피란하여, 새 · 짐승으로 짝을 삼아 보잘 것 없는 목숨을 온전하게 보존하였습니다. 저도 요순의 시대를 이어 한번 성스런 임금의 존안을 받들기를 생각하였사오나 이젠 너무 노쇠하였기에 내려주신 말씀을 감당할 수가 없습니다. 하물며 나라를 구제할 어른이란 말씀은 더욱 감당할 수 없사옵니다. 산에서 자란 나무는 산골짝을 그리워하는 법입니다. 바라옵건대 제 얼마 남지 않은 목숨을 태산에서 마치게 해주시옵소서." 하였다. 부견은 이에 수레에 태워 돌려 보내주었다. 그러나 장충은 너무 노쇠한 나이에 노독에 병이 나서 겨우 화산에 이르러 숨을 거두게 된다. 장충은 임종을 예감하고 이렇게 말하였다 한다. "나는 동악의 도사이거늘 서악에서 목숨을 다하니 이것도 또한 운명이로다." 장충이 죽었다는 소식을 듣고 전진의 부견은 사자를 보내어 제사를 지내주고 '안도선생'이라는 시호를 내려 주었다 한다.[100)]

'장충의 아들 길산'이란 표현은 홍길동이 자객 특재를 죽인 후, 길동이 가출을 할 수밖에 없는 상황에서 자포자기한 심정으로 어머니를 찾아가 비록 서출이지만, 산에 들어가 이름을 날리겠다고 한 표현은, 숙종 때의 장길산을 의미하는 것이 아니다. 「홍길동전」의 본문을 몇몇 이본들과 비교해서 살펴보자.

길동이 ᄃᆡ왈 녯날 장츙의 ᄋᆞ들 길산은 쳔ᄉᆡᆼ이로되 십삼셰의 그 어미를 니별ᄒᆞ고 운봉산의 드러가 도를 닷가 아롬다온 일홈을 후셰의 유젼ᄒᆞ여시니 쇼ᄌᆡ 그를 효측ᄒᆞ여 셰샹을 버셔나려ᄒᆞ오니 노친은 안신허샤 후일을 기다리

100) 『진서』 권 94.

쇼셔[101)]

吉童伊 다시 告曰 一家 奴僕이 다 업슈이 여겨 言必則 아모의 賤孽이라 ᄒᆞ오니 ᄉᆡᆼ각ᄒᆞ온즉 恨이 骨髓의 ᄉᆞ뭇찻는지라 녯적 당듕의 길ᄉᆡᆼ은 賤婢 所生으로 그 엄이을 離別하고 熊峰山의 드러가 道을 닥가 後世예 아롬다온 일홈을 傳ᄒᆞ여ᄂᆞ니 이런 ᄉᆞ롬을 效飭고져 ᄒᆞ오니 伏願 母親은 子息이라 ᄉᆡᆼ각마옵고 歲月을 보ᄂᆡ시면 後日의 셔로 ᄎᆞ져 母子之情을 萬分之一이나 갑ᄉᆞ오리다[102)]

길동이 ᄃᆡ왈 샹공의 쳔ᄃᆡ ᄂᆡ렴 업건이와 노복이 다 업슈이 넉이오믈 ᄉᆡᆼ각하오면 한입골슈하온지라 옛날 쟝츙의 아달 길산은 쳔ᄉᆡᆼ이로ᄃᆡ 십삼의 그 어미랄 이별하고 웅봉산의 드러가 드를 닷가 아람다온 일홈을 후셰예 셰우ᄃᆡ 그 신하을 알 이 업사온지라 쇼ᄌᆞ 쏘한 그런 ᄉᆞ람을 호측하여 셰샹을 버셔나려 하온이 봉망모친은 안심하야 셰월을 보ᄂᆡ시면 후일의 반다시 모ᄌᆞ지졍을 이루리이다[103)]

길동이 대왈 샹공의 쳔대ᄂᆞᆫ ᄂᆡ렴의 업습거니와 일가 노복이 다 업슈히 나겨 아모 쳔혈이라 지목ᄒᆞ오니 ᄉᆡᆼ각ᄒᆞ오면 한이 골슈의 사못치온지라 넷날 쟝츙의 아ᄃᆞᆯ 길산이 쳔비쇼ᄉᆡᆼ이로대 십죵을 알니 업습나니 쇼ᄌᆡ 쏘ᄒᆞᆫ 그런 사ᄅᆞᆷ을 효측ᄒᆞ여 몸을 셰샹의 버셔나려 ᄒᆞ오니 복망 모친은 ᄌᆞ식이 잇다 마ᄅᆞ시고 셰월을 보ᄂᆡ시면 후일 셔로 차져 모자의 졍을 니을 날이 이시리이다[104)]

길동이 ᄃᆡ왈 넷날 쟝츙의 아들 길산은 쳔ᄉᆡᆼ이로ᄃᆡ 십삼셰의 그 어미ᄅᆞᆯ 이별ᄒᆞ고 운봉산의 드러가 도ᄅᆞᆯ 닷가 아ᄅᆞᆷ다온 일홈을 후셰의 유젼하엿ᄉᆞ오니 이졔 쇼ᄌᆡ 그ᄅᆞᆯ 효측ᄒᆞ여 셰샹을 버셔나려 ᄒᆞ옵난니 모친은 안심ᄒᆞᆫ 후일

101) 경판 30장본, 「홍길동전」.

102) 김동욱 소장, 89장본 「홍길동전」.

103) 정우락 소장, 「길동녹」.

104) 조종업 소장, 「홍길동젼」.

을 기가리쇼셔[105)]

길동이 ᄃᆡ왈 녯날 장츙의 ᄋᆞ들 길산은 쳔ᄉᆡᆼ이로되 십삼 셰의 그 어미ᄅᆞᆯ 니별ᄒᆞ고 운봉산의 드러가 도ᄅᆞᆯ 닷가 아ᄅᆞᆷ다온 일흠을 후셰의 유젼ᄒᆞ여시니 쇼ᄌᆡ 그ᄅᆞᆯ 효측ᄒᆞ여 셰샹을 버셔나려 ᄒᆞ오니 모친은 안심ᄒᆞ샤 후일을 기ᄃᆞ리쇼셔[106)]

길동이 ᄃᆡ왈 녯날 장츙의 ᄋᆞ들 길산은 쳔ᄉᆡᆼ이로되 십삼 셰의 그 어미를 니별ᄒᆞ고 운봉산의 드러가 도를 닷가 아름다온 일흠을 후셰의 유젼ᄒᆞ여시니 쇼ᄌᆡ 그를 효측ᄒᆞ여 셰샹을 버셔나려ᄒᆞ오니 모친은 안심허샤 후일을 기다리쇼셔[107)]

길동이 ᄃᆡ왈 부형의 쳔ᄃᆡ난 고ᄉᆞᄒᆞ고, 일가 노복과 다른 ᄉᆞ람이 아무 집셜이라 지목ᄒᆞ니 ᄉᆡᆼ각ᄒᆞᆯᄉᆞ록 골슈ᄒᆞᆯ지리. 옛날 장취의 아달 길ᄉᆞᆫ라 ᄒᆞ난 ᄌᆞ도 구이 ᄯᅩᄒᆞᆫ 천쳡 소ᄉᆡᆼ니라 십삼 세의 그 어미랄 이변〃ᄒᆞ고 무덤산의 드러가 후세에 아람다온 일홈을 ᄒᆞ되 그 ᄉᆞ람 알 니 업사온이 소자 맛당이 니을 소식ᄒᆞ여 몸을 세상의 ᄲᅢ여아랴 ᄒᆞ오니 붕망 뭇친은 자식이 잇다 마르시고 세월을 보ᄂᆡ시면 일후 모자지정을 닐을 날이 잇샤오리다[108)]

길동이 왈 부형 천ᄃᆡᄂᆞᆫ 설혹 감수ᄒᆞ려이와, 심디 일ᄀᆞ 놈미며 각부 ᄒᆞ인도 ᄃᆞ 면〃 지극하이 아모의 천ᄉᆡᆼ 길동이ᄅᆞ 하이 ᄉᆡᆼ각이 ᄒᆞ며 잇실 ᄆᆞ음 업ᄉᆞ와 심간의 ᄆᆡ처시이 엇지 원통치 ᄋᆞ이ᄒᆞ릿ᄀᆞ 맛당 이 몸미 셩의 ᄯᅱ여ᄂᆞ 부귀영욕을 잇고저 ᄒᆞ오니, 북원 모친은 ᄌᆞ식을 ᄉᆡᆼ각지 ᄆᆞᄅᆞ시고 세월을 보ᄂᆡ시면 ᄌᆞᆼᄂᆡ 반기 만ᄂᆞ 모ᄌᆞ지정을 일을 날리 잇ᄉᆞ오리ᄃᆞ[109)]

길동이 ᄀᆞ로ᄃᆡ 부형의 쳔ᄃᆡᄂᆞᆫ 고ᄉᆞᄒᆞ옵고, 노복이며 동유의 잇다감 들이

105) 동양문고본 소장, 「홍길동전」.

106) 경판 24장본 「홍길동전」.

107) 경판 30장본 「홍길동전」.

108) 77장본 「홍길동전」.

109) 86장본 「홍길동전」.

ᄂᆞᆫ 말이 골슈의 박키난 일이 허다ᄒᆞ오며[110)]

吉童對曰 父兄賤待 猶可甘受 而一家奴僕 與各府吏屬等 面面相顧指目曰 某之賤孼 思之俞思 恨入骨髓矣 小子當捐軀物外 將欲不與於世上之榮辱也 惟望母親 勿謂有子 而逍遣歲月 則母子必有更逢成情之日矣[111)]

위의 인용에서 알 수 있듯이, '녯날 장츙의 ᄋᆞ들 길산, 녯적 당듕의 길싱, 옛날 쟝츙의 아달 길산, 녯날 쟝츙의 아들 길산, 녯날 쟝츙의 아들 길산, 녯날 장츙의 ᄋᆞ들 길산, 녯날 장츙의 ᄋᆞ들, 장충의 아들 길산'으로 서술하고 있고, 어떤 경우에는 인물 관련 전고가 없이 서술되기도 한다.

「홍길동전」 텍스트 내에서는 홍길동은 아버지에게 자신이 서자이지만 높은 벼슬을 할 수 있느냐고 묻다가, 아버지에게 꾸중만 듣게 된다. 꾸중을 듣고 나서 어머니를 찾아간 길동은, 자신의 신세를 한탄하면서 차라리 몸을 세상 밖에 던져 유취만년하겠다고 말한다. 그러면서 홍길동은 어머니에게 신세를 한탄하면서 다음과 같은 말도 한다.

상공의 천대는 마음속에 다른 생각이 없으나, 온 집안의 종들이 다 업신여겨, 말할 때마다 '아무 개의 천한 첩의 자식이라' 지목하니, 생각하면 한이 골수에 사무치는지라. 옛날 장충의 아들 길산은 천한 종에게서 태어났으나, 13세에 그 어미를 이별하고 운봉산에 들어가 도를 닦아 아름다운 이름을 후세에 전하되, 그 처음과 끝을 알 사람이 없사옵니다. 소자도 또한 그런 사람을 본받아서 세상을 벗어나려 하오니, 엎드려 바라건대, 모친은 자식이 있다 마시고 세월을 보내면, 후일에 서로 찾아 모자의 정을 이을 날이 있으리이다.

---

110) 완판 36장본 「홍길동전」.

111) 서강대 소장본 「위도왕전」.

이윤석은 장충의 아들 길산에 대한 해석을 "홍길동은 이미 아버지로부터 문과에 급제해도 정승이 될 수 없고, 또 무과에 급제해도 대장이 될 수 없다는 말을 들었으므로, 다른 방식으로 이름을 세상에 남기겠다고 말한다, 즉, 아름다운 이름이 아니라 더러운 이름이라도 남기겠다며 그 예로 든 인물이 '옛날 장충의 아들 길산'이다. 이 내용에서 보면 원 텍스트에서 홍길동은 아름다운 이름을 남기겠다고 했지, 더러운 이름이라도 남기겠다고 한적이 없으므로, 이윤석은 1차 텍스트를 왜곡하고 있다. 그리고 이 내용은 거의 모든 이본에 나오므로, 「홍길동전」이 창작된 시점부터 들어 있는 내용이라고 말하면서, '장충의 아들 길산'에서 장길산은 1690년대부터 이름이 알려진 도둑이고, 허균이 죽은 해는 1618년이므로, 장길산이 등장하는 기록이 처음 나오는 시기는 허균이 죽은 뒤 약 70년 후가 된다. 「홍길동전」을 허균이 지었다면, 허균은 자신의 사후 70년이 되어서야 나타나는 인물을 작품에 등장시킨 것이 된다."고 하였다.

이상의 논의를 종합해 볼 때, 허균이 「홍길동전」을 짓지 않고, 18세기에 창작되었다면, 임꺽정이나 장길산을 모델로 한 「임꺽정전」이나 「장길산전」을 창작하지 않고, 수백년 전 인물, 그것도 서두에 시대 배경을 세종 시절이라 하면서, 성종 때의 전라도 장성의 실존인물 홍길동과 그 이후 1500년 연산군 때 잡힌 큰 강도 홍길동 등, 오래전 인물, 즉 임꺽정 및 장길산 같이 실제로 큰 도둑으로서 서북 지방에서 활동한 인물을 외면하고, 굳이 실존인물 홍길동을 모델로하여 「홍길동전」을 창작하였을까, 게다가 홍길동이 자기 모친에게 집을 떠나면서 '장충의 아들 길산'을 효칙하겠다고 하고, 도둑떼의 우두머리가 되어 활빈당을 결성하는 것으로 작품을 전개 시킬만한 이유도 근거도 희박하다. 더구나 작품 내에서 홍길동이 우롱하는 대표적인 개인이 포도대장 이흡으로 설정된 것은, 이흡이란 이름 자제가 흔한 이름이 아니고, 「홍길동전」 작가로 알려진 허균 시대에 허균의 형과 대립하던 성혼의 제자로서 작가 허균이 「홍길동전」을 창작하면서 그 사건에 대한 전고로 사용한 이름이다. 그런 사건과 그 핵심 인물의 이름을 18세기의 작가가 어떻게 200년 전의 역사적 사건을 구체적으로 실명을 거론하여 묘사할 수 있었겠는가 하는 것에 대한 근거가 제시되고 있지 않음으로, 이윤석의 허균보다 200년 후에 「홍길동전」이 창작된 것이라는 것이 오해임을 알 수 있다. 이렇듯 기존 허균 창작설의 근본을 비판하기 위해서는, 18세기에 「홍길동전」을 창작할 수 있었던 '어느 작가'의 실상이 상당 수준에서 근거를 바탕으로 제시되어야 한다.

2019년에 이윤석 교수는 1588년에 태어나서 1641년에 세상을 떠난 지소 황일호가 지은 한문단편인 「노혁전」[112]을 「홍길동전」의 원초 소재라고 언론을 통하여 제시하였다.[113] 그러나 이 작품은 허균의 「홍길동전」에서 파생된 단편적인 것으로, 「홍길동전」에 앞선 작품이 아니며, 「홍길동전」이 원천 모델로 삼았던 홍상직의 얼자로 추정되는 제1 홍길동을 거론하고 있는 작품이 아닌, 연산군 때에 등장하는 제2 홍길동을 소재로 한 작품으로 판단하는 것이 적절하다. 그 근거로는 황일호가 전주 판관으로 있던 1626년에 전라감사 종사관 임계로부터 이야기를 듣고 적은 것으로, 황일호의 후손이 1937년 간행한 『지소선생문집』에 수록된 기록을 제시하였다. 그는 황일호가 「노혁전」의 앞 부분에서 "노혁의 본래 성은 홍이고, 그 이름은 길동이니, 실로 우리나라 명망 있는 집안이다. 구속을 받지 않는 재주를 품었으며, 글에 능했다"라고 하였으므로 노혁이 홍길동임을 분명하다고 하였다.

「노혁전」에서 홍길동은 낮에는 지체 높은 사람과 어울리고 밤에는 도적질을 했다. 어머니가 돌아가신 뒤에는 서울을 떠나 여기저기 다니며 보화를 훔쳤는데, 조정에서는 상금을 걸고 홍길동을 추적했으나 잡지 못했다. 40년간 도둑들을 이끈 홍길동은 갑자기 "대장부가 변화를 당해서는 매미가 껍질을

---

112) 盧革傳.

113) 중앙일보, 채혜선 기자, 2019.04.25.

벗는 것 같아야 하니, 나는 마땅히 지금부터 새사람이 될 것이다"라는 말을 남기고 무리를 해산했다. 이어 관서 지방 관찰사 홍진동에게 가서 몸을 의탁했고, 여자와 결혼해 자식을 많이 낳고 천수를 누리다 세상을 떠났다는 내용을 담고 있다. 이윤석교수는 이러한 사실등을 근거로, "이 작품은 야담의 전통을 따르고 있으며, 사실과 허구가 섞여 있는 당시에 전하는 홍길동 관련 이야기를 모두 모았을 가능성이 크다"고 판단하였다. 여기에 더하여 "1500년을 전후해 조선시대에 실존한 홍길동이 도둑으로 악명을 떨쳤고, 황일호가 후대에 항간에 떠도는 이야기를 접한 뒤 「홍길동전」으로 남긴 것"[114]으로 보았다.

이윤석 교수는 허균이 홍길동의 원천 모델이 1500년에 체포된 홍길동보다 앞 선 시기에 실존하였던 된 홍상직의 아들 홍길동이 유구로 출국하여 적봉 홍가와라로 활동한 인물을 핵심 모델로 삼고, 기축옥사에 연관된 이흡을 포도대장으로 「홍길동전」의 표면서사에 전교형으로 노출시켰으며, 포도대장 이흡은 현재까지 전하는 「홍길동전」의 여러 텍스트에 항속소에 가따운 원천 텍스트의 자취로 남아 있음을 고혀하지 않고 있다는 연구사적인 한계를 가지고 있다.

(2) 「홍길동전」 모델에 대한 제2세대의 상반된 해석

(가) 연산군 때의 강도 홍길동 모델설

「홍길동전」의 주인공 홍길동의 모델에 대한 연구는 허균이 실존인물인 홍길동의 전기를 썼다는 조선 시대 택당 이식의 기록을 근거로, 1930년대에 들어서서 경성제대의 다카하시 도오루의 제자인 김태준의 1933년 출간 『조선

114) 이윤석. 국립중앙도서관에서 여는 '한국 고전 정전의 재인식: 우리가 몰랐던 홍길동전' 진태희 인턴기자, 조선일보, 2019. 4.24.

소설사』에서 그 연원을 찾을 수 있다.

> 서류 등용의 길은 열리지 아니하여 박응서 등이 연명으로 상소하여 관로를 열어 달라고 빌었으나 허치 아니하므로 분개하여 굴을 여강(驪江)에 짓고 일실에 동거하여 양식을 저적하여 타일 피병(避兵)의 자(資)에 쓰고자 하며 혹은 죽림칠현(竹林七賢)이라고 하고 혹은 도원결의(桃園結義)라고 하여 동지를 합하여 왕래교류하면서 허균, 이재영, 이사호같이 이에 동정하여 주는 이는 이에 가담케 하였다, 서양갑, 심우영, 이경준, 박치인, 박치의, 김경손 등이었다. 이들은 광해 신해에 염상(鹽商)을 해주에서 경영하며 그후 부호 이승숭의 집을 표략(剽掠)하며 영남에 가서 은상(銀商)을 쳐죽이고 은 육칠백냥을 빼앗으며 병량을 준비하고 회뢰(賄賂)로써 조정에 있는 문무관을 매수하여 장차 임금을 들어버리려고 하였다. 대체 이 행적은「홍길동전」과 틀림이 없으며 이로 보아「홍전」은 허균, 서양갑 등의 자서전이요 홍길동은 균의 이상적 인물일 것이다.[115)]
>
> 대저 서류(庶流) 정도전의 난에 징(懲)한 태종은 서선(徐選)의 상소를 가납(嘉納)하여 서류에게는 일체 인재등용의 길에 끊어 버렸더니 연산조에 유자광의 난을 다시 보게 되어 영구히 서류를 폐고하였다. 그 후 선조도 어비(御批)를 내려서 문자상으로는 해방을 선언하였으나 실제에 들어서는 더욱 잔학한 모멸을 더할 뿐이요 서류 등용의 길은 열리지 아니하여 박응서(朴應犀) 등이 연명으로 상소하여 관로를 열어 달라고 빌었으나 허치 아니하므로 분개하여 굴을 여강(驪江)에 짓고 일실에 동거하여 양식을 저적하여 타일 피병(避兵)의 자(資)에 쓰고자 하며 혹은 죽림칠현(竹林七賢)이라고 하고 혹은 도원결의(桃園結義)라고 하여 동지를 합하여 왕래교류하면서 허균, 이재영(李再榮), 이사호(李士浩)같이 이에 동정하여 주는 이는 이에 가담케 하였다(일

---

115) 김태준『조선소설사』, 도서출판, 1933, 75~77쪽.

사기문[逸史記聞] 연려실기술{燃黎室記述}, 당시 소양강 상의 죽림칠현은 박응서{朴應犀}, (사암{思菴}의 서자), 서양갑{徐羊甲}, (목사{牧師} 익{益}의 서자), 심우영{沈友英}, (전{銓}의 서자), 균의 처삼촌, 이경준{李耕俊}, (병사{兵使} 제신{濟臣}의 서자), 박치인{朴致仁}, (유량{有良}의 서자), 박치의{朴致義}, (충간{忠侃}의 서자), 김경손(金慶孫), (사계(沙溪)의 서제) 등이었다.[116]

金某氏「小說史」엔 南陽 洪氏의 族譜에『洪逸童의 弟 吉童』으로 적혀 있고, 年代도 相當하다 하였다.[117]

위의 인용처럼, 김태준은「홍길동전」의 홍길동의 모델은 서양갑 등 7서자의 소재에서 찾으려고 하였다. 그래서 홍길동의 모델은 허균 · 서양갑이며, 작중 인물인 홍길동은 작가 허균이 꿈꾸었던 이상적인 인물로 보았다. 그러면서도 한편으로는 홍일동의 동생인 홍길동의 존재도 거론하였다.

이러한 주장은 1960년에 들어서서 정주동의『홍길동전 연구』에서 다시 확인되었다.

李瀷이 西道에 劇賊 洪吉童이 있었다 하였고, 金某氏「小說史」엔 南陽 洪氏의 族譜에『洪逸童의 弟 吉童』으로 적혀 있고, 年代도 相當하다 하였고,「筆苑雜記」卷之一에는『洪中樞逸童 器宇卓犖 性任天眞 不修邊幅 善詞賦劇飮 無何 醉則用草葉作吹笛聲 悲壯震厲 平居 獨撫古琴 有絃無譜 上曰(中略)上喜賜貂裘一領 慰解之』이라 하였고,「大東韻府群玉」卷一에『字日休 自號麻川子 南陽人 我世宗朝登弟 善詞賦氣宇卓犖……』이라 하였다.

洪逸童은 世宗朝의 人物이며, 그 爲人이 氣宇가 卓犖하고「洪吉童」과 비슷하니, 洪吉童이란 이름은 이런 實存人物에서 暗示를 얻은 것인지도 모른다.

---

116) 김태준『조선소설사』, 도서출판, 1933, 75~77쪽.

117) 정주동,『홍길동전연구』, 문호사, 1961, 151쪽.

> 그러나 實存人物의 行蹟과 洪吉童의 行蹟은 너무나 다른만큼 實存人物을「모델」로 하였다기 보다 吉童이란 이름이 古代小說의 勸善懲惡에 適合하기 때문에 이 이름을 빌려 徐羊甲 一黨과 같은 人物에 덮어 씌웠는지도 모른다. 곧 洪吉童이란 실지「모델」은 徐羊甲 등이지만 當時 社會를 諷刺하기 위하여 正面으로 그대로 쓸 수가 없고, 時代를 過去에 두는 古代小說의 特色에 의하여 마침 世宗朝에 實存하였던 洪逸童이나 洪吉童을 聯想하여 表題로 내세운 것이 아닐가 짐작한다.[118)]

정주동은 홍길동이란 실지「모델」은 서양갑 등이지만 당시 사회를 풍자하기 위하여 정면으로 그대로 쓸 수가 없고, 시대를 과거에 두는 고대소설의 특색에 의하여 마침 세종조에 실존하였던 홍일동이나 홍길동을 연상하여 표제로 내세운 것으로 판단하고 있다. 위의 인용에서 거론한 김모는 김태준이다. 김태준의「조선소설사」에는 남양 홍씨의 족보에 홍일동의 동생 길동으로 적혀 있다는 것을 적시하여 최초로『만성대동보』의 남양 홍씨 족보에 홍일동의 아우로 홍길동이 있었다는 사실을 전하였다. 그러면서도 그의 활동에 대한 정보를 알 수 없었기에, 홍일동의 동생 홍길동과 서양갑 등을 함께 거론하는 데 머물고 있다. 그러면서 작가가 당시 사회를 풍자하기 위하여 정면으로 그대로 쓸 수가 없고, 시대를 과거에 두는 고대소설의 특색에 의하여 마침 세종조에 실존하였던 홍일동이나 홍길동을 연상하여 표제로 내세운 것으로 판단하였다.[119)]

또, 1968년에 김동욱은 이러한 견해들을 구체화시킨 논문「홍길동전의 역사적 소원」에서 홍길동 모델의 하나로 실존인물 연산군 시대의 홍길동을 들고 있다.

---

118) 정주동,『홍길동전연구』, 문호사. 1961, 151쪽.

119) 설성경,『홍길동전의 비밀』, 서울대학교출판부, 2004, 14쪽.

燕山君 6年 末에서 7年 初에 걸쳐 强盜 洪吉同의 事蹟이 嚴貴孫과 관련해서 實錄에 나온다. 實錄이 특수한 기록이기 때문에 洪吉同의 事蹟은 상세히 나와 있지 않고 嚴貴孫에 대한 査實 속에 일부가 내비쳐 있을 뿐이다.

實錄 속에 있는 기록을 종합하여 洪吉同의 窩主로 指目되어 온 嚴貴孫의 行蹟은 다음과 같다.

嚴貴孫은 軍功으로 燕山君 당시 堂上官까지 올라간 자로, 無知하되 臂力이 있고, 애초에 東萊 縣監으로 있다가 官物을 逋欠한 罪로 罷職되었고, 그 뒤에 平安道 虞侯로 있다가 公物을 竊取한 죄로 被黜된 자이다. 실록의 기록으로는 貪婪하고 貪濁하고 처음에는 자산이 없었으나 나중에는 洪川 本家에 3 · 4千石의 穀物을 貯藏하기에 이르렀다고 하였다. 그의 행실로는 良女를 娶하여 아름다운 자는 妾을 삼고 아름답지 아니한 자는 奴妻로 삼아주었다 한다.

이런 것으로 보아, 그는 武科 出身으로 表面上 기록으로 貪婪無道한 자이며 강도 洪吉同의 窩主 노릇을 하여 吉同에게 家舍를 장만하여 주고, 吉同의 贓物을 분배받아 豊饒하게 된 자로 되어 있다.

吉同은 頂玉戰笠을 쓰고 紅帶 軍服을 입고, 자기를 僉知라 칭하고 白晝에 무리를 지어 무장을 하고 官府를 출입하여 惻奪을 恣行하였다고 한다. 이로 보아 洪吉同은 단순한 强盜가 아니고 白晝에 무장을 하고 官府에 출입 惻奪을 한 것으로 「洪吉童傳」의 吉童과 다를 바 없는 行蹟을 가지고 있다고 보아도 좋을 것이다. (중략) 이렇게 「洪吉童傳」은 實名의 燕山君代의 洪吉同과 通하고, 明火賊은 洪吉童과 林巨正에 통하고, 다시 庶孽은 李夢鶴과 통하여 이런 題材가 許筠의 黨與를 糾合하려는 현실적 욕망에 따라 어떤 계기로 말미암아 執筆되었음을 추측할 수 있을 것 같다.[120]

여기서 김동욱의 견해는 「홍길동전」의 모델은 연산군대에 활약한 명화적

120) 김동욱, 「홍길동전의 국내적 소원」, 『이숭녕박사송수기념논총』, 1968, 33~40쪽.

홍길동, 명종대에 출몰한 양주 백정 임꺽정, 선조 때의 충청도 홍산에서 거사한 서얼 이몽학 등의 여러 인물이 복합적 모델이 되어 홍길동으로 형상화된 것으로 보고 있다. 이러한 김동욱의 견해는『조선왕조실록』에 등장한 실존 인물 강도 홍길동이「홍길동전」의 모델이라는 관점이다.

또, 이덕일과 이희근은『우리 역사의 수수께끼』에서 다음과 같이 서술하고 있다.

> 『실록』에 보이는 홍길동은 그리 바람직한 모습은 아니다. 역사상에 실재하는 홍길동은 연산군 때의 대표적 화적(火賊) 두목이었다.『연산군일기』에 의하면 연산군 6년 10월에, "듣건대, 강도 홍길동을 잡았다 하니 기쁨을 견딜 수 없습니다. 백성을 위하여 해독을 제거하는데 이보다 큰 것이 없습니다." 라는 기록이 있다. 실록상의 기록은 홍길동을 '강도'로 묘사하고 있는 것이다. 그러나 홍길동은 단순한 강도가 아니었다. 의금부의 위관(委官) 한치형은 홍길동에 대해 이렇게 보고한다. (중략) 홍길동은 그리 아름다운 이름이 아니라 욕으로 사용되었던 저간의 사정을 말해준다. 이름이 욕으로 사용된 홍길동과 의적(義賊) 홍길동 사이에는 많은 괴리가 있는 것이 사실인데, 그 괴리는 그가 의적으로 알려지게 된 횔빈당(活貧黨)과의 관계에서 메워 보아야 할 것이다. 홍길동이 활빈당의 두목이었다는 사실이 밝혀진다면 그는 의적의 반열에 오를 수 있기 때문이며 현존하는 이미지가 사실이 되기 때문이다. (중략) 연산군 때의 강도 홍길동은 100여 년 후인 선조 때에는 욕으로 통용되다가, 그후 약 150년이 흐른 영조 때에는 장사꾼들이 맹세하는 구호로 그 이미지가 변화하였다. 즉 조선 전기의 실존 인물이었던 홍길동은 중기를 지나 후기로 이르면서 욕에서 맹세의 대상으로 승격한 것이다. 그가 어떤 경로를 거쳐 장사꾼의 맹세의 대상이 되는지는 불분명하지만 활빈당과 관련한 기록은 조선 후기에도 여전히 존재하지 않는다.
>
> 그러나, 그가 욕의 대상에서 맹세의 대상으로 변화하는 것은 주목할만

한 것이다. 이는 조선 후기 들어 파탄에 달한 농민 경제와 관련이 있는 것이다. 부패한 정치에 좌절한 백성들은 조선 전기의 유명한 강도 홍길동을 부패한 관료나 부호들을 처벌하고 그 재산을 빈민들에게 나누어주는 의적 홍길동으로 변화시켜 대리 만족을 얻은 것이다. 강도 홍길동이 메시아 홍길동으로 부활한 셈인데 그 배경에는 조선 후기의 부패한 정치구조가 있었다. 농민들은 홍길동을 자신들의 한을 대신 풀어줄 영웅으로 인식하기 시작한 것이다. 그리고 이런 이미지의 전환에 허균의 「홍길동전」은 중요한 역할을 한 것이다.[121)]

위의 인용처럼, 이들은 실재인물 홍길동은 강도인데 반하여, 후대의 시대적인 분위기나 작가 허균의 「홍길동전」 창작의 영향으로 홍길동은 의적의 이미지를 얻게 된 것으로 보고 있다.

조동일은 1994년 판 『한국문학통사』에서 다음과 같이 거론하였다.

〈홍길동전〉은 있었던 일에 근거를 두었다. 홍길동이라는 이름의 도적 두목이 연산군 때인 1500년경에 활약했으며, 홍길동이 아니더라도 변란을 일으켜 나라를 뒤흔든 인물이 적지 않았다. 허균은 그런 사정에 깊은 관심을 가지고서 〈호민론〉을 통해 민란의 원인과 경과를 다루었다. 백성에는 수탈당하기만 하는 항민(恒民), 원망을 일삼는 원민(怨民), 그리고 틈을 보아 들고일어나는 호민(豪民)이 있게 마련인데, 호민이 한번 거사하면 원민은 물론 항민까지도 가담해서 일이 커진다고했다. 그런 일을 막으려고 지체에 구애되지 않고 인재를 등용해야 한다고 주장했지만, 그럴 수 없었음은 물론이다."[122)]

121) 이덕일 · 이희근, 『우리 역사의 수수께끼』, 김영사, 1999, 243~246.

122) 조동일, 『한국문학통사』, 3권, 제3판, 96쪽.

여기서 홍길동의 모델에 대한 초기 단편적인 언급에서는 홍길동의 모델을 「수호전」에 등장하는 인물로 보고자 하였다. 이러한 견해들은 「홍길동전」은 「수호전」의 영향을 받았다는 전제에서, 「수호전」의 송강을 비롯한 108 호한이 광의의 홍길동의 모델로 작용했음을 제시하고 있다.

> 洪吉童傳의 英雄的 構想에는 水滸傳의 模倣도 있었겠지만 朝鮮에 있던 傳說 說話에서 取材 創作하였다고 생각한다.[123]

1992년에는 정규복[124]이 이에 대한 논지를 보완하였고, 예종숙, 김상훈, 이상익 등도 「홍길동전」과 「수호전」의 관계를 근거로 「수호전」 영향설을 긍정하였기 때문에, 홍길동의 모델은 「수호지」의 송강 등이 모델이 되었다는 쪽으로 기울었다.

또, 백승종은 「홍길동전」의 모델에 대해 다음과 같이 서술하고 있다.

> 역사상의 실존 인물 홍길동은 1500년 관군에 붙잡혀서 죽임을 당한 도둑의 우두머리였다. 그가 서자였을 것이라고 추론하는 경우도 있지만, 남아 있는 역사적인 기록을 가지고 추측해 보면 평민 출신이 아니었던가 생각된다.[125] 실존 인물 홍길동은 많은 부하를 거느린 도둑의 두목으로서 한 때 朝野를 떠들썩하게 만든 장본인이었다. 그러므로 그에 관한 이야기가 반드시 허균 한 사람에 의해서만 기록될 이치도 없다. 사실 홍길동의 이름은 그가 죽은 뒤에도 오랫 동안 人口에 膾炙하였는데, 實錄을 비롯하여 여러 문헌에 그에 관한 기록이 발견된다. 일례로 星湖 李瀷(1681~1763)이 쓴 『星湖僿說』에

123) 이재수, 『한국소설연구』, 선명문화사, 1969, 142쪽.

124) 정규복, 「고소설과 중국소설」, 『한국고소설론』, 아세아문화사, 1992, 314쪽.

125) 임형택, 「홍길동전의 신고찰」, 130~131쪽.

도 홍길동에 관한 짤막한 기사가 전한다.[126] 도적 홍길동의 행적은 오랫 동안 민간에 전하는 사이에 어느덧 영웅적인 인물로 탈바꿈하게 되었고, 드디어는 고소설『홍길동전』의 주인공으로 정착되었을 것이라는 추론이 가능하다.[127]

여기서는『조선왕조실록』에서 거론하고 있는 홍길동으로 평가한다면, 홍길동은 분명 강도 홍길동일 수밖에 없다. 그렇게 된다면, 실존 인물은 강도이지만, 작가가 이를 미화시켜서 영웅 홍길동으로 창작했거나, 아니면 강도 홍길동 이야기가 구전되면서 영웅담으로 미화되었고, 이 영웅으로 미화된 홍길동을 모델로 삼았다는 입장을 벗어나지 못하고 있다.

장덕순은『조선왕조실록』의 기록은 강도로 규정되어 있어 강도 홍길동을 일단 수용하면서도, 그의 활동을 강도로만 볼 수 없다는 태도를 보였다.

洪吉同은 도적떼의 괴수로서,『實錄』에는 그 행실은 황당하고 상업을 경영하며 地方의 수령과 결탁하여 食物, 家舍를 서로 주고 받았다고 했다. 과연 前後後無한 강도일 뿐 아니라, 재주가 비상하여「홍길동이 재주」라는 俗談까지 나왔다고 한다. 이 洪吉同은 林巨正과 같은 義賊이라고 추측되는데, 李朝時代에는 이런 도적이 심심ㅎ지 않게 나타나서 朝廷을 괴롭혔던 것이다. 그 중에서도 洪吉同사건이 가장 컸었다. 洪吉同을 지방의 수령들조자 존대했으니, 그의 세력은 대단했다고 한다. 燕山君時代의 盜賊 洪吉同이 잡힌 지 13년 후인 中宗 8년(1513)의『實錄』에는, 忠淸道 일대에 아직도 洪吉同의 영향이 남아서 도적을 피하여 流亡한 사람들이 歸農하지 않아서 밭이 황폐해 있다는 기록이 있다. 그리고 같은 중종 18년, 25년에도 大賊黨의 사건이 있었는데, 이런 盜賊이 나올 때마다『實錄』은 洪吉同을 회상시키며 경계하도록 기록

126) 이익,『성호사설』, 경희출판사, 영인본 1, 516쪽.

127) 백승종,「고소설 홍길동전의 저작에 대한 재검토」,『진단학보』, 80호, 307쪽.

하고 있으니, 도적의 세력이 얼마나 컸었는가를 가히 짐작할 수 있다. 그러나 許筠이 지었던 「洪吉童傳」의 주인공이 이 실재했던 洪吉同을 모델로 한 것인가에 대해서는 속단할 수 없다. 특히 『王朝實錄』은 官報와 같은 성격을 갖고 있어서 비록 義賊이라 하더라도 强盜로 규정해 버렸을 것이고 따라서 洪吉同의 의협적인 강도 행위(탐관오리의 재산을 약탈하는 등)는 전혀 알아볼 자료가 없다. 그러나 이런 英雄的인 도둑의 괴수에 관한 여러 가지 傳說은 口承되어 전했을 것이다. 혹시 「洪吉童傳」을 지었다면, 당시만 해도 洪吉同의 기억은 새로웠을 것이고, 또 作品名이 「홍길동전」이라는 데서 수긍이 간다.[128)]

장덕순은 1987년에 발표했던 글에서도 『보해동이적』의 기록은 서출의 홍길동이 자신의 능력을 펼치지 못한 것을 한하여 해도로 가서 왕이 되었다는 내용을 담고 있다는 기록을 근거로 세종대 홍길동에 대한 인물 전설을 바탕으로 해서 창작한 것으로 추정했다.[129)]

이상택과 윤용식은 『고전소설론』에서 「홍길동전」의 모델에 대하여 다음과 같이 서술하였다.

「홍길동전」은 또한 그 소재가 당시 실재했던 義賊 洪吉同에서 취하고 있다는 점과 그 내용에 있어 뚜렷한 사회소설의 성격을 띤다는 점에서 주목되어져야 한다. (중략) 洪吉同은 연산군 때의 義賊이다.[130)]

---

128) 장덕순, 『한국문학사』, 1995, 163~164쪽.

129) 장덕순, 「홍길동은 실재했던 인물인가」, 『고소설 연구논총』, 다곡 이수봉선생 회갑기념논총 간행위원회, 1987.

130) 이상택, 윤용식, 『고전소설론』, 한국방송통신대학, 1986, 168쪽.

김일렬은 『고전소설신론』에서 역사상의 인물 홍길동에 대해 위정자들은 강도로 보았고, 후대의 민중들은 영웅으로 보았다는 관점을 다음과 같은 서술로 제기하였다.

> 역사적 인물 洪吉同[131]은 1500년경에 경기, 충청도를 거점으로 활동하였는데 그 무리는 당시의 군도들 중에서도 가장 세력이 강성하였다. 홍길동은 堂上官의 차림과 행세를 하고 다니면서 지방 수령들의 존대까지 받았다고 하며 나라에서도 감당하기 어려운 위세를 부리다가 마침내는 체포되었다. 체포가 되자 3정승이 모여 임금에게 축하의 말을 올릴 정도로 큰 사건이었다. 이 길동이 당대의 위정자들에게는 大盜로 취급되었지만 당대 혹은 후대의 민중들에게는 영웅으로 기억되었다. 허균은 민중들의 처지에 동조하면서 역사상의 인물 홍길동을 모델로 한 소설 「홍길동전」을 썼던 것이다.[132]

김관웅은 「조선고전작가 작품의 연구」에서 다음과 같이 서술하였다.[133]

> 허균은 민간에서 류전되어온 홍길동(洪吉同)이라는 실재 인물과 「활빈당」의 이야기, 그리고 자기의 동지들인 서자당들의 반정부활동들을 모델로 하였다. 특히 홍길동의 행각에 대해서는 정사인 『리조실록』 뿐만 아니라 『성호새설(星湖塞說)』 같은 패사에도 기록되어 있다. 그리고 '활빈당'이라는 것도 실제로 있던 농민무장운동이었는데 항간에 떠돌던 말에 의하면 「활빈당」에도

---

131) '홍길동'의 한자 표기는 문헌에 따라 다르다. 역사상의 인물은 『조선왕조실록』에 '吉同'으로 되어 있고, 『성호사설』에는 이본에 따라 '吉同'과 '吉童'이라 나온다. 작품명에 있어서 『澤堂別集』에는 '吉同', 그것을 이기한 조야집요에도 '吉同', 역시 앞의 책을 이기한 심재의 『송천필담』에는 '吉童'으로 각각 나오며 현전 소설의 표제에는 '吉童'으로 나온다.

132) 김일렬, 『고전소설신론』, 새문사, 1991, 151~153쪽.

133) 설성경, 『홍길동전의 비밀』, 서울대학교 출판부, 2004, 19쪽.

'홍길동패' '남강명패'가 있었다고 한다. 이 외에도 명종(1546~1567)때 황해, 경기 일대에서 횡행했던 림꺽정의 이야기가 허균이 생활하던 시기에 분분히 세상에 떠돌았으니, 「홍길동전」의 창작에 좋은 소재들을 제공해 주었을 수도 있었던 것이다.[134)]

이런 관점과는 달리 홍길동의 모델이 단순 단독설이나 김태준처럼 허균과 서양갑으로 작중 인물인 홍길동은 작가 허균이 꿈꾸었던 이상적 인물이라는 것 이상으로 본격적인 복수 모델로 주장하는 견해들이 등장하였다.

1991년 장양수는『한국 의적소설사』에서 다음과 같이 서술했다.

> 이 소설의 작가가 許筠이라고 상정할 때 고관의 자리에 있었던 그는 지난날 나라에 있었던 重罪人에 대한 이야기를 알고 있었을 것으로 보아야 할 것이다. 그렇다고 볼 때 實人 洪吉同은 洪吉童의 모델이 되었을 가능성이 크다. 그러나 이때 모델이 된 吉同은 이미 백년전의 인물이었으니 實人과는 상당히 거리가 있는 전설화된 吉同이었을 것이다. 그렇다면 「홍길동전」은 한 實人의 「傳」 아닌 素材가 先行된 한편의 虛構라고 보아야 한다.[135)]
>
> 어느 한가지가 결정적인 「洪吉童傳」의 溯源이라고 하기보다는 위의 여러 측면이 吸引되어 한편의 소설로 형상화된 것이 이 작품이라 보는 것이 옳지 않을까 한다. 곧 實人에 근거한 洪吉同, 林巨正의 설화, 古書에 실여 있는 朴長脚, 葛處士 이야기와 七庶之獄과 관련한 그의 체험 · 見聞이 그 뼈대가 되고 거기에『水滸傳』,『三國志演義』,『西遊記』등의 독서체험에서 온 영향 등이 소설로 형상화한 것이 「홍길동전」이라 해야 할 것 같다.[136)]

---

134) 허문섭 외,『조선고전작가 작품의 연구』, 연변인민출판사, 1985, 215쪽.

135) 장양수,『한국의적소설사』, 문예출판사, 1991. 45쪽.

136) 장량수,『한국의적소설사』, 문예출판사, 1991, 47쪽.

장량수는 홍길동의 형상화는 조선의 홍길동, 임꺽정, 박장각, 갈처사 등과 중국 소설의 등장 인물들이 복합적으로 작용한 것으로 보고 있다. 이러한 홍길동, 서양갑 등을 비롯한 서류 집단을 「홍길동전」 소재로 삼았다는 단편적인 견해들은 『조선왕조실록』에 나타난 실존 인물 홍길동의 모습을 어느 정도 주목하였다는 점에서는 초기 모델론에서 기여한 부분이다.

또, 임형택은 「홍길동전의 신고찰」에서 다음과 같이 서술하고 있다.

> 1613년(광해군 5년) 徐羊甲 등 七庶들이 여주 강변에 모여 군신 · 부자의 의를 끊는다는 의미로 자기들의 처소를 〈무륜〉이라 칭하고 무뢰자들과 결당하여 무장항쟁을 도모한 것이었다. 다 허균이 살았던 시대의 일이거니와 특히 〈칠서〉는 바로 허균을 추종하던 사람들이었다. 16세기에서 17세기에 이르는 기간에 서얼층이 사회모순을 가장 심각하게 자각하고 당시 저항운동을 선도하던 계층이었다. 그래서 농민저항의 의지를 반영한 홍길동의 신분이 서얼로 설정되어진 것이다.[137]

이러한 논의 이외에도, 임형택의 견해는 김막동, 홍길동, 순석, 임꺽정, 송유진, 이몽학 등의 저항운동에서 나타난 민중의 저항적 정신이 내면화하여 「홍길동전」이 이루어졌다는 측면에서 홍길동은 역사상의 홍길동이 영웅형상으로 전환된 것[138]으로 보는 것이다. 특히, 그는 「홍길동전」의 투쟁이 낭만적으로 형상화되어 있는 점에 대하여 실존 인물 홍길동의 좌절을 사실로 인정하기를 거부하는 민중의 의지가 홍길동을 재생시켜 제3의 세계로 망명하게 했으며, 「홍길동전」은 낭만적 신비적 요소로 말미암아 현실적 사회상과 사회적 모순을 객관적

137) 임형택, 「홍길동전의 신고찰(상)」, 『창작과 비평』 42호, 1976, 131쪽.

138) 정규복 외 편 『한국고소설연구』, 이우출판사, 1983, 332~337쪽.

구체적으로 묘파하지 못하고 다분히 주관적 추상적 환상적으로 제시하는 데 그친 점[139)]을 지적하고 있다.

(나) 유구 석원도에서 전사한 '적봉 홍가와라' 모델설

필자는 전라도 장성의 성리학자 변시연의 전언을 근거로 연산군 때의 홍길동 이전에 실존인물로 홍상직의 서자로 태어난 인물인 의적형 영웅[140)]을 제시하였다.

실존인물 홍길동은 조선초기 활동했던 유명한 도둑인데, 중기와 후기에 와서 의적으로 이미지가 전환된 것이 아니라, 애초의 활동이 의적형, 영웅형이라고 본다. 즉, 홍길동은 도둑이 아니라 민중해방을 위해 싸웠던 자유민권운동가로서 실존인물 홍길동이 「홍길동전」의 모델이 되었기 때문에 실존인물 홍길동과 소설을 통해 형상화된 의적형 홍길동의 모습이 그 근본에서는 일치한다고 보았다.[141)]

거시적인 눈으로 볼 때 『구양(球陽)』이란 오키나와 역사서에는 국내에서 홍길동이 체포 된 후인 1500년 초에 그곳에서 활동한 '홍가와라' 라는 영웅이 등장한다. 국내의 홍길동이 관찬사에서 '강도'로 서술되듯 일본 관찬사에서도 그를 '반란자'로 서술했다. 그러나 그곳에서도 민중사에서는 자유민권 운동의 수호자로 평가하고 있다. 그러기에 '홍가와라'가 오키나와 원주민인지, 아니면 한국의 홍길동인지 하는 점이 제기된다. '홍가와라'와 '홍길동'이 동일 인물일 수 있음은 『보해동이적』에서 실존인물 홍길동이 전남 장성에서 태어났다는 기록과 더불어 그의 해외 출국 가능성에서 그 실마리를 찾을 수 있다. 물론 일본에서는 아직은 '홍가와라'를 오키나와 남서부 섬에

139) 임형택, 「홍길동전의 신고찰」, 정규복편, 『한국고소설연구』 2, 이우출판사, 1983, 341쪽.

140) 설성경 · 정철, 『실존인물 홍길동』, 중앙 M&B, 1998.

141) 역사학자 이희근씨 기고. 설성경교수 반론에 답함.

서 출생했다고 하여 기념비를 세워놓고 있다. 그러기에 그를 그 곳에서 출생한 일본 영웅이라 한다면 '홍길동'과 '홍가와라'의 관련성은 더 진행될 수 없지만, 그 섬은 워낙 조그만 섬일뿐만 아니라, 그를 일본 학계에서도 정체 불명의 인물로 보고 교과서에도 기록할 정도이다. 또 그곳은 표류인들이 자주 오기 때문에 침략자나 표류인의 근접을 탐지하는 망루까지 설치하였던 곳이다. 게다가 홍길동 사건 얼마 전에 이미 한국의 표류인이 그곳을 지났던 사실도 있다.

> 이런 두 나라의 상황을 종합해보면 홍길동은 도둑으로 활동하다 의금부에 잡혀 죽었다는 결론은 너무 '역사 읽기의 고뇌'가 약하다. 실상 찾기에 더 노력을 기울인 다음에 그런 결론을 얻어도 늦은 것이 아니다.[142]

이처럼 필자는 저술 및 신문지상을 통한 논쟁을 홍상직의 서자인 '홍길동 · 적봉' 이 「홍길동전」의 모델이 되었다는 주장을 최초로 하게 되었다. 홍길동의 부친 홍상직은 1388년의 무진참화 속에서 부친과 3명의 형이 한꺼번에 처형된 인물이며, 그가 성장하여 벼슬길에 오른 뒤에도 다시 모반의 혐의를 받아 동래에 유배되었고, 다시 생존을 위해 죽음을 위장해야할 위치에 있었던 인물[143]임을 근거로 하였다. 또, 홍상직의 아들 홍길동의 유구행에 대해서는 홍상직의 가계도를 통하여, 그의 손녀는 성종의 후궁이 되어 궁중으로 들어가 숙용이 되었고, 성종으로부터 일곱 아들과 세 딸을 낳았으며, 그의 외손자 유순은 연산군 시대의 실권자요, 홍길동의 외주인 엄귀손은 연산군의 생모 폐비 윤씨 문제로 원수로 여기는 엄숙의와 친척간임을 들어, 모종의 정치적 협상이 있는 조건임을 제시하였다.[144]

---

142) 국민일보, 1999년 3월 27일, 33면.

143) 설성경, 『홍길동의 삶과 홍길동전』, 연세대출판부, 2002, 200~210쪽.

144) 위의 책, 221~314쪽.

1980년도와 1990년도에 걸쳐서 몇 차례 필자는 실존 인물 홍길동과 소설 「홍길동전」의 문제를 실존 인물 홍길동의 삶으로 밝혔다. 그에 따라 홍길동이 의적형 영웅인지, 또 해외에까지 진출한 영웅인지가 먼저 밝혀져야 소설 속에서 '활빈당 당수'로 활동하고, 나아가서는 '율도국왕'이 되는 부분이 모델의 몫인지, 작가의 허구적 산물의 결과인지가 보다 구체화된다고 판단했다. 홍길동의 해외 활동 부분은 작가 자신과 민중의 소망을 담은 단순한 이상향을 말함이지, 모델인 「홍길동전」과 관련이 없다는 통설[145] 속에서 필자는 홍길동 생애의 재구성을 토대로 하여 '홍길동 출국설'을 내놓았다.

(3) 지속적으로 접근한 「홍길동전」의 본질과 미학 탐색의 궤적

(가) 1단계 1998년, 『실존인물 홍길동』, 중앙 M&B

필자는 「홍길동전」 연구의 1단계를 1998년에 『실존인물 홍길동』으로 정철 기자와 함께 중앙 M&B에서 출간하였다.[146]

『실존인물 홍길동』의 표지

『실존인물 홍길동』의 목차

차례

1장 홍길동은 실존 인물이었다
홍길동을 찾아서
소설인가 실화인가?
홍길동의 아버지는 누구인가?
홍길동은 세 사람이었다

145) 김동욱, 「홍길동전의 비교문학적 고찰」, 『허균연구』, 세문사, 1986, 1~98쪽.

146) 이 책은 설성경과 현장 답사에서 동행 취재한 전남매일 기자 정철과의 공동 저술이다.

이 저서 『실존인물 홍길동전』[147]에서 필자는 1974년에 이미 홍길동은 실존 인물이며, 장성 아치실에 그의 생가 터가 있다는 사실을 장성에 사는 유학자 변시연 옹의 제보로 신문에 알려 국민들에게 환기시킨 바가 있었고, 그 후 20여 년간 소설 「홍길동전」을 연구 주제로 삼아 왔다.[148] 이미 작고하신 정주동 교수, 김동욱 교수의 지도로 「홍길동전」에 관심을 기울여 온 것이 인연이 되어 현재에 이른 것이다.

실존인물 홍길동은 전남 장성 아치실에서 홍상직의 서자로 태어난 인물로, 공주 무성산을 근거지로 의적형 영웅으로 활동하다가 1500년 이후에는 유구로 진출한 민중영웅[149]으로 보았다. 실존인물 홍길동을 민중영웅으로 본 근거는 『조선왕조실록』의 평가만이 아니라, 야사 및 소설, 전설 등과 같은 여러 층위에서 전하는 홍길동의 실제적인 삶을 함께 중시하는 시각의 확장과 변화에 있었다. 특히, 홍길동의 삶은 국내에서만이 아니라, 당시의 유구요, 현재 일본 오키나와 남서부 팔중산 지역에까지 진출하여 벌인 민중영웅으로서의 활약을 감안한 것이다.

필자의 홍길동 민중 영웅설 제기는 일부 학자들에게 직접적 비판을 받기도 했고, 이는 논쟁[150]을 통한 홍길동 모델 찾기의 질적 성숙으로 가는 촉진제가 되기도 하였다. 필자는 실존 인물 홍길동은 조선 초기 활동했던 유명한

147) 설성경 · 정철, 『실존인물 홍길동』, 중앙 M&B, 1998.

148) 〈장성군 실존인물 홍길동전 보고서〉에서는 홍길동은 장영기라는 이름으로 변성하여 전국 팔도 시장에 정보원을 파견하여 민심을 파악하였다. 그러던 중 홍길동이 26세가 되는 1469년(예종 1년) 10월 정부의 대대적인 토벌작전으로 활동 무대를 서남해안의 섬으로 옮기게 된 것으로 추정하기도 하였다.

149) 설성경 · 정철, 『실존인물 홍길동』, 중앙 M&B, 1998.

150) 필자는 "홍길동은 의적이다", 그리고 "홍길동은 유구의 팔중산 지역 민중영웅인 적봉이다"는 주장을 당시로서는 너무나 상식을 깨는 주장이었고, 또 논지의 미약함도 있는 가설이었기 때문에 다음과 같은 논쟁을 거치게 되었다.

도둑인데, 중 · 후기에 와서 의적으로 이미지로 전환된 것이 아니라, 애초의 활동이 의적형, 영웅형이라고 본다. 즉, 홍길동은 도둑이 아니라 민중해방을 위해 싸웠던 자유민권 운동가로서 실존인물 홍길동이 「홍길동전」의 모델이 되었기 때문에 실존인물 홍길동과 소설을 통해 형상화된 의적형 홍길동의 모습이 그 근본에서는 일치한다고 보았다.[151]

적봉 사건의 대표 인물은 오야케 아카하치 홍가와라[152]이다. 이렇게 긴 이름이 한 사람의 이름인지, 아니면 두 사람의 이름인지에 대하여 일본 학계에서는 그간 논의가 많았지만, 결국 한 사람이라는 것이 통설[153]이 되었다. 오야케 아카하치 홍가와라, 즉 적봉(赤蜂)이 활동하던 시기인 1500년(이전의 수십년간) 전후의 팔중산 지역의 영웅들은 거의 부친의 존재가 확실치 않다. 그래서 이들은 다른 지역에서 이주하여 권력을 장악했거나, 접근성이 양호한 항구를 장악하여 교역하던 인물들, 즉 해상을 자유롭게 왕래했던 세력으로 판단한다.[154]그래서 적봉의 경우도 그의 부친은 팔중산을 거쳐간 외부 호족으로 추정하거나, 해상을 자유롭게 내왕하던 호족계의 자손이란 견해[155]가 있다.[156] 그러나, 적봉을 표착인[157]으로 볼 때에도, 그의 국적은 조선인이

151) 역사학자 이희근씨 기고. 설성경교수 반론에 답함.

152) 遠彌計赤蜂保武川.

153) 『후루스토 유적보고서』, 석원시.

154) 오야케아카하치 홍가와라의 난에 대하여, 홍길동국제학술세미나, 1998년 10월 24일, 장성군, 발표 요지, 21~22쪽.

155) 1998년 9월 4일자 유구신문 9宮里二夫.

156) 『팔중산유래기』 등에서는 적봉은 1440년경 파조간도에서 태어나 유년시절을 보내다가 대망을 품고 바다를 건너 북동쪽에 위치한 석원도에 상륙, 대빈촌을 중심으로 세력을 결집시킨 유구왕부에 반기를 든 인물로 평가하고 있다.

157) 파조간도의 전설은 적봉과 장전을 동 시대의 파조간도 출신이라 전한다. 〈적봉과 맞서는 인물 '장전대주[1)]'의 '장전'의 뜻은 광대한 경작지의 의미로서 '긴 밭'을 의미한다. 이러한 이름은 조선 호남의 곡창을 연상하는 명칭에 더욱 어울리지 팔중산 지역의 섬인 석원

아닌 포루투갈인 또는 중국인 등으로 추정한다.

『구양』과 족보, 현지의 전설 등을 통해 그들의 국적을 추정해보면 적봉과 장전대주는 동일 국적인으로 추정된다. 이러한 근거는 다음과 같은 몇 가지 사실을 중심으로 설명할 수 있다.

적봉과 그와 활동을 함께 한 장전대주는 파조간도에서 태어난 표착인의 후손이 아니라, 그들이 바로 파조간도에 표착한 집단 속의 대표적인 두 사람으로 추정된다. 그들은 파조간도를 비롯한 팔중산 표착인들 중에서는 가장 정치적 색깔이 분명한 표착인이다. 이들이 그런 특징을 보일 수 있었던 것은 그들이 고국인 조선에서 이미 동일한 활동을 한 경험을 가진 사람들이었기 때문이다. 그래서 적봉과 활동을 함께한 장전대주는 1차로 표착지인 파조간도에서, 그리고 2차로 이주 정착 지역인 석원도에서 조선에서 보여준 집단의 지도자, 또는 의적형 민중지도자로 나서서 적봉처럼 불의한 중앙 권력인 유구왕부에 저항하거나, 장전대주처럼 이런 저항세력을 무마하는 왕부군에 협력하는 세력화가 된 것으로 추정된다.

적봉과 장전대주는 같은 또래로 같은 고장에서 성장하였다. 적봉의 석원도 진출 이후의 사건으로 보면, 적봉과 장전대주 사이에는 극심한 의견 대립과 이에 따른 생사를 건 치열한 갈등이 있었음이 확인된다. 그 대표적인 사건으로, 적봉은 장전의 여동생을 아내로 맞았음에도 불구하고, 장전대주의 두 남동생을 처형하였고, 장전대주는 적봉의 살의를 피하여 다른 섬으로 피신하여 동굴에서 은둔하였다. 후에 장전대주는 철원대장이 이끌고 나카소네

도에서 살아가는 토착적 지도자의 이미지와는 거리가 있다. 그러기에 작은 섬인 파조간도에서 시작하여 석원도에서 활동하면서, 때로는 가장 믿음직스런 동지로 협력하고, 때로는 입장을 달리한 적들이 되어 치열한 갈등을 보여주는 '적봉'과 '장전' 두 석원도 지도자의 작명은 아무래도 왜나 유럽의 인물보다는 조선 또는 중국의 인물로 보아야 적절할 것이다.

가 선봉이 된 적봉 토벌 작전에 참여하여 적봉을 궤멸시키는 쪽에 섰고, 그 공로로 유구왕부로부터 두직을 제수받아, 후손들이 팔중산 지역의 지도자[158]로 살아가는 기반을 마련하게 된다.

적봉과 장전대주의 친소관계를 통해서 본다면, 초기의 신뢰와 가까움이 후기의 반목으로 진행된다. 그런데 초기의 가까움은 적봉과 장전대주 두 사람이 다른 국적이라고 볼 수 있는 어떤 정황도 보이지 않는다. 누구보다도 두 사람은 인정을 나누며 서로 친하게 사귀면서 서로 돕고 성장하는 모습만이 남아 있다. 그렇다면, 적봉의 국적을 밝힐 수 있는 자료가 워낙 미미하므로 장전대주의 국적을 밝힘으로써, 적봉의 국적을 밝히는 간접적인 방식이 가능해진다. 왜냐하면, 적봉에 비하여 장전대주는 국적 문제를 밝히는데 훨씬 유리한 자료들이 현재까지 남아 있기 때문이다. 이로 보면, 적봉과 장전대주는 조선의 장영기 일가의 한 인물[159]과 홍상직의 서자 홍길동이다. 장전대주도 유구에서 적봉이 된 홍길동과 함께 조선을 떠나 파조간도에 표착한 인물이다.

158) 적봉과 장전대주의 대립에서. 초기에는 적봉의 기세를 꺾을 수 없는 장전대주가 산으로 숨고, 중산의 중앙군이 적봉과 전투를 할 때, 중산왕부를 돕게 된다. 또, 장전대주의 또 다른 이복동생[1)]인 진을노는 자신의 토착신의 위력을 보장받기 위하여 신탁의 제시와 그 신탁이 실현되게 하기 위하여 혼신의 노력으로 기도한다. 그 기도가 실효를 거두자, 진을노는 중상산왕부로 찾아가 대아모의 자리를 다른 이에게 양보하고, 그에게 신탁을 내린 영양비금(永良比金)을 보시는 신직(神職)을 인정받는다. 이런 사건이 있은 지 약 2세기만인 상정왕 10년에 실제로 역사상 등장한 모국서가 다시 팔중산에 와서 영량비금을 섬기는 일을 금지시킨다.

159) 여기서 '장영기 일가'라 함은 장영기의 아들이나 조카 등과 같은 인물들을 지칭하지만, 구체적으로는 그의 아들 중의 한 인물로 추정된다.

(나) 2단계, 2002년 『홍길동의 삶과 홍길동전』, 연세대출판부

필자는 「홍길동전」 연구의 2단계를 2002년에 『실존인물 홍길동』으로 연세대학교 출판부에서 출간하였다.[160)]

『홍길동의 삶과 홍길동전』의 목차

1. 머리말
2. 연구사 건토
   1. 개인 연구사 1기
   2. 개인 연구사 2기
   3. 개인 연구사 3기
3. 쟁점과 현황: 홍길동의 생애에 대한 쟁점
   1. 연산군과 홍길동
   2. 『조선왕조실록』의 홍길동 기록
   3. 홍길동의 유배
   4. 홍길동의 탈출
   5. 홍길동 집단의 목적지와 표류지
4. 맺음말

『홍길동의 삶과 홍길동전』의 표지

필자는 이 저서 『홍길동의 삶과 홍길동전』에서, 실존인물 '홍길동의 정체 찾기'는 여러 가지 방법으로 진행했는데, 그 중의 하나가 족보에서 홍길동 찾아내기였다. 홍씨의 족보를 확인하여 남양 홍씨 남양군 파에서 홍일동의 기록을 찾았다. 그러나 여기에는 홍상직의 아들로 일동, 귀동은 있는데 홍길동은 없었다. 그런데 족보는 대부분 서출을 올리지 않는 것이 일반적인

160) 설성경 · 정철, 『실존인물 홍길동』, 중앙 M&B, 1998.

일이었다.

필자는 이 시기에는, 홍길동은 의금부에 체포되었으나 처형되지 않고 출국하였다고 추정하였다.

유구의 파조간도에서 정착한 홍길동과 그 일행들은 무력으로서가 아니라 사랑과 인정으로서 낙후된 그들의 문화를 일깨워 주고 새로운 삶의 길을 모색했을 것으로 판단된다. 그러자 그곳 원주민들은 착취를 일삼던 원래의 통치자들보다 더 강력한 힘을 가지고도 인간다운 대접을 해주는 도래인 홍길동 일행에 쉽게 편입되어, 홍길동과 그 일행을 민중의 영웅으로 추종하며 따르게 된 것으로 추정하였다. 그 힘을 가지고 점점 큰 섬으로 가서 본격적인 오키나와 서남부 지역을 통치하게 된 것이다. 이런 상황에서 그를 추종하는 주민들이 외지에서 온 도래인이 아니라 그 섬에서 출생하여 더 큰 섬으로 진출한 영웅으로 후대에 전하게 된 것으로 판단하였다.

일본 유구의 역사를 다룬 『구양』 『팔중산 유래기』 『구지천 간절구기』 등의 기록을 보면 15~16세기경 어디선가 나타난 외부 침입자 도래인에 대한 언급이 여러 군데 발견된다. 16세기에 경 오키나와 열도에 등장한 도래인 집단은 혹시 조선에서 떠난 홍길동과 그 추종세력은 아니었을까? 그렇다고 해도 어떤 방법으로 왜 바닷길로 3000리나 떨어진 머나먼 오키나와까지 갔을까? 이들의 집단적인 이주의 이유와 이동경로에 대한 몇가지 가설을 세워 보자.

제1 홍길동 집단은 정부토벌군에 의해서 체포되었고, 심문을 받던 도중, 경비가 허술한 틈을 타서 의금부를 탈출하여 해외로 도피했을 것이다. 둘째는 체포된 것이 아니라 자수를 한 것이고, 미리 계획된 각본에 따라 조정의 비호를 받으며 해외로 추방되었을 것이다. 셋째는 체포 또는 자수로 의금부에서 유배형을 받았고, 일단 유배지로 갔다가 유배지에서 집단 탈출을 통해 출국했을 것이다.

(다) 3단계, 2004년 『홍길동전의 비밀』, 서울대출판부

필자는 「홍길동전」 연구의 3단계를 2004년에 『홍길동전의 비밀』로 서울대학교 출판부에서 출간하였다.[161)]

『홍길동전의 비밀』의 목차는 다음과 같다.

『홍길동전의 비밀』의 표지

1. 들머리
   1-1. 「홍길동전」의 비밀은?
   1-2. 비밀의 문을 열며
2. 「홍길동전」 모델의 비밀
   1. 모델에 대한 여러 선행의 견해
      1-1. 복수 인물 모델설
      1-2. 홍길동 모델설
         (1) 강도 홍길동 모델설
         (2) 의적 홍길동 모델설
         (3) 홍길동 · 홍가와라 모델설
   2. 홍가와라는 조선의 홍길동인가?
      2-1. 1500년 유구의 홍가와라 사건
      2-2. 오야케 아카하치 홍가와라는 홍길동인가?
   3. 홍상직의 위장 죽음과 홍길동의 출생
      3-1. 문씨부인의 위장 시묘
         (1) 홍상직의 아내 문씨 부인의 시묘
         (2) 홍상직의 부친과 형제가 겪은 비극
      3-2. 홍상직의 활동과 위기

161) 설성경, 『홍길동전의 비밀』, 서울대출판부, 2004년.

(1) 홍상직의 위장 죽음과 그 배경

(2)『조선왕조실록』에 나타난 위장 죽음의 사례

4. 1500년 가짜 홍길동 체포 사건과 은폐

4-1. 홍길동 사건 기록의 은폐

(1) 1500년 연산군 때의 홍길동 기록

(2) 중종 · 선조 때의 기록으로 본 은폐 흔적

4-2. 홍길동의 국내 활동

(1) 홍길동의 출생과 전남 장성

(2) 홍길동의 활동 근거지인 공주 무성산

(3) 장영기 집단의 활동과 홍길동의 합류

(4) 홍길동 집단의 활동과 장영기 2세

4-3. 홍길동 관련 20세기의 왜곡된 기록

(1) 서울 출생이라는 기록

(2) 스승은 학조대사라는 기록

(3) 생모는 옥영향이라는 기록

5. 홍길동과 유구 홍가와라는 동일인

5-1. 의금부에서 처형되었다는 기록의 오류

5-2. 홍길동 주변의 세력있는 친인척들

(1) 홍귀동의 활동상

(2) 홍일동의 활동상

(3) 성종의 후궁 홍씨녀의 자녀들

(4) 홍길동의 출국과 유순의 역할

5-3. 홍길동과 민중영웅 홍가와라는 동일인

(1) 1500년 이전 홍길동과 장영기 2세의 출국

(2) 동반 출국한 홍길동 · 장영기 2세의 관계

(3) 홍길동 · 홍가와라에 대한 한 · 일에서의 새 인식

3. 「홍길동전」 작가의 비밀

- 1. 작가에 대한 여러 선행의 견해
  - 1-1. 허균 원작 부정설
  - 1-2. 현전 텍스트 18 · 19세기 성립설
  - 1-3. 현전 텍스트 허균 원작설
- 2. 현전 「홍길동전」 허균 창작의 새로운 근거
  - 2-1. 허균 창작을 전하는 조선조 기록
    - (1) 이식의 기록
    - (2) 심재의 기록
    - (3) 『조야집록』의 기록
    - (4) 『문견차기』의 기록
    - (5) 홍한주의 기록
    - (6) 황윤석의 기록
  - 2-2. 부정적 소재 해석의 새로운 고증
    - (1) 대동미 · 훈령도감 · 장충 소재의 오독
    - (2) 대동미 소재의 새로운 이해
    - (3) 훈련도감 소재의 새로운 이해
    - (4) 장충 소재의 새로운 이해
  - 2-3. 역사 인물 '이흡' 소재로 본 작가
    - (1) 이흡 소재의 항속성
    - (2) 이흡 소재의 정치적 의미
    - (3) 허균 집안과 이흡의 관계
  - 2-4. 허균의 논설과 선행 한문소설
    - (1) 허균의 논설들과 「홍길동전」의 유사성
    - (2) 허균의 한문소설과 「홍길동전」의 유사성
    - (3) 허균의 「홍길동전」 창작 배경

4. 허균과 율도국 · 유구의 관계
  1. 율도국 관련 선행 연구 검토
  2. 허균의 옛 유구에 대한 인식과 율도국 설정
    2-1. 허균이 인식한 옛 유구와 율도국
      (1) 허균이 인식한 옛 유구와 당대의 유구
      (2) 옛 유구를 소재화한 「홍길동전」의 율도국
  2-2. 「홍길동전」에 나타난 제도와 율도국 서술
      (1) 중간 거점인 중국의 제도에 관한 서술
      (2) 종착 거점인 중국 남해 율도국에 관한 서술
  3. 허균 이후 지식인들의 옛 유구 인식과 홍길동
    3-1. 황윤석의 옛 유구 인식과 홍길동
    3-2. 목태림의 옛 유구 인식과 홍길동
  4. 허균의 유구태자 사건에 대한 반응과 정치적 활용
    4-1. 1612년 제주 목사의 유구 태자 살인 사건
      (1) 유구 상녕왕 태자 조선 표류 사건의 진상
      (2) 유구 상녕왕 태자 사건에 대한 실록의 서술
    4-2. 허균의 당대 유구 사건에 대한 인식과 정치적 연루
      (1) 허균 시대의 정치 사회적 상황
      (2) 허균 집안과 유구
      (3) 허균과 유구 침공설 유포의 진위
5. 마무리

필자는 이 저서 『홍길동전의 비밀』에서, 1460년경에 홍길동 일행이 조선을 떠나 유구로 출국하였음을 밝혔다. 당시 유구 쪽의 여러 가지 상황을 통해 확인해보면, 유구, 즉 류큐는 14세기부터 1609년까지는 해상무역의 황금시대로서 1372년에 명태조 주원장은 양재를 류큐의 삼국에 파견하여 조공

을 바치게 한다. 복건 지방에 거주하는 36개 성씨의 선박 제조 전문기술자들을 받아들이고, 1406년에 중산왕 찰도의 왕세자 무녕왕은 재상 파지에게 왕위를 찬탈 당한다. 1409년에 쇼하시 왕은 남사 왕자를 조선에 사신으로 보낸다. 1418년 태종 때에는 조선과 튼튼한 국교를 수립하여 조선의 우방으로 해상의 교역권을 부여받았고, 조선은 유구에 제도와 문물을 전수한다. 1429년에 쇼하시가 천하통일 전쟁으로 삼국을 통일하고 수리성을 수도로 정한다. 1430년에 명나라 선종은 파지에게 상씨 성을 하사하여 그를 중산국 왕으로 책봉하였다. 그러나 그의 명성은 오래가지 못하고 1431년에 왕이 승하하자 뒤를이은 상파지 왕이 조공을 들고 조선을 찾아와서 삼국통일의 위업을 고하고 수교를 다짐하였다. 그 후, 조선에서는 1471년 성종 때에 신숙주를 중산국에 파견하여 국교를 강화하였다.

『조선왕조실록』에 들어있는 제주도 출신 김비을개 일행의 『야헤쟌 군도 표류기』[162)]의 기록에는 1477년 제주도에서 육지로 오던 중 남해안에서 표류하여 오키나와의 여나국도에 표착, 어부의 도움으로 겨우 목숨을 건진 후 서표도 · 파조간도 · 신성도를 거쳐 궁고도의 무역상에게 넘겨졌다. 이어 유구본도에 도착하여 일본상인의 도움으로 2년만에 생환해온 그야말로 생생하고 현장감 넘치는 체험기록을 보여준다.

김비을개의 표류기는 세조 때에 양성의 『구미도 표류기』와는 달리 야헤쟌 군도에서의 행적이 워낙 생소하고 특이해 성종까지도 대단한 흥미를 가졌기에, 어명으로 특별히 쓰여진 것이다.

『표류일기』를 보면 당시만 하더라도 여나국도 · 파조간도에는 사람이 100여명 정도밖에 살지 않았고 주민을 지배하는 통치자는 물론 문자도 없었다. 생환 도중 머물렀던 섬들마다 생활풍습이 다르고 특히 비교적 큰 섬인 궁고도에서는 밥을 지을 때 쇠솥을 사용하는데 모두 유구국과 무역을 통해서 사

162) 『조선왕조실록』, 성종 10년(1479) 5월 16일.

들인다고 적혀 있다. 야헤쟌 군도 일대는 당시까지 유구왕국의 통치력이 거의 미치지 않는 별개의 지역이었으며, 남만과 유구 · 일본을 오가며 해상무역을 하는 길목에 위치한 궁고도 또한 유구왕국의 속국이 아니고, 서로 대등하게 교역을 하던 관계였다. 그리고 김비을개 일행이 복잡한 경로를 거쳐 유구왕의 도움으로 살아 돌아올 수 있었던 것도 당시 조선의 표류인들이 무역상들에게 현상금이 나붙을 정도로 이권과 밀접하게 관련이 있는 선호 대상이었기 때문이다. 즉 막대한 중계 이익을 챙길 수 있는 조선과의 교역을 위해서는 조선정부에서 발행하는 무역허가증이 있어야 하는데, 조선인 표류인을 데려 갈 경우에는 융숭한 대접과 함께 교역상의 각종 특전을 받을 수 있기 때문이다. 이런 이유 때문에 오키나와 본도에서 1000리 이상 떨어진 외딴 작은 섬들의 원주민들까지도 유구국을 거쳐 돌아오는 조선인 표류인의 생환로를 잘 알고 있었다.

이와 같은 김비을개 일행의 표류기가 사실이라면, 1500년경에 등장한 몇 명의 야헤쟌 군도 일대의 추장들에 대한 조선의 표류인일 가능성에 대한 의구심이 생기는 것은 당연하다. 그리고 동시에 상당한 자치권을 행사하면서 무역활동을 하던 궁고도의 지배세력에 대해서도 궁금증을 갖지 않을 수 없다.[163)]

1368년 명나라를 건국한 주원장은 중농주의를 표방하면서 강력한 해민(海民) 탄압정책을 폈다. 그 이유는 자신에게 반기를 들었던 방국진 · 장사성 일행이 모두 해상세력이었기 때문이다. 그 결과 중국 동해안의 해상세력들은 대부분 농민으로 흡수되었지만, 절강성 · 산동성 · 주산군도 일대의 일부는 표해부족이 되어 향후 200여년에 걸쳐 동지나해를 무대로 절반은 무역, 절반은 해적활동을 벌였다. 소위 '명대 왜구'라고 칭하는 이들은 활동을 원활하게 하기 위해 일정지역에 세력을 둔 인물과의 제휴가 필요하였고, 공동의 이익을 추구하는 그들의 결속력은 대단하였다.

---

163) 김상기, 『고려시대사』, 1962.

궁고도의 나카소네가 그 대표적인 인물이다. 정확한 생몰년도는 미상이지만, 15세기말~16세기 초에 걸쳐 궁고도를 지배했던 인물로 『충도씨가보』 등에 가문의 내력과 성장이 소상히 전해지는 것으로 보아 팔중산의 홍가와라나 장전대주와는 달리 비교적 오래전부터 궁고도에서 살았던 토착세력으로 추정된다. 그는 어려서 신동이라 불릴 정도로 개인적 역량이 탁월하였기에 유구 · 남만 무역의 중계지였던 궁고도를 중심으로 왜구세력과의 연계 속에서 중계무역을 통해 상당한 부를 축적함으로써 이 지역을 사실상 지배하는 강력한 우두머리가 되었다.[164)]이에 미야코지마의 추장 나카소네는 유구왕조를 등에 업고 섬주민들을 착취의 대상으로 삼아 핍박한 것으로 추정된다. 이와같은 사실은 「홍가와라의 난」 평정 이후 그 공로로 나카소네의 둘째 아들이 야혜쟌 군도의 우두머리로 임명되었으나 주민들의 반발에 부딪혀 중도에 포기했던 사례를 통해 짐작할 수 있다.[165)] 그런데 이와는 달리 『궁고도 서민사』에서는 착취의 주체가 유구 본도의 상진왕조라는 사실을 부각시키고 있다. 이에 따르면 15세기 말에 이르러 당시까지 의례적 · 통상적으로 행해지던 야혜쟌 · 미야코 군도로부터의 공물을 아예 강제적으로 할당하여 정액세로 책정했다는 것이다. 이때 전대 미문의 막대한 조공 명령을 받은 나카소네도 상당히 고심했던 것으로 기록되어 있다. 그러나 섬주민을 착취하는 주체가 중산왕조이든 나카소네이든 상관없이 어디선가 혜성과 같이 나타난 적봉 홍가와라 일행의 석원도 정착은 야혜쟌 · 미야코 군도 일대의 새로운 질서 재편을 몰고왔다. 이는 나카소네와 같은 추장들에게는 기존의 독점적 지위를 흔들어 놓는 결정적 계기가 되었다. 특히, 적봉 홍가와라 일행은 늘상 착취의 대상이던 섬주민들을 설득하여, 조공이라는 명목으로 주민들이 부담하던 각종 노역과 토산품 제공을 3년 동안이나 중단시킴으로써, 반봉건 민중운

164) 『新八重山歷史』 牧野清 107~109쪽.

165) 『伝說 沖縄歷史』 島袋源一郎, 210쪽.

동의 기치를 내걸었다. 훗날 왕부군을 상대로 한 전쟁에서 보여준 용맹성에서 나타나듯이 팔중산의 주민들은 '적봉 홍가와라'를 진실로 믿고 추앙했다. 지금도 야혜잔 주민들에게 '적봉 홍가와라'는 팔중산의 영웅으로 기억되고 있다. 이런 까닭에 '적봉 홍가와라' 등의 도래인 세력에게 기득권을 송두리째 빼앗길 수 있다고 판단한 궁고도의 나카소네는 자신의 배후에 유구본도의 강력한 중산왕조가 버티고 있다는 사실을 부각시키면서, '적봉 홍가와라' 추종 세력의 와해를 위해 팔중산의 추장들을 개별적으로 만나 회유와 설득을 하고, '적봉 홍가와라'에게도 중산왕조에 순순히 협조할 것을 종용한다.[166] 그런데 '적봉 홍가와라' 집단의 내부의 권력 계승을 둘러싼 갈등 때문인지 아니면 나카소네의 집요한 회유작전에 말려들어서인지 절친한 친구이자 처남인 장전대주와 그 형제들이 '적봉 홍가와라'에게 등을 돌려 나카소네와 손을 잡고 말았다.

나카소네의 타협안을 단호하게 거절한 '적봉 홍가와라'는 자신을 배신하고 포섭당한 장전대주의 두 형제를 죽이고, 민중들의 열렬한 지지를 받아 궁고도 침공을 선언한다. 상황이 불리함을 느낀 나카소네는 '적봉 홍가와라'가 궁고도를 거쳐 유구본도까지 쳐들어 올 것"이라고 거짓 보고를 함으로써, 급기야 상진왕의 대군단이 전쟁에 참여하게 되고 팔중산 일대에서 '적봉 홍가와라'가 이끄는 민병대와의 대접전이 벌어지게 된 것이다.

'적봉 홍가와라'가 도래인이라는 사실을 숨기기 위해서, 상진왕조 10년에는 모국서를 파견해서 풍속을 교정했다는 기사처럼 '적봉 홍가와라'는 한 작은 외딴섬 하떼루마지마(파조간도)에서 태어난 부정적인 인물로 기록하고 있음을 알 수 있다. 그러나 『구양』 등의 역사서의 기록을 보면, '적봉 홍가와라'가 반란군의 수괴로서 참패하여 주살된 것으로 기록하면서도, 대연합군에 맞서 싸운 '적봉 홍가와라'군의 용맹성과 치밀한 군사작전에 대해서는 비

166) 『宮古史伝』 慶世村恒任, 103~109쪽.

교적 높이 평가하는 것으로 보아 '적봉 홍가와라'군의 평가에 대해 묘한 여운을 남기고 있다. 또한 편년체로 서술한 유구의 정사인 『구양』에 '적봉 홍가와라'의 구체적 사망시기가 언급되어 있지 않고, 『충승 대백과 사전』의 인물란에도 생몰년도 미상으로 기재되어 있다. 혹시 '적봉 홍가와라'는 이 전쟁에서 죽지 않고 살아있었던 것은 아닐까? 이와 같은 사실을 종합해 볼 때, 지금은 오키나와현 소속으로 일본의 영토로 편입되어 있지만, 당시는 유구왕국의 통치력이 미치지 않았던 오키나와 열도 남서부에 홍길동 집단이 표류하여 상륙했을 가능성이 크다고 볼 수 있다.[167)]

홍상직이 1426년에 죽었다고 짐작하게 하는 기록이 『조선왕조실록』에 있다. 즉, 세종 때인 1428년에는 홍상직의 부인 문씨가 시묘살이 하는 기록이 있어, 이를 그대로 받아들인다면 홍상직은 1426년에 죽은 것이 된다. 그런데, 실은 이 기록에 등장하는 절제사 홍상직은 죽지 않았고, 부인의 시묘살이는 속임수였음이 홍길동 관련 전설을 비롯하여 『보해동이적』 등에서 확인할 수 있다. 즉, 홍길동의 출생에는 부친 홍상직이 도망자의 생활 중에 길동을 낳았다는 전제가 성립한다. 그러므로, 홍상직은 1426년에 죽지 않았고, 도망자로 숨어 다니다가 홍길동을 낳게 된 것으로 볼 수 있다. 왜냐하면, 홍상직은 귀양살이 1년 후 석방되었을 때, 또 다시 그의 주변에서 모반의 주체로 몰아 세우는 분위기가 있었기 때문이다. 귀양살이 후에도 다시 이전의 일상으로 복귀하여 편안한 마음으로 살 수가 없게된 홍상직은 비록 와전이라고는 하지만, 민간에 '홍상직이 모반하므로 남도의 배를 타는 군사들이 여러 도에 몰래 정박하고 있다'는 소문이 있었다. 그러므로 이들의 근접을 홍상직은 엄청나게 두려워하고 있었다. 그 뿐만이 아니라, 세종 26년 7월 22일의 기록에는, 함길도 관찰사에게 경성 절제사 홍상직의 비행을 핵실하도록 명하는 기록이 있다. 즉, 함길도 관찰사 정갑손에게 유시하기를, 행 대호군 김

---

167) 설성경 · 정철, 『실존인물 홍길동』, 중앙 M&B, 1998.

방귀가 와서 아뢰기를, '지나간 임술 · 계해년 사이에 단천 사람 김득화가 신에게 말하기를, 홍상직이 경성 절제사가 되었을때에 데리고 살던 기녀 옥영향의 말이, 어느 날 밤 이경에 상직이 몰래 성을 넘어가므로 내가 비밀히 엿보았더니, 상직이 성 위로부터 사다리를 붙잡고 내려가는데, 성 아래에 한 사람이 의자를 들고 오는 사람이 있었습니다. 조금 뒤에 수염이 많고 배가 큰 사람이 와서 의자에 앉으면서, 홍상직이 왔느냐고 물으니, 홍상직이 앞에 와서 엎드렸습니다. 수염 많은 자가 홍상직을 불러 말하기를, "이 때에 할 수 있겠느냐" 하니, 홍상직이 대답하기를, 안되겠습니다 하므로, 수염 많은 자가 또 말하기를, "어째서 안 된단 말이냐" 하니, 홍상직이 말하기를, "부하 사졸들이 배가 오는 소리를 듣고 처와 자식이 붙잡혀 갈 것을 두려워하여 다 내 말을 듣지 아니합니다" 하였다. 수염 많은 자가 말하기를, "네가 수령인데 무슨 명령인들 안 듣겠느냐. 네가 만약 사냥을 한다면 어떤 사람이 좇아오지 않는 자가 있겠는가. 이 성안에 있는 남녀와 재물이 어찌 나의 것이 아니겠느냐 하고, 갑자기 일어나 가버렸다고 하였습니다." 하옵고, 김득화가 또 신에게 이르기를, "상직이 말하기를, 술과 간장과 쌀을 해당화 아래에 두면 그 맛이 참 좋아진다 하고, 드디어 술과 장을 쌀과 함께 성밖의 해당화 사이에 두었는데, 수염 많은 자가 또 왔다 간 뒤에 보니, 그 술과 장이 없어 졌습니다." 고 하였으며, 지나간 계해년에 종성의 젊은 사람 김갱이 또 신에게 말하기를, "경성 군사가 도절제사 김종서에게 급보하기를, 배들이 초도 섬에 와서 정박하였는데 그 수가 매우 많습니다 하니, 종서가 보고 나서 말하기를, 삼색 무지개가 먹을 것을 구하러 온 것이 아니냐 하고, 드디어 보고해온 편지를 무릎 밑에 감췄더니, 그 배들이 바람을 만나 스스로 부딪쳐서 깨어지고 사람들이 익사하였다." 고 하였습니다. 몇 해 전에 길주 사람 김귀진이 또 신에게 이르기를, "금년에는 군대의 깃발과 파괴된 배가 종성의 바닷물에 많이 표류하였고, 파선된 뱃사람들이 혹은 길에서 구걸하는 자가 많이 있었다." 고 하였으며, 김귀진이 근년에 또 신에게 말하기를, "도절제사 강사덕이 해임되어 서울에 올라간 뒤에 삿갓을 쓰고 돌아와서 비밀히 절제사 홍상직을 보고 돌아갔다." 고 하였다. "경은 강직하고 현명한 차사원을 보내어 앞의 일에 관련된 사람과 기녀 옥영향 등을 비밀히 추궁하고, 만약 공초에 관련되는 자가 있거든 아울러 추문하여 사실을 확실히 아뢰라." 하였다.

이 대목을 보면, 기첩 옥영향의 말을 빌고, 또 김귀진의 말을 빌어서, 홍상직의 모반 혐의를 다시 추문하도록 하고 있다. 그러나 홍상직과 강사덕의 관계로 본다면, 이것은 철저히 모함이었다. 즉, 1444년의 기록에 강사덕이 해임되어 서울에 올라간 뒤에 방립을 쓰고 돌아와서 비밀히 절제사 홍상직을 보고 돌아갔다고는 하였지만, 모반 혐의로 처형된 사실을 생존 연대로 보면, 홍상직과는 만날 수 없었던 인물이다.

즉, 1397년에 남포진 첨절제사를 거쳐, 1410년 동북면 도순문사로 재직시 조세 수취의 올바른 방법을 위해 3조목을 들어 장계를 올렸고, 형조전서 우군총제 우군도총제 길주도 도안무 찰리사 전라도 병마도절제사 판승녕부사 등을 역임하였고, 1406년에는 하정사로 명나라에 다녀왔다. 또 그는 후에 경상도 도절제사 등을 역임하면서 경상도 전라도 해안에 출몰하던 왜구를 방어하는 데 공을 쌓았다. 그리고 그는 1409년 윤목 이빈 조희민 등의 모반 사건에 연루되어 영해에 유배되었고, 1410년인 태종 10년 1월 30일에 처형되었다. 그리고 2월 7일에는 자식들까지 연좌 되었다. 그러므로 홍상직이 경성 절제사를 제수받은 것이 1420년인데 그보다 훨씬 전에 처형된 강사덕과 만났다는 것 자체가 조작된 것임이 입증된다.

홍상직이 이러한 종말을 맞은 강사덕과 연루되었다는 소문은 와전이기는 하지만, 그런 소문에 시달릴만큼 당시 홍상직은 위기에 처해있었음을 짐작하게 해준다. 이런 위기의식이 그에게 위장 죽음이라는 극단의 처방을 내리게 하는 이유가 되었다. 홍상직 부부가 그런 선택을 하였기 때문에 자신은 물론 가족들이 살아남고, 특히 자식들은 출세의 길을 걸을 수 있었던 것으로 판단된다.

홍상직과 아내 문씨는 가문과 가족을 살리기 위해 위장 죽음을 계획하고, 그들은 위장분묘를 만들 적절한 곳을 물색하다가 고심 끝에 경기도 적성을 선택한 것으로 판단된다. 이곳은 홍상직의 사촌 홍지의 연고지로서 홍지의 무덤이 만들어진 이후, 남양 홍씨 세거지 및 세장지가 된 곳이다.

제1 홍길동 집단이 조선에서 종적을 감춘 수십년 이후인 상진왕 24년인 1500년에 '오야케 아까하치 홍가와라'는 석원도의 대병촌을 중심으로 민중을 규합하여 오키나와 본도의 상진왕에게 반기를 든 반역자이며, 용모가 괴상하게 생겼고 성격이 괴팍하며 노인을 깔보고 어린이를 골탕먹이는 등 그야말로 부정적인 인물로 기록하고 있다.[168] 그러나 전설과 『팔중산 유래기』 등 또 다른 기록에는 1440년경 핫떼루지마섬[169]에서 태어나 유년시절을 보내다가 대망을 품고 바다를 건너 북동쪽에 위치한 석원도에 상륙, 대병촌을 중심으로 세력을 결집하여 민중들의 열렬한 지지를 받아 민권운동을 펼친 민중해방의 선구자로 추앙받았던 인물로 기록되어 있다. 즉, 유구의 정사인 『구양』에서는 야혜잔, 미야코 군도 일대는 1390년 찰도왕 시절부터 유구본도의 중산왕조에 입공을 시작한 이래 약 100여 년에 걸쳐 한번도 공물을 거절하지 않았는데, 석원도의 대병촌 지역을 중심으로 세력을 구축한 '오야케 아카하치 홍가와라'라는 인물이 등장하면서 느닷없이 3년 동안이나 공물을 중단하고, 인근의 유력한 추장들을 차례로 굴복시켜 일단 석원도를 중심으로 지배권을 확고히 한 후, 미야코 군도에서 더 나아가 유구본도까지 손아귀에 넣으려 했던 반역자로서 오만방자하고 예의범절도 모르는 부정적인 인물로 홍가와라를 묘사하고 있다. 이러한 '오야케 아카하치'의 모반 음모사실은 인근 미야코섬의 추장이었던 나카소네가 유구 본도의 상진왕에게 긴급 보고 함으로써, 새로운 전기를 맞게 되는데 첩보를 접수한 상진왕은 46척의 대형군선

168) 『구양』 상진왕 25년조.

169) 波照間島.

에 3천명의 군사를 승선시켜 '오야케 아카하치' 정벌을 향한 대장정을 단행하게 된다. 왕부군의 침공을 맞이한 '오야케 아카하치'군은 한치의 물러섬도 없이 사생결단의 각오로 맞서 싸웠으나 구미도 출신의 여신인 군남풍의 유인작전에 말려들어 급기야 '오야케 아카하치'가 사로잡혀 처형되었다고 기술하고 있다.[170] 이로써 야혜잔 군도, 미야코 군도 일대는 상진왕조의 지배를 받게 되는데, 이처럼 조그마한 섬의 추장 정도가 감히 대유구 왕국을 상대로 전복할 음모를 품고 있었다면, 응당 처벌받아 마땅한 얘기로 생각할 수 있으나, 이 사건의 발생 원인을 둘러싸고 각종 역사서의 기록에 크나큰 모순점이 발견되고 있다.

『구양』 등의 기록에 의하면, 옛날 아직 미개한 야혜잔 군도에 '이리기야 아마리'라는 신이 강림하여 농사짓는 법과 불을 사용하여 음식을 익혀 먹는 법 등 인간생활에 필요한 것들을 가르쳐 주었다. 그 후 야혜잔 군도[171]의 주민들은 이 신에 대해 감사의 표시로 해마다 성대히 제사를 지내왔다. 한편, 1487년 상진왕 10년에 유구왕국에서는 모국서라는 특사를 야혜잔 군도에 파견하여 막대한 낭비를 초래하는 이러한 제사행위를 미신이라는 이유로 금지시키고 대신에 농업기술을 지도하고 악습을 교정시켜 왕부가 새롭게 정한 법률에 따라 생활하도록 명령하고 매년 바치는 공물의 양을 점차 늘려나갔다. 이렇게 되자 민중의 불만이 고조되어 '오야케 아카하치'를 중심으로 왕부에 반기를 들었다는 것이 왕부측의 논리이다.[172] 그런데 참으로 희한한 일은 「구양」의 상진왕 10년조의 기사와 완전히 똑같은 내용의 기사가 192년 후인 1678년의 상정왕 10년조에도 들어있다는 점이다. 단지 차이가 있다면 상진왕 대신에 상정왕으로 바뀌어 기재되었을 뿐이다. 그렇다면 두 기사 중 적어

170) 『팔중산역사』, 팔중산역사편집위원회, 107~109쪽.

171) 八重山 群島.

172) 宮古史伝』慶世村恒任, 昭和 二年.

도 하나는 틀리다는 얘기인데 『구양』이라는 역사서가 1701년 편찬한 『궁고도구기』, 1705년 편찬한 『팔중산 유래기』의 기록을 토대로 18세기 초에 편찬되었다는 사실에 주목해보면 불과 20~30년 앞서 있었던 상정왕 10년 (1678년)의 기사가 신빙성이 높으며, 『팔중산 유래기』의 1678년조, 『어사자재번기』의 1678년조에 모국서를 파견하여 풍속을 교정했다는 동일한 내용의 기사가 들어있는 것으로 보아 상정왕조의 기록이 옳다고 단정할 수 있다.[173]

(라) 4단계, 2019년 『홍길동전 바로알기』, 나녹 출판사

4단계는 2019년 『홍길동전 바로알기』로 최영 연구원이 함께 집필하여 나녹에서 출간하였다.[174]

『홍길동전 바로알기』의 표지

『홍길동전 바로알기』의 목차는 다음과 같다.

들머리

1. 류성룡의 제자 허균이 펼친 강병과 부국의 길
   내우외환의 방책, 「홍길동전」
   서출 병조판서 율도왕의 리더십
2. 허균을 깨우친 사명당의 유불통합 리더십

---

173) 일부 학자들은 이러한 오류가 『구양』 편찬자의 실수로 인해 발생했으리라고 추정하지만 『조선왕조실록』처럼 방대하지도 않는 『구양』의 기록에 그것도 가장 중요한 부분에 어처구니 없는 사건의 중복기재가 되었다는 사실은 단순한 실수가 아니라 오히려 의도적으로 그렇게 기술한 것으로 볼 수 있다. 즉 야헤쟌 군도 일대의 지배시기를 실제보다 훨씬 과거로 소급함으로써 오랜 옛날부터 야헤쟌, 미야코 군도 일대가 상진왕조의 지배를 받아왔다고 기술함으로써 절대왕권의 권위를 더욱 강화시키려는 목적이 있었다고 볼 수 있다.

174) 이 책은 설성경과 언론인 정철과의 공동 저술이다.

과거 부정사건 연루와 억울한 유배

허균을 깨우친 사명당

3. 허균이 발굴한 홍길동

고려 말 홍징 장군의 손자 홍길동의 국내 활동

홍상직의 가짜 무덤과 문씨부인의 지혜

일본의 민중영웅 적봉 홍가와라

4. 허균이 소설화한 「혁신 징비록」으로서의 「홍길동전」

서애 류성룡의 제자 허균이 지은 「홍길동전」

「홍길동전」에 갈무리된 내우외환의 그늘

5. 홍길동의 내포 모델 병조판서와 천재 서자

병조판서 율곡 이이

천재시인 손곡 이달

6. 「천군전」을 계승한 「홍길동전」의 이중서사

7. 왜, 「홍길동전」은 세종시대인가

8. 「관동별곡」의 풋잠과 「홍길동전」의 낮잠

청룡 홍길동과 괴물 율동의 대결

천재시인 난설헌과 병조판서 율곡의 이념혼사

9. 허균이 중국에서 가져온 게송과 기독교

허균이 최초로 구해온 『신약성서』인 게송

징악의 계보로 본 율동과 남해태자와 푸로메드어쓰

10. 홍길동정신의 대중 보급

동학혁명 시기의 활빈당 활동

『만성대동보』 운동과 한국인의 대명사가 된 홍길동

필자는 이 저서 『홍길동전 바로알기』는 필자의 5단계 연구 성과로서, 그간의 연구성과가 축적되어 한 단계 더 나아간 최종 연구 결과물로 출간하는

『홍길동전의 야성미』의 교양물로 집필한 저서다.

선행 연구에서는 「홍길동전」의 핵심 문제로 서얼차대를 비롯한 사회 문제에 초점을 두었다. 그러나 여기에서는 허균이 「홍길동전」에 투사시킨 역사 현실의 정치적인 사건들이 이흡이라는 역사 인물을 포도대장으로 설정하면서 열어놓은 이면서사의 주제들을 단순한 전고 이상의 기축옥사와 같은 대표적인 정치 사건들의 문제를 소환하여 거론하는 주제담론을 내장시키는 방법으로, 작가 허균의 성리학적 관점을 투사시켰다. 허균은 큰 축으로 의적의 역사와 조정의 정치사를 융합하여 성리학적 이념으로 승화시킨 사건들을 표면서사로 펼치면서, 이런 결과로 나타난 핵심 사건을 얼출 홍길동이 병조판서가 되고, 해외에 나아가서는 율도왕으로 등극하는 대표적 사건 전개로 서술했다. 이러한 구성은 역사 소재로서 홍일동의 이복 동생인 실존인물 홍길동과 병조판서를 지낸 율곡, 그리고 작가인 허균 자신을 함께 무르녹여서 표면서사의 주인공 홍길동의 영웅적인 삶으로 서술한 것이다.

이런 창착의 배경에는 허균이 관심을 가지고 교유하였던 재능있는 서얼 출신들에 대한 자세와 병조판서로서 서얼 문제와 병론에 대한 율곡의 견해, 그리고 자신이 논설로 제시한 「병론」 「유재론」 「호민론」 등의 관점들이 무르녹아 있다. 이는 허균의 「호민론」과 「유재론」에는 그의 진보적인 사상이 응축되어 있고[175] 특히 「호민론」에서는 위정자가 백성을 괴롭히면 나라의 근간이 흔들리게 된다고 하였으며, 「유재론」에서는 인재란 가문의 품격과 관계없이 출생되는 것이므로 인재를 함부로 버리는 것은 하늘에 대한 거역이라는 견해 등, 작가의 기본적인 사상을 표현한 것이 「홍길동전」의 저술로 나타났다[176]고 판단한다.

175) 『허균전집』, 대동문화연구, 1981, 〈유재론〉, 122~123쪽, 〈호민론〉 1225쪽.

176) 조동일의 『한국소설의 이론』 등에서의 견해.

3

허균의 「홍길동전」 창작 동기와 목적

3-1. 명문가에 태어난 허균의 가계와 주변의 사람들

(1) 동인의 태두 허엽의 막내 허균의 삶과 스승들

(가) 동인의 태두 허엽의 막내 허균의 삶

교산 허균의 증조부는 금화사 별제를 지내고 이조참판에 추증된 허담이며, 조부는 군자감 부봉사를 지내고 이조참판에 추증된 허한이다. 부친은 성균관 대사성 부제학, 경상도 관찰사 등의 벼슬을 지낸 초당 허엽이다. 초당 허엽은 중종 12년인 1517년에 출생하여 선조 13년인 1580년에 세상을 떠났으며, 서경덕의 문인으로서 학자이자 문장가, 정치가로 이름이 높다. 그는 청주한씨 부인에게 2녀 1남을 두었는데 장녀는 박순원에게, 차녀는 우성전에게 시집을 갔고, 장남은 이조판서를 역임한 허성이다. 허엽은 한씨부인과 사별 후에, 예조참판을 지낸 김광철의 차녀와 재혼하여 2남 1녀인 허봉, 허초희, 허균을 두었다. 이처럼 초당 허엽의 가문은 당파가 가장 치성한 시대에도 동인의 영수로 일컬어지는 허엽으로 인해 유명한 가문의 하나가 되었다.

초당 허엽은 일찍부터 영리하고 조숙하였으며, 7, 8세에 효우가 남달랐고 스승에게 나아가서는 번거로이 권독하지 않아도 월등히 진취하였다. 어려서는 나식에게『소학』,『근사록』등을 배웠다. 그 후에는 개성으로 가서 화담 서경덕에게 사사하였다.

서경덕은 개성의 평범한 집안에서 태어났다. 그는 성리학에서 독특한 면모를 강조했다.『화담집』에는 행촌 민순, 사암 박순, 초당 허엽 등 그의 학문을 계승한 인물이 20명 넘게 나온다. 서경덕의 공적은 우주 자연의 근본을 물질적인 기에서 찾고, 그 기가 움직이는 변화를 수학으로 설명하는 상수역학을 거의 독창적으로 발전시켰다는 점에 있다. 서경덕과 그 제자들이 이룬 화담학파는 서민사회를 대변하는 진보적 사상가들이며, 난세의 조선 중기에

샛별처럼 나타나 정치, 철학, 문학 등 여러 분야에서 새바람을 일으키며, 한양 학풍을 일변시켰다.[177]

서경덕은 자연에서 만물의 근원으로 기를 깨우친 소년이었다. 서경덕의 독창적 사유의 바탕을 이루는 원천은 그가 태어난 환경 때문이었다. 가난한 몰락양반가 후손으로 들판에서 뛰놀았던 서경덕은 문득 종달새가 나는 것을 보고 자연의 이치를 깨달았다. 그가 격물치지[178]를 몸소 실천하여 이치를 터득한 일례로, 우주자연의 근본을 기에서 찾고 그 기가 움직이는 변화를 수학으로 설명하는 상수역학[179]을 독창적으로 발전시켰다. 실용학과 도술이 성행하는 등 삼교 일통문화가 꽃피는 토양으로 산술, 역학에 능한 과학자의 눈과 시인의 감성을 동시에 가졌다.

서경덕의 시는 서경덕의 진면목을 한눈에 보여 준다. 당대 최고 명신 김안국이 부채를 선물하자 지은 시에는 바람의 이치를 기철학으로 절묘하게 풀이한다.

누가 알까. 하나의 근본이 머리까지 꿰어	誰知一本當頭貫
문득, 뭇 가지 한 줄기에서 펴졌네	便見千枝自幹張
형체가 부딪쳐 와서 부풀려지니	形軋氣來能鼓吹
깊은 고요 속 홀연히 시원한 바람 생기네	有藏虛底忽通凉

49세 때 개성에서 서울로 잠시 근거지를 옮긴 서경덕의 명성을 듣고 각지에서 제자들이 찾아왔고, 여러 학도 중에서 유불선 일통의 스승인 서경덕을 가장 제대로 배운 학자가 이지함과 허엽이었다. 서경덕은 누구보다 드넓은

177) 한영우, 서경덕과 화담학파 · 문학지리학의 이론과 해석, 2022.

178) 格物致知.

179) 象數易學.

세상 이치를 환하게 꿰뚫었던 현자로서, 평생을 두고 깊이 고찰하여 써내려간 기철학, 상수역학자로서 허엽을 특별히 총애하였다.[180)]

허엽은 중종 35년인 1540년에 서경덕의 문하에 있으면서 진사시에 합격하였고, 1546년에는 식년 문과에 갑과로 급제하였다. 화담 서경덕은 만년에 위중한 병중에도「원리기」등을 구두로 전하였다. 그는 스승 서경덕 사후에는 안동의 퇴계 이황을 찾아가 그의 문하에서 잠시 수학하였다. 그는 이조정랑을 비롯하여 예조좌랑, 공조좌랑, 병조좌랑을 거쳐 1550년에는 이조좌랑, 홍문관 부교리를 거쳐 정3품 무관직인 절충장군의 품계도 특명으로 받았다. 1559년에는 세자 시강원에 임명되었으며, 이후 성균관 대사성을 거쳐서, 1560년에는 공조참판으로 특진했다가 다시 대사성이 되고, 1562년에는 승문원 판교를 거쳐 승정원 동부승지로 발탁됐다. 그는 1562년 경연장에서 명종에게 기묘사화 때 죽은 조광조 등의 복권을 건의하였다. 명종은 부왕이 처결한 일을 함부로 뒤집느냐며 다음에 언급할 것을 주문하였지만, 같은 주장을 반복하다가 사헌부와 사간원의 탄핵을 당하고 파직되었다. 1563년 초에 복직되어, 그해 6월에는 삼척부사로 부임하였으나, 과격한 발언으로 다시 파직되었다. 그 뒤 복직되었으나 8월에는 이량, 이감과의 갈등으로 다시 파직되었다.

선조 1년인 1568년에는 진하부사로 명나라 연경에 다녀와서, 대사간에 올라 향약의 시행을 건의하였다. 1569년에는 홍문관 부제학, 사간원 대사간을 지냈다. 그 후에도 그는 부제학, 경주 부윤을 지냈다. 다시 동지중추부사로 전임되었다.[181)]

허엽은 나식에 이어서 서경덕, 그리고 이황의 문하에서 수학하였다.『선조수정실록』의 즉위년(1567) 10월 5일의 허엽이 이황에게 경건한 경의를 표하

---

180) 한영우, 서경덕과 화담학파 · 문학지리학의 이론과 해석, 2022.

181) 설성경 · 최영,『홍길동전 바로알기』, 나녹, 2019, 53쪽.

고 예를 다할 것 등을 아뢰는 대목은 다음과 같이 서술하고 있다.

> 이황(李滉)을 특별히 불러 지중추부사(知中樞府事)를 제수하고 이어 교서(教書)를 내려 유시하였으나, 사양하고 오지 않았다. 승지 허엽(許曄)이 상께 아뢰기를, '예로부터 제왕(帝王)이 어진 스승을 얻어 그에게 배우고 나서야 왕업(王業)을 일으켰던 것입니다. 이황이 누차에 걸쳐 병을 이유로 사양하고 있으나, 상이 만약 경건한 경의를 표하고 예를 다하여 스승으로 삼으려고 하신다면 올 것입니다.' 하자, 상이 그대로 따랐다.[182]
>
> 허엽이 또 아뢰기를, '사인(士人) 박형(朴泂)이 《소학(小學)》을 가르치는데 학도가 수백 명이라고 합니다. 전번에 그가 동몽 교관(童蒙教官)에 천거되어 보임되었다가 고시(考試)에 나가지 않았던 까닭에 파출을 당했습니다. 바라건대 전조(前朝)에서 이중호(李仲虎) · 장윤(張崙)에게 하던 예대로 녹질(祿秩)을 주소서.' 하니, 상이 따랐다. 박형은 서얼로서 벼슬길이 막히자 집에 있으면서 초학도(初學徒)에게 경서(經書)를 가르쳤는데 가르치는 이 매우 엄격하여, 사대부(士大夫) 자제들이 모두 그 문하를 거치었고 조사(朝士)로서도 그에게 가 배우는 자들이 많았다. 그는 몸가짐을 예도에 어긋나지 않게 하여 노수신 · 허엽이 모두 그와 벗하였다.[183]

허엽은 1573년 다시 성균관 대사성이 되었을 때 선조가 종친들을 만난 일을 승정원에 알리지 않은 사실을 문제삼아 지적하였다. 주변에서 놀랐으나 그는 계속 왕이 승정원에 알리지 않은 것을 추궁하였다. 1575년 다시 사간원 대사간이 되었다. 그해 상전을 죽인 노비를 하옥시켜 국문하던 중 그가 위관의 심문 방식을 문제삼아 탄핵하여 논란이 되자 바로 체직되었다. 1575년 동

182) 『조선왕조실록』, 『선조수정실록』, 즉위년(1567) 10월 5일.

183) 같은 책, 10월 5일.

인과 서인 사이에 당쟁이 일어났을 때 김효원, 이발 등과 함께 동인의 지도자로서 활약하였다. 그는 한때 퇴계 이황의 문하에서 수학한 연고가 있었고, 서경덕의 다른 문인들도 대부분 동인이 되었으므로 그 역시 동인에 가담하여 서인 공격의 선봉장으로 활약하였다. 박순과는 동문이었으나 당파가 서로 달라지면서 사이가 멀어졌다.

이어 부제학, 경주 부윤을 거쳐 1579년 5월 경상도관찰사 겸 병마수군절도사로 임명되었으나 병으로 사퇴하였다. 허엽은 1579년 9월 풍질환으로 사퇴 상소를 올렸으나 반려되었다. 1580년 초에 다시 사직상소를 올려 경상도관찰사에서 면직되고 동지중추부사로 전임되었다. 그 뒤 여행을 다녀오던 중 1580년 2월 4일 경상북도 상주의 한 객관에서 객사하였다. 향년 63세였다.

『선조수정실록』 1580년 2월 1일의 동지중추부사 허엽의 졸기에서는 허엽에 대하여 다음과 같이 서술하고 있다.

> 동지중추부사 허엽(許曄)이 졸하였다. 허엽의 자는 태휘(太輝), 호는 초당(草堂)이다. 젊어서 화담(花潭) 서경덕(徐敬德)을 따라 배웠고 노수신(盧守愼)과 벗하였으므로 사류로 이름이 드러나게 되었다. 가정(嘉靖) 병오년 문과에 등제하여 즉시 간원에 들어갔다. 그는 일시의 원칙없는 논의에 대해 비록 의사를 달리하지는 못하였으나 마음 속으로 선류를 보호하려고 하여 일에 따라 구제한 점에 있어서는 칭찬할 만한 것이 있었다. 금상의 조정에서 간장(諫長)·관장(館長)에 오래 있으면서 직언을 잘하였지만 일의 실정에는 절실하지 못했으므로 상이 그리 중하게 여기지 않았다. 관질을 올려 경상 감사(慶尙監司)를 삼았다가 즉시 판서의 천망(薦望)에 의주(擬注)하여 장차 크게 등용하려 했다. 그런데 허엽은 말년에 매우 창기(娼妓)를 가까이 하였고, 조약(燥藥)을 복용하다가 병을 얻은 뒤로는 성질이 편벽되고 조급해져서 형벌을 제대로 적용하지 못하는 것이 많게 되자 선비와 백성들이 괴이하게 여겼다. 결국 병으로 인하여 해직되어 오다가 상주(尙州)의 객관(客館)에서 졸했다.

> 허엽이 이황(李滉)과 더불어 학문을 논의할 적에 고집스럽고 구차한 논란을 많이 하자, 이황이 말하기를 '태휘(太輝)가 학문을 하지 않았더라면 참으로 선인이었을 것이다.' 하였다. 그러나 경훈(經訓)을 독실히 좋아하여 늙도록 게을리하지 않았으므로 세상에서 이 점에 대해 훌륭하게 여겼다. 동 · 서의 당이 갈라진 뒤로 허엽은 동인의 종주(宗主)가 되어 의논이 가장 엄격했다. 박순과는 동문 수학한 친한 벗이었는데 만년에는 색목이 달랐기 때문에 공박하는 일에 서슴치 않았으며, 사람들이 묘지(卯地)라고 일컬었는데 묘(卯)는 정동(正東)이 되기 때문이었다. 세 아들인 성(筬) · 봉(篈) · 균(筠)과 사위인 우성전(禹性傳) · 김성립(金誠立)은 모두 문사로 조정에 올라 논의하여 서로의 수준을 높였기 때문에 세상에서 일컫기를 '허씨(許氏)가 당파의 가문 중에 가장 치성하다.'고 하였다. 【허균이 패역(悖逆)으로 주멸(誅滅)당함에 미쳐서야 문호가 침체되었다.】[184]

명문가인 초당 허엽의 막내 아들로 태어난 교산 허균(1569년~1618년)이 문단에 이름을 일찍 알릴 수 있었던 것은 자신의 문재가 출중한 탓도 있었겠지만, 가정에서 부형으로부터 받은 후광과 영향도 적지 않았다.[185]

허균은 1585년 초시에 합격하였다. 1589년 생원이 되었다. 1594년에는 정시 문과의 을과에 급제하였다. 승문원 사관으로 벼슬길에 올랐다. 1594년 4월 2일의 〈비변사가 적세를 두루 설명한 것에 불만을 품은 고 시랑의 태도에 대서는 다음과 같이 서술하고 있다.

---

184) 『조선왕조실록』, 『선조수정실록』, 13년(1580) 2월 1일.

185) 『조선왕조실록』의 편자들도 허엽은 세 아들 허성, 허봉, 허균과 사위 우성전 김성립이 모두 문사로서 조정에서 벼슬을 할 때 논의가 뛰어났기 때문에 당시 허씨 가문이 당가(黨家)에서 으뜸이었다고 하여 문벌 가문임을 인정하였다.

비변사가 아뢰기를, "신들이 이정형(李廷馨)의 서장을 보건대, 고 시랑(顧侍郎)의 말과 태도에 성난 기색이 대단하다 하니 매우 미안합니다. 다만 성이 난 이유는 꼭 문안을 자주 않는다는 데 있는 것이 아니라 '적세(賊勢)를 과장 설명하고 있다.'고 말한 것으로 보면, 아마 김수(金睟)의 사행(使行)이 작년 이후의 적세를 두루 진달한 것을 불가하다고 여기고 그의 의견도 송 경략(宋經略)의 생각과 같기 때문인 듯합니다. 대체로 중국 사람들은 우리나라 일에 대하여 모두 염증을 내고 있습니다. 중국 조정에서도 봉공(封貢)의 인준 여부에 대하여 서로 다른 주장들을 하고 있어 결말이 나지 않을 것 같으므로 우리나라가 조용히 기다려 주기만을 바라는 것이 그들의 생각인 것입니다. 그렇기 때문에 급함을 고하는 등의 일을 듣기만 하면 곧 화를 내곤 하는데 계속 이렇게 한다면 앞으로 일하기가 더욱 어려워질 것입니다. 문안사(問安使)도 보내야겠지만 접반사(接伴使) 심희수(沈喜壽) · 허성(許筬) 등은 이미 그 일만을 위하여 떠나갔고 근일 허균(許筠)이 또 갔습니다. 또 총독도 아직 요양(遼陽)에 있다고 하니, 아직은 심희수 등의 치계(馳啓)를 기다려 형세를 보아가며 대처하는 것이 좋겠습니다." 하니, 상이 따랐다.[186]

허균은 명나라 사신을 접견하는 접반사로 파견된 심희수와 형 허봉에 이어 그해 4월 접반사로 명나라 사신을 수행하고 돌아왔다. 그해 5월 다시 명나라 사신 접견에 파견된 원접사의 수행원의 물망에 오르기도 했다.

1594년 5월 3일에 원접사 윤선각이 종사관으로 신흠을 데리고 가기를 청하는 대목에서도 다음과 같이 서술하고 있다.

원접사 윤선각이 아뢰기를,

"신과 유영길이 위급하고 민망한 심정을 갖추어 진달해서 비변사에 의논

186) 『조선왕조실록』, 선조 27년(1594) 4월 2일.

하여 아뢰라는 명을 받았으므로 반드시 다른 사람으로 바꾸어 제수하시리라 여겼었는데, 끝내 전대로이니, 결국 일을 그르치게 되리라는 것은 점쳐 보지 않아도 알 수 있습니다. 그리고 종사관은 전부터 재능과 인망이 있는 선비를 극선(極選)하여 왔었는데, 이번에 오는 중국 사신은 관계되는 바가 더욱 중대합니다. 그런데 조정지(趙庭芝)는 현재 판교(判校)로 문서(文書)에 종사하고 있는데 데리고 갈 것을 계청하였고, 또 재주와 문장을 취하여 허균(許筠)을 데리고 갈 것을 계청하였다고 합니다. 허균은 연소하여 아직 일을 경험하지 못했고, 조정지도 근래 사정의 곡절을 모르기 때문에 신흠을 데리고 가게 해 줄 것을 계청했던 것인데, 정원이 문사 낭청으로 계체(啓遞)하였습니다. 하지만 지금 조정의 의논은, 이 사람이 오랫동안 비변사에 있으면서 중국을 왕복했으므로 크고 작은 일을 매우 잘 알고 있어서 명류(名流)들 중에서 구한다 해도 그에 견줄 만한 사람이 드물다고 합니다. 더구나 지금은 옥사(獄事)가 거의 끝나가고 있으니, 조정지를 체차하고 신흠을 데리고 가게 해 주소서." 하니, 전교하기를, "신흠이 아니라도 종사관으로 삼을 만한 사람이 있을 것이다. 윤허하지 않는다." 하였다. 윤선각이 예조 정랑 신광필(申光弼)을 데리고 가기를 계청하였다.[187]

그 후에 설서를 지냈고 얼마 뒤 정6품 예조좌랑으로 뛰어오르고 명나라에 다녀와 병조 실세인 병조좌랑으로 승진했다. 1597년 3월에는 문과 중시에 장원급제를 하여 종3품으로 승진하였다. 중시에 합격한 관료는 정3품 당상관으로 승진이 관례였으나 그에게는 인사 불이익이 가해져 종3품 직책이 부여되었다. 1597년 4월에는 중시 문과에 선발되었다. 1597년 봄에 예문과 검열 겸 춘추관 기사관, 세자시강원 설서가 되었다가, 3월에 파직되었다. 4월 9일, 문과 중시에 장원급제하고 예조좌랑으로 승진하였다. 정유재란이 일어

187) 『조선왕조실록』, 선조 27년(1594) 5월 3일.

나자, 원군을 청하는 사신의 수행원으로 8월에 중국에 갔다. 자신이 자은 시를 시기별로 묶어서 시원고를 묶었는데, 그 첫 번째는 그 당시 중국을 내왕하며 지은 한시 44수를 『정유조천록』으로 엮었다. 그 후, 당시까지 지은 한시 154수를 모아 『교산억시기』를 지었다. 10월 13일에는 병조좌랑이 되었다. 1598년 중국 장군과 사신들을 접대하느라 돌아다녔다. 명나라의 종군 문인인 오명제에게 『조선시선』을 엮어주었다. 『난설헌집』 초고를 오명제에게 주었다. 가을에 의주를 오가며 지은 한시 21수를 모아 「무오서행록」을 엮었다. 10월 13일에 다시 병조좌랑으로 선발했을 때, 사관들은 "허균은 타고난 성품이 총명하여 모든 서적을 박람하였으므로 글을 잘하였으나 사람됨이 경망하여 볼 만한 것이 없다." 고 하였다.[188]가을에 평안도를 다녀왔다.[189]

1600년 12월 22일에는 예조가 아뢰기를 "영악전이 불탄 연유는 이미 치계하였습니다. 재궁은 길유궁을 배치할 기지에 봉안하고, 우주와 혼백은 즉시 영좌를 설치하여 한 곳에 봉안한 뒤에 세자와 백관이 곡림하였습니다. 그리고 나서 즉시 세자께 품달하여 지제교 허균【성품이 총명하고 문장에 능하였으나, 부형과 자제들의 몸가짐이 근실하지 못하므로 당시 사람들이 천히 여겨 버림을 받았다.】으로 하여금 고사를 짓게 하여 조전 때에 위안제까지 겸하여 행했습니다. 그리고 또 신들이 시강원 관원들 및 도감 당상과 의물을 점검해 보았더니 유실된 물건이 하나도 없었습니다. 그러므로 삼공이 세자께 품달하여 전에 정한 시각에 따라 즉시 천구의 예를 행하고 이어 하현궁하였습니다. 또 건릉 · 현릉 두 능에도 상례에 따라 위안제를 올려야 할 듯한데, 이 일은 이곳에서 마음대로 정할 수 없으므로 감히 아룁니다." 하니, 알았다고 전교하였다.[190] 이 일이 있은 지, 여섯 달 만에 파직되었다.

188) 『조선왕조실록』, 선조 31년(1598) 10월 13일.

189) 허경진, 『허균평전』, 돌베게, 2014, 406쪽.

190) 『조선왕조실록』, 선조 33년(1600) 12월 22일.

1600년 7월, 예조정랑이 되었다. 의인왕후의 국상을 준비하는 장생전의 낭청과 임금의 조서를 짓는 지제교를 겸했다. 그해 말 장생전 낭청이 되어 의인왕후의 국장도감과 빈전 행사에 참여하였다. 1600년 12월 22일에는 〈예조에서 화재에도 불구하고 장례를 계획대로 마친 것을 아뢰다〉에서, 예조가 아뢰기를, "영악전이 불탄 연유는 이미 치계하였습니다. 재궁은 길유궁을 배치할 기지에 봉안하고, 우주와 흔백은 즉시 영좌를 설치하여 한 곳에 봉안한 뒤에 세자와 백관이 곡림하였습니다. 그리고 나서 즉시 세자께 품달하여 지제교 허균【성품이 총명하고 문장에 능하였으나, 부형과 자제들의 몸가짐이 근실하지 못하므로 당시 사람들이 천히 여겨 버림을 받았다.】으로 하여금 고사를 짓게 하여 조전 때에 위안제까지 겸하여 행했습니다.[191] 하였다.

1601년 봄에 『태각지』를 엮었다. 호남 향시의 시관이 되어 남쪽으로 다녀왔다. 1601년 6월에 해운판관이 되어 충청도와 전라도의 세금을 거둬들이려 돌아다니다가, 7월 25일에 부안에서 기생 매창[192]을 만나 놀았다. 한림원 시강 고천준이 명나라 신종 황제가 큰아들을 태자로 봉했다는 조칙을 가지고 사신으로 오게 되자, 글 잘하는 그를 상대하기 위하여 허균을 형조정랑에 임명하였다.[193] 1601년 11월 17일에는 별전에서 군주에게 이정구가 아뢰기를, "연소한 사람 중에 해운판관 허균은 시에 능할 뿐만 아니라, 성품도 총민하며 전고 및 중국 일을 많이 압니다." 하니, 상이 이르기를, "경이 하고 싶은 대로 하라. 데리고 가고 싶다면 무슨 어려움이 있겠는가." 하였다.[194] 1601년 11월 20일에는 이정구를 의정부 우참찬으로, 허균을 형조 정

191) 같은 책, 12월 22일.

192) 일면 계생이라고 하였다.

193) 허경진, 『허균평전』, 돌베게, 2014, 407쪽.

194) 『조선왕조실록』, 선조 34년(1601) 11월 17일.

랑으로 삼았다.[195] 1602년 윤 2월 13일에 병조 정랑으로 삼았다. 같은 해 5월 17일에는, 지평 윤경 등이 와서 아뢰기를, "병조 정랑 허균이 문사 낭청으로 엊그제 궁궐 뜰에서 국문할 때에 대신 앞에 나아가 기초하고 있었는데, 판부사 심희수 역시 고할 일이 있어 대신 앞에 나갔더니, 허균이 희수를 물러가라고 하자 희수가 노하여 물러갔습니다. 국청에는 조정 백관이 모두 모였고, 찬성은 높은 품계에 있는 중신인데 일개 낭관인 허균이 감히 내쫓듯이 하여 물리쳤으니 체면을 너무 손상시켰습니다. 파직하소서."【그때 추국의 일로 제신들이 회의하고 있었는데 희수가 밖에서 들어와 대신 앞에 나아가 말하기를 '이들은 강아지나 쥐새끼 같은 도둑의 무리에 불과하고 인증하는 것은 대부분 실상이 없는 거짓 기록인데 역옥으로 덮어씌워 다스리면 국가의 체면을 손상하지 않겠는가.'라고 하자, 허균이 곁에서 기초하다가 희수에게 '영감의 말씀이 잘못되었으니 물러가 쉬시오.' 하였다. 대개 허균의 뜻은 역옥은 엄중한 것인데 희수의 말이 지나치다 여기고 희수가 자기에게 가깝게 해주는 자라고 생각되어 귀에 대고 말한 것인데, 희수가 노하여 일어나면서 '네가 어떻게 감히 물러나라고 하는가.' 하고, 다시 대신 앞으로 나아가 물러가기를 요구하면서 '균이 비록 은대를 띠고 있으나 나이 어리고 경망스러운 사람이다.'라고 하며, 숨가쁜 목소리와 노기찬 얼굴로 불평의 빛이 가득하였다. 이덕형의 설득으로 무마되었다.】이때 사신은 논한다. 허균의 경망함은 말할 것 없으나 희수가 맞서 시비하였으니 자못 대신의 체통을 잃었다.[196]

1602년 5월 17일에는 〈지평 윤경【대사헌 이광정, 집의 김대래, 장령 홍식 · 이구징, 지평 이심】등이 와서 아뢰기를〉이라는 대목에서, "병조 정랑 허균이 문사 낭청으로 엊그제 궁궐 뜰에서 국문할 때에 대신 앞에 나아가 기초하고 있었는데, 판부사 심희수 역시 고할 일이 있어 대신 앞에 나갔더니,

---

195) 『조선왕조실록』, 선조 34년(1601) 11월 20일.

196) 『조선왕조실록』, 선조 35(1602년 5월 17일.

허균이 희수를 물러가라고 하자 희수가 노하여 물러갔습니다. 국청에는 조정 백관이 모두 모였고, 찬성은 높은 품계에 있는 중신인데 일개 낭관인 허균이 감히 내쫓듯이 하여 물리쳤으니 체면을 너무 손상시켰습니다. 파직하소서."【그때 추국의 일로 제신들이 회의하고 있었는데 희수가 밖에서 들어와 대신 앞에 나아가 말하기를 '이들은 강아지나 쥐새끼 같은 도둑의 무리에 불과하고 인증하는 것은 대부분 실상이 없는 거짓 기록인데 역옥으로 덮어씌워 다스리면 국가의 체면을 손상하지 않겠는가.'라고 하자, 허균이 곁에서 기초하다가 희수에게 '영감의 말씀이 잘못되었으니 물러가 쉬시오.'하였다. 대개 허균의 뜻은 역옥은 엄중한 것인데 희수의 말이 지나치다 여기고 희수가 자기에게 가깝게 해주는 자라고 생각되어 귀에 대고 말한 것인데, 희수가 노하여 일어나면서 '네가 어떻게 감히 물러나라고 하는가.' 하고, 다시 대신 앞으로 나아가 물러가기를 요구하면서 '균이 비록 은대를 띠고 있으나 나이 어리고 경망스러운 사람이다.'라고 하며, 숨가쁜 목소리와 노기찬 얼굴로 불평의 빛이 가득하였다. 이덕형의 설득으로 무마되었다.】이때에도 사신은 논하기를, "허균의 경망함은 말할 것 없으나 희수가 맞서 시비하였으니 자못 대신의 체통을 잃었다.전부는 왕자의 아문 낭청이므로 그 소임이 아주 중합니다. 송처중은 영관 출신으로 추잡한 인물인데 이 벼슬을 제수하자, 모두들 놀라 이상하게 여기고 있습니다. 체차하소서. 군기 판관 김극충은 사람됨이 어리석고 경망한 데다가 분수에 벗어난 짓까지 하고 있습니다. 그는 감히 사사로운 혐의 때문에 본사의 제조를 헐뜯고 있어 듣는 사람마다 분개하고 있습니다. 파직하소서." 하니, 답하기를, "아뢴 대로 하고 허균을 추고하라." 고 하였다.[197)]

1602년 7월 14일에는, 신시에 상이 권정례로 백관의 하전을 받고,【왕세자가 백관을 거느리고 궐정에서 사배례를 행한 뒤 하전을 바쳤다.】그 반사한

---

197) 『조선왕조실록』, 선조 35년(1602) 5월 17일.

글을 허균이 병조 정랑으로서 직접 지었다.[198] 1602년 8월에는 성균관 사예로 삼았다.[199] 같은 해 10월에는 사복시 정으로 삼았다.[200] 같은 해 10월에는 사복시 정으로 제수되었다. 1603년 5월 14일에는 영의적 이덕형의 사직에 대한 하유의 글을 상이 윤허하지 않는다는 뜻으로 하유하도록 명하였는 글을 지제교 허균이 지어올렸다.[201]

허균은 1604년에 선무원종공신 1등에 녹훈되었다. 1604년 7월에 성균관 전적[202]이 되고 같은 해 9월에는 수안 군수가 되었다. 그러나 불교를 믿는다고 암행어사에게 다시 탄핵받아 벼슬에서 사퇴하였다. 이때에도 사관들은 "사람됨이 간사하고 또한 조행이 없었다. 일찍이 강릉 땅에 나갔을 적에는 명기에게 혹하여, 그의 어미가 원주에서 죽었는데도 분상하지 않았었다. 또 근거없는 말을 조작하여 이홍로와 함께 공모하여 사림을 도모하려 하였는데, 간교한 상황이 탄로나 흉계를 이루지 못하였다. 온 세상이 천하게 여기고 미워했다." 라고 하였다.[203]

1605년 2월 7일에는, 윤세침 사건과 관련해 최관이 형을 두 차례 받은 뒤 죽었다. 사관들은 "윤세침이 윤섬이라고 사칭한 것은 조관의 이름을 빌려 아내를 맞이하려는 계책에 불과하다. 신경희가 이 말을 듣고 즉시 편지를 보내 이산해에게 의논하고 또 한언침·허균 무리와 함께 비밀리에 의논하여 흉서를 작성하고 흉악한 말을 만들어 진신을 일망 타진하려는 계책을 꾸며 일시의 명상을 모두 모함하려고 하였으니, 만일 기자헌이 공정하게 판결하지 않았다면 기축 옥사와 같은 화를 면하였겠는가. 그 계획적인 심사를 따져 보면

---

198) 『조선왕조실록』, 선조 35년(1602) 7월 14일.

199) 『조선왕조실록』, 선조 35년(1602) 8월 27일.

200) 『조선왕조실록』, 선조 35년(1602) 10월 4일.

201) 『조선왕조실록』, 선조 35년(1603) 5월 14일.

202) 『조선왕조실록』, 선조 37년(1604) 7월 27일.

203) 『조선왕조실록』, 선조 37년(1604) 9월 6일.

칼보다 날카롭다. 법대로 죄를 주는 것이 옳은데, 다만 임금과 인척 관계라서 특별히 형벌을 면케 하였으니, 국가의 실형이 매우 심하다.】" 하였다.[204) 1606년 1월 1일의 〈황태손의 탄생을 반포하기 위해 중국에서 조서를 가지고 오다〉 대목에서는, 한림원 수찬 주지번과 예부 좌급사중 양유년이 조서를 가지고 나왔는데, 황태손)이 탄생한 경사를 반포하기 위함이었다. 대제학 유근을 원접사로, 예조 판서 이호민을 관반으로 삼았는데, 유근이 허균 등을 불러 종사관으로 삼았다."[205)]고 하였다.

1606년 1월 4일에, 원접사 유근이 허균 등을 종사관으로 스스로 천거하면서, "허균은 한산직에 있기는 하나 지금 도하에 머물러 있으니 군직에 붙여 대동하고 가기를 청하는 바입니다. 조희일은 승문원 박사이나 이는 곧 참하관입니다. 일찍이 듣건대 박증영은 직장으로 중국 사신 동월이 나왔을 적에 종사관이 되었었으나 그뒤로는 참하관으로서 종사관이 되었다는 말을 아직 듣지 못하였습니다. 그러나 신이 본 바로는 병술년 사이에 중국 사신이 나온다는 소식이 있었을 때 대제학 이산해가 봉교 이호민을 대동하고 가려고 하여 그를 6품에 올려줄 것을 계청하려다가 마침내 사신이 나오지 않았기 때문에 입계하지 않았었습니다. 참하관을 6품으로 올리는 일은 아래에서 감히 마음대로 할 수는 없으므로 박증영의 선례에 따라 조희일을 대동하고 가기를 청하는 바입니다. 필선 이지완을 대동하고 가야 하는데 지금 성천에 가 있습니다. 조사를 생략하고 대동하고 가겠다는 뜻으로 도감에서 이문하여야 합니다. 황공스럽게 감히 여쭙니다." 하니, 상이 모두 윤허하였다.[206)]

1606년 4월에 원접사 유근의 추천으로 명나라 사신 주지번을 영접하는 종사관에 임명되자 종사관으로 주지번을 만나 사서육경과 고전을 막힘없이 대

---

204) 『조선왕조실록』, 선조 38년(1605) 2월 7일.

205) 『선조수정실록』 39년(1606) 1월 1일.

206) 『조선왕조실록』, 선조 39년1606) 1월 4일.

화하며, 글재주와 넓은 학식으로 이름을 떨치기도 했다. 1606년 4월 20일의 모화관에 거둥하여 중국 사신을 접대하고 궁으로 돌아왔다. 7월 22일에 조정에서 연릉 부원군 이호민이 아뢰기를 "전부터 원접사와 반송사의 일기는 일행의 종사관 1명을 뽑아서 맡아 수정하게 한 것이 통례입니다. 임인년에 신이 과분하게 원접사가 되었을 때에도 종사관 허균을 뽑아 수정하게 하였는데, 복명한 지 얼마 안 되어 허균이 문사 낭청으로 몇 달 동안 국청에 참가하였기에 탈고할 여가가 없었습니다. 그 때에 신이 마침 경연에 입시하여 삼가 '원접사와 반송사의 일기가 마땅히 있어야 할 것이다.'라는 분부를 받고 그 일을 맡은 종사관이 연이어 문사 낭청에 차출되어 미처 수정하지 못했다는 뜻으로 아뢰자, '경이 모르고 있을까 싶어서 말하였다. 알고 있으니 빠르고 늦음이 무슨 관계가 있겠는가.'라고 분부하셨습니다. 하였다. 신이 삼가 분부를 듣고 황공하여 물러나와 허균에게 빨리 수정을 완료하라고 독촉하였더니, 허균이 왕복길의 일은 한 글자도 기록하지 않고 심지어 날씨의 흐림이나 맑음도 꼬박꼬박 기록하지 않은 채, 단지 신이 날마다 올렸던 장계의 초안을 가지고 수정해 내려고 하였는데, 그것조차 제때에 하지 않았습니다. 신이 허균이 수정해 놓은 것을 가져다 보았는데 장계의 초안에서 단지 이두만 빼었으므로 문맥이 끊어져 연결되지 않을 뿐만이 아니라, 장계에 실린 일 이외에 기록할 만한 일들이 많이 있었는데도 전혀 기록하지 않았습니다. 이로써 상께 보여드릴 수가 없었으므로 신이 할 수 없이 스스로 초안을 잡았습니다." 하였다.[207)]

1606년 8월 6일에 〈원접사로서 조사를 접대한 대제학 유근을 인견하여 대화하다〉에서 다음과 같이 기록하였다.

대제학 유근을 【우승지 이형욱, 가주서 민호, 사관 조명욱 · 유호증】 인견

207) 『조선왕조실록』, 선조 39년(1606) 7월 22일.

하였다. 상이 이르기를, "경은 원접사(遠接使)로 먼 곳을 돌아다녔으니 얼마나 수고로왔는가? 조사(詔使)[208]를 접대함에 있어서 오로지 경의 수고가 컸으니, 내가 가상하게 여긴다." 하였다. "경의 종사관 허균(許筠)과 조희일(趙希逸)은 그 재주가 필시 넉넉할 것이다." 하니, 유근이 아뢰기를, "허균은 시격(詩格)은 높지 않지만 총명하고 박식하여 중국 사신을 접대함에는 이 사람보다 나은 자가 없었습니다. 조희일은 재주가 많지만 제술(製述)이 미숙합니다. 이지완(李志完)도 재주가 있어 잘 합니다." 하였다.[209]

1606년 명나라에 난설헌의 시가 출간되자 조선의 문화를 명나라에 알린 공로로 특별히 삼척부사에 임명되었다. 삼척부사로 재직 중 부청 근처의 법당에 출입하는 것이 누군가에게 목격되어 석 달이 못 되어 불상을 모시고 염불하고 참선한다는 이유로 1607년 5월 사간원과 사헌부에서 탄핵받았다. 그러나 선조는 듣지 않았으나, 사간원과 사헌부에서 탄핵이 계속되자 쫓겨났다. 그해 음력 5월 6일 부처를 숭상했다 하여 파직되었다.

허균은 낮은 벼슬을 하다가 쫓겨나기 일쑤였는데 벼슬아치들이 보는 시험에서 연거푸 세 번 일등을 하자, 조정에서는 그의 재주를 특별히 인정하여 공주목사 직을 내렸다. 이때에 그는 양반가의 서자 무리와 얼손들과도 호형호제하면서 가까이 터놓고 지냈다. 그는 처외삼촌 심우영을 통해 서양갑과 사귀었고, 이재영과 윤계영을 불러 도와주었으며, 그가 친구 이재영에게 보낸 편지는 다음과 같다.

나는 큰 고을의 원이 되었네. 마침 자네가 사는 곳과 가까우니 어머님을 모시고 이리로 오게. 내가 절반의 봉급으로 대접하리니 결코 양식이 떨어지

---

208) 상사 주지번을 지칭.

209) 『조선왕조실록』, 선조 39년(1606) 8월 6일.

지는 않을 것이네. 자네와 나의 처지는 다르지만 취향은 같으며 재주는 나보다 열 배이지만 세상에 버림받음은 나보다 심하니 내가 매양 기가 막히네. 내 비록 운수가 기박하나 몇 차례 고을 원이 되어 목구멍에 풀칠은 할 수 있지만 자네는 입에 풀칠도 못하는 것 같네. 이런 것은 모두 우리의 책임이네. 밥상을 대할 적마다 부끄러워 밥이 목구멍에 넘어가지 않네. 어서 오게. 비록 이 일로 비방을 받더라도 나는 마음을 쓰지 않겠네.

허균은 공주목사 자리에서 1년이 못 되어 또 다시 퇴출되었지만, 이때 그의 식객 중에는 이재영 모자와 자신의 처외삼촌인 서자 출신 심우영과도 함께 살았다. 1607년 2월 6일에는 상의원 정이 되었다.

1607년 허균의 형인 허성이 예조판서로 있었는데, 허균은 3월 23일에는 월에 삼척 부사가 되었다. 그러나 5월 4일에는 다음과 같이 헌부에서 상소문을 올려서 탄핵하였다.

헌부가 아뢰기를, 삼척 부사(三陟府使) 허균(許筠)은 유가(儒家)의 아들로 그 부형이 종사하던 것과는 반대로 불교를 숭신(崇信)하여 불경을 외며 평소에도 치의(緇衣)를 입고 부처에게 절을 하였고, 수령이 되었을 때에도 많은 사람이 보는 앞에서 재(齋)를 열어 반승(飯僧)하면서도 전혀 부끄러워할 줄을 몰랐으며, 심지어 중국 사신이 나왔을 때에는 방자하게 선담(禪談) 불어(佛語)를 하며 부처를 좋아하는 일을 장황하게 늘어놓아 중국 사신의 눈을 현혹시켰으니, 매우 해괴하고 놀랍습니다. 청컨대 파직하고 서용하지 말아 사습(士習)을 바로 잡으소서.

헌부가 아뢰기를, "어제 삼가 성비(聖批)를 받들건대 '예로부터 문장을 좋아하는 자는 혹 불경을 섭렵하였으니, 허균의 심사 역시 이런데 불과할 것이다.' 하셨습니다. 허균의 소행이 진실로 무리한 일이라면, 성상의 생각이 어찌 옳지 않겠습니까. 보통의 사대부집 자제들도 눈과 귀로 보고 들어 성명의 세상에 오히려 이런 일이 없는데, 더군다나 균의 아비는 학문에 힘써 도(道)를 위호(衛護)하고 이단(異端)을 물리쳐 사류(士類)의 영수(領袖)가 되었으니, 평생 동안 양육(養育)하고 교회(敎誨)하는 즈음에 어찌 일찍이 이런 일이 있을 줄을 생각이나 하였겠습니까. 문장을 좋아하고 학문을 일삼는 자라면 누가 이서(異書)를 섭렵하여 견문을 넓히지 않겠습니까만, 허균이 불경을 외고 읽는다는 것은 이런 경우를 두고 말하는 것이 아닙니다. 밥을 먹을 때면 반드시 식경(食經)을 외고, 항상 작은 부처를 모셔두고는 새벽이면 반드시 설위(設位)하고 치의를 입고 염주를 걸고서 절하고 염불(念佛)하면서 불제자(佛弟子)라 자칭하니, 승려가 아니고 무엇이겠습니까. 그러니 사람을 대하여 부끄러워하거나 숨기는 일이 없다는 것은 반드시 부연하여 전한 말이 아닐 것입니다. 그 사람은 비록 미세하지만 관계된 바가 가볍지 않고 지금의 사풍(士風)을 바로잡지 않을 수 없으니, 빨리 파직하고 서용하지 말라고 명하시어 천백의 사람을 경계하소서.

하찮은 몇몇 늙은 비구니들이 초가집을 지어놓고 사는 것이 무슨 관계가 있겠습니까마는 그 땅으로 말하면 선왕(先王)의 후궁(後宮)이 거주하던 옛터이니 아무나 함부로 집을 지을 수 없는 곳이며, 그 사람으로 말하면 승복을 입고 머리를 깎고서 윤상(倫常)을 멸시하고 예(禮)를 무시하는 무리이므로 왕자(王者)가 반드시 내쫓아야 할 백성인데 어찌 숨겨두고 덮어주어 요사한 무리가 불어나게 해서야 되겠습니까. 집을 철거하고 내쫓는 것이 집을 불태우고 불상(佛像)을 허물어뜨리고 승도(僧徒)를 내치는 과격한 일과는 같지 않을뿐더러 실로 대체(大體)에 관계가 되니, 빨리 유사에게 명하여 철거하고 내쫓아 후일의 폐단을 막으소서." 하니, 답하기를, "허균과 곽재우의 일은 포용하여 그대로 두는 것이 마땅하니, 죄를 줄 필요가 없다. 정업원 일은 스스로 안에다 집을 짓고 의지할 곳을 삼은 것이니 국가에서 알 일이 아니다. 지금 만약 철거하여 내쫓는다면 비록 곤충 같은 미물일지라도 거소를 잃을 염려가 없지 않으니, 방치해 두는 것이 또한 체모를 얻는 일이다. 정거(停擧)하는 일

은 윤허한다." 하였다.[210)]

그 이틀 후인 5월 5일에 다시 헌부가 탄핵하여 아뢰기를, "허균의 소행이 진실로 무리한 일이라면, 성상의 생각이 어찌 옳지 않겠습니까. 보통의 사대부집 자제들도 눈과 귀로 보고 들어 성명의 세상에 오히려 이런 일이 없는데, 더군다나 균의 아비는 학문에 힘써 도를 위호하고 이단을 물리쳐 사류의 영수가 되었으니, 평생 동안 양육하고 교회하는 즈음에 어찌 일찍이 이런 일이 있을 줄을 생각이나 하였겠습니까. 문장을 좋아하고 학문을 일삼는 자라면 누가 이서를 섭렵하여 견문을 넓히지 않겠습니까만, 허균이 불경을 외고 읽는다는 것은 이런 경우를 두고 말하는 것이 아닙니다. 밥을 먹을 때면 반드시 식경을 외고, 항상 작은 부처를 모셔두고는 새벽이면 반드시 설위하고 치의를 입고 염주를 걸고서 절하고 염불하면서 불제자라 자칭하니, 승려가 아니고 무엇이겠습니까. 그러니 사람을 대하여 부끄러워하거나 숨기는 일이 없다는 것은 반드시 부연하여 전한 말이 아닐 것입니다. 그 사람은 비록 미세하지만 관계된 바가 가볍지 않고 지금의 선비의 풍도를 바로잡지 않을 수 없으니, 빨리 파직하고 서용하지 말라고 명하시어 천백의 사람을 경계하소서."라 하였다.[211)]

또, 다음 날인 5월 6일에는 허균 탄핵에 관한 헌부의 상소문이 다음과 같이 올라왔다.

헌부가 아뢰기를, "어제 성비(聖批)를 받들건대 또 '포용하여 그대로 두어야지 죄를 줄 필요가 없다.'고 전교하셨으니, 신들은 의혹됨이 더욱 심합니다. 삼척 부사 허균은 유가(儒家)의 자제로서 도리어 이교(異敎)에 빠져 승복

210) 『조선왕조실록』, 선조 40년(1607) 5월 4일.

211) 『조선왕조실록』, 선조 40년(1607) 5월 5일.

을 입고 예불을 외고 있으니 몸은 조정에 의탁하고 있으나 사실은 하나의 중이고, 전 우윤(右尹) 곽재우는 토납 · 도인하고 벽곡하면서 밥을 먹지 않으며 괴벽한 일을 행하여 중외에서 그걸 본받는 자의 창도(唱導)가 되고 있으니 이름은 재상의 반열에 있지만 역시 하나의 도류(道流)입니다. 사대부로서 오히려 이러하니, 시습(時習)의 부정(不正)과 인심의 괴이함이 구제할 수 없는 지경에 이를 것인데 어찌 포용하여 방치하고 죄를 주지 않겠습니까. 머뭇거리지 마시고 아울러 파직하여 서용하지 마소서.

정업원과 안일원(安逸院)은 궁금(宮禁)에서 아주 가까운 곳인데 요사스런 비구니들이 그 터에 모여서 다시 초가집을 짓고 있으므로 도성 안의 백성들이 딸을 투속시키는 자가 서로 잇따르고 있으니, 지금 통렬하게 물리치지 않으면 후일의 폐단을 막기 어려울 것입니다. 빨리 유사(有司)에게 명하여 그 집을 헐고 문밖으로 내쫓게 하소서." 하니, 답하기를, "윤허한다. 두 원의 일은 이미 유시하였으니 철훼할 필요가 없다." 하였다.[212]

1607년 7월에는 허균을 내자시 정으로 삼았다.[213] 1607년 12월 9일에 공주 목사로 삼았고, 광해군 즉위년인 1608 8월일에 충청도 암행 어사의 서계로 인하여 공주 목사에서 파직되었다. 그러나, 1609년 5월 14일에, 〈홍문관이 월과에서 수석을 차지한 자에게 논상하는 일에 대해서 아뢰다〉에서 홍문관이 대제학의 뜻으로 아뢰기를, 【홍문관의 월과에 대한 예전 규례는 과차만 있고 상벌은 없었다. 그런데 이때에 시정 허균이 잇달아 세 차례나 수석을 차지하자 왕이 가자를 하여 상주고자 하였다. 이에 고사를 상고하도록 명하였는데, 이와 같이 회계하자, 이로부터 드디어 규례로 되었다】[214] 허균은 이

212) 『조선왕조실록』, 선조 40년(1607) 5월 6일.

213) 『조선왕조실록』, 선조 40년(1607) 7월 19일.

214) 『조선왕조실록』, 광해군 1년(1609) 5월 14일.

련 곡절을 겪은 후인 1607년 12월 9일에 공주 목사가 되었다.

한편, 광해군 즉위년인 1608년 8월 21일의 충청도 암행 어사의 서계에서 다음과 같이 파직되었다.

> 충청도 암행 어사의 서계로 인하여 전교하였다. "단양 군수(丹陽郡守) 송선(宋瑄), 한산 군수(韓山郡守) 성이민(成以敏)은 모두 승서(陞敍)하고, 남포 현감(藍浦縣監) 이완(李莞), 이산 현감(尼山縣監) 이진웅(李震雄), 청안 현감(淸安縣監) 양사행(梁思行)은 옷감 한 벌씩을 내려주고, 공주 목사(公州牧使) 허균(許筠), 태안 군수(泰安郡守) 신진(申溱), 진천 현감(鎭川縣監) 윤인연(尹仁演), 신창 현감(新昌縣監) 경괄(慶适) 등은 모두 파직하고, 이인 찰방(利仁察訪) 안숭검(安崇儉), 성환 찰방(成歡察訪) 윤지복(尹之復) 등은 모두 먼저 파직을 하고 나서 추문을 하고, 전 당진포 만호(唐津浦萬戶) 송명(宋溟)은 나국하고, 병사 신경행(辛景行), 수사 이간(李侃)은 함께 추고하고, 진천(鎭川)의 불법 문서는 사헌부에 내려보내어 처치토록 하고, 박석명(朴錫命) · 김만석(金萬石) 등은 법사로 하여금 죄를 매기도록 하고, 그 밖의 폐막(弊瘼) 등의 사항은 해조에 내려보내 회계하도록 하라."[215]

허균은 1608년 명나라에 다녀온 4월에 누나인 난설헌의 시 210편을 엮어 『난설헌집』을 간행하였다. 8월 충청도 암행어사 장계에 의해 파직되었고, 부안현 우반 정사암으로 들어가 쉬면서 「정사암중수기」를 지었다. 12월, 승문원 판교가 되었다.[216]

광해군이 재위에 오르자 대북이 집권하면서 경연관이 되었다. 이듬해 광해군 1년인 1609년에 행사직으로 익사원종공신 1등에 책록되었다. 그해 형

---

215) 『조선왕조실록』, 광해군 즉위년(1608) 8월 21일.

216) 허경진, 『허균평전』, 돌베게, 2014, 408쪽.

조참의가 되고 명나라에서 국왕 책봉사가 왔을 때 이상의의 종사관이 되었다. 그는 종사관으로 명나라에 가게 되었을 때, 그는 이때에도 이재영과 불우한 화가 이정을 데리고 갔다. 이정에게는 일화가 있다. 한 고관이 이정에게 그림을 부탁했다. 그러자 이정은 술을 마시며 빈둥거리다가, 뇌물 짐을 가득 실은 소들이 대갓집 솟을대문 안으로 들어가는 그림을 그려놓고 도망쳤다. 바로 고관이 뇌물을 받는 사실을 풍자한 것이다. 이러한 모습의 이정은 불행한 삶을 살다가 먼저 죽었다. 이때 허균은 또 이런 글을 남겼다.

> 서쪽에서 온 사람이 말하기를 이정이 죽었다고 하니 이 말이 사실인가? 통곡하며 피눈물이 흐른다. 하늘이여, 원통하도다. 나는 누구와 함께 물외(物外)에서 노닐까? 세상 사람들은 그의 그림을 중히 여기나 나는 그 사람됨을 중히 여기네. 가슴에서 우러나오는 애절함이 깃들어 있다. 그는 1614년 사신으로 임명을 받아 중국에 가게 되었다. 이때에도 그는 외가의 서족인 현응민을 데리고 갔다. 그리고 그와 함께 많은 서적을 사 가지고 왔다.

허균은 이때 명나라의 기록에 선조와 광해군의 사실이 잘못 기록된 것을 바로잡기 위해 변무사로 파견되면서 많은 자금을 가지고 갔다. 그 1년 후인 1609년 5월 14일에는 홍문관이 월과에서 수석을 차지한 자에게 논상하는 일에 대해서 아뢰는 대목에서 허균에 대하여 다음과 같이 서술하였다.

> 홍문관이 대제학의 뜻으로 아뢰기를, "본관(本館)이 '월과(月課)에서 수석을 차지한 자에게 논상하는 일에 대해서 이미 근거로 삼을 만한 문서가 없고, 또 옛일에 대해 증거를 대줄 만한 사람이 없으니, 용이하게 결정하기가 어려울 듯하다. 〈대제학이 올라온 뒤에 시행하는 것이 어떻겠는가?' 하자, 윤허한다고 전교하였습니다. 신은 일찍이 명을 받들고 회계하였으니, 지금 비록 다시 의논하더라도 달리 할말이 없습니다.〉 대개 난리를 겪은 뒤로 사한(詞翰)

에 대한 한 가지 일은 거의 폐기되고 말았습니다. 그러니 권장하는 규정이 없어서는 안 될 듯합니다. 그러나 이는 은전에 관계된 일이어서 아래에서 감히 마음대로 의논하지 못하겠습니다. 상께서 재량하여 시행하소서."

하니, 가자(加資)하라고 전교하였다.【홍문관의 월과(月課)에 대한 예전 규례는 과차(科次)만 있고 상벌은 없었다. 그런데 이 때에 시정(寺正) 허균(許筠)이 잇달아 세 차례나 수석을 차지하자 왕이 가자를 하여 상주고자 하였다. 이에 고사(故事)를 상고하도록 명하였는데, 이와 같이 회계하자, 이로부터 드디어 규례로 되었다.】[217)]

1609년 5월 14일에 월과에서 잇달아 세 차례 수석을 차지한 판교 허균에게 가자하였다.[218)] 6월 8일에는 종사관 허균에게는 실직을 제수하였고, 6월 9일에는 사헌부에서 다음과 같이 허균에게 내린 상직을 환수하라고 하였다.

사헌부에서 연계하기를, "조사의 예물을 해조에 내리소서." 하고, 또 아뢰기를, "작상(爵賞)은 세상을 격려하고 둔함을 가는 도구여서 비록 한 자급의 하찮은 것이라 할지라도 반드시 공로에 합당한 연후에야 사람들이 모두 격려되고 이의가 없게 됩니다. 이번에 원접사 이하에게 조사의 게첩으로 인해서 품계를 올리고 직을 제수하기까지 하였습니다. 이것이 비록 성상께서 왕인을 존경하는 지극한 뜻에서 나온 것이기는 하나, 그 동안 왕래하면서 기록할 만한 공로가 털끝만큼도 없는데 은명(恩命)이 너무 지나쳐서 여론이 놀라고 있습니다. 허균에게 준 상가(賞加)와 상직(賞職)은 모두 환수하소서."[219)]

217) 『조선왕조실록』, 광해군 1년(1609) 5월 14일.

218) 같은 책, 5월 14일.

219) 『조선왕조실록』, 광해군 1년(1609) 6월 9일.

또, 거의 한 달 후인 6월 10일에, 〈사간원이 조사의 예물을 해사에 내려 처리할 것 등을 아뢰다〉에서도 간원이 아뢰기를, "원접사 종사관 허균 상가 및 실직에 승직한 것을 모두 환수하라고 명하소서."라 하였다. 1609년 6월에 허균을 첨지중추부사가 되었다. 『조선왕조실록』에서 사관은 "허균은 요사하고도 음란한데 단지 글재주가 어서 진신의 반열에 끼었다."고, 하였다. 또 9월 6일에 허균을 형조참의로 삼았다는 기록에서도 사관은 "허균은 문재가 있으나, 사특한 행실을 했다."고 하였다.

허균은 귀국 후 1610년 2월에 명나라에 파견될 천추사로 정해졌다. 2월 19일에는 조정에서 "천추사 허균이 아뢰기를, "요동 도사가 강상의 관시를 혁파하기를 청한 일로 인하여 우리나라에 회자하고 노여움을 공신의 행차에 옮기고 있습니다. 세금과 검사를 받은 방물을 제외하고는 토산물을 가지고 가는 것을 허락하지 않는다고 합니다. 아무 일이 없는 때에도 일로 아문에서 멋대로 요구하고 토색하는 폐단을 감당할 수 없는 경우가 있는데 더구나 이 의논이 한번 나오게 되면 그들의 요구와 공갈의 걱정이 반드시 전날보다 만배나 될 것입니다. 불행하게도 신의 일행이 맨 처음 예봉을 범하게 되었으니, 이 행차에서 일이 잘 처리되어야만 계속하여 가는 자들이 무사히 도착할 수 있을 것입니다. 관계된 것이 실로 무거우니 신은 참으로 민망합니다. 대체로 한번 법 밖의 과금[220)]을 행하면 그 관계가 사신에게 있게 되는데, 저들이 침해하여 빼앗고 저지하는 때를 만났으므로 주선하여 미봉하는 책임이 전적으로 통역관에게 달려 있으며, 그중에 가장 긴요한 사람은 상통사 및 당상 역관입니다. 그런데 당상은 김효순으로 그는 바로 왜 통사이며 상통사 이효삼도 영리하고 일을 잘 아는 자가 아닙니다. 중강 위관 유부 및 무안 총독에 딸린 여러 아문 하인배들이 곱지 않게 대하고 있으므로 중국말에 익숙하지 못한 사람으로 위협하고 성내는 그들에게 맞서 다투

220) 科禁.

게 하였다가는 일을 그르칠 것이 뻔합니다. 그러니 이 두 사람을 다 개차하고 위관에 대한 사리를 잘 알고 중국말에 익숙한 자를 데리고 가야 하고, 질문 역관 2명을 더 선출하되 또 전에 상통사를 지낸 자로 택정해서 일상의 규범에 구애되지 말고 시행하여 나랏일을 성사되게 하는 것이 합당할 듯하기에 황공스럽게 감히 여쭙니다. 그리고 예조는, 외국의 입장에서 중국에 죄를 얻는 경우에는 원역을 재감당할 수 있기 때문에 역관을 더 보내기를 계청한 것입니다. 그렇다면 군관 등 여러 원역을 아울러 일체 더 뽑아야 합니다. 예대인 자제 1원, 군관 6원, 외군관 2원 및 타각, 역관 자제 등은 평시의 예에 의하여 거느리고 가는 것이 마땅할 듯합니다. 다만 사신은 으레 의주 관노를 거느리고 가서 주방일을 이바지하게 하는데 규정 밖의 인원은 데리고 가기가 어렵다면 강을 건널 때에 반드시 응당 가야할 인원을 도태시켜야 할 것이니, 일이 매우 온당치 못하게 되었습니다. 신의 일행이 마침 여러 아문이 성내고 있는 때를 만났으니, 혹 급한 일이 있으면 분소하여 변명과 핵실을 해야 하니 글씨 쓸 사람이 없어서는 안 되겠습니다. 사자관으로 전 참봉 송효남을 군관으로 칭호하여 데리고 가고 그 나머지의 인원은 차비 중에 그 이름을 비워 두었다가 의주의 주자[221]를 가려 그 자리를 채우게 한 다음 데리고 가는 것이 어떻겠습니까?" 하니, 전교하기를, "이번 사행에는 반드시 난처한 일이 있을 것이다. 대동하고 갈 역관을 각별히 가려서 보내라." 하였다.[222] 1610년 4월 26일에, 예조가 아뢰기를, "오늘 천추사의 방물을 싸서 봉해야 하는데, 천추사 허균이 병이 위중하다 핑계하고 참석하지 않았습니다. 절사의 행차를 또 물릴 수가 없는데 어떻게 해야 합니까? 감히 여쭙니다." 하니, 전교하기를, "허균이 처음부터 병을 핑계로 가지 않으려고 누차 상소하였으니 너무나 신하로서의 의리가 없다. 내 비록 말은 안 했지만

221) 廚子.

222) 『조선왕조실록』, 광해군 2년(1610) 2월 19일.

실로 놀라웠다. 이제 또 이러하니, 이는 조정을 깔보는 것이다. 방물을 싸서 봉하는 일을 또 물리고 다른 사람으로 엄선하여 보내도록 하라." 하였다.[223] 그 다음 날인 4월 27일에는, 사헌부가 아뢰기를, "모든 신하된 자는 험난함을 피하지 않고 목숨을 바쳐야 합니다. 더구나 중국에 가는 일은 애초 피할 만한 일이 아닙니다. 그런데도 부호군 허균은 천추사로 차출된 이후로 감히 싫어하고 꺼리는 마음을 갖고 병을 핑계로 상소하여 누차 성상을 번거롭게 하였고, 심지어는 방물을 싸서 봉하는 날 모른 체 나오지 않음으로써 시급한 하절[224]의 행차가 끝내 낭패스럽고 전도되는 근심을 면치 못하게 하였으니, 조정을 무시하고 신하로서의 의리를 저버린 죄가 큽니다. 잡아다 국문하여 죄를 정하게 하소서." 하니, 답하기를, "잡아다 국문할 것은 없다. 직위만 바꾸어라."하였다.[225] 또, 그 다음 날인 4월 28일에는 사헌부가 아뢰니, 답하기를 "허균은 이미 직위만 바꾸어라 하였으니 잡아다 국문할 것은 없다." 하였다.[226] 다시 사헌부가 연계하니, 답하기를, "이미 유시하였다. 윤허하지 않는다." 하였다.[227]

이처럼 허균은 사헌부에 의해서 여러 번 탄핵당하였으나 광해군이 이를 수용하지 않았다.

또, 허균은 임진왜란 중에는 자신의 가족이 큰 고통을 받는 슬픈 체험을 하였음을 다음과 같은 기록에서 확인할 수 있다.

> "허균은 홀어머니 김씨를 모시고, 만삭이 된 아내 김씨와 함께 피난길에 올랐다. 결혼생활 팔년째인 그들에게는 어린 딸이 하나 있었다. 몸이 무거워

223) 『조선왕조실록』, 광해군 2년(1610) 4월 26일.

224) 賀節.

225) 『조선왕조실록』, 광해군 2년(1610) 4월 27일.

226) 『조선왕조실록』, 광해군 2년(1610) 4월 28일.

227) 『조선왕조실록』, 광해군 2년(1610) 4월 29일.

잘 걷지도 못하는 아내를 포함하여 여자를 셋씩이나 거느린 그의 피난길은 힘에 겨웠고 더디기만 했다. 남의 집에서 남의 집으로 옮겨 가면서, 그들은 덕원까지 이르렀다. 그곳 어느 백성의 집에 머물면서, 그는 그제서야 숨을 돌리고 시를 지었다."[228]

"허균의 기족들이 가또오의 군대에 쫓겨가며 단천에 이른 것은 7월 7일이었다. 단천은 함경도 남쪽 바닷가에 있었는데, 곡구역에서 칠팔십리 되는 곳이다. 이 칠석날에 김씨부인은 첫 아들을 낳았다. 그러나 그곳에서 마음 놓고 몸을 풀 수도 없었다. 가또오의 왜군이 다시 들이닥친 것이다. 순변사 이영이 마천령을 지키다가 물러섰다. 허균은 어머니와 아내, 그리고 어린 딸까지 이끌고서 밤새도록 고개를 넘었다. 임명역에 다다르자 기운이 다하여서, 아내는 말도 제대로 할 수 없었다. 마침 허형이란 사람이 마중을 나왔기에 그와 함께 바닷속 섬으로 피난했다. 그러자 그곳에서도 마음 놓고 머무를 수가 없었기 때문에, 산성에 있는 박논억의 집에까지 억지로 이르렀다. 아내 김씨는 10일 저녁에 목숨이 끊어졌다. 허균은 피난길에서 줄곧 타고 온 소를 팔아서 관을 사고, 옷을 찢어서 염을 했다. 아내의 살덩이가 아직도 따뜻해서, 차마 땅에 묻을 수가 없었다. 그러자 적이 성을 공격한다는 소문이 들려왔다. 허균은 아내의 주검을 뒷산 등성이에다 임시로 묻었다. 그리고는 어린 딸과 갓 낳은 아들을 들쳐업고 어머니와 함께 뒷산 등성이를 넘어서, 다시 북쪽으로 피난길에 올랐다. 남편이 정3품 당상관에 오르게 되면 아내에게도 숙부인의 직첩이 내리게 된다. 김씨부인은 허균이 공부를 게을리 할 때마다 자기의 숙부인 직첩이 늦어진다고 하면서, 남편을 격려했었다. 형조참의에 임명되던 날 밤, 허균은 한 장의 빈 사령장을 아내의 영혼 앞에 바쳤다. 그리고 죽은 아내를 그리워하면서 〈죽은 아내 숙부인 행장〉을 지었다.

228) 허경진, 『허균』, 평민사, 74쪽.

아내 김씨가 허균과 함께 결혼생활을 한 것은 겨우 팔 년, 이제 그의 나이 겨우 스물 둘이었다. 그가 죽어가며 낳은 아들도 끝내는 젖이 없어서 죽고 말았다. 아버지와 형, 누나, 그리고 아내와 외아들까지 차례로 죽어갔다. 이제 겨우 스물 네 살이 된 그에게는 너무나도 큰 시련이었다. 아내와 아들이 죽었다지만, 남은 식구들은 다시 피난길에 올라야 했다. 『학산초담』에 드문 드문 보이는 그의 기록에 의하면, 그는 영동(嶺東)역을 거쳐서 수성(輸城)역에까지 이르렀다. 수성역은 경성도호부 북쪽 50리에 있으니까, 거의 북쪽 끝까지 쫓겨간 셈이다."[229]

가을 바람에 돛을 가득 벌리고, 아흐레를 달려서 배는 강릉에 이르렀다. 왜적의 침입도 없고 물산도 풍부한 곳, 게다가 외갓집까지 있어서 피난살이 하기에는 아주 알맞은 곳이었다. 이제야 좀 살만하게 된 허균은 〈처음 강릉에 이르러서〉라는 제목으로 시부터 지었다.

시에서 강릉은 예전에 신선들이 즐겨 놀던 곳, 불사약을 구하기 위해 옛날 중국의 사신들이 찾아 다녔던 곳, 그곳에서 비로소 정착할 수 있게 된 것이다. 글자 그대로 만번 죽었다가 겨우 살아남은 목숨이었지만, 그는 이번 피난길을 「떠돌며 노던 일」이라 생각했다. 한 마리 용처럼 신선들의 바다를 건너와서 한 마리 학처럼 봉래산에 내려 앉은 허균, 이제 그의 앞에 강릉에서의 피난생활이 펼쳐진다.[230]

허균의 인물 평가에서는 1598년 10월 13일 1598년 10월 13일의 병조 좌랑으로 삼았을 때는 허균을 "타고난 성품이 총명하여 모든 서적을 박람하였으므로 글을 잘하였으나 사람됨이 경망하여 볼 만한 것이 없다." 고 하였다.[231]

---

229) 허경진, 『허균』, 평민사, 77~79쪽.

230) 같은 책, 79~82쪽.

231) 『조선왕조실록』, 선조 31년(1598) 10월 13일.

1599년 5월 25일에 황해도 도사가 되었다. 사관들은 이때 "행실도 수치도 없는 사람이다. 오직 문장의 재주가 있어 세상에 용납되었는데 식자들은 더불어 한 조정에 서는 것을 부끄러워하였다."고 하였다.[232)]

1599년 12월 19일의, 사헌부가 황해 도사 허균의 파직을 다음과 같이 청하였다.

> 사헌부가 아뢰기를, "황해 도사(黃海都事) 허균(許筠)은 경창(京娼)을 데리고 와서 살면서 따로 관아를 자기 집에 설치하였고, 또 중방(中房)이라는 무뢰배를 거느리고 왔는데 그가 첩과 함께 서로 안팎이 되어 거침없이 행동하면서 함부로 청탁을 하므로 많은 폐단을 끼치고 있습니다. 온 도내가 비웃고 경멸하니, 파직시키소서." 하니, 아뢴 대로 하라고 답하였다.[233)]

이처럼 한성부에 있던 그의 애첩인 기녀가 황해도 임지로 와서 그의 수발을 들었기에, 기생을 많이 너무 많이 데리고 간 일로 사헌부와 사간원에게 계속 탄핵을 받았다. 1600년 12월 22일의 〈예조에서 화재에도 불구하고 장례를 계획대로 마친 것을 아뢰다〉에서, 예조가 세자께 품달하여 지제교 허균은 "성품이 총명하고 문장에 능하였으나, 부형과 자제들의 몸가짐이 근실하지 못하므로 당시 사람들이 천히 여겨 버림을 받았다"고 하였다.[234)] 1607년 7월 19일의 내자시 정으로 삼았을 때는, 사관들은 허균이 "경박하여 자제하는 일이 없었다"고 하였다.[235)] 1609년 6월 14일의 조사의 청을 따라서 첨지중추부사로 삼았을 때는 "요사하고도 음란한데 단지 글재주가 있어서 진신의

232) 『조선왕조실록』, 선조 32년(1599) 5월 25일.

233) 『조선왕조실록』, 선조 32년(1599) 12월 19일.

234) 『조선왕조실록』, 선조 33년(1600) 12월 22일.

235) 『조선왕조실록』, 선조 40년(1607) 7월 19일.

반열에 끼었다."고 하였다.[236] 또, 1609년 9월 6일의 형조참의로 삼았을 때는 "문재가 있으나, 사특한 행실을 했다."고 하였다.[237]

(나) 허균의 스승인 영의정 류성룡과 서출 시인 이달

교산 허균은 서경덕의 문인으로서 학자 · 문장가로 이름이 높았던 동지중추부사 초당 허엽의 셋째 아들로 강릉에서 태어났으며, 한양의 건천동에서 살 때는 뒷날 영의정까지 오른 서애 류성룡의 가르침을 받았다.

허균은 한성부 남부에 위치한 건천동에서 성장하였다. 건천동은 오늘날 인현동 1가 40번지 부근이다. 이 지역으로 흐르는 개천에 비가 오지 않으면 물이 말라 도로로 사용되었기에 마을 이름을 건천동이라 하였는데, 이 동네에서 1545년 4월 28일에서 부친 이정과 모친 초계 변씨의 오남매 중 셋째 아들로 이순신은 태어났다. 그의 조부 이백록은 선비였으나 중종 때 기묘사화에 연루돼 참화를 입은 탓으로 부친은 평생 벼슬을 외면하고 평민으로 지냈다. 그러다 가세가 기울자 이순신은 어린 시절을 보낸 고향 건천동을 뒤로하고 외가인 아산 방화산 기슭 백암리로 이사를 갔다.

이순신이 어릴 적 같은 같은 건천동에서 살았던 서애 류성룡[238]은 연보에 따르면, 류성룡은 외가인 경상도 의성에서 태어나 열세 살 때 서울로 상경했다. 이순신과 류성룡의 나이가 세 살 차이므로, 두 사람이 건천동에서 살았을 시기는 이순신이 열 살 무렵이었다. 『조선왕조실록』에는, 선조가 류성룡에게 이순신이 어떤 사람이냐고 묻는 대목에서 류성룡은 "신의 집이 이순신과 같은 동네에 있기 때문에 그의 사람됨을 깊이 알고 있습니다" 라고 대답하였다고 기록하고 있다.

---

236) 『조선왕조실록』, 광해군 1년(1609) 6월 14일.

237) 『조선왕조실록』, 광해군 1년(1609) 9월 6일.

238) 〈류성룡 연보〉.

허균은 이웃에 살면서 류성룡에게 글을 배우고 이달에게 시를 배웠다고 한다. 그러므로 이순신이 가세가 기울어 아산으로 내려간 뒤 류성룡은 같은 마을에 사는 스물일곱 살 연하인 허균을 제자로 두었던 것으로 판단된다. 한편, 이 시기보다 앞선 시기에, 미암 유희춘이 같은 건천동에서 후학들을 가르치면서 허균의 부친 초당 허엽과 친했던 사이였기 때문에 교유가 이루어졌다. 이때의 상황은 기대승의 『고봉집』에서, '퇴계 선생이 우거하던 건천동 집에 분매를 두고 가다' 라는 시 구절이 있는 것을 보면, 이 동네는 그 시기를 전후하여 많은 인재들이 살았던 명소였다. 이런 증황은 허균이 자신의 문집에서 건천동 출신 인물들을 다수 언급하는 대목에서도 확인이 될 정도로 건천동은 역사적 의미를 지닌 공간이었다.

허균은 당쟁이 치열한 시대를 살아간 서애 류성룡과 율곡 이이에 대해서, "임금이 아껴서 서로 믿는 사람은 이이였고, 임금이 믿고 나랏일을 맡긴 사람은 류성룡이었다"고 했다. 곧 임금은 "신하의 말을 믿고 신하는 임금이 함부로 하지 않을 것을 믿어서 위민정치가 원활히 될 수 있게 한 사람이 이이였고. 나라의 일을 맡기면 자기 능력을 다하여 그 일을 책임 있게 처리함으로써 책임정치를 펼 수 있었던 사람이 류성룡이었다"고 했다. 그러나 황희나 허주와는 달리 이 두 사람은 소인들이 지껄대고 쪼아대서 그 능력을 제대로 발휘할 수 없었다고 평했다.

『선조수정실록』에는 1594년 4월 1일에 군정에 대한 영의정 유성룡의 상소문이 기록되어 있다.

> 영의정 유성룡이 차자를 올려 시무(時務)에 대해 진술하였다. 그 대략에, "'깊은 근심 속에서 성명(聖明)한 지혜가 열리고 많은 어려움 속에서 국가가 흥기된다.' 하였습니다. 대개 평화로운 시대에는 인심이 무사안일을 즐기고 세속의 선비들이 천박한 식견에 빠지며 또 편협한 의논이 명실을 어지럽히고

대체를 파괴하여 비록 선견지명이 있어도 늘 신용을 받지 못하고 시대를 구제할 계책이 있어도 항상 시행되지 못하다가, 결국 패멸(敗滅)당하고 난 뒤에야 인심이 두렵게 여겨 지난 일의 실수를 징계하지 않을 수 없게 되고 앞날을 위한 계책을 잘 도모하지 않을 수 없게 되어 천명(天命)이 다시 이어지고 국맥(國脈)이 다시 견고해지게 되는 것입니다. 옛날에 오래도록 지속된 나라의 경우에도 혹 중간에 쇠퇴해졌다가 다시 떨쳐서 천 년, 백 년 동안 안정을 유지하게 되었던 것입니다. 이런 관점에서 본다면, 깊은 근심과 많은 어려움이 있는 상황이야말로 어찌 나라를 일으키고 성명을 계발하는 밑받침이 되기에 부족하다 하겠습니까? 이는 곧 전하께서 얼마나 뜻을 더욱 가다듬느냐에 달려 있을 뿐입니다. 아, 요즘 국가가 당하는 화란은 우리 나라가 생긴 이래로 일찍이 없었던 일입니다. 이미 있지 않았던 화란을 당하였고 보면, 이를 구제하는 것도 평범하게 조치하여 소기의 성과를 기대할 수 없으리라고 하는 점은 분명합니다. 비유하건대 마치 고황(膏肓)에 걸린 병은 입에 맞는 부드럽고 순한 약으로는 다스릴 수 없고 반드시 대약(大藥)이나 신단(神丹)을 써서 장(腸)과 위(胃)에 쌓인 고질을 씻어버리고 원기를 길러 낸 뒤에야 비로소 회생할 수 있는 것과 같습니다. 오늘날의 형편이 어찌 이와 다르겠습니까?

국가가 당초에 왜적이 물러가고 서울이 수복되었을 때에 자강책(自强策)을 급히 세워 곡식을 저장하고 군사를 훈련시키며 전쟁의 피해를 수습하는 등 매일 매일 겨를없이 계획을 세우고 조치했더라면 이미 1년이 지난 지금쯤에는 필시 조금이나마 두서가 잡혀 이를 바탕으로 더욱 분발해서 중흥의 기반을 마련할 수 있었을 것입니다. 이 외에는 다른 계책이 없는데, 중외의 신하들은 장구한 생각을 깊이 가지고 짧은 시간도 아껴쓰면서 일을 도모해 보려고는 하지 않고 모두가 게으름을 부리고 시일만 낭비한 채 왜적 토벌은 전적으로 명나라 군사에게만 맡겨두고는 자기들이 당연히 해야 할 일을 전연 강구하지 않고 있습니다. 그리하여 군정(軍政)이 아직 개선되지 못하고 군량대책도 수립되지 못했으며 민심은 수습되지 않은 채 온갖 일들이 어지럽게 얽혀 전도되고 있는 상황이 마치 안개 속을 헤매는 것과 같은데, 어렵게 살아남은 백성들에게는 손톱만큼도 다시 힘이 남아 있지 않으니, 진실로 마음 아픈 일입니다.

오늘날의 급선무 역시 많은 말이 필요없습니다. 오직 백성을 편하게 하는 정사를 급히 실시하여, 사방 백성들로 하여금 그 소문을 듣고 재생할 희망을 가지게 해야 합니다. 그런 뒤에 또 임기응변의 조치를 취해 군량을 서울에 모아 놓고 그 식량으로 날래고 용감한 군사들을 모집하여 주야로 훈련시킴으로써 모두 절제 있는 군사를 만들어야 합니다. 그렇게 되면 외국의 침략도 방어할 수 있고 국내의 변란도 소멸시킬 수 있어 국가의 형세가 반석처럼 안정될 것입니다. (중략)

이에 신이 깊이 생각해 보고 온갖 방도를 헤아린 끝에 겨우 한 계책을 얻었습니다. 평상시 상번하는 기병(騎兵)의 수는 도합 2만 3천 7백여 명인데 각각 3명씩의 보인(保人)이 있으니 모두 9만여 명이 되며, 상번하는 보병(步兵)의 수는 1만 6천 2백여 명인데 각각 보인 1명씩이 있으니 모두 3만 2천여 명이 됩니다. 이들을 합치면 12만 2천 명이 되는데, 이것이 바로 평상시에 상번하는 기병과 보병 2색(色)의 군호(軍戶)와 봉족(奉足)의 숫자가 됩니다. 그리고 상번하는 갑사(甲士)의 수는 4천 6백 40명인데 각각 2명씩의 보인이 있으니 1만 3천 9백 20명이고, 상번하는 정로위의 수는 2천 1백 61명인데 각각 봉족 2명씩이 있으니 합치면 6천 4백여 명이며, 상번하는 별시위의 수는 1천 1백 19명인데, 역시 봉족 2명씩이 있으니 도합 3천 3백여 명입니다. 여기에는 타색(他色)의 군사는 포함되어 있지 않습니다. (중략)

서울에 사방의 날래고 용감한 군사를 모집해야 합니다. 이 일 역시 사족(士族)·서얼(庶孽), 공천(公賤), 사천(私賤), 유역(有役)·무역(無役)을 막론하고 다만 용맹스러운 힘이 있는 자 1만 명을 얻은 뒤 5영(營)에 분산시키고 영마다 2천 명씩 법에 의해 조련시켜야 합니다. 그렇게 되면 서울에 항상 1만 명의 정병(精兵)이 있게 되어 근본이 튼튼해질 것이니, 우리의 막강한 힘으로 가볍게 적을 제어할 수 있는 형세를 얻게 될 것입니다. 대개 1만 명의 병력에 소요되는 1년의 양식은 4만 4천 석인데, 가령 다시 수천여 석을 방출해서 날마다 1인당 3승(升)씩 주어 가족까지 보호하게 하더라도 부족하게 될 걱정은 없습니다. 그리고 나머지 수만 석은 특별히 군자(軍資)로 저축하여 군사를 먹일 수요로 하고, 호조의 경비와는 무관하게 한다면 3년 뒤에는 저축량이 몇 배나 되어 군량으로 이루 다 쓸 수 없을 정도가 될 것입니다. 진실로 식량이 넉넉하고 군사가 강하다면, 무엇을 한들 이루지 못할 것이며 어떤 적인들 염려할 것이 있겠습니까? 1만 명의 군사에 대해서도 두 번으로 나누어 영마다 5천 명만 상주하게 하고 나머지 5천 병력은 경기 지방의 비옥하고 한가히 비어 있는 땅에 옮겨 농기구 · 농우 · 종자 등을 대폭 구비해 준 다음, 마치 조조가 허하(許下)에 둔전하던 법처럼 나누어 둔전하며 농사를 짓게 해야 합니다. 그리하여 절반은 자기가 먹고 절반은 관에서 징수한다면 식량을 마련하는 길이 날로 넓어지고 군대에 응모하는 자들이 서로 잇따라 구름처럼 모여들 것입니다. (중략)

지금 백성은 이미 극도로 궁해지고 사세는 위급하여 도탄에 빠지고 거꾸로 매달린 듯한 고통은 말할 것도 없습니다. 신의 이 말이 실시된다면 나라에는 남은 저축이 있게 되고 백성은 남은 힘이 있게 되어 수년 뒤에는 기세가 촉진되어 하고자 하는 바가 어렵지 않게 이루어질 것입니다. 이밖에 자질구레한 절목(節目)은 그 단서가 매우 많으나 지금 일일이 열거하지 못합니다. 바라건대 성명께서는 회복할 수 있는 좋은 계책을 깊이 생각하시고 국가의 수치를 아직 갚지 못한 것을 원통하게 생각하시어 민심을 빨리 만회하여 영원히 국가의 맥이 존속되게 하는 근본을 삼으소서. 그리하여 하루하루 재물을 생산하고 군사를 훈련시킬 계책을 생각하여 허름한 옷과 거친 음식으로 생활하며 노심초사하시는 한편 여러 신하들을 독려하여 인순 고식의 습관을 한번 크게 변화시켜서 크게 일을 할 만한 의지를 진작시키소서. 그러면 일세의 유능하고 지혜있는 선비들이 모두 모여들어 국가를 위해 몸을 아끼지 않고 일을 맡아 수행할 것입니다." 하였는데, 차자를 비변사에 내려 모두 채택해 시행하도록 하였다. 그러나 진관(鎭管)의 법은 사람들이 모두 편리하게 여겼는데도 끝내 시행되지 않았고, 공물 진상을 쌀로 하는 것에 대해서도 상의 뜻이 모두 강구하고 싶어하지 않아 거행되지 못하고 파기되었다.[239)]

류성룡은 어떤 측면에서 보면 당색으로는 김성일과 같은 서인이었기 때문에, 김성일의 당파에 따른 편파적인 보고에 약간의 변명을 하는 기록도 있지만, 그는 대의로서 국가를 위하고, 백성을 위하는 마음에서 같은 서인의 김성일의 보고, 특히 사신을 통하여 교감을 부탁한 김성일의 편을 들지 않고, 자신의 소신대로 일본이 쳐들어 올 것으로 본다는 평가를 한 서장관 허성의 발언과 태도 등은「징비록」에서 다루지 않았다. 즉, 서인의 정사 황윤길은 일본이 많은 병선을 준비하고 있어 반드시 병화가 있을 것이며, 도요토미는 안광이 빛나고 담략이 있어 보인다고 보고하였다. 이에 반하여, 동인의 부사 김성일은 침입할 정형을 발견하지 못했으며, 도요토미는 사람됨이 서목이라 두려워할 것이 없다 하였다. 이 때 서장관 허성은 동인이었으나 정사와 의견을 같이했고, 김성일을 수행했던 황진도 분노를 참지 못하여 부사의 어리석음을 책망했다고 하였다. 이들 상반된 보고를 접한 조관들 사이에는 정사의 말이 옳다는 사람도 있었고, 부사의 말이 맞다는 사람들도 많았다. 그러나 동서의 정쟁이 격화된지라 사실 여하를 묻지 않고 자기 당파에 속한 사절을 비호하는 느낌마저 없지 않았다. 요행을 바라던 조정은 반신반의하면서도 결국은 김성일의 의견을 좇아 각 도에 명하여 성을 쌓는 등 방비를 서두르던 것마저 중지시켰다.

허균은 시의 경우는 서출이지만 당대의 최고의 실력을 보여주던 손곡인 이달로부터 누이 난설헌과 함께 직접 시를 배웠다. 손곡 이달은 당나라 전성

239)「선조수정실록」27년(1594) 4월 1일.

기의 시풍을 체득한 한시의 대가로 삼당시인이라 불리웠다.[240]

허균은 시 공부를 10세 전후부터 둘째 형 허봉의 친구로서 원주의 손곡리에 살고 있던 서자 시인인 손곡 이달에게서 배웠다.[241] 허균이 이달을 스승으로 만나게 된 것은 중형인 허봉의 권고에 의한 것이었다.[242] 그는 시를 배우기 전에 이달을 알게 된 경위에 대하여, 일찍 허봉과 사이가 좋았기에 어느날 이달이 허봉을 찾아왔을 때 교산도 그 자리에 있으면서 이달에게 인사를 하지 않았다. 허봉이 이 자리에 시인이 왔는데, 아우는 이름을 듣지 못했는가. 자네를 위해 그의 어재를 시험해 보이리라 하고 이달에게 운을 불러 시를 짓게 하였더니, 이달이 즉석에서 지은 시의 낙구[243]를 멋지게 지었다고 하였다.[244] 이런 계기로 허균은 이달을 스승으로 모시고 누이 허초희와 함께 한시 창작의 지도를 받았다.[245] 스승 이달은 시의 명성이 일세를 풍미했으나, 지방 관기의 몸에서 태어난 천출이었기 때문에, 허균은 서얼에 대해 더욱 관심을 가지게 되었다.

허균은 이달의 오언절구에 대해 조선 제일이라는 찬사까지 아끼지 않았으며 이달을 통하여 시의 묘체를 깨닫게 되었다. 그는 스승 이달과의 관계에서

---

240) 허균「손곡산인전」. 이달과 최경창의 교유는 이수광의「지봉유설」하 에서도 나온다.

241) 허균은 손곡 이달의 문집을 발간하면서 그 서문에 자신이 중형의 명령으로 그에게 시를 배워 어떻게 지어야 한다는 것을 알았다고 했다. 不佞少日以仲兄命 向詩於翁 賴識塗向. 蓀谷集序, 惺所覆瓿藁 卷5 文部 2.

242) 허균의「손곡집 서」,「허균전집」83쪽 참조. 백승종,「고소설『홍길동전』의 저작에 대한 재검토」,『진단학보』, 80집, 1995, 318~319쪽.

243) '小苑寒梅零落盡 春心移不杏花枝'.

244) 蓀谷李達少與荷谷相善 一日往訪焉 許筠適又來到 睥睨蓀谷 略無禮容 談詩白若 荷谷日 詩人在座 卯君曾不聞知耶請爲君試之 卽呼韻 達應口而賦一絕 其落句 (중략?)筠改容驚謝 遂結爲詩伴. 洪萬宗 小華詩評 上.

245) 당시 원주의 손곡리에 살았는데 그에게 시의 묘체를 깨닫게 해주었으며, 인생관과 문학관에도 많은 영향을 주었다.

자신의 내면의식을 성장시켜갔으며, 그로 인해 인생관과 문학관에도 많은 영향을 받게되었다. 그의 현실에 대한 비판적 인식이 신분제를 둘러싼 개혁적 인식으로 구체적인 방향을 잡았던 것도 이달을 비롯한 서얼들과의 교류가 큰 몫을 차지했다. 특히, 초기 허균의 눈에 비친 이달은 재주가 있으면서도 처지가 동정스러운 사람 정도의 개인적 연민의 대상이었으나, 이 시기에 사회적 질곡으로 버림받은 아까운 국가적 재원의 하나라는 사실을 발견해낸다. 이는 전후에 파괴된 사회를 복구할 새로운 이념과 담당 주체들로서의 서얼에 대한 새로운 인식과 발견이었다.

허균은 스승 이달의 전기 「손곡산인전」을 지으면서, 산인으로 이름을 붙였다. 주인공인 이달은 그의 어머니가 미천한 신분이라 세상에 쓰이지 못하는 강원도 원주 손곡에서 살았기 때문이라고 하였다. 그는 시재가 뛰어나 삼당시인의 한 사람이 되었고, 그의 시풍이 송시에서 당시로 들어가기까지는 오랜 기간 수련을 거쳤다. 이달의 성격은 매우 특이했다. 그는 예법에 얽매이지 않고 항상 도전적인 언행을 자행했기 때문에 그 당시 사람들 가운데는 그를 증오하거나 질투하는 자가 많았다. 그러나 워낙 시에 대한 재주가 뛰어나서 그의 불손한 행동을 감싸고도 남았다. 그는 전기 끝에 「손곡산인전」의 주제는 주인공의 불우한 일생을 통하여 당시의 모순된 사회에 대하여 간접적으로 비판한 것이라고 평했다. 작품의 의의는 적서차별에 의하여 능력은 있으나 관직에 나아갈 수 없었던 한 인간의 불우한 일생을 작품으로 형상화시켜 모순된 사회를 비판하였고, 불우한 한 시인의 특이한 일생을 그렸다고 했다.

또, 허균은 「교산 억기시」에서 자신과 손곡 이달과의 관계를 전하고 있다. "나는 젊었을 적부터 시를 좀 지을 줄 알았다. 손곡에게서 이백을 배웠고, 당나라 시 및 한유 · 소식의 글을 작은 형님에게서 배웠다. 그러다가 난리 속에서 비로소 두보를 익혔으니, 작은 재주에다가 부질없이 공력을 허비한 지도 벌써 십이 년이 지났다. 그 사이 얻은 글솜씨가 비록 옛사람의 경지에는 이르지 못했지만, 성정을 읊조리고 물상을 아로새김에 있어서 애쓰고 힘쓴 것이 또한 얕지가 않다. 그래서 문장으로 지어진 것 가운데에 어쩌다 글이 아름다워 볼 만한 것도 있다. 그러나 비유컨대 연석을 깊이 감추고 서박[246]을 남몰래 보물로 여기는 것 같으니, 끝내는 볼 줄 아는 사람들에 한낱 웃음거리도 못될 것이다."라고 하였다.[247]

또, 허균은「손곡집 서」에서 스승 이달을 다음과 같이 소개하였다.

"우리나라는 문운이 크게 빛나서, 시로써 이름난 학사 대부가 거의 수백명이 된다. 모두 스스로 이르기를, "사람마다 신령스런 뱀같은 보물을 잡았다"고 하였으니, 참으로 숲같이 무성하다.

간단히 헤아려보면,(중략) 같은 시대에 손곡옹이라는 사람이 있어 처음에 호음에게 두보와 소동파를 배웠는데, 그가 읊은 시가 이미 홍진하고 순숙하였다. 그러나 최경창 · 백광훈과 사귀면서 자신의 부족함을 깨닫고 진땀이 흘러, 그 배운 것을 모두 버리고 다시 배웠다. 그의 시는 본래 받들고 따르기는 이백에 근원을 두고 우승 왕유와 수주 유장경에 드나들어 기운은 따뜻하고 그 뜻과 취향은 빼어났으며, 빛은 곱고 말은 맑았다. 곱기는 진나라 문공이 남위를 얻고는 사흘 동안 정사를 보지 않더니, 그 뒤에 그를 밀쳐내면서, "후세에 반드시 여색 때문에 나라를 망하게 할 자가 있을 것이다" 하였다.『전국책』의「위책과 춘추시대 월나라 미녀 서시가 고운 옷을 입고 밝게 단장한 것 같고, 부드럽기는 봄볕이 온갖 풀에 내려 비치는 것 같았다. (중략)

옹은 신분이 미천해 많은 사람들이 귀하게 여기지 않았으므로, 지은 시 천여편이 모두 흩어지고 남은 게 없었다. 내가 소년시절부터 작은 형님의 명으로 옹에게 시를 배워 마침내 향할 길을 알게 되었다. 그가 죽게 되자 그가 남

246) 燕石, 鼠璞.

247) 허경진,『허균평전』, 돌베개, 2002.

겨 놓은 글이 없어져 전하지 않을 것을 안타깝게 여겨 평소에 개인적으로 기록한 것을 모으니 시가 200여 수 되어 판각하려고 하였다. 그러다가 상사 홍유형의 집에서 130수를 더 얻어 이재영군에게 합하여 종류별로 편집하게 했더니 6권이 되었다. 옹의 시는 우리나라 여러 이름난 시인들을 뛰어넘으니, 어찌 나의 하찮은 글이 있어야만 오래 전하겠는가? 비록 그렇지만 남겨진 시를 주워 모아 천년 뒤에 전하기를 바라는 것이 나의 마음이니, 부처님 머리를 더럽힌다는 꾸지람인들 어찌 피하겠는가. 위아래 수백년에 걸쳐 여러 노대가를 비평정하여 옹에게까지 이른 것은 분수에 넘쳐 이 시대 사람들을 놀라게 하리라는 것을 잘 알지만, 오래되면 논의가 정해질 것이다, 어찌 한 사람의 진정한 뜻을 알아주는 이가 없으랴. 마침내 이 글을 써서 머리말로 삼는다.

허균은 바른 의식을 가진 관리를 드러낸 애민시로 그의 마음을 보여준다.

아버님이 이 부를 맡던 때는 언제던고
이제 벌써 사십이라 다섯 해가 지나갔네
지난 일 묻자고 하여도 어느 사람이 있나
예 놀던 곳 찾으려도 자취는 이미 묵었는 것을
전해로던 오랜 유업은 이어가기 부끄럽지만
이 몸에 지닌 지조야 그 어찌 변하리.
다만 가훈을 따라 떨어짐이 없게 할 뿐
한나라 어진 관리의 서열에 참여키를 바라리오.

이 시는 예전에 부친이 맡았던 고을을 다시 맡게 된 아들 허균의 심정을 노래한 것이다. 그러므로 작자는 이 시를 통해 아버지의 남겨주신 직업을 받들어 부족함이 없이 하고자 하는 마음을 표현했다. 특히 이 시를 통해 작자는 한나라의 훌륭한 벼슬아치와 같은 훌륭한 목민관은 못된다 해도 지조를 지켜 바른 관리가 되겠다는 의지를 뚜렷이 드러내고 있다. 즉 '한나라 어진 관리의 서열에 참여키를 바라리오'라는 표현 속에는 한나라의 훌륭한 벼슬아치에는 미칠 수 없지만, 그들에 버금갈 만한 정사를 펴고자 하는 관리로서의 의지가 담겨있다. 이처럼 이 시는 목민관으로서 지조를 지켜 바른 정사를 펼칠 수 있는 훌륭한 벼슬아치가 되어야겠다는 작자의 정신적 지향을 뚜렷이 보여준다.

허균은 스승 이달을 단순한 시인으로서의 존경의 대상으로만 여기지 않았다. 그는 손곡으로부터 시와 시평론에 탁월한 능력을 발휘하게 되는 스승의 영향을 깊이 가슴 속에 새기면서 율곡과 그 제자 조헌 등이 서자에 대한 차별 대우를 반대하여, 서자들에게도 출사의 기회를 보장하라는 내용을 상소[248]를 했다는 사실을 주목하면서, 자신의 큰 스승인 이달이 서출이기 때문에 벼슬길에 나가지 못하고 제대로 대접을 받지 못하는 것을 소설 「홍길동전」을 창작하면서, 홍길동의 영웅적 활동에 이념적인 투사를 하였다.

(2) 허균이 겪은 과거시험 부정 사건과 함열 유배 때의 성찰

허균은 1610년 10월 19일에는 별시 문과 전시의 실시와 관련하여 대독관으로 임명되었다.[249] 그 4일 후인, 10월 24일에는 사간원이 변헌이 급제한 것과 조국필의 문제 등을 논하였는데,사간원이 아뢰기를, "행 사과[250] 허균은 사람됨이 들뜨고 망령스러운데다 몸가짐도 근실치 못한데 괴탄한 일을 저질러 일찍이 대간으로부터 논핵을 받았습니다. 그런데도 고칠 줄을 모르고 있

248) 이상백, 「서얼금고시말」, 『동방학지』, 1집, 1954, 159~329쪽. 이태진, 「서얼차대고-선초 첩자 한품서용제의 성립을 중심으로」, 『역사학보』, 27집, 1965, 65~104쪽.

249) 『조선왕조실록』, 광해군 2년(1610) 10월 19일.

250) 行 司果.

으니 지극히 형편없습니다. 파직을 명하소서." 하니 모두 아뢴 대로 하라고 답하였다.[251] 같은 해 11월 3일의 문과와 무과의 합격자를 발표하였는데 사정을 쓴 흔적이 보였다는 지적이 나왔다. 즉, 신광업 등 19인을 뽑았는데, 전시[252]의 시험관은 좌의정 이항복, 이조 판서 이정귀, 형조 판서 박승종, 호군 조탁 · 허균 이이첨 등이었다. 그런데 점수를 매겨 뽑을 때에 나라의 기강이 해이해지고 왕법이 행해지지 않는 상황에서 공적인 법도가 씻은 듯 없어지고 염치가 길에 떨어져 사람마다 거리낌없이 제멋대로 사정을 따른 결과, 박승종은 자기 아들 스스로의 흥대로 뽑고, 조탁은 자기 동생 조길을 뽑고, 허균은 형의 아들 허보와 형의 사위 박홍도를 뽑고, 이이첨은 사위의 아비 이창후와 이웃 친구 정준을 뽑았는데, 박자흥이 또한 그의 사위였다. 그래서 당시 사람들이 '아들 사위 동생 조카 사돈의 합격자 명단'[253]이라고 하였는데, 사위나 며느리의 어버이를 사돈이라고 한다.[254]

그 10일 후인, 11월 13일에는 〈이현영이 전시에서 허균이 사정을 썼다는 비난이 있음을 고하고 사직을 청하기를 다음과 같이 하였다.

> 지평 이현영이 아뢰기를, "형편없는 소신이 오래도록 언지(言地)를 차지하고 있으면서 조그마한 보탬도 드린 것이 없이 몇십 일 동안 번거롭게 소요를 일으킨 것이 그저 사피(辭避)하는 한 일에 지나지 않았으니 그 죄가 만번 죽어 마땅하나 죄를 지은 것이 이미 많은 만큼 이에 대해 우러러 성상에게 아뢰지 않을 수 없습니다. 이번에 전시(殿試) 대독관(對讀官) 허균(許筠)이 제멋대로 일을 처리하면서 사정(私情)을 썼다는 비난을 많이 받았는데, 이에 대해

251) 『조선왕조실록』, 광해군 2년(1610) 10월 24일.

252) 殿試.

253) 子壻弟姪查頓榜.

254) 『조선왕조실록』, 광해군 2년(1610) 11월 3일.

나라에서 말들이 자자하고 물정(物情)이 모두 분개하고 있기에, 신이 논하지 않을 수 없다는 뜻으로 완석(完席)에 통보했습니다. 그랬더니 동료들이 의논하기를 '이 일은 과거라는 중대한 일과 관련되어 있는만큼 충분히 상의해서 처리해야 마땅한데 뒷날 다시 의논해서 하더라도 무방할 듯하다.'고 하기에, 신 역시 그렇게 여기고 우선 놔두었습니다. 그런데 그때 자리를 같이 했던 동료들 모두가 이미 체차되었고, 신 역시 전후에 걸쳐 배척을 받아 분분하게 사피하느라 동료들과 다시 의논할 겨를을 갖지 못한 지 벌써 반달이 다 되어가고 있는데, 그 결과 공의(公議)를 행하지 못해 무기력하다는 비난만 앉아서 받고 있는 형편이 되었습니다. 그러던 중에 어제 사실에 입각해서 곧바로 배척하라는 분부를 삼가 받들고 보니, 신이 입을 다물고 말하지 않았던 죄를 이제 와서는 피할 길이 없게 되었습니다. 신의 직을 파척하도록 명하소서." 하니 사피하지 말라고 답하였다.[255)]

같은 날인 11월 13일에 장령 민유경도 허균에 대한 논핵이 늦어진 것으로 사직을 청하였다.[256)] 또, 3일 후인 11월 16일에는 사헌부에서 허균이 사정을 쓴 자취가 뚜렷함을 들어 사판에서 삭제 할 것을 다음과 같이 청하였다.

사헌부가 아뢰기를, "전 목사(牧使) 허균(許筠)은 본디 경망스럽고 아첨을 잘하는 사람인데 조그마한 재주가 있는 것을 무기로 삼아 일생동안 해 온 일이라곤 그저 은밀히 자기 사욕을 채우는 일밖에 없었습니다. 예전에 경외(京外)의 대소 과거에 시관(試官)이 되었을 때에도 대부분 사정(私情)을 따라 행했기 때문에 사람들의 천시를 받아 온 것이 오래되었습니다. 그런데 이번 전시(殿試) 때에 대독관(對讀官)이 되어서는 더욱 거리낌없이 자기 욕심을 채우

255) 『조선왕조실록』, 광해군 2년(1610) 11월 13일.

256) 『조선왕조실록』, 광해군 2년(1610) 11월 13일.

려고 노력하였는데, 거자(擧子)의 답안지를 거둘 때에는 일부러 멀리 떨어지지 않은 자리에 자리를 잡고 거두는 시험지를 하나하나 가만히 살폈으며, 또 차비관(差備官)이 있는 근처에서 숙박하면서 자표(字標)를 탐지해 누구누구가 지은 것인지를 모두 알아내고는 시험 답안지 5백여 장을 모두 자신이 읽어 보겠다고 청하였습니다. 그리고는 과거 시험 성적을 매길 때 자기 멋대로 손을 써서 어떤 것은 잘되고 어떤 것은 잘못되었다고 하면서 심사할 때마다 앞장 서서 의견을 제시하였으며, 자기가 뽑고 싶은 사람의 답안지가 불합격 대상에 이미 포함되어 있을 경우라도 멋대로 직접 뽑아내어 합격자 명단에 올렸으므로 동참했던 시관들이 둘러 앉아 서로 돌아보면서 모두 가증스럽게 여겼습니다. 그가 제멋대로 좌지우지하면서 사정을 쓴 자취가 뚜렷하여 숨길 수가 없는데 이에 대해 나라 안에 말들이 자자하고 물정(物情)이 날이 갈수록 더욱 분개하고 있으니, 사판(仕版)에서 삭제해 버리도록 명하소서." 하였다.[257)]

다음 날인 11월 17일에의 기록을 보면, 조정에서는 다음과 같이 이정험이 허균을 논핵하고 직무를 제대로 행하지 못한 점을 들어 사직을 청하였음을 확인할 수 있다.

집의 이정험이 아뢰었다. "전 목사 허균(許筠)은 사람됨이 약삭빠른데 조그만 재주가 있는 것을 무기로 삼아 일찍이 경외(京外)의 시관(試官)이 되었을 때 사정을 따르는 일을 멋대로 행했기 때문에 나랏사람들이 모두 그가 형편없다는 것을 알고 있습니다. 이번에 전시(殿試)를 거행할 때 허균이 대독관이 되었으므로 신은 이미 그가 필시 사정을 따르는 일을 많이 할 것이라고 짐작하였는데, 급기야 합격자를 발표하자 사람들의 말이 자자하게 나돌면서

---

257) 『조선왕조실록』 광해군 2년(1610) 11월 16일.

'아들 사위 동생 조카의 합격자 명단[子壻弟姪之榜]'이라고까지 일컬었습니다. 그래서 신이 늘 분개하여 말하기를 '허균이야 본래 형편없는 사람이지만, 동참한 시관들은 모두 명경(名卿) 거공(巨公)들로서 그들 또한 필시 미리부터 알고 있었을텐데, 어떻게 일개 대독관으로 하여금 임금의 위엄이 가까이 임해 있는 자리에서 멋대로 주무르며 사정을 쓰게 할 수 있단 말인가. 아니면 혹시 낙방한 응시생들이 사실과 다르게 지나친 말들을 퍼뜨려 그렇게 된 것은 아닌가?' 하였습니다.

그런데 어제 완석(完席)에서 동료들이 일제히 이 논을 꺼내었을 때, 신은 허균이 사정을 쓴 일 가운데 그동안 듣지 못했던 것들을 더욱 듣게 되었습니다. 이에 신이 동료들에게 말하기를 '만약 허균이 사정을 쓴 자취를 환히 알고 어떤 사람이 그 대상이 되어 합격되었다면, 예전부터 사정을 인하여 전시에 합격되었을 경우엔 삭과(削科)하는 규정이 있으니, 곧바로 허균이 사정을 따른 자취를 거론하여 허균의 죄를 바로잡고 그 응시자는 삭과해야 할 것이다. 그리고 동참한 시관들이 허균을 방자하게 굴도록 놔두어 자기 뜻대로 활개치게 만들었다면 이 또한 책임이 없지 않으니 시관들도 아울러 논하는 것이 어떨지 모르겠다. 그러나 만약 허균이 사정을 쓰는 대상에 들어 합격된 자가 누구인지 분명히 모른다면, 전시에서 삭과하는 것은 너무 중한 일이라서 하기 어려울 듯하고, 시관에게 누를 끼치는 것 또한 미안한 일이 될 듯하니, 그저 풍문이 자자하다는 설만을 거론하여 허균에 대해서만 논하는 것이 또한 어떨지 모르겠다.' 하였습니다. (중략)

어떤 이는 말하기를 '허균이 그곳에서 제멋대로 주무르는 일을 그지없이 했다 하더라도 그것은 대간이 사람을 논하는 일과 비슷한 점이 있다. 즉 완석(完席)에서 한 사람이 발언하여 어떤 사람을 논하고자 할 때에는 동료가 감히 이의를 제기하지 못하는데, 이번 일도 어찌 이 예와 다른 것이겠는가. 따라서 동참한 시관들은 별로 잘못한 것이 없다.' 하였습니다. 이에 신이 동료들과 상의한 결과, 단지 어제의 계사(啓辭) 가운데에서 논했던 바 각 항(項)별로 꼼꼼하게 챙겨 사정을 쓴 자취에만 의거하여 논계하였던 것인데, 삼가 성상의 비답을 받드니 '법부(法府)는 엄히 조사하여 처치하라.'고 분부하였습니다. 신이 전의 설을 견지하지 못한 채 애매모호하게 논계했으니 무기력하여 직무를 수행치 못한 죄가 큽니다. 신의 직을 파척하도록 명하소서."[258)]

또, 장령 민유경 등은 허균의 논죄를 애매하게 한 점을 들어 사직을 청하였다.[259)] 사간원이 허균을 정죄하기를 청하니 사정을 행한 거자도 함께 서계하라고 하였다. 그 다음 날인 11월 18일에는 경연에서 허균의 이로 동참한 시관과 승지도 파직시키기를 다음과 같이 청하였다.

왕이 경연에 나아가 채중지명(蔡仲之命)을 강하였다. (중략) 정립(鄭岦)이 아뢰기를, "허균(許筠)에 대한 일은 이미 계사(啓辭) 가운데에서 다 말씀드렸는데, 상께서 또한 나수(拿囚)하여 엄히 국문하라고 하셨으니, 율(律)대로 정죄(定罪)해야 본디 마땅할 것입니다. 과거야말로 국가의 막중한 일입니다. 그래서 허다한 시관(試官)을 가려 들여보내는 것인데, 이는 중론을 모아 인재를 뽑자는 취지에서 입니다. 그런데 이번에는 허균이 과거에 대한 일을 좌지우지하면서 5백여 장이나 되는 시험 답안지를 혼자서 모두 읽고 자기 생각대로 처리하였는데, 이 뿐만이 아니라 심지어는 낙방한 시험 답안지를 다시 뽑아내어 합격자로 올리기까지 하였습니다. 동참한 시관들의 임무가 도대체 어떤 일입니까. 그런데도 모두 허균에게 맡겨버려 그가 사정을 쓰도록 놔두었으니, 동참한 시관들에게 어찌 죄가 없겠습니까. 먼저 파직한 뒤에 추고토록 하소서. 그리고 동참한 승지도 파직을 명하소서." 하였다.

허균을 정죄하라는 일이다. 허균이 아무리 이처럼 좌지우지했다 하더라도

---

258) 『조선왕조실록』, 광해군 2년(1610) 11월 17일.

259) 『조선왕조실록』, 광해군 2년(1610) 11월 17일.

대제학 이하 동참한 승지들 모두가 제멋대로 하도록 내버려 둔 채 가만히 앉아서 바로잡지 않았으니, 그들도 파직을 명하소서. 또 허균이 전에 경외(京外)의 시관이 되었을 때에도 필시 사람들의 말을 초래했을텐데 이런 사람을 시관으로 추천한 정원 역시 잘못한 바가 없지 않으니, 색승지도 아울러 체차를 명하소서.(중략)" 하니 왕이 이르기를, "이미 유시했으니 윤허하지 않는다. 망통을 어찌 오래도록 계류시키기까지 하겠는가. 일이 많다 보니 혹 조금 지연되었을 뿐이다. 그리고 대간의 계사를 혹 한 밤중에 들이곤 하는데 허다한 계사를 상세히 살펴 처리하려다 보면 역시 조금 지연되는 결과를 면치 못하게 될 뿐이다." 하였다.[260]

또, 그 이틀 후인 11월 20일에는, 사간 정립이 언관의 자리에 있으면서 사사로운 감정을 쓴 일이 발생하여 나라에 말들이 자자하게 된 상황을 만났습니다. 그런데 당초 헌부가 허균의 죄상을 논열하면서 단지 사판[261]에서 삭제해버릴 것만을 청하였는데, 신의 어리석은 생각에는 '허균이 사정을 쓴 자취가 이렇듯 낭자하니 엄히 국문해서 처치하는 일이 있어야 마땅하지 보통의 사안으로 간주하여 그 죄만 매기고 그칠 일이 아니다. 그리고 동참했던 시험관들은 일개 허균이 좌지우지하는 대로 내맡겨 둔 채 그 폐단을 바로잡으려 하지 않았으니, 그들도 책임이 없지 않다.'고 여겨지기에, 신이 동료와 상의해서 그들도 함께 논계했던 것이었다"고 하였다.[262] 과거 합격자의 취소 문제로 사직을 청했으나 들어주지 않았다. 또, 그 이틀 후인 11월 22일의 〈정언 정호서와 김성발이 허균의 과거 문제를 거론하고 사직을 청하였다. 같은 날, 사간 정립도 허균의 논핵과 합격 취소에 따른 문제로 사직을 청하였다. 같은

260) 『조선왕조실록』, 광해군 2년(1610) 11월 18일.

261) 仕版.

262) 『조선왕조실록』, 광해군 2년(1610) 11월 20일.

날, 사헌부가 연계하여 허보의 합격 취소와 신종술의 가자를 개정할 것을 청하였다.[263] 또, 6일 후인 11월 28일에는 집의 유숙이 전원 합격 취소는 부당함을 논하고 자신의 직을 교체해 주기를 청하다〉에서 다음과 같이 서술하였다.

집의 유숙(柳潚)이 아뢰기를, "합격을 취소하는 것은 중대한 일이니, 반드시 조금이라도 미진한 점이 없게 된 뒤에야 논한 자도 체면을 세울 수 있게 될 것이고 처분을 받는 자도 그 죄를 승복하게 될 것입니다. 이번에 허균(許筠)이 사정(私情)을 행한 일과 관련하여 합격 취소를 논한 것이 무려 5명이나 되었습니다. 허보(許寶)는 아무것도 알지 못하는 유치한 자로서 불합격 판정을 받았는데도 허균이 다시 뽑아 올린 그간의 정상이 숨길 수 없이 명백하고, 변헌(卞獻)은 정처없이 떠도는 일개 천한 승려로서 이미 19명에게 치욕을 안겨 주었으니 아무리 그에게 사정(私情)을 따라 행한 일이 없다 하더라도 합격을 취소시켜야 할 것입니다. 더구나 허균이 가까이 지내는 친구들에 대해 그들의 글자 표식을 알아낸 뒤 저처럼 아무 거리낌없이 공공연히 발탁하여 합격시켰고 보면, 사람들이 마음속으로 한결같이 분개하는 것이야말로 형세상 당연하다 할 것입니다. 그래서 당초 대론(臺論)이 발동되었을 때에는 이 다섯 사람들만 대상으로 삼았던 것이었습니다.

그런데 그 뒤에 허보를 어떻게 해서든 비호해 주려는 논이 크게 행해지면서 그 부류들 다수가 요행히 모면할 여지를 마련하려고 다섯 사람 외에 또 몇 사람을 첨가해 들였습니다. 그러나 박홍도(朴弘道)는 허균의 질녀의 남편이라서 사람들의 말을 면하지 못하고는 있지만 뚜렷하게 증거할 만한 자취가 별로 드러나지 않은 상황입니다. 그리고 조길(曺佶)과 박자흥(朴自興)의 경우, 비방을 분산시킬 목적으로 그들을 함께 합격시켰다는 주장을 펴고 있습니다만 이는 더욱 근거가 없는 것입니다. 그런데도 그만 민간에 나도는 우스

263) 『조선왕조실록』, 광해군 2년(1610) 11월 22일.

갯소리를 턱없이 파급시켜 전하의 귀에까지 들어가게 하였으니, 자취를 혼동케 하고 진실을 어지럽히려는 그 계책이 어떠한 것이었는지를 여기에서 알 수 있습니다. 합격을 취소시킬 만한 죄를 집어내지 못한 채 범범하게 논열하면서 차례차례 모조리 합격을 취소해 버린다면, 합격을 취소당한 자들의 입장에서 볼 때 억울한 감정을 갖지 않고 자기들의 죄를 승복하겠습니까. 계속 이런 식이 된다면 필경 이번의 과거 시험에서 한 사람의 합격자도 내지 못하는 결과가 되어버리고 말 것인데, 신은 이것이 체례(體例)에 맞는 일인지 이해가 되지 않습니다. 그리고 더구나 동참한 시관들마저 논열하는 대상에 포함시키고 있는데, 홍서봉(洪瑞鳳)은 바로 신의 이성(異姓) 사촌 동생이니, 그 논에 따라 참여할 수는 결코 없는 일입니다. 신의 직을 체척하도록 명하소서." 하니 그대의 주장이 옳으니 사직하지 말고 직무에 충실하라고 답하였다.[264)]

허균은 자신이 문제의 중심에 놓였던 아픈 경험이 있는 과거시험 사건이 성찰적인 자세에서 「홍길동전」을 창작하는 데 한 요인이 되었을 것이다. 그는 임진왜란 중에 서얼과 서천공천의 과거 기회 제공이 진언 등을 고려하여, 자신을 포함한 여러 가지 정부 정책들 중의 하나인 서얼 차대 문제, 동서당파 사이의 치열한 갈등과 개인적으로 인심으로 치우치는 인간의 욕망 등을 이겨내는 성리도심의 인물을 원천 모델인 홍상직의 아들 홍길동 위에 자신을 위시한 여러 역사 인물들의 갈등과 좌절담을 홍길동의 영웅적이고 패배없는 삶으로 전환시키는 데에는 1612년 1월에 사명대사의 문집에 서문을 짓게 된 것도 한 동인이 되었다. 허균은 그해 8월 9일에는 형제 4남매 중에서 마지막으로 조정의 후원자였던 큰형 악록 허성과 사별을 하였다. 허균은 1612년 8월 9일에 둘째 형인 지중추부사 허성이 갑작스럽게 세상을 떠난 것

264) 『조선왕조실록』, 광해군 2년(1610) 11월 28일.

에 큰 충격을 받았다. 에 대한 『조선왕조실록』의 졸기는 다음과 같다.

> 지중추부사 허성(許筬)이 졸하였다. 전교하기를, "허성은 훈명(勳名)도 받지 못하고 갑자기 죽었다. 관에서 갖추어 줄 장사 물품을 법전에 의거해서 시행하라." 하였다. 허성은 허엽(許曄)의 아들이다. 그의 배다른 동생인 허봉(許篈)·허균(許筠)과 더불어 모두 이름이 났었는데, 허성은 이학(理學)으로 자칭하였다. 그러나 성질이 고집스럽고 꽉 막혔으며, 당론을 좋아하여 자기와 의견이 다른 자를 공격하였는데, 늙어서는 더욱 심하였다. 이때에 이르러 임해군을 고발하여 원훈이 되어 다시 임금의 은총을 받다가 얼마 뒤에 죽었다. 반정 후 관작을 삭탈당하였다.[265]

또, 둘째 형인 허성과 친하게 지내던 사명당 또한 열반하여 세상을 떠났다. 이런 여러 복합적인 요인들을 이면적인 서사로 삼으면서, 창작의 생각지도에 따라 표면서사에서는 세종 시대의 역사 인물을 내세워 「홍길동전」에서 홍길동을 과거 급제 없이 자원 병조판서가 되고, 끝내는 중국에서 다시 한번 더 제3국으로 진출하여 왕위에 오르는 한국문학 유일한 국제적인 조선 출신 왕이 되는 야성미 넘치는 서사를 창작하게 된 것으로 판단된다.

(3) 떠나간 가족들에 대한 추모와 내우외환의 이념적인 극복

허균의 삶에 가족들이 충격을 준 사건으로는 첫째 1589년 27세의 누이 난설헌의 죽음을 들 수 있다. 난설헌은 이달에게 시와 학문을 배워 천재적인 시재를 발휘하였다. 1577년 김성립과 결혼했으나 결혼 생활은 원만하지 못했다고 한다. 자신의 불행한 처지를 시작으로, 애상적 시풍의 특유의 시 세

---

265) 『조선왕조실록』, 광해군 4년(1612) 8월 9일.

계를 이룩하였다. 300여 수의 시와 기타 산문, 수필 등을 남겼으며 213수 정도가 현재 전한다. 서예와 그림에도 능했다. 남편 김성립과 시댁과의 불화와 자녀의 죽음과 유산 등 연이은 불행을 겪으면서도 많은 작품을 남겼다. 1608년에 허균은 난설헌의 문집을 명나라에서 출간함으로써 그녀의 명성이 점차 널리 알려졌다. 사후 남편 김성립이 증 이조참판에 추증되면서 그 역시 정부인이 되었다.

난설헌은 남편 김성립과 친구들이 서당에서 공부하고 있었다. 이때 친구 중 누군가가 난설헌에게 김성립이 기생집에서 술을 먹고 있다고 난설헌에게 전했다. 이에 난설헌은 안주와 술을 보내면서 시를 한 구절 써보냈다. "낭군자시무심자, 동접하인종반간[266)]" 이는 '낭군께선 이렇듯 다른 마음 없으신데, 같이 공부하는 이는 어찌된 사람이길레 이간질을 시키는가.'라고 했다. 편지를 본 김성립의 친구들은 그녀의 글재주에 탄복했다 한다.

난설헌에게는 남편의 적절치 못한 행동 외에도 시어머니와의 계속된 갈등 역시 그녀를 괴롭혔다. 고부간에 불화로 시어머니의 학대와 질시 속에 살았으며, 1580년 부친 허엽이 객사한 이후 아들과 딸을 연이어 병으로 잃었다.

난설헌은 불행한 자신의 처지를 달래는 한시에서 섬세한 필치를 보여주었다.

그러나 난설헌의 불행은 계속되어 곧 임신 중이던 뱃속의 아이까지 사산하였으며 남편 김성립은 계속 밖으로 겉돌았다. 얼마 후 모친 김씨 역시 객사하였고, 동생 허균은 유배를 가고 말았다. 이런 잇달은 가정의 참화로, 그의 시 200여 수 중에는 속세를 떠나고 싶은 신선시가 120여 수나 되었다. 1589년 초 그녀의 나이 27세에 아무런 병도 없었는데 어느 날 갑자기 몸을 씻고 옷을 갈아입고서 집안 사람들에게 유언과 비슷한 시를 남기고, 1589년

---

266) 郎君自是無心者, 同接何人縱半間.

3월 19일에 한성 자택에서 세상을 떠났다. 허균은 누나 난설헌을 그리워하며 추모하는 시에서 첫 구에서는 "옥이 깨지고 별이 떨어지니 그대의 한 평생 불행하였다. 하늘이 줄 때에는 재색을 넘치게 하였으면서도. 어찌 그토록 가혹하게 벌주고, 속히 빼앗아 가는가?"라 하였고, 마지막 구에서는 '하늘로 돌아가 편히 쉬기를. 뜬 세상 한순간 왔던 것이 슬프기만 하다. 홀연히 왔다가 바람처럼 떠나가니, 한 세월 오랫동안 머물지 못했구나'라 하였다, 난설헌이 세상을 떠난 후일에, 난설헌의 남편 김성립이 임진왜란 때 전사하였고, 사후에 증 가선대부 이조참판에 추증되면서 난설헌도 증 정부인으로 추증되었다.[267)]

허균의 삶에 있어서 1612년에 세상을 떠난 큰 형인 허성의 가장 큰 아픔이었다. 허성은 임진왜란 직전인 1589년 11월 18일에 도요토미 히데요시가 일본의 동태를 살피기 위해 통신사를 보내려고 정탁을 사은사로 차출하고, 황윤길을 정사, 김성일을 부사로 정할 때에 서장관으로 차출되었다. 통신사 일행은 그는 1590년 3월 6일 대마도로 출발하였다.

허성은 "왜적들이 쳐들어오지 않는다고 보장하기 어렵다"고 조정에서 말했지만, 동인이자 일본통신사 부사 김성일은 "그러한 정상은 발견하지 못하였는데 황윤길이 장황하게 아뢰어 인심이 동요되게 하니 사의에 매우 어긋납니다."라고 주장해서 일본의 침략 여부를 두고 동인과 서인의 대립이 시작되었다. 허성은 임진왜란이 일어나자 평안도로 피난가는 선조를 따라 간 후 선조에게 군사를 모집하여 왜적과 싸우겠다고 자청했다. 그러나 허성이 강원도의 소모관으로 나간 지 여러 달이 지났는데도 한 일이 없고 비용만 허비하며 장계도 없다는 비판을 받고 복귀하여 홍문관 교리가 되었다.

허성은 선조 사후에는 1608년 2월 선조가 죽기 전 가장 신임했던 중신 7명인 '유교 7신'에 포함되었다. 즉, 선조가 운명하기 직전 다른 6명의 신하들 류

---

267) 허경진, 『허균평전』, 돌베개, 2002.

영경, 한응인, 신흠, 박동량, 서성, 한준겸과 함께 선조의 마지막 말씀인 "죽고 사는 것은 천명이 있는 법이므로 성인도 모면하지 못하는 것이다. 다만 영창대군이 아직 나이가 어려서 미처 장성하는 것을 보지 못하고 죽는 것이 한스럽다. 바라건대, 제공은 영창대군을 사랑하고 붙잡아 달라. 감히 이로써 부탁한다." 말을 들었던 신하였다.

1609년 임해군 옥사 사건 당시 국문한 위관과 그 옥사를 고변한 사람 등 48명인 허성, 김이원, 류희분, 최유원, 윤효전 익사공신 1등으로 녹훈되었다. 1610년 돈녕부 지사로 일할 때 광해군이 생모 공빈 김씨를 추숭하려고 했는데, 허성은 『예경』을 근거로 삼아 광해군의 추숭을 강력하게 반대하였다. 허균의 『성수부부고』에 의하면 1611년 허성의 맏아들 허실이 허균에게 음식을 보내자, 허균은 "자네는 내가 양식 떨어질까 근심하는데, 나도 역시 자네가 위험을 무릅쓰고 무턱대고 행동하는 것을 걱정하네. 내가 자네를 근심하는 것은 자네가 내 걱정을 하는 것보다는 더할 터이니, 행동을 삼가서 다시는 어버이에게 걱정을 끼치지 않도록 하게나."라고 편지를 보낸 기록이 있다.

허성은 1612년 대간에서 탄핵을 받아서 관작을 삭탈당하고 문외로 출송되었다. 이후 허성은 한성부 4대문 안에 들어가지 못하고 서울 근교 선영이 위치한 광주부에서 은거하면서 조정에 상소를 올리는 등 여전히 왕성하게 활동하다가 1612년 음력 8월 6일 임시 거처에서 세상을 떠났다.

그의 소식이 조정에서 전해지자 광해군은 "허성은 훈명도 받지 못하고 갑자기 죽었다. 관에서 갖추어 줄 장사 물품을 법전에 의거해서 시행하라." 라고 하였다. 그리고 "허성은 당론을 좋아하여 자기와 의견이 다른 자를 공격하였는데, 늙어서는 더욱 심하였다. 그러나 다시 임금의 은총을 받다가 얼마 뒤에 죽었다"고 하였다. 그의 졸기에는 "허성이 죽은 이후 1613년 계축옥사로 영창대군이 죽었을 때 허성이 영창대군을 보호하는 역할을 맡은 '유교 7신'이라는 사실이 밝혀지자 광해군이 분노해서 유교 7신에 속한 인물들을 삭탈관직하고 문외출송했지만 이미 허성은 죽었기 때문에 처벌받지 않았다.[268]고 하였다. 그러나 허성의 묘갈명에서는 '허성은 천성이 충후하고 모습이 방정하며 행동이 예의 발랐다. 학문은 육경의 원리에 정통하였다. 일을 할 때에는 자신이 옳다고 판단되면 비록 천만 사람이 반대하더라도 움직이지 않았다."고 하였다. 이는 그의 붕당인 동인 내에서 비교적 온건파로 활동한 것은 성품 평가에 반영된 것으로, 그는 동인이 남인과 북인으로 갈라진 이후 온건파 동인이 있는 남인의 대표적인 인물로 활동했다.

『광해군일기』에서 "성질이 고집스럽고 앞뒤가 막혔으며, 당론을 고집하여 자기와 의견이 다른 자를 공격하였는데, 늙을수록 더욱 심하였다."고 서술하였지만, 이것은 동인에 속한 그와 반대파 서인의 사관이 기록한 것이다.

허성은 1610년 광해군의 생모 추숭을 반대하였기 때문에 한성부에서 쫓겨나서 경기도 광주부에서 은거하다 1612년 갑자기 세상을 떠났다. 이렇게 큰 형이 세상을 떠난 것은 허엽의 5남매 중에서 홀로 남은 허균에게는 엄청난 충격이었다. 게다가 작은 형과 가까지 지냈던 사명당 마저 1612년에 사명당이 열반에 들러 자신의 곁을 영영 떠난 것은 허균으로서는 감당하기 어려웠음이 분명하다. 이런 처지에서 허균은 현실의 이러한 갈등이 없는 세상 이야기를 100년 전의 역사 인물 홍길동과 그 이후 100년의 현실 정치사와 사회사에서 일어난 일들을 성리 이념으로 융합해내어 소설 속의 홍길동을 창조해내고자 생각하고, 그 생각의 결실로 나타난 것이 「홍길동전」이 되었다.

---

268) 이때 살아있던 '유교 7신' 신흠이 앙심을 품고 인조반정을 계획하게 되었지만, 인조반정 이후 임해군 옥사에 참여해 임해군을 공격해 공신이 되었다는 이유로 관작이 삭탈되었다.

3-2. 류성룡의 제자 허균이 「혁신 징비록」으로 창작한 성리 소설

(1) 성리소설의 원류가 된 김우옹의 「천군전」과 임제의 「수성지」

16세기에 들어와서 성리소설의 원형이라 할 수 있는 조식의 성리학을 도해로 표시한 「신명사도」를 소설화한 김우옹의 「천군전」과 임제의 「수성지」 등이 창작되었다. 이는 선행 가전체가 단편 한문서사가 중국에는 없지만 조선 성리학의 기반 위에 창작된 한문 심성소설이 우의적이고 교훈적 심성가전의 작품들로 조선서사 문학사에 등장하게 된 사실을 보여준다.

이런 조선의 특징을 보여주는 심성서사에는 성리학자 남명 조식의 「신명사도」[269)]가 또다른 기여를 하게 되었다. 조식은 제자 김우옹에게 성리학 원론을 그림으로 요약한 「신명사도」를 발전시킨 심성소설 창작을 권하였고, 김우옹은 스승의 뜻을 따라 심성소설 「천군전」[270)]을 창작하게 되었다.

성리학자들은 자신의 마음을 다스리는 공부를 가장 중요하게 여겼다. 태어날 때 하늘로부터 받은 때묻지 않은 마음을 평생 간직하고자 한시라도 마음 다스리는 공부를 게을리하지 않았다. 하늘로부터 받은 깨끗한 마음을 혹시 더럽히지 않았나 싶어 항상 자신의 행동을 되돌아보며 자기성찰을 하였다. 남명 조식은 경과 의를 말로 다 표현할 수 없을 만큼 중요하게 여겨, 그림으로까지 그려 나타낸 것이 바로 「신명사도」이다. 「신명사도」는 마음의 안과 밖을 잘 다스려 지극한 선의 경지에 도달하는 것을 남명이 그림으로 나타낸 것이다. 마음의 안과 밖을 잘 다스리기 위해선 경과 의로써 해야 하며, 그

269) 「神明舍圖」.

270) 「天君傳」.

렇게 되었을 때 지극히 도덕적으로 높은 경지에 도달할 수 있다는 것이다. 신명은 사람의 마음이고 사는 집을 뜻한다. 곧 신명사는 사람의 마음이 머무는 집이다. 그러니까 신명사도는 사람의 마음이 머무는 집을 그린 그림이다. 신명사도에서 성곽처럼 둘러쳐진 안쪽이 사람의 마음이고, 바깥 쪽은 마음 바깥을 의미하는 것으로, 인간의 신체적 외부로부터 일어나는 모든 일들을 나타낸다고 할 수 있다. 그는 눈에 보이지 않는 마음의 적과 싸워 이기기 위해서는, 마치 옛날 초나라 항우가 밥을 해먹던 솥도 깨부수고, 주둔하던 막사도 불사르고, 타고 왔던 배도 불사른 뒤 사흘 먹을 식량만 가지고 사졸들에게 죽지 않고는 결코 돌아오지 않으리라는 의지를 보여준 것처럼 사생결단을 해야 한다고 생각했다.

김우옹의 「천군전」은 남명학의 정수를 가장 잘 보여주는 작품으로 「신명사도」의 이치를 이야기로 풀이한 것으로, 하늘로부터 받은 본성을 경건히 지켜서 참된 인간으로 살고자 했던 그의 올곧은 정신이 잘 드러나 있다. 주희는 "명은 명령한다는 말이고, 성은 바로 리이다. 하늘이 음양과 오행으로 만물을 만들어낼 때에 기로 형체를 이루고 리를 형체에 부여하니, 이것은 바로 명령한다는 것과 같다. 이로서 사람과 물건이 생겨나게 되는데, 각각 부여받은 리로 인하여 건순과 오상의 덕 내지 속성이 되니, 이것이 이른 바 성"이라고 하였다.

마음을 상징하는 천군이 다스리는 나라는 그의 신하인 인의예지 · 희로애락 · 시청언동 등이 제각기 맡은 바 임무를 잘 수행하여 태평성대를 누리고 있었다. 그러나 전고의 충신 · 의사로서 무고하게 죽음을 당한 이들이 근심을 상징하는 수성[271]을 쌓게 된다. 성 중에 조고대와 충의문 · 장렬문 · 무고문 · 별리문[272] 등의 네 문을 설치하였다. 항상 불안과 수심에 싸여 살게 되

271) 愁城.

272) 弔古臺, 無辜門, 別離門.

자, 그 세력이 천군에까지 미치게 된다. 중대한 위기에 처한 천군에게 주인옹은 수성을 뿌리째 없애 버릴 수 있는 방책을 제안하면서 국양을 추천한다. 돈을 상징하는 공방이 술을 상징하는 국장군[273]을 영접하여 수성을 치도록 했다. 국장군은 모영[274]을 불러 천군의 명을 받고 신풍의 군사를 거느리고 수성을 쳐서 마침내 항복을 받았다. 그래서 온 성안은 화기가 돌고, 근심 기운은 일소되었다. 그래서 천군의 나라는 다시 평온을 되찾았다.

이 작품은 단순한 현실도피에 그치는 것이라기보다는 현실풍자의 수법으로 현실에 대한 불만과 울분을 토로하였다. 등장하는 주요 인물들은 주인공 천군을 중심으로 제각기 의인화되어 있는데, 마음의 의인으로 천군이 있다. 마음이 만물의 주인이라는 뜻으로 의인화된 주인옹, 무극의 의인인 도심을 상징하는 무극옹[275] 등이 천군을 보필하는 충신형의 인물로 설정되고 있다. 술의 의인인 국양은 일명 국장군이라 한다. 천군이 수심으로 에워싸였을 때에 수성을 깨뜨리는 인물로 가장 적극적인 충신형이다. 그 밖에 간신형의 인물로는 수성을 쌓은 사람들로서 굴원과 송옥 등이 있다. 「수성지」의 사건전개는 충신형과 간신형 인물 사이의 대립 · 갈등의 관계로 구성되어 있다. 천군을 수심에 빠뜨린 상황은 당시의 문란한 사회상의 반영이다. 이 작품에서는 천군의 위기가 극복되고 해소되는 점에서 국장군이 등장하는 단계는 술이 수심을 몰아내는 데 중요한 구실을 한다는 작자의 의식을 강하게 드러내고 있다. 천군이 원혼들의 호소를 풀어주지 못하고 무능하게 세월만 보내는 장면은 바로 작자 당대의 정치적 상황을 비유적으로 표현하였다.

「수성지」는 선행 작품을 복합 소재 내지 영향의 원천으로 보이는데, 전반부는 종래의 「천군전」 등에서 영향받은 것이나, 후반부에 수성을 격파하고

273) 麴將軍.

274) 毛穎.

275) 無極翁.

국양장군이 활약하는 상황을 보여준다.

허균의 「홍길동전」에는 선행하였던 김우옹의 심성소설 「천군전」과 임제의 「수성지」의 전통을 계승하면서도, 다른 한편으로는 일반적인 영웅소설의 형식을 표면서사로 한 성리소설의 특성이 있다. 허균은 「홍길동전」을 창작하면서 표면서사와 대응하는 이면서사에 당대의 정치적 사회적 현안 중에 하나인 서얼과 공천 사천의 과거시험 응시 문제게 대한 제한, 그리고 과거 시험을 둘러싼 부정 문제 등고, 사화 옥사를 비롯한 내우외환의 문제를 녹여내는 이중서사와 천상계와 지상계를 연계시키는 현실 사건의 전개의 장이 되는 시간과 공간을 배경으로 한 표면서사의 기본구조를 영웅담을 중심으로 설정하였다. 표면서사에서는 영웅적인 주인공 홍길동이 이념적인 세계를 드러내는 서사로서 행복한 결말로 마감되지만, 이런 표면서사의 소재 내지 모델이 된 인물들은 성리학의 이의 세계를 지향하다가 좌절되고 시련을 겪게 되는 역사 소재나 인물의 삶이다. 표면서사에 대응하는 이면서사에서 소재가 된 사건은 내우외환으로 당하는 수난과 시련이고, 억울함과 한이 된 역사의 실제 상황들이다. 작품을 창작하는 작가들의 자화상과 같은 내용들이 중심을 이루고, 그런 사건과 인물들의 삶이 때로는 단순 역사소재나 인물로, 때로는 시간과 공간을 넘나드는 개인과 사건들이 분리 추출 융합의 과정을 거쳐 사건과 인물의 전환을 이루며 표면서사와 이면서사에 내장된다. 그 결과 중국과 조선, 조선에서도 여러 시대, 여러 사건, 여러 인물, 또는 여러 가문과 당파들의 소재와 인물들이 이면서사의 소재나 인물들로 존재하고 있는가를 파악하고 이해하는 것이 「홍길동전」의 총체적 의미망을 인식하는 데 중요한 접근 방법이 된다. 물론, 표면서사만으로 통속적인 소설 작품의 독서를 해도, 작품의 의미를 일정 수준 흥미롭게 느낄 수는 있다. 그러나 작가 허균이 「홍길동전」에 담아내고자 한 '성리소설'로서의 근본주제를 인식하는 데에까지 나아가기 위해서는 작가의 머릿속에 존재하는 창작지도에 따른 여러 소재들, 특히 인물 소재들이 역사 현실에서 「홍길동전」이라는 현실과 허구의 융합형 서사로 소위 팩션형 소설이 창작되었다.

(2) 서얼을 제한한 과거제도 비판을 얼출의 율도왕 등극담으로 제시

야족당 어숙권[276]은 서얼을 제한하는 과거제도에 대한 비판을 사대교린과 일상생활에 필요한 여러 가지 사항을 모아 엮은『고사촬요』에서는 다음과 같이 서술하고 있다.

> "서류 자손은 과거를 보아 벼슬에 나아가지 못하게 함은 본래 우리나라에 있었던 법은 아니다. 경제대전(經濟大全)에 의하면 永樂 13年 右代言 서선 등이 서얼 자손은 顯職을 叙하지 말아서 적서의 구분을 해야 한다고 말했다. 이로 보면 永樂 13년 이전에는 顯職 또는 叙했으며 그 이후에는 단지 과거의 正班일 뿐이다. 大典을 찬술한 이후부터는 더욱 금한 것이 이제까지 백년이 되었다. 하늘 아래, 중국 밖에 땅을 갖고 나라로 처하는 곳이 어찌 백여 개일 뿐인가마는 금고법이 있음을 듣지 못했다. 하물며 향리 水軍 같은 자도 오히려 과거를 본다. 그 내외 세계를 말하면 처음에는 근거할 본간이 없었고 혹 유민에게 시집가기도 하고 혹 도망간 사람끼리 모이니, 그들이 양민, 천민인 줄

---

276) 시평 · 시론에 뛰어났으며, 이두와 중국어에 능하여 중종 때에 이문학관이 되었다. 편서에《고사촬요》,《패관잡기》가 있다.어숙권은 좌의정 어세겸의 손자요, 감찰 어맹렴의 아들이다. 그는 서얼 출신으로 중국어에 뛰어나 외교에 이바지했으며 시를 평론하는 데에 일가를 이루었다. 1525년인 중종 20년에 남곤의 요청으로 설치된 이문학관에 참여해 최세진에게 수업했다. 중종 28년인 1533년에 하절사를 따라 중국에 다녀왔다. 1536년에는 원영사 소세양을 따라 함경도 의주에 머물며 시를 논했다. 1537년에 이문학관으로서 중국의 사신을 수행했다. 1541년에 하절사를 따라 다시 중국에 다녀왔다. 시를 평론하는 데에 일가를 이루어 한때 율곡 이이를 가르치기도 하였였다. 그러나 출신이 미천해 끝내 높은 관직에 이르지 못하였다.

을 어떻게 능히 분별할 수 있겠는가. 鄕大夫의 자손으로 단지 外家만 말하고 대대로 금고하여 비록 출중하고 기용될 만한 才器가 있어도 끝내는 지하에서 머리를 숙이고 죽어 향리 수군만도 못하니, 가엾도다."[277]

한편으로는 진사 김사악이 서얼에게 벼슬길을 열어줄 것에 대해 상소도 올라왔다. 이 상소에서는 다음과 같이 호소하였다.

"한재가 절박함이 오늘날과 같이 심한 때가 없었고 곡식이 내리는 이변은 바로 말세의 재앙입니다. 하늘이 견책을 보이는 것은 반드시 재앙을 부를 만한 원인이 있어서입니다. 더구나 천택이 마르고 양맥(兩麥)이 다 타들어가 농사를 지어도 곡식 싹이 뿌리 내리지 못하니 어찌 가을걷이를 바랄 수 있겠으며, 백성들이 떠돌며 굶주리는 자가 줄을 이었으니 어찌 이루 탄식할 수 있겠습니까. 어리석은 신이 논해 보겠습니다. 동한(東漢)의 멸망은 당고(黨錮) 때문이었는데, 오늘날에도 역시 폐고(廢錮)된 원통함이 있으니 그 원통함을 알면서도 풀어주지 않는다면 그 재앙이 당고와 무엇이 다르겠습니까. 왜냐하면 현능한 재주를 가진 자가 생기는 것은 본래 우연한 일이 아니기 때문입니다. 문재(文才)나 무재(武才)가 있는 서얼(庶孽)이 몇 천만이나 되는지 알 수 없는데 벼슬길을 열어주지 아니하니, 이것은 그들을 인간에 끼워주지 않고 버리는 셈입니다. 하늘이 현능한 재주를 낼 때는 적자와 서얼을 구분하지 않았는데 국가에서 사람을 쓸 때는 적자와 서얼에 구별을 두니 이 어찌 하늘이 재주 있는 사람을 내는 뜻이겠습니까. 하늘의 뜻을 어기고 재앙이 없기를 바란다면 될 수 있겠습니까.[278] 하였다.

---

277) 어숙권, 『고사촬요』, 태천집』권오 "우리나라는 적서와 양천의 구별이 천하에서 제일 엄하다."고 하였다.

278) 『조선왕조실록』, 명종 8년(1553) 5월 20일.

또, 1553년 9월 29일에는, "서얼 정대운 · 한석 등이 문무과에 응시하도록 허락해 줄 것을 상소하니, 왕은 바쁘지 않은 날에 정부 · 육조 · 양사 전수와 동반 · 서반의 2품직 이상과 홍문관 장관에게 명하여 궐정에 모여서 의논하게 하라." 하였다.[279] 며칠 후인 10월 7일에는 영의정 심연원 등이 서얼 방금법 등에 대한 법 개정을 청하기를, "서얼의 자손은 문무과 · 생원 진사시에 응시할 수 없으며, 서얼은 대부분 창녀나 비자의 소생이기 때문에 사류에 낄 수 없다고 한 것이라면, 사대부로서 아내가 죽은 뒤 다시 예를 갖추어 장가를 들지 않았거나 혹은 아내가 살아 있으나 아들이 없어서 양가의 처녀를 구해 첩으로 삼았을 경우, 이들의 소생은 창녀나 비자의 소생과는 비교할 수 없다" 고 하였다. 그러면서 "인재의 우열은 타고난 기질의 순수함과 박잡함에 좌우되는 것이지 출생의 귀천과는 관계가 없으므로 재질이 뛰어난 사람이 첩의 몸에서 났는데, 서얼이라고 해서 등용하지 않는다면 어찌 왕자가 인재를 취함에 귀천을 가리지 않는 도라"고 하겠다고 하였다. 또, 상호군 이황은 "하늘이 한 세대의 인재를 냄에 귀천에 구별을 두지 않았습니다. 그러므로 선왕이 사람을 쓰는 법은 다만 그 재덕의 우열을 볼 뿐이요, 신분이 어떠한가는 따지지 않았으며, 예로부터 뛰어난 사람들 중에는 서천으로부터 출세하여 공을 세우고 나라를 도운 이들이 한둘이 아니었으며, 우리 나라만은 서얼들을 벼슬길에 허통하지 않은 지가 오래되었으므로, 그간에 비록 재기가 출중한 자가 있더라도 으레 하류에 묻힌 채 살다가 죽었으니, 이는 옛날의 인재를 뽑음에 귀천을 논하지 않는다는 뜻에 어긋납니다. 그러므로 전에도 혹 중국 법례에 따라서 서얼에게 허통해 주자는 의논이 있었지만, 이 법을 개정하는 데는 첫째는 국속을 갑자기 변경할 수 없음이요, 둘째는 대방을 갑자기 허물 수 없으며, 특히 국속을 갑자기 변경하여 갑자기 허물어뜨릴 수 없으므로, 인심은 어지럽고, 세상 풍습은 완악하여 대방이 있는데도 오히려

279) 『조선왕조실록』, 명종 8년(1553) 9월 29일.

서천들이 적존을 능멸하고 분수를 뛰어넘어 명교를 더럽히는 일들이 속출하고 있으므로 국가에서 먼저 대방을 없애서 폐단을 유도한다면 종말에 가서는 그 폐가 어떠하겠습니까? 인재가 간혹 서얼 중에서 나온 경우가 있기는 하지만 천백 명 중에 겨우 한두 명이 될까말까 할 뿐, 무뢰한들이 서얼 중에서 나오는 경우가 많았으므로 서얼을 허통하는 법은 지금 새로 만들어서는 안 된다고 하였다. 이에 왕은 서얼을 허통할 수 없다는 것이 비록 조종조의 성법이라고는 하지만 국가가 인재를 아끼는 뜻에서 볼 때 변통하지 않을 수 없다. 대체로 삼공의 의득에 의하여 양첩의 아들로서 양처를 취했을 경우에는 손자에 이르러서 허통하고, 천첩의 아들로 양처를 취했을 경우에는 증손에 이르러 허통하되, 현직에는 서용하지 말아 적자를 능멸하는 일이 없도록 할 것을 예조로 하여금 상세하게 절목을 마련케 하라." 하였다. 당시 이언적이 적소에 있으면서 이 서얼을 허통한다는 소식을 듣고 "서얼을 허통하는 제도는 인재를 널리 쓰려는 방법이니 어찌 아름답지 않겠는가마는, 권신이 사의를 끼고 이를 행하려 하니 어찌 오래갈 수 있겠는가." 하였다.[280] 이러한 논의가 있고, 2일 후인 10월 9일에는 홍문관 부제학 이탁 등은 서얼법 개정의 반대 의견으로, "지금 변법하겠다는 명분이 중국의 제도를 따라 사람을 쓰는 길을 넓히기 위함이라 하니 아름답지 않은 것은 아니나, 실제로는 구정을 문란케 하여 분란을 일으키는 폐단을 면치 못할 것입니다. 우리 나라는 땅덩이가 좁기 때문에 풍속과 습관이 중국과 달라 규모나 제도도 또한 다르지 않을 수 없습니다. 기자가 처음 양천의 법을 세우고 고려도 적첩의 법을 엄중히 하여서 상하의 위치가 정해지고 귀천의 분수가 나뉘었습니다. 선왕께서 서얼법을 정함에 이르러서는 구처한 조항이 충분하였습니다. 그리하여 그들을 잡과에 예속, 한리 학관과 우림위의 군사 등, 그 임용을 적절하게 하여 인재를 임용함에 귀천을 가리지 않는다는 도를 제대로 얻었었습니

280) 『조선왕조실록』, 명종 8년(1553) 10월 7일.

다." 하니, 왕은 "지금 하늘의 견책을 만났는데, 내 어찌 방심하여 조종의 법을 어지럽히겠는가. 근자에 한맺힌 사람들이 많기 때문에 조정의 논의가 저러했고 나의 생각도 또한 마찬가지였다. 과거 조종조 때에도 현실에 맞지 않는 법이 있으면 변통을 한 경우가 있었으므로 변통하려는 것이다. 만일 분수를 어지럽히고 적자를 능멸하는 일이 있을 경우에는 그에 대한 분명한 법이 있는데, 어찌 상하의 구별이 없게 되겠는가. 참작하여 논의를 정한 것이다." 하였다.[281] 그러자 홍문관 부제학 이탁 등이 "지금 변법하겠다는 명분이 중국의 제도를 따라 사람을 쓰는 길을 넓히기 위함이라 하니 아름답지 않은 것은 아니나, 실제로는 구정을 문란케 하여 분란을 일으키는 폐단을 면치 못할 것입니다. 우리 나라는 땅덩이가 좁기 때문에 풍속과 습관이 중국과 달라 규모나 제도도 또한 다르지 않을 수 없습니다. 기자가 처음 양천의 법을 세우고 고려도 적첩의 법을 엄중히 하여서 상하의 위치가 정해지고 귀천의 분수가 나뉘었습니다. 선왕께서 서얼법을 정함에 이르러서는 구처한 조항이 충분하였습니다. 그리하여 그들을 잡과에 예속, 한리 학관과 우림위의 군사 등, 그 임용을 적절하게 하여 인재를 임용함에 귀천을 가리지 않는다는 도를 제대로 얻었었습니다. 그런데 어찌 인정과 국속을 어기면서까지 몇 사람의 사사로운 호소로 선왕의 법을 번거롭게 변경할 수 있겠습니까." 하자. 왕은 "지금 하늘의 견책을 만났는데, 내 어찌 방심하여 조종의 법을 어지럽히겠는가. 근자에 한맺힌 사람들이 많기 때문에 조정의 논의가 저러했고 나의 생각도 또한 마찬가지였다. 과거 조종조 때에도 현실에 맞지 않는 법이 있으면 변통을 한 경우가 있었으므로 변통하려는 것이다. 만일 분수를 어지럽히고 적자를 능멸하는 일이 있을 경우에는 그에 대한 분명한 법이 있는데, 어찌 상하의 구별이 없게 되겠는가. 참작하여 논의를 정한 것이다." 하였다.[282]

281) 『조선왕조실록』, 명종 8년(1553) 10월 9일.

282) 『조선왕조실록』, 명종 8년(1553) 10월 9일.

또,간원이 아뢰기를, "우리 나라의 서얼방금법은 사람을 씀에 있어서도 방해가 되고 중국의 제도와는 다릅니다. 그러나 우리 나라의 일을 중국과 모두 같게 할 수는 없습니다. 중국에서는 단지 적서를 다 쓸 뿐만 아니라 노주 사이에도 정해진 분수가 없어서 문무에 능하면 천한 노예라도 벼슬을 할 수 있고, 문무를 제대로 익히지 못하면 관인의 자식이라도 천인이 되고 맙니다. 그러나 우리 나라는 그렇지 않아서 기자가 들어온 이후로 노주의 구분이 엄하였는데도 간혹 강상의 변이 있었는데, 지금 노주 사이에 정해진 분수가 없는 중국의 법을 흉내내면서 어지러워지지 않기를 바란다면 그것이 가능하겠습니까? 적서의 구분에 있어서 중국은 우리 나라와 같지 않아 아내가 반드시 모두 명가의 딸은 아니고 첩이 반드시 아내보다 비천하지는 않으며, 선후나 후박으로 적첩을 구분합니다. 방금을 하지 않아도 폐단이 없는 것은 대개 이 때문입이다. 그러나 우리 나라는 땅덩이가 작고 예의가 없으면 상하가 어지럽게 되므로 적서를 구분하고 노비를 세전하는 법을 역대로 행하였으되 오랫동안 아무런 폐단이 없었습니다. 그러니 이는 양법이라 할 만한데, 지금 한두 사람의 호소로 인하여 허물어뜨릴 수 있겠습니까. 성교를 보건대 '양첩의 소생은 손자에, 천첩의 소생은 증손에 이르러 모두 허통한다.'고 하였는데, 신들은 진실로 성상께서 참작하신 바가 있다는 것을 압니다. 그러나 법으로 말하면 선왕의 법이니, 후왕과 후민이 지키되 오히려 더 굳게 지키지 못할까 두려워해야 되고 먼저 협소히 여기는 마음을 가지고서 사견으로 변경시키는 것은 옳지 않습니다. 지금 사람을 쓰는 길을 넓히기 위하여 한 번 본래의 법을 변경한다면, 당하 종실 중에서도 문무에 능한 자가 또한 많으니, 이미 서얼에게 허통하여 응시하게 한다면 종실에게도 응시를 허락하자는 의논이 연이어 일어날 것입니다. 일거에 선왕의 법을 허물어뜨리면 못할 일이 없게 될 것입니다. 지금이 어떤 때인데 이런 일을 행하려 하십니까. (중략) 지금 만약 인심을 어기어 그 명분을 어지럽히고 조종을 어겨 성법을 무너뜨린다면, 원한을 풀어주고자 하나 많은 사람들을 격분케 할 것이고,

인재를 얻고자 하나 도리어 참란만 고무시킬 뿐이니, 어찌 선왕의 뜻과 일을 계승하는 의도에 합치되겠습니까. 서얼 자손에게 허통한다는 명을 거두소서." 하니, 답하기를, "선왕의 법을 따르고서 일을 그르친 사람이 없다는 것은 나도 모르는 바가 아니니다. 그러나 조종조에서도 일시적으로 변통한 일이 많았고, 지금 서얼 자손에게 허통하자는 논의도 폭넓게 의논하여 정한 것이다. 그러나 이 때문에 상하와 적서를 문란시키는 폐단이 있을지는 자세히 알 수 없다. 나는 다만 인재를 중히 여기고 억울한 사람이 있을까 염려하여 법을 세운 것이다. 윤허하지 않는다." 하였다. 후에 여러 차례 아뢰었으나 윤허하지 않았다.[283] 또, 2일 후인 10월 11일에는 명종이 승정원에 전교하여, "어제 간원이 아뢴 바에 의하면 서얼을 금고하는 법을 수백 년 동안 행해 왔다고 했는데, 우리 나라가 태조로부터 지금에 이르기까지 2백 년도 채 못되고 겨우 백 60여 년 정도 된다. 더구나 이 법은 세조조에 집성되어 성종 때에 반포되었으니 겨우 70년이 지났을 뿐이다. 그런데 지금 수백 년을 행해 왔다고 하는 것은 어디에 근거를 두고 하는 말인지 물어 보라." 하였다.[284] 다시 12일 후인 10월 23일에 승정원에서 정원이 아뢰기를, "대간의 아룀으로 인하여 성종조 갑오년부터 을사년까지의 《일기》를 살펴보니 법을 세워 서얼을 방금한 대목은 없고 혹 한때 특은으로 허통한 사람은 있습니다. 조정에서 반드시 조종의 법에 근거하여 논계하므로 초계합니다. 이로써 본다면 《대전》을 반포하기 전에도 서얼이 과거보는 것을 허락하지 않는 법이 조종조 때부터 본시 있었습니다. 조종조에는 비록 한때의 은명으로도 구법을 가볍게 변경하는 것을 이처럼 어려워하였는데, 더구나 서얼 자신의 망령된 소로 인하여 감히 조종의 법을 무너뜨려 인심을 동요시킬 수 있겠습니까. 신들은 근밀한 곳에 있으면서 생각한 바를 주달하지 않으면 실로 죄가 되므로 감히 아룁

283) 『조선왕조실록』, 명종 8년(1553) 10월 9일.

284) 『조선왕조실록』, 명종 8년(1553) 10월 11일.

니다." 하니 전교하기를, "아뢴 뜻은 지당하나 서얼 허통은 태조·태종조의 일이다. 비록 허통하더라도 현직에 서용하지 않으면 어찌 등분이 없겠는가." 하였다.[285] 다시 10일 후인 11월 2일에는 승정원에서 정원이 아뢰기를, "서얼에 관한 일은 태조조에는 일기가 없고, 태종조도 편찬한 것이 대부분 없어져 고찰할 수 없습니다. 다만 세종과 문종의 양조의 일기를 고찰해 보니, 대체로 서얼에 대한 방금은 이미 오래되어 관직을 제수한 것이 비록 태종조에 비롯되었다고는 하나, 동서반의 정직이 아니라 삼의사의 직이었으며, 이전에는 비록 겸사복·갑사라도 소속을 허락치 않았었습니다. 또 소위 현직이라는 것은 대간·시종만을 일컫는 것이 아니라 모든 동서반의 정직을 통칭하는 것입니다. 그렇다면《경제육전》에 기록되어 있는 '서얼은 현직에 서용하지 않는다.'는 것은 아마도 동서반의 벼슬길을 허통하는 것은 아닌 듯합니다. 서얼들이 올린 소장에 '대언 서선의 진언으로 인하여 비로소 현직에 서용하지 말라는 명이 내려졌다.'고 했는데, 신들도 그렇게 생각하였었습니다. 그러나 지금 고찰해보니, 우리나라에서는 서선 이전에는 서얼이 삼의사의 직도 얻지 못하다가 서선의 진언으로 인하여 비로소 한품 수직[286]의 길이 열렸습니다. 그런데도 서얼들은 도리어 서선으로 말미암아 벼슬길이 막혔다고 하니, 이는 실로 외람되게 속이는 말입니다. 예로부터 서얼 중에 어찌 채용할 만한 재기를 가진 자가 없었겠습니까마는, 항상 국법에 통제되어 감히 분수를 뛰어 넘을 마음을 갖지 않았었습니다. 그간에 간혹 한두 사람에게 허통한 일은 있으나, 이는 모두 국가에 큰 공로가 있어서 한때 특은을 받은 것입니다. 일기를 상고한 소견이 이러하기에 감히 아룁니다." 하니, 알았다고 전

---

285) 『조선왕조실록』, 명종 8년(1553) 10월 23일.

286) 한품 수직(限品授職)은 신분에 따라 품계를 제한하여 일정한 범위의 관직에 한하여 임용하는 것. 이를테면 2품 이상 문무관의 양첩(良妾) 자손은 정3품, 천첩(賤妾) 자손은 정5품까지로 한정하여 임용하는 것이다. 『경국대전(經國大典)』 이전(吏典) 〈한품 서용(限品敍用)〉.

교하였다.[287] 또, 심연원 등이 "여러 서적을 상고해 보면 국초에 서얼을 금고하는 법을 기록한 곳은 확실히 알 수 없으나, 서선의 진언과 황희 등이 편찬한 《육전속집》에 서얼을 현관에 임용하지 않는다는 조항이 보이고 있으니, 그 전에는 벼슬길을 허통했으므로 이 법을 세운 것입니다. 정원이 일기에 기록된 것을 초출한 것 중에 천첩의 자식을 위하여 논계한 것이 많은데, 《신묘대전》과 《갑오대전》의 서얼 자손에 대한 것 중에 '장리와 실행한 부녀의 자식 및 손자'라고 한 어투를 보면 자손의 범위가 자와 손에서 그치지 않는 것 같고, 《을사대전》에서 '장리와 재가하였거나 실행한 부녀자의 자식 및 손자'라고 한 어투를 보아도 자손의 범위가 자와 손에 그치는 것 같지는 않습니다. 《을사대전》을 찬집할 때 신묘 · 갑오년의 법을 개정한 까닭은 알 수 없습니다마는, 지금 물정을 보면 모두 서얼 허통을 미편하다고 여기고 있으니 상께서 결단하는 것이 어떠하겠습니까?" 하고, 신광한은 의논드리기를, "대체로 선왕의 구제라도 잘못이 있으면 혹 개정할 수도 있으나 개정한 이로움이 십배 백배에 이르지 않으면 고칠 수 없는 것입니다. 우리 나라가 개국한 이래로 서얼에게 현직을 맡기는 것을 엄금하였는데도 특별히 경국의 대법을 세워 허통하지 못하게 하였습니다. 이것은 법이 의심스러운 데서 참람하게 되고 참람하면 핍박하게 되어, 서얼이 적자를 능멸하는 조짐을 막을 수 없게 되기 때문이었으며 또 반드시 이렇게 해야만 집안을 바로잡을 수 있기 때문이었습니다. 지금 인심이 날로 어지러워지고 가도는 날로 문란해져 적통을 다투고 재산을 빼앗는 풍조가 전보다 더 심합니다. 서얼을 응시하지 못하게 해서 생기는 해는 아직 없습니다. 그런데 갑자기 벼슬길을 허통하여 선왕의 예법을 문란케 하고자 하니, 비록 인재를 아깝게 여겨서라고는 하지만 그 해가 커지면 커졌지 그 이로움이 선왕의 법보다 십배 백배가 되지는 않을 것입니다. 더구나 서얼 소생이 대부분 실행한 여자에게서 나온다면 《대전》의 '개

287) 『조선왕조실록』, 명종 8년(1553) 11월 2일.

가한 부녀나 실행한 부녀의 자손'이라는 조항은 이로부터 허물어질 것입니다. 우리 나라가 예의지국이라는 이름을 얻은 것은 규문이 바르고 귀천이 명백하기 때문이요, 비록 중국이라도 미치지 못하는 점이 있다는 것도 이런 점일 뿐입니다. 지금 이것을 모두 무너뜨리는 것은 난망에 빠져 들어가면서도 깨닫지 못하는 것입니다." 하였는데, 김광준 · 조사수 · 이명 · 채세영 · 임호신 · 이탁의 의논도 광한과 같았다. 전교하기를, "의논이 각각 다르다. 그러나 태조와 태종조에는 서얼 허통에 관한 법을 전조의 법에 따라서 서얼을 썼고, 《을사대전》에 비로소 '그 자손을 금고한다.' 했은즉, 그 전에는 허통한 법이 있었던 듯하니, 우리 나라에 본래 없었던 법은 아니다. 지금 모두가 만족하게 여기지 않으므로 전의 일기를 고찰해 보니, 모두 천첩의 자식일 경우에는 허통하지 않았었다. 그러니 다만 양첩의 자식만 《신묘대전》 · 《갑오대전》에 의하여 그 손자에 이르러서는 허통하되, 현직에는 서용하지 말아서 감히 적자를 업신여기는 일이 없도록 할 것에 대한 절목을 상세히 정하라." 하였다. (중략) 전교하기를, "지금 병신년의 고사를 보니, 처첩의 존비를 구분한 것이지 첩자에 관한 일은 아닌 듯하다. 만세토록 허통하라고 한 것은 비록 양천이라도 모두 허통했기 때문이다. 그러나 양천에는 구분이 있으므로 《신미대전》 · 《갑오대전》에 의하여 다만 양첩 출생만 허통한 것이다. 이와 같이 승전을 받들라." 하였다. 정원이 회계하기를, "《신미대전》 · 《갑오대전》에 의하여 그 손자에 이르러 허통하라고 전교하셨습니다마는 '그 손자에 이르러'라는 전교는 《대전》의 원뜻과 차이가 있습니다. 《대전》의 원뜻은 첩자 자신부터를 말하는데, 지금의 전교는 첩자 아비부터 계산한 것이니, 이는 일대를 앞당긴 셈입니다. 법을 세우는 처음에 자세히 살피지 않을 수 없으므로 다시 취품합니다." 하니, 전교하기를, "그렇다면 《신묘대전》 · 《갑오대전》을 들지 말고 다만 '손자에 이르러 허통한다.'는 것으로 승전을 받들라." 하였다.[288)]

---

288) 『조선왕조실록』, 명종 8년(1553) 11월 12일.

이런 논의들이 집중적으로 일어난 이후, 다음 해인 1554년 1월 19일에는 조강에서 지경연사 임권이 서얼 허통에 대해, "요즈음 국가에 귀천의 분별과 강상의 도가 매우 문란합니다. 그래서 서얼의 허통에 대하여 불편하게 여기는 사람이 많습니다. 서얼을 양인과 천인으로 나누려 한다면, 이른바 양인이라는 것은 모두 공천 · 사천으로서 양인이 된 것인데, 어찌 양인이 되기 전과 된 뒤의 소생을 명백하게 알 수 있겠습니까. 그 부모도 그것을 알지 못하는 자가 있는데 하물며 남이겠습니까. 조윤손과 이언적은 다 1품재상으로 첩의 아들이 있으나 아직도 판별하지 못하고 있는데, 기타 한미한 사람들의 소생을 누가 분별할 수 있겠습니까. 만일 그 재주를 애석히 여긴다면 그 중에서 뛰어난 사람은 비록 천류라 하더라도 뽑아 쓰면 되는 것인데 허통 과목까지 만든다는 것은 옳지 않은 듯싶습니다. (중략) 그러나 서얼의 허통에 대해서는 사람들이 다 온편치 못하게 여기므로, 다시 의논할 때 또 《경제육전》을 참고해 보았는데 천첩 소생에 대해서는 많이 지적하였으나 양인의 소생은 거론하지 않았으니 양인과 천인은 차이가 있는 듯하였습니다. 그래서 물정으로 인하여 의계한 것입니다. 상께서는 양인의 소생에게만 허통하시고 천인의 소생에게는 허통치 마소서. 천첩의 아들이라면 태어난 처지가 과연 같지 않습니다. 한 어머니이지만 양인이 되기 전과 된 후의 소생이 각각 다른데 대개 천첩인으로서 양인이 되는 것은 사비나 음창의 경우에 많고 그 중에는 사비로서 한 남편을 정해 몸을 바친 자도 간혹 있습니다. 그런데 양인이 되기 전에 낳은 자식을 끝내 허통하지 않는 것은 바로 적첩의 분위와 같은 예입니다." 하였다. 이에 대하여 왕은 "법은 한번 세우면 마땅히 금석처럼 굳게 지키고 사시처럼 미덥게 하여 고치지 말아야 한다. 그러나 때에 따라 임시 변통하는 것도 역시 없어서는 안될 것이다. 서얼을 금고하는 데는 처음부터 정한 법이 없었으니 옛날에도 역시 허통한 때가 있었고 또한 그들의 진소로 인하여 허통을 한 적도 있었다. 《중용》과 《대학》의 강은 바로 과학의 규칙이니 없앨 수 없다. 윤인경의 처가 범한 일은 강상에 관계되는 것인데 그 옥사를 구명치 않는 것은 과연 온편치 못하다. 그러나 간음하는 일은 은밀하게 이루어지는 것이라 증거가 없으니 형벌을 가할 수 없다. 이징이 아들의 불효하는 죄를 법사에 제소했다는데, 이것은 부자간의 큰 변이다. 그러나 만일 사실이 아니라면 어찌 원통하고 민망스럽지 않겠는가. 법관은 그것을 살펴 처결하라." 하였다.[289] 그 그 10일 후인 1554년 2월 1일의 사헌부가 양첩의 아들을 허통한 일에 대해, 양첩의 친자 및 천첩의 자손에게까지도 혹 입학을 허락하여 명분이 문란해져서 천인이 귀인을 능멸하니 선비들이 그들과 반열을 같이 하기를 부끄럽게 여겼다.[290] 그 6개월 후인 8월 25일에는 헌부가 서얼의 관직 허통에 대해서, "서얼에게도 벼슬길을 허통하는 일은 고려 및 우리 나라 초기에 시행하기는 했었지만 폐한 지가 이미 오래되었는데 이번에 또 복구했습니다. 적서의 구분은 엄격하게 한계를 두지 않아서는 안 됩니다. 전에 이미 입학을 허락하지 않았으니 실로 유학이라고 일컬어서는 안 되고 일체 공생의 예대로 시권 안에 바로 '모관 모속의 양첩자'라고 쓰고 백패 및 홍패에도 삼의사의 예대로 연월의 곁에 바로 '모인의 양첩자 및 양첩손'이라고 쓰며, 방목에도 시권에 쓴 대로 써서 적서를 구별하여, 생원 진사에 급한 그 사람들이 사족과 혼동되지 않도록 하라는 일을 사목에 첨가해 넣어 길이 일정한 규식으로 삼고, 이번에 출방할 적에도 이 예대로 할 것을 중외에 효유하소서. 또 보단자도 내외 및 처가 쪽의 원근 족친을 막론하고 일체 문무과 출신자로 서명하게 하소서. 그 보단자의 규식도 해조로 하여금 자세하게 정하소서." 하니, 아뢴 대로 하라고 답하였다.[291] 또, 그 4개월 후인 12월 29일에는 경상도 군위에 무지개가 서자, 사신은 논하기를, 요사이 재변이 겹쳐서 나타나는데 어찌 그렇게 만든 까닭이 없겠는가. 진실로 소

289) 『조선왕조실록』, 명종 9년(1554) 1월 19.

290) 『조선왕조실록』, 명종 9년(1554) 2월 1일.

291) 『조선왕조실록』, 명종 9년(1554) 8월 25일.

인이 멋대로 권세를 부려 조정의 법을 고치고 서얼에게도 허통하여 명분을 무너뜨렸기 때문이니, 아아 국가의 멸망이 얼마 남지 않았다.[292]하였다. 또, 그 다음 해인 1556년 2월 4일에는 마침 예조가 서얼 허통 사목에 대해, 예조가 아뢰기를 "서얼 허통 사목[293]에, 양첩의 아들은 손자에 이르러 부시를 허락하는데 이 경우에는 모와 조모 편의 양적을 아울러 핵실한다고 되어 있습니다. 그런데 지금 무과 입문관이, 정덕명【덕명이 과거를 정지 당하자 격쟁하며 원통함을 호소하였으므로 예조에게 자세히 살피게 하였기 때문에 한 말이다.】은 조모의 어미의 양적을 현납하지 않았기 때문에 응시를 허락하지 않았습니다. 만약 조모의 어미의 신분까지 아울러 고찰하여 모두 하자가 없는 다음에야 응시를 허락한다면, 응시할 수 있는 사람이 열에 한 사람도 없을 것이니, 이는 서얼을 허통하는 본의가 아닌 듯합니다. 그러나 사목이 이와 같으니 그 조모가 양인인지 천인인지의 근거를 당연히 고찰하여야 합니다." 하니 전교하기를, "법으로 본다면 조모 이상의 양적을 당연히 고찰하여야 한다. 이렇게 하면 과거에 응시할 수 있는 사람이 열에 한두 명도 없을 것이니, 대신에게 사관을 보내어 수의하라." 하였다."[294]

이러한 서얼 허통에 대한 논의는 선조 때에도 거듭 이어졌다. 1583년 2월 12일에는 육진 방어에 임한 서얼은 과거를 허용하고, 공천 · 사천의 충량한다는 병조의 사목을 결정하였는데 양사가 말 것을 청하였으나 윤허하지 않다가 뒤에 윤허하였다.[295] 5년 후인 1558년 8월 26일에는 서얼이 과거에 응시하는 일에 대해, 왕이 삼공에게 전교하기를, "박한무 등의 상언을 알리면

292) 『조선왕조실록』, 명종 9년(1554) 12월 29일.

293) 〈서얼 허통 사목〉이라는 것은 서얼은 첩의 소생 자손을 말하며 허통 사목이란 서얼이 서얼 금고법으로 과거시험의 응시를 하지 못하던 것을 해제하여 과거에 응시하는 것을 허가하여 벼슬길에 오를 수 있게 해주는 절차를 적은 것을 말한다.

294) 『조선왕조실록』, 명종 11년(1556) 2월 4일.

295) 『조선왕조실록』, 『선조수정실록』, 선조 16년(1583) 2월 12일.

서 이에 대해 의논하여 아뢰어라." 하니, 상진 등이 "서얼들도 한결같이 중국의 제도에 따라 금고하지 않으려고 하는 것은, 옛날의 성현들이 신분을 따지지 않고 어진이를 등용하던 아름다운 뜻입니다. 사대부들 사이에서도 혹 이 의논이 있기는 하지만 우리 나라는 서얼들에게 과거 보기를 허락하지 않는 것이 법령에 분명히 쓰여져 있습니다. 근년에 조정의 의논에 따라 단지 양첩의 손자에게만 양과를 보도록 허락하였습니다. 이도 또한 중국에서는 인재를 애석하게 여기는 뜻에 의한 것인데 물론이 아직도 온편하지 못하게 여기는 자가 있으니, 이번에 그가 진소한 것 때문에 양인과 천인을 막론하고 아울러 금고하는 법을 폐할 수는 없습니다. 다만 신들은 들으니 양첩의 손자는 과거를 보게 하는 법이 이미 세워졌는데도 녹명할 적에 사관이 파계에 관한 문적의 고핵[296]을 핑계로 과거의 응시를 허락하지 않으려 하기 때문에 원통한 마음을 품고 있는 사람이 매우 많다고 합니다. 그러니 해조로 하여금 사관에 유시하여 과거에 응시할 수 있는 사람에게는 응시하도록 허락하여 원통한 일이나 답답한 일이 없도록 하는 것이 어떠하겠습니까?" 하였다. 왕은 이에 대하여 "비록 혜성은 없어졌지만 갑자기 정전으로 돌아가기는 마음에 미안하다. 다만 내일은 사형 죄수 계복을 하게 되어 월랑은 좁은 듯하니 아뢴 대로 하겠다. 박한무의 상언에 관한 일은 아뢴 뜻이 지당하니 해조로 하여금 사관에 유시하게 하는 일은 아뢴 대로 하라." 하였다.[297]

1592년 5월 8일에는 서얼 출신 금군을 허통시켜 부장에 제수하라는 전교를 내리기를, "서얼 출신 금군을 허통시켜 부장에 제수함이 마땅할 듯하니 대신과 의논해서 조처하라." 하였다. 최흥원 · 윤두수 · 유홍이 아뢰기를, "서얼을 허통시키는 것만으로도 그들에게는 그보다 더 큰 영광이 없습니다. 아

296) 考覈.

297) 『조선왕조실록』, 명종 13년(1558) 8월 26.

직 공을 세우지도 않았는데 서경이 요구하는 벼슬을 제수하는 것은 온당치 못한 듯합니다. 허통시킨 뒤에 내금위에만 제수하여도 충분히 고무 격려될 것입니다." 하니, 아뢴 대로 하라고 답하였다.[298] 그, 2년 후인 1594년 4월 13일에는 병조가 "서얼과 공사천의 초시에 관한 규정에 대하여 대신들과 논의하였더니, 대신들 주장이 '현재 정병이 공사천 쪽에 많이 있으므로 초시는 널리 뽑을 수 있도록 하는 것이 옳으나 회시에 있어서는 그 규정을 중하게 마련하는 것이 무방할 것이다. 가령 육량기사[299] 같은 것은 공사천들로서는 일찍이 배워 익히지 아니한 것들이기 때문에 그것을 시험 규정에 둔다면 입격자가 매우 적을 것이다. 조총과 철전 · 편전을 자루와 화살의 수 및 순차의 수를 정하여 두고 세 가지에서 하나의 중 이상을 얻은 자를 초시에 참여시키는 것이 온당할 것 같다.' 하였으므로 그렇게 규정을 마련하여 아룁니다." 하니, 알았다고 전교하였다.[300] 1597년 6월 5일에는, 정언 조즙이 아뢰기를, "난을 겪은 이후로 과거에 나아가는 길이 엉망이 되어 무과의 경우 서얼 · 공사천으로서 허통되기를 기다리지도 않고 외람되게 끼어든 자들을 이루 헤아릴 수 없는데, 대방이 한 번 무너져 바로잡기가 어려우니 참으로 한심스럽습니다. 지금 이후로는 문무과에 응시하는 사람에 대해 경중은 5부에서 하고 외방은 사는 고을과 그 동내의 유사와 유향소에서 하되, 내외로 허물이 없고 분명히 허통한 자인지를 분별하여 소명으로 성책하고, 한성부와 각도 관찰사에게 보고하여 입문관에게 보내 기록된 이름을 빙고케 해야 합니다. 그리하여 그 책에 이름이 없는 자는 일체 응시하지 못하게 해야 하는데, 만약 함부로 이를 어기는 자가 있으면 낱낱이 적발하여 무겁게 치죄해야 합니다." 하니, 답하기를, "아뢴 대로 하라. 오천군의 일은 어찌 이 지경까지야 이르렀

298) 『조선왕조실록』, 선조 25년(1592) 5월 8일.

299) 六兩騎射.

300) 『조선왕조실록』, 선조 27년(1594) 4월 13일.

겠는가. 파직시킬 수 없다. 이경호는 만약 그렇다면 도체찰사와 도원수가 처리해야 마땅할 듯하나, 아뢴 대로 하라." 하였다.[301] 또, 그 4년 후인 1601년 2월 14일에는 훈련 도감에서 허통을 허용함을 다음과 같이 건의하기를, "중순 시재 당자[302]에 대하여 '허통법을 거행하지 말라.'고 전교하셨는데, 허통하는 일은 법전 안에서도 사실 쉽게 시행하기 어려운 일이니 성교가 지당하십니다. 다만 생각건대 도감의 군졸은 당초에 제직과 허통 등의 일을 다 시행하였고 허통한 뒤에 과거에 오른 자까지 있어 군정이 꽤 격려되어 분발하고 있는데, 이제 만약 일체 시행하지 않는다면 군심이 크게 실망할 뿐 아니라, 결국 천인이 시재하여 우등했을 때는 면천을 시상할 수 있으나 이미 면천한 자가 우등했을 때는 다시 줄만한 상이 없게 됩니다. 도감의 일은 당초부터 임시변통의 조처를 취해 왔습니다. 아홉 번 쏘아 아홉 번 다 맞히면 초등으로 하고, 계속 초등하기는 매우 어려우니 연 2차 초등하면 허통을 허용하는 것이 무방할 듯 합니다.이미 성교를 받고 이와 같이 다시 여쭈니 극히 황공하오나 도감 군졸의 마음이 날로 이완되어 장차 수습할 수 없을까 극히 염려됩니다. 시재하여 상상등 이상은 면천 · 허통 · 제직 · 승직하는 것이 도감의 규식인데, 허통 한 조항을 거행하지 않으면 면천한 뒤에 다시 무슨 상을 시행할 것인지 아울러 여쭙니다." 하니, 전교하기를, "서얼을 허통시키지 않는 것이 우리 나라의 극히 엄격한 법이다. 그런데 난리로 인해 법을 훼손하여 천인 소생이 과거에 올라 벼슬길에 나감으로써 조반[303]을 더럽히게 했으니, 이것이 어찌 조종의 법이겠는가. 유사는 법을 지키기만 하면 그만인데 이런 계사를 한 본의를 알 수 없다. 그들에게 금군을 시키거나 물품으로 상을 주는 것이 좋을 것이다."[304]

---

301) 『조선왕조실록』, 선조 30년(1597) 6월 5일.

302) 中旬試才單子.

303) 朝班.

304) 『조선왕조실록』, 선조 34년(1601) 2월 14일.

하였다. 또, 그 8개월 후인 1601년 10월 2일에는 다시 서얼 허통을 금하였다. 제주에서 역적을 잡은 사람의 공을 논할 적에 금부가 서얼인 경우는 허통하게 할 것으로 서계하니, 전교하기를, "서얼 허통은 법전상 할 수 없을 뿐이 아니라 난후에 처음 시행하였으나 곧 중지되었다. 이렇게 마련하여 입계한 색낭청을 추고하라." 하였다. 당상 이충원 · 황진 · 이정구 · 이시언 등이 와서 아뢰기를, "서얼 허통을 개정한 사실을 미처 모르고 살피지 않아 상의 분부가 있게 하였으니 매우 황공스러워 대죄합니다." 하니, 전교하기를, "대죄하지 말라. 이 후로는 다시 금하도록 하라." 하였다.[305] 또, 그 4년 후인 1605년 12월 19일의 무과 전시 · 서얼 허통 등에 대해 간원이 상소하기를 "서얼을 허통시키는 일은 실로 중대한 것이어서 본관의 입안으로는 응시를 허락하기가 어려운 것인데, 조사하여 계품하지 않음으로써 방목에 참여하기에 이르렀고,(중략) 조득지 · 조득례 형제의 본관과 거주지를 기록한 녹명 단자 및 초방[306]에 모두 본관은 양주, 거주지는 해주로 되었는데, 출방할 때에는 조득지는 본관이 평양, 거주는 서울로 오기하여 입계하였으니, 이는 오로지 시관이 자세히 살피지 못함으로 말미암아 그렇게 된 것입니다." 하였다[307] 또, 그 다음 해인 1606년 12월 9일에는 사족과 서얼의 분수에 대한 판하를 대신에게 의논하기를 대전》의 호구식을 가져다 상고해 보니, 모직 · 성명 · 나이 · 본관 · 사조, 처 모씨 · 나이 · 본관 · 사조라고 하였는데 그 소주[308]에 '서인은 자신과 처의 사조를 기록한다.'라고 하였고 서얼들에게 씨와 이름을 칭하는 것에 대해서는 명문이 없었습니다. 이 일은 미세한 일이기는 하나 사실은 전장과 관계되는 것입니다. 판하의 사연을 대신에게 의논해 결정하여서 영원한 법례로 삼아 시행하

305) 『조선왕조실록』, 선조 34년(1601) 10월 2일.

306) 錄名單子, 草榜.

307) 『조선왕조실록』, 선조 38년(1605) 12월 19일.

308) 小註.

는 것이 어떻겠습니까?" 하였는데, 입계하자, 판하하기를, "전부터 모든 상언을 올릴 적에 사족은 도서를 찍게 하였고 서얼은 소이[309]라 칭하고 수촌을 찍게 하였으니, 이전부터 그러하였다. 그러나 아뢴 대로 의논하여 조처하라." 하였다.[310]

이처럼 허영 허통에 대한 구체적인 논의 내용을 살펴보면, 조정에서 지속적으로 치열하게 거론되는 서얼 허통의 문제를 허균은 홍판서의 얼자 홍길동의 1인 영웅담을 「홍길동전」의 중심 이야기로 삼았다. 이런 서얼차대의 문제는 「홍길동전」의 창작으로 추정되는 1612년 직후인 1613년 2월 18일에도 〈사헌부가 감목관 중 서얼 잡류를 도태시킬 것을 청하다〉라는 주장도 나왔다.

광해군 때에도 서얼들에 대한 핍박이 심함을 여실히 보여준다. 구체적인 논의 내용을 살펴보면, 사헌부가 아뢰기를, "감목관을 설치하는 것은 전적으로 마정[311] 때문인데, 반드시 조정 관원 중에서 식견 있는 사람을 뽑아 보냈던 것은 그 임무를 중히 여겨서입니다. 그런데 근래 공도가 행해지지 않아 한결같이 사사로운 부탁을 따라 미천한 잡스러운 사람들을 다수 충당하였기 때문에 염치를 돌보지 않고 오로지 침해만을 일삼고 있습니다. 그리하여 마부들은 흩어지고 말 장부는 날로 비어가니, 조정에서 다시 설치한 뜻이 상실되고 있습니다. 전직을 지낸 자와 과거 출신자 이외에 서얼 잡류들은 일일이 도태시키소서." 하니, 왕이 그대로 하도록 윤허하였으나, 끝내 일이 시행되지 않았다. 이때 서얼 잡류들이 모두 궁궐과 척신들에게 연줄을 대어 고을 원이 된 자가 흔하게 있었으니, 목관[312]의 선발을 바로잡고자 해도 어려웠다."[313]

---

309) 召史.

310) 『조선왕조실록』, 선조 39년(1606) 12월 9일.

311) 馬政.

312) 牧官.

313) 『조선왕조실록』, 광해군 5년(1613) 2월 18일.

하였다.

또, 『통색촬요』[314)]에서 보면, 유생 정진교 등이 다음과 같이 상소하였다.

"삼가 아룁니다. 윤음을 선포하여 널리 직언을 구하시니, 자신을 책망하고 폐단을 바로잡으려는 뜻이 성상의 윤음 속에 넘쳐났으며 곤궁한 이를 불쌍히 여기고 원통함을 하문하는 교시가 8조항 중에 밝게 게시되었습니다. 반복한 말씀이 자상하고 글의 뜻이 간절하였으니, 오늘날 신하 된 자치고 누군들 한결같이 순수한 마음으로 우리 전하께서 재앙을 일소하려는 정책을 받들려 하지 않겠습니까. (중략)

선묘(宣廟) 초기에 신분(申濆) 등 1000여 인이 글을 올려 원통함을 호소하자, 선묘께서는 보시고 불쌍히 여겨 이에 하교하시기를 '해바라기가 태양을 향함에 곁가지를 가리지 않는다. 신하가 충성을 하고자 함에 어찌 꼭 정적(正嫡)이어야만 하겠는가.'라고 하셨습니다. 여기서 대성인(大聖人)의 대공지정(大公至正)한 마음을 볼 수 있으며 신들이 죽을 때까지 엄숙히 읽으며 흠송하고 있습니다. 만력(萬曆) 계미년(1583, 선조16)에 이르러 선정신(先正臣) 이이(李珥)가 비로소 옛 제도를 회복하여 통용하자고 건의하였는데, 마침 변경의 위급한 보고가 있던 탓에 갑자기 변경할 겨를이 없어 먼저 허통(許通)하는 길과 과거에 응시하는 길을 열었으니, 그 뜻은 대개 차례로 소통하고자 한 것이었습니다. 인묘조(仁廟朝)에 이르러서는 부제학(副提學) 최명길(崔鳴吉)이 동료인 김남중(金南重), 이성신(李省身), 이경용(李景容) 등과 더불어 응지(應旨)의 글을 올리면서 통용할 것을 힘써 청하였습니다. 그 글에 '예제(禮制)의 규정을 삼대(三代)보다 엄격히 세웠던 때가 없었으나, 적서의 명칭은 사실(私室)에서만 행해지고 조정에서는 시행되지 않았습니다. 문벌의 구별을 육조(六朝)보다 심하게 따진 적이 없었으나, 인재를 등할 때는 아비의 성(姓)만 묻

314) 『통색촬요』, 제2권, 영조 즉위년(1724년), 12월 17일(?) 박현순 외 옮김.

고 어미의 일가붙이는 묻지 않았습니다. 대개 하늘이 인재를 낼 때 귀천에 따라 차이를 두지 않았고, 왕자(王者)가 인재를 등용할 때 문벌에 구애받지 않았으니, 이것은 천리상 당연한 일이고 백대가 지나도 왕들이 바꾸지 못하는 바입니다. (중략)

신풍부원군(新豐府院君) 장유(張維)도 상소를 올려 이어서 논하자, 인조대왕께서 해당 조(曹)로 하여금 상께 여쭈어 처리하게 하셨습니다. 이조 판서 김상용(金尙容)이 회계(回啓)하기를 '하늘이 인재를 낼 적에는 진실로 적서에 차이를 두지 않았는데, 서얼을 금고하는 것은 곧 우리나라의 나쁜 법으로 고금 천하에 없던 일입니다. 우리나라는 땅덩어리가 치우쳐 있고 작아 인재가 매우 적으므로 당대의 인재를 모두 등용하더라도 오히려 부족할까 근심스러운데 법을 너무 엄격히 만들고 심하게 차별하여, 하늘이 낸 인재도 다 등용하지 못하고 있습니다. 옛날 고려 왕조에서는 서얼을 금고한 적이 없는데, 본조 초기에 서선이 현직에 서용하지 말자는 의론을 처음으로 제기하였으며, 그뒤로 점차 심해져 강희맹에 이르러서는 폐고하는 것이 더욱 심해졌습니다. 천인(賤人)의 자손도 벼슬길에 나아갈 수 있는데 사대부의 서얼은 자자손손 한결같이 굳게 막혀 있어 비록 보통 사람을 뛰어넘는 재지가 있더라도 종신토록 하류(下流)에 침체되어 있으니, 애석함을 이루 말할 수 있겠습니까. (중략)

그들이 낸 의견은 인륜을 떠받칠 만하였는데, 서얼을 통용하고 인재를 거두어 쓰는 것을 급선무로 여기지 않은 이가 없었으니, 지극히 공정하게 하여 차별없이 인재를 등용하려는 뜻을 또한 알 수 있습니다. 만약 저 신하들이 오늘날의 조정에 있다면, 부류를 따지지 않고 어진 이를 등용하는 전하의 은덕으로 장차 그 의견을 채택하여 시행하시겠습니까, 아니면 그들의 의견을 비난하고 배척하시겠습니까. 옛적에 한(漢)나라 신하 위상(魏相)은 명신 가의(賈誼), 조조(晁錯), 동중서(董仲舒) 등이 말한 것을 차례로 뽑아 일체 시행하기를 청하였습니다. 만약 그 계책과 건의가 나라를 이롭게 하고 치도(治道)에 보탬이 된다면, 어찌 그 사람이 있고 없음에 따라 취하거나 버리거나 하겠습

니까. (중략)

아, 서얼을 서얼이라 하는 것은 예나 지금이나 진실로 차이가 없는데, 나라에서 어떻게 이런 걸출한 인재가 지금 세상에는 정말로 나오지 않을 줄 알아서 법을 세워 벼슬길을 막았단 말입니까. 신들이 삼가 제왕이 인재를 취하는 방도를 생각해 보니, 넓게 취함을 귀하게 여기고 좁게 취함을 귀하게 여기지 않았습니다. 취하는 바가 넓을수록 얻는 바가 더욱 풍성해지므로 부류를 따지지 않고 현재를 등용하는 것을 제왕의 대법(大法)으로 여겼습니다. 전하께서는 우리나라의 토지의 넓이와 인물의 수가 중국에 비해 어떻다고 생각하십니까. 중국은 산하(山河)가 만 리나 되어 준재가 무리 지어 나오지만 임용할 때는 오히려 문지를 따지지 않았습니다. 하물며 우리나라는 토지와 인물이 중국의 10분의 1에도 못 미치는데 양반과 상인(常人)으로 나누어 놓고, 또 양반 가문에서도 서얼은 벼슬길을 막아 버립니다. 그런즉 온 나라를 통틀어 벼슬길이 제한에 들어가지 않는 자는 그 수가 열에 하나도 되지 않습니다. 이와 같은데도 한 시대의 인재를 전부 얻어 한 시대의 쓰임에 갖추고자 한들 될 수가 있겠습니까?[315)]

이처럼 서얼 차별 규정에 반대하는 조선 시대 글들을 모아놓은『통색촬요』에서는 서얼은 양반의 자손이면서도 어머니가 첩이라는 지위로 차별을 받았는데, 그중 가장 심했던 것은 서얼의 과거 응시를 금지하는 서얼금고법이었다. 이 서얼금고법은 임진왜란 이후 영조와 정조 시기에는 국가정책의 변화에 따라 서얼의 사회적 지위가 향상되었다. 이런 정책의 전환에는 허균이 성리소설「홍길동전」을 한글로 창작하여 홍판서의 얼출 홍길동을 작품의 전반부에서는 조선에서의 병조판서 되기, 후반부에서는 율도왕 되기라는 혁신적인 발상으로 서사를 전개함으로써, 서얼 문제의 적극적 해결에 대한 창의적

315)『통색촬요』, 제2권, 영조 즉위년(1724년), 12월 17일.

대안을 소설로서 웅변하는 선구자로 나선 것이 크게 기여하였다. 이는 허균이 임난왜란 직전부터 최고의 사회 문제로 제기되어, 조정에서 거론되고 특히 율곡 이이와 사계 김장생같은 애국적인 성리학자들이 주장하라던 16세기의 서얼 문제의 해결이 18세기에 가서 상당부분 해결되는 전환에의 중간기능을 19세기에 허균은 일반 백성들도 홍길동의 사례를 통해 인식하여 곰강하게 한「홍길동전」으로 제시하였다는 역사적 사회적 의미를 지닌다.

(3) 기축옥사의 정여립에 대한 신원과 율곡의 양병정책의 융합 서사

기축옥사가 일단락 된 뒤에는 정여립을 역모로 몰아 기축옥사를 일으킨 정철 박충간 등 22명은 평난공신의 녹을 받았다. 정철, 성혼, 송익필 등 기호지방의 수구 보수적 서인들 기축옥사를 처리하면서 2천여 명의 동인 선비들을 학살하였다. 이 중에서 1천여 명이 넘는 진보 개혁 성향의 호남 선비들과 수백여 명의 영남 선비들이 희생되다. 홍길동의 활빈당 정신과 임거정 농민군의 혁명 정신을 계승한 정여립의 대동계는 미완의 혁명으로 끝났다. 1590년 2월 정철은 좌의정으로 승진했다. 역모를 고변한 박충간은 형조 참판, 이축은 공조 참판, 한응인은 호조 참판에 임명되었다. 민인백은 예조참의를 제수받았다. 정여립을 밀고한 이수와 강응린은 당상관에 올라가고, 조구는 정언을 제수받았다. 정여립을 역모로 몰아 기축옥사를 일으킨 박충간 등 22명이 평난공신의 녹을 받았다. 좌의정에 오른 정철은 지난해 세상을 떠난 서인의 영수 박순이 그리웠다. 정철은 기축옥사를 기회로 자신이 주축이 되어 동인들을 싹 쓸어낸 조정의 모습을 박순에게 보여주고도 싶었기에 시[316]를 지어 박순을 추억했을만큼[317] 박순을 존경했다.

---

316) 제목은「호정억박사암(湖亭憶朴思菴)」.

317) 정철은 한시「湖亭憶朴思菴」(호정에서 박사암을 추억하다)에서 "江上高臺春草深 강 위

2월 18일에는 김우옹과 이발, 백유양, 정여립 등을 추천했다는 이유로 영중추부사 노수신이 파직되었다. 좌의정 정철과 우의정 심수경, 대사헌 홍성민과 대사간 이산보도 노수신을 논핵하였다. 이때 정철은 위관에서 해면되고 우의정 심수경이 정승으로서 위관을 맡았다. 5월 심수경이 위관에서 물러나고 정철이 다시 위관을 맡아 기축옥사를 처리했다. 같은 달 천리설[318]을 주장한 정개청은 정여립과 친했다는 이유로 고문을 당한 후 경원으로 귀양 갔다가 그곳에서 죽었다. 이산해는 정철을 비롯한 서인들의 끈질긴 공격을 받았으나 선조의 비호로 온전할 수 있었다. 홍절, 홍가신, 김명룡, 김응남의 아들도 모두 압슬형을 받았다. 이발과 이급의 아들은 큰 아이가 11세, 작은 아이는 5세였는데도 모두 죽였고, 이발의 모친은 압사형을 받고 죽었다. 5월 29일 이조판서 류성룡은 우의정으로 승진하고, 최황이 이조판서에 임명되었다. 7월 정철은 정여립의 역모사건을 처결한 공으로 녹훈[319]되었고, 인성부원군에 봉작되었다. 조식의 문하로 학문과 인품이 높아 조야에 명성이 자자하던 영남 출신의 최영경은 14살 연상의 정철의 인물됨이 소심한 소인배라고 비판한 바 있었다. 최영경은 이발과도 친분이 두터웠기에 정철은 최영경을 정여립의 심복 길삼봉으로 몰았다. 정여립의 역모에 연루된 사람들은 국문을 받을 때마다 '길삼봉이 상장군이요, 정여립은 차장군'이라고 진술했다.[320] 9월 10일 최영경이 붙잡혀 왔을 때는 이항복이 문사랑청, 정철이 위관이었다. 이항복은 최영경을 적극적으로 구하고자 하였으나 류성룡은 소극

높은 대에 봄풀은 짙푸르른데/仙遊往跡杳難尋 신선의 자취 아득하여 찾기 어렵네/若非跨鶴淸都去 만약 학을 타고 선계로 안 가셨다면/正是騎星故國臨 곧바로 별 타고 조선 땅 굽어보시리정철은 박순이 죽어서 신선이 되었을 것이라고 생각한다."고 하였다.

318) 〈선악개천리설(善惡皆天理說)〉.

319) 수충익모광국추충분의협책평난공신(輸忠翼謨光國推忠奮義協策平難功臣) 2등.

320) 길삼봉은 신출귀몰한 인물로 홍길동의 '길'자와 정도전의 호인 '삼봉'을 합쳐 만든 이름이었다.

적이었다. 최영경의 제자들은 성혼에게 스승을 살려달라고 부탁했지만 성혼은 최영경을 너무 편벽된 사람이라고 하면서 아무런 도움도 주지 않았다. 최영경이 결국 감옥에서 억울하게 장살되자 동인의 화살은 정철과 성혼에게 집중되었다. 동서인들이 서로 비난하는 가운데 조헌은 '오로지 임금을 높이고 백성을 보호하며 강개한 곧은 말만 하기 때문에 백관들이 두려워한다.'고 하여 정철의 강직함을 높이 평가하였다.

한편, 명종 때의 척신 윤원형의 사위 이조민의 『괘일록』[321]에는 는 유홍, 황정욱, 구사맹, 홍성민, 남언경이 정철과 세력을 의지하는 사이라고 했다. 백유함, 구성, 장운익, 황혁, 이흡, 유홍진은 정철의 주구 노릇을 하는 자들이라고 했다. 또, 성격, 이춘영, 송익필, 송한필은 정철의 심복이라고 했다. 성혼과 이이에 대해서는 서인의 영수로서 학자들이 스승으로 삼아서 유학을 일으키는 데는 공이 있으나, 다만 자기와 친한 이에게만 너무 편벽하였기 때문에 정철에게 미혹을 당하여 처음부터 끝까지 정철을 옹호하였고, 정철도 그것을 믿고 두려워함이 없게 되어 최영경을 죽이기에 이르렀어도 한마디의 말도 하지 않았다고 평했다. 기축옥사는 선조가 동인 세력의 약진을 견제하기 위해서 정철을 이용했다는 주장도 있다. 서인들은 노인과 아이를 고문할 수 없다는 법에 따라 이발의 어린 아들과 노모에 대한 고문을 반대했다고 한다. 그러나, 선조는 이를 무시하고 이발의 어린 아들과 노모를 잔인하게 고문해서 죽게 했다는 것이다. 최영경도 정철이 석방하자고 한 것을 선조가 거부했다는 설이 있다. 정언신의 경우도 선조는 처형하려고 했지만 재상을 함부로 죽여서는 안 된다는 정철의 말에 따라 유배로 감형된 것이라 하였다.

이이의 제자 이귀는 스승에게 혐의가 돌아올까 염려되어 정철에게 옥사를 공평하게 처리하라고 부탁했다. 하지만 옥사는 이미 죄가 없는 사람들에게까지 확대되어 돌이킬 수 없는 지경이 되었다. 전국 각지에서 상금을 바라거

---

321) 『掛一錄』.

나 개인적인 원한을 갚기 위해 죄도 없는 사람을 정여립 일파로 엮어서 밀고하는 일이 비일비재했다. 정철, 성혼, 송익필 3인이 정여립과 무관한 호남 유생들을 동인이라 하여 역모 관련자로 몰아 죽이는 에서 사림에서 존경받던 수많은 호남의 문인 학자들이 억울한 떼죽음을 당했다. 정철을 중심으로 한 기호지방의 수구 보수적 서인들은 3년여 동안 기축옥사를 처리하면서 2천여 명의 동인 선비들을 학살하는 가해자가 되었다. 희생자 중 1천여 명이 넘는 진보 개혁 성향의 호남 선비들이 학살되었다. 정철이 호남 선비들의 씨를 말렸다고 해도 과언이 아니다. 영남의 선비도 수백여 명이 희생되었다. 학문적으로는 노장적인 성격을 지닌 조식과 개혁 지향적인 서경덕 계열의 선비들이 대거 희생당했다. 이황 계열의 선비들은 같은 동인이면서도 정치적 협조를 하지 않았다는 비판을 받았다. 정철로 인해 호남의 사림은 친 정철파와 반 정철파로 분열되었다.기축옥사로 인해 동인은 회복할 수 없는 타격을 입었고, 정여립으로 인해 전라도는 반역의 땅으로 낙인찍힘으로써 호남 출신 인사들의 관계 진출을 어렵게 만들었다.

이처럼 기축옥사는 조선조의 정치 환경을 퇴보시키고, 역사의 시계를 거꾸로 돌리는 결과를 가져왔다. 동인과 서인 간에 정여립 모반사건을 바라보는 시각차는 현격하다. 동인들은 서인들에 의한 무옥설,[322] 즉, 대의명분에서 동인에게 밀리던 서인과 안당을 멸문시킨 무고가 들통나 노비로 환천된 송익필이 형세를 반전시키기 위해 정여립의 대동계 활동을 대대적인 역모사건으로 조작했다는 것이다. 지나치게 커진 동인 세력을 숙청할 필요를 느끼고 있던 선조와 서인의 이해타산이 맞아떨어졌다는 것이다. 서인들이 주장하는 모역설은 정여립의 도피는 변숭복의 급보로 이루어지는데, 수사의 손길이 곧 자기에게 미칠 것을 알면서도 집 안에 각종 수신 문서들을 그대로 방치했을 리가 없다는 것이다. 그 근거는 후일 이 문서로 인해 수많은 사람

322) 誣獄說.

들이 역모사건 연루자로 엮여서 죽었기 때문이다. 피신하는데 가족에게 행선지를 알리고 연고지로 방향을 잡아서 추포의 손이 미치게 했을 리가 없다는 것이다. 정철의 배후에서 실질적으로 기축옥사를 조작한 인물은 노비 출신 서인의 모사꾼 송익필이라는 주장도 있다. 송익필은 '서인의 제갈공명'으로 활약하면서 자신과 가족 70여 인을 환천시킨 동인의 이발, 이길, 백유양 등에게 복수하기 위해 정여립의 대동계 활동을 역모사건으로 조작했다는 것이다.

『선조 수정실록』 1590년 6월 1일에는 정여립 사건과 관련된 사실을 다음과 같이 서술하고 있다.

> 전 지평 최영경(崔永慶)을 하옥하였다. 정여립의 난이 일어난 초기에 적의 무리가 길삼봉(吉三峯)이 상장(上將), 정팔룡(鄭八龍) · 정여립이 차장(次將)이라고 천명하였었다. 그래서 국청이 드디어 길삼봉의 행방을 심문하여 용의자가 많이 체포되었으나 다들 신원이 증명되어 석방되었다. 그때 적의 무리 이기(李箕) · 이광수(李光秀) 등이 말하기를, "전주(全州) 정여립의 집에 가면 삼봉(三峯)이란 자가 있는데, 나이는 60세쯤 되었고 낯빛은 검으며 몸은 비대하다."하였고, 혹자는 말하기를, "삼봉은 나이는 30세쯤 되었고 키는 크며 얼굴은 파리하다."하고, 혹자는 말하기를, "삼봉은 나이는 50세쯤 되었고 수염이 길어 배에까지 드리워졌으며 낯빛은 검고 키는 크며 말할 때마다 기침을 한다." 하였다. (중략)
>
> 이튿날 간원이 아뢰기를, "최영경이 정여립과 편지를 통한 사실을 숨기고 사실대로 공초하지 않았고 또 상종했다는 소문이 있으니, 온전히 석방하는 것은 불가합니다. 다시 국문하여 죄를 정하소서." 하니, 상이 윤허하지 않았다. 이어 하문하기를, "영경이 역적과 상종했다는 소문이 어디에서 발설된 것인가?" 하니, 정언 구성(具宬)이 아뢰기를, "경상 도사(慶尙都事) 허흔(許昕)이 '지난 해 섣달 그믐날 감사 김수(金晬)와 밤에 이야기하였는데 김수가

이런 말을 했다.'고 말하였다는 것을 신이 직접 들었기 때문에 아뢴 것입니다." 하였다. 대사간 이해수(李海壽) 등이 동일한 말로 아뢰니 상이 즉시 윤허하였다. 최영경이 다시 하옥되어 공초하기를, "편지를 통한 일은 기억 착오로 잘못 공초하였으니 만번 죽어도 아까울 것이 없으나, 적과 상종했다는 소문에 대해선 전혀 그런 일이 없습니다." 하였다. 그리하여 허흔을 잡아다 물으니, 과연 김수를 끌어대었다. 김수가 당시 병조 판서였는데 국청이 잡아다 국문하기를 청하자 상이 정원에서 문초하도록 명하였다. 김수가 답하기를, "신이 지난 해 여러 고을을 순행할 때 마침 도사가 유고(有故)하여 밀양 교수 강경희(姜景禧)를 임시 도사로 수행하게 했는데, 경희가 이 말을 신에게 했습니다." 하니, 허흔을 석방하고 경희를 잡아다 국문하였다. 경희는 진주 판관 홍정서(洪廷瑞)를 끌어대었으므로 또 정서를 잡아왔다. 옥사가 만연되어 영경은 오래도록 옥에 갇혀 있게 되었고 또 그 아우가 심문받다가 죽은 것을 애석히 여겨 질병이 생겼다.[323)]

이처럼 기축옥사 에서 남명 문하의 수재였던 최영경의 죽음에 대한 태도에서, 이흡은 간관으로서 적극적으로 나섰다. 이흡은 1573년에 생원이 되고 1582년에는 식년문과에 병과로 급제하여 승문원에 등용된 뒤에 정언과 헌납과 장령 등 의 요직을 지냈다. 1589년 정여립의 모반을 계기로 기축옥사가 일어났을 때는 헌납으로 있었는데, 당시 양사는 서인 일파들이 차지하고 있었기에, 이흡을 위시한 몇몇 간관들이 동인으로서 연루자가 된 최영경을 심하게 국문하다가 옥사하게 하였다고 보았다.

『선조실록』과는 달리, 『선조수정실록』에는 1597년 4월 1일에 〈성균관 유생 최희남이 정철 등에 대한 처벌이 가벼움을 아뢰었다〉는 기록이 있다.

---

323) 『조선왕조실록』『선조 수정실록』 23년(1590) 6월 1일.

"지난 기축년(1589)에 국가가 불행하여 극히 흉악한 역적 정여립이 한 세상을 속여 명류들과 두루 사귀더니, 실직함을 원망하여 문득 불궤(不軌)를 도모해 몰래 도적떼와 결탁했다가 일이 발각되자 자살하고 말았습니다. 온 집안이 주륙(誅戮)되자 귀신이나 사람이나 모두 쾌하게 여겼는데, 다만 평소 조정에서 서로 알고 지내던 사우들이야 그의 뜻을 알았을 리 만무한데도, 분노를 품고 있던 한쪽 사람들이 보복할 수 있는 기회로 여겨 겉으로는 역적을 토멸한다는 명분을 핑계로 해서 몰래 일망타진할 계책으로 거짓을 꾸며 죄에 얽어 들이기에 온갖 방법을 다 동원하였습니다. 그 불여우같은 정상을 신들이 번거롭게 아뢰지 않더라도 성명께서 통촉하신 것은, 이미 최영경(崔永慶)을 포증(褒贈)하신 데서도 나타났습니다. (중략)

항복은 철이 성룡과 약속했다는 말로써 묻고 싶었으나 사체에 구애되어 감히 말을 꺼내지 못하였다. 항복은 항상 '철은 영경을 끝내 털끝만큼도 해칠 생각이 없었고 구원하려는 뜻을 가졌었으며, 후세 공론의 죄인이 될까 두려워하는 기색이 얼굴과 말에 가득하였다.'고 하였다. 그 후 영남의 유생들이 상소하여 '최영경에게 죄를 씌워 죽인 것은 성혼의 죄이다.'고 주장하였는데, 한준겸이 공언하기를 '당초에 철이 영경에게 죄를 씌워 죽였다고 하는 것도 지어낸 말이었는데, 지금에 와서 또 성혼이 죄를 만들어 죽였다고 하니, 고금천하에 어찌 이런 일이 있겠는가.' 하였다고 기록하고 있는데, 이는 준겸의 형 한백겸도 이 옥사에 연루되어 형신을 받고 멀리 귀양을 갔으므로, 준겸은 항상 옥사에 지나침이 많다고 말하였는데도 항복의 기록이 이러한 것은 대개 준겸이 공정한 마음으로 일에 임하여 발언하면서, 형이 잘못 연루되어 죄를 입은 것을 혐의하여 끝내 묵묵히 있지 않은 것을 취한 것이다.

또, 기축옥사에 대하여, 『괘일록』에서는 유홍, 황정욱, 구사맹, 홍성민, 남언경이 정철과 세력을 의지하는 사이라고 했다. 백유함, 구성, 장운익, 황혁, 이흡, 유홍진은 정철의 주구 노릇을 하는 자들이라고 했다. 또, 성로, 이춘영, 송익필, 송한필은 정철의 심복이라고 했다. 성혼과 이이에 대해서는 서인의 영수로서 학자들이 스승으로 삼아서 유학을 일으키는 데는 공이 있으나, 다만 자기와 친한 이에게만 너무 편벽하였기 때문에 정철에게 미혹을 당하여 처음부터 끝까지 정철을 옹비호하였고, 정철도 그것을 믿고 두려워함이 없게 되어 최영경을 죽이기에 이르렀어도 한마디의 말도 하지 않았다고 하였다. 또, 남하정의 『동소만록』에서는 "기축옥사는 송익필이 일으켜서 정철이 완성시켰다. 유유홍 황정욱 구사맹 홍성민이 세력을 떨치고 백유함 구성 장운익 황혁 이흡 유공진은 아랫자리에서 받들어, 성로 이춘영 송인필 송한필은 복심이 되었다."고 하였다.

또, 1594년 5월 19일에는, 〈최영경을 추증하게 하였다〉는 기록이 있다.

> 상인(喪人) 정종명(鄭宗溟)의 상소(上疏)로 인하여 정원에 전교하기를, "최삼봉(崔三峯)에 대한 말은 그때 역적의 공초(供招)에 있었고 정집(鄭緝)은 내가 친히 국문했었는데, 정집의 초사(招辭)에서는【정집은 역적 정여립(鄭汝立)의 조카이다.】이 말이 없었다. 그러나 승지만 알고 있으라. 그리고 최영경(崔永慶)에게는 이미 추증(追贈)하라고 했는데 어찌 가부에 대한 논의가 없는가? 환도(還都)한 직후에 최영경의 처자가 굶주려 죽게 되었다는 말을 듣고 해사에 명하여 양식을 주어 구제하라고 하였는데, 양식을 주어 구제해 주었는지 모르겠다." 하였다. 회계하기를, "비변사 낭청을 불러 대신에게 문의하여 보니 대신이 '당초 전교에는 추증할 것으로 명이 내렸었다.'고 하였습니다. 그리고 이 내용을 대신에게 말했으나 별로 의계(議啓)한 내용이 없으므로 회계하지 않았습니다." 하니, 전교하기를, "그렇다면 정원에서는 당초 살펴서 조처했어야 마땅했을 듯하다." 하였다. 이덕열(李德悅)이 회계하기를, "당초 최영경을 추증하는 일은 좌부승지(左副承旨) 구성(具宬)이 맡았었는데 나가 있습니다. 영경을 추증하는 일에 대해서는 승전(承傳)을 받들게 하는 것이

어떻겠습니까?" 하니, 아뢴 대로 하라고 전교하였다.[324)]

한편, 1609년 12월 23일의 〈정철의 아들 정종명의 상소에 대한 답〉을 보면 다음과 같이 기록하고 있다.

정종명의【정철의 아들이다.】상소에 답하기를, "그대의 상소 내용을 살피건대 부자의 정리로 어찌 이와 같이 하지 않을 수 있겠는가마는, 사건이 선조(先朝)에 있었고, 국가에 공의(公議)가 있으니, 내가 감히 알지 못하겠다. 지금으로서는 조처하기가 어렵다." 하고, 인하여 전교하기를, "자기와 관계되는 신원(伸冤)의 일은 상언(上言)하는 것이 마땅하며 상소(上疏)하는 것은 적당하지 않으니, 규례가 어떠한가를 모르겠다. 정원은 살피도록 하라." 하였다.【전 좌랑 정종명(鄭宗溟) 등이 상소하였는데, 그 대략에, "지난 기축년 겨울에 역적의 변고가 진신(搢紳) 사이에서 나왔을 때 상하가 진실로 몹시 의혹을 가졌는데, 역도(逆徒) 이광수(李光秀) 등을 신문하였을 때에 '정팔룡(鄭八龍) · 길삼봉(吉三峯)을 대장(大將)으로 삼았다.'는 말이 그의 입에서 나왔으며, 또 박연령(朴延齡) · 박익(朴杙)을 신문하니 '길삼봉이 아니고 바로 최삼봉(崔三峯)이다.'라고 하였고, 또 한 사람은 '삼봉은 지리산(智異山) 밑에 살면서 산길을 내어 역적들과 왕래하였다.'고 공초하였습니다. 얼마 있다가 전라 감사 홍여순(洪汝諄)의 서장에 최영경(崔永慶)을 삼봉이라고 하였으므로, 잡아들이라는 명이 처음으로 내렸습니다. 그러자 신의 아비가 즉시 아뢰기를 '양남(兩南)의 감사에게 명을 내려 그가 삼봉으로 호를 삼았는지의 여부를 상세하게 조사한 연후에 거기에 따라 추궁하소서.' 하였으며, 또 탑전(榻前)에서 그 옥사(獄事)는 묘연하게 단서가 없고 또 그가 효도하고 우애하는 명망이 있어 영남의 선비들도 서로 인정하는 자들이 많으니 필시 역모에 참여했

324) 『조선왕조실록』, 선조 27년(1594) 5월 19일.

을 리가 없을 것이라고 진달하니, 선왕(先王)은 온화한 낯빛으로 응답하기를 '내가 그의 형제간에 주고받은 편지를 보니 효도하고 우애하는 마음이 정말 있었다.'고 하셨습니다. 그러다가 그를 대질 신문함에 미쳐 최영경이 스스로 역적들과는 한 장의 편지도 주고받지 않았다고 말했는데 역적이 최영경에게 준 편지 한 장이 그의 집 서적(書籍) 가운데서 나왔으므로, 선왕이 그로 말미암아 하늘의 그물은 넓고 넓으나 악인을 놓치지 않는다는 하교를 내리셨습니다. 그리고 또 최영경의 집안에 '우계 어느날 밤 호랑이를 따라 바람이 이니 오얏나무 뿌리채 흔드는 머리 기른 중이었지' 라는 사운시(四韻詩)가 있었으므로 선왕이 하교하기를 '이것은 틀림없이 최영경의 시이며 극도로 흉악하니 이것을 가지고 우선 추문(推問)하도록 하라.' 하셨는데, 최영경이 대답할 바를 모르고 단지 '신은 본래 시를 잘 모릅니다. 이것은 신의 친구 이노(李魯)가 쓴 것인 듯합니다.' 하였습니다. 그러나 신의 아비가 회계하기를 '이 시는 갑신년 사이에 이름을 숨긴 자의 시로 서울에 전파되었던 것이며 결단코 최영경의 시가 아닙니다.'고 하였으므로, 이 때문에 영경은 형신(刑訊)을 면할 수 있었고 얼마 되지 않아 은명(恩命)이 마침내 내려져 석방되었습니다. 신의 아비가 실제로 음험하게 중상하려는 계략이 있었다면 무엇 때문에 연중(筵中)에서 매우 간절하게 풀어주도록 구원하였겠으며, 최영경이 대답할 수 없었던 것까지 아울러 반복해가면서 분간해 주기를 이와 같이 하였겠습니까. 그리고 말하는 자들은 또 재차 국문해야 한다는 논의가 신의 아비가 사주(使嗾)한 데서 나왔다고들 하는데, 재차 국문해야 한다는 논의는 당초 간원에서 나왔으며 헌부는 멀리 귀양보내야 한다고 논계했었습니다. 그 당시 고 정승 윤두수(尹斗壽)가 이어서 헌장(憲長)이 되었는데, 신의 아비가 즉시 편지를 보내어 논계하는 것이 부당하다는 것을 말하자, 윤두수가 그 논의는 자기에게서 나오지 않았다는 것으로 답을 하였습니다. 신의 아비는 형추(刑推)하라는 명이 있을까 염려하여 소차(小箚)를 갖추고서 기다리는 즈음에 영경이 갑자기 병(病)으로 죽었습니다. 그 당시 문사 낭청(問事郎廳)이었던 이항복(李恒福) ·

홍이상(洪履祥) 역시 보아서 알고 있으며 차자의 초고가 아직도 있습니다. 김우성(金佑成)의 상소에 호남 유생 양천경(梁千頃) 등이 신의 아비의 사주를 듣고 삼봉(三峯)이라는 말을 만들어 내었다고 하였는데, 이는 더욱 이치에 가깝지 않습니다. 역적이 처음 일어났던 초기에 삼봉이란 말은 즉시 원근에 전파되었으니 애당초 양천경에게서 나온 것이 아니었습니다. 신의 아비가 귀양을 간 뒤에 양천경 등이 국문을 당하였는데, 오직 실정을 모두 털어놓도록 하는 것을 한도로 삼았으므로 양천경이 고문을 견디지 못하여 죽는다고 부르짖으며 정신이 어지러운 즈음에 천경을 달래는 자가 있어 말하기를 '대체로 사람을 죽인 데 대한 형률은 주모자와 추종자를 구분하기 마련이니, 네가 만약 정철을 끌어들인다면 사형은 면할 수 있을 것이다.'고 하였습니다. 천경이 그 말을 믿고 마침내 거짓으로 자복하였는데, 이에 지시하고 사주한 일을 신의 아비에게 돌리고 그것으로 죄안(罪案)을 삼았으니, 또한 원통하지 않겠습니까. 그리고 정언신(鄭彦信) 형제가 친국(親鞫)을 당할 때 신의 아비가 정언지(鄭彦智)가 노망하여 대답을 실수했다는 것으로 구원하여, 그들은 형장(刑杖)을 모면하고 변방에 편배(編配)되었습니다. 언신을 재차 국문할 때에는 상이 전후로 속였다고 하여 사사(賜死)하라는 명이 이미 내렸는데, 대신들이 서로 쳐다보기만 하면서 잠자코 감히 한 마디도 말을 하여 구원하지 못하였지만, 신의 아비가 간절한 내용의 계사(啓辭)를 손수 기초하여 조종조(祖宗朝) 및 송조(宋朝)의 일을 인용하여 증명을 하면서 두세 번 반복 계달하여 마침내 언신을 극형에서 건져내 말감(末減)하는 은혜를 입어 이배(移配)되도록 하였습니다. 그리고 이발(李潑) · 이길(李洁) · 백유양(白惟讓) 등이 역적과 더러는 친밀하게 교유하기도 하고 더러는 혼인한 사이가 되어 오고간 편지가 역적의 집안에서 많이 나왔으므로 이 때문에 옥사(獄事)에 연루되어 일이 장차 예측할 수 없게 되었는데, 신의 아비가 '편지를 주고받은 일을 가지고 갑자기 형신(刑訊)을 가하는 것은 아마도 성대(聖代)의 아름다운 일이 아닌 듯합니다.'라고 하면서 조용히 진계하여 처음에는 원도(遠道)에 유배되도록 하였습니다. 내응하기로 되어 있었다는 말이 정집(鄭緝)의 공초에 잇따라 나왔으므로 다시 잡아다 국문하게 되었는데 이발과 백유양은 먼저 죽었고, 이길이 뒤따라 국문을 받는데 하루에 두 차례나 받자 신의 아비가 '이길은 역적의 입에서 세 번이나 나온 이발과는 같지 않습니다. 만약 날마다 형신을 받게 된다면 반드시 목숨이 끊어지는 데 이를 것입니다.'라고 말하였습니다. 선홍복(宣弘福)의 공초에 또 나와 역적으로 법을 결정하라고 명하시자, 신의 아비가 회계하기를 '이발 등이 역적과 친밀하고 사이가 두텁다는 것은 정말 속일 수 없습니다만, 유악(帷幄) 사이에서 정여립(鄭汝立) 같은 역적이 두 사람이나 나왔다는 것은 천지 고금에 없었던 바입니다. 신들의 구구한 생각으로는 감히 이발 · 이길 등이 역적 모의에 반드시 참여하였다고는 알지 못하겠습니다.'라고 하였으므로, 선왕이 심지어 윗사람의 명을 기다리지 않고 일을 독단으로 처리한다는 전교를 내렸습니다. 그러니 신의 아비가 처음부터 끝까지 이 옥사에 대하여 의견을 올린 상황을 여기서 알 수 있습니다. 그리고 정개청(鄭介淸)의 경우는, 그 당시 간관(諫官)이 정개청이 강학(講學)한 것을 명목으로 삼아 논했지만 그가 지은 절의(節義)를 배척한다는 일설(一說)에 절의가 나라를 망하게 한다는 말이 있었으므로 바로 파직하도록 청하였습니다. 그때 마침 역적 집안의 문서 가운데 정개청이 역적 괴수에게 준 편지에 말하기를 '오늘날을 당하여 고명하게 도를 아는 사람으로는 오직 존형 한 사람뿐이다.'라고 하였으므로 이것 때문에 잡아다 국문하면서 절의를 배척한다는 한 가지 단서까지 조사하며 신문할 적에 아울러 집어넣도록 하여 북도(北道)로 귀양 보냈던 것입니다. 신의 아비가 어떻게 그 사이에서 영향력을 발휘할 수 있겠습니까. 그리고 유몽정(柳夢井)의 경우는, 그가 일찍이 고부 군수(古阜郡守)가 되어 많은 관곡(官穀)을 내어 역적이 재사(齋舍)를 짓는 것을 도왔으므로, 언관(言官)이 사실에 근거하여 논핵해서 국문하도록 명하여 형벌을 받게 된 것입니다. 조대중(曺大中)의 경우는, 전라 도사(全羅都事)로 있으면서 역적의 죽음을 듣고는 능성(綾城)의 관사에 있으면서 눈물을 흘렸고 고기를 먹지 않고 채식을 했기 때문에 대간의 탄핵을 입어 나국당하여 형벌을 받게 되었는데 조대중이 시 한 구절을 추국하는 자리에 올리기를, 지하로 비간을 따라갈 수 있다면 지금 웃음을 머금고 슬퍼하지 않으리 라고 하였으므로 이 때문에 죽임을 당했던 것입니다. 그 당시의 위관(委官)은 심수경(沈守慶)이었는데 이것이 어찌 신의 아비가 알 바이겠습니까. 그리고 이발의 노모와 어린 자식이 서로 잇따라 사형된 것을 사람들이 모두 원통하다고 일컫는데, 그 당시 신의 아비는 위관에서 체임된 지 이미 오래였으며 유성룡(柳成龍) · 이양원(李陽元)이 서로 잇따라 위관이 되어 그들의 사형을 좌시하면서 끝내 구원하는 한 마디 말도 하지 않았으니, 대사간 홍여순(洪汝諄), 집의 김륵(金玏), 형방승지 이정험(李廷馦)이 그 좌석에 함께 있었으므로 분명하여 엄폐할 수 없습니다. 그런데 지금에는 그 옥사를 신의 아비에게 떠넘기니 또한 원통하지 않겠습니까. 신들이 가만히 생각건대, 최영경은 한때 임하(林下)의 명망이 있었는데 영어(囹圄)에서 횡액으로 죽었으니 만약 바로 그 사실을 열거하여 신원을 요구하였다면 한때의 의논 또한 매우 유쾌하게 여겼을 것입니다. 그런데 지금은 그렇게 하지 않고 신의 아비가 극력 구원한 자취가 이와 같이 명백한데도 교묘히 가리고 덮어서 기필코 억지로 없는 일을 만들어 실상이 아닌 죄를 더하려고 하니, 성명(聖明)의 세대에서 원통함을 품은 바가 어찌 끝이 있겠습니까. 삼가 성명께서 관대히 용납하시고 가련하게 여겨 살펴주소서." 하였다.[325)]

『조선왕조실록』의 기축옥사 기록과는 서인 측의 시각을 반영한 『선조수정실록』에서는 최영경이나 이발의 노모 죽음 문제에 대해서는 정철에 대해 우호적인 기술을 하고 있다. 예를 들면, 『선조수정실록』의 1589년 10월 1일 한준 등이 정여립의 모반에 대한 다음과 같은 변서를 올렸다.

325) 『조선왕조실록』, 광해군 1년(1609) 12월 23일.

황해도 관찰사 한준(韓準), 재령 군수(載寧郡守) 박충간(朴忠侃), 안악 군수(安岳郡守) 이축(李軸), 신천 군수(信川郡守) 한응인(韓應寅) 등이 변서(變書)를 올려 '전 수찬 정여립이 모반한다.'고 하였는데, 여립이 망명(亡命)하였다.

당초 여립이 왕의 견책을 자주 입고 호남 금구현(金溝縣)으로 달아나서 전주에 거주하기도 하였고 김제(金堤) · 진안(鎭安)의 별장을 왕래하였다. 조정에서 그가 퇴휴(退休)하는 것을 애석히 여겨 논천(論薦)이 서로 잇따라 매양 청망(淸望)에 주의(注擬)하였으나 상이 끝내 윤허하지 않았다. 여립이 본디 발호(跋扈)하는 뜻이 있었는데 억누름이 심하게 되자 배반하려는 모의를 더욱 펴게 되었다. 이에 강학(講學)을 가탁하여 무뢰배를 불러모았는데, 무사와 승도(僧徒)들도 그 가운데 섞여 있었다. 호강한 세력으로 남의 재물을 함부로 강탈하여 전원(田園)을 광대하게 점유하고 나서 또 주군(州郡)에 구청하여 조금만 마음에 만족하지 않으면 곧 대관(臺官)에게 부탁하여 공격 모함하니, 복종하여 따르는 자가 문을 메웠고 선물과 증유(贈遺)가 뜻에 차지 않음이 없었다. 그러므로 그 자산이 실로 관가(官家)와 같았는데 이것으로 몰래 무리들을 길렀다. 이때 국가가 군정(軍政)이 문란하고 재력이 탕갈되었는데, 해마다 흉년과 재변이 들고 도적이 간간이 일어났다. 민간에서 항상 일족과 이웃의 군포(軍布)를 징수하는 것을 괴롭게 여기고 또 북계(北界) 백성을 쇄환(刷還)하는 소요가 있었다. 여립이, 백성이 반란을 생각하는 조짐이 있는 것을 보고 드디어 그들과 반란을 도모하기로 결의하였다. 또 해서(海西)는 풍속이 완악(頑惡)한데다가 일찍이 임꺽정(林巨正)의 난리가 있음을 보고 황해 도사(黃海都事)가 되기를 청하였으나 이루지 못하였다. 이에 안악(安岳) 사람 변숭복(邊崇福) · 박연령(朴延齡), 해주 사람 지함두(池涵斗) 등과 몰래 서로 교결하여 돌려가며 꾀니 응하는 자가 수백 명이나 되었다. (중략)

여립은 잡술에 두루 통하여 감여(堪輿)와 성기(星紀) 등에 관한 서적을 중국에서 사다가 무리들과 강설(講說)하였고 국가에 장차 임진 왜변(壬辰倭變)이 있을 것을 알고 때를 타고 갑자기 일어나려 하였다. 그리하여 이웃 고을의 여러 무사, 공사천(公私賤)의 장용(壯勇)한 사람 등과 대동계(大同禊)를 만들어 매월 15일에 한 곳에 모여 활쏘기를 겨루고 주식(酒食)을 장만하여 즐기면서 말하기를, "활쏘기란 육예(六藝) 중의 하나이니, 남자로서 마땅히 학습해야 한다." 하였다. 그러므로 수학(受學)하는 문인은 모두 활쏘기를 익히는 것을 업으로 삼으면서 모두들 말하기를, "우리 동방의 선유(先儒)들은 예학(禮學)만 알뿐이었는데, 사예(射藝)를 가르치는 것에 이르러서는 오직 우리 선생이 있을 뿐이다." 하였다. (중략)

수십 년 전에 천안(天安)의 사노(私奴) 길삼봉(吉三峰)이란 자가 용맹이 뛰어나 하루에 3백~4백 리를 걸어다녔는데 그대로 흉포한 도적이 되었다. 관군이 매양 체포하기 위해 엄습하였으나 그때마다 탈주하였으므로 이름이 국내에 자자하였다. 여립이 지함두(池涵斗) 등으로 하여금 해서 지방에 말을 퍼뜨리기를, "길삼봉 · 삼산(三山) 형제가 신병(神兵)을 거느리고 지리산으로 들어가기도 하고 계룡산으로 들어가기도 한다." 하고, 또 말하기를, "정팔룡(鄭八龍)은 신용(神勇)한 사람으로 마땅히 왕이 되어 계룡산에 도읍을 정할 터인데 머지 않아 군사를 일으킬 것이다." 하였다. 팔룡은 곧 여립의 환호(幻號)인데, 실정을 모르는 자들은 다른 사람으로 알았다. 해서 지방이 바야흐로 임꺽정의 난을 겪었는데 여립의 요언(妖言)을 듣게 되어서는 백성들과 관리들이 두려워하여 모두 군장(軍裝)을 예비하고 급경(急警)에 대비하였다. 그런데 여립의 도당들도 그 사이에 섞여서 또한 변고에 대비한다는 것을 명분으로 삼아 앞을 다투어 병기를 수리하였는데, 실정을 모르는 자는 도적을 방어하기 위한 것으로 여겼다.(중략) 이에 사람들이 분울(憤鬱)하여 상소하여 논박하기에 이르자 상의 노여움을 크게 격발시켰다.[326)]

1594년 5월 1일에는, 권유가 최영경의 죽음을 정철 탓으로 돌리니, 정종명

326) 『조선왕조실록』, 『선조수정실록』 선조 22년(1589) 10월 1일.

이 아비의 무고함을 아뢰는 상소를 다음과 같이 올렸다는 기사가 있다.

영남 사람 권유(權愉)가 상소하여 고상(故相) 정철(鄭澈)이 최영경(崔永慶)을 억울하게 얽어넣어 죽였다고 하니, 정철의 아들 정종명(鄭宗溟)이 상소하여 신리(伸理)하였는데, 그 대략에, "삼가 생각건대, 신의 아비는 지난해에 명을 받아 중국에 갔다가 돌아온 뒤, 병부(兵部)의 제본(題本)이 크게 사실과 달랐기 때문에 즉시 상소하여 스스로 진술하였습니다만 잇따라 대간의 탄핵을 입고 기현(畿縣)에서 대죄(待罪)했었습니다. 그러던 중 삼가 은유(恩宥)를 입어 단지 추고(推考)만 하도록 명하셨습니다. 이에 신의 아비는 다시 함답(緘答)을 기초(起草)하여 부경(赴京)한 후 병부에 정문(呈文)해서 왜적이 아직도 우리 국토를 점거하고 있음과 입비(立碑)하여 경계(境界)를 정한 일은 애당초 있지도 않았다는 점 등을 변정(辨正)한 일에 대해 한두 가지 곡절을 차례로 진술했으나 함사(緘辭)에 채 대답하기 전에 병을 얻어 죽었으므로 마침내 임금에게 알리지 못했었습니다. 그런데 이번에 또 듣건대, 전(前) 현감(縣監) 권유가 상소하여 '산림(山林)의 선비가 옥중에서 억울하게 죽었으니, 이는 간신(姦臣)이 감정을 품고 기회를 이용해서 모함에 빠뜨렸기 때문이다.'고 하자, 상께서 권유에게 하문하시니 최영경(崔永慶)의 죽음은 신의 아비로부터 나왔다는 말로 대답했다고 합니다. 신은 놀랍고 두려워 넋이 다 빠져나가며 억장이 무너지는 듯합니다."

지난 을유년 간에 역적 정여립(鄭汝立)이 연중(筵中)에서 신의 아비를 배척하여 신의 아비가 이로 인해 관직을 떠나게 되었는데, 여립의 당인(黨人)들은 모함하고 배격하고 비방하는 논의를 마구 일으켰습니다. 신의 아비는 그때 기외(畿外)로 내쫓기어 초야에 엎드려 있게 되었었습니다.

그로부터 5년이 지난 후, 여립이 복주(伏誅)되고 잔당이 체포되자 신의 아비가 명을 받고 옥사를 다스리게 되었는데, 이른바 당시의 명류(名流)로서 여립과 더불어 교유한 사람 중에 적당(賊黨)의 초사(招辭)에 이름이 나와 죄를 입게 된 자들이 상당히 많았습니다. 이 때문에 원망이 모두 신의 아비에게 쏠려 중상할 것을 생각하여 못하는 짓이 없었습니다.

신묘년에 이르러 화(禍)가 일어나자 삼사(三司)가 잇따라 탄핵을 하면서 인신(人臣)으로서 저지를 수 없는 극악한 죄와 차마 입에 담을 수 없는 일을 장황하게 꾸며내고 온갖 방법으로 교묘하게 짜맞췄는데, 마침내 영경의 죽음도 신의 아비한테서 나왔다고 하며 기어이 죽이고야 그만두려 했습니다. 그러나 다행히 성덕(聖德)이 위에서 덮어주심을 힘입어 목숨을 보전하게 되었으며, 그로부터 채 1년이 되지 않아 은지(恩旨)로서 사환(賜還)하셨으니, 천지(天地)처럼 망극한 은혜에 대해 피눈물만 흘릴 뿐 어찌 말로 표현할 수 있겠습니까. 영경의 일에 관하여 말씀드리자면, 신의 아비는 안옥(按獄)할 적에 연중(筵中)에서 근거없는 얘기라서 끝내 상고할 만한 단서가 없다고 두 번 아뢰었으며, 상께서 영경이 어떤 사람인지를 물으시자 신의 아비는 영남의 유명한 사류(士類)라고 우러러 진달하였으며, 상께서도 신의 아비에게 '내가 그의 형제간의 서찰을 보건대 효우(孝友)하는 것이 있었다.'고 말씀하셨습니다. 이로써 보면 임금의 마음에 주살(誅殺)하려는 뜻이 없었던 것인데, 신의 아비 또한 그 사이에 어찌 일찍이 함해(陷害)한 적이 있었겠습니까. 영경의 가중(家中) 문서(文書)에 사운시(四韻詩)가 있었는데, 성교(聖敎)가 '이것은 필시 영경의 시(詩)일 것이다.' 하고 드디어 끝까지 추국할 것을 명했었습니다. 그러나 영경은 대답할 바를 모르고 다만 '나는 시를 지을 줄 모른다. 이것은 필시 나의 벗인 모인(某人)이 지은 것일 것이다.'고 하였는데, 신의 아비가 회계하기를 '이 시는 갑신년 간에 익명서로 서울 안에 전파되어 신도 과거에 들은 적이 있으니, 결코 영경의 시가 아니다.'고 했습니다. 이는 영경이 대답하지 못하자 신의 아비가 말해 주었던 것이니, 이로써 살펴보면 신의 아비는 영경에 대해서 죽이려는 마음이 없었을 뿐만이 아니라 구해주려는 마음이 있었다 하겠습니다. 상란(喪亂)이 일어나기 이전의 추안이 신의 아비에게 갖추어 있으니 실로 만약 일언(一言) · 일사(一事)라도 해가 영경에게 미쳤다면, 그때의 삼사(三司)가 반드시 그 일을 가지고서 신의 아비를 논죄하였을 것입니다. 어찌 말할 수 있는데도 말하지 않고서 신의 아비를 두둔해 줄 리가 있었겠습니까. 이미 그런 일이 없는데도 기필코 무함하려고 '영경이 재차 수금(囚禁)된 일은 모(某)가 사주해서 그렇게 되었다.'고 하니 어찌 너무도 원통한 일이 아니겠습니까. 아, 서로 두 마음을 품고 정의(情意)가 어긋난 나머지 사람을 의심하여 하지 않은 일을 덮어씌워 무함하고 죄를 준다면, 천지간에 가득한 원통함을 품고도 스스로 밝힐 길이 없으니 어찌 원통하지 않겠습니까.

신은 듣건대 기축년 10월 정국(庭鞫)할 적에 역적 정집(鄭緝)의 초사(招辭)에 '길삼봉(吉三峯)이 아니고 바로 최삼봉(崔三峯)이다.'고 하였고, 또 한 사람의 초사에 '지리산(智異山) 아래에 살면서 여립과 더불어 산 지름길로 왕래한다.'고 하였으며, 또 한 사람의 초사에 '삼봉(三峯)은 언제나 여립의 상석(上席)에 앉았다.'고 했는데, 세 사람의 말이 합하여 하나가 되었다고 합니다. 그리하여 서울에 유언 비어가 크게 떠돌아 사람마다 모두 영경이 삼봉이라고 의심하였는데, 얼마 후에 전라 감사 홍여순(洪汝諄)이 서장을 올려 '영경이 삼봉임은 의심할 것이 없다.'고 한 말이 중외(中外)에 유포되었으므로 마침내 다시 옥사를 그만둘 수가 없게 되었던 것입니다. 그렇다면 역적의 초사나 세간에 떠들썩하게 전해졌던 얘기들이지 신의 아비에게서 나오지 않았다는 것 또한 누구나 알 수 있는 일입니다.

또 영경의 초사에 스스로 '적과 더불어 한 통의 편지도 주고 받지 않았다.'고 하였는데, 그 편지 가운데 역적이 영경에게 두류산(頭流山)에서 만나자고 약속하는 내용으로 보낸 편지가 하나 있었습니다. 이 때문에 군정(群情)이 크게 의심하고 국언(國言)이 갈수록 심해지니 상께서 '천망(天網)이 크고 넓으나 죄는 감출 수 없다.'고 전교하셨습니다. 신의 아비가 만약 이런 때에 영경의 가죄(加罪)를 계청했더라면 영경은 뇌정(雷霆)의 위엄 아래에서 반드시 가루가 되었을 것인데 신의 아비가 이때에도 그런 말을 하지 않은 것을 보면 신의 아비가 영경을 죽일 마음이 없었음을 더욱 잘 알 수 있습니다. 영경이 이미 풀려난 후 대간(臺諫)이 그 일을 근거로 논박하자 상께서 말의 출처를 하문하셨습니다. 이에 간원(諫院)에서는 '경상 도사(慶尙都事) 허흔(許昕)에게서 들었는데, 허흔은 감사(監司) 김수(金睟)에게 들었고, 김수는 밀양 교수(密陽敎授) 강경희(康景禧)에게 들었으며, 강경희는 진주 판관(晋州判官) 홍정서(洪廷瑞)에게 들었고, 홍정서는 진주의 품관(品官)인 모인(某人)에게 들었다.'고 대답했으니, 대개 그 말은 영경이 살던 고을에서부터 발설된 것이었습니다. 설사 신의 아비가 권유가 말한 것처럼 근거없는 말을 인하여 기필코 죽이려 했더라도, 김수를 포함한 여러 사람들이 어찌 신의 아비의 명을 들어 남에게 헤아리지 못할 죄를 가하려 했겠습니까. 더구나 온 도내(道內)의 인심이 신의 아비를 허여하지 않았던 상황에서 신의 아비의 구함(構陷)하려는 밀계(密計)를 듣고 그러한 설을 유행시켜 평소 경복하던 현사(賢士)를 죽이려고 했겠습니까. 결코 그럴 수는 없을 것입니다.

무진년 간에 신의 아비가 영경을 만나고 싶어하였는데 영경이 허락하지 않자 마음속에 유감을 품었다고 권유는 얘기했는데, 이는 더욱 사리에 가깝지 않은 말입니다. 동서(東西)의 설(說)이 한번 일어나고부터 영남 사람들은 모두가 신의 아비를 허여하지 않았으니, 신의 아비를 미워했던 자가 영경뿐만이 아니었을 것입니다. 또 신의 아비가 서울에 있으면서 청관(淸官)이 되었을 무렵에는 영경은 명망이 아직 드러나지 않아 사람들이 이름도 몰랐는데 신의 아비가 영경에게 무엇을 흠모하여 만나려고 했겠습니까. 그리고 영경의 명성이 갑자기 드러나게 되었을 적에는 취향과 논의(論議)가 이미 배치되어 만날 수가 없었습니다. 신의 아비가 영경에 대해서 이미 교제를 원하는 마음이 없었고 또 한 번도 면식이 없는데 평소 은원(恩怨) 관계라고 할 만한 것이 뭐가 있겠습니까. 그러므로 영경이 국문을 받으며 동서(東西)의 일을 많이 끌어다 댔으나 신의 아비와 감정이 있었다는 말은 한 마디도 상문(上聞)한 적이 없었고, 삼사(三司)가 신의 아비를 청죄(請罪)할 적에도 그런 말은 언급하지 않았습니다. 그런데 권유가 비로소 그런 말을 하여 영경에게 가탁함으로써 그 말이 사실인 것처럼 하니 어찌 무함하는 것이 아니겠습니까. 설사 신의 아비에게 조그만 원한도 기필코 보복할 마음이 있었다 하더라도, 신의 아비는 풍도가 준절하였던 까닭에 남과 어울리는 점이 적어 동서의 당화(黨禍) 때에 더욱 뭇사람의 공격을 당해 일찍이 조정에서 하루도 편안한 적이 없었습니다. 따라서 이런 일로 원한을 품었다면 어깨를 견주었던 고관들은 누구라서 보복할 혐의가 없는 자가 어디 있었겠습니까. 바야흐로 위관(委官)이 되었을 적에 그런 마음으로 옥사를 다스리려고 했다면 무서운 형벌 아래 어찌 사사로운 원한을 갚을 데가 없었겠습니까. 이를테면 정언지(鄭彦智) · 이발(李潑) · 백유양(白惟讓)의 옥사 때 신의 아비가 한 번도 모함하는 말을 한 적이 없었다는 것은 성상께서도 잘 알고 계시는 바입니다. 신의 아비는 옥사를 다스릴 적에 평서(平恕)한 자세로 정성을 다하여, 면류(冕旒)의 아래에 알려 품재(稟梓)한 뒤라야 행하였으며, 성은(聖恩)이 백성을 불쌍히 여겨 억울한 죄를 풀어준 경우 또한 많았습니다. 그런데 권유가 '원망을 국가에 돌렸다.'고 하니, 도대체 무슨 심사인지 모르겠습니다.

신은 삼가 생각건대 왕옥(王獄)은 사체가 지극히 중하므로 어떤 평범한 죄인도 반드시 형추(刑推)를 계청(啓請)하는 것이 구례(舊禮)로 되어 있습니다. 신의 아비가 정말 죽이려 했다면 영경이 어떤 죄목인데 어찌하여 전례에 따라 엄형을 청하여 마음에 달갑게 보복하지 않고 도리어 신리(伸理)하려고 사설(辭說)을 허다히 소비했으며, 또 이미 방사(放赦)된 후에도 다시 대간(臺諫)에 부탁하여 남의 힘을 빌어서 했겠습니까. 언자(言者) 중에 그때의 일은 모두 신의 아비에게서 나왔다고 말하는 자가 있는데, 이 또한 그렇지 않습니다. 김천일(金千鎰)은 신의 아비와 친구 사이이고, 신의 아우는 또 그의 사위가 됩니다. 천일이 학행으로 세상에 알려져 수원(水原)에 수령으로 나갔다가 탐오(貪汚)하다는 대론(臺論)을 입고서 파직되어 돌아왔는데, 신의 아비는 구할 만한 처지에 있었으면서도 천일을 구하지 못했습니다. 더구나 대간을 사주하여 성사하기 어려운 일을 지어 낼 수 있었겠습니까.

그 당시 양사(兩司)가 논한 것은 단지 소문을 근거로 말한 것에 불과합니다. 그러므로 신묘년에 대간을 추후로 논핵하여 그들의 직책을 삭탈하자고 청하니, 성교(聖敎)에 '언관(言官)으로서 이미 이런 말이 있음을 들었다면 논하지 않을 수 없었을 것이다.'고 하셨습니다. 이는 또한 성상께서 이미 통촉하고 계신 일이니, 신이 어찌 감히 군더더기 말을 붙이겠습니까. 만약 신의 아비가 영경에게 원한을 품어 기필코 보복하고자 했다면 발언하고 행사하는 동안에 정적(情迹)을 감추기 어려웠을 것이니, 함께 추국했던 관원들이 어찌 모를 리가 있겠습니까. 신이 아무리 아비를 위해 숨기고 상을 속이려 해도 될 수 없는 일입니다. 신의 아비는 본디 행적이 외롭고 위태로운데 성명(聖明)을 만나 뭇사람에게 버림을 받은 상황에서 발탁되어 삼사(三事)의 중책에 임명되었으므로 평생토록 그 은혜 갚기를 도모하여 혈성(血誠)만을 지니고 있었습니다. 그러다가 명을 받아 옥사를 다스리면서 시의(時議)에 크게 거슬리어 하마터면 죽음을 면하지 못할 뻔했습니다. 그리고 신의 아비가 양호(兩湖)를 체찰(體察)할 당시에 권유의 무례한 죄를 다스렸었는데, 신의 아비가 이미 죽고 난 뒤에 와서 추후로 거리낌없이 무망(誣罔)하는 짓을 하여 작은 원한 때문에 큰 죄를 얽어내려 한단 말입니까. 천일(天日)이 위에 계시니 처음부터 헤아릴 수 없는 그들의 마음을 어찌 아실 수 있겠습니까.

신이 초토(草土)의 미천한 몸으로 어찌 감히 우러러 천청(天聽)을 번독케 하겠습니까마는 단지 신의 아비의 원통함이 아직 밝혀지지 않았으므로 하는 수 없이 본말과 시종을 갖추어 말씀드립니다." 하였다. 소장이 올라오니 아직 판하하지 않고 상이 정원에 전교하기를, "최삼봉(崔三峯)이라는 말이 그 당시 역적의 초사(招辭)에 나왔던 것 같다. 그러나 정집(鄭緝)은 내가 직접 국문하였는데 이런 말이 없었던 듯하다. 승지만 알고 있으라." 하였다. 이에 대사헌 김우옹(金宇顒), 장령 심원하(沈源河)·기자헌(奇自獻), 지평 박승종(朴承宗), 대사간 이개(李概), 사간 이상의(李尙毅), 헌납 최관(崔瓘) 등이 드디어 정철을 추가로 죄주어야 한다는 의논을 일으켰다. 정언 박동열(朴東說)만은 혼자서 피혐(避嫌)하여 아뢰기를, "정철이 최영경을 신구(伸救)했다는 말이 모두 근거할 만한 데가 있으니 핍박하여 정죄(定罪)하는 것은 마땅하지 않습니다." 하였는데, 이개 · 김우옹 등도 피혐하여 아뢰기를, "정철은 영경에 대해 실로 겉으로는 도와주는 체하고 속으로는 억제했습니다." 하였다. 동열은 체직되었고 양사(兩司)가 철의 관작을 추후로 삭탈할 것을 청하니, 상이 이르기를, "이런 때에 이러한 논의를 하는 것은 소요스럽다. 윤허하지 않는다." 하였다. 여러 차례 아뢰다가 잠시 정지하였다.[327]

이런 역사적 기록들을 근거로 삼으면서, 작가 허균은 홍상직의 아들인 제1 홍길동을 핵심 모델로 삼으면서, 허균 자신의 이념을 비롯하여 병조판서 시절의 율곡의 강병론, 자신의 호인 교산을 지은 근원이 된 임꺽정과 교문암, 기축옥사에 연루되어 고통을 받을 뻔한 임진왜란의 의승장 사명대사 등을 복합소재 삼았다. 「홍길동전」에서 주인공 홍길동은 활빈당 정신을 지닌 조선 병조판서가 되어, 해외로 진출하여 율도국의 왕이 되는 서사 전개를 통해 자연스러운 적서 차별의 극복과 더 나아가 정여립의 대동세상을 성리 도심에 근거한 민중영웅의 일대기로 펼쳐보였다.

3-3. 1612년 전라도 부안 창작설의 평가

(1) 국문학계의 통설로 본 1612년 창작설의 근거

정주동은 『홍길동전 연구』[328]에서 허균이 「홍길동전」을 창작한 시기를 막

327) 『조선왕조실록』, 선조(수정실록) 27년(1594) 5월 1일.

328) 정주동, 『홍길동전 연구』, 문호사, 1961, 97~98쪽.

연히 광해조라 하는 것을 벗어나 다음과 같이 창작 시기를 선조 40년인 1607년부터 광해 5년인 1612년 4월 사이라고 구체적으로 추정하였다.

> 대체 「홍길동전」을 허균이 지었다 할 것 같으면, 그의 출사 전 곧 선조 30년까지, 출사 후 선조 40년까지, 선조 41년부터 광해 5년 4월까지, 광해 5년 5월 후부터 광해 10년 피주시까지로 나누어 생각해 볼 수 있다.
>
> 1기는 수학시대로, 자용분주한 생활을 하면서 그 선생인 서류 이달로부터 영향받고, 고금 소설을 탐독하는 가운데 천재적 풍부한 상상력은 자기가 잘 알고 있는 경상도를 배경하여 만들었으리라 보겠고, 2기는 관로생활의 불리를 틈타서, 4기는 자기가 동정한 칠인서류들이 죽음을 앞에 두고도 자기에게 연루시키지 않고 늘 잊지 못하여 고혼을 위로코자 지은 것이라고 볼 수 있다. 그러나 이는 7인 서류 역모가 탄로되자 균이 생에 대한 불안감에서 애써 대북파에 투탁한다든지, 또 서옥 이래 이의 뿌리를 빼기 위하여 역모의 근원인 인목대비의 폐모를 주창하는 알방 대북 일파들은 역모와 관련이 있는자 또는 자기들의 비위에 맞지 않는 자들을 역모와 관련시켜 모사하려고 혈안이었으며, 일반민도 공상을 얻기 위하여 자주 위옥을 일으킬 때라 하감생심으로 서역의 서 자도 입 밖에 낼 수 없는 때다.
>
> 특히 균은 서옥 이래 그의 죄상이 드러날가 긍긍하고, 자기와 관계 있는 자들이 죽음으로 방심할 수 없었다 하니, 광해 5년 이후에 균이 「홍길동전」을 지어 자초지화를 갖게 할 우는 범하지 않았을 것이다. 그러면 제3기 곧 선조 40년부터 광해 5년 4월 사이에 제작되었으리라고 봄이 가장 타당할 듯하다.[329)]

나손 김동욱은 이러한 정주동의 견해를 수용하면서, 더 구체적으로 1612

329) 정주동, 『홍길동전 연구』, 문호사, 1961.

년인 광해군 4년에 창작한 것으로 범위를 좁혀서 창작 연대를 추정하였다.

> 교산 허균이 생장한 16세기는 양반계급 사이의 정치적 경제적 모순이 표면화하기 시작한 시대이다. 사화에서, 당쟁으로 양반계급의 자기 계급에서의 모순은 격화되고, 건국 기의 서얼금고(庶孼禁錮)의 법으로 말마암아 정치현실에의 참여의 길이 막힌 서얼들이 새로운 반항적 불평세력으로 대두하려고 했다. 급기야 임란 중에는 서민계급에 대하여 감언이설(甘言利說)로 꾀어 전선의 대열에 서게 했으나, 그 약속을 저버린 위정자의 처사 때문에 새로운 문제가 생기던 시기에 16세기는 막을 내렸다. 이런 직후인 17세기 초의 1612년에 허균에 의해 「홍길동전」은 창작되었다."[330]

또, 허경진은 창작 시기에 대하여, 1612년 8월 9일, 조정의 후원자였던 큰형 허성이 세상을 떠났다. 가장 가까운 친구 권필이 광해군을 풍자하는 시를 지었다가 매를 맞아 죽었고,[331] 12월에는 왜국의 동정을 명나라에 아뢰는 진주사가 되었지만, 이튿날 갈렸다. 이 해에 「홍길동전」을 지은 것으로 추정하였다. 이처럼 허균은 전라도 함열현에 유배를 당했다가 그곳에서 해배 후에도 몇 해 동안 인근한 부안에 머물고 있었을 때에, 「홍길동전」을 창작하게 되었다는 것이 일반적인 견해이다.

허균은 42세 되던 1610년에 명나라에 파견되는 천주사가 되었으나 병을 얻는 바람에 맡지 못하고 4월 천추사를 사퇴했다가 탄핵을 받고 의금부에 끌

---

330) 김동욱, 「홍길동전의 국내적 소원」, 『이숭녕박사송수기념논총』, 1968. 33쪽.

331) 광해군, 4명(1612) 11월 28일, "권필이 시를 지어 비난하기를 "가령 과거에 사정을 썼다 하더라도, 아들 · 사위 · 동생보다는 생질이 그래도 죄가 덜한데, 허균만 이 죄를 받게 하다니, 세간에서 과연 공도(公道)는 행하기 어렵구나[假令科第用私情子壻弟中姪最輕獨使許筠當此罪世間公道果難行]"라고 하였다."

려갔다. 다시 10월에는 나주목사에 임명되었지만 곧 취소되었다. 그는 1610년 가을에 과거시험 감독관으로 참여하였다가, 시험 부정 사건으로 연루되어 함열로 유배를 가게 되었다. 즉, 허균은 1610년 10월 전시의 대독관의 한 사람이 되어 과거 답안지를 채점하면서, 자신의 조카와 조카사위를 합격시켰다는 혐의로 사헌부에서 탄핵당하여, 의금부 옥에서 42일 동안 갇혀 지냈다. 자신이 하고 싶었던 일을 하고서 무서운게 없었으므로, 그는 오히려 마음이 담담해졌다. 지옥과 천당을 가리지 않고 자기의 몸이 어디에 있던지 극락정토로 여겼으니, 몸을 얽어맨 오랏줄쯤이야 조금도 부끄러울 게 없었다. 세상에서 돌아가는 여론도 겁날 게 없었다. 허균은 의금부 감옥에 갇혀 있는 동안 일생에서 가장 뼈아픈 경험을 했다. 여러 동료 고관들 앞에서 곤장을 맞아야 했고, 전라도 함열현으로 귀양도 가게 되기도 했으며, 봉건적인 조선 사회에서 이 정도의 형벌쯤이야 아무것도 아니었지만, 허균으로선 처음으로 겪는 비인간적이고도 치욕스런 형벌이었다.

그가 윤익명에게 보낸 다음과 같은 편지에 이러한 사연이 나타나 있다.

> "나의 불행은 사대부로서 수치스럽게 여길 일입니다. 그러나 무신년(1608) 4월에 형이 당했던 액운이 아비규환 지옥이라면, 내가 겪는 치욕은 평온한 인간 세계와 같습니다. 그 차이가 어찌 천 유순(由旬)만 되겠습니까? 그런데 형께서 고맙게도 무명 세 필을 재빨리 곤장 치는 형리에게 주셨으니, 이 은혜를 어찌 잊을 수 있겠습니까? 다만 옥리들이 못살게 구니, 임금의 뜻을 해아리기 어렵습니다. 남은 인생은 고향에 돌아가서 살기만 해도 다행이겠습니다."[332]

윤명익은 예전에 곤장을 맞아봤기에, 곤장이 얼마나 아프고 치욕스러운

---

332) 경술년 12월에.

형벌인지 알고 있었다. 그래서 친구의 아픔을 덜기 위해서, 형리에게 뇌물을 써서 덜 아프게 때리도록 부탁했다. 그래도 난생 처음 곤장을 맞는 허균으로선 뼈아픈 형벌이었다. 그의 아픔은 다른 친구 정응운에게 보낸 편지에서도 절실하게 나타난다.

> "저의 옥사는 거의 끝났습니다. 원통함을 안고서 심문을 받았으니, 하늘이 어둑해지고 해가 캄캄해지는 듯했습니다. 그 때문에 울다가 지쳐서 피눈물이 흘렀습니다."[333)]

이처럼 허균은 11월 사헌부와 사간원에서 수십 차례 탄핵받고 42일간 의금부에 갇혀 지내다가 그해 12월 전라도 익산군 함열현으로 유배를 가게 되었을 때, 허균이 귀양 떠나던 날에 벗들이 술과 안주를 가지고 나와서 위로해주었고, 어떤 이는 시를 지어주며 함께 슬픔을 나누기도 하였다. 그는 1611년 1월 15일에 함열에 도착했다. 유배지에 간 뒤에도 양사를 비롯해서 재야 각처에서 그의 위리안치 등을 원하는 탄핵과 비난이 계속되었으나 그가 북인 당원인 탓에 무사하였다. 그는 귀양 왔다지만, 당상관까지 올랐던 실력자인데다 형이 아직도 판서로 있었기에 힘들지 않는 귀양살이를 했다. 현감 한회일이 연어알을 비롯한 토산품을 자주 보내주었고, 이웃 고을인 용안의 현감까지도 음식물을 보내주었다. 한회일은 기생들을 데리고 찾아와 위로하기까지 했다.

1610년 11월에는 임금 앞에서 열리는 과거의 시관으로 임명되었다. 그러나 조카와 조카사위를 급제시켰다는 혐의로 탄핵되는 처지가 되었다. 즉, 왕실에서는 선조의 위패를 종묘에다 합해 모신 일과 세자의 책봉과 입학, 그리고 관례를 행하는 네 가지의 경사가 있었기에 별시를 베풀었다. 이 전시의

---

333) 경술년 12월에.

명관은 좌의정 이항복과 대제학 이정구였으며, 시관은 박승종이었고, 대독관은 조탁, 이이첨, 홍서봉, 허균, 이덕형이었다. 그런데 이 과거에는 시관의 아들, 조카, 사돈, 등 친척들이 대거 응시했다. 사실 급제할 능력이 있었던 허균의 조카인 허성의 아들 허보와 조카사위 박홍도가 이 과거에 응시했으며, 박승종의 아들이자 이이첨의 사위인 박자홍도 있었다. 원래 응시자 가운데 친근한 사람이 있으면 시관은 다른 시험 장소로 옮기든지 그만두게 하는 법이 있었지만, 잘 지켜지지 않았기에 이들은 모두 급제했다. 이것이 곧 소문이 났고, 여론의 화살은 허균에게 쏠려, 그가 사사로운 정에 따라 마음대로 합격시켰다는 비난이 일었다. 비판하기 좋아하는 사람들은 이를 두고 '아들 사위 아우 조카의 방'이라고도 했고, '문중과 동네는 사돈집의 경사자리인데, 산골 중이 또 어떻게 참여했겠느냐'고 비웃기도 했다.

허균은 1610년 10월 전시의 대독관의 한 사람이 되어 과거 답안지를 채점하면서 자신의 조카와 조카사위를 합격시켰다는 혐의로 사헌부에서 탄핵당하였다. 그러나 왕이 듣지 않았으나 11월 내내 사헌부와 사간원에서 수십 차례 탄핵받고 42일간 의금부에 갇혀 지내다가 그해 12월 전라북도 익산군 함열로 유배되었다. 유배지에 간 뒤에도 양사를 비롯해서 재야 각처에서 그의 위리안치 등을 원하는 탄핵과 비난이 계속되었으나 그가 북인 당원인 탓에 무사하였다.

허균이 귀양 떠나던 날에 여러 벗들이 나와서 전송해주었다. 술과 안주를 가지고 나와서 위로해준 친구도 있었고, 시를 지어주며 함께 슬픔을 나눈 친구도 있었다. 허균은 1611년 1월 15일에 함열에 도착했다. 당상관까지 올랐던 실력자인 허균은 형이 아직도 판서로 있었기에 힘들지 않는 귀양살이를 했다. 현감 한회일이 연어알을 비롯한 토산품을 자주 보내주었고, 이웃 고을인 용안의 현감까지도 음식물을 보내주었다. 한회일은 기생들을 데리고 찾아와서 위로해주기까지 했다. 2월에 화가 이정이 그려준 도연명 이백 소동파의 세 시인의 초상화를 벽에 걸고, 이 세 친구가 자기와 한 집에 산다는 뜻으로 「사우재기」를 지었다. 4월에 문집 『성소부부고』 64권을 엮었다. 11월에 귀양이 풀려서 서울로 돌아왔다가[334] 이 기간 동안 자신의 고충이나 심회를 펼쳐 보인 편지가 많이 있다. 1611년 2월에 유배지로 떠날 때 권필이 써준 시에 뒤늦게 화답시를 보내면서 쓴 편지가 있다.

> 여행의 주신 율시 두 편은, 그 무렵 병드신 형을 이별하느라 마음이 무척 어지러워 화답하지 못했었네. 남궁생이 서울로 돌아가면 반드시 자네를 만날 것인데, 그때 화답하는 글을 보내드리겠으니, 반드시 자네에게 전달될 것이네. 초췌한 모습으로 못이나 밭두둑에서 읊조린 시는 궁 상 각 치 우 격조에는 맞지 않으리니 형께서 보시면 반드시 탄식하며 슬퍼할 걸세.[335]

허균은 1611년 1월 15일에 유배지인 전라도 함열에 도착하였다. 2월이 되자, 화가 이정이 그려준 도연명과 이백, 그리고 소동파의 세 시인의 초상화를 벽에 걸고, 세 친구가 자기와 한 집에 산다는 의미로 사우재를 지었다. 신라 때부터 조선조 선조 때까지의 한시를 품평한 『성수시화』를 지었다. 4월 23일에는 문집 『성수부부고』를 64권을 엮었다.

그는 비록 귀양객이지만, 형이 아직도 판서로 있었기에 귀양살이를 편하게 한다. 현감 한회일이 연어알을 비롯한 토산품을 자주 보내주고, 이웃 고을의 현감까지도 음식물을 보내주고, 한회일은 기생들을 데리고 찾아와서 위로해주기도 하였다. 허균은 자신이 함열로 귀양 간 까닭은 자기의 죄에서 찾지 않는다. 그는 당시의 기분을 시로서 표현한다.

> 장자의 「제물론」은 일찍이 배웠으니

---

334) 허경진, 『허균평전』, 돌베개, 2002, 287쪽.

335) 장진엽, 「허균 척독의 지성사적 의의」, 『교산 허균 국제학술회의 자료집』, 2018, 189~190쪽.

때와 운명이 어긋나는 걸 어찌 슬퍼하랴.

남도 지방의 늦은 봄날은 시름으로 다 보냈으니

고개 너머 고향 산은 꿈속에서나 돌아가 보네.

허균은 함열 유배지에서 그는 학동들을 데려다 가르치는 한편 글을 짓으면서 시간을 보내었다. 바닷가를 돌아다니며 시를 짓기도 하고, 서울의 친지들에게 편지를 띄우기도 했다. 사람들을 미혹하는 무당을 신랄하게 꾸짓는 글도 지었다. 무료한 시간을 보내기 위한 책을 짓기 시작했다. 우리나라의 여러 가지 음식에 대해서 설명한 「도문대작」을 먼저 짓고, 역대 시인들의 이야기를 기록한 『성수시화』도 그 다음에 지었다. 『성수시화』는 신라시대 최치원부터 선조대의 유희경과 백대붕에 이르기까지 800년간에 걸친 우리나라의 시화이자 시의 역사이다. 4년 전에 지었던 시평을 잃어버렸으므로, 예전에 시에 대해서 이야기했던 것들을 다시 글로 쓴 것이다. 유배지에서 자료도 충분치 못한 가운데 지었으므로, 예전 한창 시절에 지었던 『학산초담』 보다야 덜 예리하고 분량도 절반 밖에 안되지만, 허균이 90여 개의 짧막한 시화를 통해 우리나라 시의 흐름을 한눈에 보여주고 있다. 허균은 지금까지의 생활에서도 부귀영화를 찾지 않고 예교에 얽매이지 않았거니와, 이 시화에서도 유학자의 성정을 노래한 시보다는 삶 자체를 노래한 시들을 많이 내세웠다.[336)]

허균은 1611년 11월에 유배에서 벗어났지만, 한양으로 돌아오지 않고[337)] 그곳에서 얼마 멀지 않는 전라도 부안으로 내려갔다.[338)] 부안에 머물면서 승

336) 허경진, 허균평전, 돌베개, 2002.

337) 허경진, 『허균평전』(돌베개, 2002, 409쪽)에서, 유배가 풀려서 한양으로 돌아왔다가 24일에는 전라도 부안으로 내려갔다."고 하였다.

338) 허경진, 『허균평전』, 돌베개, 2002, 409쪽.

려인 해안을 만나 중과 자기의 신세를 견주어 「승려 해안을 산으로 보내면서」에서 "마음에 깨우치는 것이 있었고 삼라만상을 비추어 보니 모두 '공'이었다. 그리하여 벼슬을 사양하고 바닷가에서 살게 된 것은 인연을 마치고자 함이니, 비록 예법 선비의 실책과 탄핵을 입는다 해도 나는 꺼리지 않겠다." 라 하였다.

허균은 귀양살이하고 나서 자주 부안을 찾아서 변산에도 가 보고 월명암에도 오르내렸다. 공주목사 자리를 1년도 못 채우고 다시 파직을 당하고 나서 온갖 것을 버리고 부안 언저리에 있는 정사암에 묻혀 살려고 하였다. 그래서 부안 고을 원의 도움을 받아 부안의 우반동 골짜기에 있는 정사암을 수리하고 한때 거처로 삼았다. 그는 이즈음 친구인 조위한에게 보낸 편지에서 이렇게 말하고 있다.[339)]

허균은 1612년 3월 그믐에 친구 권필이 억울하게 죽었다는 소식을 전해들었다. 어디에도 얽매이지 않고 벼슬에도 메달리지 않았던 권필이었다. 허균은 글재주는 뛰어났으나 시대를 잘못 만나 꿈을 펼치지 못하고 세상을 마감한 벗을 위하여 쓴 「전오자시」에서 권필에 대해 이렇게 노래했다.

"석주는 천하에 으뜸가는 선비라
그 재주는 임금을 도울 만했는데,
포부를 제대로 펴지도 못한 채
가난 속에 파묻혀 굶주림을 즐겼네.
(중략)-
자연으로 돌아가자던 우리의 본래 기약을
결단 못하는 나야말로 정말 겁쟁이일세.[340)]

---

339) 이이화. 『허균의 생각』, 여강출판사, 1991, 60쪽.

340) 권여장(권필).

허균은 마흔이 되도록 가난 속에 파묻혀 살았던, 그러면서도 굶주림을 즐길 줄 알았던 친구 권필의 삶을 부러워했다. 권필은 자기의 성격을 스스로 이기지 못해 무슨 일을 보던지 바른말을 했다. 임진왜란이 일어나자, 영의정 이산해와 좌의정 류성룡이 나라를 잘못다스렸으니 그들의 목을 베라고 상소했었다. 그때 그의 나이 겨우 24세였다. 그 뒤에는 광해군이 친형 임해군을 죽일 때에 앞장섰던 이이첨을 사람으로 여기지 않았다. 이이첨은 자기의 권세와 임금의 총애를 과시하면서 권필과 사귀기를 몹시 바랐지만, 권필은 그와 가까이하기를 꺼렸다. 남의 집에 놀다가도 이이첨이 온다는 말을 들으면 담을 뛰어넘어 달아났다. 이토록 그에게 면박을 주었으므로 이이첨도 끝내는 권필을 미워하게 되었다. 권필이 간신배를 미워한 것은 광해군의 처남인 유희분의 경우와 마찬가지였다. 권필이 친척집에 가서 술을 마시고 취해 누웠는데 유희분이 찾아왔다. 주인이 권필을 발로 차면서, "문창대감이 왔다"고 깨웠다. 권필은 눈을 부릅뜨고 한참이나 노려보다가 꾸짖었다. "네가 유희분이냐? 나라가 망하면 네 집도 망할 것이니, 네 목이라고 도끼가 들어가지 못하겠느냐?" 유희분은 아무 말도 기가 질려 가버렸다. 그 뒤로 유희분도 또한 권필을 미워하게 되었다.

허균은 부안에 도착에 있을 때 율곡의 동생 이우를 만났다고 하면서 그는 시골 노인이며 글씨와 그림에 능하기 때문에 존경한다고 했다.[341] 또, 현감 심광세와 함께 동지들을 모았다, 부안은 바닷가에 변산이 있고, 산 남쪽에 우반 골짜기가 있었다. 그곳 출신이었던 부사 김청택이 그중 아름다운 곳을 골라서 별장을 짓고는 정사암이라 하였다. 그는 호남의 과거를 주재할 때에나 해운판관이 되어 조세를 거둬들일 때에도 부안을 지나다닌 적이 있었다. 그는 벼슬이 떨어진 김에 부안 골짜기로 들어가 묻혀 살리라 마음먹었다. 예

341) 대관령 산신의 이야기를 듣고는 삼국 통일의 무장 김유신 장군의 역할을 고향 강릉과 연계시켜 다룬 이야기도 있다.

전부터 마음을 주고 사귀었던 기생 매창이 그곳에 사는 데다, 부안현감 심광세가 처가 쪽으로 가까운 인척이었기에, 그는 부안을 쉴 곳으로 정하고 조그만 농장도 마련하였다. 그곳에 있는 정사암까지 찾아가던 길을 허균은 이렇게 표현했다.

포구에서 비스듬히 나 있는 작은 길을 따라서 골짜기에 들어가자, 시냇물이 구슬 부딪히는 소리를 내며 졸졸 흘러 우거진 풀덤불 속으로 쏟아졌다. 시내를 따라 몇 리 들어갔더니, 산이 열리고 넓은 벌판이 펼쳐졌다. 좌우로 가파른 봉우리들이 학이 날아오르는 것처럼 헤아릴 수 없이 치솟았고, 동쪽 등성이로는 수많은 소나무와 전나무들이 하늘을 찌를 듯 서 있었다.

나는 세 벗과 함께 터 잡아둔 곳으로 곧장 갔다. 동쪽과 서쪽에 세 언덕이 있었고, 그 중간에 수백을 헤아리는 대나무가 뒤섞여 있었다. 푸릇푸릇 우거진 모습 속에서 아직도 사람이 살았던 집터를 분간할 수 있었다. 남쪽으로 큰 바다를 보니 물결에 부딪히는 금수도가 있었고, 그 가운데 숲이 펼쳐진 속에 서림사가 보였다. 중 몇 사람이 거기에 있었다. 시냇물을 따라 동쪽으로 걸어 올라가다가 늙은 당나무를 지나서 정사암에 이르렀다. 암자는 겨우 네 칸 남짓 되었는데, 낭떠러지 바위 위에 지었다.

앞에는 맑은 못이 내려다보였고, 세 봉우리가 우뚝 마주 서 있었다. 폭포가 푸른 바위벽 아래로 깊숙하게 쏟아지는데, 마치 흰 무지개가 뻗은 것 같았다. 시냇물을 마신 뒤, 우리 네 사람은 머리를 풀고 옷을 벗었다. 연못돌 위에 걸터앉아서 보니 가을꽃들이 막 피기 시작했고, 단풍잎들은 반쯤 물들고 있었다. 저녁 노을은 서산에 걸리고, 하늘 그림자가 물 위에 드리워졌다. 물을 내려다보고 하늘을 올려다보며 시를 읊고 나니 속세를 벗어난 기분이었다. 마치 안기생이나 선문자 같은 신선들과 함께 삼신산에 들어와 노니는 것 같았다. 나는 건장한 나이에 벼슬을 그만두고 돌아와, 예전부터의 묵은 약속을 지키게 되어서 속으로 다행스럽게 여겼다. 묻혀 살 곳을 얻어서 내 몸이 편케

된 것은 하늘의 보답이니, 나 또한 풍요로워졌다. 벼슬이란 게 대체 무엇이기에 사람을 움직인단 말인가.[342)]

허균이 현감 심광세에게 편지를 보냈더니, 여러 가지로 도와주었다. 암자가 낡은 채로 지키는 사람도 없었던 것을 알고는 승려 셋을 모아서 보내주었다. 쌀과 소금도 준비해주고, 재목을 구해다 지붕도 다시 이어주었다. 그들에겐 부역도 면제해주고, 암자에 머물러 지키도록 임무를 맡겼다. 몇 날 걸려서 암자는 복구되었다. 허균은 그곳에 머물렀다. 정사암을 고쳐 짓고, 그 사연을 글로 쓴 것이 「정사암 중수기」이다.

허균은 사명당과의 관계에서 여러 차례 깊은 인연을 보여주었다. 1586년의 봉은사에서의 만남이 있었다.

> "지난 병술년에 여름에 내가 중형을 모시고, 봉은사 아래에 배를 댄 적이 있었다. 마침 한 스님이 갑자기 나타나 뱃머리에 서서 읍하는데, 헌걸찬 체구에 용모가 단정하였고, 함께 앉아 담화를 나누는데, 말이 간단하였으나 그 뜻이 깊었다. 내가 그 이름을 물어 보았더니, 바로 종봉 유정사(惟政師)였다. 나는 진심으로 선모(羨慕)하고 말았다. 밤이 되어 매당에 들어 유숙하다가, 그 시를 내어 보이는데, 그 격조가 마치 거문고 소리와 같이 청고하였다. 중형이 절찬을 되풀이하면서, 당나라 아홉 고승의 것과 동렬이 될 수 있다고 하였다. 그때 나는 아직 연소하여 그 묘처를 이해할 수 없었으나, 이를 내심 간직하여 쉬 잊지 못하였다."[343)]

또, 1589년의 둘째형 허봉이 세상을 떠났을 때, 사명당이 조문을 왔을 때

---

342) 「정사암 중수기」.

343) 『조선왕조실록』, 선조 27년(1594) 10월 3일.

에 만났다.

“중형이 별세하자, 스님이 오대산에서 찾아와 조문하며 슬피 곡하고, 또 만시를 지었는데, 그 사구(詞句) 너무 처절하여 아직도 생과 사에 즈음해서 해탈하지 못한 듯 하기에 내심 의아해 하기를 ‘스님의 수도가 아직 사승(上乘)의 경지에 이르지 못한 것일까 어찌 구구히 속자들의 슬픔과 기쁨을 본받는단 말인가’하였다.”[344)]

그리고 1596년에는 세 번 째로 서애를 만나러 갔을 때 형과 함께 있는 사명당을 만났다.

병신년(1596년) 겨울에 내가 승문원에 있을 때, 공사로 인하여 영상 서애를 찾아뵈었는데, 스님이 높은 고깔에 긴 수염으로 함께 앉아 있다가 반가이 손목을 잡고 옛날을 이야기하였다. 이에 함께 객사로 돌아와 당시의 시무를 담론하였는데, 강개한 기개로 손뼉을 치면서 이해를 타진하는 것은 옛날 의협의 풍도가 있고, 안장에 기대어 좌우를 돌아보면서 요사한 기운을 쓸어버리려는 의지는 또 기력이 정정한 늙은 장군과도 같기에 내가 더욱 존경하면서, ‘그의 시문은 나머지 일에 불과하다. 그의 재주가 국난을 구제할 만한데, 아깝게도 잘못 불문에 투신했다’고 여겼다.[345)]

또, 네 번째는 1603년 사명당이 오대산에서 강릉으로 왔을 때의 만남이었다.

계묘년 가을에 사명대사께서는 조정의 벼슬을 하직하고 선비의 몸으로 상

---

344) 『사명당문집』의 서문.

345) 『사명당문집』의 서문.

원암으로 돌아와서, 강릉의 야외로 나를 급히 방문하여 주심을 잊을 수 없으며, 이때 나는 세상에 버린 사람이 되어 겨우 내전으로 불경을 취하여 읽으면서 젊은 마음을 달래지 않을 수 없음이로다. 그러므로 불가에서 마음을 밝히고 자기 성품이 있는 곳을 봄에 미혹하나마 관견으로 보는 바가 있음이로다. 시험 삼아 한두 가지를 예로 들어 물어보았다. 사명대사께서는 꿰뚫어 통달함에서 육조 혜능대사와 오조 홍인대사의 기풍을 확실히 증득하고 있었다. 이에 나는 비로소 그가 참되고 오묘한 종지를 바르게 깨달아서 세존께서 비밀히 전법하신 뜻을 바로 이어받아 세상을 구제하게 된 근원을 비로소 알게 되었다. 그는 수일 동안 오묘하고 유익한 불교의 진리를 이야기하므로 나는 일찍이 듣지 못한 바를 더욱 많이 알게 해주셨다. 이로부터 사명대사께서 서울에 오시면 언제나 서로 왕래하면서 서로 늦게 알게 됨을 한탄하였다.[346)]

다섯 번째는 1606년 사명당에게 보낸 편지를 통한 인연이었다.[347)] 허균이 1606년에 사명대사에게 보낸 편지에는, 보시하여 착한 인연을 짓고 있었다. 그는 중국에서 가져온『능가경』을 읽을 수 있을 만큼 불교에 심취하고 빠져 있었다. 이처럼 불교를 자기 신앙의 하나로 삼는 동안에 그는 삼척부사에서 쫓겨났다. 그러면서도 줄곧 불교를 단념하지 않고 이십대부터 알고 있던 전라도의 중 해안과 기생 계생에게 불교에 관한 이야기를 담은 편지를 보내고 참선을 하느냐고 묻기까지 했다. 그리고 여섯 번째는 1610년 사명당이 입적하였을 때, 만사로 조문을 한 인연이었다.

경술년 9월에 나는 사명대사께서 가야산 해인사에서 입적하셨다는 소식을

346)『사명당문집』의 서문.

347) 설성경 · 최영,『홍길동전 바로알기』, 나녹, 2019, 75쪽.

뒤늦게 듣고, 만사로써 조상을 하고 또한 선시(禪詩)로써 사명대사의 그윽한 모습을 영원히 볼 수 없는 것을 눈물을 흘리며 스스로 탄식하였다. 이때 나는 비로소 사명대사께서 우리 중형 하곡을 생각하며 슬퍼하는 그 마음이 또한 내가 이토록 사람의 마음을 끄는 것이 능히 이와 같음을 알게 되었다. [348)]

일곱 번째는 1610년 사명당이 입적하면서, 허균에게 부탁한 비문과 문집 서문의 인연이었다.

금년에 사명대사의 그 문도 중에 제자이신 혜구스님이 스승이신 사명대사의 옥고와 어록을 가지고 와서 서문을 청하여 말하기를, "우리 사명대사께서 저술하신 바의 게송은 여러 천 수가 되어 일찍이 공의 중형 허봉에게 있었는데, 그 게송이 전쟁으로 모두 불타 없어지고 이 어록은 근일에 수집하여 전체를 태산에 비하면 한 올의 털끝과 같음입니다. 우리들은 스승의 은혜에 보답할 길이 없음으로써 소실되지 않은 글들을 모아 편집해서 이제 출판하려 합니다. 우리 사명대사께서는 그 시문으로 표현하셨으니, 그 도의 깊고 얕음을 알면서도 친분이 좋다고 해서 아첨하지 않는 이는 공과 같은 분이 없습니다. 한 말씀 주시어 이 어록이 영원히 없어지지 않고, 썩지도 않기를 바라며 사명대사에게 큰 은혜가 되기를 서원하옵니다.[349)]

허균은 이처럼 청년 시기부터 만년에 이르기까지 평생동안 사명당과 깊은 만남을 통하여 한편으로는 마음속에서 우러나는 지극한 존경심 가지고 있었다. 그뿐만이 아니라 서는 형이라 부를 만큼 가까운 관계에 있었다. 최소한 이런 기록에서 확인되는 일곱 번에 걸친 지속적 인연 끝에 허균은 사명당의

348) 『사명당문집』의 서문.

349) 『사명당문집』의 서문.

돌비석에 새겨질 비문을 지으면서 "나는 비록 유가에 속하는 무리이지만, 서로 형님 아우 하는 사이로 누구보다 스님을 깊이 알고 있다."고 했다. 평소 사명당과는 지극히 가까운 관계에 있었지만, 정작 사명당이 얼마나 중생을 극락으로 이끄는 종교적 구도자의 길 못지않게, 충국애민의 마음으로 한 평생을 살았고, 특히 임진왜란 당시에 보여준 구국의 일념이 얼마나 대단하고 고귀한 것인지를 깊이 깨닫는 계기가 되었다.

이런 겹겹의 인연에 따라서 선사로서의 길과 더불어 의승장으로서의 의로운 삶을 살다가 떠나면서 사명당이 제자 해안에게 한 유언에 따라서, 혜안이 가져온 사명당의 행장과 문집 자료로 문집의 서문과 비석의 명문을 짓게 되었다. 허균은 평소 불교에 관심이 많았고, 겹겹의 인연을 고려하여, 1612년 1월에『사명당문집』의 서문과 사명당 석장비의 비문을 지었다.[350)]

허균은 명문가의 아들로 태어났지만 수많은 시련을 겪었음을 다음의『성소부부고』에 전하는「성옹지소록」의 1611년 4월 19일의 기록이 단적으로 보여준다.

> 허균은 광해군 2년인 1610년에 내가 죄를 짓고 순군옥에 갇힌 지 42일 만에 함산으로 배소가 결정되었다. 옥에 있는 동안 많은 날을 사람도 만날 수 없는 데다 밤 또한 길어서 잠을 이루지 못하였다. 등불을 켜고 불을 피우고는 이불을 두르고 홀로 앉아 있노라니, 문득 평소에 들었던 조종조 이래의 어진 사대부의 행적이나 사건으로서 장고(掌故)에 도움이 될 만한 것과 보고 들은 많은 기이한 일들이 머리에 떠올랐다. 이에 종이를 가져다 붓을 녹여가며 기록하는 대로 상자 속에 넣어두었다. 그러나 이는 시간을 보내기 위한 것이었기 때문에 글을 다시 다듬지는 않았다. 배소인 함산에 도착한 후 한가하여 하는 일이 없었다. 하루는 상자를 열어보니 전에 기록해 둔 것이 있었다. 다 읽

350) 설성경 · 최영,『홍길동전 바로알기』, 나녹, 2019, 77쪽.

어보니 보잘것 없는 것이지만 그저 버리기에는 아까운 생각이 들어 순서만 약간 정리하여 그대로 기록하고, 그 내용이 소소한 일을 적은 것이므로 이를 「지소록(識小錄)」이라 하였다. 정리하는 사이에 남의 단점을 드러내게 되는 것은 삭제했고, 응보를 말한 것과 귀신에 대한 서술, 꿈과 점술에 관한 것, 남녀간의 음란한 내용들도 모두 삭제하고 나니, 남은 것은 1백 94칙이었다. 담소를 돕고 정사에 빠진 것을 보충하는데 조금은 취할 것이 있을 것이다.[351]

위의 사실들을 종합해보면, 허균은 1612년 사명대사의 이런 상소와 임란 중과 끝난 후에 펼친 외교 활동에 비하여 자신은 임진왜란이 일어나자 전장에 나서지 못하고, 가족을 이끌고 함경도 끝까지 피난하다가 처자를 잃었고, 노모와 고향 강릉에서 피난 생활을 하면서 글만 짓고 살았던 과거가 부끄러웠을 것이기에, 스승이요 형이라 할 처지의 사명대사의 삶을 정리하고, 석비의 비문을 지으면서 느낀 참회의 마음, 개인이 아닌 7서자의 마음, 소수일지언정 유가 정신이 있는 조정의 관료들, 군주 광해군의 각성을 생각하면서 부국강명의 거국적 대동단결을 보여주는 호민형 서출 지도자인 홍길동에 율곡, 사명당 등의 애국 호국 자도자들을 담아내어 「홍길동전」을 창작한 것으로 판단된다.[352]

(2) 1612년 이후의 창작으로 본 도진의 유구 침공 사건

허균이 「홍길동전」을 창작한 시기는 통설로는 공주목사로 있던 시기, 함열로 유배갔던 시기, 부안으로 낙향했던 시기 가운데서 공주목사라는 공직 생활 중에서 보다는, 상대적으로 유배중인 함열시기나, 특히 해배 후에 부안에

351) 허균, 〈지소록〉 명나라 만력 39년 신해 4월 19일 교산은 쓴다.

352) 설성경 · 최영, 『홍길동전 바로알기』, 나녹, 2019.

있었던 한가한 때인 1612년에 「홍길동전」을 창작한 것으로 본다. 그렇지만, 허균은 1612년 5월에는 한양으로 돌아왔다.[353] 한양에 있으면서 유구국을 침공한 왜국에 대한 조선의 재침공을 염두에 두고 창작했을 가능성도 열어놓아야 한다. 당시 왜국의 대마도 번주였던 살만이 유구국을 침공하였다. 무고한 유구국을 침공한 왜국의 대마도 번주에게서 조선이 다시 유구를 재정복함으로써, 부국강병의 이상국으로 다스리는것이 유구 백성들에게도 더 좋은 상황이 되는 것임을, 「홍길동전」의 대단원인 율도국 정벌로 형상하였을 수 있다. 즉, 홍길동의 실제 모델과 병조판서 율곡의 국방정책을 소설 속의 주인공 홍길동으로 하여금 율도국을 정벌하여 부국강병의 이상국을 완성하는 왕이 되게 하는 것으로 표면서사를 전개하며, 그 이면에는 허균 자신과 가족이 겪었던 전쟁의 참상에 대한 응징과 복수를 왜국의 대마도주에게서 율도국을 다시 재정복함으로 되갚아 주는 진정한 정신적인 승리를 문학으로 형상하였다고 판단할 여지도 있다.

허균의 주변 상황들을 종합해보면, 허균은 1588년 작은 형 허봉이 세상을 떠났고, 이듬해인 1589년에 누이 난설헌마저 세상을 떠난 이후 실의에 빠졌지만, 크 형인 허성이 건재한 까닭에 그 허전함을 견뎌낼 수 있었지만. 다시 1612년 1월에는 형으로 따르던 사명당 사후에 그의 문집에 서문을 짓게 되고, 8월에는 조정의 후원자였던 큰형 허성이 세상을 떠나는 마지막 혈육마저 떠나보내었다. 그는 그후에 가족 중에 홀로 남은 자신을 되돌아 보면서 가정에서 외로운 삶의 출발을 하지만, 끝내는 국제적인 영웅상을 보여주는 「홍길동전」을 창작하게 되었을 가능성도 열려있다. 특히, 사명대사의 문집에 서문을 지은 이후, 사명대사의 전란 때의 애국적인 활동에 자극을 받아서 창작을 하였을 경우을 고려해 볼 수 있다. 이 경우는 자신의 삶을 성찰하면서 현실은 비록 사화와 옥사, 거듭된 전란의 비극적인 현실이지만, 내우외환의 한

353) 한영우, 『허균평전』, 민속원, 2022, 300쪽.

축이 되기도 한 동서 분당에 따른 개인적인 욕망, 당파적인 이해 관계를 넘어서는 성리본심인 도심을 보여주는 군담적인 영웅상을 통하여 현실과 이념을 융합시켜 현실 문제를 해결해내는 위안의 소설, 있어야 할 당위론적 주제를 보여주는 혁신 「징비록」 차원의 창작을 구상했을 수 있다. 특히, 자신이 발굴한 홍상직의 손자 홍길동의 이야기를 핵심 서사로 삼으면서 서자와 천민도 평등하게 살 수 있는 병조판서, 조선의 병조판서가 중국에 진출하고, 다시 제3국인 율도국왕까지 되는 이야기를 통하여 그 비유적인 내용을 이면서사로 삼으면서 병조판서 율곡 등과 자신이 지향하는 세상, 여기에는 기축옥사라는 비극으로 마감한 정여립의 꿈꾸었던 세상 등을 융합시킨 작품 「홍길동전」을 임금을 향한 상소와는 다른 일반 서민과 양반들이 함께 즐길 수 있는 「수호지」와 한편은 유사하지만,그 본질에서는 성리이념 대중적인 보급을 가능하게 하는 표면서사에서는 통속소설의 성향을 지닌 이원서사 양식으로 된 창작한 것이 성리소설 「홍길동전」이다.[354)]

그는 이미 지어본 경험이 있는 사실적인 성향의 한문 단편인 「남궁선생전」 「장생전」 「장산인전」 「손곡산인전」 등과는 주제가 다른 성리소설이며, 유구 역사를 소재로한 율도국 이야기를 통하여 왜국에 당한 고통, 군사 강국인 명나라에 구원병을 요청하는 외교상에서 당한 국가 차원의 자존심을 회복기켜줄 정신적인 승리로서의 성리소설을 구상하고, 실천했을 수 있다.

이 경우는 유구의 당시 상황을 주목할 필요가 있다. 왜국의 살마번은 유구국에 대하여 신도묘[355)]에 가서 살마에 대한 복종의 맹세를 하게 하고 서약을 강요하였다. 이 중 유구왕에게 강요한 서약은, 첫째, 유구 국왕은 유구가 살마번에 지배되는 것을 승인하며 공물의 헌납과 신임 번주에 대한 신하

354) 1612년에 전라도 부안에서 머무르고 있을 때에 「홍길동전」을 창작하였다는 『허균 평전』을 비롯한 논자들의 통설이다.

355) 신도묘(神道廟).

의 의무를 행할 것, 둘째, 살마번주의 자비로 유구 국왕이 다시 돌아갈 수 있도록 한 은혜의 댓가로 살마에 대해 영원히 복종할 것, 셋째, 이 서약을 본인뿐 아니라 후대의 왕과 자손에게까지 전하게 할 것 등이었다. 아울러 대신들에게도 첫째, 셋째와 같은 내용을 맹세토록 하고, 만약 유구왕이나 다른 어떠한 백성이 살마번에 대해 반역을 일으킬 때 협력하지 않겠다는 맹세를 하게 하였다. 정형은 이를 거절하였다. 그러자 살마번주는 그를 끓는 기름 솥에 넣어 살해하였다. 이로부터 유구와 살마의 관계는 대등한 위치로부터 주종의 관계로 바뀌었다. 동시에 유구는 명나라에 대해 이미 사대를 하여온 상태여서 이제 살마의 구속을 받게 되었으므로 결국 유구는 이후 명과 살마의 두 곳에 소속된 상태가 되었다. 살마는 유구로 하여금 귀족을 파견하여 진공토록 요구하였고, 명나라와의 외교적 왕래 및 유구의 대소의 내정에 관한 일 등을 모두 살마에게 보고하게 하였다.[356)]

한편, 명나라의 조정에서는 1609년 유구가 살마번에 공격당한 소식을 듣고도 단지 유구가 살마의 공격을 당하니 자칫 일본편이 되지 않을까 의심만 하였다. 그러다가 명나라는 1612년에야 유구의 사신에 대해 수상하게 생각하였다. 즉, 유구의 공물 속에 왜의 물산이 들어 있고, 인원도 100여명으로 증가한 점, 그리고 조공시기도 아닌데 유구사신이 출현한 점 등은 명나라에 이미 유구가 왜의 구속하에 있다는 생각[357)]을 갖게 하였다. 그 외에도 왜적이 남해에서 칭웅한 것이 이미 오래되었고, 중산왕이 이제 겨우 석방되어 돌아와 왜국의 위협이 상존하는 가운데 조공할 시기도 아닌 때에 곧바로 명나라에 조공사신을 파견한 것은 분명 왜국의 조종을 받은 행위로 생각되었다. 그러나 사실상 명이 걱정할 것은 유구 자체는 아니었다. 유구 자체는 세력이

---

356) 양수지, 「조선 유구관계」, 한국정신문화연구원 박사논문, 1993, 136~139쪽.

357) 『明神宗實錄』 권 497, 萬曆 40년 7월 己亥, "福建巡務 丁繼嗣奏 …… 今又非入貢年分 据云以歸國報聞".

약하였고, 명으로서 경계할 대상이 아니었다.[358] 다만 유구가 왜국의 조종을 받고 있지 않을까 크게 우려한 것이다. 또한 왜의 교활함도 크게 걱정할 것은 아니었지만, 중국인과 결탁하는 일을 크게 우려하였다. 왜냐하면, 이들이 나중에 명나라의 배를 타고 와서 명나라 사람을 이용하여 명나라 땅을 엿보게 되면 아마도 왜국과 가까이 있는 명나라의 주변 땅은 모두 유구처럼 될 것이라고 생각하였기 때문이다.[359]

중국의 역사 기록에 따르면, 유구는 밖으로는 강력한 인접 국가와 대치하고 있었기에, 안으로는 끊임없이 조공품을 준비하여야 했다. 1612년에 결국 일본은 3천여 명의 병사를 이끌고 유구국을 침입하여, 왕을 생포하고 종묘를 훼손시키고 약탈을 자행하였다. 이런 사실과 함께 해상의 방비를 강화하기를 청하자, 황제는 이를 허락하였다. 포로로 잡혀간 유구의 상녕왕이 1612년 『명종실록』에 도진이 3천여 명의 병사와 1백여 척의 선박과 철포 6백 정을 앞세워 유구를 침략해왔고, 이 전투에서 패한 유구국 상녕왕과 왕자 등이 포로로 잡혀갔으며, 수리성에는 마양필,[360] 모계조[361]를 내세운 괴뢰 정부가 수립되었다. 상녕왕은 1611년에 도진씨와 조약을 체결한 후 석방되었다.[362]

허균은 이러한 사실을 인지하고, 이기빈 사건 등을 근거로 하여 비록 소설의 주인공이지만, 홍길동을 성리도심을 지닌 최고의 영웅상으로 형상하여

---

358) 『明神宗實錄』 권 497, 萬曆 40년 7월 己酉에 "李瑾等言 倭之稱雄南海 狡焉啓疆 已非一日 彼中山王者 …… 忘倭奴之威 遠慕中國之義 不待貢期 增其方物 而來王哉 其爲倭所指授明矣 以琉球之弱 不足患也".

359) 양수지, 「조선 유구관계」, 한국정신문화연구원 박사논문, 1993, 141~142쪽.

360) 馬良弼.

361) 毛繼祖.

362) 외국전 明史 卷323 열전 第211 외국 4 유구(琉球). 『神宗實錄』 卷546 萬曆 44년 6월 乙卯 條에는 "琉球國中山王尙寧遣通事採壓來言, 適聞倭寇各島造戰船五百餘只, 欲協取雞籠山, 恐其流突中國爲害閩海, 故特移咨奏報"라 기록되어 있다.

「홍길동전」의 서사를 전개한다. 홍길동은 서얼 출신이지만 능력을 인정받아 조선의 병조판서가 되고, 활빈당 무리를 이끌고 해외로 진출한다. 중국의 제도를 거쳐 남경에서 직하하여 율도국을 정벌한다. 율도왕이 된 홍길동은 자기의 나라 조선과는 형제 관계를 유지하며 율도국을 가장 평화롭고 이상적인 국가로 다스린다. 허균은 「홍길동전」을 통해 현실의 내우외환을 직시하여 문제의 근본에서 극복하는 지혜와 대안을 성리심을 지닌 홍길동의 적극적인 삶을 통해 제시한다. 해외로 진출하기전 조선에서의 삶과 해외 개척에서 보여주는 영웅적인 삶의 궤적을 이중 서사 구조로 전개한다. 허균은 문학을 통해 현실의 광해난정 시대를 풍자 비판한다. 성리이념이 부재한 난정과 당파 싸움의 갈등을 원천에서 해결하는 적극적인 대안을 담아 백성의 피폐한 삶을 돌아보지 않는 조정과 임금을 향한 매서운 의지를 소설로 표현하였다. 허균은 서얼차대로 사회와 조정에 갈등의 골이 깊었던 당시 교유하던 7서 등의 슬픔과 분노를 문학적으로 위로하기도 하고 또 반정의 의지를 자극하기도 했다고 본다. 이러한 허균의 반정의 의지는 결국 얼마 지나지 않아, 다른 이들에 의하여 인조반정이라는 결과로 이어졌고, 광해는 패군이 되었다. 어찌 보면 허균은 홍길동전을 통해 문학으로 반정의 의지를 펼쳤으며, 반정을 예견하고 가장 이상적인 조선의 큰 그림을 문학으로 제시하였으니, 결과적으로 인조반정의 마중물이 된 셈이다.

앞장에서 추정한 1612년에 「홍길동전」이 창작될 것이라는 창작설이 사실이 아니라면, 그 이후에 창작되었을 가능성도 고려해 볼 수 있다. 즉, 당시의 허균이 처한 상황을 살펴보면, 1612년 8월 9일에는 조정의 후원자였던 큰형 허성이 세상을 떠났고, 형처럼 따르던 사명당의 비문을 짓기 위해 사명당의 행적을 주목하면서, 가장 가까운 친구 권필이 광해군을 풍자하는 시를 지었다가 매를 맞아 죽었다. 이런 분위기 속에서 혁신 「징비록」의 차원에서 통설인 1612년 창작설이 아직은 확실한 증거를 가진 정설은 아니기 때문에, 1612년 이후에 창작되었을 가능성도 또 하나의 추론으로 제기해 볼 수 있다. 이 경우라면, 허균은 조선과 유구쪽의 상황을 좀더 깊이 알고 난 이후에 「홍길동전」을 창작했다는 것이 되어, 율도국의 소재에 당시의 국제 관계까지 소재로 활용되었 가능성도 있다. 허균은 1612년 12월 15에 진주사로 명을 받았다.[363] 그는 다음날인 12월 16일에 허균은 주청사로서 경비와 인력을 보충해 주도록 청하기를, "신들이 갈 날짜가 이미 정해졌습니다. 삼가 생각건대, 이번 사행에 선물로 들 수량을 비록 정확하게 알 수는 없지만 그렇다고 대충 가지고 갈 수는 없습니다. 듣자니, 해조에서 마련한 수량이 겨우 5천 냥밖에 안된다고 하는데, 일이 만약 순조롭게 이루어질 경우 이 5천 냥도 넉넉할지 모릅니다. 그러나 만일 일이 어그러지거나 지연될 경우에는 반드시 그 사이에 인력을 들여야 할 것인데 가지고 있는 것이 고갈되면 관사에서 머리를 맞대고 생각해도 다시는 일일이 마련해낼 길이 없을 것이니, 이러한 상황에 이르면 어찌할 방도가 없을 것입니다. 더구나 아문의 원역들이 요구하는 폐단이 끝이 없으니, 우리 입장에서는 진실로 미리 대비를 해야 합니다. 이미 마련한 5천 냥 외에 2, 3천 냥을 더 보탠다면 그런대로 쓸 수 있을 것이니, 해조로 하여금 다시 더 마련하도록 하소서. 일을 다 마친 뒤에 만일 남은 수량이 있으면 가지고 돌아와서 경비에 보태 써도 될 것입니다.그리고 신들이 연경에 도착한 뒤에는 반드시 정문할 일이 있을 것이니, 전례에 따라 이문 학관 이재영과 사자관 한 사람을 데리고 가야겠고, 강을 건넌 뒤에는 일로에서 허다한 방물을 수직할 인원이 부족할 것이니 역관 2 명도 더 배정해서 데리고 가야겠는데 어떻겠습니까?" 하였다. 이에 왕은 아뢴 대로 하라고 답하기를 "이러한 뜻을 해사에 말하여 각별히 조치하여 보내게 하라." 하였다.[364] 그러나 같은 날, 사간원에서는 주청사 허균을 체차할 것을 청하기를, "금번 진주하는 사행은 관계된 바가 매우 중하니, 진실로 사람마다 감당할 수 있는

363) 『조선왕조실록』, 광해군 4년(1612) 12월 15일.

364) 『조선왕조실록』, 광해군 4년(1612) 12월 16일.

것이 아닙니다. 그런데 사신 허균은 가볍고 잔꾀가 많으며 제멋대로 행동하여 물의에 버림을 받은 지 오래되었으니, 결코 그에게 전대하는 책임을 맡겨 일을 그르치게 해서는 안 됩니다. 그를 체차하라 명하소서. 명을 받들고 가는 임무는 관계된 것이 가볍지 않으니, 비록 보통 절사라 할지라도 의당 신중하게 선택해야 합니다. 더구나 이번에 진주하는 사행은 일이 매우 중요한데 물의에 버림받은 사람을 감히 주의하였으니, 이조 당상과 색낭청을 모두 추고하소서." 하니, 왕은, "아뢴 대로 하라면서 전관은 추고할 필요가 없다." 하였다.[365] 그 다음 날인, 12월 17일에는 윤인을 장령으로, 이홍망을 헌납으로, 윤지양을 검열로, 서경우를 정주 목사로, 백대형을 북청 판관으로 삼았다. 이때에 대형이 비로소 등용되었다. 대형은 본래 음란하고 패려한 자로 기생을 데리고 마을을 마구 다녔으므로 사람들이 그를 도둑이나 망나니로 지목하였다. 그의 외조부인 이희득과 아버지 이수종이 타일러 훈계한 적이 있었는데, 대형이 원망하여 보지 않았다. 수종이 일찍이 대형에게 욕설을 받고 화가 나서 매질을 하려 하니, 대형이 "나는 이미 나라의 신하가 되었으므로 아버지가 통제할 수 있는 사람이 아니다."고 하며 받아들이지 않고 거부하자 일가들도 모두 어찌할 수 없었다. 선조 때에 정인홍을 특명으로 대사헌에 부르자 대형이 맨 먼저 그에게 빌붙었다. 그러자 인홍이 칭찬하며 자로의 기상이 있다고 하였다. 이이첨이 세력을 얻게 되자 인홍이 매양 그를 청직에 앉히라고 하였으나 이첨이 감히 그렇게 하지 못했다. 그러다가 이첨의 권세가 더욱 커지자 점점 더 그를 높은 자리에 앉혔는데, 그가 허균과 더불어 모후를 폐하자는 논의를 주장하는 등 광패하고 방자한 행동을 하자 이첨도 괴롭게 여겼다.[366] 그러나 다음 날인 12월 16일에 주청사로서 경비와 인력을 보충해 주도록 청하기를, "신들이 갈 날짜가 이미 정해졌습니다. 삼가 생각

365) 『조선왕조실록』, 광해군 4년(1612) 12월 16일.

366) 『조선왕조실록』, 광해군 4년(1612) 12월 17일.

건대, 이번 사행에 선물로 들 수량을 비록 정확하게 알 수는 없지만 그렇다고 대충 가지고 갈 수는 없습니다. 듣자니, 해조에서 마련한 수량이 겨우 5천 냥밖에 안된다고 하는데, 일이 만약 순조롭게 이루어질 경우 이 5천 냥도 넉넉할지 모릅니다. 그러나 만일 일이 어그러지거나 지연될 경우에는 반드시 그 사이에 인력을 들여야 할 것인데 가지고 있는 것이 고갈되면 관사에서 머리를 맞대고 생각해도 다시는 일일이 마련해낼 길이 없을 것이니, 이러한 상황에 이르면 어찌할 방도가 없을 것입니다. 더구나 아문의 원역들이 요구하는 폐단이 끝이 없으니, 우리 입장에서는 진실로 미리 대비를 해야 합니다. 이미 마련한 5천 냥 외에 2, 3천 냥을 더 보탠다면 그런대로 쓸 수 있을 것이니, 해조로 하여금 다시 더 마련하도록 하소서. 일을 다 마친 뒤에 만일 남은 수량이 있으면 가지고 돌아와서 경비에 보태 써도 될 것입니다.그리고 신들이 연경에 도착한 뒤에는 반드시 정문할 일이 있을 것이니, 전례에 따라 이문 학관 이재영과 사자관 한 사람을 데리고 가야겠고, 강을 건넌 뒤에는 일로에서 허다한 방물을 수직할 인원이 부족할 것이니 역관 2명도 더 배정해서 데리고 가야겠는데 어떻겠습니까?" 하였다.[367)]

그러나 12월 16일에 사간원이 주청사 허균을 체차할 것과 이조 당상 등의 추고할 것을 청하기를, "금번 진주하는 사행은 관계된 바가 매우 중하니, 진실로 사람마다 감당할 수 있는 것이 아닙니다. 그런데 사신 허균은 가볍고 잔꾀가 많으며 제멋대로 행동하여 물의에 버림을 받은 지 오래되었으니, 결코 그에게 전대하는 책임을 맡겨 일을 그르치게 해서는 안 됩니다. 그를 체차하라 명하소서. 명을 받들고 가는 임무는 관계된 것이 가볍지 않으니, 비록 보통 절사라 할지라도 의당 신중하게 선택해야 합니다. 더구나 이번에 진주하는 사행은 일이 매우 중요한데 물의에 버림받은 사람을 감히 주의하였으니, 이조 당상과 색낭청을 모두 추고하소서." 하니, 왕은 "아뢴 대로 하라.

367) 『조선왕조실록』, 광해군 4년(1612) 12월 16일.

전관은 추고할 필요가 없다." 하였다.[368] 다음 날인 12월 17일에는, "선조 때에 정인홍을 특명으로 대사헌에 부르자 대형이 맨 먼저 그에게 빌붙었다. 그러자 인홍이 칭찬하며 자로의 기상이 있다고 하였다. 이이첨이 세력을 얻게 되자 인홍이 매양 그를 청직에 앉히라고 하였으나 이첨이 감히 그렇게 하지 못했다. 그러다가 이첨의 권세가 더욱 커지자 점점 더 그를 높은 자리에 앉혔는데, 그가 허균과 더불어 모후를 폐하자는 논의를 주장하는 등 광패하고 방자한 행동을 하자 이첨도 괴롭게 여겼다.[369]

1612년 전후의 중국과 유구, 조선과 유구의 관계에서, 왜국은 유구가 조선과 동맹 관계에 있다고 하여 조선 침략시 병사 파견 요청을 유구가 거절한 것을 빌미 삼아 유구국을 침범하였다. 왜국의 요시히로의 부하들은 조선을 정벌하러 갔던 용맹스런 무사들이기 때문에 1609년 유구국을 침공하여 속국으로 만들었다.[370]

조선과 유구국의 외교 관계는 1597년부터 1638년까지만 해도 12건이 기록되어 있는데, 조선에서 유구에 보낸 자문이 7건, 유구에서 조선에 보낸 자문이 5건이 수록되어 있다. 더구나 이 시기 왕래한 문서중에 임란 후의 기록 등은 양국이 모두 국난을 의식해서인지, 유난히 명의 책봉국임과 우호교린을 강조하는 내용이 많다. 구체적으로는 1607년 2월에 유구국 중산왕의 세자 상녕이 자문을 보내어 예물을 보내온 일이 있었고, 1607년 3월에는 유구국 중산왕에게 후의에 답하고 이웃 사이에 영원히 우호를 맺을 것을 다짐한 일이 있었다. 1607년 12월에는 유구국왕이 조경사신을 통하여 자문을 보내온 일 등 6건이 『역대보안』[371]에 기록되어 있다. 그 한 예로, 1607년 12월 유구국

---

368) 『조선왕조실록』, 광해군 4년(1612) 12월 16일.

369) 『조선왕조실록』, 광해군 4년(1612) 12월 17일.

370) 島津.

371) 역대보안(歷代宝案)』.

왕이 조경사신을 통해 답한 자문에는 형제국으로서 우호교린을 강조하고 있다. 또한 유구에서는 조선의 광해군의 즉위와 책봉을 축하하고, 조선에서는 도진의 유구침입을 위로한 것에 대한 감사와 교린을 다짐하는 자문인 1610년부터 21년 사이의 문서를 교환하였다. 즉, 양국 모두 임란이후 새로운 국난위기에 접하게 되면서 교린국으로서 일본에 대한 공동방어라는 입장이 강조되었다. 1613년에는 대마도의 유구 침공은 일본과 중국 사이에는 외교 문제가 벌어졌다. 절강 총병관 양숭업, 유격 심유용이 '일본의 살마번이 유구를 멸망시키고 그 왕을 포로로 삼았을 뿐 아니라 조선의 부산의 시장을 개방하라 하고 전라 등 4개도를 복속시키고 조선이 이를 두려워하여 명나라가 탐정하러 오는 것을 극구 사양한다'고 상주한다. 즉, 1613년 5월에 절강 총병관 양숭업과 유격 심유용이 '일본의 살마번이 유구를 멸망시키고 그 왕을 포로로 삼았을 뿐 아니라 조선의 부산에는 시장을 개방하고, 전라 등 4개도를 복속시키고 조선이 이를 두려워하여 명나라가 탐정하러 오는 것을 극구 사양한다'고 상주하자 명황제는 요동의 관서에 명하여 조선에게 왜구를 쫓아내고 방비를 단단히 하도록 하였다. 이에 조선 국왕이 사실이 아님을 명나라 황제에게 밝혔다.

한편, 조선에서는 1611년에는 이기빈이 유구태자를 살해하는 국제적인 사건이 일어났다. 이 사건은 1612년 2월에 이 사건이 탄로가 났다. 1612년 2월 10일의 사헌부 보고 내용을 보면, 이기빈 등이 살해한 사람들이 왜구가 아님을 밝혀내고 최대한 근거를 확보하기 위해 노력하고 있음을 "그들이 베껴 보낸 문서는 정본이 아니니 믿을 수가 없습니다. 그러나 우리의 방물을 사람을 보내 귀국에 기증한다.'는 등의 말로 보아 안남인이 일본과 통래한 것은 이미 증거가 될 만한 단서가 있습니다." 라는 기록을 통해 알 수 있다. 또한 피해 당사자에 대해 신원이 아직 소상하게 보고되고 있지는 못하지만, 사건의 내용이 파악되었음을 알 수 있다. 즉, "이기빈과 문희현 등은 처음에는 예우하면서 여러 날 접대하다가 배에 가득 실은 보화를 보고는 도리어 재물에 욕심이 생겨 꾀어다가 모조리 죽이고는 그 물화를 몰수하였는데, 무고한 수백 명의 인명을 함께 죽이고서 자취를 없애려고 그 배까지 불태웠다"고 보고하고 있다. 1612년 4월 15일의 기록에는 "이에 앞서 제주 목사 이기빈, 판관 문희현이 표류해 온 중국의 선박을 약탈하여 재화와 보물을 취득한 죄로 국문을 받았다."는 기록이 나왔다가 삭제되었다. 실록의 텍스트 상황을 검토해 보면, 태백산사고본인 중초본에는 이 부분이 기록되었다가 지운 흔적이 남아 있고, 정족산사고본인 정초본에는 아예 기록에 오르지 않았다.[372]

일시적으로 숨겨졌다가 1612년 2월에 진상이 밝혀진 이 사건으로 인하여 유구국과의 관계 문제가 조야의 관심거리로 부상하게 되었다. 즉, 1611년에 유구국 왕자, 즉 상녕왕의 태자 등이 제주 목사에게 살해되는 사건이 발생하였다. 제주도 표착 외국인 대학살 사건은 우리 역사상 유례가 없는 수치스런 사건이다. 한 두 개인의 물질적인 욕심 때문에, 그것도 그 지역을 책임진 최고 관장에 의하여 자행된 국제적인 만행은 그 의도나 무자비한 살해라는 참상뿐만이 아니라, 살인 당사자에 대한 처리에서마저 갖가지 비행이 이루어져 무고한 외국인, 특히 전쟁에서 패한 나라의 태자가 부왕의 목숨을 구걸하기 위해 갔던 그들의 인간적인 순수성을 외면하고 벌인 파렴치한 범죄에 대해 처벌하지 않고 살려둔 것이다,

또, 1613년 1월 28일의 의금부 보고 내용을 살펴보면, 앞서 사헌부의 논의보다 오히려 후퇴하였다. 즉, "죄수 이기빈이 옥중에서 상소하여 변명하기를 '비록 중국인이라 하더라도 왜적과 같은 배에 타고 장사를 한 이상 난민임에 의심할 바가 없다.'라고 하였습니다. 이러한 논리로 중국인을 죽인다면 실정에 지나친 감이 없지 않습니다. 상의 생각은 어떠하십니까?"라는 주달 내용에서 이기빈의 거짓 장계 내용을 일단 인정한다 하더라도 살해한 것은 지나치다는 식의 논리가 발견될 뿐 살해된 자들에 대한 진상 규명에는 초점을 두

372) 설성경, 『홍길동전의 비밀』, 서울대학교출판부, 2004, 296쪽.

고 있지 않았다.

한편, 다음과 같은 기록이 앞의 사건 뒤에 첨부되어 있다.

> 이에 기빈을 북청(北靑)으로, 판관 문희현(文希賢)을 북도(北道)로 귀양 보냈다. 기빈이 무관으로서 제주 목사가 되었는데 잘 다스린다고 이름이 났다. 판관 문희현이, 상인들이 배를 타고 표류하는 것을 〈보았다.〉 당(唐) · 왜(倭) · 유구(琉球) 세 나라 사람들이 모두 굉장한 양의 재화를 싣고 있었다. 희현이 그 물건에 탐이 나 얍삽한 말로 기빈의 마음을 움직여 그 배들을 습격하고 재화를 나누어 가졌다. 기빈은 제법 사졸들에게 나누어 주었고, 희현은 취한 것이 더욱 많아 모두 독차지하였다. 황견사(黃繭絲)가 1백 50석에 이르고 명주(明珠) · 마노(瑪瑙)의 종류가 1천여 개나 되었다. 제주(濟州)의 이졸(吏卒)들이 옥사에 실증을 하였으나 기빈 등은 형신을 받아도 자복하지 않았다. 옥사가 오래도록 판결이 나지 않다가, 모두 뇌물로써 형신을 멈추게 하고 귀양 갈 수 있었다. 상선 중에 나이 스무 대여섯 되는 유구(琉球)의 사신이 있었는데, 문사(文辭)가 제법 능숙하였다. 기빈에게 편지를 보냈는데 글이 매우 비장하였다. 중국 상인 수십 명도 희현에게 은밀하게 알려 왜구를 죽이고 중국 사람들은 살리도록 원했으나 희현이 답하지 않고 모두 죽여 증언할 여지를 없애버렸다.[373)]

이 기록은 정족산사고본 이전 기록인 태백산사고본 기록부터 있는 부분으로 위의 의금부의 보고 내용보다는 훨씬 정밀한 사실까지 기록하고 있다. 이 부분은 원초 편찬자들이 붙여놓은 것인지 아니면 실록 작성 당시 사관들이 기록한 것인지에 따라 미묘한 문제가 발견된다.[374)] 인조 3년 1625년 1월 8일의

373) 『조선왕조실록』, 광해 5년(1613) 1월 28일.

374) 설성경, 『홍길동전의 비밀』, 서울대출판부, 2004, 297쪽.

실록 본문의 기록을 보면, “하루는 유구국의 왕자가 보물을 가득 싣고 제주 경내에 정박하였는데, 이는 대개 바람 때문에 표류하여 오게 된 것이었다. 그런데 이기빈이 판관 문희현과 포위하고 모조리 죽인 뒤 그 재화를 몰수해 들였는데, 왕자가 정절[375]을 벌여놓고는 안색을 변하지 않고 조용히 해를 당했으므로 이 소식을 들은 사람들이 애처롭게 여겼다.”라고 기록하여 비로소 유구왕세자 살해사건의 전모가 공식 확인된다. 유구국 왕자를 언급함으로써 피의자에 관한 사건 기술 자체도 정곡을 찔렀거니와 더구나 주가 아닌 실록의 본문에 기록된 것은 주목할 만한 일이다.[376] 이처럼 유구 왕세자 살인사건의 전모가 공식 기록으로 확인되는 을 보면, 광해군 당대의 상황이라 조사상의 어려움이 있어 사건의 진상파악이 어려운 측면도 있었겠지만, 당시 피의자와 관련된 인물들에 따라 기록의 정밀도가 달라진다. 광해군 다음 왕인 인조 때에는 정치적 이용을 위해 광해군 때의 실정을 더욱 부각시키는 측면이 있다. 사건이 핵심 인물인 이기빈의 죽음을 다룬 인조 3년의 기록[377]처럼 사건의 기록을 재론할 필요가 없었더라면 사건의 진실이 밝혀지지 않고, 상당 부분 은폐될 수도 있었다.

허균은 동아시아의 국제 정치 판도를 읽고, 「홍길동전」 속에 율도국으로 표상시킨 유구국을 에워싼 주변 나라들의 관계를 담아낸 담아냈을 수 있다. 허균은 형처럼 따르고 섬기던 사명대사가 왜국에 통신사로 내왕한 사실, 큰형 허성이 병조판서를 역임했을 뿐만 아니라 명나라를 내왕한 사실, 작은 형이 명나라를 내왕하면서도 유국국 사신을 중국에서 만나는 국제 정보통이라는 서실에, 자신도 명나라를 내왕하는 외교통이라는 점에서, 누구보다도 동아시아에서 펼치는 국제경찰의 기능으로 해석되는 율도국 국왕 등극 이야기

375) 정절(旌節).

376) 설성경, 『홍길동전의 비밀』, 서울대출판부, 2004, 299쪽.

377) 『조선왕조실록』, 인조 3년(1625) 1월 8일.

로 작품을 마감했을 수 있다. 「홍길동전」의 독자의 측면에서도 홍판서 집안의 얼출 홍길동의 출세담이라는 전반부와 다른 병조판서의 율도왕 등극의 서사구조의 의미를 주목할 필요가 있다.

이런 점에서 보면, 허균은 「홍길동전」을 창작하면서, 조선, 일본, 유구의 삼국의 역사를 함께 보고 있다. 허균은 세종 시대에 조선의 대마도 정벌의 역사와 1612년의 광해군 시대를 함께 연동하여, 일본 대마도의 유구 침공에 대하여, 조선의 홍길동이 율도국으로 비유된 유구국을 재침공하여 유구를 대마도, 즉, 일본에서부터 해방시키는 것으로 서사를 전개한다. 이는 비록 소설로 펼치고 있지만, 일본 대마도의 유구 침공을 응징하고 제압함으로써, 임진왜란 정유재란이라는 국가적 시련과 치욕에 대한 상처의 치유와 회복에 대한 주제를 담고 있다는 해석도 가능하다.

또, 허균의 정치적인 상황에서도, 서양갑 등 7서자의 사건이 일어났을 때, 초기에는 허균의 연루는 나타나지 않고 종결되었다. 그러나 몇 년 후인, 1617년에 허균은 이미 종결된 바 있는 7서자 사건이 이이첨에 의해 사건의 본질이 모반 문제로 변질되어 깊이 빠져들게 되어 종국에는 모반의 수괴로 지목되어 역적으로 몰린다. 즉, 허균은 1618년 1월 기준격이 다시 상소를 올렸고, 윤 4월 허균이 상소를 올려 변명하였지만, 성공하지 못하고, 8월 10일 남대문에 백성들을 선동하는 흉서를 붙인 하인준이 체포되고, 17일에는 허균 자신도 기준격과 함께 투옥되고, 마침내 22일에는 왕이 친히 허균의 심복들을 국문하기에 이르렀다. 이때 이이첨은 왕을 협박하다시피 하여 허균의 처형을 서둘렀다. 그래서 허균은 결안도 없이, 8월 24일 심복들과 함께 서시에서 처형되었다. 그 때 허균의 모반 죄목 중에는 유구군이 쳐들어 온다는 유언비어를 유포시켰다는 것이 포함되어 있었다.

「홍문관 부제학 정조, 직제학 이익엽, 수찬 이모, 부수찬 최호 등이 차자를 올렸는데, 그 대략에 아뢰기를, "스스로 자기의 죄가 죽음을 면하기 어렵다는 것을 알고는 죽음 속에서 살아날 꾀를 내어 하지 않는 짓이 없었습니다. 대론에 가탁하여 흉계를 이루려는 목적으로, 안으로는 요망스런 유생들을 모아 날마다 소를 올려서 있는 힘을 다해 삼사를 공격하고 대신을 베기를 청하면서 오직 하고 싶은 뜻대로 하였습니다. 밖으로는 무뢰배들과 결탁하여 물화를 많이 모으다가 그 일당이 잡히자 대장에게 편지를 보내 어보를 위조한 대적을 힘껏 구원하였습니다. 이런 짓을 차마 했으니 장차 무엇을 하려고 했겠습니까. 이에 궁액과 연줄을 대어 그 죽음을 면하려고 도모하였습니다. 중들이 난을 일으키려고 모의하자 나라 사람들이 모두 말하기를 '허균이 한 짓이다.' 하고, 국문에 흉서가 내 걸리자 나라 사람들이 모두 말하기를 '허균이 한 짓이다.' 하며, 산에 올라가 밤에 소리를 질러 협박해서 도성을 나가게 하자 나라 사람들은 모두 '허균이 한 짓이다.' 하며, 원수를 갚으려는 유구의 군대가 와서 섬 속에 숨어 있다는 설이 나돌자 나라 사람들은 모두 '허균이 창도한 것이다.' 하였습니다.[378]

이러한 역사적 사실들은 1609년에는 대마도 번주가 유구를 침공했고, 제주목사 이기번이 유구태자를 살해하였다는 사실까지 허균이 인지할 수 있었던 1612년 이후에 「홍길동전」을 창작했을 가능성을 열어놓을 수 있는 단서가 된다. 1618년에 허균을 친유구파 인물로 몰아서 모반 죄목에 "몰래 승도들을 모아 난을 일으키려고 모의한 것, 산에 올라가 밤에 소리쳐서 도성의 백성들을 협박하여 나가게 한 것, 유구의 군대가 원수를 갚으러 와서 섬에 숨어있다 하는 유언비어도 이런 것들과 연관되어 생겨난 소문일 수도 있다.

378) 『조선왕조실록』, 광해군 10년(1618) 8월 22일.

4

허균의 성리학적 이념과 「홍길동전」의 인물 소재원

4-1. 「홍길동전」 창작을 위한 허균의 생각지도

(1) 전라도 장성에서 전해들은 감추어진 영웅 홍길동 정보

허균은 당대 최고의 문장가요 정치가요 사상가였다. 동인의 영수인 허엽의 막내 아들로 그 누이인 허난설헌은 조선 최고의 여류 문인이며, 그의 큰형 허성과 둘째형 허봉 역시 뛰어난 정치인이며 문장가였다. 이런 환경에서 자유롭게 자란 허균은 한 한시와 논설, 한문 단편 등을 두루 창작하며, 자신의 견해와 사상을 문장으로 구사해내는 천재성을 가진 문장가였다.

「홍길동전」의 서사 전개에서, 초반부는 홍판서 집안에서 서자로 태어난 길동이 타고난 능력과 재주로 미움을 받아 급기야 목숨까지 위협받는 상황에서 자객을 죽이고 집안을 나와 활빈당 무리를 이끄는 당수가 되어 국내의 여러 사회 문제들을 해결한다. 서사의 중반부터는 조선의 병조판서가 되어 해외로 출국한 후 중국내의 사회문제를 해결하고, 마침내는 다시 중국을 떠나 남하하여 가상의 율도국까지 진출하여 율도국의 왕이되는 이야기로 전개한다. 이는 작가 허균이 역사에서 찾은 제1 홍길동의 존재에 대한 역사적 사실과 예지적인 인문학적 추론에 근거하여, 소설적 재미와 허균의 사상과 이상을 융합시켜 서사화한 결과다

허균은 1601년에 장성을 방문했을 때, 장성에서 살았던 홍길동에 관련된 이야기를 현지에서 전해 들은 것으로 추정된다. 하서 김인후와 청백리 박수량의 고향인 장성을 찾아갔을 때, 황룡면 아치실 출신의 홍길동에 관한 무용담을 들을 수 있었다. 이런 근거로는 허균의 『성소부부고』에는 「장향고장성」[379]이라는 표제의 다음과 같은 한시가 있기 때문이다.

379) 〈將向古長城〉의 번역.

노령 관문 갓 넘으니 풍경 아름다워
우거진 두형 풀은 시냇가에 둑 덮었네.
신이는 꽃잎 날려 봄의 일 재촉하고
접동새 슬피우니 나그네 가슴 설레.

몸 밖 공명이야 주건 뺏건 뭐 어떠랴
세간의 영고성쇠 안배에 맡기려오
임천의 굳센 약속 내 장차 숨기리니
늙기를 기다려서 사퇴를 청하려 하오.[380)]

허균은 1601년 봄에 새로운 임무를 맡아 호남 지방을 다녀왔다. 호남 각 고을을 다니며 과거시험을 감독하는 시관이 되었기 때문이었다. 과거시험은 예조에서 시행했으므로 예조의 낭관이던 허균이 이 일을 맡게 되었고, 그는 호남 각 고을을 돌아다니며 수령들에게 대접받고, 재주 있는 젊은이들을 모아서 그들의 문장을 시험해보며, 자신이 직접 그들의 낫고 못함을 가리는 일을 맡았던 것이다.

이 외에도 허균은 1601년 장성에서 박생을 이별하며 지은 시[381)] 「장성별박생」[382)]를 남기고 있다. 여기에 등장하는 박생은 박종현이다.

십 년 슬픔과 기쁨의 마음을 말하며
꽃 앞에 나서서 술을 들고 읊었노라.
풍진세상 싫증나서 오만한 관리되니

380) 장정룡 번역, 『성소부부고』, 난설헌출판사. 2018, 89쪽.

381) 허경진, 『허균평전』, 돌베개, 2019, 162~163쪽.

382) 〈長城別朴甥〉의 번역.

산수곡 맑은소리 어느 누구 듣는가

천애 골육과 골육과 이별은 슬프기도 해라.

봄 지난 동산 숲은 여름 그늘 두터워

오는 날 짧아 모이고 흩어짐 바쁘네.

갑자기 나오는 눈물이 내 옷깃 가득

허균은 이 한시에 주를 달면서, "이 시는 박생이 거문고를 잘 타므로, 제4구에서 언급한 것이다"라고 하였다.[383)]

이러한 두 편의 한시 「장향고장성」과 「장성별박생」에서 확인되듯이, 허균은 1601년 장성을 방문하였다. 허균이 이곳 호남 지역의 장성을 방문 했을 때는 하서의 필암서원이 있는 황룡면을 방문했을 가능성은 아주 높다. 그곳은 황룡면이고 같은 황룡면에 아치실에는 홍일동이 살던 집이 있었다. 허균은 형인 허성이 전라감사로 부임하고 있을 때에도, 3차에 걸쳐 호남 지방을 방문하였으니, 장성의 황룡명 아치실에 전하는 홍상직의 아들이요, 홍일동의 이복 동생인 홍길동[384)]에 관한 실화나, 전설 등을 접할 수 접할 수 있었다. 물론, 허균이 장성에 간 이유는 높은 학문과 뛰어난 문장가인 하서 김인후의 자취를 보는 것이 목표였겠지만, 조정에서 누차 불렀으나 벼슬길에 나오지 않고 고향 장성에서는 덕화를 끼친 김인후[385)]와 함께 홍길동 관련 정보를 입수한 허균에게는 서얼에 대한 관심을 증폭시키는 계기가 되었을 것이다.

---

383) 장정룡 번역, 『성소부부고』, 난설헌출판사. 2018, 98쪽.

384) 홍길동의 한자 표기는 『조선왕조실록』 연산군 대에서는 洪吉同으로, 황윤석의 『보해동이적』의 이본과, 『만성대동보』에서는 洪吉童으로, 소설 강릉본 표지에서는 洪吉東으로 표기되어 있다.

385) 허균, 『성소부부고』 설부 〈성옹식소록〉, 민족문화추진회역, 『성소부부고』, 3권, 150쪽.

그 뿐만이 아니라, 허균은『조관기행』에서 자신이 서울로 양곡을 운송하기 위해 다닌 곳을 차례로 들어보면서, 한양을 출발하여 수원, 아산, 예산, 부안, 공주, 은진, 태인, 나주, 장성, 전주 등을 거쳐 서울로 돌아왔다. 이때 지방에 있으면서 허성이 전라관찰사로 임명되었다는 소식을 들었고, 재차 남쪽으로 내려갔을 때 서로 만나게 된다. 이때 허균이 맡은 지역은 충청 일부 지역과 호남 지역이었다. 교산은 광주, 나주를 거쳐 은진까지 왔다가 다시 나주로 내려가서 전주를 거쳐 올라왔다. 그가 재차 남쪽으로 내려간 것은 운송이 끝나지 않았기 때문으로 판단된다.

허균이 장성에서 접한 홍상직의 아들 홍길동에 대한 정보는 1612년이나, 그 이후에「홍길동전」을 창작하는 데 핵심 모델로 삼는 근거가 되었음이 분명하다. 이런 사실은 허균이 연산군 때 체포된 대범한 강도 홍길동은 홍상직의 아들이 아닌 제2 홍길동임을 확실히 인지하고, 세종 때의 인물인 홍상직과 그 가족들 중에서 제1 홍길동에 복합모델로 자신의 서사적 자아를 비롯한 상하층의 인물들을 인물 소재로 활용한 것으로 판단된다.

물론 홍길동의 핵심모델로 삼은 홍상직의 아들 홍길동의 사연을 역사 속에서 탐색하였을 것이다. 그 결과, 허균은 역사 기록에서 의도적으로 지워버린 고려말 홍징 장군이 겪은 무진참화를 알게 되면서, 홍상직의 서자인 제1 홍길동이고 그는 조선에서 무리를 이끌고 유구로 진출한 집단이란 점을 짐작했을 것이다. 물론, 허균은 필자가 유구의 팔중산 지역에서 가난한 백성들을 위한 의로운 지도자 역할을 하다가 죽은 반역자의 사실을 알지는 못했겠지만, 제1 홍길동의 출구까지는 파악하였을 수 있다.

(2)「홍길동전」에서 비롯된 영웅소설의 2중 서사에 의한 주제화

허균이 12세에 때에 부친 허엽은 세상을 떠났다. 그리고 형제 4남매 중에서 서인의 영수로 지목받던 율곡을 공격하다가 정치계에서 소외되었고 불행한 죽음을 맞이한 둘째 형인 허봉은 1588년에 사별하였다. 또, 다음 해인 1589년에는 누나 난설헌과도 세상을 떠났다. 그리고 마지막 남은 혈육인 병조판서 예조판서 이조판서를 지낸 큰 형 허성 마저 1612년 8월에는 세상을 떠났다. 이렇게 동인의 영수인 허엽을 비롯한 부형으로부터 많은 영향을 받으며 성장하고 정치적인 지원을 받으며 활동하던 허균은 세상이 알아주는 성리학의 정통 가문이요, 가족이 모두 명문장가라는 명성이 소멸되어가는 것에 크게 상심하였을 것이다.

이런 가족 차원에서의 안타까움을 소설로 해소하고, 동시에 내우외환에 시달린 백성들에게도 정신적인 위안을 주는 방식의 새로운 소설 양식을 강구하였다. 그것은 한편으로는 김시습의 『금오신화』를 계승하고, 다른 한편으로는 중국의 「수호지」를 넘어서는 「신명사도」를 흥미로운 이중서사의 심성소설로 창작한 「천군전」 같은 통속소설같지만 대중 취향의 통속소설이 아닌 성리소설로 목표를 삼았다. 특히, 가전체에 뿌리를 둔 2중서사 기법으로 표면서사에서는 홍길동의 삶을 통하여 강병부국의 길을 제시하고, 표면서사에 연계된 전고형의 다양한 소재로 의미를 구현하는 이면서사에서는 현실에서 일어나는 각종의 개인적인 사회적인 국가적인 문제 해결의 혁신 「징비록」을 창작하고자 하였던 것으로 판단된다.

허균은 「홍길동전」을 창작하면서 앞선 시대의 역사 모델인 제1 홍길동의 존재는 찾았지만, 그 구체적인 활동상을 재구하기가 어려웠을 것이다. 그래서 허균 자신의 당대를 비롯한 전후의 역사 인물 중에서 상층으로는 병조판서 율곡과 자신의 형제들, 하층으로는 임꺽정을 비롯한 서얼이나 서민, 천민 등을 포괄하여 인물 모델을 형상하였다. 여기에 성리이념을 무르녹여 확고한 국가적 영웅상을 형상한다. 조선의 병조판서 출신이 율도왕이 되기까지의 서얼 출신 영웅 무용담을 표면서사로 전개하면서 그 이면서사에는 사화와 옥사를 비롯한 내우외환의 이념적 서사를 배치함으로써 「홍길동전」 창작의 주제의식을 명확히 하고 있다.

허균이 「홍길동전」의 서두에 제시하는 시대 배경은 "세종 시대에 한 재상이 있으니, 성은 홍이요 명은 모이라. 대대 명문거족으로 소년등과 하여 벼슬이 이조판서에 이르매, 물망이 조야에 으뜸이요 충효 겸비하기로 이름이 일국에 진동하더라."이다.[386] 허균이 이런 시대 배경을 설정한 이유는 그가 거의 지워진 역사 속에서 발굴하여 재구성한 「홍길동전」의 핵심 모델인 홍상직과 그의 서출 내지 얼출로 추정되는 홍길동이 출생한 때가 1440년 경으로 세종 시대였기 때문이다. 하지만 핵심 모델이 된 홍길동의 시대와 달리, 허균이 「홍길동전」을 창작할 당시는 광해 난정시대였다. 허균은 핵심 모델이 활동하던 세종 시대와 자신이 「홍길동전」을 창작하는 당시인 광해 난정 시대의 상반된 두 시대를 함께 고려하면서, 표면서사에서는 세종 시대를, 그에 연계된 이면서사에서는 그 이후 수백 년에 걸친 정치사를 융합시켜서 이중서사로 전개했다.

연산군 때 일어난 두 번째 사화인 1504년의 갑자사화는 제2 홍길동의 활동이 극성하던 때로, 사림보다 오히려 연산군의 생모인 폐비 윤씨 사사에 관여한 다수의 훈신들이 화를 입었다. 이 사화를 주도한 인물은 임사홍과 신수근이었다. 이 두 사람은 훈구파도, 사림파도 아닌 이른바 궁중파였다. 임사홍은 예종, 성종과 사돈을 맺은 외척이었지만 간교한 성격 때문에 크게 출세하지 못하고 있다가 연산군을 만나면서 기를 펴기 시작했다. 신수근은 연산군의 왕비인 신씨의 오빠였다. 그는 임사홍과 결탁해 연산군 주위에서 권력을 잡고 있었다.

갑자사화의 불씨를 당긴 것은 임사홍이었다. 임사홍은 연산군에게 폐비 윤씨의 어머니를 통해 폐비가 사사된 내막을 소상히 고했다. 연산군은 즉시 관련자들을 색출해 문책하라고 명했다. 여기에는 무오사화 이후 위축된 사

---

386) 설성경 · 최영, 『홍길동전 바로알기』, 나녹, 2019, 178쪽.

림파를 따돌리고 득세하고 있던 훈구파들이 대거 연루되었다. 연산군은 이들을 한 번쯤 크게 혼내 주려고 벼르던 중이었다. 당시 연산군의 사치와 향락은 날이 갈수록 심해져 급기야는 국가 재정이 파탄날 지경에 이르렀다. 이에 연산군은 훈신들이 소유하고 있던 공신전을 빼앗으려고 했고, 훈구파들이 크게 반발했다. 한번 마음에 안 들면 기어이 복수를 해야 직성이 풀리는 연산군이었기에 임사홍의 고변은 좋은 빌미가 되었다. 결국 갑자사화로 폐비 윤씨의 사사에 찬성했던 훈구파 윤필상, 이극균, 성준, 이세좌, 권주 등이 사사되었고, 한치형, 한명회, 정창손, 어세겸, 심회 등은 부관참시 되었다. 이 밖에도 홍귀달, 심원, 이유녕, 변형량 등 다수의 사림도 화를 입었다. 갑자사화는 표면적으로는 연산군이 억울하게 죽은 어미의 한을 풀어 준 복수극처럼 보였으나, 실제로는 연산군과 궁중파가 권력 독점을 위해 벌인 정치적 사건이었다.

연산군 때의 두 차례의 사화를 통해 자신을 귀찮게 괴롭히던 사림들을 제거하고 절대 왕권을 확립하고자 했다. 사림은 성종 대를 거치면서 훈구 세력에 대항할 만한 새로운 정치 세력으로 부상했다. 그들은 자신들이 추구하는 유교적 이상주의에 입각해 부패한 훈신들을 탄핵하고, 왕에 대해서도 직언을 서슴지 않았고, 훈신 세력들에게는 사림이 방해 세력이었기에 훈신들은 왕이 사림에게 염증을 내는 것을 기화로 그들을 몰아내는 사화를 일으켰다. 여기에서 연산군은 폐비 윤씨의 사사에 빌미를 제공하고 실질적으로 주도했다는 혐의로 성종의 후궁인 숙의 엄씨와 숙의 정씨, 할머니인 인수대비까지도 죽음으로 몰고갔다. 임금이 엄숙의와 정숙의를 처형하니, 소혜왕후는 "이 사람들이 모두 부왕의 후궁인데 어찌 이럴 수 있습니까." 하였지만, 임금은 자신의 머리로 몸을 들이받았고, 왕후는 흉악하다[387]는 일까지 일어났다. 이처럼 연산군은 자기 분에 이기지 못하고 부왕의 후궁들과 친할머니까지 제

387) 이긍익, 『연려실기술』, 권 6, 연산 조 〈고사본말〉.

손으로 처형하는 군주가 되었다.

이렇듯, 궁중에서 일어난 연산군 시대의 일련의 사화로 인한 비극은 궁 밖의 민간에서는 제2의 홍길동 무리가 활개를 치는 시기와 겹치고, 1500년에 연산군에게 홍길동 일당을 체포했다고 보고하며 즐기던 신하들은 두 번째 사화에서는 그들이 참변을 당하는 처지가 되던 내우의 극심기였다. 허균은 1460년 전후의 제1 홍길동의 활동 시대의 사화와 조정, 제2 홍길동의 활동 시대의 사화와 조정을 한데 융합시켜서, 홍판서 집안에서 일어나는 시기와 모함과 살인 청부에 맞서는 홍길동의 정당 방위 차원에서의 자객 특을 살해하는 극적인 사건으로 표면서사를 전개시키며 은유적인 이중서사 방식으로 발단 부분을 서술하고 있다.

허균이 「홍길동전」을 창작하던 당시는 광해난정 시기로, 잘못되면 앞선 연산군 때의 반정처럼, 광해군도 반정의 대상이 될 수 있음을 「홍길동전」의 발단에서 홍판서 집안에서 초란을 중심으로 한 홍길동 죽이기의 음모를 은유적 서술로 풀어내고 있는 것이다. 작품의 표면서사에서 홍길동은 청룡의 꿈을 꾸고 태어났지만, 여종인 춘섬의 몸에서 태어난 얼출의 신분으로 자신을 죽이려던 자객을 죽인 후 어쩔 수 없이 집을 떠나야 하는 가출 사건으로 일단락을 짓는다. 이러한 표면서사의 이면에는 홍길동이 가출 이후에 활빈당 수령으로 활동을 할 때, 그를 체포하겠다고 나선 포도대장을 이흡을 내세워 역사적 사건인 기축옥사로 연결지으며, 억울하게 옥사한 최경영 문제로부터 정여립 사건에 대한 역사적 사실을 직접 전고로 연계시키고 있음이 이중서사 기법의 활용을 통해 허균의 탁월한 작가적 역량을 확인할 수 있는 부분이다.

허균 자신이 당대에 하고 싶은 정치적, 사회적 발언을 세종 시대에 출생한 홍길동의 특수한 영웅적 일생에 투사하여 제시함으로써, 성리철학을 학습한 정치인들이 내우외환의 소용돌이 속에서도 성리 본원심을 지키며 살아가는 이야기를 소설을 통해서 보여주고자 했다. 이러한 허균의 의도는 「홍길동전」

에 이중서사 방식을 도입하여, 표면서사 뒤에 전고 등을 통하여 연산군 시대의 사화나 선조 때의 기축옥사와 같이, 조정에서 벌어진 치열한 정치적 갈등 문제 등과 연계된 정치 사회의 역사를 호출하여, 성리이념으로 재구축하는 길을 열었다. 특히 기축옥사와 관련된 정치적 문제의 풍자에서는 주인공 홍길동이 청룡꿈을 꾸고 출생하여 천상에서 지상으로 파송된 영웅이지만, 홍판서 집안에서는 얼출이라는 것을 빌미로 모함을 당해 죽을 뻔한 사건으로, 태종 시대에 왕권을 둘러싸고 형제간에 벌인 왕자의 난 등에 비유될 수 있는 내우의 한 전형임을 세종시대라는 시대 배경을 통해 그 기미와 지평을 열어 놓고 있다.[388)]

허균의 창의성은 「홍길동전」의 전반적인 표면서사에서는 서얼 차대 수준의 문제와 활빈당 활동을 통한 함경 감영과 해인사 등의 문제를 제시하며 의협 활동을 보여주지만, 좀더 깊이 있는 독자들에게는 지나간 과거나 당대 현실에 실재했던 사회적인 문제들을 구체적으로 살필 수 있는 전고를 이면서사로 내장하는 이중서사기법의 활용을 통해 잘 드러난다. 허균은 잘못되었던 과거의 현실과는 달리, 성리적이념으로 개선된 도심의 주인공인 홍길동을 통해 일부 도술적 기법을 가미한 흥미로운 활동을 통해 당시의 혼탁한 정치 사회상을 개선하는 길을 우회적으로 표현하고 있다. 그뿐만이 아니라, 허균은 표면서사의 세종 때의 역사적 사건보다는 훨씬 확장된 여러 시대의 역사적인 전고를 활용하고 있다. 그런 전고 중에는 홍길동의 체포를 장담하면서 자원하고 나선 포도대장 이흡은 작품 밖의 역사 현실에서, 기축옥사와 연관된 실재 인물을 이름 그대로 노출시키는 특수한 사실 전고 기법을 활용함으로써, 역사적 사실을 그대로 소설에 담아낸 성리소설의 한 단면을 보여주었다.

388) 설성경 · 최영, 『홍길동전 바로알기』, 나녹, 2019, 190~191쪽.

(3) 한글 표기의 조선형 「수호지」로, 중국 진출 영웅소설 창작

허균은 중국에서의 「수호지」의 인기를 누구보다 잘 인지하고 있었을 뿐만 아니라, 자신도 작품의 애독자였다. 그는 「충의수호전」 서문의 첫 머리에 "세난과 고분[389]은 성현이 발분하여 지은 글이다"라는 사마천의 글을 인용하여, 분하지 않으면 글을 짓지 않고, 분하지 않으면서 지은 글은 병들지 않고 신음하는 것 같은데, 허균 또한 임란을 체험한 관료요, 학자요, 문필가로서 임제와 교유하였기에 기축옥사의 일부를 우의화한 「홍길동전」을 지었다.

허균은 「수호지」를 지극히 좋아하여 백독을 했다고 전해질 정도로 탐독을 하면서 소설의 재미와 효용적 가치를 인정했다. 「수호지」를 애독한 허균의 취향은 「홍길동전」의 성립에는 중국의 명작 「수호지」를 비롯한 중국의 작품들이 일정 부분이 영향을 미친 것을 보여준다. 허균의 「서유록발」[390]에는 자신이 중국의 소설, 즉 희가설을 많이 읽었다고 하였다. 그가 이런 글을 읽고 호평한 작품은 「삼국지」와 「수당연의」가 있다.[391] 특히, 허균은 「수호지」를 백독을 하였다는 말[392]을 할 정도로 이 작품에 탐닉하며, 소설의 재미와 효용적 가치, 구성이나 서술의 기법 등에 관심을 보여주었다. 허균은 박엽 등과 함께 「수호지」를 현실비판의 친근한 놀이극 형식으로 즐겼다. 그는 「수호지」에 등장하는 호한들의 이름을 자신들에게 하나씩 붙여가며, 양산박의 송강 등을 비롯한 여러 호한 영웅들의 반체제적인 언행을 거론하여 즐겼다. 이는 현실의 불만들을 작중 인물의 이름을 내걸고 자유롭게 표현하며 생활 속

---

389) 세난(說難)과 고분(孤憤).

390) 「서유록발(西遊錄跋)」『허균전집』, 137쪽.

391) 수당연의(隋唐演義). 「西遊記」를 비롯한 몇몇 작품에 대해서는 혹평을 하고 있지만, 「水滸傳」에 대한 언급을 없다.

392) 이외에도 허균은 "水滸傳 姦騙機巧 皆不足訓 而著於一人手 宜羅氏之三世啞也"(『성소부부고』 권십삼, 서유기발).

에서 놀이로 즐겼던 것이다. 이것이 바로 허균이 「홍길동전」을 성리소설로 지은 이유이다. 백성들은 홍길동의 이름을 자신의 이름과 동일시하며, 홍길동의 삶에 자신들의 삶을 투사시켜, 현실을 극복하는 힘을 얻었다. 이것이야말로 허균이 성리학을 응용하여 사회적인 약자인 서얼들과 백성들의 마음을 성리도심으로 회복시키는 창작의 목적과 부응하는 것이다. 백성들은 허균과 7서들이 「수호전」을 즐기듯이 한글로 쓴 성리소설 「홍길동전」을 직접 창작하여 서류들은 물론 평서민과 여성들이 즐기면서 도심을 실천하는 영웅 홍길동의 삶을 통하여 임진왜란 이후의 참담한 현실 속에서도 고난을 이겨내는 정신적인 승리의 기쁨을 소설을 통해 얻을 수 있게 하였다.

허균은 「수호지」, 특히 「충의수호지」까지 독서하면서, 부분 화소나 표현기법 등을 자연스럽게 익힐 수 있었다. 허균은 「홍길동전」을 전반은 서자 출신 홍길동의 국내 출세담으로, 후반은 병조판서 출신 홍길동의 율도왕 되기로 구성하였다. 그는 「수호지」의 호한들의 이야기를 가져오지만, 「수호지」에 등장하는 인물들의 행동에 간사함이 많음을 비판하며, 부정적인 소재나 내용이 사회 윤리나 개인적인 언사에서 간교함이 없는 「충의수호지」의 정신을 가져왔다. 이것은 성리소설 「홍길동전」 서사의 제3부에 해당하는 국외편에서, 노지심 등이 남행하는 소재와 접목하여 주인공 홍길동이 중국으로 출국하여 활약한 후, 다시 남행하여 율도국을 정벌하는 이야기로 펼치고 있음에서 알 수 있다. 「수호지」에 등장한 송강 등 양산박에 모인 호걸들은 세상에서 살인 등의 범죄를 저지르고 세상을 피해서 그곳에 모인 사람들이다. 허균이 「홍길동전」에서 보여준 홍길동의 가출 동기가 「수호지」 속의 영웅들이 1차로 세상을 등지고 도둑과 한 무리가 되었던 것 유사하나, 허균이 처음부터 「수호지」를 본받으려 했다고는 볼 수 없다. 허균은 「수호지」를 '거짓말 책'으로 일단 경멸[393)]하였지만, 허균은 「수호지」의 호한들이 갖가지 악행을 저지르고 피신

393) 정상균, 「한국중근세 서사문학사 연구」 중의 〈홍길동전〉 경판 비판.

하여 각각 양산박으로 모여들어 108 호한들로 집단하는 사건들과는 달리, 홍판서의 얼출 홍길동 한 명의 서사를 중심으로 가정에서 사회로, 다시 조정의 군주가 있는 궁궐로, 그러면서 공간적은 조선을 떠나 중국을 거쳐서 율도국으로까지 지경을 넓히는 야성적 행동을 한다는 점이 「수호지」와는 다르다.

허균은 「홍길동전」을 창작하면서 「수호지」의 감동과 서사의 흐름 등을 참고하였지만, 홍길동이 지닌 성리도심은 「수호지」의 108명의 호한들과 여러 면에서 다른 점을 보여준다. 특히 홍길동은 「수호지」의 호한들 처럼, 제도권에 저항하며 벌인 여러 가지 범죄행위에도 불구하고 변함없는 성품을 보여준다. 홍길동은 서얼로 태어난 자신의 출생에 대한 비극적 인식에도 불구하고, 부모에 대한 효심에는 변함이 없고, 비록 사회에 반기를 든 반항아로 활동하지만, 사회의 전통 관념에 대해서는 반대하지 않는다. 이것은 단지 개인적인 효심에만 국한된 것이 아니라 국가와 임금에 대한 충성심도 마찬가지다. 능력이 있어도 서얼 차대로 인하여 사회에 나아갈 수 없는 입장에 대한 불만이 반항심으로 나타나긴 했지만, 그가 임금이나 국가 전체를 전복시키려는 의도는 보이지 않는다. 홍길동은 「수호지」의 호한들과는 달리 변하지 않는 성리도심의 마음을 지닌 행동을 항심으로 보여준다. 집안에서의 견딜 수 없는 차별과 고통 때문에 집을 떠나고자 할 때도 부모의 만류에 효심으로 마음이 괴롭고, 나라에서 활빈당수 체포령이 내렸을 때도, 형의 호소를 외면하지 못하고 스스로 출두하는 모습에서 홍길동이 지닌 마음의 원천, 즉 성리심에 바탕을 둔 애국과 애민의 마음이 항심으로 작용하고 있음을 보여준다.

허균은 「홍길동전」에서는 그것을 단일화하여 홍길동이라는 개인의 일생과 활약에 비중을 두어 서사를 전개시켰다. 즉, 허균은 「수호지」에서 양산박에 모여든 송강 등의 108명의 호한을 자기화하여 행동을 보여주지만, 허균은 「홍길동전」에서 사화와 옥사, 그리고 전란로 얼룩진 현실의 갈등을 해결하는 성리이념을 표면서사 속에 자신이 발굴한 제1 홍길동을 핵심 모델로 삼은 서사적인 자아 속에, 작가 허균자신은 물론 병조판서 출신 율곡을 위시하여 사명당 같은 또 다른 역사 인물의 애국 애민의 정서를 투사시켜서, 강병 부국의 길을 보여주는 이념적 영웅상을 홍길동으로 형상하였다. 허균은 특히, 「수호지」 속의 108명의 호한처럼 곡식과 재물을 빼앗는 반항적 행동을 감행하긴 하였으나, 백명이 넘는 호한의 집단과는 달리 살인을 자행하지는 않는다. 홍길동의 행동은 온건하여, 해인사나 함경감영에서 약탈을 했을뿐 사람을 죽이는 일은 하지 않는다. 또한 명예심에 대한 존중의 마음도, 길동은 봉처음자[394]의 꿈을 버리지 못하던 수호 호한과 같은 입장에 선다. 어려서 남녀 종들의 천대에 각골통한하던 모습에서도 그의 자존의 태도는 선명하다. 활빈당 영수로서 만족하지 않고 병조판서에 대한 군주에 대한 요구도 명예에 대한 존중의 반영으로 보인다."[395]

정주동은 다음과 같은 서술에서 이러한 입장을 밝히고 있다.

이러한 事實에 비추어 考察하면 許筠이가 部下의 好意를 얻고자 하던 意思도 있거니와 또 그 當時 庶子 賤待의 國法에 反抗하는 뜻으로 洪吉童傳을 만들었다고 보아도 可하다. 여기서 이 小說은 두 가지 意味로 만들었다고 본다. 곧 첫째로 水滸傳을 모방하여 架空的 英雄的 構想을 發表하는데 文士 自身 快樂을 느낀 것, 둘째로 庶子虐待의 國法慣習에 反抗運動을 일으킨 것이다. 嫡庶의 別이 峻嚴한 것은 朝鮮六典에 일찍이 改嫁子孫은 淸班을 不許한다는 規定이 있어 庶子出身의 길을 막았고 後日 燕山君朝 戊午士禍를 일으킨 柳子光이 庶子이었던 關係로 加一層 그 差別을 嚴히 하였다. 이것으로 얼마나 많은 英才가 悲運에 울지 않으면 안되었고 또 無數한 不平客이 생기지 않

394) 篈妻蔭子.

395) 이혜순, 『수호전연구』 정음사, 1985, 275쪽.

을 수 없었다. 不遇한 庶流에게 無限한 同情을 가졌던 許筠이 이러한 社會的 不公正에 反抗한 洪吉童傳을 만들었던 것은 充分히 理解할 수 있는 일이다. 洪吉童傳의 英雄的 構想에는 水滸傳의 模倣도 있었겠지만 朝鮮에 있던 傳說 說話에서 取才 創作하였다고 생각한다. 林巨正, 朴長脚 故事와도 類似하지만 洪吉童이 群盜를 引率하고 硉島國을 찾아가서 여기에서 理想國家를 建設한 것은 朴燕巖의 許生傳에서 許生이 群賊을 데리고 海上 어느 섬에서 理想鄕을 세운 것과도 같다. 燕岩도 傳來의 說話로 豪傑譚을 小說化한 것은 같은데 許生員이 無人島를 發見하고 盜賊無賴輩를 糾合하여 그곳을 開拓하고 여기에다 一國을 建設하였다는 構想은 朝鮮社會에 있을 법한 이야기로 洪吉童傳도 이것을 取才한 듯하다.[396]

허균은 「홍길동전」 창작의 모델로 삼은 「수호지」에 송강을 위시한 108 호한들의 활동과 그들의 귀순, 내지 거부의 사건들을, 조선이 왜국에 당한 임진왜란에 대한 복수나, 백성들과 조정에서 당한 고통과 한의 해소 내지 정신적인 보상이나 자족적인 위로의 주제로 승화시켰다. 「수호지」에는 108명이나 되는 영웅호걸들이 중심 인물로 등장하는데 비하여 「홍길동전」에서는 오직 홍길동 한 사람이 주인공이다. 「수호지」에서는 전혀 다루지 않지만, 「홍길동전」의 핵심 주제 중 하나는 서얼 차대에 관한 문제이다. 「수호지」에서는 다루어지지 않은 서자 차별에 관한 문제가 「홍길동전」에서는 부각되었다. 조선에서는 서얼은 언행의 자유도 없었고, 과거를 보지 못하였기에 높은 관직에도 오를 수도 없었다.[397] 「수호지」와 「홍길동전」 두 작품의 창작 동기가 당시의 정치와 사회에 대한 불만에서 나왔지만, 충의의 도적이라는 본령은 벗어나지 않았다. 「수호지」에는 주인공들이 왕조에 대한 충의를 인정받게 되자 대

396) 이재수, 『한국소설연구』, 선명문화사, 1969. 142쪽.

397) 이가원, 『유교반도 허균』, 연세대출판부, 2000, 73~74쪽.

부분 사회에 복귀하고 극히 일부만 저항하며 귀순하지 않는다. 「홍길동전」에서는 저항하며 귀순하지 않는 일부처럼, 국왕의 회유에 순응하지 않고, 병조판서를 제수받은 다음에는 조선 사회를 이탈하여 중국을 거쳐서 남국의 해도 율도국의 국왕이 된다.[398]

「수호지」에서 양산박의 3인조인 임충 · 노지심 · 무송은 송강조차 건드리지 못하는 인물이다. 노지심은 본래 노달이라 불리운 인물로, 금취련 부녀를 대신하여 진관을 죽였다. 노지심은 힘이 세고 무공이 강해 홀로 오대산에서 200여 명의 승려와 싸워도 밀리지 않은 전력이 있다. 게다가 노지심은 성격이 시원시원해서 감히 아무도 건드리지 못한다. 즉, 노지심은 용산 2인자라 불리우는 용산 형제들도 그를 지지 하였다. 또 이 용산은 도화산 · 소화산의 두 큰 산과도 맞닿아 있다. 두 산은 사진 · 주무 · 이충 등의 두령이 노지심의 손을 들어줬다. 게다가 용산에서는 양지, 무송 등 여러 우두머리의 지지를 받았으며 그 중 조개파의 핵심 인물인 임충과는 의형제를 맺는 등 배후 세력이 강해 송강도 감히 건드리지 못하는 노지심을 양산에서는 그 아무도 건드릴 자가 없었다.

허균은 「홍길동전」의 표면서사에서 홍길동이 중국 제도를 거쳐서, 다시 남경 남쪽의 율도국으로 건너가는 공간 이동의 경로를 이면서사에서 사명당이 대마도를 거쳐, 바다 건너 왜국의 본도로 가는 것과 상통하는 이미지로 내장시켰다. 이것은 시내암의 「수호지」에서 노지심 일행이 양산박에서 남행하는 이미지와도 중첩되는 것이다. 왜국 본도와 유구는 상이하지만, 허균은 이것을 통합 다중 이미지로 「홍길동전」에 이중서사로 녹였음을 알 수 있다.

「수호지」에 비하여 「홍길동전」에서는 한 사람의 홍길동을 단독 주인공으로 단순화시키고 있는 것이 특징이다. 허균은 「수호지」에서 양산 산록 호숫가에 산채를 만들어, 조정의 부패를 통탄하고 관료의 비행에 반항하며, 민중의 갈

398) 이가원, 『유교반도 허균』, 연세대출판부, 2000, 73~74쪽.

채를 받는 양산박과는 달리, 「홍길동전」의 전반부인 활빈당 활동은 단순한 산속 도적들의 거처를 공간을 배경으로 삼았다. 또, 영웅적인 인물의 형상에 있어서도 「수호지」에서는 노지심 · 이규 · 무송 등과 같은 신분이 낮은 정의한이나, 임충, 양지 · 송강 등과 같은 지주 출신자 또는 봉건 정권을 섬긴 적이 있는 활발하고 용감한 사나이 108명의 다양한 인물이 활약하는것과는 달리, 허균은 「홍길동전」에서 서자 출신의 협객형 1인 홍길동이 펼치는 영웅담으로 집중시킨다.

허균은 역사 기록에서 지워진 홍길동의 여러 자취를 발굴하여, 100년이 지난 후에 그 실존적 삶을 소설 「홍길동전」을 통해 재구하여 세상에 알리는 것이 창작의 동기면에서 「수호지」와는 많은 차이를 보여준다. 그러나 서사의 결미에서는, 수령인 송강을 중심으로 108명의 호한들이 양산박에서 공동생활을 하다가 끝에, 임충 송강 등은 귀순을 하지만, 노지심 등은 뜻을 달리하여 남행을 선택하는 것이 「수호지」의 결말이다. 허균은 조선의 병조판서 자격을 가진 홍길동이 중국의 남경에서 사회문제를 해결한 후, 무리를 이끌고 남행하여 율도국을 정벌하고 왕이되는 이야기로 마무리함으로써, 「수호지」의 결말보다는 더욱 진취적이고도 구체적인 이상 실현하는 이야기로 서사의 결미를 장식한다.

「수호지」에서는 양산박에 모여든 108명의 호한들이 의와 충에 기반한 이상세계를 추구하며, 개인적으로 지향하는 가치체계인 의와, 집단적인 가치체계인 충의 갈등을 보여주며 서사를 진행한다. 「홍길동전」에서는 홍길동이 양반가의 서자로 태어나 적서차별의 한을 품고 가출을 한 후, 활빈당의 당수가 되어 부정부패 관료와 탐관들을 신비한 도술 능력으로 징치하고, 가난한 백성들을 도와주는 의적활동을 벌인다. 그는 중국으로 진출한 후 남행하여 율도국을 정복하여 악독한 군주를 몰아내고 의를 실현한다. 홍길동은 율도국을 이상적인 국가의 상징과도 같은 평화롭고 행복한 강병부국의 나라로 다스려 백성들로부터 영웅으로 추앙받는다.

이처럼 작가 허균은 「홍길동전」을 통하여 독자들에게 사회나 세상에 대한 안목을 넓혀서 조선 안에서만이 아닌 중국은 물론 제3세계에까지 안목을 넓힐 수 있게 하기 위하여, 재상가인 홍판서 집안의 얼자로 태어난 주인공 홍길동의 삶을 국내에서는 가정에서 사회로, 사회에서 국가로 그 활동 범위를 옮기고, 국외로는 중국을 넘어 율도국까지 그 배경을 확장하는 거대한 스케일을 이중서사 구조로 서사를 전개하는 탁월함을 보여주었다.

허균은 「수호지」을 탐독하면서, 송강을 위시한 108명의 호한 중에 눈여겨 본 인물은 노지심 이라 할 수 있다. 노지심은 「수호지」에서 천강성 36인 중 천고성에 상응하는 인물로, 등에 꽃문신이 있기 때문에 화화상이라고 불렸다. 그는 원래 위주 경략부에서 제할을 맡고 있었다. 어느날 구문룡 사진과 타호장 이충을 만나 술집에서 이야기를 나누던 중, 김노인과 그의 딸 취련의 곡소리를 듣고는 노기가 올라 정도라는 악인을 주먹 세대로 때려죽였다. 이후 살인자가 되어 쫓기던 중, 대주에서 김노인을 다시 만나 그의 사위인 조원외의 집에서 지내다가 관청에서 체포할 기미가 보이자, 오대산의 문수원에 의탁하게 되었다. 이 때, 다수의 승려들이 노달의 출가를 반대하였으나, 주지승인 지진장로는 후에 그가 크게 깨우칠 것이라 여겨 그를 받아들인다. 지심이라는 법명도 여기서 얻게된다. 하지만 노지심은 승려로써 금해야할 행동을 하고, 승려들과 싸우며, 불상을 파손하기도 한다. 자신의 무기인 62근의 수마선장과 계도를 맞춘 것도 이 시기이다. 사실 그는 100근의 수마선장을 요구하였으나, 대장장이가 관왕의 청룡도도 그보다는 무겁지 않다 하여 실랑이를 벌이다 어쩔 수 없이 62근으로 줄이게 것과 같은 대부분의 내용들이 각 인물들의 개성을 가진 구체적인 사건들로 전개된다.

「수호지」의 양산박 호한들은 자신의 범법적 행동을 합리화시키기 위한 명분확립에 항상 부심했다. 그러나 홍길동은 자신의 소행에 대한 명분 확립을 위해서 아무런 노력을 하지 않는다. 그 뚜렷한 예가 길동이 적당에 참여하고 그의 용력으로 인해 괴수로서 추대되는 플롯으로, 홍길동이 도적이 되는 과

정, 해인사 약탈, 함경 감영 습격, 초인 길동의 전국 횡행, 인형의 경상감사 제수, 길동의 병조판서 임명 등, 삽화 중심의 전개다. 의협의 행동은 도덕적인 것은 아니나, 자신의 소행에 대한 대의명분으로 볼 때, 그것은 확실히 일종 초도덕적인 것이 된다."[399)]

홍길동이 조선을 떠나 율도국을 세우는 과정에서도 「홍길동전」에서는 「수호지」의 부패한 관리들이 난무하는 조정에 금족이 침입하자 108 호한 중의 생존자와 후에 새로 이들과 합세한 사람들은 탐관오리와는 무슨 일도 할 수 없다고 단정하고 나라를 떠나 해외에 이상국을 건설[400)]하듯이, 「홍길동전」에서는 「수호지」 다수의 다양한 호한 이야기를 주인공이 광의의 도적이라고 하는 점을 계승하지만,[401)] 한 명의 조선식의 영웅상을 창조하였다. 「홍길동전」의 홍길동은 홍판서의 얼출 출신으로 활빈당 수령을 거쳐서 어려운 백성들을 구제한 다음에 3년만 있으면 조선을 떠날 것임을 암시하면서 자원 병조판서를 제수 받는다. 그 후에 홍길동은 약속대로 조선에서 도적떼 수천명을 데

399) 이혜순, 『수호전 연구』 정음사, 1985, 272쪽.

400) 「수호후전(水滸後傳)」에서 이준(李俊)은 금오국(金鰲國)과 섬라국(暹羅國)을 탈취(奪取)하는데, 작자는 여기에 구실을 제공하여 행동의 합리화를 구한다. 금오도장 사룡(沙龍)은 살인을 좋아하고 극히 음란하여 모든 백성들의 원망을 산다. 여기서 李俊이 이 섬을 차지할 윤리적 근거를 얻게 된다. 섬라국왕은 聖主였지만, 그 밑에 간신 홍도(洪濤)를 만들어 시군(弑君)의 죄를 범하게 한다. 이준(李俊)이 이 불의의 난을 보고 간신을 제거, 결국 왕위를 얻게 한다. 그러나 길동은 율도국 건설에서 이러한 합리화를 기하지 않는다. 격문에 "의병장 홍길동은 숨ᄀ 글월을 율도왕 좌하의 드리나니 나라난 ᄒᆞᆫᄉᆞ름이 오릐 직키지 못ᄒᆞᄂᆞᆫ지라 실로 셩탕은 하걸을 치고 무왕은 상쥬을 ᄂᆡ치시니 다 ᄇᆡᆨ셩을 위ᄒᆞ야 ᄂᆞᆫᄃᆡ을 평정ᄒᆞ는 ᄇᆡ라. 이졔 의병 이십만을 당ᄒᆞᆯ 듯 ᄒᆞ거든 ᄌᆞ웅을 결단ᄒᆞ고 셰궁ᄒᆞ거든 일직 항복ᄒᆞ여 쳔명을 순슈ᄒᆞ라"하였는데, 걸주의 비유는 율도왕이 민심을 얻지 못했음을 암시하는 것인지는 모르나, 작자는 길동이 타국을 빼앗는 데 대한 강력한 구실이나 윤리적 근거를 제시하지 못했다."

401) 백승종, 「고소설 홍길동전의 저작에 대한 재검토」, 『진단학보』, 80집, 1995, 316쪽.

리고 떠난다. 홍길동이 조선을 떠나기 이전의 의적형의 활빈 활동의 행적은 당대의 제도나 이념에 대한 적극적 투쟁의 양상을 띠고 있다. 그러하기에 홍길동 수천의 도적 무리를 데라고 조선을 떠남은 조선에서 일어나던 사회적 국가적 갈등을 상당 부분 실제적으로 해소한 것이다. 이런 갈등에 대한 홍길동의 근본적인 해소 행위는 「홍길동전」 전반부 국내편은 마무리 되고, 다시 중국에 진출하여 또다른 중국의 갈등 요인을 상징하는 도적굴의 울동이 처녀들을 납치 구금하는 사회적 갈등을 2차적으로 해소하는 역할을 하는 것이 해외인 중국에서 펼치는 후반부의 새로운 홍길동 이야로 전개된다.

허균은 세종대왕이 창제한 우리 문자인 「훈민정음」을 지칭하는 한글로 「홍길동전」을 지었다. 조선 군주로서 최고의 자비요, 애민의 결실인 한글을 사용하여, 허균이 「홍길동전」을 창작한 것은 홍길동이 보여준 대담한 중국에서의 활동에 덮 씌워진 중국에 대한 자주 문화 운동의 선언이다. 이처럼 망탕산의 울동 대목은 3중의 차원에서 허균의 애민정신과 조선의 성리정신의 회복과 조선의 문자인 「훈민정음」에 대한 자부심을 내포하고 있다. 이는 더 이상 중국을 의식하지 않는 조선의 자주 문화 선언이며, 이는 당시 우리 문자를 갖고도 핍박하고 천대하던 조정과 권력층에 대한 또 하나의 저항이요, 백성에게 성리 정신을 쉽게 전하고자 하는 애민 실용정신이다. 특히, 「홍길동전」에서는 허균은 순수 한문학의 정통성을 인정하면서도 연의 문학이 가지고 있는 대중친화적 호소력이나 공감을 주목했다. 그래서 순수 문학이 가진 속성을 유지하면서도 문학적 표현을 통하여 더 쉽고 흥미롭게 전환시키는 한문학의 대중화운동을 생각했다. 그래서 표기문자도 한글로 선택하고, 내용에있어서도 앞선 시기에 퇴계나 율곡 · 남명 등이 「성학집요」, 「성학십도」, 「신명사도」로 표현하는 1단계 사업, 다시 남명에 의해서 「신명사도」을 제자 김우옹으로 하여금 「천군전」으로 만드는 이중서사 형식의 성리이념의 대중화 작업을 허균은 3단계로 발전시키셔 중국 연의 형식, 특히 「수호지」 같은 작품이 순수한 문학의 성리정신을 외면한 것과는 달리 「수호지」의 대중 친화성과 율곡 퇴계 남명이 보여준 성리철학의 대중화 작업을 더욱 심화시킨 것이 성리소설 「홍길동전」이다. 그런데, 스승 허균에 비하여 개방적이지 못한 제자 이식은 보수적 한문학에 갖혀 있었기 때문에 「수호지」에서 「홍길동전」으로 나아가는 원리는 지키면서도 흥미롭고 대중적으로 전환시키는 허균의 생각을 미처 깨닫지 못했다. 제자 이식은 스승은 한문학을 유지하자는 보수적인 태도를 보였고, 그 스승 허균은 삶의 방식에서부터 혁신적이고 개방적이었기 때문에 한문학의 혁신을 해내기 위하여 한발짝 더 나간 것이 한국 문학사의 발전적 자취를 남긴 것이 한글로쓴 성리소설 「홍길동전」이다. 그런데 이식의 경우는 문학관 자체가 정통성의 유지라는 보수적 입장에 있었기 때문에 중국문학으로서의 「수호지」가 조선문학으로서의 「홍길동전」을 능가하고 있다는 선입관이 있었고, 또 「수호지」가 가지고 있는 반성리학적인 인간 욕망을 과도하게 노출시킨 각지의 도적들이나 반체제적인 호한들이 108명이나 모여서 흥미로운 이야기 중심으로 끌고가는 인심지향의 서사를 가지고 있기 때문에 이를 성리 본심으로 비판하면서 대표인물이 송강과는 다른 도심의 홍길동으로 발전적 전환을 보여준 것이다, 108명이라고 하는 다수의 이야기에서 대표적인 한 인물로 선택하고 다시 조선의 역사적 인물 속에서 도심을 지키려고 했으나 현실에서 받아들이지 않는 홍길동을 대표로 내세웠다. 그러면서 역사인물 홍길동 만이 아니라 성리 본심을 현실에서 지켜내고자 한 조선의 대표적 학자 관료 승려 문인 들을 융합하며 작가 자신의 현실에서 펼치지 못햇고, 주변에서 받아들이지 못했던 도심에 의한 진정한 애국애민 충성심 있는 신하의 이야기를 서사화 한 것이 「홍길동전」이다.

그런데 이식은 스승 허균과의 한문학관만의 차이만이 아니라 허균이 자신의 먼 인척 사이이고 자신을 과거 급제 때 뽑아준 사람으로 스승급의 인물인데 광해군과 이이첨으로부터 모반사건에 연루된 처지가 광해군이 천하의 괴물로 규정하는 시점에서 자신의 보호를 위해 역적 허균과의 거리를 증명해 보이기 위하여 「홍길동전」을 모반자의 작품이요 모반을 주동하는 주제의 작품으로 평가하면서 그 전고를 「수호지」를 지은 작가의 종말과 연계시켰다. 이런 조건을 고려하지 않는 다면 허균은 「수호지」 같은 반 체제적, 반 인륜적 모반자의 소설을 썼기 때문에 처형이 된 것이 당여한다는 최고 논리자의 논리에 의해서 「홍길동전」은 비판의 대상이 될 수밖에 없었다. 이식의 평가가 그러했음에도 불구하고, 절대 다수의 서민 독자들은 허균의 창작정신을 제대로 수용하고 「홍길동전」이 확신되는 데에 기여했다.

4-2. 작가 허균이 자신과 자기 가족을 모델로 투영시킨 홍길동의 가족

(1) 허균과 홍길동을 서사적인 자아로 형상한 율도왕 홍길동의 인간상

허균은 「손곡산인전」, 「남궁선생전」과 「장생전」 같은 한문단편을 한글소설 「홍길동전」보다 먼저 창작하였다. 이 중에서 「손곡산인전」은 서얼 출신인 스승이 서출로서 겪는 고통과 스승의 삶을 세상에 전하고자 이달의 전기소설이다. 이들 선행의 문학 경험을 가진 허균은 역사 속에 실재했지만, 세상에서 거의 지워져버린 서자나 서자로 탄생하였을 홍상직의 아들 홍길동의 한을 풀어주는 길을 문 그런 서얼 홍길동의 영웅적인 활동을 세상에 전할 수 있는 방식으로 개인의 한문으로 쓴 단편형 전기와는 다른 한글 소설 「홍길동전」을 구상했다. 그는 홍상직의 아들인 제1 홍길동을 핵심 모델로 삼고, 그 이후의 100여 년 동안에 등장한 상층 신분의 중앙 관료로부터 도적으로 평가되는 임꺽정, 적서 차별 문제에 대한 불만으로 집단 생활을 하며 불만을 쌓아가던 서양갑 등의 7서자 등을 복합모델로 삼아, 영웅적 이상적 인간상을 창조하여 소설의 주인공으로 삼았다. 그렇게 허균이 복합모델로 창조한 주인공 홍길동은 작품 속에서 홍판서의 여종의 몸에서 얼출로 태어났으나 활빈당의 수령이 되고, 자원하여 조선왕으로부터 병조판서를 제수받고, 당당히 중국에 먼저 진출하여, 그 여세를 몰아 제3국인 율도국까지 정벌한 후, 마침내 청룡꿈을 이루어 왕이 되는 획기적인 영웅담을 다룬 소설이 「홍길동전」이다.

허균은 11세인 1579년 5월에 아버지 허엽이 경상감사가 되었으나, 이듬해인 1580년 2월 4일, 그의 나이 12세 때 아버지 허엽이 상주 객관에서 세상을 떠났다. 그는 뒷날 "아버지가 일찍 세상을 떠나는 바람에 내가 버릇없이 자랐다."고 술회하기도 했다. 1582년 14세에는 『당음』을 읽으며, 당나라 시를 공부했다. 그 해에 작은형인 허봉을 찾아온 벗인 서얼출신 천재 시인 손곡 이달을 처음 만났으며, 손곡은 후에 허균의 스승이 되었다. 서얼 차대로 인해 과거 시험에 응시하지 못했던 스승 손곡의 한스러운 삶을 허균은 가장 가까이서 보게되었다. 1583년 15세 때는, 경기도 순무어사로 나갔던 작은형 허봉이 병조판서 율곡 이이를 탄핵하였다가 창원부사로 좌천되었고, 곧이어 함경남도 갑산으로 유배되었다. 허균은 1585년 17세 봄에, 한성부에서 치르는 초시에 합격하고 김대섭의 둘째 딸과 결혼하였다. 1586년 18세 봄에는 처남 김확과 함께 백운산에 들어가 작은형인 하곡 허봉에게 한퇴지와 소동파의 고문을 배웠고, 금각을 만나 함께 배우며 사귀었다. 그해 여름에 봉은사 아래에서 작은형의 친우인 사명당을 만났다. 이 무렵부터 서애 류성룡에게 문장을, 손곡 이달에게 시를 배웠다. 허균 나이 20세인 1588년 9월 17일에는 작은형 허봉이 금강산에서 노닐다가 결국은 돌아오지 않고 길 위에서 세상을 떠났다. 1589년 21세에는 이이첨과 함께 생원시에 합격하고 같이 글공부를 하였다. 허균은 누이 난설헌이 죽자 그녀의 죽음을 슬퍼하며 「훼벽사」를 지었고, 1590년 22세에는 난설헌의 시 210편을 정리하여 스승 류성룡에게서 그 서문을 받아 책으로 엮어냈다.

허균은 1592년 4월 14일에, 그의 나이 24세에 임진왜란이 시작되어 가토 기요마사의 일본군을 피해 홀어머니 장릉 김씨와 만삭인 부인 안동 김씨, 어린 딸과 함께 피난을 가던 중 덕원 곡구를 거쳐, 7월 7일에 단천에 이르렀다. 7월 10일에 아내 안동 김씨가 단천에서 첫 아들을 낳고 사망하여 임시로 묻고 북쪽으로 피난 길에 올랐다. 곧 갓난 아이도 곧 죽었다. 나머지 식구들은 함경도를 전전하다가 그 해 가을에 강릉에 도착하였다. 사천 애일당 외가에 머물면서 「애일당기」를 지었고, 이때부터 애일당이 있는 뒷산 이름을 따서 호를 교산이라 하였다.

허균은 1593년, 그의 나이 25세에는 낙산사에 주로 머물며 두보의 시를 공부하고 승려들과 사귀었다. 그 해 10월에 선조 당대의 한시를 품평하는 『학산초담』을 지었는데, 삼당파를 중심으로 학당의 흐름을 논했다. 1594년 26세, 2월 29일에 문과에 급제하였다. 승문원 사관으로 요동에 다녀왔고, 외교 문서를 담당하는 승문원에 벼슬을 얻었지만, 모친상으로 여름에 다시 강릉으로 돌아갔다. 1595년 27세에 낙산사에서 내려왔다. 홍문관에서 후보로 올렸지만, 점수가 모자라 낙점을 받지 못하였다. 1596년 28세에는 승문원에서 일을 보았고, 1597년 29세 봄에는 예문관 검열 겸 춘추관 기사관, 세자시강원 설서가 되었지만, 그 해 3월에 파직되었다. 4월 9일에 문과 중시에 장원급제하고 예조좌랑으로 뛰어올랐다. 정유재란이 일어나자, 8월에 명나라에 원군을 청하는 사신의 수행원으로 중국에 갔다. 자신이 지은 시들을 시기별로 묶어서 시고를 엮었는데, 그 첫 번째로 이 무렵 중국을 오가며 지은 시 44수를 모아 『정유조천록』을 엮었다. 그 이전에도 몇 개의 시고를 엮었지만, 난리로 인하여 없어 졌다.

허균은 1597년 10월에 병조좌랑이 되었고, 병조좌랑의 위치에서 가을에 평안도를 다녀왔다. 1598년 30세 때에는 중국의 장군과 사신을 접대하느라 돌아다녔다. 명나라의 종군 문인 오명제에게 『조선시선』을 엮어 주었고, 『난설헌집』 초고도 주었다. 또한 가을에 의주를 오가며 지은 시 21수를 모아 『무오기행록』을 엮었다. 1599년 31세, 3월 1일, 병조좌랑으로 다시 임명되었다.[402] 그러나 남탁래에게 탄핵받았다. 5월 25일에는 황해도사가 되었지만, 그해 12월 19일, 기생을 너무 많이 데리고 다닌다는 이유로 사헌부의 탄핵을 받고 파직되었다.

1600년 7월, 예조정랑이 되었다. 의인왕후의 국상을 준비하는 장생전의 낭청과 임금의 조서를 짓는 지제교를 겸하였다. 1601년 봄에 『태각지』를 엮었다. 호남 향시의 시관이 되어 남쪽으로 다녀왔다. 6월에 해운판관이 되어 충청도와 전라도의 세금을 거둬들이러 돌아다니다가, 7월 23일 부안에서 기생 매창을 만났다. 한림원 시강 고천준이 명나라 신종 황제가 큰아들을 태자로 봉했다는 조칙을 가지고 사신으로 오자, 글 잘하는 그를 상대하기 위하여 허균이 형조정랑에 임명되었다. 11월에는 형조정랑이 되었다가 1602년 2월 13일에는 사신을 맞기 위해 조정을 떠나 서행길에 올랐다. 윤2월 13일, 병조정랑이 되었다. 서행길에서 지은 시 6수를 모아 『임인서행록』을 엮었으며, 문집 밖에 2수도 따로 전한다. 8월 27일, 성균관 사예가 되었다. 10월 1일, 사복시정이 되었다. 1603년 35세 여름에 춘추관 편수관을 겸직하였다. 8월, 벼슬이 떨어져서 강릉으로 돌아가던 길에 금강산을 구경하였다. 금강산을 구경하는 길에 지은 시 48수를 모아 『풍악기행』을 엮었다. 1604년 36세, 강릉부사 유인길과 사귀었다. 그가 떠나면서 준 선물로 초당에 서재를 설치하여 선비들에게 공개하고 「호서장서각기」를 지었다. 강릉에서 지은 시 46수를 모아 『명주잡저』를 엮었는데, 서문만 남아 있다. 7월 27일에는 성균관 전적이 되었고, 9월 6일에는 수안군수가 되었다. 1605년 2월에는 작은 형의 시 238편과 잡술 2편을 실은 『하곡집』을 엮어 출간하였다. 1605년 2월 7일에는

---

402) 『조선왕조실록』, 선조 32년(1599) 3월 1일, 홍이상 · 임몽정 · 송응순 등에게 관직을 제수하다. 홍이상을 한성부 좌윤으로, 임몽정을 동부승지로, 송응순을 시강원 보덕으로, 남이공을 이조 정랑으로, 이유홍을 병조 정랑으로, 허균을 병조 좌랑으로 삼았다.

“허균 무리와 함께 비밀리에 의논하여 흉서를 작성하고 흉악한 말을 만들어 진신을 일망 타진하려는 계책을 꾸며 일시의 명상을 모두 모함하려고 하였으니, 만일 기자헌이 공정하게 판결하지 않았다면 기축 옥사와 같은 화를 면하였겠는가. 그 계획적인 심사를 따져 보면 칼보다 날카롭다. 법대로 죄를 주는 것이 옳은데, 다만 임금과 인척 관계라서 특별히 형벌을 면케 하였으니, 국가의 실형이 매우 심하다.”는 기록도 있고, 토호 이방헌의 죄를 따지며 매를 때리다가 죽게 했는데, 그 아들에게 뇌물을 받은 관찰사로부터 추궁받고 사직하였다.

허균은 1606년 1월 6일에, 의홍위 대호군이라는 임시 벼슬을 받아 원접사 유근의 종사관이 되어 명나라 황태손의 탄생을 알리러 온 한림원 수찬 주지번을 접대하였다. 1606년 4월에 원접사 유근의 추천으로 명나라 사신 주지번을 영접하는 종사관에 임명되었다. 허균은 종사관으로 명나라 사신 주지번을 만나 사서육경과 고전을 막힘없이 대화하며 글재주와 넓은 학식으로 이름을 떨쳤다. 이때 그는 그동안 보관하던 누이 난설헌의 시선집을 명나라 사신으로 온 주지번에게 주었고, 그녀의 사후 18년 뒤에 중국에서 『난설헌집』을 출간하는 데에 기여하였다.[403] 1607년에는 상의원정을 거쳐 3월 23일에는 삼척부사가 되었다. 5월에는 고을에 도착한 지 13일만에 부처를 섬긴다고 파직당하였다. 7월에는 내자시정이 되었다. 12월 9일에는 공주목사가 되었지만, 1년이 채 못 되어 파직되었다. 이때 그의 식객으로 있었던 사람들로는 이재영 모자만이 아니라 자신의 처외삼촌 되는 서자 출신인 심우영도 불러와 함께 살고 있었다. 이처럼 허균이 벗을 대하는 우정에는 인심이 아닌 도심에서 우러나는 성리철학이 지향하는 성리 심성의 구체적인 실천의 모습이 드러난다. 실제로 그는 부정한 재산에 관심이 없었으며, 적게 받는 봉급을 나누어 가엾은 이웃과 나눌 줄 아는 관대한 마음을 가지고 있었다.

---

403) 중국 방문과 난설헌 문집 편찬. 1608년『허난설헌 문집』간행.

1608년에는 사신으로 명에 다녀왔다. 이때 누나인 난설헌의 시를 명나라의 문인과 작가들에게 보여주었는데 명의 문인들은 난설헌의 작품성에 찬탄하여 특별히 출간하고 인쇄하는 비용을 대주기도 하였다. 그해 광해군이 재위에 오르자 대북 새력이 집권하면서 경연관이 되어 경연장에 들어갔다. 이듬해 1609년 형조참의가 되고, 명에서 국왕 책봉사가 왔을 때 이상의의 종사관이 되었다. 이해에 첨지중추부사가 되고 이어 형조참의가 되었다. 그해 명에 사절단의 수행원으로 베이징에 가서 천주교의 기도문을 얻어 왔다. 그러나 귀국 후 1610년 2월 명나라에 파견될 천추사로 다시 연경에 다녀왔다.

허균은 논설 외에도 「관론」·「정론」·「병론」· 등에서 그는 민본사상과 국방정책, 내정개혁을 주장한 이론을 펴서, 원시 유교 사상에 바탕을 둔 백성들의 복리증진을 정치의 최종목표로 삼아야 한다고 주장하였다. 특히, 「유재론」에서는 능력이 있음에도 불구하고 출신이 천하다하여 그 사람을 쓰지 않는 당시 현실을 다음과 같이 논리적으로 비판하였다.

> "하늘이 재능있는 사람을 낳은 것은 원래 한번 쓰자고 해서이다. 신분이 귀하다고 해서 타고난 재능이 풍부하며 신분이 천하다고 해서 타고난 재능이 빈약한 것도 아니다. (중략) 그런데 우리 조선왕조는 사람 쓰는 법이 편협해서 대대로 빛나는 신분이 아니면 높은 벼슬에 오를 수 없도록 되어 있다. 초야에 묻혀있는 인사는 비록 기이한 재주를 지니고 있다 해도 억울하게도 그 재주를 쓰지 못한다. 과거를 통해 진출할 수도 없고 높은 자리에 오를 수도 없다. 덕업이 크게 나타나는 자라도 경상의 자리까지 오를 수 없다.하늘은 재능을 균등하게 부여했을 뿐이다. 그런데도 가문과 과거로 재능을 한정해서야 어찌마땅한 일이겠는가. 언제나 재능을 병들게 하는 짓이다. 하늘이 재능을 내고 사람이 버린다면 이는 하늘을 거스르는 일이다."

허균은 이렇게 당시 잘못된 인재등용의 문제점을 지적하고, 이런 문제점이 시정되지 않고 지배층이 계속 민중들을 억압 수탈하기만 한다면, 백성들이 저항할 수밖에 없음을 「호민론」에서 밝혔다.

서얼 허통의 일을 논하면, 백년 동안 허통하지 않았던 길을 열어서 온 나라의 오랜 숙원을 이루는 일이니 식견이 있는 선비치고 누가 시원한 일이라고 하지 않겠는가?. 그러나 일에는 서두를 일과 천천히 할 일이 있는 것이다. 급하지 않은 일을 서둘러 거행하여 마침내 선왕의 법을 변개해서 서로 공박하는 논의를 야기시킨다면 인심이 더욱 흔들려 혼란만 초래하고 정하지도 못할 것이다. 허통하는 것이 불가하다고 주장하는 자는 정사를 알지 못하는 자이고, 극력 허통하자고 하는 자는 시대 상황을 판별하지 못하는 자이니, 둘 다 오늘날 일을 논할 수 있는 자가 아니다. 일찍이 서얼 중에서 호걸다운 인재가 있어도 등용되지 못하고 헛되이 늙는 것을 보고 항상 통탄하였다. 그러나 지금은 대변이 거듭 일어나 인심이 이미 흔들리고 있는데 급하지 않은 정사를 행하다가 헤아리기 어려운 환난을 부르게 된다면 전하께 무슨 도움이 되는가?. 전하께서 반드시 이를 행하려 하신다면 우선 인심을 바로잡아야 합니다. 인심이 바로잡히면 사족은 시기하거나 원망하는 생각이 없을 것이요, 서얼도 오만하고 속이는 습관이 없어질 것이다.

「유재론」에서는 인재를 신분과 출신에 관계없이 발굴해 고루 써야 한다는 논지를, 국가를 다스린다는 것은 함께 천직[404]을 다스린다는 뜻이다. 그러므로 재주가 있는 사람이 아니면 다스릴 수가 없었다. 그런데 하늘이 재주 있는 사람을 내는 것은 본래 한 시대를 이끌어가라고 낸 것이므로 신분이 고귀한 집안이라고 해서 그 품성을 풍부하게 만들지도 않으며, 신분이 미천하다고 해서 품성을 적게 만든 것도 아니다. 그래서 옛날 선철들은 그 이유를 잘 알았기 때문에 초야에서 인제를 구하기도 하고, 혹은 졸병 가운데서도 인재를 발탁했으며, 혹은 항복한 오랑캐나 패망한 장수 또는 도적, 또는 창고지

404) 天職.

기 가운데서도 인재를 등용했었다. 그렇게 하여 임용한 사람마다 모두 그 임무를 맡기에 적당했고, 임용된 사람들도 각자 자기 재능을 펼쳤다. 나라는 복을 받았고, 다스림은 날로 융성했음은 이런 도를 썼기 때문이었다. 천하가 커도 오히려 그 인재를 잃을까 걱정하여 전전긍긍하면서 앉거나 누워서도 생각하고, 밥을 먹으면서도 탄식했다. (중략) 옛날의 어진 인재는 대부분 미천한 데서 나왔다. 그 시대에 우리나라의 법을 사용했다면 범중엄은 정승의 공업을 이루지 못했을 것이고, 진관과 반양귀는 직언하는 신하가 되지 못했을 것이고, 사마양저와 위청과 같은 장수나 왕부의 문장 등은 끝내 세상에 쓰이지 못했을 것이다. 하늘이 낳아주셨는데, 그것을 버리는 것은 하늘을 거역하는 것이다. 하늘에 거역하면서 하늘에 빌어 영구히 산 사람은 없다. 나라를 다스리는 사람이 하늘을 받들어 하늘의 뜻대로 행한다면 복된 운수를 맞이할 수 있을 것[405]이라고 하였쳤다.

또, 「호민론」에서 "천하에서 가장 두려운 존재는 오직 백성뿐이다"로 시작함으로써, 이 이론이 백성에 바탕을 두었음을 밝힌다. 다시 말해서 정치의 대상으로 백성을 가장 높은 자리에 놓고, 이것을 주종관계로 설명하면 통치자나 관료계급은 정책을 세우고, 또 그 정책을 시행하기는 하지만 주인은 어디까지나 그들이 아니라 백성이고. 위정자는 종이라는 것이다. 그런데도 어찌 종이 주인을 천대하고 혹사하면서 그 주인의 권리를 짓밟을 수가 있겠느냐고 지적하였다.[406] 즉, "천하에서 두려워 할 만한 것은 오직 백성일뿐이다. 백성이 두려운 것은 물이나 불 호랑이, 표범보다 심함이 있다. 지도층들이 허물없이 길들이고 함부로 다루고 학대하며 부리기도 한다 홀로 생각하니 도대체 어찌된 일인가?"[407]

---

405) 한영우, 『허균평전』, 민속원, 2022, 199쪽.

406) 허경진, 『허균시연구』, 연세대대학원 박사학위논문, 1984, 125~129쪽.

407) 天下之所可畏者 唯民而已 民之可畏 有心於水火虎豹 在上者 方且狎馴 而虐使之 抑獨何哉.

"무릇 자기가 이루어 놓은 것에 즐거워하는 것과 언제나 대하는 사람들에 얽매여서 질서있는 모습으로 법을 따르고 윗사람에게 부림을 당하는 사람들은 항민[408]이라 할 수 있다. 항민은 두려워할 필요가 없는 것 같다."[409] "함부로 당하면서 껍데기를 벗기고 골을 빼기는 것 집에 나는 수입 땅에서 나오는 것을 다해서 윗사람들의 끝없는 요구에 제공하여 수심에 겨워 탄식하며 혀를차고 탄식하면서 위사람들을 욕하는 것은 원민[410]이라 한다. 원민은 두려워할 필요가 없다."[411] "자취를 숨기는데 정육점에 감추고 몰래 다른 마음을 쌓아가 천지간에 찾아내기 어렵게 한쪽에 깊이 파묻힌다. 시대에 다행히 변고가 있으면 자기가 바라는 바를 팔려고 하는 자가 호민[412]이다. 무릇 호민이라는 자는 크게 두려워 해야 한다. 호민은 나라의 변고, 허물을 살핀다. 자기가 이용할만한 지를 엿봐서 받두렁 위에서 팔뚝을 휘드르면 한번외치면 곧 원민들은 그 소릴 듣고 모이고 같이 모의하지도 않았는데 같은 소리르 내고 저 항민들은 또한 살바를 찾아서 어쩔 수 없이 호미나 창 공방매를 가지고 따라 나서서 무도한 사람을 벤다."고 논하였다.

이처럼 「호민론」에 개진된 그의 사상은 백성을 위해서 위정자가 있는 것인데 현실은 그와 반대로 위정자가 백성을 두려워할 줄 모르고 개 돼지처럼 학대하고 있다는 것을 고발하면서, 억눌린 민중은 얼핏 무기력하고 우매한 것 같지만 눌리고 눌리면 생존권을 위해 항거하게 된다는 것을 전하고 있다. 위민정치를 바르게 하지 않고 민중을 억압수탈하는 무도한 위정자는 갈아 치

408) 恒民.

409) 夫可與樂成 而拘於所常見者 循循然奉法 役於上者 恒民也 恒民 不足畏也.

410) 怨民.

411) 取之 而剝膚推髓 竭其廬入地出 以供無窮之求 愁嘆) 嗟 咎基 上者 怨民也 怨民 不必畏也.

412) 豪民.

울 수 있다는 역성혁명의 논리는 일찍부터 있어 왔지만,[413] 허균은 민중들이 억압을 당하기만 하는 것이 아니라 때를 만나면 무서운 저항세력이 되어 기존 체제를 부정하고 새로운 사회를 건설할 수 있다는 데까지 사상을 심화시켰다. 이러한 사상은 『홍길동전』의 중심주체를 이루거니와, 그의 민본적 개혁사상은 적서차별과 천민문제에 대한 깊은 관심을 보이면서, 하늘이 신분이 귀하거나 천하거나 똑같은 재능을 주었는데 사람이 이를 버리고 적서간에 차별을 두고 능력있는 천민 출신의 인재를 등용하지 않는 것은 역천이라고 주장하기도 했다. 이것은 길동의 항변을 통해 표현되고 있다.[414]

그는 현실이 모순에 차 있으니 백성들은 지배 세력을 원망의 눈으로 보지 않을 수 없는 것이며, 그 결과 호민과 같은 인물이 나오지 않으리라는 보장이 없으니, 목민자는 각성해야 한다고 주장하고 있다. 따라서 호민론은 기본적으로 당대 사회 현실의 모순을 고발하고 백성의 힘을 통해 지배층을 경각시킬 목적에서 씌어진 글이다. 그래서 호민론이 곧 「홍길동전」의 기본 성격을 결정 짓는 근본 역할을 다하고 있어서 허균을 「홍길동전」의 작자로 봐야 한다고 주장하였다.[415]

허균의 스승인 류성룡은 임란 때 영의정을 지낸 후에, 고향인 하회에서 은거하는 동안 그의 누명은 벗겨지고 관직은 다시 회복되었다. 그가 「징비록」을 남긴 이유는 첫째, "미리 대비하면 전쟁은 막을 수 있다."는 것이다. 조정의 의견이 대립할 때, 누구의 말을 들을 것인가? 서인의 정사 황윤길은 "일본은 반드시 쳐들어올 것입니다"라고 하였고, 동인의 부사 김성일은 "그런 정세를 보지 못하였습니다"라고 하였다. 이렇게 의견이 달리 보고되었을 때,

---

413) 『孟子』 梁惠王 下의'齊宣王問曰 湯放桀…'.

414) 허균, 『허균전집』, 〈유재론〉, 성균관대 대동문화연구원, 1975, 122~123쪽.

415) 이문규, 『허균 산문문학 연구』, 서울대 박사학위 논문, 1985, 104쪽. 김광순, 『한국고전소설사와 론』, 새문사, 1990, 216~217쪽.

제대로 선조가 국정의 방향을 잡지 못한 것에 대하여 류성룡은 '일본 정세에 어둡고, 안이했던 조선', 이것이 최대의 실수였다고 『징비록』에서 자성하여 평가하였다. 둘째는, 정치적 격변 이후 국방과 민생의 현안이 뒷전이면 안 된다고 말한다. 동인과 서인이 칼같이 대립해 안보 문제에 대해 한 목소리를 낼 수 없었다. 셋째는 "모두가 도망치기에 바쁘면 결국 아무도 도망치지 못한다." 「징비록」을 남긴 네 번째 이유는 "치욕의 역사를 잊지 말아야 한다."는 것이다. 서애는 지난 일을 경계하여 후환이 생기지 않도록 대비한다. 이것이 내가 「징비록」을 지은 까닭이라고 하였다. 서애 류성룡이 『징비록』에서 내세운 '국제정세에 기민하게 대처하라, 군무에 기강을 잡아라, 나라에 필요한 인재를 등용하라, 신상필벌의 원칙을 지켜라'는 네 가지는 그의 제자 교산 허균이 지은 소설 「홍길동전」의 주제와 상당 부분 일치한다. 『징비록』의 저자 류성룡도 어떤 측면에서 보면, 김성일과 같은 동인이었기 때문에, 당파에 따른 편파적인 보고에 약간의 변명을 해주는 기록을 하고 있다. 즉, 국가를 위하고, 백성을 위하는 마음에서 같은 동인의 김성일의 보고, 특히 사신을 통하여 교감을 부탁한 김성일의 편에 서지 않고, 자신의 소신대로 일본이 쳐들어 올 것 이라는 평가를 내려 보고한 서장관 허성의 발언과 태도를 『징비록』에서는 다루지 않았기 때문이다. 그에게는 한편으로는 정치 권력에 대한 욕망으로, 다른 한편으로는 자신의 추구하는 인간의 욕망을 긍정하는 예법에 얽메이지 않고 상대적인 자유인으로 살아가고자 하는 뜻을 포기하지 않았기에, 벼슬에는 집착하지 않은 편이다.

허균은 「홍길동전」을 창작하면서 작가 자신을 작품 서사적인 자아로서 주인공으로 형상화하였다. 이런 사사적 자아로서의 홍길동은 작품 밖의 허균이 1612년까지 50여 년을 살아오면서 소망하였던 성리이념을 실현하면서도 자유로운 정신을 거침없이 실현하고자 한 개방적이고 혁신적인 삶이었다. 그러나 이러한 자신의 이상이나 이념과 달리, 그에게는 화담 서경덕의 제자로서 동인의 영수 초당 허엽의 아들로서, 병조판서 예조판서 등을 역임하며 왜국과 중국을 국가의의 공무로 내왕한 큰 형인 허성, 그리고 의승장으로 활동하였고 왜국을 내왕한 사명당을 형처럼 모셨고, 한때는 율곡을 비판하는데 앞장 섰던 작은 형인 허봉을 형으로 섬기며 관직 생활을 하였던 허균이었다. 그의 관직생활을 거듭된 파직으로 굴곡이 극심하였지만, 그는 풍류를 좋아하고 자유 분방한 그는 고통을 한시를 비롯하여 단편과 논설 등을 창작하며 인문학을 탐구하고, 때로는 불승과 어울리며 참선도 즐기는 개방적인 성리학자로서의 고급 풍류를 즐기며 저작을 남겼다.

이러한 점에서 본다면, 허균은 「홍일동전」의 핵심 모델은 표면서사라는 쪽에서는 제1 홍길동이 모델이요, 이면서사라는 쪽에서는 작가 허균 자신의 사사적 자아를 모델로 삼았다. 허균은 이면서사에서는 자신만이 아니라, 자신의 가족을 모델로 삼기도 하였다. 표면서사 쪽에서는 세종 때의 홍상직과 그 두 아들인 홍일동과 홍길동을 가족 단위의 모델로 삼았고, 이면서사라는 쪽에서 허엽과 세 아들인 허성과 허봉, 허균 자신을 가족 단위의 모델로 삼아, 음양 대대의 상생적인 가족 이야기를 팩션형의 허구로 창작하였다.

(2) 허균의 부친인 허엽을 모델로 투영시킨 홍길동의 부친 홍판서

허균의 부친 허엽은 1562년 경연장에서 명종에게 기묘사화 때 죽은 조광조의 복권을 건의하였고, 윤근수 · 구수담 · 허자 등의 무죄를 주장하다가 다시 파직당했다. 그는 경연에서 조광조 등의 신원을 청하자 명종은 부왕이 처결한 일을 어찌 감히 함부로 뒤집느냐며 다음에 언급할 것을 주문하였다. 그러나 그는 반복하여 극력 개진하고 또 아뢰기를, '이를테면 근세에 허자는 인선을 주관하면서 청탁을 받지 않았다가 비방이 쌓여서 먼 곳으로 폄출되었고, 구수담은 제 몸을 돌보지 않고 충성을 다하였음에도 사사되었습니다. 대저 사형을 판정할 적에 반드시 복주를 하는 법이 유독 대신에게는 그렇지 않았으니, 신은 그 까닭을 알지 못하겠습니다.' 하며 윤두수, 구수담의 무죄를 청하는 한편 '어떤 사람의 노비가 한 번 내수사에 들어가기만 하면 하늘을 우러러 탄식만 할 뿐 변명할 길이 없으니, 이것 역시 알지 않을 수 없습니다.'라고 하였다.

허엽은 1563년초 복직되어 6월 삼척부사로 부임하였으나, 과격한 발언 때문에 문제가 되어 다시 파직되었다. 그 뒤 복직되었으나 8월 이량, 이감과의 갈등으로 다시 파직되었다. 한편 이감은 허엽이 이조좌랑이 되었을 때에 자기를 천거해 주지 않은 것에 대해서 원망을 품었다가, 허엽의 종가가 불에 타서 다시 집을 짓게 되었는데, 이감은 의심스러운 흔적을 찾아내 허엽을 몰아붙였다. 대사헌 윤춘년이 그 말을 믿고 허엽을 탄핵하려 하였는데, 어떤 사람이 윤춘년에게 '허엽이 짓는 것은 종가이다. 의심스러운 흔적을 가지고 논박한다면, 한지원과 심전은 어떻게 할 것인가?' 하니, 윤춘년은 '한지원과 심전은 참으로 죄가 있다 하겠거니와, 허엽은 사림의 명망을 받고 있으니 그런 일이 있어서는 안 될 것이다.'라고 하였다. 1563년 10월 이량, 이감 등의 탄핵을 받을 뻔하였으나, 심의겸의 사주를 받은 홍문관 부제학 기대항이 이들을 탄핵하여 위기를 넘겼다.

한편, 『선조수정실록』 1580년 2월 1일의 〈동지중추부사 허엽의 졸기〉는 다음과 같이 기록하고 있다.

> 동지중추부사 허엽(許曄)이 졸하였다. 허엽의 자는 태휘(太輝), 호는 초당(草堂)이다. 젊어서 화담(花潭) 서경덕(徐敬德)을 따라 배웠고 노수신(盧守愼)과 벗하였으므로 사류로 이름이 드러나게 되었다. 가정(嘉靖) 병오년 문과에 등제하여 즉시 간원에 들어갔다. 그는 일시의 원칙없는 논의에 대해 비록 의사를 달리하지는 못하였으나 마음 속으로 선류를 보호하려고 하여 일에 따라 구제한 점에 있어서는 칭찬할 만한 것이 있었다. 금상의 조정에서 간장(諫長) · 관장(館長)에 오래 있으면서 직언을 잘하였지만 일의 실정에는 절실하지 못했으므로 상이 그리 중하게 여기지 않았다. 관질을 올려 경상 감사(慶尙

監司)를 삼았다가 즉시 판서의 천망(薦望)에 의주(擬注)하여 장차 크게 등용하려 했다. 그런데 허엽은 말년에 매우 창기(娼妓)를 가까이 하였고, 조약(燥藥)을 복용하다가 병을 얻은 뒤로는 성질이 편벽되고 조급해져서 형벌을 제대로 적용하지 못하는 것이 많게 되자 선비와 백성들이 괴이하게 여겼다. 결국 병으로 인하여 해직되어 오다가 상주(尙州)의 객관(客館)에서 졸했다.

허엽이 이황(李滉)과 더불어 학문을 논의할 적에 고집스럽고 구차한 논란을 많이 하자, 이황이 말하기를 '태휘(太輝)가 학문을 하지 않았더라면 참으로 선인이었을 것이다.' 하였다. 그러나 경훈(經訓)을 독실히 좋아하여 늙도록 게을리하지 않았으므로 세상에서 이 점에 대해 훌륭하게 여겼다. 동·서의 당이 갈라진 뒤로 허엽은 동인의 종주(宗主)가 되어 의논이 가장 엄격했다. 박순과는 동문 수학한 친한 벗이었는데 만년에는 색목이 달랐기 때문에 공박하는 일에 서슴치 않았으며, 사람들이 묘지(卯地)라고 일컬었는데 묘(卯)는 정동(正東)이 되기 때문이었다. 세 아들인 성(筬)·봉(篈)·균(筠)과 사위인 우성전(禹性傳)·김성립(金誠立)은 모두 문사로 조정에 올라 논의하여 서로의 수준을 높였기 때문에 세상에서 일컫기를 '허씨(許氏)가 당파의 가문 중에 가장 치성하다.'고 하였다.[416]

또 허균의 부친인 허엽은 율곡과 같이 과거시험에 서얼들이지만 학식있는 자들을 채용할 것을 건의하였다. 이런 부친의 태도는 허균이 「홍길동전」의 표면서사의 영웅적 인물로 등장하는 홍길동을 홍판서의 얼자로 설정하는 원천이 되었다. 통시적으로 종합해보면, 「홍길동전」 동인의 영수 허엽의 아들로서 동서분당을 일으킨 16세기 말과 17세기 전반의 정치 사회 사건을 토대로 이면적 서사화시켰다. 표면서사에서는 시대 배경을 세종시대로 잡아 제1 홍길동의 부친인 홍상직을 홍판서로 소설 속에서 전환하여 투사시키면서도,

416) 『조선왕조실록』, 『선조(수정실록)』 13년(1580) 2월 1일.

한편으로는 부친 허엽의 이미지도 녹여넣었다. 허균은 표면서사의 1차 모델은 홍판서 집안의 가족들 사이에 벌어지는 암투와 이를 헤쳐나가는 홍판서의 여종인 춘섬의 아들로 16세기 홍상직의 아들 홍길동을 설정하였지만, 2차 모델은 17세기 초반 허엽과 그 아들인 작가 허균의 이미지도 중첩시켜서 두 시대의 현실 인물들이 못다 펼친 꿈들을 성리이념으로 해소하는 성공하는 홍길동 집안의 행복한 결말의 이야기로 「홍길동전」을 창작하였다.

(3) 허균 자신과 허성·홍길동을 복합모델로 투영시킨 홍길동

(가) 허균의 형인 병조판서 허성을 복합모델로 투영시킨 홍길동

주인공 홍길동의 복합모델에는 우선 작가인 허균 자신이 표제로 등장하는 핵심모델인 홍상직의 얼자인 제1 홍길동과 하나의 인간상으로 녹아드는 기본이 된다. 그러면서 여기서 거론되는 모델은 한 인물의 전반적인 삶을 대상으로 하는 것이 아니라, 여러 인물의 부분적인 요소들이 한 명의 이념적인 인간상으로 형상되는 논리 위에 있기 때문에, 제1 홍길동과 허균 집안의 형제들이 복합모델로 투사되고 있음이 확인된다. 작가 허균이 복합모델로 투사되는 것은 전반적인 작가론에서 소개되고 있으므로, 여기서는 허균의 이복 형인 병조판서 허성의 몇몇 문제에 대하여 살펴본다.

악록 허성은 허균의 큰형으로 벼슬이 이조판서에 오른 인물로서, 1607년 선조의 유언같은 특별 부탁인 유교를 받게 되어 세인들이 고명칠신[417]이라 칭하는 신하의 한 명이 되었다. 그는 선조 1년 1568년에 사마시 진사로 합격하였고, 15년이 지나 1583년 별시 문과에 병과로 급제하였는데, 그때 나이가 36세였다. 처음에 예문관 정자에 보임되었다가, 참하관의 여러 관직을 거쳐

417) 고명칠신(顧命七臣).

사간원 정언과 사헌부 헌납을 역임하였다. 1590년 성균관 전적이 되었을 때, 일본에 사신을 보내야 한다고 주장하여 통신사 서장관에 임명되었다. 정사 황윤길과 부사 김성일을 모시고 일본에 가서 관백 토요토미 히데요시[418]를 만나고 돌아왔다.

1592년 4월에 임진왜란이 일어나자, 평안도로 피난 가는 선조를 호종하였다. 평양에 이르러 강원도 순무어사에 임명되어, 강원도로 가서 군사를 모집하였으나, 군사와 의병을 제대로 모으지 못하였다. 1593년 사헌부 집의에 임명되었다가 홍문관 응교가 되어 세자시강원 보덕을 겸임하였다, 그 뒤에 의정부 사인이 되었는데, 명나라 총독 고양겸이 조선에 사신으로 오다가 요동의 봉황성에 이르자, 접반부사에 임명되어, 접반사 심희수와 함께 황급히 압록강 의주로 가서 사신을 맞이하여 안내하였다. 1597년에는 승정원 동부승지에 발탁되었고, 우부승지로 옮겼다가, 병조참지가 되었다. 1598년 우승지가 되었다가, 성균관 대사성이 되었다. 1599년 영흥부사로 나갔다가, 1601년 전라도 관찰사가 되었다. 1602년 중추부 동지사가 되었고, 1603년 홍문관 부제학을 거쳐, 이조참판이 되었다. 1604년 사간원 대사간이 되었다가, 예조참판으로 옮긴 후, 예조판서로 승진하였다. 1605년 병조판서에 임명되었다가, 경연 지사가 되었다. 1606년 중추부 동지사를 거쳐, 이조판서에 임명되었다.[419]

선조 만년에 북인 유영경 · 정인홍 · 이이첨 등이 정권을 잡았다. 선조는 인목왕후가 낳은 어린 영창대군 이의를 후계자로 삼고자 하여, 영의정 유영경에게 이 일을 맡겼으나 정인홍 · 이이첨 등이 세자 광해군을 옹립하려고 반대하였으므로, 실패하였다. 1608년 2월 선조가 죽을 때에 가장 신임하는 측근 신하 7명에게 어린 아들 영창대군을 잘 보호하라는 유교를 허성을 비롯

---

418) 豊臣秀吉.

419) 『조선왕조실록』 선조 39년(1606) 5월 25일.

한 허욱 · 한응인 · 신흠 · 박동량 · 서성 · 한준겸 등 7명에게 남겼다.

허균의 큰 형 허성은 이름난 문장가였으며 유희춘의 문인이었다. 그는 1568년 생원이 되고, 1583년 그의 나이 36세에 급제하여 출사했다. 처음에 예문관 정자에 보임되었다가, 참하관의 여러 관직을 거쳐 사간원 정언과 사헌부 헌납을 역임하였다. 그는 일본이 통신사의 파견을 요청해 왔다는 소식이 전해지자 반대하는 여론이 빗발쳤고, 조헌은 지부상소를 올려 통신사를 일본에 보내지 말 것을 극언하기도 하였다. 그대로 해를 넘긴 조정에서는 이듬해인 1588년에 문무반 2품직과 육조의 참의 이상을 중추부에 모아놓고 가부를 재론하였다. 그 결과 "바닷길이 어두워 통신사를 보낼 수 없다"는 쪽으로 기울어져 다치바나 일행을 그대로 돌려보냈다. 이런 와중에 소가 사망하고 양자 소[420)]가 그를 승계하여 새로 대마도주가 되었다. 그 역시 도요토미로부터 조선 국왕의 일본 입조에 대한 독촉이 심해지자, 1589년 박다시[421)]의 성주사 주지인 현소[422)]와 가신 유천조신[423)] 및 소서행장[424)]의 사신인 도정종실[425)] 등과 일행이 되어 일본국왕사라 칭하고 다시 부산포에 도착하였다.

허성은 1590년에 성균관 전적으로 있으며 일본에 사신을 보내야 한다고 주장하였다. 11월 중순에 그는 통신사 서장관에 임명되어 정사 황윤길과 부사 김성일과 함께 일본에 갔다. 통신사 일행이 서울에 돌아온 것은 이듬해 3월이었다.[426)] 이때 일본 사신 겐소, 야나가와 등도 따라왔다. 통신사의 파견

---

420) 양자 소[宗義智].

421) 하카와시[博多市].

422) 겐소, [玄蘇].

423) 야나가와, [柳川調信].

424) 고니시 유키나가, [小西行長].

425) 시마이, [島井宗室].

426) 설성경 · 최영, 『홍길동전 바로알기』, 나녹, 2019, 130쪽.

을 결정지을 때, 그 가부를 가지고 논박을 벌였으며, 사행이 돌아온 뒤에는 그 보고 내용을 놓고 다시 논란이 벌어졌다.

통신사 일행이 귀국 후에 조정에서 일어난 통신사의 엇갈린 보고 상황은 다음과 같았다.

> 1591년 봄, 통신사 황윤길과 김성일 등이 왜인 야나가와 시게노부, 승려 겐소와 함께 일본에서 돌아왔다. 그에 앞서 황윤길 일행은 1590년 4월 29일, 부산포에서 배를 타고 쓰시마에 내려서 한 달간 머물렀다. 다시 쓰시마에서 배를 타고 40여리를 가서 잇키(壹岐)에 도착해 하카다(博多)주, 나가토(長門)주 나고야(郞古耶)를 거쳐 7월 22일에야 비로소, 교토(京都)에 도착했다. 왜인들이 일부러 길을 돌아간 데다 곳곳에서 의도적으로 지체하였기 때문에 몇 달 만에야 도착한 것이다. 쓰시마에 있을 때 요시토시가 사신을 초청하여 산사에서 연회를 베풀었다. 사신이 먼저 도척해 자리에 앉았는데, 요시토시는 뒤늦게 가마를 타고들어와 계단에서 내렸다. 김성일이 노하여 말했다. “쓰시마는 변방에서 우리나라를 섬기는 신하이다. 왕명을 받든 사신이 왔는데 어찌 이처럼 함부로 대한단 말이냐? 나는 이런 대접을 받을 수 없다.”하고는 김성일이 일어나 나가 버리자 허성도 따라 나왔다. 요시토시는 가마공에게 죄를 뒤집어씌워 죽이고는 그 목을 받쳐 들고 와 사죄했다. 그 후 왜인들은 김성일을 공경하고 두려워하여 지극한 예를 갖춰 접대하였고, 멀리서라도 김성일이 보이면 말에서 내렸다. 교토에 도착한 사신 일행은 큰 사찰에 묵었다. 마침 히데요시가 도산도로 출전한 상태라 일행은 몇 달을 기다려야 했다. 그런데 히데요시는 돌아와서도 궁을 수리한다며 곧바로 국서를 받지 않았다. 객관에 머문 지 다섯 달이 지난 다음에야 비로소 왕명을 전할 수 있었다. (중략)
>
> 히데요시는 피리와 나팔을 앞세워 우리 사신 일행을 호위하게 했고, 가마를 타고 궁까지 들어가 당에 올라 예를 행하도록 하였다. 그는 몸집이 왜소하고 비루하였으며, 얼굴색은 거무튀튀해 특별히 뛰어난 점이 없었다. 하지만

눈빛만은 번쩍번쩍하여 사람을 꿰뚫어 보는듯한 느낌을 주었다고 한다. 그는 삼중으로 자리를 설치하고 남쪽을 향해 앉았으며, 사모를 쓰고 검은 도포를 입고 있었다. 신하들이 몇 명씩 줄지어 앉아 있다가 우리 사산들이 자리에 앉도록 인도했다. 연회 도구는 마련하지 않은 채, 방에는 탁자 하나만 놓여 있었고, 그 위에 떡 한 접시가 있었다. 질그릇 사발에 술을 따라 돌리는데 술도 역시 도수가 낮았다. 그들의 예절은 지극히 간략하여 술이 몇 순배 돌자 곧 끝났다. 절이나 읍을 한다든지 술을 권하고 받는다든지 하는 예절이 없었다.

잠시 후 히데요시가 갑자기 일어나 안으로 들어갔다. 자리에 있던 사람들은 아무도 움직이지 않았다. 얼마 있다가 평상복 차림을 한 어떤 사람이 어린아이를 안고 나와 대청 가운데를 왔다 갔다 해서 보았더니 바로 히데요시였다. 좌중은 여전히 엎드려 있을 뿐이었다. 그는 난간에 기대앉아 우리나라 악공을 불러 음악을 성대하게 연주하게 하였다. 그러다 어린아이가 옷에 오줌을 싸자 히데요시는 껄껄 웃으며 시중드는 자를 불렀다. 여인 하나가 대답하며 달려 나와 그 아이를 받아들고 옷을 갈아 입히는 데 그 모든 것이 제멋대로 이고 안하무인이었다.

사신 일행이 인사하고 그 자리를 물러 나온 후 다시는 그를 볼 수 없었다. 정사와 부사에게 은 4백 냥을 주고 서장관과 통사 이하는 차등을 두어 주었다. 우리 사신이 돌아가려 하는데 제 때에 답서를 써 주지 않고 먼저 떠나라고 하였다. 그러자 김성일이 말했다.

"우리는 사신으로서 국서를 받들고 왔는데 답서가 없다면 왕명을 풀숲에 던져버리는 것이나 마찬가지 입니다." 하지만 저들이 일행을 억류할까 우려한 황윤길이 황급히 출발해 시카이하마(堺浜)에서 기다렸다. 드디어 답서가 도착했으나, 그 내용이 도리에 어긋나고 오만하여 우리가 바라던 게 아니었다. 노한 김성일은 받지 않았고, 여러 번 다시 고치게 한 후에야 받아서 출발하였다. 사신 일행이 지나는 곳마다 왜인들이 선물을 주었으나 김성일은 모두 물리쳤다.

부산에 도착한 황윤길은 사신 일행이 겪은 바를 기록한 글을 올리면서, 곧 병화가 있을 것이라고 일본의 정황을 보고했다. 복명을 한 후 임금께서 불러들여 묻자, 정사 황윤길은 전과 마찬가지로 보고했다. 그런데 부사인 김성일은 "저는 그런 정황을 보지 못했습니다"라며 황윤길이 인심을 동요시키는 것은 마땅한 일이 아니라고 말했다. 그러자 서장관으로 동행했던 나는 김성일에게 물었다. 조정의 대신들도 둘로 나뉘어 어떤 이는 황윤길의 의견을 주장하고 어떤 이는 김성일의 의견을 주장하므로, "그대의 생각이 황윤길과 크게 다르니 병화가 있으면 어떻게 하려고 그러십니까?" 그러자 김성일이 이렇게 답하였다. "나 역시 왜놈이 절대 쳐들어오지 않을 것이라 어찌 장담할 수 있겠습니까? 단지 황윤길의 말이 너무 중대하여 나라 안팎이 놀라고 의심할까 봐 그리 해명했을 따름입니다."

통신사 황윤길 등이 바다를 건너 대마도에 도착하여, 한 달동안 머물었다. 그때 학봉 김성일이 산전 허성에게 다음과 같은 편지를 주었다.

성일이 산전 족하에 돈수하나이다. 하찮은 사람을 버리지 않고 친절히 가르쳐 주시어 잘못을 고집하는 소견을 돌이켜 나라의 체통을 온전하게 하려 하시니 대단한 성의입니다. 그러나 어리석은 제가 생각하기엔 족하가 나라의 체통을 온전하게 한다는 것은 바로 나라의 체통을 욕되게 하는 것입니다. 귀하는 어찌하여 그토록 생각을 않으십니까?(중략)

지금의 형편으로 본다면 우리 조정은 중국과 같고 섬 왜인은 사실 만이입니다. 큰 나라의 사신으로 조그마한 왜종에게 굴욕을 당하고 능멸과 무례함을 당하고서도 오히려 그것을 부끄럽게 여기지도 않고 도리어 체모의 중한 것을 대수롭지 않은 일로 여기니 『춘추』의 대의와 다르고 한 대의 선비들의 견해와도 다릅니다. 이것이 내가 말한 바 하나만 알고 둘은 몰라 교주고슬이란 것입니다.

또 한 가지 말할 것이 있습니다. 정사가 자리에서 움직이려 들지 않고 그 자와 술을 주고받으며 즐거워 한 것이 어찌 그저 그렇게 한 짓이겠습니까? 그의 생각에는 반드시 "이적과 상대하여 따질것이 못되고 작은 예절은 다툴게 못된다. 만약에 그자와 상대하여 번거롭게 다투고 따진다면 얻는 것은 작고 해를 받음이 크지 않겠는가?" 하였을 것입니다. 그의 생각이 이러해서 종시 저들을 포용하고 조금도 동요하지 않았으니 그 도량의 넓음이란 실로 얕은 자가 헤아려 알 수 있는 것이 아니겠지만, 그러나 사람이란 각각 자기 의견을 가지고 있는 것인데 어찌 남의 의견에 뇌동하고 따져 말하지 않을 수 있겠습니까? (중략)

또 귀하는 정문충과 신고령의 일을 끌어서 미담으로 삼고 은연중에 두 선현으로 자처하셨습니다. 귀하의 자처가 높기는 합니다. 그러나 고령은 당시의 혼란을 만나 욕도 많았으나 그래도 도주로 하여금 위풍에 눌려 말에서 내리게 하였고, 정몽주 같은 분으로 말하면 도덕과 문장의 아름다움이 외국에까지 드러나서 염노의 미련함으로도 그를 존경하고 사모할 줄 알아 가마를 가지고 와서 초청하기를 매일같이 하였는데, 우리들은 이미 그들로 하여금 위풍에 눌려 말에서 내리게 하지도 못 하였고 또 그들로 하여금 가마를 가지고 와서 맞아가게 하지도 못한 채 도리어 의지의 가마꾼에게 능욕을 당했으니 또한 심히 부끄럽지 않습니까? 내가 말과 안색을 굽히지 않고 곧장 나와 돌아보지 않은 것은 비록 경솔한 것 같지마는 그렇게 하지 않을 수 없었던 것입니다.

원컨대 귀하는 나를 허물하지 마십시오. 『논어』에 이르기를 "도가 다르면 같이 의논하지 않을 것이다." 하였는데 그것은 그렇다 치고 도가 같으면서도 같이 의논할 수 없음이 이처럼 극단에 도달하리라고야 어찌 예측인들 하였겠습니까? 정말 내 도가 외롭고 또 궁한 것이로다. 이만 줄입니다.[427]

---

427) 조경남, 『산서잡록』.

통신사 일행이 일본에 다녀온 이듬해 3월, 통신사 편에 보내온 도요토미의 답서에는 "명나라를 치기 위해 조선의 길을 빌려달라"는 구절이 있었다. 침략하려는 뜻이 분명했지만, 사신들의 보고는 서로 일치하지 않았다. 서인인 정사 황윤길은 도요토미가 반드시 침략할 것이라고 했으나, 동인의 부사 김성일은 이에 반대하여 전쟁이 없을 것이라고 아뢰었다. 이때 통신사의 서장관이었던 허성은 당파로서는 김성일과 같은 동인이었지만, 보고에 있어서는 서인인 황윤길과 의견을 같이 하였다.[428] 통신사 황윤길 등이 바다를 건너 대마도에 도착하여, 한 달 동안 머무르고 있을 때, 김성일이 허성에게 편지로 자신의 태도를 전하였으나. 허성은 주체적인 판단에 따라 당파성을 뛰어넘어 정직한 보고를 하였다. 그러나 조정에서는 끝내 정사 황윤길과 허성의 보고를 채택하지 않았다. 그 결과, 임진년 4월에 도요토미는 15만 대군으로 원정군을 조직해서 조선을 침범하여 국가적인 재앙으로 이어졌다. 제대로 전쟁에 대한 대비를 하지 못한 채, 현실로 닥친 왜국의 침입은 백성들의 삶을 도탄에 빠뜨리고 말았다. 당파성을 벗어나 나라에 대한 충심을 보여주었던 허균의 큰 형인 허성과 황윤길이 일본의 침공을 예견하고 미리 대비할 것을 보고한 것은, 서인으로 훗날 전쟁에 대비하여 십만양병을 주장했던 율곡의 입장과도 같았다.

1591년 1월 9일에 〈의금부가 전 판관 성천지와 전적 허성은 통신사가 귀항하기를 기다려 잡도록 청하였다〉에서 "의금부가 아뢰기를, "전 판관 성천지와 전적 허성을 잡아다가 추고하라는 명이 내린 지 오래인데도 통신사 일행이 아직 돌아오지 않았기 때문에 냉큼 잡아 오지 못하고 있습니다. 낭청을 보낸다면 국경에서 오랫동안 기다려야 하는 불편이 있을 듯하니 본도로 하여금 그 사행이 귀항할 때를 기다려서 바로 체포하여 동래부에 가두고 즉시 치계하게 한 뒤 낭청을 보내서 잡아오게 함이 어떻겠습니까?" 하니, 아뢴

428) 설성경 · 최영, 『홍길동전 바로알기』, 나녹, 2019, 138쪽.

대로 하라고 답하였다.[429] 하였다. 그리고 1591년 2월 6일에, 경상감사가 통신사는 정월 28일에 나왔으며. 종사관 허성과 성천지를 동래부에 수감하였다고 보고하다." 하였다. 1591년 2월 11일에, 의금부가 허성을 잡아 들여 가두었다. 그 후 5월 27일에, 강원 순무어사 된 허성이 사조하였고,[430] 6월 28일에는 경상우도 병마 절도사 조대곤이 치계하면서 "김성일은 통신사로서 일본에 갔다가 막 돌아와서, "왜적들이 틀림없이 쳐들어오지 않을 것이다." 하였으니, 이것은 그의 지혜가 미치지 못한 바가 있어서 그러했던 것인가. 동시에 사신으로 갔던 황윤길 · 허성 같은 사람은 왜적들이 틀림없이 쳐들어올 것이라고 하기도 하고, 혹은 왜적들이 쳐들어오지 않는다고 보장하기 어렵다고 하기도 하였는데, 김성일만이 유독 왜적들이 쳐들어오지 않을 것이라고 하였으니 진실로 괴이하다."고 하였다. 8월 6일에는, 비변사에서 "전일 좌랑 허성이 강원도의 소모관으로 나간 지 이미 여러 달이 지났는데도 조금도 한 일이 없고 우전의 비용만 허비하였으며 장계 또한 없으니, 극히 놀랍습니다. 먼저 파직시키소서."[431] 하였다. 그러나 8월 28일에는 홍문관 교리에 제수되었고, 9월 1일에 허성이 문례관으로 탕참에 이르렀다. 칙사가 우리 나라가 병화를 입고 있음을 이유로 연회를 없애게 하고 또 조신들의 관복이 구비되지 못했음을 이유로 융복으로 행례하게 하였다.[432] 10월 13일에는 허성이 관상감 교수에 제수되었다. 10월 19일에는 대신 등을 인견하고 중국군의 일정, 각도 장수의 파견, 군량 조달 등을 논의할 때, 교리인 허도 입시하였다. 10월 20일에는, 허성이 이조 정랑에 제수되었다.

1593년 2월 4일에는 영의정 최흥원 등을 인견하고 군량 주선, 함경도 왜

---

429) 『조선왕조실록』, 선조 24년(1591) 1월 9일.

430) 『조선왕조실록』, 선조 25년(1592) 5월 27일.

431) 『조선왕조실록』, 선조 25년(1592) 8월 6일.

432) 『조선왕조실록,』 선조 25년(1592) 9월 1일.

적의 토벌 등을 논의할 때, 상이 이르기를, “적이 군사를 증원하는 기세가 있는가?” 하니, 충겸이 아뢰기를, “허의후의 글을 보니 일본의 지방은 66주인데 우리 나라를 침구한 자들은 6주뿐이라고 하였습니다. 만약 60주에 남은 장정이 있다면 흉악 간교한 풍신수길이 어찌 계속 후원하지 않겠습니까. 허의후의 말에는 66주가 중원의 1개 주만도 못하다고 하였는데, 허성은 인민이 매우 번성하다고 하였다. 3월 26일에는 사헌부 집의가 되었다. 4월 28일에는, 상이 대신들과 의논할 때, 홍문관 응교 허성 등은 “국운이 불행하여 원릉이 변을 당하였으니, 망극한 재앙은 말하자면 가슴이 아픕니다. 능을 다시 정하는 것은 그만둘 수 없는 일인데 인정이 쏠리는 곳에는 신도도 따르기 마련이니, 인정을 따른다면 다른 것을 의심할 것이 뭐 있겠습니까. 신들이 생각하건대 애당초 능을 옮긴 일은 한때의 의견에서 나온 것으로, 신명과 사람들의 마음에 통분해 함이 오랠수록 더욱 심하여졌습니다. 이제 다시 옛 장소로 정하려 함에 모든 사람들의 의견이 다 옳다 하니 인정의 똑같음을 속일 수 없습니다. 하물며 읍치를 옮기고 능침을 정한 것은 실로 선왕의 뜻에서 나온 것인데이겠습니까. 그리고 안장한 뒤 19년 동안 자손들이 번성하여 상서로운 일만 있었고 전혀 재해는 없었습니다. 신들이 생각하건대, 신도가 편안히 여기는 곳은 마땅히 저 신릉이 아니고 이 구릉일 것이라고 여겨집니다. 신들이 또 듣건대 ‘정릉 곁에 부장하라.’는 것은 인종께서 돌아가실 때에 안석에 의지해서 내리신 하교로 사람들의 입에 전파되어 지금까지도 잊지 않고 있습니다. 이제 구릉으로 돌아가시면 온 나라의 인정에 순응할 뿐만 아니라 하늘에 계신 두 성상의 영령을 위로하는 것이 될 것입니다.” 하였다.[433)]5월 4일에는, 왜적의 토벌 등을 논의할 때, 영의정 최흥원, 좌의정 윤두수, 부원군 정철, 판돈녕 정곤수, 지돈녕 정창연, 아천군 이증, 병조 판서 이항복, 예조 판서 김응남, 이조 참판 구사맹, 호조 참판 윤자신, 예조 참판 이충

433) 『조선왕조실록,』 선조 26년(1593) 3월 26일.

원, 병조 참판 심충겸, 형조 참판 이희득, 공조 참판 박응복, 창산군 성수익, 오산군 이현, 형조 참의 신점, 예조 참의 이관, 병조 참의 황진, 사간원 사간 이시언과 함께 홍문관 응로서 논의에 참여하였다. 그리고 7월 4일에는, 사헌부 집의 겸 세자 시강원 보덕이 되었다. 7월 13일에는 정원이 "집의 허성의 장계에 의하면, 이달 11일에 흰 무지개가 뜨는 변괴가 있었는데도 관상감이 입계하지 않았다 하니, 당해 관원을 추고하소서." 하니, 상이 따랐다. 8월 30일에는 홍문관 응교가 되었다. 이때 실록청의 사관은 평하기를 "허성은 이름 있는 아비의 자식으로서 청반(淸班)에 올랐으나, 가정 안에 부끄러운 일이 많았다"고 평하였다. 9월 7일에는 의정부 사인에 제수되었다. 의정부 사인에 제수되었고, 12월 26일에는, 홍문관 응교에 제수되었다.[434)]

1594년 2월 6일에는, 유성룡이 "반드시 전대할 수 있는 인재를 가려 보내야 합니다." 하니, 상이 이르기를, "사신의 칭호를 어떻게 해야 하는가?" 묻고, 유성룡은 "진주사로 칭하는 것이 좋겠다고 하였다. 상이 이르기를, "허성을 가자하여 보내라." 하니, 허성은 문사 낭청으로 앞에 있다가 곧 하직하고 물러났다. 2월 10일에, 왜적의 사정을 알리는 자문이 중국에 도착할 때까지 심유경의 행차를 지연시킬 것을 명하였는데, 이때 "심유경의 간악한 꾀는 극히 흉측하니 왜의 표문도 허성이가지고 갈 것인데, 지금 이미 보냈다고 하는 것은 저 노적이 우리 나라에서 좋아하지 않는 것을 알았거나, 혹 팔거에서 불이 난 변고에 놀란 적이 있었기 때문에 뜻밖의 일이 생길까 염려해서 먼저 보냈다고 핑계하는 것이 분명하므로, 설사 먼저 보냈더라도 조정에서는 응당 이 적이 들어가기를 기다려 왜정을 자세히 물어 정할 것이므로 적이 만약 빨리 달려간다면 허성의 행차가 미치지 못하여 기회를 잃게 될 것이다. 그러므로 어떠한 일이든 간에 만류시켜 곳곳에서 지체하게 하는 것이 상책이고, 저들이 짐을 운반하지 못한다면 출발하지 못할 것이므로 핑계를 대

434) 『조선왕조실록』, 선조 26년(1593) 12월 26일.

서 수급하지 말아야 한다고 하였다. 황해 · 평안 등지의 감사에게도 비밀히 하유하여 때에 맞추어 수급하지 말고 그들로 하여금 우선 머물러 있도록 의논하여 처리하게 하고 영상과 병판에게도 비밀히 이르라." 하였다. 2월 16일에는. 진주사 허성이 가지고 중국에 가는 자문의 요지는 다음과 같았다.

"신은 하늘과 땅에 죄를 지어 혹독하게 병화를 입었습니다. 처음 신이 나라를 잃고 서쪽으로 파천(播遷)하였을 적에 구구한 마음으로는 단지 부모의 강토에 나아가 죽고 싶을 따름이었습니다. 처음에야 어찌 털끝만큼이나마 나라를 보존할 마음을 가져 오늘의 일을 볼 줄을 생각이나 할 수 있었겠습니까. 다행히 성천자(聖天子)께서 전에 없던 특이한 은전을 내리시어, 천하의 병사를 동원하셨으되 번거롭게 여기지 않으셨고, 은(銀)과 군량을 주시되 허비한다고 여기지 않으셨으며, 적을 쫓아 영남의 대구(大丘)에 이르렀으되 멀다고 여기지 않으시고, 몇 년을 둔수(屯戍)하되 지루하게 여기지 않으셨으니, 이것이 비록 천지 같은 부모의 어짊과 멸망한 자를 일으켜 세워주고 포악한 자를 섬멸하는 의리에서 나온 것이긴 하나 실로 미미한 신으로서는 바랄 수 있는 바가 아니었습니다. 또 왕사(王師)로서 전쟁으로 죽고 역질(疫疾)로 사망하며 굶주림으로 병들고 수토(水土)가 맞지 않아 손상된 자가 어찌 한이 있겠으며, 말이나 가축이 죽거나 손상되고 기계가 부서지고 망가진 것을 또 어찌 숫자로 헤아릴 수 있겠습니까. 무릇 이것은 모두가 신 때문에 생긴 것이니 신이 비록 지극히 어리석으나 은혜에 감동되고 죄를 생각함에 실로 몸둘 바를 모르겠습니다. 비록 긴박한 재앙이 다시 조석에 박두하더라도 감히 다시는 번거롭게 호소할 수 없습니다. 다만 신이 오랫동안 왜적의 정상을 살펴보고 근일 정탐(偵探)한 사람들이 말한 바를 참작해 보건대, 그들의 음모와 흉계는 다만 여기에서 그치지 않습니다. 신이 생각하건대, 이 왜적의 천성은 흉악하고 교활하여 참으로 인간의 도리로써는 책망하기 어려운데, 그들의 습관을 돌아보면 대개 용병(用兵)을 잘하는 자들입니다. 처음 적이 서울에서 물러가고 두 자식을 돌려보낸 것은 신이 크게 바라던 것을 얻은 것이니 신으로서야 기뻐해야 마땅할 것 같습니다만, 남 몰래 걱정되는 바가 있습니다. 저들이 욕심내는 바를 생각해 보면 이보다 큰 것이 있어서 잠시 준 것입니다. 일단 부산(釜山)에 주둔하고 보니 저들은 그들의 국경과 가까와 군량이나 군원(軍援)이 모두 편리하게 되었으나 피로한 중국군의 입장에서는 다시 천리를 가야했고 경상도의 군량이 이미 떨어져 우리 나라의 군량 수송로는 또 멀어지게 되었습니다. 저들이 스스로 순편한 형세에 처하여 주둔 기간을 연장하며 떠나지 않는데, 이것야말로 참으로 싸우지 않고 남을 굴복시키려는 방술입니다. 외로운 왕사(王師)는 오래 머물러 있기 어렵고 탕잔된 우리 나라는 곧 양식이 떨어질 테니 그저 핑계만 대고 세월을 천연시킴으로써 기회를 늦추고 때의 편리함을 엿보아 결정적인 시기를 붙잡아 보려고 하는 것으로, 이것이 바로 적들이 더욱 강화(講和)하려고 하는 이유입니다. 서울에서 이미 이러한 방법으로 파죽지세로 이겨가는 형세를 늦추었으며, 부산에 이르러서는 또 이 방법으로 황령(皇靈)이 소탕하는 시기를 늦추었으니, 저들이 얻은 이익이 이미 많습니다.

이 왜적은 실로 해외(海外)의 흉악하고 악독한 별종으로 이리 뛰고 저리 뛰며 스스로 잘난 체하고 참람한 짓을 다하여 군신(君臣) · 부자(父子)의 예절도 알지 못하는 자들입니다. 역추(逆酋) 풍신수길(豊臣秀吉)은 그 중에서도 더욱 드센 자로서 임금을 죽이고 자리를 빼앗더니 드디어 범람한 생각을 품고 힘을 길러온 지 여러 해 만에 온 나라의 군사를 징발하여 금번에 승승장구(乘勝長驅)했으니, 성세(聲勢)가 이미 이루어지고 뜻을 얻은 것이 이미 다하였습니다. 그런데도 오히려 떠나지 않고 다른 나라에서 해를 보내고 추위와 더위를 겪으면서 성을 쌓고 집을 만들며 군량을 쌓고 병사를 훈련시키니, 그 계책이 어찌 이에 그치고 말겠습니까.

신은 중국군의 허실이 오래 되다 보면 실로 저들의 엿봄을 면하지 못할까 두려운데 섬나라의 요망한 족속(族屬)이 끝내 큰 나라를 대항하지는 못할 것이나 그 정상을 보면 참독합니다. 이는 참으로 성명(聖明)께서 깊이 살피고 묘당(廟堂)에서 계획할 바이니 신의 말을 기다릴 필요조차 없는 일입니다. 그러나 신의 안타깝고 절박한 입장에서는 그래도 변방의 정황을 갖추 아뢰어 환난에 대비하고 싶습니다만, 궐문(闕門)이 더욱 멀어 쉽게 통할 수 없으니, 신의 죄가 이에 이르러 더욱 큽니다. 그 이른바 항표(降表)는 신이 직접 보지 못하여 무슨 말로 되었는지 모르겠습니다만, 수길이 이미 국도(國都)로 돌아왔다 하는데 그가 들어가 항표를 가지고 오는 데에 20일밖에 안 걸렸다 하니 또 어찌 그리 빠릅니까. 표문이 거짓이 아니라 하더라도 그 말이 극히 공손하니 오히려 믿기 어렵습니다. 더구나 왜적은 이미 본국으로 돌아가 명을 기다릴 뜻이 없고 군사를 거느리고 스스로 버틸 계책을 세워 감히 천병과 대치하여 마주 싸워 죽이기까지 했습니다. 바로 얼마 전만 하더라도 한편으로는 봉공(封貢)을 청했으니 그것이 거짓에서 나오고 그들의 진정(眞情)이 아니었다고 하는 것을 숨길 수 없습니다. 지금 만약 일찍 처치하지 않는다면 신은 참으로 이 때문에 더 큰 화를 빚어낼 듯싶습니다. 신이 선인(先人)에게서 들으니, 남의 마음을 빼앗으면 적이 우리의 쓰임이 된다 하였습니다. 저들이 이미 화해로써 우리를 골탕먹이는데 우리가 도리어 이것으로써 적을 골탕 먹일 수는 없겠습니까?

신이 항상 말하기를 '만약 적이 다시 쳐들어온다면 반드시 전라도를 경유하여 식량을 탈취할 것이다.' 하였는데, 지금은 바야흐로 계절이 봄이고 대군은 마침 철수하니, 지금이야말로 저들이 다시 쳐들어올 기회입니다. 양선(糧船)을 가장(假裝)하여 전라도 방면으로 가기를 요망하니, 본도를 삼키려는 분명한 정상임은 해당 관청에서 보고한 바와 신이 헤아린 바가 서로 부합됩니다. 본도의 동쪽 지방의 군현(郡縣)은 이미 병화를 겪었고 단지 서쪽의 몇몇 고을만이 완전하여 여러 병사의 군향 운반을 오로지 여기에서 의존했는데, 전쟁이 일어난 지 오래 되어 물력(物力)이 탕진했으니 만약 저돌적인 공격을 받는다면 막을 계책이 없습니다. 본도가 격파되고나면 우리 나라는 다시는 의지할 만한 근거지가 없어져 이미 회복한 땅도 차례차례 와해(瓦解)될 것이니, 위망(危亡)의 화가 연미(燃眉)보다 더 급할 것입니다. 이때를 당하여서는 중국 병사는 멀리 떨어져 있어 다시 나오기 어렵고, 우리 나라의 연로(沿路) 수천 리는 이미 공허한 땅이 되어 흉한 칼날이 이르는 곳마다 마치 무인지경(無人之境)을 밟듯이 될 것입니다. 이것이야말로 지난날보다 배나 더 심한 안타깝고 절박한 정상입니다.

우리 나라는 병난을 입은 이래로 농사 짓기를 완전히 폐지하여 열읍(列邑)이 황폐해졌고 사람이나 가축은 줄어들었으며, 밥짓는 연기가 끊겨 길에는 굶어 죽은 사람이 연이었고 쌓인 해골이 산을 이루었습니다. 참으로 이 적이 모두 바다를 건너가 성심으로 항복을 빈다면 마땅히 이 틈을 타서 백성을 어루만져 휴양(休養)을 도모하기에도 겨를이 없을 것입니다. 그런데 어찌 감히 적정(賊情)을 장황히 늘어놓아 신청(宸聽)을 계속 번거롭게 함으로써 반드시 대군(大軍)을 전장터에서 오래도록 수고롭게 하고 유민(遺民)을 군량 공급하는 일에 피곤하게 하겠습니까. 엎드려 바라건대 성명(聖明)께서는 신의 위태로운 형세를 살피시고 신이 죄를 기다리는 마음을 불쌍히 여겨 더욱 큰 은혜를 내려주시어 끝내 다시 살길을 이루어 주심으로써 만전의 영화를 도모토록 하신다면 그지없이 다행이겠습니다."[435]

또, 1594년 2월 17일에는 왜가 우리 나라의 일부를 떼어 주라는 요구를 하였다는 내용의 자문을 지어 중국에 알리게 하는 대목에서 선조는 "이번에 이시언이 사로잡은 왜적의 초사를 보건대, 혼인을 요구하였음은 의심할 게 없으니, 이로 미루어 본다면 땅을 떼어 준다는 일 역시 필시 거짓이 아닐 것이다. 우리 나라에서 심유경이 그렇지 않다고 힘써 변명하는 것을 보고서도 중국에 제대로 변명하지 못한다면 결국에는 반드시 그에게 속고 말 것이니, 내

---

435) 『조선왕조실록』, 선조 27년(1594) 2월 16일.

비록 통탄한다 하더라도 어찌하겠는가. 또 지난날 고시랑 이하에게 급히 고하는 자문을 허성이 가지고 가지 않았으니 다른 사람으로 하여금 속히 가지고 가서 연이어 급히 고하게 해야 한다.” 하였다. 그 7일 후인 2월 24일에는 비변사에서 다음과 같이 아뢰었다.

“대저 중국 조정에서 우리 나라를 위해 남북의 정예병을 모두 징발(徵發)하고 전량(錢糧)을 허비하면서까지 멀리 와서 구원하여 나라를 재건시켜준 이 일이야말로 세상에서 보기 드문 지극한 은혜로서 우리 나라의 도리로는 그저 감격하며 칭송해야 할 따름입니다. 더구나 사 행인(司行人)이 와서 칙지(勅旨)가 엄준한 이러한 때를 당하여 한결같이 번거롭게 호소하기만 하는 것은 자못 미안한 듯합니다. 다만 적이 변경에 웅거하여 흉악한 음모를 예측할 수 없으니 장차 우리 나라가 병탄당할 화를 입을 듯하면 주달(奏達)하지 않을 수 없는 것입니다. 그러므로 앞서 명사(明使)가 왔을 때에도 이미 급함을 고하였고 김수(金睟) · 허욱(許頊)이 가서 차례차례 아뢰었던 것입니다.

이제 듣건대, 명조(明朝)의 대각(臺閣)에서 준엄하게 논의하여 송응창(宋應昌)과 이여송(李如松)이 속여 가렸던 사설을 참주(參奏)했다 합니다. 따라서 요즘의 정형(情形)은 주달하기 어려운 근심도 없어졌으니, 우리 나라로서는 우선 조용히 기다려야지 지나치게 진변(陳辨)하여 도리어 의외의 환난을 격발시킬 필요가 없습니다. 송 · 이 등이 체결(締結)하여 황제의 총명을 가리는 것은 사람들이 다같이 분통하게 여기는 바이나, 서로 너무도 깊게 결탁되어 있어 기세가 극히 치성하므로 석 상서(石尙書) 이하가 모두들 그의 설을 주장해 주니, 외국의 소원(疎遠)한 말로써는 뜻을 펼 수가 없고 한갓 적이나 만들고 앙화를 초래할 따름입니다. 또 번국(藩國)의 체모는 중국의 조정에서 논집(論執)하는 신하들과는 같지 않아, 논집하는 바가 비록 바르더라도 그들과 더불어 다툴 수가 없는 것입니다. 또 양향(糧餉)이 절핍하여 지금 남아 있는 병사도 접제(接濟)하기 어려운데 별도로 대군을 뽑아 보낸다면 공궤할 힘이 없으니, 신들의 어리석은 소견으로는 허성(許筬)을 보내는 것도 오늘날 그다지 급한 일은 아닙니다. 유택(柳澤)은 관직이 낮으니 별도로 재신(宰臣)을 보내는 것도 무방하며, 자문(咨文)은 패문(牌文)의 사연대로 다시 꾸미게 하되 양향을 청하는 뜻에 비중을 두어 간곡하게 지어 보내는 것이 마땅할 것 같습니다." 하니, 아뢴 대로 하라고 답하였다. 이어 정원에 전교하기를, "계사의 뜻은 허성을 보내지 말자고 하는 것인가?" 하니, 회계(回啓)하기를, "보내지 말자는 의견인 듯합니다만 정확히는 알 수 없습니다."하였다. 전교하기를, "이것이 무슨 뜻인가? 비변사에 물으라." 하니, 비변사가 회계하기를, "허성이 진주(陳奏)할 일은 전적으로 급함을 고하기 위한 것일 뿐 아니라 또한 심유경(沈惟敬)이 가지고 간 왜의 표문(表文)이 가짜로 지어졌다는 실정을 공파(攻破)하는 데에 있습니다. 그런데 이제 문유(聞愈)가 말한 것을 들어보니, 왜적이 부산(釜山) 등지에 머물러 있다는 것을 황조(皇朝)에서 이미 알고 있다고 했고, 고 경략(顧經略)의 패문(牌文)에도 이 같은 말이 있습니다. 대군도 요동(遼東) 이남에 와서 머물며 도강(渡江)할 뜻을 갖고 있는데 다만 양향(糧餉)을 대기 어려운 것이 걱정될 뿐입니다. 비변사 내의 뜻도 모두 허성이 만약 북경에 간다 해도 적정(賊情)에 대해서는 별로 보고할 만한 일이 없고 송(宋) · 이(李)의 날카로운 성질만을 거듭 건드려 의외의 환난을 일으킬 것으로 여기기 때문에, 사신 보내는 것은 우선 정지하고 별도로 중신(重臣)을 보내어 운량(運糧)을 우선하고, 조발(調發)하는 병사도 또한 남병(南兵)을 쓰도록 명확히 진달하자는 것입니다. 해평 부원군(海平府院君) 윤근수(尹根壽)가 직접 가고자 하기 때문에 이와 같이 아뢰었습니다." 하였다. 답하기를, "부원군을 매번 보낼 수는 없다. 다만 경들은 문유(聞愈)의 말을 믿는가? 그 말이 저 당여(黨與)의 유세(遊說)에서 나왔는지 어찌 알겠는가. 내 생각은 전날 이미 말했지만 오늘 오는 김응서(金應瑞) 계본(啓本)의 왜초(倭招)를 보고나서 다시 의논하여 아뢰도록

하라." 하였다.[436)]

그 다음 날인 2월 25일에, 왜가 우리 나라에 화친을 청한 사실을 중국에 알리게 하는 대목에서, 비변사가 아뢰기를, "오늘날의 형세를 보면, 청병을 하지 않으면 왜적을 방어할 수 없고 그렇다고 구원병이 오면 또 먹일 것이 없으니, 이것이 신들이 항상 근심하는 것인데 어떻게 할지를 모르겠습니다. 문유의 말을 또한 어찌 다 믿을 수 있겠습니까마는 고시랑의 패문도 이와 같았기 때문에, 망령된 생각에 적정은 황조가 이미 안다고 여겨 이와 같이 아뢰었던 것입니다. 지금 성유를 받드니, 이미 길을 떠난 허성의 행차를 도로 정지시킬 필요는 없을 듯하다고 하셨습니다. 그러나 염려되는 바는, 김수와 허욱이 차례로 나아가서 이미 적정을 자세히 아뢰었는데 지금 또 허성을 일시에 나아가게 한다면 비록 절박한 뜻에서 나오기는 하였지만 번거롭게 함이 너무 심하고, 혹시라도 송응창 · 이여송과 서로 부닥쳐 뜻밖의 환난을 만들지 않을까 하는 점입니다. 이것은 신들이 너무 지나치게 염려하는 것일 수도 있겠으나 그렇다고 또 이러한 염려가 없다고 할 수도 없습니다. 그리고 김응서 계본 내의 항복한 왜의 초사를 비록 다 믿을 수는 없겠지만, 풍신수길이 그의 흉악한 꾀를 반드시 그만두지는 않을 것이라고 보면, 항복한 왜인들의 말대로 지금 항복하여 화해하자고 칭탁하면서 실은 새로운 적이 오기를 기다렸다가 다시 충돌하려고 하는지 어찌 알겠습니까. 이 왜의 초사를 가지고 오늘 안에 자문을 만들어 따로 재신 1원을 보내어 밤낮을 가리지 않고 고 경략에게 달려가 급히 고하게 하소서." 하였다. 그 답에서는 "아뢴 대로 하라. 내가 내 주장을 감히 고집하지는 않겠다. 급히 금군을 보내어 허성의 행차를 뒤쫓아가 머물려 두고 다시 조정의 명을 기다리게 하라. 또 고 시랑에게는 허성을 보내는 것이 마땅할 것 같다." 하였다. 그러면서 비변사에

436) 『조선왕조실록』, 선조 27년(1594) 2월 24일.

서는 임금의 지시함이 당년하므로 이 곡절을 가지고 허성에게 잠시 머물러 기다리게 하라고 하였다. 그리고 3월 2일에는, 비변사에서 허성을 접반 부사에 임명을 청하면서, "총독 고양겸이 이미 봉황성에 도착하였으니 접반사는 미리 강상에 가서 기다리고 있다가 분부가 있으면 달려가 들게 함이 옳습니다. 더구나 지금 자문 가운데 충성스럽고 용맹한 배신 두 사람을 먼저 오게 하라는 말이 있으니 더욱 때를 맞추어 나아가지 않으면 안 됩니다. 심희수를 이미 접반사로 삼았거니와 허성이 마침 평안도에 있으니 허성을 접반 부사로 삼아 밤낮을 가리지 말고 달려가게 하소서." 하니, 상이 따랐다. 이에 따라서, 이날 비변사에서는 허성을 접반 부사에 임명할 것을 청하면서 "총독 고양겸이 이미 봉황성에 도착하였으니 접반사는 미리 강상에 가서 기다리고 있다가 분부가 있으면 달려가 들게 함이 옳습니다. 더구나 지금 자문 가운데 충성스럽고 용맹한 배신 두 사람을 먼저 오게 하라는 말이 있으니 더욱 때를 맞추어 나아가지 않으면 안 됩니다. 심희수를 이미 접반사로 삼았거니와 허성이 마침 평안도에 있으니 허성을 접반 부사로 삼아 밤낮을 가리지 말고 달려가게 하소서." 하니, 상이 따랐다.

이 일이 있은 후, 얼마 후인 4월 2일에는, 비변사에서, "신들이 이정형의 서장을 보건대, 고시랑의 말과 태도에 성난 기색이 대단하다 하니 매우 미안합니다. 다만 성이 난 이유는 꼭 문안을 자주 않는다는 데 있는 것이 아니라 '적의 정세를 과장 설명하고 있다.'고 말한 것으로 보면, 아마 김수의 사행이 작년 이후의 적세를 두루 진달한 것을 불가하다고 여기고 그의 의견도 송경략의 생각과 같기 때문인 듯합니다. 대체로 중국 사람들은 우리 나라 일에 대하여 모두 염증을 내고 있습니다. 중국 조정에서도 봉공의 인준 여부에 대하여 서로 다른 주장들을 하고 있어 결말이 나지 않을 것 같으므로 우리 나라가 조용히 기다려 주기만을 바라는 것이 그들의 생각인 것입니다. 그렇기 때문에 급함을 고하는 등의 일을 듣기만 하면 곧 화를 내곤 하는데 계속 이렇게 한다면 앞으로 일하기가 더욱 어려워질 것입니다. 문안사도 보내야겠지만 접반사 심희수 · 허성 등은 이미 그 일만을 위하여 떠나갔고 근일 허균이 또 갔습니다." 하니, 상이 따랐다고 하였다. 그리고 한 달이 조금 더 지난 4월 10일에는 허성이 이조 참의에 제수되었다.

또, 1594년 4월 7일에는 이조참의[437]로 승진되었다. 그리고 10여 일이 지난 4월 23일에는, 봉공을 허락할 것을 요청하는 요동 도사의 자문에서 허성의 일이 거론되었다. 즉, 고시랑의 접반사인 지중추부사 심희수와 부사인 상호군 허성이 의주에서 치계하기를, "오늘 이정형이 강을 건너왔는데 그가 받아온 요동 도사의 자문을 보니, 고총독의 마음과 생각이 송경략보다도 더 삐뚤어져 있습니다. 김수 등이 앞뒤 사정을 명백하고 통쾌하게 다 진술했는데도 그것이 오히려 그들의 성질을 건드려 사나운 화만 더 내게 만들었습니다. 여러 과도관들이 분분하게 많은 말로써 사악한 논의를 물리치려 하였으나 황상이 양쪽 주장을 가리지 말게 하였습니다. 사감 과도관을 파견할 것을 청하여 부회할 계책을 조장하고 있으니 더욱 놀라운 일입니다. 현재 서남의 일로에는 물력이 탕갈되어 중국 사신이 나온다는 소식이 있자 놀라고 황급하여 어찌할 바를 모르고 있습니다. 비록 피를 짜내고 뼈를 깎아 중국 사행을 지공하려 하여도 3~4분의 1도 미칠 능력이 없어 안타깝고 민망스럽기 그지없습니다."하였는데, 모두 비변사에 내렸다. 또, 도사의 자문에는, "요동 도지휘사사는 명나라의 뜻을 받들어 속국이 일찍 일의 기미를 알아 스스로 보존할 길을 찾도록 할 것을 선유하라는 흠차 총독 계요 보정 등처 군무 겸 리양향 급 방해 어왜 사무 병부 좌시랑 겸 도찰원 우첨도어사의 헌첩을 받았습니다. 먼저 병부에서 동사에 대한 제본을 올려 임금의 뜻을 받든 내용을 받았는데, 그 내용은 다음과 같습니다." 하였다.

국가에 일이 많을 때는 말하는 자는 말하고 판단하는 자는 판단하는 것으

---

437) 『조선왕조실록』, 선조 27년(1594) 4월 10일.

로, 요는 그 가운데에서 보다 나은 계책을 따르는 데 있는 것이므로 원래 서로 해로울 것이 없는 것이다. 경이 짐(朕)의 위탁을 받고 군국(軍國)의 중한 임무를 맡았으니 확실한 주견이 섰으면 오직 그대로 극력 주장하라. 짐은 마땅히 허심 탄회한 마음으로 따를 것이다. 성공했을 때는 공이 돌아갈 것이고 성공하지 못했을 때는 책임 또한 미루기가 어려울 것이다. 그리고 지금 이후로는 쟁론(爭論)하는 주소(奏疏)가 있을 때 양쪽을 변별하지 말고 다 받아들여 뒷날 효험(効驗)이 어떠한 가를 보아야 할 것이다. 왜병의 정세에 있어서도 순역(順逆)을 따질 것 없이 스스로 착실하게 대처해 나가야 할 것이다. 다시 말하거니와, 고(顧)와 함께 군대 철수의 대계(大計)에 대해 일찍 단안을 내리어 조선으로 하여금 서둘러 자력으로 수비(修備)하게 하라. 조정에서 속국을 대우하는 은의(恩義)는 여기에서 끝난 것이다. 종래에도 자기 스스로 군량까지 갖추어 가지고 가서 외국을 대신하여 수수(戍守)했던 경우는 없었다. 그리고 제본(題本)에 사감과 도관을 파견할 것을 청한 데 대하여는 이미 성지(聖旨)를 내렸으니 이를 준행하라. 본부원(本部院)이 자문을 작성할 적에는 이를 참조하라.'

이상과 같은 내용의 성지를 받았습니다. 황상(皇上)께서는 귀국이 급함을 알려왔기에 혁연히 노하여 군사를 일으켜 귀국을 구원하였습니다. 한번 싸워 평양(平壤)을 깨뜨렸고 재차 진격하여 개성(開城)을 빼앗자, 왜노들은 결국 서울에서 도망쳤습니다. 그리하여 왕자(王子)와 배신(陪臣)을 되돌려보냈고 2천여 리의 땅을 수복하였으니, 황상께서 소국을 사랑하시는 인자함과 포악한 자를 정벌하신 의로움은 천고에 빛날 공렬인 것입니다. 그동안에 소비된 탕금(帑金)도 적지 않았고 죽어간 사마(士馬) 역시 적은 수가 아니었으며 부서져 버린 기계(器械) 또한 수도 없었으니, 이른바 자기 밭은 버려두고 남의 밭을 김매준다는 것보다 더한 것이어서 황상의 망극한 은혜야말로 너무 지나친 것이었습니다. 지금은 군량도 이미 다시 운반할 길이 없고 군대 또한 다시 쓸 군대가 없으며, 왜노들 역시 겁에 질려 항복해 올 것을 청하고 있으니 중국으로서는 당연히 받아주어야 할 것입니다. 그런데 지금 귀국의 배신 김수 등이 시무(時務)를 모르고 여종(蠡種)의 충절은 본받지 아니하고 포서(包胥)의 울음만 본받고 있습니다. 걸핏하면 왜노의 성세(聲勢)를 과장하여 중국을 범하려 한다느니 또는 성채(城寨)를 새로 늘리고 있다느니 하면서, 어떻게든지 군대를 청하고 군량을 청할 계책만 꾸미고 있습니다. 지금 우리 산동(山東) · 하남(河南) 및 대강(大江) 이북은 흉년이 들어 사람이 사람을 잡아 먹는 처지입니다. 그리하여 황상께서 유사(有司)에게 다방면으로 구황(救荒)하도록 하였는데도 부족한 실정인데 무슨 양식이 또 있어 귀국에 보낼 것이며 또 어디서 곡식 안 먹는 군대를 찾아내어 귀국에 보내겠습니까. 지금 조정에서는 논의가 분분하여 봉공(封貢)을 거절하기를 바라는 상소를 올리는 자가 뒤를 잇고 있습니다. 우리들은 일을 담당하고 있는 신하로서 현재 어떻게 할 수가 없는 위태로운 길을 밟고 있는데, 귀국이 자국을 위하는 계책을 세우지 않아서야 되겠습니까. 본부원이 처음 이 일을 맡았을 때 밤을 지새우며 걱정을 하고 마음을 태우며 계획을 짰습니다. 밥이 목에서 내려가지 않고 잠도 편히 자지 못하고 있었는데 귀국 배신들은 지난해의 일만 자주 거론하여 천청(天聽)을 흐리게 하면서 황상의 의혹을 자아내어 도리어 본부원을 중상하려 하니, 이는 덕(德)을 원망으로 갚으려는 처사입니다. 그러니 인심(人心)이 있고 천리(天理)가 있다고 할 수 있겠습니까.

지금 귀국이 할 일은 귀국 군신(君臣) 모두가 장주(章奏)에다 왜노들이 점점 부산(釜山) 등지로 퇴각하여 그곳에 잔류하면서 명지(明旨)의 처분을 바랄 뿐, 다시는 감히 함부로 침범하지 못할 것이라는 내용을 모두 넣어 조정에 알리고 왜노를 위하여 봉공을 간청함으로써 왜노들을 빨리 가게 하는 일입니다. 그리하면 왜노들은 반드시 귀국에게 덕을 보았다고 여겨 다시는 오지 않을 것입니다. 옛날 구천(句踐)은 회계(會稽)에서 곤욕을 당할 때 자기 자신이 신하가 되고 아내는 첩(妾)이 되기를 청하기도 하였는데 하물며 왜노들이 자청하여 신첩(臣妾)이 되는 것이겠습니까. 왜노들이 자청하여 중국의 신첩이 되면 우선 여유를 가졌다가 천천히 후일을 도모하는 것은 구천의 군신들이 꾀했던 것보다 오히려 나은 것입니다. 본부원이 왜장 행장(行長)에게 사람을 보내어 부산 등 여러 곳의 성채를 헐지 말도록 하고 또 아직 남아 있는 식량과 꼴을 남겨 두어 귀국의 덕에 보답하도록 효유한다면 왜노들도 감히 따르지 않을 수 없을 것입니다. 그리고 왜노들의 공도(貢道)는 절강(浙江) · 영파(寧波)를 이용하게 하여 부산을 경유함으로써 장래 어떠한 화환을 남기게 하지는 않을 것입니다. 유 총병(劉總兵)이 거느린 군대도 빨리 철수해야 합니다. 5천 명에게 공급하는 식량을 조금 절약하면 귀국 사람 2만 명을 살릴 수 있을 것입니다. 이것은 바로 귀국을 진구(賑救)하는 것이니 귀국 군신은 서둘러 도모하도록 하십시오. 배신 윤두수(尹斗壽) · 이덕형(李德馨) 등은 이것을 가지고 본국에 돌아가 국왕에게 아뢰어 종사(從事)토록 하기 바랍니다."[438]

1594년 5월 1일에는 정원에 전교하기를, 역적 송유진을 추국한 대신들에게는 숙마를 하사하고, 금부 당상 · 도승지 · 양사의 장관과 사관에게는 가자하라. 그리고 판의금부사 정곤수, 문사 낭청 허성(許筬)은 이미 당상에 승진시켰으니 숙마 1필씩을 내리게 하였다.

허성은 1595년에는 대사성, 대사간, 부제학을 역임하였다. 이어 이조참판을 지내고 전라도 안찰사로 나갔다가 예조와 병조의 판서에 제수되었으며, 그뒤 이조판서에까지 이르렀다.[439] 1597년에는 승정원 동부승지에 발탁되어, 우부승지로 옮겼다가, 병조참지가 되었다. 1598년에 우승지가 되

---

438) 『조선왕조실록』, 선조 27년(1594) 4월 23일.

439) 1607년 선조의 유교(遺敎)를 받게 되어 세인들이 고명칠신(顧命七臣)이라 칭하게 되었다. 선조조에 학문과 덕망으로 사림의 촉망을 받았으며, 성리학에 조예가 깊었고 글씨에도 뛰어났다. 찬성에 추증되었다.

었다가, 성균관 대사성이 되었다. 1599년에는 영흥부사로 나갔다가, 1601년에 전라도 관찰사가 되었다. 1602년에 중추부 동지사가 되었고, 1603년에 홍문관 부제학을 거쳐, 이조 참판이 되었다. 1604년에 사간원 대사간이 되었다가, 예조 참판으로 옮겼고, 예조 판서로 승진하였다. 선조 38년인 1월에 병조 판서에 임명되었다. 1606년에는 중추부 동지사를 거쳐, 이조 판서에 임명되었다. 1608년 2월 선조가 승하하기 직전에, 허성 등 측근 신하 7명을 한 명씩 따로 불러서 "죽고 사는 것은 천명이 있는 법이므로 성인도 모면하지 못하는 것이다. 다만 영창대군이 아직 나이가 어려서 미처 장성하는 것을 보지 못하고 죽는 것이 한스럽다. 바라건대, 영창대군을 사랑하고 붙잡아 달라. 감히 이로써 부탁한다." 하였다. 광해군이 즉위하자. 국장을 준비하던 중에 수문장 정승서가 임해군의 집에서 각종 병기를 보았다고 고발하였다. 이것이 발단이 되어, 대간에서 임해군이 국상을 치르는 틈을 이용하여 변란을 일으키려고 하였다고 탄핵하였다. 임해군은 광해군의 동복형이었으나, 광해군은 그의 친형 임해군과 그 일당을 잡아다가 혹독하게 심문하였다. 임해군은 강화도 교동으로 유배되었다가 굶어 죽었다.[440)]

이처럼 임진왜란 중에 일어난 조정에서의 이러한 논의들 중에서 허성을 중심으로 상황을 살펴보면, 허균은 함께 조정에서 형인 허성의 허성의 이러한 파란만장한 삶 속에서 일어나는 갖가지 사건들에 얽힌 처지를 충분히 인

---

440) 『조선왕조실록』, 광해군 4년(1612) 8월 9일의 〈지중추부사 허성의 졸기〉에는 "허성은 훈명(勳名)도 받지 못하고 갑자기 죽었다. 관에서 갖추어 줄 장사 물품을 법전에 의거해서 시행하라." 하였다.【허성은 허엽(許曄)의 아들이다. 그의 배다른 동생인 허봉(許篈)·허균(許筠)과 더불어 모두 이름이 났었는데, 허성은 이학(理學)으로 자칭하였다. 그러나 성질이 고집스럽고 꽉 막혔으며, 당론을 좋아하여 자기와 의견이 다른 자를 공격하였는데, 늙어서는 더욱 심하였다. 이때에 이르러 임해군을 고발하여 원훈이 되어 다시 임금의 은총을 받다가 얼마 뒤에 죽었다. 반정 후 관작을 삭탈당하였다.】하였다.

지하면서, 왜국의 침략과 조선 내부에서도 당파성으로 인한 정치적 갈등, 그리고 중국에 대한 조선 조정의 약소국으로서의 어쩔 수 없는 수모와 저자세에 정신적인 충격과 자괴감을 가졌을 것이다. 이런 점들이, 소설 속의 주인공 홍길동의 거침없는 돌파와 조선에서는 말할 것도 없고, 비록 조선의 홍판서의 얼자 출신이지만, 조선에서 활빈당 수령으로서, 또 아주 특별하게 자원 병조판서 출신으로서 중국에 가서도 여전히 의로운 영웅의 활동을 보여주고, 끝내는 율도국의 왕위에까지 오르는 국제적인 성공담을 성리이념에 실어 전개하게 서사의 병조판서의 소재원으로 율곡이 임란 이전에 병조판서를 지낸 점과 허성이 병조참지와 병조판서를 지낸 점을 염두에 두고 병조판서 홍길동의 복합소재로 삼았을 것으로 판단된다.

또 다른 한편으로는 허성은 허엽의 아들로서, 동생 허봉이 동인과 서인의 대립에서 동인의 선봉에 나섰다가 실각한 영향 때문에, 당파간의 갈등을 벗어날 수 없었다.

1606년 9월 10일의 심희수를 지중추부사로 삼는 실록의 기사에서 인간됨을 평하는데, "상이 악독한 정철을 그르다 하였을 때에 심희수는 서인으로서 정철이 그르다는 것을 극언하며 그 악을 폭로하였다. 뒤에 이조 판서가 되어서는 상의 뜻이 이미 풀린 줄로 잘못 알고 정철의 아들 정종명을 낭관 · 수령에 의망하였다가 위에서 엄한 분부가 내렸는데, 희수가 대답하기를 '때에 따라 때를 구하기 위한 것입니다.' 하였다. 상이 이르기를 '수시라는 말이 어느 글에서 나왔는가?' 하니 심희수가 말이 막혔다. 수시라는 말은 그의 반복스런 정상을 스스로 드러낸 것이다."

유성룡이 당국하였을 때에 그가 영리하기 때문에 청하여 경리 접반사로 삼았으므로 심희수가 3년 동안 의주에 있었는데, 이 때문에 분을 품었다. 그 때 유성룡이 화친을 주장하니, 심희수가 팔을 걷어붙이고 큰소리하기를 '이는 곧 진회이다.' 하면서, 사람을 만나면 말하고 가는 곳마다 큰소리쳤다. 그러나 성룡이 죽자 삼십운 칠언 배율의 만장에 '서애 선생 유상국 합하를 곡한다'[441]라고 머릿 제목을 삼았는데, 그 한 구에 '기미한 것을 누가 원수를 잊은 데에 견주어 도리어 매국에 앞섰다고 헐뜯는가'[442] 하여 마치 전에 진회에 견준 일이 없는 듯이 하였다. 그의 반복스러움이 이러하였는데 사람들은 또한 전일에 진회에 견준 것은 그의 사사로운 혐의 때문이라는 것을 알았다. 그의 젊을 적의 벗 허성이 심희수와 만년에 이웃하여 살았는데, 심희수가 사람을 방문하는 일로 외지에 나갔다는 말을 듣고 이웃 사람 윤의에게 말하기를 '백구는 길가 고을의 늙은 창기와 같은데 오늘은 어디로 갔는가?' 하였다. 백구는 심희수의 자인데, 그가 누구에게나 아첨하는 것을 비평한 말이다. 세력이 있는 사람이면 경망하게 아첨하고 세력을 잃게 될 판이면 반드시 먼저 배척하는 말을 하여 그때의 이득을 취하고, 이미 배척한 뒤에는 또 곧 도로 칭찬하여 마치 전에 배척하지 않은 듯이 하였는데, 이것이 장기였다.

심희수가 민망하여 말하기를 '나는 청평 부원군 한응인으로 하려 하였는데 사람들이 연흥 부원군이라고 잘못 전하였다.' 하였다. 원임 대신이 듣고 또 말을 꾸미는 것을 비난하니, 심희수가 말이 막혀서 말하기를 '나는 허공언으로 하였는데 사람들이 김공언이라 잘못 전하였다.' 하였다. 허성은 그 말을 믿고 유영경을 원망하였다. 대개 허성의 자는 공언이고 김제남의 자는 공언인데 음이 서로 같으므로 심희수가 이를 인해서 또 허성을 속인 것이다. 허성이 뒤에 꾸민 말임을 알고 그의 변화무쌍함을 미워했다. 대개 처음에는 청평 부원군이 연흥 부원군이라 잘못 전해졌다고 둘러대고 또 공언이 공언이라 잘못 전해졌다고 둘러대려 하였으니, 몸은 셋이고 입은 넷인 자라 하겠다. "그때에 김제남을 복상하려 한 것은 그 뜻이 어디에 있었겠는가. 정승이 된 뒤에 지위가 제 위에 있는 자는 반드시 밀어내고 스스로 오르려 한 것이다. 허성이 일찍이 길가 고을의 늙은 창기라고 비평한 것은 그가 간사하게

441) 哭西崖先生柳相國閤下.

442) 羈縻孰把忘讐比 詆斥翻爲賣國先.

아첨하였기 때문이었다.[443] 하였다.

홍길동의 작가로서의 허균은 큰 형인 허성이 의를 앞세우며, 내우외환으로 고통받는 백성들을 위한 성리소설을 창작하면, 허성이 갖가지 어려움을 당한 사실을 사실대로 작품화하지 않고, 갈등의 현실을 성리이념으로 녹여 투사시키는 홍길동의 인간상 형상에 허성의 못다한 소망을 실어 표현한 것으로 판단된다.

(나) 허균의 형인 유구 정보통 허봉을 복합모델로 투사시킨 홍길동

허균의 동복형인 작은 형 허봉은 맏형 허성과 같이 유희춘의 문인이었다. 허봉은 18세 때 생원시에 장원급제했고, 22세 때는 정시에 합격했다. 23세에는 글 잘하는 젊은 관리에게 일종의 유급 휴가를 주어 독서당에서 오로지 글만 읽게 하는 사가독서[444]의 영예를 얻기도 한 호당에 피선되었으며, 24세 때에 이조좌랑에 제수되었다. 그는 뛰어난 능력으로 일찍이 선조의 인정을 받았다. 문과 급제 후 벼슬이 종9품에서 2년 만에 정 6품까지 오른 허봉은 1574년에는 성절사의 서장관으로 명나라에 다녀왔다. 그는 명나라로 떠나는 조선의 사신 일행에 서장관으로 따라나서겠다고 직접 청하여 20대 초반의 젊은 이로서 사신길에 오른 것이다.

허봉은 사행길에 매일매일의 사건을 기록하고 돌아온 뒤에는 왕에게 견문한 바를 보고하는 서장관을 자청하고 나섰다. 명나라 황제의 생신을 축하하러 가는 사신 박희립을 따라서 중국으로 가게 되었다. 5월 11일에 허봉은 아침 일찍 입궐하였다가 중국을 향해 북쪽으로 올라가는 사행길에 해주 석담에 은거하고 있던 율곡을 찾아가서 만났으며, 임무를 끝내고 돌아오는 길에도 황해도 감사가 되어 새로 부임하는 율곡을 만났다. 심지어는 9월 1일

443) 『조선왕조실록』, 선조 39년(1606) 9월 10일.

444) 賜暇讀書.

의 일기에서도 허봉은 꿈속에 율곡을 만나 매우 즐겁게 이야기를 나누며, 마주 앉아 배를 먹었다는 기록도 있을 정도로, 허봉은 초기에는 사신길에서 서인의 대표격인 율곡을 세 번씩이나 만나게 된 사실도 있었다. 그러나 임금의 총애를 받던 그에게 그림자가 난관이 오기 시작한 것은 선조가 자신의 친할머니인 창빈의 사당을 대궐 안에 모시려고 한 사건부터였다. 중종의 후궁이었던 창빈 안씨는 정실부인이 아니기 때문에, 대궐 안에 사당을 봉안할 수 없다고 허봉이 임금에게 진언한 것이다. 허봉은 왕의 뜻에 반하는 의견을 주장하는 것도 모자라, 선조의 면전에서 안빈을 '첩모'라고 불렀는데, 어떤 임금이 자신의 친할머니를 '첩'이라고 부르는 신하에게 반감을 갖지 않을 수 있겠는가. 허봉은 이 일을 계기로 선조에게 큰 미움을 샀다.

동인의 영수인 허엽의 아들로서 부친인 허엽의 뒤를 이어 동인의 선봉장이 된 허봉은 당파의 갈등이 심해지자 허봉은 병조판서의 위치에 있는 율곡 이이를 탄핵하는 데 앞장서는 처지가 되었다.

1583년 8월 1일에는 선조가 2품 이상을 명초하여 선정전에서 인견하고 하교하기를, "요즈음 조정이 안정되지 못한 것은 그 원인이 전적으로 심의겸과 김효원 두 사람에게 있다. 멀리 귀양보내고자 하는데, 어떤가?" 하니, 좌우에서 모두 아뢰기를, "당초 당파가 나뉘어진 것이 이 두 사람에게 원인이 있긴 하지만 지금은 다 외직에 보임(補任)되어 조정 일에 간여하지 못하고 있으니, 굳이 죄줄 필요는 없습니다." 하였다. 선조가 또 하교하기를, "박근원 · 송응개 · 허봉 세 사람이 간사하다는 것은 나도 알고 있으니, 멀리 귀양보내는 것이 어떻겠는가?" 하니, 좌우에서 아뢰기를, "그런 사람들이 지나친 말을 했다 하더라도 그 말 때문에 성상께서 죄를 준다는 것은 옳지 않습니다." 하며 힘써 구제하고 나섰다. 그러나 정철이 나아가 아뢰기를, "이런 사람은 그 죄를 분명히 밝혀서 시비를 정하지 않으면 안 됩니다." 하니, 상이 친찰로 금부에 하교하기를, "장흥 부사 송응개, 창원 부사 허봉, 전 도승지 박근원 등은 간사한 성품으로 작은 재주를 믿고서 경박한 무리들과 체결하여 사사로이 붕당을 만들었다. 그리고는 서로 이끌어주며 요직을 차지하여 후설의 임무를 맡기도 하고 대간과 시종의 관직을 차지하기도 하면서 성세를 확장하였다. 그리하여 간사한 말을 늘어놓으며 권력을 마음대로 농락해서 조정을 위협하고 대신을 모함하고 충현을 배척하는 등 붕당으로 인한 폐단이 이미 드러났다. 그들은 거꾸로 자기들이 공론이라고 하나 감정을 품고 있는 자취가 다 드러났고 올바르다고 하나 사실을 모두 은폐할 수가 없어 전적으로 거짓임이 판명되었다. 충신들이 소신을 펴지 못하게 하였으니 그 탁란시킴이 극에 이르렀고, 조무라기들이 활개치게 하였으니 나라를 그르친 죄를 모면하기 어렵다. 이는 원근 백성들도 모두 알고 있는 사실로서 조야가 다 분격하고 있으나, 그래도 사형만은 면하게 하여 그보다 가벼운 형벌을 가하려 한다. 아, 바른 이가 바르지 못한 자를 다스리게 하는 것이 정치의 요체이고 악을 징계하고 선을 권장하는 것이 치세를 이루는 방법이다. 그들의 죄에 대해서는 응징해야 하니 내가 어찌 그만 둘 수가 있겠는가. 모두 관작을 삭탈하고 먼 곳으로 귀양보내라." 하였다. 송응개는 회령으로, 박근원은 강계로, 허봉은 종성으로 귀양가게 되었는데, 상이 종성은 현재 병란 중이라는 이유로 갑산으로 이배시키라고 명하였다.[445)]

이처럼 삼사의 동인에 속한 대간들인 송응개, 이발, 허봉은 이이가 병조판서로서 재임할 때 니탕캐의 침입을 평정하는 와중에, 선조의 부름에 입궐 중 쓰러져 매우 지체한 일이 생기자 이를 두고 젊은 대간들은 임금의 총애를 시험한 것이라 몰아세웠다가 역공을 당하여 유배를 가게 되었다.

선조 16년인 1583년 8월 28일에 조정에서는 정2품 이상을 모아 놓고 심의겸과 김효원 등을 귀양보낼 일을 의논하면서 선조는 "근래 조정이 안정을 잃은 원인은 오로지 심의겸 · 김효원 두 사람이 서로 미워한 소치인데, 그 둘을 모두 멀리 귀양보내는 것이 어떠한가?" 하니, 좌우 신하들이 애당초 동서

445) 『선조(수정실록)』, 16년(1583) 8월 1일.

가 분당된 것이 비록 그 사람들 때문이었지만, 지금은 그들이 다 외직에 보직되어 있어 조정 일에는 간여를 못하니 죄까지 내릴 필요는 없습니다."라고 답하였다. 또 선조가 "박근원 · 송응개 · 허봉 이 세 사람의 간특함은 나도 아는 사실이다. 이들을 멀리 귀양보내는 것이 어떠한가?" 하니, 좌우 신하들이 "그 사람들이 비록 지나친 말을 하였으나 혹은 언관이요 혹은 시종이었는데, 그들을 말 때문에 죄를 내린다면 이는 성명의 아래서 온당치 못한 일입니다."라고 하여 그들을 애써 구원하려고 하였다. 이때 정철이 임금님 앞으로 나아가 "그들에게는 그 죄를 분명히 밝혀 시비를 가리지 않으면 안 됩니다."고 하자, 선조는 송응개는 회령으로, 박근원은 강계로, 허봉은 종성으로 귀양보낼 것을 명하였다. 그러나 종성은 현재 적병의 침노를 받고 있는데 허봉이 가면 방수에 도움은 안 되고 도리어 폐단이 없지 않을 것이라 하여 갑산으로 배소를 옮길 것을 명하였다. 그리고 대내에서 전지를 써서 내리기를, "장흥 부사 송응개, 창원 부사 허봉, 전 승지 박근원 등 간교한 무리들이 자리에 있어 조정은 안정을 잃고 사구는 형정을 잃어 국시가 흔들리고 있다. 이에 방류의 법을 거행함으로써 영원한 내세의 거울을 삼으려 한다. 죄악은 이미 탁란의 극에 달하였으며 군소가 뜻을 얻어 나라를 그르친 죄를 면하기 어렵게 되었다. 이는 원근이 다 아는 사실이며 조야가 함께 분개하고 있는 것이다. 그러나 우선 저자에서 죽이는 법을 늦추어 잠시 가벼운 형을 적용한다. 아아, 사악함을 도려내고 굽은 것을 바루는 것이 나라 다스리는 요체이며, 악을 징계하고 선을 권장하는 것이 다스리는 도이다. 다스려야 할 죄가 저들에게 있으니 내 어찌 그냥 둘 수 있겠는가. 그들의 관작을 모두 삭탈하고 먼곳으로 찬출하는 바이다."[446] 하였다.

또, 3일이 지난 9월 1일에는 사간원이 이이를 비판하며 송응개 · 허봉 · 박근원 등을 귀양보낸 것은 지나치다고 아뢰기를, "지난번 송응개 · 허봉 ·

---

446) 『조선왕조실록』, 선조 16년(1583) 8월 28일.

박근원 등을 멀리 귀양보냈는데, 꾸짖어시는 것이 너무 무거웠습니다. 그들이 죄가 없는 것은 아니지만, 조망 · 과월했던 것에 불과할 뿐인데 형벌을 맞지 않게 쓰는 것은 국가를 위하여 좋은 계책이 아닙니다. 당초 이이가 나라의 중임을 맡고서 재주가 못 미치고 뜻이 치우쳐 있었기 때문에 언론이나 처치에 있어 하는 일마다 물정에 거슬렸습니다. 그러니 언책이 있는 신하로서는 그때그때 논박하여 바로잡는 것이 당연한 직무이나, 응개와 허봉 등은 이이의 옳지 못한 곳만 보았기 때문에 그를 탄핵한 내용이 너무 사실과는 맞지 않았고, 또 응개는 이미 지척을 당하고서도 인구하지 않고 박순과 이이 · 성혼을 논하면서 맞지 않는 말을 많이 하였습니다. 유생들의 상소에 있어서는 논의가 편파적이더라도 후설의 신하로서는 사실을 있는 대로 열거하여 자세히 아뢰는 것이 바로 그 직분인데, 박근원 등은 사리를 분석하지 못하고 용잡한 말을 많이 하였습니다. 그러니 이들 모두 죄가 없다고 할 수는 없습니다. 그러나 본뜻은 위로 성명을 믿고서 생각이 있으면 반드시 아뢰어야 한다는 마음에서 저들도 모르게 너무 지나쳤던 것인데, 그를 깊이 죄줄 거야 있겠습니까. 만약 붕당을 지어 주상의 귀와 눈을 가리웠다는 죄목으로 그들을 다스린다면 온 나라가 다 억울함을 알 것입니다. 왜 제대부와 국인이 똑같이 생각하고 있는 뜻은 살피지 않으시고, 뜻을 잃고 불평 불만에 빠져 상대를 모함할 기회만 노리고 있는 자의 말 한마디에 의하여 모든 것을 결정하려고 하십니까. 응개 등을 멀리 귀양보내라 명을 거두어 주소서." 하였다.[447)]

이 일이 있는 3일 후인 9월 1일에는 유생 박윤이 상소하여 시사에 대해 다음과 같이 극론하였다

유생 박윤(朴淪)이 상소하여 시사(時事)를 극론(極論)하고, 또 김효원(金孝元) · 김응남(金應南) · 서인원(徐仁元) · 홍진(洪進) · 송응개(宋應漑) · 허봉

447) 『조선왕조실록』, 선조 16년(1583) 9월 1일.

(許筠) · 홍여순(洪汝諄) · 홍혼(洪渾) · 우성전(禹性傳) · 김첨(金瞻) · 이징(李徵) · 김우굉(金宇宏) · 이산해(李山海) · 이기(李墍) · 박승임(朴承任) · 박근원(朴謹元) 등의 간사하고 흉측한 정상을 말하면서 모두 귀양보낼 것을 청하는 한편, 김우옹(金宇顒)의 천성은 착한 듯하나 그의 형 때문에 잘못 들어간 것을 면치 못했다고 하니, 답하였다. "마음 속의 말은 다 아뢰어야 한다는 정신만은 살아 있으나 그 주장이 망령스럽다. 우선 그대로 놔둬라." 하였다.[448)]

다시 5일 후인 9월 6일에는 유생 박제가 시사를 극론하고 김효원 · 김응남 · 서인원 등을 지척하기를, 온 나라에 여우나 호랑이같은 인사들만 가득하다고 하였다. 그가 지적하며 배척한 이는 김효원 · 김응남 · 서인원 · 홍진 · 송응개 · 허봉 · 홍여순 · 홍혼 · 우성전 · 김첨 · 정희적 · 이경률 · 이징 · 김우굉 · 이산해 · 이기 · 박승임 · 박근원 등으로, 그들의 간사하고 흉특한 정상을 낱낱이 열거하고, 이어 송응개 등 3인은 이미 귀양보냈으나 김효원 · 서인원 · 김응남 · 홍진 등도 화를 주창한 근본이니 아울러 귀양보내고 그 나머지 사람들도 전부 밖으로 내쳐 벌을 보이기를 청하였고, 또 김우옹을 논하면서 그 자신은 선량하지만 자기 형이 사악한 당에 물든 까닭으로 하여 그 역시 잘못된 길로 들어가고 있다고 하였다. 선조는 답하기를, "이 상소문을 보니, 자기가 가지고 있는 생각을 반드시 아뢰는 그 성의는 가상하나 그 내용은 망령된 것들이었다. 우선 그냥 두라." 하였다.[449)]

또, 10월 22일에는, 이조판서 이이가 한양에 와서 숙배하자 선조는 인물등용 등에 대한 의견을 나누면서, "내가 마치 한 원제가 임금노릇 할 때와 같이 소인배를 물리쳐 멀리 하지 못하여 나라가 거의 망해가고 있다." 하니, 이이가 대답하기를, "박근원과 송응개는 본디 간사한 사람들이지만 허봉은 나

448) 『선조(수정실록)』, 선조 16년(1583) 9월 1.

449) 『조선왕조실록』, 선조 16년(1583) 9월 6일.

이 젊어 경망할 뿐 간사한 사람은 아닙니다. 그의 재주가 아깝습니다. 그들 3인이 너무 중한 견책을 받아 같은 죄의 사람들이 모두 불안해 하고 있으니 관대한 법을 따르소서." 하였다. 그러자 선조는 "내 뜻이 이미 정해졌으니 경은 말할 것이 없다."고 하였다. 다시 이이가 아뢰기를, "비하건대 10명이 도둑질을 했는데 그중 3명만이 중죄를 받고 나머지 7명은 버젓이 사모를 쓰고 공무에 종사한다면 이는 왕정으로 보아 편파적인 일입니다. 또 그 사람들을 전리에 내보낸다고 하여도 그들이 어떻게 다시 조정을 탁란하겠습니까? 그리고 죄목이 같은 사람들로서 지금 3인만이 죄를 받고 있는데도 뉘 하나 그들과 함께 죄 받기를 원하는 자가 없으니 의기가 없음을 알 만합니다." 하였다. 그러자 선조는 이르기를, "그때는 한 사람도 이의를 제기한 자가 없었는데 나는 이렇게까지 도사리고 있을 줄은 몰랐다. 가령 송나라 때의 정강 · 덕우 때와 같은 화가 있을지라도 반드시 한 사람도 의에 죽는 자가 없을 것이니 그게 한탄스러운 일이다." 하였다. 이이가 다시 아뢰기를, "지금은 권t게 있는 간신이 조정에 있을 때와는 달라서 만약 '도사린다.'고 한다면 그것은 불가합니다. 한 때 사류로 자처한 자들의 논의가 모두 같았던 것은 바로 식견이 없어서 그랬던 것입니다. 저들 자신이 사류로 자처했기 때문에 성혼까지도 대단찮게 여겼던 것이니, 사류가 한 짓이 어찌 그와 같을 수 있습니까. 그러나 그것을 간사하다고 한다면 그것은 아닙니다. 간사한 사람이란 반드시 임금의 의중을 헤아려 교묘하게 맞추는 것인데 저들은 주상이 뜻을 돌리지 아니하리라는 것을 알면서도 오히려 자기들 주장을 고집하고 있으니 간사한 사람이 아니라는 것을 알 수 있습니다. 대체로 지금 서쪽 사람들을 옳다고 하는 자라고 하여 그가 다 군자인 것도 아니요 동쪽 사람들을 옳다고 하는 자라고 하여 반드시 모두 소인인 것도 아니어서, 지금 구별하여 쓰기란 어려운 일입니다." 하였다. 그리고 이어서 아뢰기를 "옛부터 신하된 자로서 임금의 신임을 얻고 도를 행하려면 반드시 한집안의 부자 사이 같아서 참소하는 말이 이간질을 할 수 없어야만 무엇인가 할 수가 있는 것입니다. 근래 나이 젊은 무리들이 30여 년이나 조정의 권력을 잡아왔는데, 사물의 이치는 극에 달하면 다시 원래대로 돌아오는 법이어서 지금은 주상이 모든 것을 잡으실 때입니다. 다만 관직이 높은 자가 시론을 주장하고 보면 권간의 혐의가 있고 또 비부들은 나이 젊은 무리들에게 붙어 그것을 관직을 중매의 발판으로 삼으려 하여 그것이 정치가 아래로 돌아가는 원인이 되고 있습니다. 반드시 중망이 있고 물론을 진정시킬 만한 인재를 얻어야만 조정을 맡길 수 있을 것인데, 그러한 인재를 얻기란 어려운 일입니다. 신은 인심을 얻지 못하였고 또 저들이 틀림없이 심복도 아니할 것입니다. 성혼이 만약 올라온다면 잘잘못을 서로 도와서 나갈 수 있겠지만 그 사람을 오게 하기가 어디 그리 쉽겠습니까?" 하였다. 또 아뢰기를, "지금 인재가 적고 문사 중에는 쓸 만한 인물을 얻기가 더욱 어렵습니다. 정여립이 많이 배웠고 재주가 있는데 남을 업신여기는 병통이 비록 있기는 하지만 대현 이하로서야 전혀 병통없는 사람이 어디 있겠습니까. 그가 실로 쓸만한 인물인데 매번 의망을 하여도 낙점을 않으시니 혹시 무슨 참소를 하는 말이라도 있는 것입니까?" 하였다. 이에 선조는 "정여립은 그를 칭찬하는 자도 없지만 헐뜯는 자도 없으니 어디 쓸 만한 자라고 하겠는가. 대체로 인재 등용에 있어서는 그 이름만 취하는 것은 옳지 않고 시험삼아 써본 뒤에야 알 수 있다."고 하였다. 이이가 다시 "성혼이 전번에는 벼슬할 뜻이 전혀 없어 마치 서얼로 관직에 임명된 자처럼 한사코 직에 나아가지 않더니 지금은 그전같이 그렇게 굳게 뜻이 정해져 있지는 않아 벼슬하고 싶은 뜻이 조금은 있는 것입니다. 다만 성혼이 지병이 있어 비록 오더라도 직사를 제대로 수행하지는 못할 것입니다. 만약 한직의 관리인 참찬관을 겸한다거나 혹은 가선으로 특진관이 되어 입시하여 계옥하게 하면 도움 됨이 있을 것입니다. 관작을 어찌 아끼겠습니까." 하였다.[450)]

다시 12월 11일에는 해주 사는 유학 박추가 김성일 등이 동 · 서 분당의 주

450) 『조선왕조실록』 선조 16년(1583), 10월 22일.

역이라고 다음과 같이 상소하였다.

> 해주(海州) 사는 유학(幼學) 박추(朴樞)가 상소하였는데, 내용의 대개는 '김성일(金誠一)은 경박한 무리들과 결탁하여 동서(東西)의 치열한 패싸움을 한 것은 오히려 허봉(許篈)보다 더하였고, 유몽학(柳夢鶴)·서인원(徐仁元)·허상(許鏛)은 자신들이 재졸(才拙)한 것을 알고 과업(科業)은 일삼지 않은 채 팔짱 끼고 높은 자세로 다투어 첩경(捷徑)을 좇아다니면서 김첨(金瞻) 같은 무리들을 부형(父兄) 모시듯 받들었다. 우성전(禹性傳)은 맨 먼저 이이 배척의 논의를 제창하였고 홍혼(洪渾)·정희적(鄭熙績)은 분주히 지휘하였으며, 이경률(李景嵂)·이징(李徵)은 선봉노릇을 하여 그 모두가 송응개보다 더한 자들인데, 그들만이 죄의 그물에서 빠졌기 때문에 음(陰)이 성하고 양(陽)이 미약하여 가을에 천둥이 치고 겨울에 안개가 일고 온갖 변괴가 일어나고 있다. 홍여순(洪汝諄)은 죄에 얽어 넣는 계책을 이루지 못하고 전하가 굳게 거절하시는 것을 보고는 패려(悖戾)한 말을 많이 하고 부도(不道)한 짓도 많이 하였다. 그러니 이들을 만약 중한 법으로 들어내 처단하지 않는다면 신민(神民)의 분이 풀리지 않을 것이라는 것과, 성혼이나 정철 같은 이에게 헌장(憲長)을 맡겨 그들로 하여금 풍속을 바꾸어놓게 할 것이며, 또 서얼(庶孼)도 곡식 10석을 바치면 모두 허통할 수 있도록 해야 한다.'는 등을 운운한 것인데, 이에 대하여 답하였다. "바른 말을 상소하여 가상히 여기는 바이다."[451]

이 상소에서 보듯이, 당시에는 경박한 무리들과 결탁하여 동인과 서인 사이에 동인으로서의 치열한 패싸움을 한 인물로 허봉을 기준 삼고 있는 것을 확인할 수 있을 정도로 허봉은 당파 싸움의 선봉에 있는 것으로 서술되고 있다.

451) 『조선왕조실록』 선조 16년(1583) 12월 11일.

1575년 9월 1일의 간원이 참판 이하를 체직시킬 것을 청하니 윤허하는 기사에서는, 선조는 "'지난번 정사를 살필 때 낭관이 멋대로 하는 것을 보고서도 미처 말하지 못하였다.' 하였다. 이때 심의겸과 김효원이 각립한다는 설이 더욱 치성하여 조정의 의논이 시끄러웠다. 대사간 정지연이 이이에게 묻기를, '조정의 논의가 멋대로 터져나오니 앞으로 어떻게 처치할 것인가?' 하니, 이이가 말하기를, '이는 전조에서 올바른 사람을 얻지 못한 때문인 것이다. 조용히 진정시켜야지 논박하여 공격해서는 안 될 것"이라고 하였다. 단지 근원만을 탄핵하려 하였으나, 동료들의 의논은 전관을 모두 논박하려 하여 그 논의가 몹시 치성하였으므로 지연이 억제하지 못하였다. 이조 좌랑 이성중 · 허봉은 모두 효원의 친밀한 벗으로서 모두 탄핵을 받아 체직되자, 나이 젊은 사류들은 불평하는 이가 많았다.[452)]

1585년 4월 16일에, 경연에서 『주자강목』을 강하고 백유양이 선조에게 척리 · 권간의 폐단, 북변 수비, 성혼의 행실 등을 아뢰기를 "삼대 때의 군주는 작록을 하늘의 것이라 여겨 공적으로 하였기 때문에 덕이 있는 사람이 그 지위에 있었습니다만, 후세의 군주는 작록을 자기의 소유로 여겨 사사롭게 했기 때문에 어질지 못한 자가 그 지위를 차지했습니다. 오직 저 벼슬길에 나가기를 바라는 무리들은 혹 척리에 연줄을 대거나 권간에게 빌붙어 자신의 능력에 맞는 지는 살필 줄 모르고 작록을 구득할 수 있다고 여기니, 이는 모두 임금이 작록을 사사로이 하였기 때문입니다." 하였다. 선조가 이르기를, "오늘날에도 이런 일이 있는가?" 하니, 아뢰기를, "위에 있는 사람이 사람을 쓸 때 그 기량에 맞게 쓴다면 어찌 외람되이 벼슬을 차지하는 자가 있겠습니까." 하였다. 선조가 이르기를, "사람은 과연 능력이 있는 사람과 능력이 없는 사람이 있고 간혹 과감하게 간쟁하는 자와 논리적인 생각에 마땅한 자도 있으며, 나아가서는 재상의 도량을 가진 자와 장수의 경략을 지닌 자도 있

---

452) 『선조(수정실록)』 8년 (1575) 9월 1일.

다. 그러니 그 기량에 제각기 장점이 있다면 쓰는 것도 역시 각각 적절한 데가 있어야 하는 것이다. 내가 보건대 요즈음 아침에 임명했다가 저녁에 옮기므로 모든 관직을 다 거치게 되고 심지어는 글이 부족한 자가 경연의 반열에 끼이기도 하는데 이렇게 해도 되는 것인가?" 하였다.

또, 아뢰기를, "한때의 인재를 실로 모두 다 알기가 어렵습니다. 그러나 처음에는 모르고 썼더라도 뒤에 공론이 시행하게 된다면 어진 사람과 사특한 자가 뒤섞여 진출하는 것을 다시 걱정할 것이 뭐 있겠습니까. 삼가 살피건대, 한나라 말기에 직언을 한 사람은 모두 죄를 받았는데, 이것이 한나라가 망하게 된 까닭입니다. 간쟁하는 신하는 그 말이 과격하더라도 임금은 반드시 포용하여 용서해 주어야지 만약 포용해주지 않는다면 누가 감히 말을 하겠습니까." 하였다.

선조는 상소도 그렇다는 말인가?" 하니, 아뢰기를, "성혼의 사람됨을 신도 압니다. 그의 상소 가운데 온당하지 못한 말에 대해 신이 혼을 만나서 힐문했더니, 혼도 '나 역시 잘못된 것을 알고 있다.'고 하였습니다. 그때 진실로 성명이 아니셨다면 사류들이 많이 상했을 것입니다." 하였다. 다시 선조가 "내 뜻을 말하겠으니 사관은 기록하라. 경연 석상에서 나는 동서의 얘기로 분분하게 다툴 때도 특별히 대답한 일이 없고, 또 동서라는 두 글자를 들어서 내 특별히 동쪽은 옳고 서쪽이 그르다거나 서쪽이 옳고 동쪽이 그르다고 한 일이 없다."고 하였다.

또, 선조는 "나라를 망치는 거대한 간신이라 하였고 성혼을 심의겸의 당파라고 하였다. 이 두 사람이 과연 소인이라면 그들을 논박한 자는 바른 사람이 되겠지만 이 두 사람이 소인이 아니라면 논박한 자가 소인이 되는 것이다. 그때에 나는 '좌우는 각기 말을 다해 보라. 대저 이이와 성혼의 사람됨을 내가 어찌 알겠는가.' 하니, 지위에 있는 사람들이 칭찬하기를 '이이는 재사요 성혼은 빼어난 인물이니, 이는 크게 써야 될 사람이고 성혼도 마땅히 초빙해야 한다.' 하여 그들을 등용하고 초빙하였다. 그런데 이제 이이는 소인이라고 배척하고 성혼은 간당이라 지목하니, 이것이 어찌된 것인가? 나는 이이를 오활하고 경솔하다 하였는데도 당시 좌우의 측근이 그를 추천하더니, 하루아침에 매우 배척하였다. 저 두 사람이 과연 소인이라면 그들을 논박한 자에게 죄를 주지 않아야 할 뿐만 아니라 마땅히 크게 표창하고 기용함으로써 정직한 선비의 기풍을 장려해야 할 것이다. 내 뜻이 이와 같으니, 그대들은 면전에서는 복종하고 물러가 뒷말이 있어서는 안 될 것이다." 하였다.이에 유양이 아뢰기를, "이이는 사특한 자들을 부추기고 바른 사람을 억제한 행적이 약간 드러났기 때문에 사인들의 의논을 격분시킨 것입니다." 하였다. 선조가 이르기를, "이이를 논박할 때 허봉이 먼저 나섰고 송응개가 뒤를 이었는데, 이 두 사람은 이이와 서로 좋지 않은 사이였다고 한다." 하였다. 그러자 유양이 아뢰기를, "허봉이 상복을 벗자 이조에서 그를 삼사에 의망하려고 했는데, 이이가 안 된다고 했습니다. 사람들이 이것을 가지고 서로 사이가 좋지 않다는 설을 교묘하게 꾸며냈을 것입니다. 신이 듣건대, 이 두 사람은 문장으로써 서로 좋게 지냈다고 합니다. 대체로 이이의 인품은뜻이나 취향이 사류들에게 불쾌스러웠고 행사도 오류가 대부분이어서 심술과 행적이 자못 인망에 만족하지 못하였으므로 대간이 논박한 것입니다. 삼사는 모두 전하께서 길러 내신 사람들인데 어찌 군자를 공격할 마음을 가졌겠습니까. 이이의 잘못에 따라 논박했을 따름이니, 그 말 역시 대간의 풍채인 것입니다. 따라서 상께서 너그럽게 보아 주셔야 하는데 도리어 유배가 잇달았으니, 이 때문에 사람들이 곁눈질하면서 감히 말을 하지 못한 지가 2~3년이나 되었습니다. 신이 듣건대 말은 할 수 없지만 노여움은 품을 수 있다는 것이 불행하게도 이 일과 근사합니다." 하였다.

또, 윤복이 아뢰기를, "국가의 대사를 담당하여 자기 의견만 옳다고 한다면 일을 그르치지 않는 경우가 거의 드문데 이이에게는 바로 이런 병통이 있으므로 이이를 논박하는 자가 이것으로 책망했고 이이도 변명하지 않았습니다. 그래서 그때 논자들이 많이 격분하여 다투는 단서가 된 것입니다. 허봉은 글을 지을 때 직절하게 하고, 완곡하게 하기를 힘쓰지 않았으므로 그 내용에 과격한 점이 많았습니다. 그러나 이이 자신이 그런 점이 있으면 고치고 없으면 더욱 잘 했더라면 이이가 끝내 그런 사람이 되지는 않았을 것입니다." 하니, 선조가 이르기를, "그 차자는 허봉이 지은 것인가?" 하였다. 윤복이 아뢰기를, "무릇 차자는 서로 의논해서 짓는 것으로 허봉이 혼자서 지은 것이 아닙니다. 그런데 허봉 혼자만 그 화를 받았으니, 또한 미안한 일이 아니겠습니까?" 하고, 언신이 아뢰기를, "윤복의 말이 옳습니다." 하고, 함께 아뢰기를, "그는 시와 술을 즐기면서 일신의 부귀를 도모하는 계책을 하지 않을 뿐더러 남을 모함하려는 마음도 없습니다. 다만 문인들은 기질이 반드시 경박하기 마련인데 허봉에게도 이런 점이 있습니다." 하였다.[453]

이 날 실록을 기록하는 사신은 다음과 같이 논하였다.

> "없을 수 없는 것이 시비이다. 시비를 분명히 말하지 않았기 때문에 옳은 자도 옳다 하고 그른 자도 옳다고 하여 시비가 끝내 정해지지 않은 것이다. 동(東)이다 서(西)다 하는 것은 절로 시비가 있는 것이니, 척리의 편당이 되어 자기와 다른 의견을 주장하는 자를 배척한 자가 옳은가, 사류(士類)를 옹호하고 권세를 부리는 자를 억제하는 자가 옳은가? 다만 그 당시의 사람들이 이이(李珥)를 【이이는 애초에 부모(父母)에게 용납을 받지 못하고 도망쳐 중이 되었다가 뒤에 환속(還俗)하여서 사마시(司馬試)에 장원이 되어 공자(孔子)의 묘정(廟庭)에 가서 배알하였고 대과(大科)에 오른 뒤에는 수양산(首陽山) 골짜기에 물러가 있으면서 서울의 인사와 교통하였다. 기세가 날로 확장되자 근방의 여러 고을이 뒤질세라 분주하게 달려와 문안도 하였고 청탁이 매우 심했는데 뇌물 꾸러미도 사양하지 않았다. 심지어는 관청의 곡식을 봄에 대부받았다가 가을에 베[布]로 갚아도 읍재(邑宰)가 그 베를 돌려 주고 조곡(租

---

453) 조선왕조실록』, 선조 18년(1585) 4월 16일.

穀)을 받지 않았는데, 이이는 그것을 전혀 미안하게 여기지 않았다. 혹 벼슬에 나가기도 하고 혹 물러나 있기도 하면서 연이어 소장을 올렸는데, 성상이 그가 연소한 것을 알고 또 그의 경박하고 소루함을 알아 누차 억재하면서 경솔히 허여하지 않았다. 다만 민첩한 재주와 능숙한 언변으로 언사(言辭)를 잘 꾸몄기 때문에 간혹 이이를 크게 쓸 만한 사람이라고 하는 자도 있었다. 처음에는 척리(戚里)의 추천으로 청반(淸班)에 올랐고 뒤에는 박순(朴淳)의 추천으로 지위가 이공(貳公)에 끼이게 되었다. 관직이 높아질수록 뜻이 교만해지고 기량은 작은데다 책임이 무거웠으므로 때에 맞는 조처를 헤아리지 못했고 구장(舊章)을 변경하려 하였다. 사람들이 혹 규명하면 자기 의견만 옳다고 하여 심지어 언관과 더불어 다투는 등 꺼리낌이 없었다. 게다가 적임자가 아닌 사람을 추천하여 사사로이 은혜를 팔았고, 사류(士類)들에게 버림받은 자들을 모두 불러들였다. 어떤 선비가 이이의 단처(短處)를 논박하자 이이에게 아첨하는 자들이 그 선비를 공격하여 반궁(泮宮)에서 쫓아내려 하였다. 이이가 그 말을 듣고 관청에 나아가 그 유생을 공격하니, 이 때문에 감히 그의 잘못을 논하는 자가 없게 되었음은 물론 심지어는 그의 덕을 칭송하는 자까지 있게 되었다.】

또, 2개월이 지난 6월 26일에는, 송응개 · 허봉을 따라 조정의 사류가 뇌동한다면서, "송응개 · 허봉 이 두 명의 간인들은 묵은 감정을 품고 사기와 모함을 일으키며 당의 비호를 주창하여 어진 선비들을 모함하고 배척하였는데, 조급하고 망령된 자들이 이들을 따라 부화 뇌동하여 드디어 조야가 크게 혼란스럽게 되고 국가가 불안하게 되었으니, 아홉 가지 형률로 따져보면 반드시 용서할 수 없는 죄에 해당한다. 그러므로 이미 두 사람에게 유배의 형을 가함으로써 뒷날 남의 신하가 되어 사사로운 마음을 품고 국가를 병들게 하는 자로 하여금 두려워 할 바를 알게 하고자 한 것이다. 스스로 죄를 지은 자는 그 벌을 면할 수는 없는 것이다. 이 두 사람을 석방하여 외방에 거처하게 하라는 내용으로 영상에게 이르라."[454] 명하였다.

또, 1588년 1월 5일에 올린 조헌의 상소에서는, 동 · 서 각인들의 관계와 행실을 다음과 같이 열거하였다.

"지금 조헌의 소(疏)를 보니, 이는 인요(人妖)라 하늘의 견책이 지극히 깊으니, 두렵고 놀라움을 금할 길 없다. 이 어찌 과인(寡人)이 현상 명경(賢相名卿)을 지성으로 대우하지 않고 직무를 전적으로 위임하지 않았던 소치가 아니겠는가. 더욱 부끄러움을 금할 길 없다. 이 소(疏)를 불가불 내려야 하겠지만, 또 차마 내릴 수도 없다. 이 소가 한번 내려가면 그 손상되는 바가 매우 클 것이므로 아예 내가 그 허물을 지고 이미 소각시켜 버렸으니, 사관(史官)은 나의 허물을 대서(大書)하여 후세를 경계하였으면 한다."

"정언신(鄭彦信)은 나라를 저버리는 악인이오, 권극례(權克禮)는 벼슬을 판 간인(奸人)이라 하였고, 그 주(注)에, 국가에 식량이 한창 부족한데, 호령(湖嶺)에서 쌀 1백 석을 수송하여 허봉과 송응개(宋應槪)에게 뇌물로 주므로, 임윤신(任允臣)과 한백후(韓伯厚)가 회계(會計)에 대해 입계(入啓)하려 하다가 노식(盧植)의 위협으로 한백후가 끝내 그만두고 말았으니, 노식이 비록 죽었으나 관작을 삭탈하고 정언신도 의당 강등시켜야 하며, 권극례는 탐음 남종(貪淫濫從)하다고 하였다. 또 자신에게 굶어 죽은 한 아우가 있다고 했는데 '이는 삼공(三公)이 나의 아우를 죽인 것이다. 삼공이 음양을 잘 섭리하여 시화 연풍(時和年豊)하였다면 내 아우가 반드시 죽는 데에는 이르지 않았을 것이다. 지금의 심공에게 그 책임을 지운다면, 나의 아우를 직접 죽였다 해도 과언이 아니다.'고 하였다.

또 윤경(尹暻)은 허봉을 깍듯이 섬긴 자이다. 허봉의 일당 김응남(金應南) · 백유양(白惟讓) · 홍가신(洪可臣) · 이발(李潑) · 이길(李洁)이 서로 조정

454) 『조선왕조실록』, 선조 18년(1585) 6월 26일.

과 결탁하여 구호했기 때문에 그 아들 홍렬(弘烈)의 체포가 늦어진 것이라고 하였다. 또 허봉과 이양중(李養中)은 어려서부터 절친한 벗으로 함께 한 기생을 간음했다고 하였다. 또 양사기(楊士奇)를 이어 서익(徐益)마저 죽어, 군국(軍國)의 중대한 일을 감당할 만한 사람이 없게 되었으니, 서기(徐起) · 송익필(宋翼弼)을 군중(軍中)에 두어 군기(軍機)를 참찬(參贊)하게 하고, 또 박인적(朴麟迹)으로 둔전관(屯田官)을 삼아 성적을 책임지워야 한다고 하였다.

또 선왕조에서는 복상에 적격자를 얻어 풍속이 순미하므로 강상의 변이 없고 다만 홍길동 · 이연수 두 사람이 있었을 뿐이었기 때문에 항간에서 욕을 할 때는 으레 이 두 사람을 그 대상으로 삼았는데, 지금에는 복상에 적격자를 얻지 못하여 풍속이 괴패하고 강상의 변이 곳곳마다 일어나므로 홍길동 · 이연수의 이름이 없어졌다고 하였다.[455)]

선조 18년인 1585년 5월 28일에, 의주 목사 서익이 정여립의 처신을 비판하는 상소를 다음과 같이 하였다.

"신이 일찍이 유성룡과 더불어 이이에 대해 논한 일이 있는데, 성룡이 '평탄 평이한 것이 그의 장점이나 한스러운 점은 변경하기를 좋아하는 것이다.' 하였습니다. 박순과 정철은 모두 청명과 아망으로 성명의 지우를 받아 경상의 자리에 있으면서 품은 생각은 아뢰지 않은 것이 없고 말한 것은 따르지 않은 것이 없었습니다. 그들이 미처 하지 못한 것은 삼찬을 방환하자고 청하는 한 가지 일 뿐입니다. 가령 이이가 죽지 않았다면 반드시 전하에게 계속 간쟁하였을 것입니다. 아, 세 신하에게 진실로 죄가 있지만 유배까지 시킨 것은 너무 지나친 일이 아니겠습니까. 송응개의 말은 모두가 허망한 것이라서 사람과 귀신이 모두 싫어하였습니다만, 그의 직이 간관으로 이름지어졌으니 어떻게 그로 하여금 말을 하게 하고서 그 말에 죄를 줄 수가 있겠습니

455) 『조선왕조실록』, 선조 21년 (1588) 1월 5일.

까. 허봉은 유명한 아버지의 아들로서 문장의 재주가 있어 약관에 과거에 올라 청현직을 두루 역임하여 뜻대로 된 일은 많으나 일에 대한 경험은 적으니 비록 허물이 있더라도 어찌 가혹하게 탓할 수가 있겠습니까. 갑산은 본디 험한 곳으로 이름이 나서 그곳에서 생장한 사람이 아니면 병들지 않는 자가 드물기 때문에 전후 귀양간 자가 살아서 돌아온 경우가 드물었습니다. 젊은 재사가 진실로 아침 이슬처럼 사라진다면 성덕에 누가 됨이 어찌 많지 않겠습니까.

신은 허봉과 나이에 차이가 나고 승침이 달라서 다만 사람들이 모인 가운데서 한두 번 얼굴을 보았을 뿐 술잔을 들고 서로 마주해서 은근한 환담을 나누어 본 일이 없는데도 오히려 곧 죽어 다시는 돌아오지 못하게 될까 걱정하는데, 더구나 그를 친애하는 사람들이야 말해 뭐하겠습니까. 이것이 언론이 날로 일어나 중지되지 않는 이유인 것입니다. 이들은 모두가 전하를 아침 저녁으로 가까이 모시던 신하로서 형극의 험난한 길을 타개하고 이매같은 무리들을 방어하였습니다. 신은 전하께서도 마음으로는 불안해 하셨으리라는 것을 알고 있습니다. 지난해 주청사가 돌아오자 큰 은사를 내려 마땅히 사죄에 처해야 할 죄수들까지 다 사면되었으므로 도성 사람들이 모두 삼찬도 사유받을 것이라 여겼었습니다. 그런데 해사에서 이는 국가에 관계된 일이라 하여 응당 방면해야 될 대상에 넣지 않았습니다. 이 법은 영갑에 실려 있는 것이 아닌데 어찌하여 이처럼 오래 고수하면서 고치지 않는 것입니까?

신이 그때 옥당에 봉직하고 있으면서 동료들과 함께 차자를 올려 진달하려고 했는데, 들리는 말에 정철이 먼저 일어나 상신에게 말하고 전하에게 진달하여 놓아주려 한다고 하였습니다. 신은 '대신이 말하려 하니 옥당이 기필코 할 것이 없겠다.' 하여 드디어 중지하였습니다. 그러나 시일이 오래 되어도 아무 소식이 없기에 신이 정철을 만나서 물어보니, '상신에게 고했으나 상신이 아직 아뢰지 않았는데 아뢰어야 하겠다.' 하였습니다. 곧 이어 듣건대, 박순이 궐하에서 양상에게 말했으나 의논하여 실행하지 못했다.'고 하였습니다. 정철이 강개한 말로 신에게 '차라리 내가 경연에서 몸소 진달해야 하겠지만 전에 이런 요청이 있었을 때 상께서 너그러이 허락하지 않으셨으니, 반드시 상신을 통해야만 그 일이 무게가 있게 될 것이다. 상신들과 다시 의논해야겠다.'고 하였습니다.

신이 삼가 바라건대, 전하께서 먼저 유배한 신하들을 방환시켜 집에서 늙게 하시고, 다음에는 근시로서 외직에 보임되어 나간 사람들을 불러 다시 좌우에 두시고, 박순과 정철을 위안하여 그 직을 회복시켜 주소서. 그리고 나서 대신과 재상 및 근시들을 불러 앞으로 나오게 해서 전교하기를 '그대들이 나를 임금으로 대하고 아비로 대하니 내 말을 따르지 않을 수 있겠는가? 그대들이 같은 시대에 태어나 같은 조정에서 벼슬하니, 참으로 다행스러운 일인데 이와 같이 할 수 있단 말인가?' 하면서 온화한 얼굴 부드러운 말로 마음을 열고, 정성을 다해 의리의 명분으로써 밝히고, 힘을 합하여 공경하는 아름다움으로써 효유한다면 마음이 사람을 감동시키는 것은 역말보다도 빠른 것이어서 모두가 기뻐하고 감읍하기에도 겨를이 없을 것입니다. 따라서 지난날 서로 좋아하지 않았던 마음이 어디에서 다시 생겨나겠습니까. 지난날 더없이 시끄럽던 분쟁은 단지 하나의 웃음거리로 될 뿐입니다. 그렇게 한 뒤에 담박한 것은 권장하고 조급한 것은 억제하며 화평하고 공정한 사람은 진출시키고 망령되고 경박한 무리들을 물리침은 물론 양가에 혹 지난날처럼 바르지 못한 자가 있는 경우에는 이들을 징계하여 동요되지 않게 한다면 신은 한 달 사이에 조정이 안정되고 사론이 통일되어 화평한 기상을 모이게 할 수가 있게 될 것이라고 여깁니다.

또 신이 의혹스러운 점이 있어 전하께 앙달하고자 합니다. 심의겸에게 죄가 있는지 없는지 신은 진실로 잘 알지 못합니다. 전하께서 의겸을 간괴로 여겨 그와 사귀는 자는 모두 그르다고 한다면, 의겸은 신하로서 막대한 죄가 있는 것입니다. 그런데 아무런 탈없이 황금 띠를 두르고 여전히 재상의 반열에 있어 마치 죄가 없는 자와 같습니다. 과연 죄가 있다면 그 악을 헤아려 죄를 밝히고 경중을 가늠하여 율에 어긋나지 않게 해야 될 것이요, 벼슬을 높이고 총애해서는 안 되는 것입니다. 또 죄가 없다면 신하가 비록 미천한 존재이긴 하지만 전하께서 어찌 간이란 글자를 씌울 수 있겠습니까. 또 죄가 있기는 하지만 선후의 지친이기 때문에 차마 형벌을 가할 수가 없다고 한다면, 신에게도 한마디 할 말이 있습니다.

형정은 조종께서 정하신 것이요 온 나라 사람이 지켜야 하는 것이니, 죄가 진실로 크면 어떻게 용서할 수가 있겠습니까. 만약 그 죄상이 그래도 용서할 만한 것이라면 그를 한가한 자리에 두어 국정에 간여하지 못하게 하고 성인의 교화 속에서 노닐게 하며 녹봉이나 끊어지지 않게 하는 것이 옳습니다. 어찌 꼭 분명히 드러내어 말할 만한 것이 없는데 갑자기 죄를 알려 그로 하여금 스스로 용납될 길이 없게 할 것이 있겠습니까. 황천이 아래로 임하시니 무슨 물건인들 그것을 보지 못하겠습니까마는 오직 아무 말이 없어도 모든 만류가 편안히 믿습니다. 전하는 하늘을 법받는 분이 아니십니까. 신은 글이 문장을 제대로 이루지 못하고 말이 이치에 맞지를 않으니 진실로 기롱과 비웃음만을 살 뿐 성명에 아무 보탬이 되지 못한다는 것을 알지만 구구한 한 마음은 국사로서 보답하려고 합니다. 신은 엎드려 바라옵건대, 전하께서는 사랑을 내리시어 받아들여 주소서. 신은 상이 계신 궁궐을 바라봄에 지극한 비애와 황공함을 이기지 못하여 삼가 죽음을 무릅쓰고 아뢰옵니다."[456]

1585년에 유배를 간 지 3년 만에 35세의 나이로 방면된 허봉은 백운산에 들어가서 책 읽기에 열중하였다. 그는 불교에 몰두하였으며 오랜 유배 중에 인생의 덧없음을 느끼고 다시는 벼슬자리에 나아가지 않기로 스스로 결심하고 온 나라의 명산대천을 찾아 떠돌아 다녔다. 서울에 돌아오지 않고 인천과 춘천 등 지방으로 전전하다가 여행 도중에 38세의 나이로 1588년에 갑자기 세상을 떠났다. 이러한 사실도 허봉의 졸기에서는 비판적인 시각에서 "허

456) 『조선왕조실록』, 선조 18년(1585) 5월 28일.

봉이 금강산을 유람하러 갔다가 도중에 김화역에서 죽었다."[457]고 기록하고 있다.

이뿐만 아니라, 허봉이 세상을 떠나기 직전인 1598년 4월 15일의 실록 기사에도, 우승지 허성이 경리 별도감에서 문의한 군량 운송 담당관들의 정황을 아뢰는 기사에서, 사관이 평하기를 "허성은 허엽의 아들이자 허봉의 형으로서, 이호민과 김홍미 등에게 붙어 모함과 선동을 일삼고 자기와 의견을 달리하는 자를 헐뜯었다. 윤두수가 재상에 임명될 때 공론이 다시 일어나자 그 공론을 막으려 하였으나 실패로 돌아가자 그는 도리어 공론을 주도했던 자를 잘못한 일이라고 몰아세웠다. 그 이유는 자기 도당이 외롭고 약한 것을 염려한 나머지 서인과 합하여 하나로 되려는 것이었고, 또 윤두수가 국혼을 맺었으므로 그에게 아첨하여 잘 보이기 위한 것이었다. 그의 정상이 다 드러나 명절이라곤 씻은 듯이 없어졌으니, 그가 사방에 서간을 보내어 열읍을 상대로 구색한 따위는 깊이 나무랄 것도 없다."[458]라 한 것은 당시의 동서 편당이 역사의 평가에서도 어느 정도인지를 단적으로 보여준다.

1600년 2월 29일에, 예조 판서로 제수된 심희수의 행적을 비난하는 평에서, "계미년 사이에 허봉이 이이를 공격하여 귀양보낼 적에 심희수가 상의 앞에서 이이는 어질고 허봉은 그르다고 하였다가, 다시 또 허봉은 어진 사람이고 이이는 그른 사람이라고 했다. 이 때문에 상이 따를 바를 몰랐는데, 결국 그가 반복이 심한 사람임을 알고 내쳐서 외직에 보임하였으므로 금산 군수가 되었었다. 희수가 흉독한 정철을 아첨해 섬겼었는데 위에서 정철의 간사한 정상을 통촉하자 희수가 정철의 숨겨진 죄악을 들추어 내었다. 그가 소시에 허성과 교우 관계를 맺었었는데 만년에는 이웃에 나란히 살았다. 언젠가 희수가 사람을 찾아 나아갔다는 말을 듣고 같은 이웃에 사는 윤의에게 말

457) 『조선왕조실록』, 선조 21년(1588) 9월 16일.

458) 『조선왕조실록』, 선조 31년(1598) 4월 15일.

하기를, '백구는 노변 각 고을의 늙은 기생처럼 오늘은 어딜 갔는가?' 하였는데, 백구는 바로 희수의 자(字)이다. 이는 그가 사람들에게 아첨하는 것을 기롱한 말이었다. 어떤 사람이 권세가 있으면 살살거리고 아첨하였다가 권세를 잃게 되면 반드시 먼저 배척하는 말을 하여 시망을 얻었다. 그리고 일단 배척한 다음에도 곧 칭찬하기를 배척한 적이 없는 것처럼 하였으니, 허성이 늙은 기생이라고 기롱한 것이 정말 맞는 말이다. 그런데도 종백의 직임이 이런 사람에게 이르렀으니, 애석한 일이다."[459] 하였다.

『선조 수정실록』 1583년 7월 1일의 기록에는, 영상 박순이 이이가 허봉 · 송응개 등과 틈이 있었다고 것을 아뢰는 대목에서 선조는 영상과 좌상에게, "나는 덕이 적고 밝지 못하며 무식한데다 용렬하고 명민하지 못하여 충직함과 간사함을 알지 못하고 옳고 그름을 깨닫지 못하고 있긴 하다. 그러나 경들이 감히 애매모호한 말을 하고 있는데, 나는 경들의 속마음만은 본래부터 이미 훤히 알고 있었다. 이번에 성혼의 상소를 보았다. 대신이 임금을 섬기는 도리가 진실로 이와 같은 것인가? 당초에 이이를 배척한 것은 누가 한 것인가? 그리고 간사한 붕당의 무리는 또 누구인가? 이를 분별하여 아뢰고 애매모호하게 하여 나라에 수치를 끼치지 말도록 하라." 하였다. 이에 대신 박순과 김귀영이 면대를 청하니, 상이 즉시 인견하고 차례로 묻기를, "지금의 삼사가 이이를 탄핵함이 이와 같은데, 이이는 과연 어떤 사람이며 누가 옳은가?" 하였다. 영의정 박순이 대답하기를, "이이는 다른 뜻 없이 순수한 마음으로 나라를 근심하고 자기 몸을 의식하지 않습니다. 요즈음 비국의 일을 같이 하면서 더욱 그의 재주가 크다는 것을 알았습니다." 하고, 또 말하기를, "송응개와 허봉이 모두 이이와 혐의가 있어 드러나게 틈이 벌어졌으므로 이런 탄핵을 한 것이니 살피지 않을 수 없습니다." 하고, 김귀영은 대답하기를, "신은 이이가 어떤 사람인지 알지 못합니다." 하였는데, 상이 억지로 묻자 대

459) 『조선왕조실록』, 선조 33년(1600) 2월 29일.

답하기를, "사람을 알아보는 것은 요임금 같은 이도 어렵게 여겼는데, 신처럼 우매한 자가 어떻게 사람을 알아볼 수가 있겠습니까?" 하였다. 정지연은 병이 있어 입시하지 못하고 상차하여 대죄하였다.

이에 앞서 송응개는 을사년의 간당에 발을 들여놓았었다. 송응개도 위훈의 원종 공신의 반열에 끼어 한 자급이 더해졌었는데 그뒤 위훈이 삭제되면서 자급도 당연히 깍여 당상의 명관으로 품계가 떨어진 뒤 외직에 보임되니 사론이 비루하게 여겼다. 그러나 송응개는 도리어 시론에 아부하여 다시 아장이 되고는 예전처럼 자급이 올라가는 등 행위가 올바르지 못하면서도 태연스럽게 자거의 행위를 하였으므로 이이가 더욱 싫어하여 여러 번 친우들에게 말을 했었다. 그런데 그 말을 전하는 자가 '이이는 송응개를 가리켜 「대대로 악을 조성한다.」고 했다.' 하니, 송응개가 크게 원한을 품었다. 허엽이 상주에서 죽었을 적에 허봉은 바야흐로 기생을 끼고 술이 취해 누워 자며 그 임종을 살피지 못했으므로 영남 사람들의 말이 많았는데, 이이는 그 사람을 애석하게 여겨 보호하려고 했었다. 그런데 마침 전랑이 허봉을 전한에 의망하려고 하자 이이가 그때 장관으로 있으면서 다른 일을 핑계하여 중지시켰다.[460)]

허균에게는 자신이 5세 때에 이미 허엽의 아들로 부수찬, 이조좌랑에까지 오르며 동인의 선봉에서 활동하던 허봉이 비록 이른 젊은 세상을 마감하기는 했지만, 자신에게는 형으로써 끼친 영향이 지대하였음을 깊이 인식하고 있었다. 허봉은 허균이 손곡 이달을 스승으로 맞게 된 것도 손곡이 허봉과 가까운 글 벗이었고, 또, 허균이 친형처럼 따랐던 승려 사명당도 허봉과 깊은 인연을 맺고 있었기 때문이었다. 게다가 허봉의 벗인 서애 류성룡은 허균에게 문장을 가르쳐준 스승이었기에 조정에 출사한 허균에게는 든든한 후원자였기 때문에, 소설 「홍길동전」을 창작하면서 복합모델로 형의 이미지를 영웅 홍길동에 투사시켜서 가출 후에는 뜻하는 성공적으로 이루어내는 군사영

460) 『조선왕조실록』, 선조(수정실록) 16년(1583) 7월 1일.

웅이요, 백성을 아끼는 의리의 영웅으로 그 영혼을 위로코자 하였던 것으로 짐작이 된다.

이 외에도 허균은 「홍길동전」을 창작하면서, 조선에서 자원 병조판서가 된 홍길동이 중국으로 진출하고, 중국에서 군사적인 세력을 구축한 다음에 남경의 남쪽에 위치한 섬나라 율도국을 정벌하는 소재는 작은 형인 허봉이 외교관으로 당대 최고의 유구 소식통이라는 점도 소재로 사용된 것으로 볼 수 있다. 이러한 판단의 근거로는 허봉이 사신으로 중국에 가 있을 때, 그곳에서 유구 사신을 만나 접촉한 사실이 있기 때문에다. 이러한 사실을 알려주는 것이 유구 관련의 「유구지도부기」[461]에 있는 허봉이 중국 황제를 조회하러 갔을 적에 유구국 통사인 장주부를 만났다.[462]는 기록이다. 『유구지도부기』에서 보면, 허봉이 유구국의 일을 관심있게 물었더니 장주부는 다음과 같이 답했다.

「홍려시 장주부 고서반을 초대하고 왕부사와 모여서 월랑에서 연회를 하였다. 이것은 전례인 것이다. 질정관은 조부의 忌日이라 참여하지 못했다. 술잔에 각각 성명 관직 자호를 써서 서로 보였다. 장주부는 유구국 통사라 한다. 내가 유구국 일을 물으니 대답하기를, 2년마다 한 차례씩 곡물을 진상하며 그 나라에는 과거를 설치하지 않고 효렴으로써 선비를 취한다. 국왕의 성은 尙씨이다. 동해로부터 그 나라 경계까지는 이수의 다소는 측량할 수 없으나 순풍을 얻으면 모두 이레 밤낮이면 그 해안가에 닿을 수 있다 하였다.[463]

---

461) 「琉球地圖附記」. 『한국의 옛 지도』, 영남대학교 박물관, 1998. 183쪽.

462) 설성경, 『홍길동전의 비밀』, 서울대출판부, 2004, 301쪽.

463) 허봉, 『하곡조천기』, 8월 28일자 "許荷谷葑朝天時 逢琉球通事張主簿 問其國事 答日 二年一次進貢 其國不設科擧 以孝廉取士 國王姓尙 自東海濱至于國界 不測其里數之多少 得順風 則凡七晝夜 方泊于岸云".

여기서 보면, 허봉은 왕부사 등과 모여서 연회를 할 때, 유구국의 통사인 장주부와 서로 두 나라의 상황을 주고 받는 외교 활동을 하였음을 보여준다. 유구의 외교관이 전하는 사실인 "2년마다 한 차례씩 곡물을 진상하며, 과거를 설치하지 않고 효렴으로써 선비를 취하며, 국왕의 성은 상씨라는 것이며, 거리는 동해로부터 유구의 국경까지 순풍을 얻으면 7일 정도 밤낮으로 가면 도착할 수 있음"을 기록하고 있다. 이러한 허봉의 정보는 허봉이 귀국 후에 만난 아끼는 동생 허균에게 그 이상의 다양한 유구 정보를 흥미롭게 전하였을 것이다, 허균은 유구 사신을 만난 허봉 당사자 이외에는 가장 흥미롭게 중국과 인근한 동아시아의 정보 중에서 유구국의 정보를 전하였을 것이다 이런 친형으로부터 얻은 유구국의 최신 정보를 인지하고 있는 허균은 제1 홍길동이 출국한 사실을 근거로 작품화하는 홍길동을 큰 형인 조선 병조판서로서 중국 외교관으로 다녔던 사실과 융합 소재로 삼아, 홍길동이 유구국을 비유하는 율도국으로 진출하여 국왕이 되엇다는 이야기를 꾸밀 수 있었던 것으로 파악된다.

4-3. 홍상직의 얼자 제1 홍길동을 복합모델로 투영시킨 홍길동

(1) 고려말 홍징의 무진참화와 홍징의 아들 홍상직

(가) 고려말 홍징의 무진참화와 홍징의 아들 홍상직

홍징은 고려의 권신으로 염흥방의 매제였다. 그는 1377년에는 서해도 각지를 휩쓰는 왜구를 원수 양백익이 막아내지 못하자, 밀직부사로서 이성계 임견미 변안열 등과 함께 조전원수로 출전하였다. 홍징은 1384년에는 정몽주와 같이 동북면의 실태를 파악하였다. 1385년에는 지밀직사로 동북면 부원수로 활약하였다. 1387년에는 판밀직사사로써 문하평리 상의 우인렬과 함께 한양부에 파견되어 중흥산성의 형세를 살폈다. 1388년 권세를 누리던 처남 염흥방이 처형당하자 염흥방의 족당이라는 이유로 연좌되어 1389년 억울하게 참형되었다.[464)]

이때, 홍징의 어린 아들 홍상직은 다행스럽게도 외가 친척들의 도움을 받아 가까스로 목숨을 구해 개성에서 멀리 떨어진 남쪽으로 피난길을 떠나 전라도 장성 아치실에 터를 잡았다. 홍상직은 고려 개국 공신의 후예요, 황조인의 후손이기 때문에 태조 3년인 1394년 태조가 훈장, 어장, 예조판서, 유신들이 임금 앞에 모인 가운데서 중국에서 귀화한 남양홍씨에 특별 교지[465)]를 내렸다. 그 내용은 "중국에서 귀화한 자손들은 대대로 역사를 면해주고 오래도록 군역이나 세금을 거두지 않을 것이니 이 명령을 엄하게 지키라"[466)]는 것이었다. 즉, 중국에서 귀화한 이들의 자손들은 비록 천만대가 지나가도 군역에 동원하지 말라'고 하였다. 이는 중국인이 조상인 남양 홍씨들에 대한

---

464) 염흥방은 공민왕 때 문과에 장원한 수재로써 명재상 염제신의 아들이다. 우왕 13년에 그의 가노 이광이 주인의 권세를 믿고 전 밀직부사 조반의 땅을 뺏으려고 함에 조반이 이를 만류하고 애걸해도 듣지 않았다. 화가난 조반은 이광을 죽였고, 이 소식을 들은 염흥방은 조반을 잡아드려 조반이 모반하였다고 하였다. 조반의 억울함을 최영을 통하여 알게 된 우왕은 조반과 그 가족을 석방하고 임견미와 염흥방 일가에 대한 숙청을 단행하였다. 족당으로 몰린 홍징과 그의 장자 상빈 차남 상부 3남 상연까지 4부자도 참혹하게 숙청되었다.

465) 선조 6년(1573) 10월에 군적을 정리할 때, 정조 22년(1798년) 9월 초삼일, 정조 23년(1799년) 8월 22일에, 고종 7년(1870) 2월에도 이 원칙을 지켜나가는 논의를 하고 있다. 특히, 선조 6년(1573) 10월 軍籍을 정리할 때는 선조는 다음과 같이 전교하고 있다. "고려명신 태사 柳殷悅의 후손 충평공 灌은 일찌기 인종을 돕게 하다."

466) 受敎 受敎事目, 禮曹爲謄給事 洪武二十六年五月初六日, 太祖大王傳 敎內 皇朝人子孫雖千萬代勿軍役, 事奉 施行爲?甲戌六月十二日訓將御將禮判儒臣入侍付 傳日 中朝人混錄於向化成册, 中其(하략).

태조의 지극한 배려로, 황조인이며 충신의 후손들인 남양 홍씨에게는 조정에서 특별 대접을 하라는 것이었다.

홍상직은 1409년에 태종 이방원이 친히 관전하는 해온정의 활쏘기 대회에서 200보 이상을 넘는 화살을 날려 16명의 궁사 중에서 1등을 차지하여 왕을 측근에서 모시게 되었다. 이듬해 종6품인 찰방을 제수 받았다. 태종 10년에는 찰방 벼슬을 맡았고, 6년 후인 태종 16년에는 왕의 신임을 얻게 되어, 세종이 즉위한 후에도 상왕이 임금과 강원도에서 대규모로 하는 강무에도 동행하였다. 세종 2년에는 함경도 경성 절제사의 관직을 제수받았다. 그 해 10월 27일에는 거제에 병선을 모으는 일과 구류한 왜사를 돌려보낼 지에 대해 의논하는 등의 활동을 하지만, 2년 후인 세종 4년 12월 1일에는 경성 절제사로 있다가 귀양을 가게 되었다. 전라도와 경상도의 수군을 등에 업고 함경도 군사를 이끌고 모반을 도모했다는 모함을 받고 있는 어려운 상황 속에서 2년 이상을 보내며 참형을 당할 뻔한 수모도 겪었지만, 사형만은 면한 채 귀양을 갔다. 그 이유는 홍상직이 야인이 장차 쳐들어온다는 말을 듣고 백성들로 하여금 들어와서 나무 철책을 보호하라고 하였으나, 백성들이 즐겨 좇지 않으므로, 상직이 사람을 시켜 그들의 집을 불 질러 태웠으며, 또 어떤 사람이 거짓말로 남도의 병선이 와서 습격할 것이라고 하니, 그가 두려워하여 어찌할 바를 모르니, 백성과 서리들이 소동하는 일이 벌어졌기 때문이다. 의금부에서 홍상직을 국문하니, 그는 제조 유정현이 밭을 받을때에 뇌물 주기를 요구하여 옥으로 보냈다고 한다. 사헌부에서는 홍상직을 다시 신문하여 참형에 해당하는 죄를 지었지만, 사형을 감하고, 경상도 동래로 유배시켰으나, 후에 이 모반 도모 사건이 무고로 판명되어 풀려났다. 홍상직은 귀양을 간지 1년 후인 세종 5년 12월 9일에 석방되었다. 사형에서 귀양으로 감형되어 1년 동안의 귀양살이를 하고 자유의 몸이 되었다.[467)]

467) 『조선왕조실록』에서는 세종 5년(1423) 12월 9일의 기록에 "경상도 동래에 유배한 홍상직

홍일동은 1412년 홍상직과 남평 문씨의 둘째 아들로 태어났다. 세종 24년인 1442년에 중국어를 가르치는 한학훈도로 재직 중 친시 문과에 급제하여 돈녕부부승지가 되었다. 그 뒤 문종 초에 사간원 우정언을 지내고 1453년 선공감 판관을 거쳐 이듬해 개천군사로 발령되었으나 그의 어머니 문씨가 76세 노령이라 어머니 봉양을 청하였으므로 곧바로 좌헌납이 되었다. 문종 원년인 1451년 7월 9일에는 사간원 우정언 홍일동이 신계조 · 권준 · 김이상의 일을 재론하는 기록이 있다.[468] 1451년 7월 12일에는 우정언 홍일동이 신미의 직첩을 환수할 것을 주청하는 기록이 있다.[469] 1451년 7월 17일에는 우정언 홍일동이 신미에게 내린 직첩을 거둘 것을 아뢰는 기록이 있다.[470] 여기서 보면, 홍일동은 신미에 대하여, 비판적이고 왕은 오히려 우호적인 태도를 보인다. 1451년 8월 13일에, 우정언 홍일동이 도호부사와 지군사의 품계를 바로 잡도록 아뢰는 기록이 있다.[471] 1451년 8월 15일에는 정언 홍일동이 두목의 일과 김양경 · 진유경등의 관직 개정을 아뢰는 기록이 있다.[472] 1451년 9월 2일에는 우정언 홍일동이 임금의 사장 행차와 이징석의 처벌 등을 아뢰는 기록이 있다.[473]

또, 단종 1년 1453년 3월 15일에는 홍일동에게는 품계를 더하여 봉직대부로 하여 선공판관으로[474] 나아간다. 여기서 보면, 홍일동에게는 품계를 더하

을 풀어 주라고 명하였다. 세종 4년(1422) 12월에 ”경성 절제사 홍상직이 야인을 대비하던 중 처리가 미숙하여 백성들을 동요시켰다. 이에 세종이 홍상직을 의금부에 내려 국문하게 한 뒤 지방에 유배하였는데, 이때에 와서 풀어 준 것“이라 하였다.

468) 『조선왕조실록』, 문종 원년(1451) 7월 9일.

469) 『조선왕조실록』, 문종 원년(1451) 7월 12일.

470) 『조선왕조실록』, 문종 원년(1451) 7월 17일.

471) 『조선왕조실록』, 문종 원년(1451) 8월 13일.

472) 『조선왕조실록』, 문종 원년(1451) 8월 15일.

473) 『조선왕조실록』, 문종 원년(1451) 9월 2일.

474) 『조선왕조실록』, 단종 1년(1453) 3월 15일.

여 봉직 대부로 하여 선공 판관[475]으로 직분을 올려주고 있다. 1453년 7월 28일에는 세조가 현릉에 가서 안지귀 · 홍일동 등과 같이 활을 쏘는 기록이 있다.[476] 1453년 8월 1일에는 개천 군사에 제수된 홍일동을 그대로 비석의 조각하는 일을 감독하게 하는 기록이 있다.[477] 1454년 6월 22일 '함길도 관찰사가 오치안에 사는 야오내 등이 갑산에 잠입한 일을 아뢰는 기록이 있다.[478] 1454년 8월 5일에는 홍일동을 좌헌납으로 제수하였다.[479] 1454년 9월 30에는 머물렀다. 세조가 아뢰기를, "헌납 홍일동과 지평 윤흠이 서리를 들이지 않았다는 이유로 문을 지키는 총통위와 진무소 전리를 함부로 잡아다 국문하고, 또 이문하지 아니하고 진도를 행하였다 하여 병조의 영사를 잡아다 국문하였습니다." 하였다.[480]

1454년 10월 19일 홍일동을 좌헌납으로 삼았다.[481] 1455년 12월 27일 의정부에 전지[482] 봉록을 받게 된다. 1456년 8월 23일 사정전에 니 · 승문원 교리 홍일동 등에게 사관은 반드시 사실대로 기록할 것 등의 일을 명한다는 기록이 있다.[483] 1457년 2월 7일에는 사은사 홍일동이 중시에서 3등으로 뽑혔다는 기록이 있다.[484] 2월 21일에는 사헌부가 홍일동의 파직, 주 · 군의 병합 등에 대해서 아뢴다는 기록이 있다. 즉 "홍일동이 북경으로 가는 도중에 시험에 합격한 것으로써 특별히 명하여 불렀으니 은혜가 지극히 우악하였는

475) 繕工判官.
476) 『조선왕조실록』, 단종 1년(1453) 7월 28일.
477) 『조선왕조실록』, 단종 1년(1453) 8월 1일.
478) 『조선왕조실록』, 단종 2년(1454) 6월 22일.
479) 『조선왕조실록』, 단종 2년(1454) 8월 5일.
480) 『조선왕조실록』, 단종 2년(1454) 9월 30일.
481) 『조선왕조실록』, 단종 2년(1454) 10월 19일.
482) 『조선왕조실록』, 세조 1년(1455) 12월 27일.
483) 『조선왕조실록』, 세조 2년(1456) 8월 23일.
484) 『조선왕조실록』, 세조 3년(1457) 2월 7일.

데, 바로 가고는 부르는데 오지 않았습니다. 고전에 이르기를, '임금이 명하여 부르면 탈 것을 기다리지 않고 간다.' 하였으니, 청컨대 홍일동의 관직을 파면하고 그가 돌아오기를 기다려 이를 논핵하소서. 부지승문원사 송수중은 흰 점이 얼룩진 병이 있는데, 본원은 문서를 수압하는 사무를 오로지 맡고 있으니, 청컨대 한지에 두어서 그로 하여금 병을 조섭하여 다스리게 하소서."[485]라 하였다. 1457년 7월 7일에는 지평 김기가 사헌부의 의논으로 홍일동을 파직시킬 것을 아뢰니 불윤한다는 기록이 있다. 즉, "홍일동이 어명을 받고 중국에 가다가 중로에서 마음대로 돌아와 과거 시험을 치렀고, 이미 시험을 본 뒤에도 아뢰지 아니하고 돌아갔습니다. 과거 시험에 합격하게 되자 성상께서 명소하였는데도 또한 오지 않았으니, 불경하기가 너무 심합니다. 또 노모가 집에 계신데도 먼 길 가기를 사양하지 않았으므로, 충과 효에 모두 어그러짐이 있으니, 임용하는 것은 마땅하지 않습니다. 청컨대 파직하고 내쫓아서 선비의 기풍을 권려하소서" 하였다.[486]

1458년 4월 20일 문신 중 활을 잘 쏘는 자인 전농 판관 홍일동 등이 들어와 활을 쏘았다.[487] 1459년 8월 9일에는 명나라 황제의 칙서가 도착하였으므로, 임금이 승문원에 명하여 떼어보지 말도록 했는데, 칙서를 먼저 보았던 판승문원사 홍일동 등까지 모두 의금부에 내렸었다.[488] 1460년 7월 11일에는 홍일동을 첨지중추원사로 삼았다.[489] 1460년 7월 17일에는 임금이 중궁과 더불어 경회루 아래에서 술자리를 베푸니, 내종친과 임금이 북경에 갔을 때의 종사관이었던 좌의정 신숙주 등과 같이 첨지중추원사 홍일동과 봉원 부원군

485) 『조선왕조실록』, 세조 3년(1457) 2월 21일.

486) 『조선왕조실록』, 세조 3년(1457) 7월 7일.

487) 『조선왕조실록』, 세조 4년(1458) 4월 20일.

488) 『조선왕조실록』, 세조 5년(1459) 8월 9일.

489) 『조선왕조실록』, 세조 6년(1460) 7월 11일.

정창손, 병조판서 한명회 등이 입시하였다.[490] 1460년 7월 18일에는 좌의정 신숙주 등이 사은하니, 상이 술자리를 베풀고, 병조 판서 한명회에게 명하여 자기 주발로써 술을 돌리게 하였다. 명하여 특별히 홍일동을 가선대부로 승진시키고, 즉시 금대를 띠고서 나가도록 하였다.[491] 1460년 9월 4일조에는 임금이 불러서 보고 심히 기뻐하여, 곧 홍일동 등을 불러서 이를 보게 하고, 이극감에게 이르기를, "어제의 말이 오늘 어떠한가?" 하고, 명하여 큰 잔을 올리게 하였다. 하루 앞서 임금이 이극감과 더불어 북정에 대한 일을 의논하고 말하기를 "5일 동안 보고가 없으면 반드시 거사하지 않을 것이다. 5일 동안을 기다렸다가 내가 일을 처치할 것이다." 하였다. 또 구치관 등과 술잔을 들고서 즐거워하다가, 또 구치관 등에게 이르기를, "나라는 그 강함에 있다. 옛말에 이르기를, '날로 나라를 1백리씩 넓혔다.'는 것이 이것이다." 하고, 또 말하기를 "내가 신숙주를 쓰는 것이 이것에 그치는 것뿐이 아니다. 지금은 다만 한 손가락만을 쓰고 아홉 손가락은 아직도 온전하니 그 쓰는 것이 무궁할 것이다." 하고, 홍일동을 돌아보내면서 이르기를 "내가 장차 너를 보내어 신숙주를 선위할 것이니, 너는 이 뜻을 유시하는 것도 잊지 말라." 하고, 입시한 여러 신하들로 하여금 시식하게 하였다.[492] 이 일 다음에 임금은 내가 장차 이극감을 이조참판으로 삼아 북정의 계획을 세우는데 참여시키고자 한다." 하는 점으로 보아, 왕의 북벌에 홍일동도 주요한 몫을 할 사람으로 믿고 있음을 알 수 있다.

1461년 2월 29일조에는 '어가가 녹양평에 이르러 사냥하는 데에 홍일동도 수종하였다는 기록이 있다.[493] 1461년 9월 2일 '동지중추원사 이징규와 호조

490) 『조선왕조실록』, 세조 6년(1460) 7월 17일.

491) 『조선왕조실록』, 세조 6년(1460) 7월 18일.

492) 『조선왕조실록』, 세조 6년(1460) 9월 4일.

493) 『조선왕조실록』, 세조 7년(1461) 2월 29일.

참판 홍일동을 명나라에 보내 하례하게 하다'는 기록이 있다. 1462년 9월 19일에는 녹양평에 거동하여 사냥을 구경하였다. 상호군 홍일동 등이 어가를 따랐다. 1462년 10월 12일 '공조 참판 유수강, 부윤 홍일동을 보내어, 명나라에 가서 하정하게 하였다. 1463년 10월 18일 '사정전에서 연회를 베풀고, 대호군 홍일동 등이 시를 지어 화답의 글을 바치게 하다'라는 기록이 있다. 1464년 3월 4일 상호군 홍일동에게 명하여 문·무과를 시험하는데 책을 지어 내리다'는 기록이 있다. 1464년 3월 9일 '행 상호군 홍일동에게 선온을 가지고 굴포에 가서 하사하게 하다'라는 기록이 있다. 1464년 3월 13일 '행 상호군 홍일동의 졸기'의 기록이 있다. 즉, "홍일동은 성질이 방광하여 사소한 예절에 구애하지 않고, 평생에 더러운 물건을 싫어하지 아니하였고 나쁜 옷을 부끄러워하지 아니하였으며, 술을 잘 마시어 두어 말까지 마시었다. 또 시 짓기를 좋아하여 여러 번 과거시험에 합격하였다. 임금이 선위사로 보낸 것도 술을 잘 마시기 때문이었는데, 홍일동이 명을 받고 기쁨이 안색에 나타났으며, 홍주에 이르러 여러 종재가 돌아오는 것을 만나 선위례를 행하면서 마음껏 마시고 대단히 취하여 드디어 죽기에 이르렀다. 임금이 처음에 이를 듣고 즉시 임원준 등을 보내어 이를 구하게 하였으나 온 몸이 푸르러 살릴 수 없었다."고 하였다.

또, 편찬 시기가 미상인 「파수록」[494]에는 홍일동에 대한 다음과 같은 기록이 있다.

홍일동이 강을 건너려고 배를 타고 있었다. 마침 호걸 남자가 사나운 종

494) 이본으로는 서울대학교 도서관에 소장되어 있는 필사본 『파수록(罷睡錄)』과, 1958년 민속학자료간행회에서 간행한 유인본 『고금소총』 속에 들어 있는 『파수록』이 널리 알려져 있다. 『고금소총』본에 의하면, 편자는 '부묵자(副默子)'로 되어 있고, 편찬 연대도 편자가 쓴 서문 끝에 "세 임술 양월초길"로 되어 있다.부묵자'의 본명이 무엇인지, '임술년'이 어느 해인지는 명확하지 않다.

10여 명을 데리고 올라와서 홍일동 일행을 몰아내고 난폭하게 굴었다. 홍일동이 양가 자제임을 말하고 사정해 한 구석에 머물렀다. 이 남자가 술을 마시면서 의기양양하게 "물새는 떴다가 잠기고(水鳥浮還沒)"란 글귀를 짓고 대구가 생각 안 나 머뭇거리고 있었다. 홍일동이 "산구름은 끊겼다가 이어지네(山雲斷復連)"라고 외웠다. 이 남자가 깜짝 놀라 홍일동의 손을 잡고 인사한 후 같이 술을 마시고 즐겼다. 이 남자는 심선(沈善)이었다.

이 기록은 비록 강한 힘으로 제압한 것은 아니지만 기세 등등하던 세력을 홍일동이 굴복하게 했다는 점이 특징이다. 이처럼 20세기에 들어와 『파수록』[495]에는 좀더 수식이 가해지고 문사들을 욕하는 내용으로 변모된 모습의 설화로 재구성되었다.[496]

(나) 홍상직의 유배와 부인 문씨의 가짜 무덤의 지혜

홍상직이 이른 나이에 벼슬길에 나간 것은 다음과 같은 태종 9년인 1409년의 기록에서 확인된다.

해온정에 좌기(坐起)하여 위사(衛士) 16인을 시켜 과녁을 쏘게 하였는데, 대호군 홍상직 등 2인이 쏜 것이 2백 보(步)를 지났으므로, 각각 활 하나씩을 주었다.[497]

홍상직은 1410년에는 그가 찰방 벼슬[498]을 맡고 있는 것으로 등장하고, 그

495) 김기동(편), 『한국문헌실화전집』, 7권, 44쪽 「파수록」.

496) 김현룡, 『한국문헌설화』 제2책, 건국대학교출판부, 1998, 242쪽.

497) 『조선왕조실록』, 태종 9년(1409) 12월 21일.

498) 대호군 박미 · 홍상직으로 대신 찰방을 삼았다. 『조선왕조실록』 태종 10년 3월 13일.

6년 후인 1416년에는 그에 대한 왕의 신임이 컸다. 순제진 병마사 김중균에게 명하여 대가를 따르게 하고, 상호군 홍상직으로 그를 대신하게 하였다.[499) 또, 세종 1년인 1419년에는 상왕이 임금과 강원도에서 대규모로 강무하는 대목에서 그도 어가를 따랐다는 기록[500)이 있다. 이처럼 그는 상왕과 임금을 비롯한 대군들이 모이는 이런 대규모 집회에 동참하여, 활동을 하고 있었다. 또, 세종 2년에는 그가 경성 절제사의 관직을 제수받았다는 기록이 있다.[501) 또, 그 며칠 후인, 1420년 10월 27일의 거제에 병선을 모으는 일과 구류한 왜사를 돌려보낼 지에 대해 의논하는 대목의 기록이 있다.

> 임금이 곧 낙천정에 상왕을 모시고 별실(別室)에 들어가, 우박과 성달생 · 황상 · 원윤 · 박초 · 홍상직 · 김점 등을 전송하려고 두 임금이 친히 잔을 잡아 술을 주었다. 또 박은 · 이원 · 조연 · 조말생 · 허조 · 홍부 · 이명덕 · 원숙 등이 입시(入侍)하여, 차례로 술이 돌아가서 잔치가 벌어졌다.[502)

홍상직의 아들로 적자인 홍일동 외에도 얼자로 추정되는 홍길동이 있었다는 사실은 몇 가지 논증을 거쳐서 확인된다.

> 경성 절제사(鏡城節制使) 홍상직을 외지에 귀양보내었다. 상직은 야인이 장차 쳐들어온다는 말을 듣고 백성들로 하여금 들어와서 목책(木柵)를 보호하라고 하였으나, 백성들이 즐겨 좇지 않으므로, 상직이 사람을 시켜 그들

---

499) 『조선왕조실록』, 태종 16년(1416) 2월 13일.

500) 임금이 수강궁에 나아갔다. 상왕이 임금과 더불어 강원도에서 강무하였는데(중략) 첨지돈녕부사 홍상직(洪尙直), 첨총제(僉摠制) 김월하 · 지백연 · 조정들이 어가를 따랐다.(『조선왕조실록』, 세종 1년(1419) 11월 3일).

501) 『조선왕조실록』, 세종 2년(1420) 10월 24일.

502) 『조선왕조실록』, 세종 2년(1420) 10월 27일.

의 집을 불질러 태웠으며, 또 어떤 사람이 거짓말로 남도(南道)의 병선(兵船)이 와서 습격할 것이라고 하니, 상직이 두려워하여 어찌할 바를 모르니, 백성과 서리들이 소동하였던 것이다. 상직을 의금부에 내려 국문하게 하니, 상직은 제조(提調) 유정현이 밭[田]을 받을 때에 뇌물 주기를 요구하여 옥으로 보냈다고 하므로, 사헌부에서 다시 신문(訊問)하니 참형(斬刑)에 해당하였으나, 무고죄로 사형을 감하고 귀양보내었다.[503]

위의 인용으로 보면, 홍상직에 주변에서는 그가 모반 사건에 연루되었다는 부정적 평가 내지 모함이 있었다. 그는 자신을 모함하는 사람들 사이에서 2년 이상을 보낸 다음에 참형을 당할 뻔한 수모를 겪지만, 사형만은 면한 채 귀양을 가게 되었다. 즉, 세종 4년인 1422 년에는 심문하고 공사를 받는 법식과 절차를 의논한다는 기록에서 모함을 당하는 모습이 드러난다.[504] 그 후에 구체적인 원인은 실록 기록을 통해서는 알 수 없지만, 홍상직은 경상도 동래에서 귀양살이를 하다가 1년이 지난 후인 세종 5년인 1423년에 12월 9일에는 석방되었다.[505]

홍상직이 귀양살에서 풀려나서 자유의 몸이 된 후에 1426년에 죽었다고 판단할만한 간접 기록이 있다. 『조선왕조실록』에 의하면, 1428년에는 홍상직의 부인 문씨가 죽은 남편에 대한 시묘살이 극진히 하여 예조로부터 포상을 받는 내용이 있다. 이를 기록을 그대로 받아들인다면 홍상직은 1426년에 죽은 것이 된다. 그런데, 실은 절제사 홍상직은 죽지 않았고, 부인의 시묘살이는 속임수였음이 입증된다. 즉, 홍상직이 도망자의 생활 중에 부인 문씨가 아닌 어떤 여인과의 관계 속에서 홍길동을 했다는 추론이 가능하다. 즉, 홍

503) 『조선왕조실록』, 세종 4년(1422) 12월 1일.

504) 『조선왕조실록』, 세종 4년(1422) 12월 2일.

505) 『조선왕조실록』, 세종 5년(1423) 12월 9일.

상직은 귀양살이로 1년을 보낸 후 석방되었을 때, 그는 주변에서 다시 모반의 주체로 몰려는 분위기가 있었기 때문에, 유배 이전의 일상으로 되돌아가서 편안한 마음으로 살 수가 없었다. 비록 와전이라고는 하지만, 민간들 사이에는 홍상직이 모반하므로 남도의 배를 타는 군사들이 여러 도에 몰래 정박하고 있으며, 이들의 근접을 홍상직은 엄청나게 두려워 하고 있었다. 그뿐만이 아니라, 세종 26년 7월 22일의 기록에 보면, 함길도 관찰사에게 경성 절제사 홍상직의 비행을 핵실하도록 명하는 기록이 있다. 즉, "함길도 관찰사 정갑손에게 유시하기를, "행 대호군 김방귀가 와서 아뢰기를, '지나간 임술 · 계해년 사이에 단천 사람 김득화가 신에게 말하기를, 홍상직이 경성 절제사가 되었을 때에 데리고 살던 기녀 옥영향의 말이, 어느 날 밤, 이경에 상직이 몰래 성을 넘어가므로 내가 비밀히 엿보았더니, 상직이 성 위로부터 사다리를 붙잡고 내려가는데, 성 아래에 한 사람이 의자를 들고 오는 사람이 있었습니다. 조금 뒤에 수염이 많고 배가 큰 사람이 와서 의자에 앉으면서, 홍상직이 왔느냐고 물으니, 홍상직이 앞에 와서 엎드렸습니다. 수염 많은 자가 홍상직을 불러 말하기를, 이때에 할 수 있겠느냐 하니, 홍상직이 대답하기를, 안되겠습니다 하므로, 수염 많은 자가 또 말하기를, 어째서 안 된단 말이냐 하니, 홍상직이 말하기를, "부하 사졸들이 배가 오는 소리를 듣고 처와 자식이 붙잡혀 갈 것을 두려워하여 다 내 말을 듣지 아니 합니다" 하였다. 수염 많은 자가 말하기를, 네가 수령인데 무슨 명령인들 안 듣겠느냐. 네가 만약 사냥을 한다면 어떤 사람이 좇아오지 않는 자가 있겠는가. 이 성안에 있는 남녀와 재물이 어찌 나의 것이 아니겠느냐 하고, 갑자기 일어나 가버렸다고 하였습니다." 김득화가 또 신에게 이르기를, "상직이 말하기를, 술과 간장과 쌀을 해당화 아래에 두면 그 맛이 참 좋아진다 하고, 드디어 술과 장을 쌀과 함께 성밖의 해당화 사이에 두었는데, 수염 많은 자가 또 왔다 간 뒤에 보니, 그 술과 장이 없어졌습니다."고 하였으며, 지나간 계해년에 종성의 젊은 사람 김갱이 또 신에게 말하기를, "경성 군사가 도절제사 김종서에게 급보하기를, 배들이 초도 섬에 와서 정박하였는데 그 수가 매우 많습니다 하니, 종서가 보고 나서 말하기를, 삼색 무지개가 먹을 것을 구하러 온 것이 아니냐 하고, 드디어 보고해 온 편지를 무릎 밑에 감췄더니, 그 배들이 바람을 만나 스스로 부딪쳐서 깨어지고 사람들이 익사하였다."고 하였습니다. 몇 해 전에 길주 사람 김귀진이 또 신에게 이르기를, "금년에는 군대의 깃발과 파괴된 배가 종성의 바닷물에 많이 표류하였고, 파선된 뱃사람들이 혹은 길에서 구걸하는 자가 많이 있었다."고 하였으며, 김귀진이 근년에 또 신에게 말하기를, "도절제사 강사덕이 해임되어 서울에 올라간 뒤에 삿갓을 쓰고 돌아와서 비밀히 절제사 홍상직을 보고 돌아갔다."고 하였다. "경은 강직하고 현명한 차사원을 보내어 앞의 일에 관련된 사람과 기녀 옥영향 등을 비밀히 추궁하고, 만약 공초에 관련되는 자가 있거든 아울러 추문하여 사실을 확실히 아뢰라." 하였다.

이러한 내용을 보면, 기첩 옥영향의 말과, 또 김귀진의 말을 빌어서 홍상직의 모반 혐의를 다시 추문하도록 하고 있다. 그러나 홍상직과 강사덕의 관계로 본다면, 이것은 철저히 모함이었다. 즉, 1444년의 기록에 강사덕이 해임되어 서울에 올라간 뒤에 방립을 쓰고 돌아와서 비밀히 절제사 홍상직을 보고 돌아갔다고는 하였지만, 모반 혐의로 이미 처형되었기에, 강사덕의 생존 연대로 보면, 홍상직과는 대면할 수 없었던 인물이다. 즉, 1397년에 남포진 첨절제사를 거쳐, 1410년 동북면 도순문사로 재직시 조세 수취의 올바른 방법을 위해 3조목을 들어 장계를 올렸고, 형조전서 우군총제 우군도총제 길주도 도안무 찰리사 전라도 병마도절제사 판승녕부사 등을 역임하였고, 1406년에는 하정사로 명나라에 다녀왔다. 또 그는 그 후에 경상도 도절제사 등을 역임하면서 경상도 전라도 해안에 출몰하던 왜구를 방어하는 데 공을 쌓았다. 그리고 그는 1409년 윤목 이빈 조희민 등의 모반 사건에 연루되어 영해에 유배되었고, 1410년인 태종 10년 1월 30일에 처형되었다. 그리고 2월 7일에는 자식들까지 연좌되고 있다. 그러므로 홍상직이 경성 절제사를 제수

받은 것이 1420년인데 그보다 훨씬 전에 처형된 강사덕과 만났다는 것 자체가 조작된 것임이 입증된다.

홍상직이 이러한 종말을 맞은 강사덕과 연루되었다는 소문은 와전이기는 하지만, 그런 소문에 시달릴 만큼 당시 홍상직은 위기에 처해있었음을 짐작하게 해준다. 이런 위기 의식이 그에게 위장 죽음이라는 극단의 처방을 내리게 하는 이유가 될 수 있다. 홍상직 부부가 그런 선택을 하였기 때문에 자신은 물론 가족들이 살아남고, 특히 자식들은 출세의 길을 걸을 수 있었던 것으로 판단된다.

홍상직과 아내 문씨는 가문과 가족을 살리기 위해 위장 죽음을 계획하고, 그들은 위장 분묘를 만들 적절한 곳을 물색하다가 고심 끝에 경기도 적성을 선택한 것으로 판단된다. 이곳은 홍상직의 사촌 홍지의 연고지로서 홍지의 무덤이 만들어진 이후, 남양 홍씨 세거지 및 세장지가 된 곳이다. 홍지는 고려 수연대군 왕규의 사위로 조선조에 들어와서 해도로 유배를 가게 된다.

홍지는 유배에서 풀려난 후, 왕이 임진도승 사재직장의 벼슬을 내렸으나 벼슬에 나가지 않았다. 즉, 태조가 내린 벼슬을 고사하고 나가지 않은 것이 선비다운 깨끗한 정절의 표현이라고 생각했다. 왜냐하면, 개인적으로는 조부모의 네 명의 부자가 그의 손에 죽었으며, 장인인 왕규도 그의 손에 암살되었기 때문에 불구대천의 원수에게 충성하는 것은 패륜으로 생각하였기 때문이다. 그래서 그는 태조에게 복속하지 않고 은둔으로 비장한 일생을 마쳤다. 허구로운 영달을 위하여 홍지의 원통한 뜻을 헤아리지 못하고, 홍지가 거절한 관작명도 모자라서 이조참판으로 추증한 것은 효도가 아니라고 후손들은 자평하기도 한다. 왕의 부름을 끝내 거부하며 홍지가 죽자, 태종은 사람을 시켜서 그의 묘비를 살피게 했다. 관리가 돌아와서 보고하기를 '관작의 표제가 사재직장이라'고 써있다고 전하자, 그제서야 태종은 기뻐하면서, "그렇다면 홍씨의 자손이 내 신하가 되었음이 틀림없다"고 했다고 한다. 홍지의 묘비가 그렇게 된 사연은, 그가 죽기 전에 자기 가족들에게 닥칠 화를 두려워하여 앞일을 미리 내다보고, 자기 비석에 그렇게 쓰게 했다고 한다.

이런 홍지의 태도가 홍상직과 부인 문씨에게 어느 정도 자극을 주었을 것으로 본다. 즉, 홍지와 달리 출사길에 나섰던 홍상직은 자신과 가족에게 닥친 이 위기를 위장 죽음으로 극복하기로 결심하였던 것이다. 더 나아가 홍지가 살아있을 때라면, 가문과 가족들을 살리기 위해 홍상직의 위장 죽음을 주선하였거나, 문씨의 거짓 시묘살이를 적극 도와주었을 것이다. 홍지를 비롯한 홍씨 가문의 후손들의 분묘는 지금도 적성 및 그 인근에 모여 있으나, 홍상직의 무덤은 현재 춘천에 있다. 이런 현재적 상황을 두고 볼 때, 지혜로운 홍상직의 부인 문씨는 서울도 아니고, 전라도 장성도 아닌 홍지 계열의 홍씨 후손들이 사는 적성에 머물면서 남편의 장례를 치르고, 소문난 열녀의 시묘살이를 작정하고 해낸 것으로 판단된다.

홍상직의 위장 죽음 이후에 부인 문씨가 3년간의 시묘살이를 마치자, 조정에서는 또다시 홍상직의 모반 연루 혐의 문제가 부각 된다. 이는 세조 13년인 1468년에 7월 12일의 기록에서 확인이 된다.

이시애 토벌에 수군을 활용할 것을 주청한 황해도 절도사 선형이 조정에 올린 기록이다. "역적 이시애가 어리석은 백성들을 거짓으로 유혹하여 왕인을 살해하고, 감히 횡역한 짓을 마음대로 하는데, 그가 믿는 자는 반드시 6진의 병졸일 것입니다. 6진의 습속이 강포하고 우직하여 처음에 이시애의 속임수에 빠져서 다투어 수령을 죽였는데, 지금 문죄할 것을 두려워하여 어디에 의탁할 것인지 알지 못하다가, 이시애에게 의지하고 붙어서 경각의 목숨을 연장하려 합니다. 신의 생각으로서는 앉아서 험한 고개를 지킨다면 달리 공격해 들어올 길이 없을 것이므로, 저들이 이 때문에 주둔하고 아직 흩어지지 않는 것입니다. 국가의 위엄으로써 소멸시키는 것은 어렵지 않지만, 그러나 더불어 싸워서 살상의 해가 있으면 계교로써 쳐부수는 것만 같지 못합니다. 그윽이 생각하건대, 6진의 사람들이 본래 수군을 싫어하는데, 지난번에 홍상직이 경성 부사가 되니, 민간에서 와전하는 말에, '홍상직이 모반하므로 남도의 선박을 이용한 군사들이 여러 도의 해안 지역에 몰래 정박하고 있다.' 고 하였고, 또 갑술 연간에 와전하는 말에, '절제사 김문기 등이 모반하니, 남도 선군들이 많이 모였다.'고 하고, 스스로 서로 두렵고 무서워하여 심지어 눈물을 흘리는 자마저 있었습니다. 그들이 반드시 수군을 서로 두려워하는 까닭은 다름이 아니라, 이 도의 백성들이 본래 배의 운용을 알지 못하므로 수군을 두려워하여 그러는 것입니다. 지금 이미 육로로 공격해 들어오고, 또 강원도와 경상좌도의 병선을 적당히 뽑아서 배가 수천 수백 척이라 일컫고, 연변에 돌아와 정박하여 그 형세를 많이 과장하고 바로 6진으로 향한다고 소리를 하면 6진의 병졸이 그 집을 생각하여 반드시 멀리서 바라보고서도 와해될 것입니다. 이것은 병법에 이른바 '형세에 의하여 쳐부순다.'는 뜻입니다. 이러한 오랑캐들은 염려할 것은 못 되나, 만약 죽여 없애는 것을 늦추다가 국경이 맞닿은 여러 오랑캐들로 하여금 틈을 타서 일어나게 한다면, 아마 그 졸지에 멸망시키기가 어려울 것입니다" 하였다. 임금이 명하여 두 부서에 보이니, 선형의 의논이 많이 옳다고 하였으나, 수군을 쓰는 것을 어렵게 여겨 끝내 따르지는 않았다. 즉, 여기 1444년의 기록에 거론되고 있는 '도절제사 강사덕이 해임되어 서울에 올라간 뒤에 삿갓을 쓰고 돌아와서 비밀히 절제사 홍상직을 보고 돌아갔다.'는 언급에서 보면, 실제로 강사덕이 모반 혐의로 처형이 된 인물이기는 하지만, 활동연대상 홍상직과는 직접 연계 될 수 있는 인물은 아니었다.[506]

이러한 사실들을 종합해보면, 홍상직에 관한 실록의 기록은 세종 26년인 1444년 7월 22일에 언급된 '홍상직은 수염이 많고 배가 큰 사람을 상전처럼 모셨다.'라든가 '도절제사 강사덕[507]이 해임되어 서울에 간 후, 방립으로 되

506) 설성경, 『홍길동전의 비밀』, 서울대학교출판부, 2004, 57쪽.

507) 여기 1444년의 기록에 거론되고 있는'도절제사 강사덕이 해임되어 서울에 올라간 뒤에

돌아와 비밀히 홍상직을 만났다.' 및 '옥영향을 추궁하고, 공사에 관련된 자를 추문하게 했다.'라는 기록이 있고, 세조 13년인 1467년 7월 12일에는 '육진인은 주사, 즉 수군를 싫어한다.'는 근거로서 홍상직의 경성부사 시절을 거론하며, 민간에 와전되기를, "홍상직이 모반하므로 남도의 선군이 여러 도에 몰래 정박하고 있다"는 말과 함께 '그들이 반드시 수군을 서로 두려워하는 까닭은 다름이 아니라, 이 도의 백성들이 본래 주즙을 알지 못하므로 수군을 두려워하여 그러는 것.'이라고 언급하고 있다. 이는 홍상직은 경상도 동래에 유배되었다가 석방되지만, 그에게는 더 이상의 시련인 모반 혐의가 덮씌워질 충분히 잠재해 있었다. 그리고 그 가능성은 홍상직이 경성절제사를 그만둔 지 22년이 지난 다음인, 세종 26년에도 홍상직의 모반 혐의가 재론될 만큼 완강한 것이었다. 홍상직은 얼마든지 죽음을 가장할 수 있는 충분한 동기를 가지고 있다.

이런 추론의 검증은, 홍상직이 막내 홍길동을 두었고, 이 홍길동은 장영기 일행과 조선에서 출국하여 유구의 팔중산 지역의 파조간도에 표착하였고, 다시 그곳에서 이웃한 더 큰 섬인 석원도에서 오야케 아카하치의 이름으로 활동한 사실이 입증해준다. 즉, 홍상직은 죽지 않고 살아있으면서 막내 홍길동을 낳았고, 그 홍길동은 장성에 있던 홍일동과 함께 생활하다가 얼자 신분이기에 출세의 한계를 인식하고 어떤 알 수 없는 이유로 출국하여 유구의 팔중산 지역에서 활동하였다는 것이 몇 단계를 거치면서 광통학으로 입증이 된다.

(다) 전라도 장성에 거처한 홍일동의 이복 동생인 얼자 홍길동

「홍길동전」의 주역인 제1 홍길동의 핵심에 해당하는 역사 인물 홍길동의 실상은 홍징의 아들 홍상직의 적자인 홍일동의 가족사를 통해서 파악할 때,

방립을 쓰고 돌아와서 비밀히 절제사 홍상직을 보고 돌아갔다.'는 언급에서 실제로 모반 혐의로 처형이 된 인물이기는 하지만, 홍상직과는 직접 연계 직접 되지는 않는다.

그 정체성이 보다 분명해 진다. 제1 홍길동은 1440년 경에 전남 장성군 황룡면 아치실에서 홍상직의 아들로 출생하여 성장했다[508]는 것이 야사와 전설을 통해 확인된다.

당시 허균이 파악했던 예종과 성종대의『조선왕조실록』의 예종 1년인 1469년 10월 23일에는, "형조 판서 강희맹이 전라도와 경상도에 도적이 활개를 치고 있다는 것을 아뢰니, 임금이 원상 등을 명소하여 도적을 체포할 사의를 의논하게 하였다.(중략) 또 전라도와 경상도의 관리와 군인, 백성들에게 고유하여 이르기를, "내가 듣건대, 적도들이 도둑질의 이익을 보고 산과 들에 몰래 모이니, 우매한 백성이 혹은 기한으로 인하여, 혹은 직책을 피하기 위하여, 서로 모여서 무리를 이루어 백성의 집을 분탕하고 자녀를 노략질하며, 안 가는 곳 없이 설치고 다니면서 마침내 관군을 맞아서 대적하기에 이르렀다고 한다. 이제 장수를 보내고 군사를 일으켜 체포하게 하였는데, 자수하는 자와 도둑에게 협종한 자는 관군이 수금하여 보고하면, 내가 장차 용서하겠다. 그러나 만일 감히 맞서는 자가 있으면 군사로 하여금 때에 따라서 잡아 죽이도록 하고, 적도 가운데 스스로 관군에 내응하여 적당을 서로 고하여 체포하는 자가 있으면 그의 죄를 사면하고 포상은 보통 사람들과 같이 할 것이니, 그것을 속히 방을 걸어서 널리 유시하여 어리석은 백성으로 하여금 전화위복하게 하라. 관리와 군인과 백성이 능히 도둑을 체포하는 자는 관직으로 상을 주되, 세 자급을 뛰어올려 제수하고, 상을 원하는 자는 면포 1백 필을 주고, 천한 백성에게는 천역을 면제하고, 향리와 역자는 역을 면제하는 등 논공하는 등제는 다 적군을 사로잡은 것과 같이 하겠다. 혹 적과 통지하고 공모하여 관군의 일을 누설하거나, 혹은 도적의 체포를 태만히 하는 자는 마땅

---

508) 홍일동의 거처로 알려져 왔던 장성군 황룡면 아치실의 발굴 현장에서는 궁중에서 하사한 내섬시의 용기 등이 출토되었다. 이곳에서 발굴된 도자기가 매장된 것은 이 집안이 이런 물건들을 처리할 수 없을 정도로 갑작스런 화를 당한 것으로 파악된다.

히 군법으로써 다스릴 것이니, 너희들은 각각 살피도록 하라." 하였다. 처음에 무안 사람 장영기라는 자가 무뢰한 도당 1백여 인을 불러 모아, 경상도와 전라도에서 도둑질을 하니, 그의 의물이 재상과 비등하였다. 길 가는 사람을 만나면 즉석에서 죽이고 재물을 탈취하였으며, 일찍이 초옥 20여 간을 지리산에 지어, 낮에는 집에 모이게 하고 밤이면 모든 도적을 여러 곳으로 나누어 보내어, 불을 지르고 재물을 겁탈하였다. 이후로는 백주에도 거리낌 없이 활동하여 반항하는 자가 있으면 즉각 죽이니, 사람들이 그의 도당이 오는 것을 보면 집안 재물을 모두 주어서라도 죽음을 모면하기를 바랐다. 수령이 관군을 거느리고 여러 차례 그들과 싸웠으나, 번번히 불리하였으므로 여행하는 사람들이 길에서 끊어졌다. 장영기는 장건하기가 보통 사람보다 뛰어났으며, 또 꾀가 많았다. 행동이 하도 재빨라 어디서 와서 어디로 가는지를 알 수가 없었으며, 대군이 뒤를 쫓아도 또한 잡지 못하였다. 이로 말미암아 장영기는 더욱 날뛰어 감히 누가 어찌할 수가 없었다. 절도사 허종이 한 도의 병마를 전제하면서도 겁을 먹고 능히 제압하지 못하고, 장영기를 범과 같이 두려워하여 도둑으로 하여금 세력이 커져 경군을 괴롭히기에 이른 것이다. 뒤에 장영기가 장흥 부사 김순신에게 잡혔는데, 김순신을 가선대부의 자급에 특진시키도록 명하고, 나머지 유공자들도 공을 논하여 차등이 있게 상주었다.[509)]

예종 1년인 1469년 11월 10일에는 전라도 절도사 허종이 치계하기를, "적당들은 군사를 일으켜 도둑을 체포한다는 말을 듣고 경상도로 도망하였으므로, 신이 경상우도 절도사에게 이문하였고, 또 경상도의 접경인 구례 · 남원 · 운봉 · 광양 등의 고을에 군사를 모아서 체포하게 하였고, 또 도둑들이 본도로 향하여 돌아올까 염려하여 요로마다 복병시켜 대비하였습니다. (중략) 신이 선전관 유오와 더불어 궁추하여 적당을 덮

509) 『조선왕조실록』, 예종 1년(1469) 0월 23일.

쳐서 나주 출신인 김대 등 6인을 잡았는데, 김대가 공초에 이르기를, '적당은 무안 사람 장영기 등 25인이며, 처와 자녀를 합하여 총 42인인데, 이제 관군의 궁추로 형세가 절박하여 처자들을 버리고 도망하여 흩어졌다.' 하므로, 신이 적들의 용모와 나이를 본도의 여러 고을과 다른 도에 이문하여 체포하게 하였으며, 또 적당이 배를 탈취하여 물을 건너서 해도로 도망하여 숨을까 염려하여 수군 절도사와 만호로 하여금 공적인 배와 사적인 배를 모아 바다에 띄워 대비하게 하였습니다. 신이 생각건대, 이들 적당은 사납고 무리를 이루어서 비단 사람을 많이 죽였을 뿐만 아니라 관군에 항거하였으니, 다른 강도에 비교할 바가 아닙니다. 청컨대, 적당을 안전하게 보호한 자와 정상을 알면서도 자수시키지 않은 자는 함께 강도의 와주의 예에 의하여 논죄하고, 관에 고하여 적당을 체포하게 하는 자는 강도를 체포한 사람의 상보다 등수를 높이어서 상을 주소서." 하였다.[510)]

성종 때의 도적들이 횡행한 것은, 1469년 성종 원년 12월 16일에는 "경상우도 병마 절도사 이극균이 치계하기를, "전라도의 도적 장영기 등이 와서 도내의 지리산에 주둔하고 있다가, 관군이 나와서 잡으려는 것을 알고는 험지에 웅거하여 기다리고 있으므로, 신이 군사를 거느리고 가까이 가니, 적이 형세가 곤궁하여 밤에 도망을 했습니다. 신이 뒤따라 구례현의 경계에까지 이르렀다가 돌아왔습니다. 적당이 의거할 만한 곳은 모두 끝까지 수색하도록 했으니, 도내에 현재는 도둑이 몰래 일어나는 일은 없지마는, 그러나 신은 적이 다시 날뛸 것을 염려하여 무릇 요해지에는 늘 군사를 두어 이를 지키게 했습니다." 하였다.[511)] 1469년 성종 원년 12월 21일에는 전라도 관찰사에게 교서를 내리기를, "장영기를 뒤쫓아 잡을 때에 살해당한 군사에게는 치

510) 『조선왕조실록』, 예종 1년(1469) 11월 10일.

511) 『조선왕조실록』, 성종 원년(1469) 12월 16일.

제와 치부를 하고 복호하게 하라." 하였다.[512)]

성종 1년인 1470년 2월 1일에는, 전라도 병마 절도사 허종이 치계하기를, "장영기 등이 이달 21일에 장흥 땅에 이르렀으므로, 신이 부사 김순신과 더불어 군사를 거느리고 가서 포위하여 장영기를 사로잡고 그들의 무리 중에 서불정을 쏘아 죽였는데, 다만 김순신이 도둑의 화살에 맞아 가슴을 상하였습니다. 남은 무리들은 도망하여 달아났으므로, 다시 근심하여 쫓아 잡게 하였습니다." 하였다.[513)] 1470년 2월 9일에는 전라도 관찰사 오응 · 절도사 허종에게 하서하기를, "장영기 등이 많은 도둑을 불러 모아서 공격과 갑탈을 자행하여 인물을 많이 죽이고, 마침내는 관병에 항거하여 대적하기에 이르렀으니, 반역과 다를 것이 없다. 이미 잡은 사람에게 각각 그 도당을 끝까지 캐어 물어 졸곡이 지난 뒤에 율에 의하여 행형하여 효수하고, 시체를 8도에 돌리되, 연좌인은 율문에 의하여 추쇄하여 계문하라." 하였다.[514)] 1470년 성종 1년 3월 24일에는 전라도 관찰사 허종에게 글을 내리기를, "전일에 주장 박중선이 가지고 간 교서 가운데에 '장영기를 잡아 얻는 자가 있으면 관직으로 상주어 세 자급을 뛰고, 상포를 받기를 원하는 자는 면포 1백 필을 주며, 천한 사람은 천역을 면하게 하고, 향리 · 역자는 역사를 면제한다.' 하였는데, 장영기를 잡는 자는 경이 관찰사와 더불어 핵실하여 공이 없는 자가 함부로 상을 받지 못하게 하라." 하였다.[515)]

1470년 5월 26일에는, 고태필에게 유시하기를, "장영기 등을 잡을 때에 피살된 군사 24명에게 예전대로 글을 내려 치제 · 치부 · 복호하라." 하였다.[516)]

---

512) 『조선왕조실록』, 성종 원년(1469) 12월 21일.

513) 『조선왕조실록』, 성종 1년(1470) 2월 1일.

514) 『조선왕조실록』, 성종 1년(1470) 2월 9일.

515) 『조선왕조실록』, 성종 1년(1470) 3월 24일.

516) 『조선왕조실록』, 성종 1년(1470) 5월 26일.

1470년 성종 1년 5월 26일에는, 전에 전라도의 관찰사 · 절도사가 장영기를 잡는 데에 군공이 있는 자 모두 1백 25명을 기록해서 계달 하였다. 원상에게 명하여 의논하게 하니, 신숙주 · 한명회 · 구치관 · 최항 · 조석문 · 윤자운이 의논하기를, "절도사 허종에게는 표리와 안마를 하사하고, 장흥 부사 김순신은 능히 적괴 장영기의 간 곳을 찾아서 고하였고, 또 도적과 힘써 싸워서 몸에도 화살을 맞아 그 공이 특별하니, 마땅히 가선대부에 올리소서. 그 나머지 1등은 두 계급을 뛰어 올리되, 그 가운데 계급이 높아 두 계급을 뛰어 올릴 수 없는 자는 모두 실직을 주고, 계궁된 자는 당상관에 올리고, 당상관은 안마를 하사하고, 2등으로 계궁되지 아니한 자는 한 계급을 올리고, 계궁된 사람 가운데 전함이 있는 사람은 서용하고, 준직되지 아니한 자는 벼슬을 올리고, 당상관은 숙마 한 필을 주고, 향리와 공천은 자신에 한하여 역을 면제하고, 중과 사천은 면포 30필을 주고, 3등은 계궁되지 아니한 자는 계급을 올리고, 당상관은 어린 말 한 필을 주고, 향리와 공천은 5년을 한하여 역을 면제하고, 중 · 백정 및 사천은 면포 15필을 주게 하소서." 하니 그대로 따랐다. 또 선전관 유오로 하여금 허종과 더불어 같이 의논하여 조처하게 하고, 숙마 한 필을 하사하였다.[517)]

1470년 5월 27일에는 사간원 정언 여지가 와서 아뢰기를, "장흥 부사 김순신은 비록 장영기를 잡았을지라도 마땅히 해야 할 직분인데, 이제 가선대부를 가하였으니, 미편합니다." 하니 전교하기를, "김순신은 이미 능히 도적의 해를 제거하였고 몸도 다쳤으니, 비록 1자급을 가할지라도 무엇이 해로우냐?" 하였다.[518)] 1470년 성종 1년 6월 2일에는 사간원 대사간 김수녕 등이 상소하기를, "김순신은 큰 고을에 의지하여 관병을 거느리고도 장영

517) 『조선왕조실록』, 성종 1년(1470) 5월 26일.

518) 『조선왕조실록』, 성종 1년(1470) 5월 27일.

기가 무리를 불러 모아 겁략을 행할 때를 당하여 감히 누구냐고 묻지도 못하다가, 장영기의 세력이 위축되어 낭패하게 되자, 겨우 그를 사로잡아 마침내 견책을 족히 막을 수가 있었으니, 무슨 공이 있겠습니까? 만약에 그가 분주하게 창을 휘둘러서 조그마한 공로가 있다고 하더라도, 또한 말과 약간의 의복을 주어서 위로하는 정도에 지나지 않을 뿐인데, 지금 2품의 직질을 더하시니, 신 등은 그윽이 지나치다고 생각합니다.[519)]" 하였다.

성종 1년인 1470년 6월 7일에는 형조에서 삼복하여 아뢰기를, "능성의 죄수인 백정 손금동 · 모구지산민 · 모을호리 · 양계순 · 손금생이 장영기의 당류가 되어, 집에 불을 지르고 사람을 죽이고 강도질한 죄는 율이 참부대시에 해당합니다." 하니 그대로 따랐다 하였다.[520)] 1471년 성종 2년 4월 27일에는 의금부에서 아뢰기를, "장영기의 흉행으로 금상이 안심할 수 없으니, 사천불과 완도의 송대장 등을 붙잡으라." 하고 또 이르기를, "모든 국가의 일은 내가 마땅히 힘써 도모할 것이니, 아울러 이 뜻을 가지고 상달하라. 하셨다. 하면서, 요사스런 말로 뭇사람을 미혹한 죄는, 율이 참형에 해당합니다." 하니, 명하여 죽음을 감하게 하였다.[521)] 1471년 성종 2년 6월 15일 에는 개성부 유수 김종순이 치계하기를, "장영기 · 조원기 같은 무리는 남의 자녀를 살인하고 사람의 여사를 불사르며, 관병에 항거하여 대적하기에 이르렀으니, 이는 반역과 다름이 없습니다. 청컨대 도적이 침식하는 기간까지를 한정하여, 강도는 추고하기를 마치면 계문한 뒤에 속히 형을 집행하게 하소서." 하니 형조에서 이에 의거하여 아뢰기를, "무릇 죽을 죄인을 삼복하여 처결하는 것은 《대전》에 기재되었으니, 한때의 폐단을 가지고 경솔히 개정하여 법을 이룸은 불가합니다. 장영기 · 조원기 같은 무리

519) 『조선왕조실록』, 성종 1년(1470) 6월 2일.

520) 『조선왕조실록』, 성종 1년(1470) 6월 7일.

521) 『조선왕조실록』, 성종 2년(1472) 4월 27일.

는 모질고 독살스러운 자들로, 무리를 이루어 반역이나 다름없이 한 자이며, 관찰사가 추고하여 계문한 뒤에, 본조가 그 속에서 장물의 증거가 명백한 것을 변핵하였으니, 청컨대 임시로 취지하여 삼복을 기다리지 말고 시행하소서." 하니 그대로 따랐다[522] 하였다. 1472년 성종 3년 9월 15일에 경기 관찰사 윤계겸에게 광주 · 양주 등의 도둑을 잡도록 명함에서는[523] 1473년 성종 4년 10월 23일에서는 "정창손 · 신숙주 · 한명회 등이 의논하기를, "순천 · 광양 등지의 해적이 왜인의 모양을 가장하고 남의 재물을 약탈하기에 전일 조금씩 잡았었는데, 이제 또 이와 같이 하니, 크게 징계하지 않을 수 없습니다. 마땅히 급하게 유시를 내리시어 경상도 · 전라도의 감사 · 병사 · 수사로 하여금 같이 의논해 가지고 다방면으로 계책을 설정하여 끝까지 찾아서 잡도록 하되, 장영기를 잡았을 때 상주던 격례에 의하여 기어코 꼭 잡아야 할 것입니다." 하였다.[524] 성종 5년인 1475년 5월 20일에는 전라도 관찰사 이극균 · 병마 절도사 박식 · 수군 절도사 민효간에게 하유하기를, "장영기가 주벌되고부터 도둑이 점점 그쳐가는 듯하였으나, 이제 듣건대 다시 치성하여 사람의 집을 불사르거나 사람을 죽이고 재화를 빼앗으며 또 바다 연변의 고을에서는 수적이 횡행한다 하는데, 경 등은 어찌하여 찾아 잡아서 죽여 없애지 않고 이 지경이 되게 하였는가? 한 고을 안에서 간궤하게 여기는 자라면 관리와 백성이 모두 알 것이니, 경 등은 함께 방략을 의논하여 반드시 모두 잡아서 백성의 폐해를 없애도록 하라." 하였다.[525] 또, 1475년 성종 5년 6월 28일에는 경연에서 강독이 끝나고서 장령 이경동이 아뢰기를, "도둑을 잡은 수령을 논상하는 것은 예종조에서 권도로 마땅

522) 『조선왕조실록』, 성종 2년(1472) 6월 15일.

523) 『조선왕조실록』, 성종 3년(1473) 9월 15일.

524) 『조선왕조실록』, 성종 4년(1474) 10월 23일.

525) 『조선왕조실록』, 성종 5년(1475) 5월 20일.

하게 한 법입니다. 이제 《대전》에는 삭제하고 기록하지 않았으며, 《대전》은 만세의 떳떳한 법인데, 어찌 가벼이 훼손할 수 있겠습니까?" 하니, 임금이 말하기를, "권장하여 상주는 법이 없으면, 누가 힘을 다하여 도둑을 잡으려 하겠는가?" 하였다. 이경동이 다시 아뢰기를, "장영기처럼 거칠고 사나우며 무리를 이루어 관군에게 항거한 경우라면 잡은 자를 당상으로 올리더라도 지나치다고 할 수 없겠으나, 그 나머지 좀도둑은 잡기가 어렵지 않은데 으레 다 상준다면 옳겠습니까? 하니, 임금이 말하기를, "다시 헤아리겠다." 하였다.[526] 1486년 7월 4일에는 포도장 이양생이 와서 아뢰기를, "양주에 강도가 생겨 백성의 집을 불태우고 사람을 쏘아 죽이고서 가재를 약탈한다는 말을 듣고 신이 7, 8인을 잡아 양주에 가두었으나, 그 나머지 건장한 자는 궁시를 몸에 지니고 숲 속으로 도망해 들어갔으니, 신은 그들의 장난을 두려워합니다. 마땅히 군졸과 병기를 더 주시어 그 여당을 모두 체포하게 해 주소서." 하니, 전교하기를, "이번 기회를 놓치고 체포하지 않는다면 드디어 큰 도당을 이루어 장영기와 같이 된다면 근심이 적지 않을 것이다." 하였다.[527] 1490년 10월 30일에는 평안도 축성 순찰사 이극균이 와서 아뢰기를, "황해도에서는 도둑들이 무리를 지어 신계옥을 둘러 싸고서는 옥을 부수고 죄수들을 내놓았었는데, 이자연이란 사람이 신계에 당도했다가 도둑을 쏘려고 하니 거기 사는 백성들이 만류하며 하는 말이 '만일 쏘게 되면 우리들이 씨가 없게 될 것이라.' 하므로, 이자연이 쏘지 않았는데, 도둑들의 말이 '우리들은 죽을 생각을 하고 있으니 네가 만일 화살을 맞히게 된다면 이롭지 못하게 되지 않겠느냐?'고 했다 합니다. 그전에 장영기는 비록 지능과 용기가 없는 사람이었지만, 모두들 죽을 힘을 내어도 잡기가 매우 어려웠습니다. 신의 군관이 단지 세 사람뿐이니, 더 배정해 주기를 청

526) 『조선왕조실록』, 성종 5년(1475) 6월 28일.

527) 『조선왕조실록』, 성종 16년(1486) 7월 4일.

합니다." 하였다.[528] 1495년 2월 14일에는 우의정 허종의 졸기 에서, "무자년에 모친의 병으로 소환되고, 기축년 평안도 관찰사가 되었다가 몇 달 만에 다시 불러 돌아와서 바로 대사헌이 되었는데, 장영기란 도적이 전라도에서 일어나니, 허종을 절도사로 삼아 적을 사로잡자, 소환된 지 얼마 안되어 병조 판서에 제수되었다. 신묘년에 순성 좌리 공신의 칭호를 내렸고, 정유년에 예조 판서가 되었다."[529] 하였다.

이러한 기록으로 보면, 장영기와 홍길동이 예종과 성종 그리고 연산군 대의 대표적인 집단 조직 강도의 두목이라는 점을 알 수 있다. 그러나, 제1 홍길동이 제1 장영기 일당과 함께 출국하여 해외에서 벌인 활동을 두고 볼 때, 제1 홍길동과 제1 장영기 일당이 출국한 후, 그 집단의 일원 중 함께하지 않은 무리들이, 제1 홍길동의 이름을 빌어 제2 홍길동으로 사칭하고, 제1 장영기의 이름을 빌어 제2 장영기로 사칭하며, 조선에 남은 무리들을 이끌고 변질된 활동을 하였던 것으로 추정된다. 이들은 제1 홍길동의 의로운 협객형 활동을 잇지 않고, 일반적인 도둑무리가 되어 폭력 조직으로 변모한 것으로 해석된다. 이 시기의 제1 홍길동과 제1 장영기가 함께 활동을 하다가, 둘은 집단으로 출국하였는데, 이 두사람의 기록은 역사에서 지워지고, 예종과 성종 때의 제2 장영기와 연산군 때인 1500년에 체포된 제2 홍길동의 기록만 남아 있는 것은 제1 홍길동과 인척관계에 있는 조정의 실세인 유순 등이 조직적으로 제1 홍길동의 활약을 지우고 감추었기 때문에, 두 사람의 활동상을 역사에 남지 않았지만, 뒤에 제2 장영기와 제2 홍길동에 관한 기록은 『조선왕조실록』에 남아 있는 것으로 추정된다. 즉, 제1 홍길동은 제1 장영기 가족의 무리들과 함께 출국한 것으로 판단된다. 추정해보면, 1469년에서 1470년 사이에는 전라도 무안 출신 장영기의 지휘 아래 일어난 폭동은 당시 최대 규

528) 『조선왕조실록』, 성종 20년(1490) 10월 30일.

529) 『조선왕조실록』, 성종 25년(1495) 2월 14일.

모의 농민운동으로서 상당히 조직적이었다. 맨 처음에는 전라도 광주, 나주, 영암 등지에 국한되었으나, 곧바로 전라도의 다른 지역과, 멀리 경상도에까지 확산되었다. 제1 홍길동과 함께 활동하던 제1 장영기는 그의 가족과 그를 따르던 무리들을 이끌고 1460년경 해외로 출국한 것으로 추정된다. 『조선왕조실록』에 등장하는 난폭한 도적집단의 우두머리 장영기는 국가와 사회에 무리를 일으키며 나라와 백성들의 삶을 혼란과 공포로 떨게 하다가 전라도 절도사 허종에게 체포되었는데, 이때 체포된 장영기는 제1 홍길동과 함께 활동하다가 해외로 출국한 제1 장영기 무리의 잔당중에 장영기의 이름을 사칭하며 난폭한 도적으로 활동하던 제2 장영기로 추정된다.

『조선왕조실록』에 기록된 대로, 국가와 사회에 물의를 일으켰던 큰 도둑 장영기와 홍길동 사건은, 제1 홍길동과 제1 장영기의 의적 활동이 변질되어 나라를 위험과 혼란에 빠뜨린 최악의 상황이었으므로, 허균은 역사에서 지워진 제1 홍길동의 발굴을 통해 파악한 행적으로 볼 때, 제1 장영기의 무리와 함께 의적 활동을 하다가 조선을 떠났고, 그때 조선에 남겨진 무리들이 제1 홍길동의 이름을 빌어 제2 홍길동으로, 제1 장영기의 이름을 빌어 제2 장영기로 활동하면서, 최악으로 변질된 폭력 도둑 집단으로 사회와 국가에 물의를 일으킨 최악의 활동상이 실록에 기록된 것으로 파악하였다. 허균은 역사에서 발굴한 제1 홍길동과 함께 활동하다 함께 조선을 떠난 제1 장영기의 무리를 염두에 두고 소설 「홍길동전」의 표면서사를 전개하면서, 성리학의 본질을 소설에 무르녹였다. 예종과 성종 때의 큰 강도로부터 상처를 받은 나라와 백성을 이중서사 구조 위에서 성리심을 지닌 활빈당수 홍길동을 영웅상으로 내세워 치유한다.

홍상직의 서얼 출신인 제1 홍길동은 서얼 차대에 맞서 제1 장영기의 무리와 함께 의적 활동을 펼쳤으나, 관에서는 홍길동과 장영기의 활동을 적극 제지하고 나섰다. 백성의 편에서서 관리들의 제물을 탈취하여 구휼 활동을 벌이는 제1 홍길동과 제1 장영기 일당의 활동에 대하여 조정에서는 진압의 움직임이 일어났고, 그 조정과 해결에 관하여 조정의 실세인 유순이 나서서 해결한다. 당시 중요 요직을 두루 거쳐 조정의 실세로 있던 유순은 홍상직의 외손자로서 홍길동에게는 조카가 된다. 제1 홍길동과 제1 장영기 무리를 함께 해외로 출국시키는것으로 홍길동에 관한 문제를 해결할 수 있었던 유순은 자신과는 아주 가까운 친인척관계에 있는 제1 홍길동에 관한 국내의 기록을 역사에서 지우는데도 핵심역할을 했을 것으로 판단된다.

이러한 사실들을 종합해보면, 허균은「홍길동전」을 창작하면서,『조선왕조실록』에 예종과 성종 때 실재로 활동했던 큰 도둑 장영기 사건과, 연산군 때에 체포된 제2 홍길동 사건을 통합하여「홍길동전」의 표면서사의 전반부인 홍길동의 조선에서의 활동 부분을, 성리이념으로 전환하여 민중의 편에서 그들을 구휼하는 활빈당의 의적 활동으로 전환하여 서사화한 것으로 판단된다. 특히 관찬 역사서 등에서 가려버린 실존 인물인 홍징장군의 손자요, 홍상직의 아들인 제1 홍길동이 무리를 이끌고 해외로 진출하는 부분을 주목하여, 소설의 허구적인 부분을 적극 발휘하여 자칫 모반자로 몰릴 수 있는 홍길동의 활빈당 활동 등을 국내에서의 활동으로만 결론을 끌고가지 않고, 해외 추방이 아닌 병조판서의 자격을 얻어 자원하여 중국으로 진출하는 서사전개를 설정함으로써, 표면서사에서는 모반자가 아닌 조선의 자존심을 살리는 홍길동의 영웅적 애국적 태도를 보여주며 성리학적 이상향을 성리이념에 담아 성리소설「홍길동전」을 창작한 것으로 판단된다. 즉, 허균은「홍길동전」에서 세종 때 홍상직의 서자로 태어난 제1 홍길동의 출가 후의 활빈당 수령으로서의 여러 가지 형태의 의적 활동을 표면서사를 통해 보여준다. 허균은 당시 실록을 통해 실제로 사회적 국가적 물의를 일으킨 강도로 역사에 기록이 남아 있는 큰 도둑을 제1 홍길동과 함께 활동하다 해외로 출국한 제1 장영기가 아닌 그 무리중 하나가 제1 장영기의 이름을 빌어 활동했던 제2 장영기인 것으로 추정하고, 그들의 극악 무도한 활약상을 성리학적 도심을 지닌 홍길동의 활빈당의 활동으로 전환하여 성리소설「홍길동전」창작한 것으로 해석할 수 있다.

(2) 장영기 일행과 제1 홍길동의 국외로의 출국

제1 홍길동과 제1 장영기 일행이 조선에서 처형되지 않고, 가족들과 그들을 따르른 무리들과 함께 해외로 이주한 사실은 유구국의 역사 기록인 『구양』에서 기록하고 있는 적봉 홍가와라에 대한 기록을 통해서 확인할 수 있다. 국내에서는 세력가인 홍일동 가문의 후견인들이 그의 이복 동생인 제1 홍길동의 체포와 처형을 일반 도적의 경우와 같이 처리할 수 없었기 때문에, 제1 홍길동과 장영기 가족을 포함하여 집단 출국을 통해 도생하는 길을 열어주었던 것으로 판단된다.

이렇게 조선에서의 삶을 정리하고, 해외로 출국하게 된 제1 홍길동과 제1 장영기 무리는 해류를 따라 가다가 겨울 풍랑에 휩쓸려 표류하게 되고, 겨우 표류 끝에 유구국의 최남단인 파조간도에 정착하였다. 대표적인 표착지로 이름난 작은 섬인 파조간도에 정착한 그들은 일행의 대표격인 제1 홍길동은 적봉 홍가와라는 이름으로, 제1 장영기는 장전대주라는 이름으로 활동하며 그곳에서 존경받는 인물이 되었다. 얼마 후에는 파조간도를 떠나 이웃한 석원도로 옮겨갔으며, 그곳에서 민중의 지도자로 부각되었다.[530)]

---

530) 이러한 상황을 제대로 인식하지 못한 중국 쪽에서는 오랜 해금정책이 점차 형해화함에 따라 16세기 중기로부터 중국상인들이 대량으로 동남아시아로 진출하게 되었고, 일본상인도 16세기 후반부터 유구를 지나 남해제국으로 진출하게 되었다. 그래서 유구에는 여러 내방자들이 있었다. 그리고 때때로 해인족과 전투민족들이 폭풍에 밀려들어와 선도(先島)와 유구열도, 일본열도에 표착해 거기에 정착하기도 했을 것이다. 그래서 일본사가들의 일부는 그들 표착인 중에는 오야케 아카하치의 조상에 해당되는 사람들도 있었다고 상상할 수 있음은 오야케 하카하치가 탄생한 파조간도는 유구호 속에서 최초로 흑조의 세례를 받는 섬(「오야케 赤蜂」, 101~106쪽).

제1 홍길동 일행은 조선에서 출국할 때는 목적지를 구유구 지역인 오늘의 대만을 향한 것으로 판단된다. 그러나 그들은 뜻하지 않게 풍랑에 휩싸여 표류하게 되었고, 신유구라 할 수 있는 유구의 최남단인 파조간도에 구사 일생으로 표착한 것으로 판단된다. 제1 홍길동 일행이 그곳에 도착할 수 있었던 것은 겨울 풍랑에 따른 표류와, 흑조 현상을 타고 그곳으로 표류할 수 있었다[531]는 것이 추정의 근거가 된다.[532] 제1 홍길동 일행이 조선을 출발하여 유구를 목표지로 삼아 가다가, 목적하지 않은 작은 섬 파조간도에 표착하였을 때, 일단 그들은 그곳에서 정착을 할 수밖에 없었을 것이다. 그곳 파조간도에서 1차로 자리를 잡고, 그 다음에 2차의 정착지는 파조간도 인근에 있는 상대적으로 큰 섬인 석원도로 진출한 것으로 추정된다. 조선을 떠난 제1 홍길동과 제1 장영기 일행은 흑조현상을 타고, 신유구의 최남단 파조간도에 표착하였다.[533] 그곳은 호주 지역에서 발생한 흑조 현상, 즉 북태평양 전역을 회류하여 호주, 폴리네시아 전역, 남아시아, 중국 강남, 유구호, 조선반도, 일본열도 등 광대한 지역에 걸쳐 있는 흑조와 폭풍에 밀려서 그곳 유구호에 속한 섬인 파조간도에 표착한 것으로 추정된다.

파조간도는 유명한 표착지이기 때문에, 홍가와라와 장전대주가 그곳 작은 섬에서 동시에 탄생한 것이 아니라, 외래에서 표착해온 표착인들이라는 추론이 가능하다. 대항해 시대에는 동쪽으로 진출하는 포르투갈과 스페인 세력의 존재가 있었고, 1507년에는 포르투갈이, 4년 후인 1511년에

531) 이러한 사실은 홍길동 일행 이전에도 몇 차례의 표류 사실이 있었고, 2002년에는 동국대 탐사팀의 확인에서 입증된다.

532) 고고학인 측면에서도, 波潮間島에서 일본에서 처음으로 3만년전의 완전한 人骨이 발견되었다. 아마 수만년전에 외래자의 유골이라 추정한다. 이는 八重山 지역은 黑潮文化圈에 속해 있었음을 보여준다.

533) 이러한 사실은 홍길동 일행 이전에도 몇 차례의 표류 사실이 있었고, 2002년에는 동국대 탐사팀의 확인에서 입증된다.

마라카 왕국을 무찌르고 동남아시아로 진출하였기에, 그들은 유구의 동남아시아 교역 루트에 위협이 되었다.[534] 이처럼 16세기의 『유구왕국 시대에 내항한 구미선은 남만선, 이국선, 네델란드선, 포르투갈선, 스페인선이 많았다. 그러나 홍가와라와 장전대주가 그곳에서 가까운 석원도에 진출하여 현실적으로 중앙 관부의 수탈과 착취에 반대하여 민중의 편에서서 벌인 애민의 저항 운동은 무역선을 타고 온 상인들과는 전혀 성격을 달리하는 표착인임을 보여준다. 무역선을 타고 온 상인들이 표착한 후, 그곳에서 관으로부터 착취당하는 민중을 위해, 세금을 적게 내게 하는 목적으로 관부에 저항하는 운동을 전개할 이유는 전혀 없다고 판단된다. 이에 반해 조선에서도 그와 비슷한 민중 활빈 활동을 전개했던 제1 홍길동과 제1 정영기 집단은 이름도 홍가와라와 장전대주으로 바꾸고 그곳을 터전으로 삼아 제2의 인생을 살고자 한 그들의 행동은 조선에서의 삶의 성향이 반복되었을 가능성이 높다.

(3) 유구의 석원도에서 민중영웅으로 활동한 홍길동

(가) 유구 남단 파조간도에 표착한 제1 홍길동 일행

1460년경에 제1 홍길동 일행이 조선을 떠나 유구로의 출국은 당시 유구에서는 1429년에 쇼하시가 천하통일 전쟁으로 삼국을 통일하고 수리성을 수도로 정하였다. 1430년에 명나라 선종은 파지에게 상씨 성을 하사하여 중산 국왕으로 책봉하였다. 그러나 그의 명성은 오래가지 못하고 1431년에 왕이 승하하자 뒤를 이은 상파지 왕이 등극하였다. 유구 사신은 조공을 가지고 조선을 찾아와서 삼국통일의 위업을 고하고 수교를 원하였다. 조선에서는 1471년

534) 高良倉吉. 『沖繩歷史地圖 歷史編』, 久米 관련 자료, 18쪽.

성종 때에 신숙주를 중산국에 파견하여 국교를 강화하였다. 이때 신숙주는 유구에 다녀와서 여행기 『해동제국기』를 집필하였다.

조선을 떠난 제1 홍길동과 장영기 일행은 표류 끝에 유구의 최남단 팔중산 지역의 파조간도에 표착하였다. 이곳은 북위 23° 27의 북회귀선에 인접한 곳으로 현재 일본 최남단의 둘레가 15km로 인구가 천 명도 되지 않는 작은 섬이었다. 그곳은 해류는 북태평양 전역을 회전하며 호주, 폴리네시아 전역, 남아시아, 중국의 강남, 유구호, 그리고 조선반도와 일본열도에 걸쳐 흐르는 흑조 지역이었다. 이런 해류로 인하여 제1 홍길동의 일행은 판옥선이나 작은 배로도 겨울 북풍을 이용해서 파조간도에 도달할 수 있었다. 이 섬은 몇 차례의 화산활동으로 형성된 해안의 단애가 잘 발달되어 해안의 수심이 깊고 멀리서도 육안으로 쉽게 상륙지점을 선정할 수 있는 곳이었다. 이런 조건 때문에 1456년에는 양생, 1462년에는 초득성, 1477년에는 김비을개 등이 표류하여 유구국에 도착했다가 귀환해온 사례가 있다. 『조선왕조실록』의 1451년부터 1500년 사이 26차에 걸친 유구 사신의 내방 기록 중에서 10회는 표류인의 송환 문제를 기록하고 있다. 이런 사실들은 제1 홍길동 일행이 1460년경에 유구국으로 집단 탈출이나 국외 추방을 당하는 집단이주가 성공할 수 있음을 뒷받침해준다.[535)]

제1 홍길동 일행이 파조간도에 성공적으로 표착하였음을 입증해주는 사실은 유구 쪽의 상황에서 입증이 된다. 그곳의 구비 전승을 기록한 『파조간도의 영웅사전』[536)]에는 섬의 영웅으로 오야케 아카하치[537)]가 1450년 경에 파

535) 설성경, 『홍길동전의 비밀』, 서울대학교출판부, 2004, 165쪽.

536) 『英雄史傳』.

537) '오야케 아카하치는 '대가(大家)인 적봉(赤蜂), 또는 호가(豪家)인 적봉(赤蜂)의 뜻이다. '오야케 아카하치'는 훈차인데 반하여, '홍가와라'가 음차에 해당하며 '홍'과 '가와라'의 복합어이다. 가와라(加和良)'는 『팔중산유래기』 등에 보이는 「평천(平川)가와라」, 「서(西)가와라」「동(東)가와라」처럼 각각의 토지의 우두머리 직책을 뜻하는 두령의 의미다.

조간도에서 태어났다고 한다. 그 자손은 가옥본가 사람들로 옥호를 게토라고 불렀다. 섬에서 살았던 주민들의 전설에 의하면, 오야케 아카하치는 거대한 신체를 가진 초인적인 힘을 가진 영웅이었다고 전해지고 있다. 그는 20섬의 쌀가마를 들어 올릴 수 있는 힘을 가졌으며, 범선의 돛대를 움직이고, 두꺼운 대나무를 허리띠처럼 허리에 두르고, 큰집의 기둥을 빼버릴 정도의 체력이 좋은 교활한 적대자도 그가 나ㅣ타나면 괴력에 가까운 힘을 보고 도망쳤다고 한다. 지금까지도 파조간도에는 팔중산의 영웅 '홍가라와 장전대주의 탄생지'를 알리는 기념비가 남아 있다.[538)]

『팔중산유래기』 등에서도 적봉은 1440년경 파조간도에서 태어나 유년시절을 내다가 큰 꿈을 품고 바다를 건너 북동쪽에 위치한 석원도에 상륙, 대빈촌을 중심으로 세력을 결집시킨 후 유구왕부에 반기를 든 인물로 평가하고 있다. 그러나, 파조간도의 전설은 적봉과 장전을 동 시대의 파조간도 출신이라 전한다. 이들 적봉 홍가와라와 장전대주가 이웃한 큰 섬인 석원도에서 활동하던 시기는 그곳에 농사 기술과 신앙의 대상이 크게 변화하던 시기였다. 이러한 변화의 와중에 조선에서 온 제1 홍길동과 제1 장영기 일가가 그곳에 정착하게 되었다면, 그들은 무장이나 전투의 기술은 말할 것도 없고, 어업기술, 농업 기술, 신앙 등에서 토착문화보다는 여러 가지 면에서 우위를 점할 수밖에 없는 것이다. 왜냐하면, 그 시기는 석원도의 토착문화보다는, 유구 중산문화가 우위이고, 유구 중산문화보다는 조선의 문화가 훨씬 우위였던 시기이기 때문이다. 그래서 유구의 지방문화인 팔중산 지역의 석원도 문화가 상진왕의 팽창정책으로 말미암아 새로운 변화의 국면으로 접어드는 시기에, 조선에서 온 제1 홍길동과 제1 장영기 일가가 그곳에 표착했다면, 토착민들에게는 선택의 갈등을 주기에 충분하였다.

---

538) 설성경의『홍길동전의 비밀』(서울대학교출판부, 2004, 33쪽)에 의하면 "오야케 아카하치는 유구의 석원도에서 유구의 상진왕부에 저항한 인물"로 전하고 있다.

(나) 유구의 석원도에서 민중영웅 홍기와라로 활동한 제1 홍길동

적봉 홍가와라 집단의 내부에서 일어난 권력 계승을 둘러싼 갈등 때문인지, 아니면 나카소네의 집요한 회유 작전에 말려들어서인지, 절친한 친구이자 처남인 장전대주와 그 형제들이 나카소네와 손을 잡았다. 나카소네의 타협안을 단호하게 거절한 적봉 홍가와라는 자신을 배신하고 포섭당한 장전대주의 두 형제를 죽이고, 민중들의 열렬한 지지를 받아 궁고도 침공을 선언하였다. 상황이 불리함을 느낀 나카소네는 "적봉 홍가와라가 궁고도를 거쳐 유구본도까지 쳐들어 올 것"이라고 거짓으로 보고 함으로써, 급기야 상진왕의 대군단이 전쟁에 참여하게 되고, 팔중산 일대에서 적봉 홍가와라가 이끄는 민병대와의 대접전이 전개된다. 이는 토착세력의 대표적인 지도자 나카소네가 팔중산 지역에서 적봉 세력의 팽창에 위기를 느끼고, 적봉과 반목하며, 상대적 열세에 속하는 장전대주를 포섭하여 적봉과 장전대주의 세력 갈등을 유도한 것으로 판단된다.

이 과정에서 적봉 홍가와라는 조선에서의 개혁 성향을 유지하여, 과도한 세금 징수로 지방민들을 핍박하는 유구 중산왕부에 반항하여 팔중산의 독립성을 지향하므로, 보수적 성향으로 돌아선 장전대주는 현상 유지 차원에서 중산왕부에 바치던 조공을 그대로 유지하자는 입장을 내세운 것이다. 이때 적봉은 자신의 노선을 거부하고, 나카소네 쪽으로 기우는 장전대주와 격돌하게 되어 이 전투에서 장전대주의 두 아우는 죽고, 장전대주는 주변의 섬으로 피신하여 동굴 생활을 하게 된 것으로 판단된다.

1500년 상진왕 24년 조에 '팔중산의 대아모'에 영양비금[539]을 처음으로 두다'라는 대목에 전체적인 내용이 전한다. 즉, 나아타후우지[540]는 수훈을 거두

539) 永良比金.

540) 長田大翁主.

었다고 하여 코미우후슈리우후야쿠[541]로 발탁되어 처음으로 우두머리가 되었다. 여동생 코이쓰바[542] 오야케 아카하치 홍가와라의 처였으므로 그와 같이 처형되었다. 일일 영양비금 신이 마이츠바[543]에 신탁에 의하여, 지금 배를 타면 빨리 수도 나하에 도착할 수 있을 것이라고 하였다. 그러나 관군은 신탁을 믿지 않아, 만약 그것이 사실이며 신이 병선을 수호하여 한꺼번에 도착하면 포상을 주겠지만, 전후하여 병선들이 따로따로 도착하게 되면 중형에 처하겠다고 하였다. 마이츠바는 비록 신탁이라 할지라도 "청천은 일정하지 않는 것이며, 풍파는 예측할 수 없는 것이다."하여, 미기산에 들어가 밤낮 단식하며 기원하였다. 몸은 초췌해져 안색은 핏기가 가시고 거의 죽음에 직면하게 되었다. 평득촌으로 가서 마이츠바를 발견하고 간병하였다. 선단은 무사히 신의 비호를 얻어 한꺼번에 나하에 도착하였다. 다음 해에 마이츠바는 좋은 포상으로 신의 옷을 하사받아 소인이라는 직책을 얻었다. 이듬해 마이츠바는 타아타야와나리를 데리고 팔중산 지역에 부임하였다. 왕은 마이츠바를 대아모로 명하였으나 마이츠바가 원하여 타아타야와나리[544]에게 그 관직을 양보하였다. 왕은 마이츠바를 에라비가니의 신인으로 삼아 자자손손 그 직책을 세습하였다.[545]

적봉과 장전의 친교 관계를 통해서 본다면, 초기의 두 사람의 관계가 무척 가까운 신뢰관계를 유지하였는데 후기에 반목으로 진행된다. 파조간도에서 두 사람은 서로 친하게 도우며 함께 성장하는 생활 모습이 기록으로 남아 있다. 유구 역사서 『구양』에서도 적봉과 장전대주를 함께 다루고 있을 뿐

541) 古見大首里大屋子.

542) 古乙姥.

543) 眞乙姥.

544) 多田屋遠那里.

545) 설성경, 『홍길동전의 비밀』, 서울대학교출판부, 2004, 38쪽.

만 아니라, 장전대주는 일반적으로 나타후즈라고 불리며, 궁고도 전역을 지배한 중종근풍견친이 부하를 이끌고 여나국도를 토벌할 때에 섬에 들러 섬의 딸에게서 낳은 서자라고 전한다. 또 『팔중산도년래기』에는 1456년에 태어나 1517년에 사망했음을 알 수 있다. 게다가 장전대주는 마이츠바(眞乙姥)와 쿠이츠바(古乙姥)[546]라는 두 여동생이 있는데, 이 두 사람도 중종근풍견친의 사생아로서, 앞 부락의 매츠이 집안과 쿠이츠바 집안의 딸과의 사이에서 태어났다고 전해진다. 장전대주는 성장하여 진박의 해변에서 모친과 결별하고 석원도로 건너가는데, 거기서 두각을 나타내고, 사개 일대를 중심으로 민중을 통솔한다. 장전대주는 여동생인 쿠이츠바는 아카하치와 혼인을하여 장전대주와 아카하치는 인척관계가 된다. 그런데, 아카하치가 유구왕부의 과도한 세금 징수 문제로 왕부에 반항적인 자세를 보이자, 장전 대주는 자신이 이룩한 기득권에 안주하고자 하는 입장으로 왕부에 자신의 태도를 밝히고, 아카하치와 대립했다. 왕부가 아카하치 토벌에 나서자, 장전 대주는 왕부군과 합세했다. 왕부군에 의해 아카하치의 난이 평정된후에는 고견수리대옥자에 임명되어 팔중산에서는 처음으로 두직이 되었다.

유구의 역사서 『구양』과 『팔중산도년래기』 등에 기록된 사실로만 보더라도, 적봉과 장전대주 두 사람은 초기에 신뢰를 바탕으로 서로 가깝게 지내며, 혼인을 통한 인척 관계까지 맺은 것으로 보인다. 그렇다면, 초기의 신뢰관계는 같은 국적을 가지고 함께 표류하여 파조간도에 정착한 같은 입장의 운명 공동체로서의 신뢰 관계라는 것으로 판단된다.

『구양』에서는 장전대주는 명전대주로 표기하고 있다. 그런데 이 이름 또한 팔중산 지역의 한 섬인 석원도에서 살아가는 지도자의 토착적인 이미지와는 거리가 있는 작명이다. 파조간도에서 시작하여 석원도에서 때로는 동지로 협력하고, 때로는 입장을 달리한 적들이 되어 치열한 생사의 갈등을 보여주

546) 眞乙姥, 古乙姥.

는 적봉과 장전의 두 석원도 지도자의 이름은 왜국이나 유럽의 인물보다는 조선의 작명과 비슷하다. 이는 집단으로 표류하여 섬에 정착한 인물들로 추정해 볼 수 있으며, 이런 추정이 가능한 것은 파조간도에는 제1 홍길동과 제1 장영기가 적봉과 장전대주로 살았던 것을 짐작하게 하는 산신으로 모시는 제단이 지금까지 남아 있다. 악신은 선조신으로서, 장전대주와 적봉은 파조간도에서는 악신으로 추앙을 받아왔다.[547] 이런 사실은 이곳에는 그의 선조가 없는 도래인임을 증명해주는 근거가 된다. 적봉 홍가와라와 장전대주는 파조간도라는 작은 섬에서 같은 시대에 태어나 성장하다가 큰 섬으로 진출한 것이 아니라, 실은 그곳에 동시에 표착한 인물들로서 작은 그 섬에서 얼마간 머물다가 곧 석원도로 진출한 인물들일 것이다.[548] 그 후에 이들에 관한 성공담이 역으로 그곳에까지 전해지고, 그것이 오랜 시간 전승이 되면서 변이된 것으로 보인다. 즉, 전승의 중간에 표착이라는 실제적 사건이 후대에 변개를 거쳐, 성공한 영웅들이 그곳에서 태어나서 진출한 내용으로 변이 전승된 것으로 판단된다.

장전대주의 5남매 중, 장전대주의 남동생은 적봉에게 복종하지 않고 중산왕부에 충의를 지키려다가 살해된다. 장전대주는 이웃 섬으로 도망쳐서 동굴에 숨어서 살게 된다. 미야코 섬의 추장 나카소네[549]는 적봉과 뜻을 같이하지 않았다. 그는 적봉이 미야코 섬을 공격할 것이라 판단하고, 중산왕부에 이 사실을 고한다. 상진왕은 적봉을 진압하기 위하여 무장인 대리 등 8인을 중심으로 삼아, 대소 46척 전선을 파견하여 나카소네에게 안내를 맡긴다. 나

---

547) 4~5백명의 주민이 모여사는 동네 어귀에 이르게 되는데, 이 곳에는 팔중산의 영웅 '오야케 아까하치 홍가와라 탄생지'라는 기념푯말이 세워져 있다.

548) 일본 야에야마 박물관에 소장된 장전대주 가문의 족보에는 김씨, 나씨, 윤씨 성을 가진 조선인과 혼인 관계를 맺고 있는 사실이 수록되어 있는데, 이는 오키나와에 진출한 홍길동 일행이 대규모 집단이었음을 보여준다.

549) 仲宗根.

카소네는 기뻐하며 작은 배로 해상에 나가 전선단을 환영하였다. 대리들이 상륙하여 보니 적봉은 많은 병사를 옹립하여 험한 벼랑을 배경으로 바다를 앞에 두고 포진하고 있었다. 그리고 여자들 수십명이 손에 나뭇가지를 들고 하늘과 땅의 신을 향하여 주문을 외우고 있었다. 대리들이 다가가도 그들은 전혀 두려워하지 않고 오히려 도전하듯이 다가오고 있었다. 대리들은 그들을 가볍게 대할 수 없는 상대임을 알고, 46척 병선을 둘로 나누어서 한 부대는 등야성을, 나머지 한 부대는 신천을 공격하게 하였다. 적봉은 최선을 다해 싸웠으나 이 작전에 대처하기에는 역부족이었기에, 틈을 보인 순간에 기습을 당하여 죽음을 맞이하게 되었다는 내용이다. 즉, 여기서는 적봉의 저항에 대한 진압에서, 장전대주가 수훈을 거두었기에 그 지역의 최고 관리직을 맡게 된 사실과, 그의 여동생 고을모는 적봉의 아내였기에 적봉과 함께 처형되었지만, 또 다른 여동생인 진을모는 신탁과 지성으로 왕부군의 무사 귀환에 기여하여, 그 포상으로 소인이 되고, 나중에는 대아모까지 되었다.

『구양』에 기록된 3차에 걸친 적봉의 저항에 대한 기록은 팔중산 지역의 상황과 적봉이 기이한 책략을 써서 승리하는 과정을 소개하고 있다. 또, 난리 후 논공 행상과 봉록의 내역을 보여준다. 특히, 사건의 전개는 적봉과 궁고도의 추장 나카소네와의 불화, 나카소네가 적봉의 모반 기미를 중산왕부에 통고하자, 왕부군이 적봉 부대를 격파한 사실, 중산왕부의 파견 장군은 대리 등 아홉 명의 관원이라는 것을 전한다. 그리고 적봉이 저항하게 된 원인은 토착신앙에 대한 중산왕부에서 새로 파송한 영랑비금신을 믿기를 거부하고, 과다한 조세 징수에 대한 거부 문제가 거론되고 있다.[550)]

1500년에 '오야케 아까하치 홍가와라'는 석원도의 대병촌을 중심으로 민중을 규합하여 오키나와 본도의 상진왕에게 반기를 든 반역자이며, 용모가 괴상하게 생겼고 성격이 괴팍하며 노인을 깔보고 어린이를 골탕먹이는 등 그

550) 설성경, 『홍길동전의 비밀』, 서울대학교출판부, 2004, 37쪽.

야말로 부정적인 인물로 기록하고 있다.[551] 오야케 적봉 사건에 대한 관찬 기록은 『구양』에서는 "아카하치는 교만하고, 노인을 속이고, 어린아이를 괴롭힌다."는 말처럼 악인이라 기록하고 있지만, 아카하치 난리의 진실은 역사의 어둠 속에 묻혀버린 채 있다가, 현대에 와서 지방의 유지들이 민중운동의 한 형태로 해석하고, 그를 추모하는 아카하치 동상까지 세우면서, 당시 누구도 맞설 것을 생각지도 못한 최고 권력자,특히 역대 유구 국왕 중에서도 최강의 권력을 가진 상진왕을 상대로 무력 봉기를 한 것은 백성들의 고통을 해결하려는 정의를 실현하려던 불굴의 영웅으로 받아들여지고 있다. 이러한 평가는 아카하치가 팔중산의 독립을 구상한 인물로 본다.

『구양』의 기록 중에서, 1486년인 상진왕 10년조의 '모국서가 팔중산의 망녕에서 안진리를 제사지내는 것을 금제하였다'[552]는 다음의 서술을 보자.

> "팔중산은 개벽이후 인물이 심히 많았다. 그러나 둥지에 살고 동굴에 살아 아직 집을 짓는 법을 알지 못했다. 또 금수를 사냥하여 식량을 삼고, 과실을 따서 밥을 삼아 아직 익혀 먹는 법을 알지 못했다. 이때에 한 神이 나니 이름하여 '이리기옥안진리(伊里幾屋安眞理)'였다. 처음으로 백성들에게 밭 갈고 씨 뿌리고 마시고 먹는 법을 가르쳐서 백성들이 스스로 이롭게 하였다. 이로부터 그 후 연중 월차에 따라 여러 읍의 백성들이 그 신을 모두 제사하여 '신유(神遊:신과 더불어 즐기는 모임)'를 하였다. 그러나 이 제사는 민간의 이야기에 의지하고 있어 그 사실을 확인할 수는 없으나 주민의 힘을 많이 소모하고 주민의 재산을 헛되이 낭비하게 하였다. 이 해에 이르러 모국서(思納親方安治)가 명을 받들고 팔중산에 이르러 농사를 권장하고 풍속을 다스리며 법

551) 『구양』, 상진왕 25년조.

552) 始置八重山大阿母竝永良比金.

식을 제정하였다. 이때 그 제사를 몹시 금제하였다."[553]

이 기록은 1678년인 상정왕 10년 조의 〈재거팔중산영양비금역〉[554] 항에서 거의 유사한 내용이 반복되고 있다. 두 기록의 유사성은 두 기록 중의 어느 하나는 허위일 수 있으므로 기록의 신뢰성이 떨어진다. 즉, 1678년의 윗 기록을 보면, 모국서[555]는 역사적 인물로 묘사되면서도, 몇백 년의 거리를 가지고 있다. 즉, 1678년에 등장한 모국서가 다시 1678년에 다시 등장하며, 거론된다. 이는 192년이란 시간적 거리를 두고, 한 인물이 현실 역사 공간에 등장하여 활동하고 있다는 모순을 보여준다.

『구양』에서는 적봉[556]의 반란을 진압하기 위해 파견된 군선은 총 46척으로 3,000명의 군사가 동원되었다고 기술하였다. 이로 미루어 보면 『구양』의 기록은 상당 수준 과장된 부분이 있음이 입증된다. 특히, 유구왕부의 나하와 팔중산 지역의 석원도는 먼 거리이다. 쿠로시오 해류를 역류하여 뱃길로 무려 1,000리가 훨씬 넘는 곳이며, 그곳은 46척의 대형군선이 정박할 수 있는 항구가 당시에는 없었음이 분명하다.

『구양』 등의 기록에 의하면, 옛날 아직 미개한 야혜쟈 군도에 '이리기야 아마리'라는 신이 강림하여 농사짓는 법과 불을 사용하여 음식을 익혀 먹는 법 등 인간생활에 필요한 것들을 가르쳐 주었다. 그 후 야혜쟈 군도의 주민들은

---

553) 尙眞王 10年 〈毛國瑞禁裁八重山妄祭安眞理〉"八重山 開闢之後 人物繁顆 而巢居穴處 未知製造屋廬 且逐捕禽獸以爲食 拾菓實以爲飯 而未知爲烹飪 時有生一神 名曰伊里幾屋安眞理 始教人民耕種飮食 而民自利之 自是之後 年中月次 諸邑人民 悉祀其神 以爲神遊 然而此祭係乎俗說 未實有其事 而多傷民力 妄費民財 至于是年 毛國瑞(思納親方安治)奉命至八重山 勸農整俗 制定法式 時固禁裁其祭(『구양』, 권3, 148쪽).

554) 裁去八重山永良比金役.

555) 毛國瑞, 思納親方安治:사납.지방에 친림하여 편안히 다스린 자.

556) 赤蜂.

이 신에 대해 감사의 표시로 해마다 성대히 제사를 지내왔다. 한편, 1487년 상진왕 10년에 유구왕국에서는 모국서라는 특사를 야헤쟌 군도에 파견하여 막대한 낭비를 초래하는 이러한 제사행위를 미신이라는 이유로 금지 시키고 대신에 농업기술을 지도하고 악습을 교정시켜 왕부가 새롭게 정한 법률에 따라 생활하도록 명령하고, 매년 바치는 공물의 양을 점차 늘려나갔다. 이렇게 되자 민중의 불만이 고조되어 오야케를 중심으로 왕부에 반기를 들었다는 것이 왕부측의 논리이다.[557]

「구양」의 팔중산 정벌조인 1500년의 역사 기록에는, "팔중산은 명나라의 홍무년간 이래 매년 조공을 바치는데 게을리하지 않았지만, 대빈촌[558]의 오야케 아카하치가 추장이 되고 나서, 3년간 바치던 조공을 중단하게 되고, 게다가 모반을 일으켰기 때문에, 드디어 정벌하였다." 그리고 이때 반란군을 진압하기 위해 동원되었던 상진왕 군대의 규모는 군선 46척으로 3,000명의 군사가 동원되었으며, 장전대주는 왕부군을 도와 홍가와라에 맞서 싸웠다고 하였다.[559]

제1 홍길동과 제1 장영기 일행은 파조간도에서 일정 기간 정착을 한 다음, 이웃의 큰 섬인 석원도로 옮겨가서 본격적인 개척 활동을 시작하였던 것으로 보인다. 이로부터 오야케 오야케 아카하치 홍가와라는 유구의 역사서『구양』의 기록에 의한 반란의 주모자라는 굴레를 벗어나, 민중사에서는 팔중산 지역의 영웅으로 부각되었다.[560] 이러한 사실은 오야케 아카하치의 활동은 유구 상진왕부에서는 조공을 제대로 바치지 않는 반란군이었지만, 그곳의 백성들에게는 민중 영웅이었음이 석원시에 세워진 오야게 아카하치를 추모

557) 『宮古史伝』慶世村恒任, 昭和 二年.

558) 大浜村.

559) 설성경, 『홍길동전의 비밀』, 서울대학교출판부, 2004, 38쪽.

560) 沖縄 郷土月刊誌, 『青い海』, 41권, 1977, 91~92쪽.

하는 추모비의 비문에서 확인된다.

「오야케 아카하치(赤蜂)는 별명을 홍가와라 아카하치라고도 칭하였다. 그는 군웅할거(群雄割據) 시대에 두각을 나타내어 당시 오오하마촌(大浜村)을 근거지로 집단생활을 하였으며, 민중의 제왕으로 추앙받았다.

문명(文明) 18년(1486년) 오키나와 본도 중산(中山) 왕조의 상진왕(尙眞王)은 사신을 야에야마(八重山) 지역으로 파견하여 이리키야아마리 축제를 음사(陰祀) 사교(邪教)로 규정하여 금지하였는데, 이 신앙 탄압에 대하여 섬주민들은 격분하였다. 그리하여 오야케아카하치는 선두에 서서 중산정부에 대하여 반기를 들었다. 그는 중산(中山)에 대한 조공(朝貢)을 3년에 걸쳐 중단하여 중산정부의 반응을 기다렸으나 상진왕(尙眞王)은 대리왕자를 대장으로 삼아 구미도(久米島) 신녀(神女)인 군남풍(君南風)과 함께 정예부대 3,000명과 병선(兵船) 46척을 보내 반란 진압에 나섰다. 아카하치는 방전분투(防戰奮鬪)하였으나 역부족으로 패하고 저원(底原)에서 종적을 감추었다. 명응(明應) 9년(1500년) 지금부터 454년전의 일이었다. 아카하치는 봉건제도에 대해 반항하여 자유민권을 주장하고 섬주민들을 위해 용감히 싸운 것이다. 싸움에서는 지고 말았으나 그의 정신과 행동은 길이 후세에 전해질 것이다. 여기에 비석을 세움으로써 그의 위업을 기리는 바이다.[561]

1953년 4월 6일

위의 비문은 희사장영순[562]의 학술적인 고증에 근거하여 세워진 것으로, 오야케 아카하치의 별명이 홍가와라 아카하치이기도 하다는 겻을 명시하고 있기 때문에, 오야케 적봉 홍가와라는 1인으로 본다는 것이 공식화되었다.

561) 오야케아카하치 현창비건립위원장 廣田禎夫 撰, 喜舍場泳殉 書.

562) 喜舍場永珣.

또, 오야케 적봉 홍가와라는 군웅이 할거하던 시대에 석원시의 오오하마촌[563]에서 자신을 지지하는 다수의 민중들과 더불어 공동체 활동을 생활을 하면서, 그들로부터 민중의 제왕으로 추앙받았다는 사실이 인정되고 있다.

상진왕이 이리키야아마리 축제를 음란한 제사로 규정하여 금지한 신앙 탄압에 격분하여, 오야케 적봉이 선두에 서서 반기를 들고, 중산왕부에 대한 조공을 3년 동안 중단하기에 이르렀다. 상진왕이 파송한 3,000명의 병사에 의해 오야케 적봉은 최후까지 분투하였으나 끝내 패배하였다. 그러나 이러한 오야케 적봉의 반항은 봉건제도에 대한 의로운 저항이었기에 그의 활동은 자유 민권 운동이었다.

『구양』의 1500년 상진왕 24년 2월 2일 항목에는 다음과 같은 내용이 실려 있다.

> "야에야마(八重山)는 홍무 년간에 매년 쥬우잔(中山)에 입공(入貢)했었다. 오오하마촌 오야케아카하치 홍가와라는 교만한 인물이고 3년간이나 입공(入貢)하지 않았다. 한편 이시카키촌에 나아타후우지이(長田大翁主)[564]가 있어 두 남동생과 두 여동생이 있었다. 남동생은 나레토우(那禮塘), 나레가사나리(那禮嘉佐成)이라 하여 여동생은 마이츠바(眞乙姥), 코이쓰바(古乙姥)라 하였다. 남동생 둘은 쥬우잔에 대한 충의를 중히 여겨 오야케아카하치에 복종하지 않았으므로 살해되었고, 나아타후우지이(長田大翁主)는 이리오모테 섬의 코미(古見)에 도망쳐 동굴에서 숨어 살았다. 미야코 섬의 장(長)인 나카소네토우유미야(仲宗根豊見親)는 오야케아카하치와 화(和)하지 않아, 오야케

563) 大浜村.

564) 「球陽」에는 名田大翁主로 되어 있으나 다른 표기가 몇 개 있으니 여기서는 長田大翁主로 표기.

아카하치가 미먀코 섬을 공격할 것을 미리 알았다. 그 보고가 쥬우잔에 달하여 상진왕(尙眞王)은 오야케아카하치 진압에 나섰다. 무장(武將) 오오사코(大里) 등 8인을 군의 중심으로 삼아 대소 46척 전선을 나카소네토우유미(仲宗根豊見親)가 안내하여 야에야마에 파견하였다. 나아타후우지는 기뻐하여 작은 배로 해상에 나가 선단(船團)을 환영하였다.

오오사코(大里)들이 상륙하여 보니 오야케아카하치는 중병(衆兵)을 옹(雍)하여 험한 벼랑을 배경으로 바다를 앞에 두어 포진하고 있었다. 그리고 여자들 수십명이 손에 지엽(枝葉)을 들고 천지(天地)를 향하여 주매(呪罵)하고 있었다. 오오사토들이 다가가도 그들은 전혀 두려워하지 않아 오히려 도전하듯이 다가왔다. 오오사토는 경하게 대할 수 없는 상대로 여겨 46척 병선을 들로 나누어서 일대(一隊)는 토노수쿠(登野城)[565]를, 나머지 일대(一隊)는 아라카와(新川)를 공격케 하였다. 오야케 아카하치는 이 작전에 대처할 수 없어 틈을 보인 순간에 기습당하여 포착당하고 처형되었다.[566]

또, 1500년인 상진왕 24년 항목의 '전원이 대장이 되어 팔중산의 적

565) '登野城'은 '토노시로'라고도 한다.

566) 『구양』, 권3, 八重山 自洪武年間以來 每歲入貢不敢絕焉 奈大濱邑遠彌計赤蜂保武川 心志驕傲 欺老侮幼 遂致心變謀叛 兩三年間 絕貢不朝 此時石垣邑 名田大翁主 有二弟二妹 一名那禮塘 一名那禮嘉佐成 一妹曰眞乙姥 一妹曰古乙姥 那禮塘 嘉佐成等 恆存忠義 不肯從赤蜂 遂爲他被殺害 名田大翁主逃去古見山 隱居洞窟之中 此時 宮古酋長 有仲宗根豊見親者 與赤蜂不和睦 赤蜂將攻宮古 而二島騷動 事聞于中山 由是 王遣大里等九員爲將 撥大小戰船四十六隻 以其仲宗根爲導 本年二月初二日那覇開船赴八重山征伐赤蜂等大翁主大喜則乘小船出海迎接十三日引至八重山石垣之境 大里等 上岸只見 赤蜂領衆兵背嶮岨面大海布擺陣勢 又令婦女數十人 各持枝葉 號天呼地 萬般咒罵 似行法術 大里等 驅軍大進賊兵及婦女 略無畏懼 賊陣開處 赤蜂首出 搦戰 大里大疑曰賊奴銳氣 不可輕敵 遂將四十六艘 分爲兩隊 一隊攻登野城 一隊功新河 赤蜂首尾 不能相應 官軍乘勢 攻擊甚急 賊兵大敗 則官軍大獲凱功 赤蜂被擒伏誅.

봉을 정벌하였다.'[567]의 대목의 기술 내용은 다음과 같다.

정덕대부 양덕이 사명(使命)을 받들어 민(閩)[568]땅에 들어갔다가 돌아오던 때에 갑자기 역풍을 만나 희옥무(喜屋武)에 표류하여 도착하였다. 사민(土民)이 바다로 나가 그 배를 나누어 항구 안으로 끌어들였다. 이때에 전원이 13세로서 사민(土民) 등을 따라 외해(外海)에 나가 맞이하였다. 철원은 타고난 자품이 돈후하고 기골이 장대하여 범용한 보통사람과는 크게 달랐다. 양덕이 잠깐사이에 언뜻 전원을 보고는 그의 영리함을 깊이 칭찬하였다. 관사인 전광이 듣고는 사랑하여 곧 그 아비 염한(鹽閒)에게 부탁하여 나하(那覇)로 데려와 양육하며 가르쳤다. 과연 총명한 영웅이었다. 학업이 이미 성취함에 이르러서는 재주와 지혜가 무리들에서 빼어났고 문무를 겸전하였다. 이미 29세에 이르러 전광이 가택을 구입하여 전원에게 주고 별도로 가호(家戶)를 세워 주었다. 후에 벼슬에 올라 공적인 사무에 오로지 힘써 쉬지 않고 두려워하며 부지런히 아침저녁으로 게으르지 않았다. 마침내 조정의 명을 받들어 구번대장(九番大將)이 되었다. 곧 대리 등과 함께 사졸 3000여 인을 영솔하여 팔중산을 정벌하여 승리하는 공을 세우고 귀국하여 복명하였다.[569]

여기서는 전원대장이 적봉의 반란을 평정하는 내용에는 "양덕이 사명을

567) 錢原爲大將 征伐八重山赤蜂(『구양』).

568) 민(閩)은 중국지명.

569) 正議大夫梁德奉使入閩而回國之時 陡遭逆風 飄到喜屋武 土民出海 扯其船隻 弔進港內時錢原十三歲隨土民等 出迎外海 錢原生資敦厚 氣宇軒昂 大異庸俗之人 梁德忽倏看之 深稱他伶俐 官舍錢廣聞之慕之 即乞父鹽閒 携來那覇 而養教之 果然聰明英雄 至于學業已成才智絕倫 文武兼全 已及二九歲 廣買得家宅以給錢原 而別立家戶矣 後陞仕籍 專務公事乾惕孜孜 朝夕匪懈 遂奉命 爲九番大將 即與大里等 率領士卒三千餘人 征伐八重山 以得凱功 而歸國復命焉(『구양』, 권3, 159쪽).

받들어 중국의 민 지역에 들어갔다가 돌아오던 중 풍랑을 만나 표류하다가 희옥무에 도착하였고, 그곳의 13세 소년으로 타고난 자품이 돈후하고 기골이 장대하고 비범한 철원을 발견했다. 양덕은 그를 유구 왕부가 있는 나하로 데려다 길렀더니 총명한 영웅으로 성장하였다. 그 후 공직 생활도 성실하여 구번대장이 된 전원은 대리들과 함께 사졸 3000여 인을 영솔하여 팔중산을 정벌하여 승리하는 공을 세웠다"[570]고 하였다.

이외에도 특이한 일은 오야케 아카하치가 조선의 제1 홍길동과 동일인임을 보여주는 기록으로서 그가 민중의 편에 서서 강력한 상진왕부에 반기를 들고, 정면 승부를 걸어, 그곳 주민들과 함께 거대한 진압군에 맞서 싸우다가 장렬한 전사를 한 상황을 진압군의 대장이 기록한 1506년의 글에서, 비록 적장이지만, 존경스러운 인물[571]이었음은 중산왕부 정전 난간의 명[572]이 그 결정적인 예이다.[573]

---

570) 正議大夫梁德奉使入閩而回國之時 陡遭逆風 飄到喜屋武 土民出海 扯其船隻 弔進港內 時錢原十三歲隨土民等 出迎外海 錢原生資敦厚 氣宇軒昂 大異庸俗之人 梁德忽倏看之 深稱他伶俐 官舍錢廣聞之慕之 卽乞父鹽閒 携來那覇 而養敎之 果然聰明英雄 至于學業已成 才智絕倫 文武兼全 已及二九歲 廣買得家宅以給錢原 而別立家戶矣 後陞仕籍 專務公事 乾惕孜孜 朝夕匪懈 遂奉命 爲九番大將 卽與大里等 率領士卒三千餘人 征伐八重山 以得凱功 而歸國復命焉(『구양』, 권3, 159쪽).

571) 高良倉吉, 『沖繩歷史地圖 歷史編』, 16~17쪽.

572) 銘.

573) 유구 정규군의 진압 장수인 전원대장은 유구 중산왕부에서 가장 빼어난 영웅으로 13세 때부터 양덕이 그를 왕부로 데려다 키운 성실하고 총명한 관료 출신 장군이다. 철원대장은 팔중산 지역의 총수 나카소네를 앞세우고 46척의 대선단에 3,000명의 병력을 싣고, 적봉에게 개인적인 원한을 가진 채 쫓겨 숨어 지내던 장전대주, 그리고 신녀 군남풍 등이 결집된 거대 규모의 전투단을 이끌고 적봉군 진압에 나섰다. 그러나 적봉 쪽의 저항 또한 강력했다. 특히, 홍가와라를 앞세운 저항 세력들은 남성들은 물론 여성들마저 결사항전하는 치열함을 보여줄 정도로 일치 단결된 힘 과 용맹함을 보여주었다고 기록하고 있다.

(4) 성종 때 체포되었다는 장영기와 연산군 때 체포된 제2 홍길동

(가) 성종 때 체포되었다는 장영기의 예종 때와 성종 때의 활동

『조선왕조실록』의 1470년 성종 1년 2월 9일 '전라도 관찰사 오응 · 절도사 허종에게 장영기 등을 졸곡 후에 효수하라고 명함' 조에서는 다음과 같이 서술하고 있다.

> 전라도 관찰사(全羅道觀察使) 오응(吳凝) · 절도사(節度使) 허종(許琮)에게 하서(下書)하기를, "장영기(張永奇) 등이 많은 도둑을 불러 모아서 공겁(攻劫)을 자행하여 인물을 많이 죽이고, 마침내는 관병(官兵)에 항거하여 대적하기에 이르렀으니, 반역(反逆)과 다를것이 없다. 이미 잡은 사람에게 각각 그 도당을 끝까지 캐어 물어 졸곡(卒哭)이 지난 뒤에 율에 의하여 행형(行刑)하여 효수(梟首)하고, 시체를 8도에 돌리되, 연좌인(緣坐人)은 율문에 의하여 추쇄(推刷)하여 계문(啓聞)하라." 하였다.[574]

이것은 1440년 경에 출생한 제1 홍길동과, 그 휘하에서 활동하던 제1 장영기의 무리가 1460년경 조선을 벗어나서 유구에 표착한 이후에, 그 잔당 세력들이 출국한 제1 장영기의 이름을 빌어 국내에서 벌어진 제2 장영기 사건에 대한 기록이다. 이는 제1 홍길동과 제1 장영기 일행이 출국할 때 합류하지 않고, 조선에 남은 잔당들 중에서, 장영기의 이름을 사칭하여 활동한 제2 장영기에 대한 기록이다. 본래의 활동이 변질되어 백성과 국가에 혼란과 물의를 일으키는 폭력 도둑집단으로 전락하여 관군에 대항하는 무리가 된 것으로 판단된다.

---

574) 『조선왕조실록』, 성종 1년(1470) 2월 9일.

제2 장영기 집단은 유리한 지형조건을 골라 전라도 광주 무등산과 영암 월출산의 험준한 산골짜기에 본거지를 정하여 활동하면서, 이들은 낮에는 본거지에서 싸움을 준비하며 작전을 세웠고, 밤에는 여러 지역에 나뉘어 출몰하여 활동을 했다.[575] 이들 활동의 첫 시작은 광주목사 정순조가 1468년 4월 나주에 와서 체포한 저항 폭동자를 가혹하게 고문하였으므로, 그를 처단하기 위해 밤중에 관아를 습격하는 것이었다. 그런데 이 계획은 배신자 김윤생의 밀고로 인해 좌절되었다. 이 시기에 전라도 여러 고을의 하급관리들인 사령들과 아전들은 오히려 장영기가 이끄는 농민 저항 집단과 긴밀하게 연락을 주고 받는 등 정보를 제공하고 있어 조정에서는 분산적으로 활동하는 구성원조차도 도저히 체포할 수 없었다.[576]

예종 원년인 1469년 10월에 제2 장영기 집단은 본거지를 무등산과 월출산에서 지리산이 있는 경상도 진주 화개현과 살천의 넓은 지역으로 옮기게 된다. 이곳은 지형상 방위에 유리하고 경상도와 전라도를 넘나들며 활동하기가 쉬웠다. 그들은 화개현 보리암의 절간자리에 지휘부를 정하고, 종전보다 훨씬 넓은 지역을 활동무대로 삼았다. 이해 10월 2일, 정부 토벌군은 이들에 대한 진압을 시작한다. 우선 운봉현의 해현과 지리산 등지, 적성진을 흐르는 섬진강 양쪽 언저리, 순창군 사월면, 담양부 용천, 멀리 전주 장신원등 요소요소에 주둔하여 광범위한 제2 장영기 일당의 활동을 견제하였다. 그러나 그들은 정부 토벌군을 조롱이나 하듯이 아랑곳하지 않고 100리, 200리 떨어져 있는 전라도와 경상도의 광활한 지역에 걸쳐 맹렬한 활동을 펼친다. 이런

575) 제1 장영기의 후속 집단인 제2 장영기의 고향인 무안은 제1 홍길동의 생가가 있는 장성과 인접해 있다. 나주목 관할에 장성현이 있다.

576) 『조선왕조실록』, 예종 원년(1469) 10월: 농민군의 한 지휘관은 진주목사의 처의 행차로 가장하여 가마를 타고 큰 길로 대오를 이끌고 행군한 일이 있었다. 이때 그 행차가 진주목사 처의 행차로서는 미심쩍은 데가 있다고 생각한 포도감 선상근이라는 자는 그 가마를 추격하다가 도리어 폭동군에 의하여 졸개 2명과 함께 처단당하였다.

행동은 멀리 전주 장신원 부근에서 폭동진압차 주둔하고 있던 전라도 관찰사, 절도사 그리고 경차관에게 불안과 공포를 안겨 주었다.

제2 장영기 집단의 무리들이 성명을 변경하고 의복을 바꾸어 입고서 촌락에 횡행하며, 한두명을 잡아 문책을 하면 자백을 하지 않고 끝까지 버티다가 차라리 죽음을 선택한다는 실록의 기사가 이를 뒷받침해준다. 이들 집단의 신출귀몰한 지략에 대해서는 김종직의 『두류기행록』[577]에서도 "저기는 신흥사 골짜기인데 절도사 이극균이 호남적 장영기와 더불어 싸우던 데라" 한다. 제2 장영기는 쥐새끼같은 무리인데도 천혜의 요새를 짊어지고 있기 때문에 이극균의 지용으로도 능히 그 날뛰는 것을 금단하지 못하고 마침내 장흥군수가 잡아 없애게 되었다. 그들은 "험준한 산세 등 지형지물을 잘 활용하였으며 절도사가 지휘하는 정부토벌군 마저도 우롱하였다"라고 기록하고 있다. 또 다른 기록에서는 제2 장영기를 포획한 자가 장흥부사 김순신이라 하고 『동문선』의 기록은 김순신이 놓친 것을 그 이듬해 전라절도사 허종이 포획하여 제2 장영기를 죽이고, 이로 인해 승진하여 병조판서에까지 이르렀다는 정반대의 주장을 펴고 있다.

(나) 연산군 때 체포된 제2 홍길동의 강상죄

연산군 때 체포된 대표적인 강도와 도적의 활동 사건들을 『조선왕조실록』의 기록에는, "홍길동의 초사를 보건대, 엄귀손은 비단 홍길동의 와주일 뿐 아니라, 바로 같은 무리이다. 이 같은 행동이 있는데도 어떻게 벼슬이 당상에까지 올라간 것인가. 그 정승들을 불러 이 초사를 보이라." 하매, 영의정 한치형 · 좌의정 성준 · 우의정 이극균이 아뢰기를, "엄귀손이 당상이 된 것은 군공이 있는 까닭이고, 조행으로 된 것이 아닙니다. 그러나 조관으로서 그 행동이 이러하였으니 신 등이 부끄러움을 견딜 수 없습니다." 하였다. 또,

577) 『동문선』, 11권, 두류기행록, 국사편찬위원회. 1972.

연산군 6년의 12월에는,"의금부의 위관 한치형이 아뢰기를, "강도 홍길동이 옥정자와 홍대 차림으로 첨지라 자칭하며 대낮에 떼를 지어 무기를 가지고 관부에 드나들면서 기탄없는 행동을 자행하였는데, 그 권농이나 이정들과 유향소의 품관들이 어찌 이를 몰랐겠습니까. 그런데 체포하여 고발하지 아니하였으니 징계하지 않을 수 없습니다. 이들을 모두 변방으로 옮기는 것이 어떠하리까." 하니, 전교하기를, "알았다." 하였다.

연산군 1500년에 잡힌 강도 홍길동은 고려말 홍징 장군의 손자요, 홍상직의 아들인 제1 홍길동과는 전혀 다른 인물인 제2 홍길동에 관한 기록[578]이다. 여기에 등장하는 엄귀손은 홍길동이 훔친 장물을 관리하는 자로서, 조정에서는 벼슬이 당상에까지 오른 인물이다. 왕의 명령에 따라 정승들인 한치형, 성준, 이극균이 조사해보니 그가 군공으로 당상관이 되었다고 한 것을 보면, 제2 홍길동 사건의 배후에는 권력을 가진 세력이 연계되어 있었다. 그러므로 제2 홍길동과 그의 추종세력에 대한 의금부 체포 이후의 기록에 상당한 의문점이 있음을 알게 된다. 300리 변방 유배형을 주청했다가 유배지가 남해중의 섬으로 변경되고, 홍길동의 와주인 엄귀손이 의문의 죽음을 당하는가 하면, 제2 홍길동 집단을 고발하지 않은 충청도 지방의 권농, 이정들과 유향소의 품관들을 남해중의 섬이 아닌 변방으로 유배하기로 결정하고 있다. 그럼에도 불구하고 일단 이러한 실록의 자료는 제1 홍길동 집단의 해외로의 도피일 가능성을 제시해 준다.[579]

또 『증보 해동이적』[580]에서는 제1 홍길동이 도적으로 변하게 된 동기와 과

578) 김태준의 『조선소설사』 이후, 초기의 「홍길동전」 연구에서는 홍길동의 모델을 『조선왕조실록』의 연산군 때인 1500년의 기록에 등장하는 대강도 홍길동에서 찾았다. 한 예를 1968년에 김동욱은 「홍길동의 국내적소원」에서 『조선왕조실록』의 연산군 1500년에 체포된 도적 홍길동으로 보았다.

579) 설경경 · 양권승, 『홍길동의 생애재구 1차 학술보고서』, 1997. 6.

580) 홍만종이 지은 『해동이적』을 순양자 황윤석이 증보하였는데 「해중서생(海中書生)」에 홍

정을 비롯하여 다음과 같은 제1 홍길동이 국외로 진출하는 내용을, "들은 바에 의하면, 조선조 중엽 이전에 홍길동이란 자가 있었는데 상신 홍일동의 서출 아우로 재기가 넘쳐 스스로 호걸을 자처했으나 국법이 높아 벼슬을 허락하지 않아 하루 아침에 도망하고 말았다."고 전하고 있다.

이런 야사의 기록은 제1 홍길동 일행의 해외출국설을 뒷받침해 준다. 그런데 제1 홍길동 집단의 유구행 가능성을 추정하기 위해서는, 연산군 6년인 1500년에 제2 홍길동의 의금부 체포 당시, 국내의 미묘한 상황을 파악할 필요가 있다. 이때의 정치 상황은 김종직의 『조의제문』[581]이 불씨가 되어 수많은 신진 사림 세력들이 목숨을 잃거나 유배를 당한 무오사화가 일어난 1498년으로부터 2년 후의 일로 조정이 지극히 혼란스러운 분위기였다. 또 사회적으로는 수년째 계속되어온 전국적인 가뭄으로 도둑이 극성을 부릴 뿐만 아니라, 다음 해에 농사를 지을 소를 제대로 먹이지 못해 굶겨 죽이고, 유리걸식하는 사람들의 시체가 길거리에 나뒹구는 피폐할 때로 피폐한 상황이었다. 거기다가 설상가상으로 북쪽 국경지대인 함경도와 평안도의 극경 지역에는 여진족이 침입하였다. 또 서쪽과 남쪽 해안 지역에는 왜구의 노략질이 심해 해안지방에 거주하는 주민들을 내륙으로 이주시키는 등 민심이 극도로 흉흉해져 있었다.[582] 그러던 중, 1500년 5월 9일, 북쪽 변경에 오랑캐가 침입하여 남녀 4명과 소 2마리를 노략질해 도망했다는 함경도 절제사 유빈의 장계가 조정으로 올라왔다. 이에 연산군은 즉각 대응책을 숙의케 하였지만, 윤필상, 신승선, 한치형 등 대다수 조정 대신들은 이들을 응당 토벌하기에는 농사철이어서 병력 동원이 어렵다는 소극적인 태도를 보였다. 이때 좌의정성준이 논의하기를 "지난 세종조 때에 김종서가 4군 6진을 개

길동 관련 기사가 들어 있다.

581) 김종필, 『점필제집』, 고전국역총서. 1979.

582) 『연산군일기』, 제38권 6년(1500) 6월 3일.

척하기 위해 군사를 동원했던 사례도 있는데, 이대로 방치하다간 상황이 오히려 악화될 수도 있으므로 변방의 사정을 잘 아는 병조판서 이계동에게 전권을 위임해서 대책을 강구케 하자"고 건의하였다. 이계동은 훗날 허균이 『성옹지소록』에서 밝혔듯이 문무를 겸비한 인물로 조선 역사상 최장기인 10년 동안에 걸쳐서 병조판서를 역임한 인물이다. 왕의 절대적 신임을 받고 있던 병조판서 이계동의 의견은 "적의 지속적인 침략으로 양계지방의 백성들이 지쳐있으니 이들의 사기를 북돋기 위해서는 국가에 바치는 공물을 감해주고, 의금부나 포도청 등 감옥에 갇혀있는 죄수들은 석방을 해주며, 그 가족들과 함께 양계지방으로 이주시켜 정착케 함으로써 국경지방을 부흥시켜야 한다"고 하였다. 군사력이 아무리 뛰어나도 정작 민심을 헤아리지 못하면 오랑캐들을 정벌해 보아야 또다시 그들과 내통할 염려가 있으니 미봉책에 불과하다는 우려에서 나온 고심의 결단으로 죄수들을 활용하자는 것이었다.

한편, 제2 홍길동이 체포된 1500년 당시의 치안상태와 토벌군의 역량을 살펴보면, 상당한 세력과의 연계를 가진 제2 홍길동 집단이 그토록 무기력하게 체포되었을 가능성은 적다. 게다가 제2 홍길동이 국문을 받던 도중 의금부를 탈출했다면, 탈출에 대해서『조선왕조실록』에 언급이 있어야 할 수준임에도 불구하고 아무런 언급이 없다. 설령 탈출 등의 사건이 있었다고 하면, 의금부 당상인 영의정 한치형에 대한 문책 등이 있어야 할 텐데, 그는 계속해서 1504년까지 영의정직을 유지했다. 또, 허술한 지방의 관아도 아닌 한양의 의금부에서의 탈출은 거의 불가능하였을 것이다. 이런 상황에서, 추측이 가능한 또 하나의 길은 당시 실세였던 제1 홍길동의 조카인 유순 등의 중재로 제2의 홍길동도 제1 홍길동처럼 조정의 비호에 의한 해외 추방 가능성도 배제할 수 없다. 즉, 제2 홍길동 집단은 1500년 10월 22일에 체포되었는데, 6일 만인 10월 28일에는 제2 홍길동의 와주였던 당상관 엄귀손은 곤장 100대에 3000리 유배형에 처하자는 의견도 있었는데, 그런 와중에 엄귀손이 의금부의 옥중에서 죽었기 때문이다.

(다) 제2 홍길동 후견인 엄귀손과 성종의 후궁 엄비

갑자사화는 1498년의 무오사화로 사림파가 큰 타격을 입은 상태에서 연산군이 훈구파까지 제거한 사건이었다. 구체적인 계기는 연산군 생모인 윤씨의 복위문제였다. 성종은 성종비 윤씨가 질투가 심하고, 왕비의 체모에 벗어난 행동을 많이 하자 1479년 폐비하고 사사했다. 임사홍의 밀고로 이 사실을 알게 된 연산군은 이와 관련된 성종의 후궁인 엄숙의 · 정숙의를 죽이고 그의 아들 안양군과 봉안군도 귀양을 보내 사사했다. 또한 윤씨를 왕비로 추존하고 성종 묘에 배사했다. 이어 연산군은 자기를 견제하는 훈구파와 사림파를 제거하려 획책하였고, 폐위 사건 당시 이에 찬성한 자들을 찾아 제거했다. 폭력적인 사화 이후 연산군은 권력을 독점하게 되었으나, 연산군의 방탕한 행위와 폭정의 피해가 심해지자 훈구와 사림의 반격으로 연산군은 폐위되었다. 성종 때부터 사림이 중앙정치에 적극적으로 등장하면서, 언론기관을 중심으로 훈구들의 비리를 지적하는 등 새로운 정치 양상을 보여주었다. 이 변화는 홍문관의 언관화에 따른 언권의 강화와 성종이 훈구들의 위세를 견제하기 위해 사림을 지원하는 상황에서 강화되었다. 이런 변화 위에서 사림의 진출이 강화되었고, 훈구의 세력은 약화되었다.

연산군이 즉위하면서 훈구 세력보다는 오히려 사림을 더욱 견제했다. 사림 역시 연산군의 정치성향이 성종과는 달리 유교적인 왕도정치에 입각하지 않은 것을 못마땅하게 여겼고, 연산군을 적극 견제하였다. 이와 같이 사림은 훈구와의 갈등관계 위에서 연산군을 견제하는 이중적인 부담을 지게 되었고, 결국 왕과 훈구의 결속에 의한 반격인 무오사화에 휩쓸리게 되었다. 무오사화의 결과 언론직을 장악하고 있던 사림은 큰 피해를 입었고 언론도 위축되었으며 주도권은 왕과 훈구 재상에게 돌아갔다. 이러한 상황에서 왕과 재상들 사이에는 서로 주도권을 잡기 위한 긴장관계가 형성되었다. 연산군이 언론의 견제가 약화 된 상황에서, 사치와 낭비를 일삼아 국가 재정은 궁핍해졌고, 그 재정 부담을 백성뿐 아니라 훈구 재상들에게 지우자 재상들과 연산군의 관계는 더욱 악화되었다. 왕과 재상의 갈등이 심화되자 재상들은 궁중의 경비를 절약하고 왕의 방종을 견제하려 했으나, 외척으로 연산군의 비인 신씨의 오빠인 신수근을 중심으로 임사홍 등이 연산군을 지원하면서, 오히려 사화를 야기하여 훈구 재상들이 피해를 입게 된 것이다.

이때, 일정한 기능을 하면서 왕의 방탕을 견제하던 사림이 그 피해에 같이 연루된 갑자사화의 구체적인 계기는 연산군 생모인 숙의 윤씨의 복위문제였다. 연산군의 생모인 성종비 윤씨는 질투가 심하고 왕비의 체모에 벗어난 행동을 많이 하자 성종은 1479년에 폐비를 시키고 다음해 사사하였다. 왕과 재상과의 관계가 악화된 상황에서 이러한 사실이 임사홍에 의해서 연산군에게 알려지자, 연산군은 이 사건과 관련된 성종의 후궁인 엄숙의와 정숙의를 죽이고 그의 아들 안양군과 봉안군은 귀양보내어 사사했다. 또한 윤씨를 왕비로 추존하고 성종 묘에 배사하였다. 연산군은 이때 반대한 언관 권달수는 죽이고 이행은 유배하였다. 연산군은 이를 빌미로 자기를 견제하는 훈구들과 사림들을 제거하려 획책하였으므로 더욱 확대되어 폐위 사건 당시 이를 주장하거나 방관한 사람들을 찾아 죄를 묻기에 이르렀다. 그 결과 윤씨의 사사에 찬성하였던 윤필상 · 이극균 · 성준 · 이세좌 · 권주 · 김굉필 · 이주 등 10여 명이 사형되었고, 이미 죽은 한치형 · 한명회 · 정창손 · 어세겸 · 심회 · 이파 · 정여창 · 남효온 등이 부관참시되었다.

엄귀손은 성종 21년인 1490년 7월에 이미 등장하고, 다시 연산군 5년인 1500년에 제2 홍길동의 장물을 처리한 인물로 등장한다. 그렇다면 엄귀손은 제1 홍길동과 제1 장영기 일당이 활동하던 시기의 사실들을 인지하고 있었을 수도 있다. 이러한 1504년에 조정에서 일어난 갑자사화를 염두에 두고, 엄귀손에게 곤장 백 대를 때려 3,000리 밖으로 유배하고 고신을 모두 회수해야 되겠다고 한 기록 다음에는, 엄귀손은 무식하나 힘이 있는 사람이니 만약 변방에 유배시킨다면, 적인들과 서로 통하여 포악하고 사나운 자들과 무리를 이루어 불칙한 짓을 하게 될 것이고, 남해 같은 데라면 포악을 부릴 수가 없을 것이라고 하였다. 그리고 곧 엄귀손이 옥중에서 죽었다는 것으로 제2 홍길동의 사건과 관련된 기록은 『연산군일기』에서 마무리 된다.

또, 제2 홍길동 집단이 체포되자마자 불과 6일 뒤인 10월 28일에 홍길동의 와주였던 당상관 엄귀손에 대해 곤장 100대에 3,000리 유배형을 논의할 정도로 사건처리 과정이 신속하게 진행될 때, 제2 홍길동에 대해서는 조정의 논의가 각양각색이었다. 즉, 별로 비판적이지 않았고 이들에게 부과된 죄의 형량이 사형이 아닌 유배형이였으며, 당시의 조정 내부, 특히 무오사화의 주역인 유자광을 중심으로 한 권력층의 역학관계가 미묘하였다.[583] 이러한 상황 속에서 조정에서는 도둑 소탕 문제도 해결하고, 여진 오랑캐의 침입도 견제할 수 있는 방안이 강구되었으나, 11월 18일에는 종전의 논의와는 달리 양계지방에서 남해 중의 섬으로 제2 홍길동 집단의 유배지 변경이 결정되었다. 그 이유는 2년 전인 무오사화로 수많은 인사들이 함경도, 평안도 등 양계지방에서 유배생활을 하고 있는데 이들과 제2 홍길동의 무리가 결탁할 가능성이 있다는 것 때문이었다.[584]

이런 점들을 종합해보면, 당대의 실세였던 유순의 역할을 고려한다면, 이처럼 30~40년 사이에 일어난 제1 홍길동과 제2 홍길동 사건에 대한 뒷 사람들의 이야기가 곧 허균의 「홍길동전」의 홍길동의 해외 출국으로, 다시 황윤석의 『보해동이적』에서 전하는 해외로 탈출한 홍길동 야사가 된 것으로 추측할 수 있다.

---

583) 앞의 글, 92쪽.

584) 앞의 글, 94쪽.

(5) 제2 홍길동 사태를 조정한 제1 홍길동의 조카 유순

성종은 예종 1년 1469년 11월 28일 예종이 급서하면서 예종의 다섯 살 난 원자 제안대군과 자신의 형 월산군을 제치고 왕위에 올랐다. 정희대비는 원자인 제안대군이 너무 어리고 월산군은 어릴 때부터 병이 많다고 하며 자산군을 왕위 계승자로 지목했다. 예종이 죽은 그날 즉위식을 가졌다. 이때 성종의 나이가 13세에 불과해 성년이 될 때까지 할머니 정희대비의 수렴청정을 받게 되었다. 그가 왕이 되는 데 공을 세운 원로대신들, 그중에서도 장인인 한명회를 비롯한 훈신 세력들이 정치적으로 절대적인 영향력을 발휘했다. 성종은 세조 13년 인 1467년에 한명회의 막내딸과 결혼했다. 성종의 어머니 소혜왕후 한씨와 한명회가 정치적으로 야합한 것이다. 한명회는 셋째 딸을 예종의 첫 번째 부인으로 시집보낸 데 이어, 막내딸도 성종과 결혼시킴으로써 딸을 두 명이나 왕비로 만들었다. 그러나 예종의 첫 번째 부인 추존 장순왕후는 예종이 왕위에 오르기도 전에 죽었고, 성종의 정비인 공혜왕후 역시 성종이 즉위한 지 5년 만인 1474년에 죽었다. 성종과 공혜왕후의 사이에는 자식이 없었다.

이후 성종은 윤기무의 딸 숙의 윤씨를 새 왕비로 맞아들였다. 후궁이었던 윤씨는 아들 한 명을 낳았는데, 그가 연산군이다. 그러나 윤씨는 성종과의 불화로 1479년에 폐위된 데 이어 1482년에 사사되었다. 성종의 세 번째 부인은 윤호의 딸인 정현왕후 윤씨다. 정현왕후는 성종의 후궁으로, 폐비 윤씨가 폐출된 후 왕비가 되었다. 정현왕후는 1남 2녀를 낳았는데, 아들 진성대군이 훗날의 중종이다. 이 밖에 성종은 12명의 후궁에게서 28명의 자식을 두었다.

유순은 1462년 발영시에 합격한 후 1465년 『경국대전』 편찬 작업에 참여했다. 1466년 문과중시에 합격하고, 1478년 홍문관부제학이 되었다. 1482년 왕명으로 서거정, 노사신, 어세겸 등과 함께 중국 원나라 때의 작시법 책인 『연주시격』을 우리말로 번역했다. 연산군 4년 1498년에 무오사화가 일어나자 수사관으로서 문제가 된 김종직의 〈조의제문〉을 실은 김일손의 사초를 보고하지 않았다하여 파직되었으나, 곧 다시 등용되어 형조판서가 되었고, 우의정, 좌의정을 거쳐 1505년 영의정이 되었다. 중종 재위기 연산군 때의 총신이었다 하여 대간의 탄핵을 받아 관직에서 물러났다. 1514년 다시 영의정이 되었다가, 1516년 물러났다. 시부에 뛰어났고, 자학, 의약과 지리학에도 밝았다.

유사공의 아들인 유순은 세조 5년 1459년에 생원이 되고, 1462년 발영시에 합격하였다. 1465년에 『경국대전』 편찬작업에 참가하여 도청에서 고열을 담당하였고, 1466년에는 문과중시에 합격하고 주부 · 응교 · 전한 · 우부승지 등을 거쳐 성종 9년 1478년 홍문관 부제학이 되었다. 1487년에는 천추사로 명나라에 다녀왔고, 동지중추부사 · 형조참판 · 공조참판 · 병조참판 · 개성부유수 · 공조판서 등을 두루 지냈다.

성종이 세상을 떠나자 산릉도감 제조로서 성종의 능을 조성하는 일을 맡았고, 연산군이 즉위한 뒤 형조판서로 지춘추관사 · 동지경연사를 겸했다. 이어 이조판서 · 도총관 · 한성부판윤 등을 지냈다. 연산군 4년 1498년에 무오사화가 일어나자 수사관으로서 문제가 된 김종직의 〈조의제문〉을 실은 김일손의 사초를 보고하지 않았다 하여 파직되었다. 곧 다시 등용되어 이듬해에는 형조판서가 되었는데, 압록강 연변을 빈번히 침략해오는 여진족 정벌이 계획되자 때가 아님을 들어 반대했다. 그 뒤에 좌참찬 · 호조판서를 역임하고, 우의정 · 좌의정을 거쳐 1505년에는 영의정이 되었다. 1506년 중종반정이 일어났을 때에는 반정에 직접 가담하지는 않았으나 사태가 진전되자 중종에게 가서 하례를 올려 정국공신 2등으로 문성부원군에 봉해졌다. 그러나 이후 연산군 때의 총신이었다 하여 대간의 탄핵을 받아 관직에서 물러났다. 1511년에는 함경도에 군사비가 부족한 것이 문제가 되자 보완책으로 채은자로부터 곡물을 받고 은광 채굴권을 부여하는 납곡 채은제를 건의했다. 1514년에는 다시 영의정이 되었다가 1516년 물러났다.

홍상직의 딸인 홍씨녀는 유종의 아들인 문천부원군 유사공에게 출가하였다.[585] 유사공의 아들 유순은 왕실과 사돈 사이이었다.[586] 유순은 당대 주요 문제 중의 하나였던 제2 홍길동 문제에 대해 정지적 해결을 위한 중재자 역할을 할 수 있었던 정치원로였다. 이러한 위치에 있었던 유순은『성종실록』편찬 때에 제1 홍길동 사건을 숨길 수 있었다면, 이번에 다시 제2 홍길동이 체포되고, 그 장물아비로 지목되면서 엄귀손 자신이 의금부에 잡혀온 상황에서, 엄귀손이 제1 홍길동이 연산군의 외삼촌뻘이요, 유순이 그의 인척인 것을 퍼트린다면, 막강한 권력을 가진 유순은 물론, 홍일동의 딸인 후궁 홍숙의와 그녀가 낳은 여러 왕자를 비롯하여, 여러 친인척들이 연관되는 것을 피하기 위하여 엄귀손을 옥중에 죽게 하고, 제2 홍길동은 제1 홍길동처럼 국외 탈출을 하게 할 수 있는 유일의 인물이었다. 이런 추론은 이때의 정치적 상황이 김종직의「조의제문」이 불씨가 되어 수많은 신진 사림세력들이 목숨을 잃거나 유배를 당한 1498년의 무오사화가 있은 직후였기 때문이다.

성종 25년인 1494년 3월 20일의 기록에는 유구국 사신이 서계를 가지고 왔는데, 그것이 의심스런 곳이 있어 궐에서 논의하는 중에, 유순은 신준 등과 함께 "먼 곳의 사람이 이미 경내에 왔으면 거절하고 접대하지 않을 수 없습니다. 마땅히 지난해 야차랑의 예에 의하여 대우하고 그들에게 말하기를 '지금 그대가 멀리서 왔으므로 우선 특별히 대접하는 것이다. 이 다음에는 오는 자가 만약 유구본국 사람이 아니면 접대하기 어렵다'고 하여 이와같이 개유하고 들여보내어 그 간교함을 막는 것이 어떻게습니까?"라 건의하기도 한다. 또, 연산군 1년인 1495년 9월 8일자에 대간이 노사신을 논란한 것이 너무 길다고 책하니, 윤필상 등이 또 비난하여 아뢰는 사건에 성준과 함

585) 홍씨녀의 서출동생 제1 홍길동(1440년 경~?)은 유순의 외숙이다.

586) 유순의 아들 유응룡은 종실의 암성수의 딸과 결혼하였다. 유순은 암성수의 다른 사위 김헌문은 유응룡과 동서간이 되는 궁중 실세였다.

께 유순이 다음과 같이 등장한다.

"왕이, 대간이 盧思愼을 논란하여 마지않는다 하여, 참판 이상에게 명하여 의논하게 하고, 전교하기를 "사신이 너그럽기 때문에 그 말이 이 같은 것인데, 대간이 논계하기를 3개월간이나 하고, 經筵에 입시한 재상들도 대간에 대한 의구심을 가지고 바로 아뢰지 않으니, 곤충 초목이라도 3개월 간이나 오래 가면 역시 마음을 고칠 것이다. 경들은 대간의 말에 따르지 말고 각기 그 뜻을 말하라." (중략) 成俊은 의논드리기를 "신이 전일 경연에서, 사신이 이미 僚下들의 비난을 받았으니, 함께 있기는 어렵다고 아뢰사온데, 이제 다시 무슨 말을 하겠습니까" 하고, (중략) 李世左 柳洵 홍귀달 이칙 권정은 의논드리기를 "사신은 문견과 학식이 넓으며 마음이 커서 대인이 도량이 있습니다. 여러조를 내리 섬기면서 일찍이 과실이 없었으니, 그 인물로 말하자면 당대에서 찾아보더라도 흔하지 않습니다. 다만 근일 아뢴 말은 대체에 손상이 되고, 대간이 여러 달을 두고 논쟁하여 전자가 파직되면 후자가 계속하여 형세가 그치지 않게 되었으며, 홍문 예문관 같은 데는 모두 그의 부서 소속인데도 역시 극렬하게 헐뜯어서 형세가 서로 용납하지 어렵게 되었으니, 그 직위에 있게 한다 하더라도 역시 자신이 편안하지 못할 것입니다."[587]

위의 기록을 종합해 보면, 유순은 제2 홍길동이 체포되기 4년 전인 연산군 1년인 1495년에는 이미 상당한 지위에 올라서 성준과 더불어 어전에서 논의를 진행하고 있음이 확인된다.

"연산군 시절에 유순은 나이도 많고 지위도 매우 높았지만, 단 한번도 올바른 간쟁을 하지 않고 그저 힘없이 비굴하게 연산군의 비위를 맞추었습니

587) 『조선왕조실록』, 연산군 1년(1495) 9월 8일.

다. 그런데 反正이 일어나자 도리어 靖國功臣이 되었습니다. 金勘과 具永壽 같은 무리들은 연산군에게 아첨하여 개나 돼지처럼 행동하였습니다. 한 집안의 일이라도 올바른 도리로써만이 유지될 수 있는데, 하물며 올바른 도리를 가지고 나라를 다스리려는 때에 어찌 이런 일이 있을 수가 있습니까? 우리 나라처럼 작은 나라에서 선비들이 기풍을 함양하지 않고 도리어 이해관계에 따라 처싫는 풍조에 조정의 시대부들이 물결에 휩쓸리듯 쏠리게 되면 이를 어찌 이치에 맞는 일이라 하겠습니까? 천지를 속이고서 어떻게 정치를 바르게 할 수가 있겠습니까?"[588]

이처럼 홍일동의 딸인 홍씨녀는 유사공과 결혼하여 아들 유순을 낳았다. 유순은 영의정까지 한 문성부원군이지만, 그녀의 친정 식구들, 부친 홍상직의 파란의 삶, 일동, 귀동, 특히 부친이 첩실에서 얻은 만득자 이복 서출동생 길동 때문에 고통이 많았을 것이다. 이 딸은 출가 이후의 일, 특히 시집 쪽의 권세와 그녀가 낳은 유순의 활동상이 주목의 대상이 된다. 왜냐하면, 홍길동이 의금부 구금 후에 생명을 부지할 수 있었던 배경에는 홍상직가의 왕가 인척관계가 모종의 역할로 제2 홍길동이 제1 홍길동 집단의 후속 세력일 수 있음을 차단하고 제거하는 것이 가능했기 때문이다.

여기에서는 제2 홍길동의 장물 관리자인 엄귀손에 대하여 제1 홍길동의 처남인 유순은 철저히 비판적인 태도를 보이고 있다.

성종 21년(1490년) 7월 8일에는 "사헌부 대사헌 유순 등이 차자를 올리기를, "신 등이 그윽이 생각하건대, 엄귀손이 비록 불학무식(不學無識)하다고 하더라도 오랫동안 청명(淸明)한 조정에 있어서 벼슬이 당상관(堂上官)에 이르렀으니, 또한 일의 옳고 그름을 대강 알 만한데, 요즈음 하는 바가 횡포 방

588) 조광조, 『靜庵先生文集』, 권 2, 「兩司請改正靖國功臣啓 三」.

자함이 심합니다. 심방(心方)이 부유하고 과부(寡婦)로 있다는 것을 듣고는 장가들어 첩(妾)으로 삼으려고 하였으나, 내려갈 핑계가 없으므로 거짓으로 그 어미의 병을 일컬어 휴가를 빌었고, 그 어미의 병든 사실을 없애려고 하여 몰래 휴가를 청한 단자(單子)를 고쳤으며, 거짓으로 어미의 병을 일컬은 죄를 면하려고 하여 몹시 더운 때에 먼 길에 70살이 넘은 어미를 불러서 오게 하였으니, 그 임금과 어버이를 속임이 지극히 간사함을 갖추었습니다. 신 등은 법관(法官)의 자리에 있으면서 조정의 기강(紀綱)을 바로 잡으려고 하여 사헌부 뜰에 잡아다가 그 실정을 국문(鞫問)하기를 청하였으나 전하께서 윤허하지 아니하셨고, 단자(單子)를 지워서 고친 사실을 밝히기를 청하였으나 또 허락하시지 아니하였습니다. 엄귀손은 두려워함을 알지 못하여 사문(赦文)이 반포되기 전에 본부(本府)에 신장(申狀)하여 사유(赦宥)를 입은 글을 받으려고 하였는데, 얼마 되지 아니하여 첨지(僉知) 벼슬을 받았습니다. 엄귀손의 하는 바를 보건대, 병조(兵曹)에 청탁하여 벼슬을 얻은 것이 틀림없습니다. 더욱이 지금 내린 사문(赦文)은 다른 때의 사면(赦免)하는 전례와 같지 아니하여, 의정부(議政府)에서 전지(傳旨)를 받아서 여러 사(司)에 이문(移文)하고, 여러 사에서는 다시 임금에게 아뢰어 사유(赦宥)하는 것인데, 아직 계달하기 전에 병조에서 엄귀손의 청탁을 듣고는 바로 추천하여 첨지(僉知)로 삼았으니, 이는 엄귀손이 조정을 기만(欺慢)하고 법관을 경멸(輕蔑)한 것이며, 병조에서도 법관을 업신여기는 것입니다. 엄귀손의 죄는 비록 사전(赦前)의 일이므로 다스리지 아니한다 하더라도 그 사람됨이 탐(貪)하고 교만 방자하여 하루라도 군사를 거느리는 직(職)에 두지 못할 것은 명백합니다. 청컨대 위장(?將)과 첨지(僉知)를 갈고 아울러 병조의 관리를 추고(推考)하여 조정의 기강(紀綱)을 바로잡고 선비의 기풍(紀風)을 가다듬게 하소서." 하였으나, "들어주지 아니하였다."[589] 하였다.

589) 『조선왕조실록』, 성종 21년(1490) 7월 8일.

여기에서는 제2 홍길동의 와주로서, 또는 함께 산업을 경영하는 엄귀손에 대하여 제1 홍길동의 조카요 사헌부 대사헌 유순은 아주 부정적인 태도를 보인다. 그러나 왕은 보호적이다.

연산군 5년인 1499년 1월 26일에는 "유순을 형조 판서로 윤효손을 한성부 판윤으로 성세순을 홍문관 교리로 임명하였다."[590]라 하였다. 연산 5년 1월 26일에는 "유순을 형조 판서로 윤효손을 한성부 판윤으로 성세순을 홍문관 교리로 임명하였다."[591]고 하였다. 1500년 연산 6년 7월 3일에는 유순이 의정부 좌참찬[592]이었는데, 한 달 후인 8월 3일에는 『연산군일기』에 김성동의 죄를 형률대로 처리하라고 명한다는 기록이 있다.

> 전교하기를, "김성동(金誠童)의 죄는 용서할 수가 없지만 공신(功臣) 김질의 아들로서 죄가 종사(宗社)에 관계되지 않으니 형률에 의거하여 처단하는 것은 자못 '사유(赦宥)는 영세(永世)토록 미치게 한다.'는 가르침에 어긋나니, 특별히 사형(死刑)을 감하여 곤장 1백 대를 치고 온 가족을 변방 잔읍(殘邑)으로 옮겨 종으로 삼으라." 하니, 한치형(悍致亨) · 성준(成俊) · 이극균(李克均) · 이세좌(李世佐) · 이계동(李季仝) · 신준(申浚) · 권건(權健) · 허침(許琛) · 유빈(柳濱) · 이창신(李昌臣) · 신승복(愼承福) · 민사건(閔師騫)이 아뢰기를, "김성동의 일은 상교(上敎)가 과연 지당하옵니다. 그러나 조종(祖宗) 때 금은(金銀)은 우리 나라에서 나는 것이 아니라 해서 조정(朝廷)에 청하여 겨우 진공(進貢)함을 면제 받았으므로, 금은을 중국에 사용하는 죄는 사죄(死罪)로 논정(論定)하였는데도, 아직도 중국에 왕래하는 사람이 금은을 몰래 가지고 가서 서로 판매하는 자가 진실로 많습니다. 이와 같은 일은 적발하기가

590) 『조선왕조실록』, 연산군 5년(1499) 1월 26일.

591) 『조선왕조실록』, 연산군 5년(1499) 1월 26일.

592) 『조선왕조실록』, 연산군 6년(1500) 7월 3일.

쉽지 않사오니 김성동의 죄는 진실로 형률에 의거해야만 되옵니다. 더구나 망오적(亡吾赤)의 죄를 이미 사죄로 단정하였으니 죄는 같은데 처벌을 다르게 할 수 없는 것입니다. 만약 공신(功臣)과 의친(議親)을 논하여 이를 처벌하지 않는다면 뒤 세상 사람이 징계될 바가 없을 것입니다." 하였다. 이극돈(李克墩) · 유순(柳洵) · 홍귀달(洪貴達)은 아뢰기를, "대체로 공신은 사유(赦宥)가 후세(後世)에까지 미치는 것이니 공신의 후손이라 해서 용서하는 것이 무방할 것입니다." 하니, 전교하기를, "김성동의 죄는 형률에 의거 처단하라." 하였다.[593]

또, 1501년 7년 5월 12일에는 유순이 호조판서[594]가 되었으며, 1502년인 8월 10일에는 유순이 의정부 우찬성이 되었다.[595] 또, 1503년 1월 3일에는 유순이 우의정으로 제수되자 유순은 사직을 원했으나 들어주지 않았다. 이때 역사 기록자인 사신이 논하였다는 주에서, "유순은 문장에 능하고 성질이 또한 순박하고 조심성이 많아, 모든 일을 자기 혼자 처리하지 않고 남에게 미루었으므로 처음부터 끝까지 실패한 일이 없었다. 그러나 기개와 지조가 없어 다만 결단성 없이 남의 비위만 맞추었으며, 성질이 또 욕심 많고 비루하여 재산을 많이 모아 그 집을 넉넉하게 했다. 일찌기 이조 판서가 되어서는 공공연하게 뇌물을 받아 꺼림이 없었고, 여러 해 동안 재상이 되었으면서도 일찍이 한 가지 일을 건백하고 한 마디 말을 발의하여 공론을 부식한 일이 없었으며, 날마다 왕에게 아첨하고 기쁘게 함으로써 총애와 녹봉을 굳혔으므로 그때 사람들이 '향원노적'[596] 이라고 했다. 이때에 왕이 마음대로 주

593) 『조선왕조실록』, 연산군 6년(1500) 8월 3일.

594) 『조선왕조실록』, 연산군 7년(1501) 5월 12일.

595) 『조선왕조실록』, 연산 8년 8월 10일.

596) 鄕愿老賊.

색에 빠지려고 했으나, 대신들을 두려워하여 감히 일을 벌이지 못했으므로, 먼저 주살을 행하여 반대하는 사람을 제거하고 또 자기의 뜻에 순종하는 사람을 얻으려고 했는데, 유순이 기개가 없어 제어하기 쉬운 줄을 알고 특별히 정승으로 삼았다. 유순도 또한 구차하게 왕의 야욕을 따랐으므로, 총애와 대우가 날로 더하여 끝내 화환이 없었던 것"이라고 하였다.[597)]

이처럼 유순은 1500년의 일어난 제2 홍길동의 체포 사건, 그리고 홍길동의 와주로 체포되었다가 옥중에서 죽게 되는 엄귀손 사건에도 불구하고, 비록 서얼 출신이라 해도 홍길동이 외삼촌에 해당하는 유순이 전혀 정치적 타격을 받지 않는다. 특히, 유순과 홍길동과의 사이가 이러하다는 사실을 실록에서는 전혀 언급하지 않았다. 여기에 비하여 홍길동 관련 기록은 『조선왕조실록』 자체의 내용으로만 보아도 당대의 기록은 빈약하고 후대의 기록이 질적인 측면에서 오히려 풍성하다. 이러한 특이한 사실들을 종합해 볼 때, 유순이 깊숙이 개입했을 가능성을 짐작하게 한다. 그 이유는 『조선왕조실록』에서는 홍상직을 중심으로한 제1 홍길동과 유순의 관계가 전혀 서술되지 않았다. 이는 제1 홍길동과 제1 장영기 일당의 주요 활동 시기는 성종 시대이며, 유순이 성종실록 편찬자의 한 사람이다. 특히, 유순은 성종실록 편찬자 중에서는 연산군의 신임을 가장 받고 있었고, 연산군은 스스로 실록편찬에 참견을 하면서, 때로는 자신에게 불리한 사실은 사초는 제거하였으며, 유순은 이에 협조하였다.[598)] 유순[599)]의 이러한 처지는 제1 홍길동 관련 기록을 없애는

597) 『조선왕조실록』, 연산 9년 1월 3일.

598) 죽은 홍상직과 홍길동이 혈연 관계가 없음을 내세울 수 있다. 그런 논의들이 설령 있었다 해도, 『성종실록』 편찬자로서 다시 제거할 수 있다.게다가 『성종실록』을 편찬하던 당시의 연산군과 호응을 맞추면서, 기록 제거에 동조 편승한 인물이다.

599) 정두희의 『조선시대 인물의 재발견』(일조각, 1997, 32쪽)에 따르면, 유순은 중종반정의 핵심인물이었다. 조광조는 그들이 연산군 때의 고위 대신들로서 당시의 정치를 다 인정하고 출세한 사람들인데 어찌 새 시대의 주역으로 자처할 수 있느냐고 물은 것이었다.

데 그의 힘이 작용했음을 보여준다. 그래서 제1 홍길동 기록은 성종 시대의 제1 홍길동과 장영기 일당의 활동은 전혀 거론되지 않다가, 1500년 제2 홍길동의 체포 때에 처음으로 등장하게 된 까닭으로 판단된다.[600)]

유순은 1500년 제2 홍길동이 체포되기 직전인 1499년 1월 26일부터 1500년 7월 3일까지 형조판서의 자리에 있었다. 제2 홍길동이 체포되던 10월 22일에는 의정부 좌참찬이었고, 체포 직후인 1501년 5월 12일에는 호조판서가 되었고, 1502년 8월 10일에는 의정부 우찬성, 1503년 1월 3일에는 우의정이 되는 등 당시 권력의 전성기에 있었다. 또, 유순은 엄귀손으로 인해 위기에 처한 엄비를 방어하면서, 제1 홍길동인 진짜 홍길동의 관계를 방패로 사용하고 있기 때문에 제1 홍길동에 대한 출국 처리로 안정기에 접어 들었다가 다시 위기를 맞게 되었다. 그는 1499년 1월 26일부터 1500년 7월 3일까지 1년 6개월 동안 형조판서의 위치에서 파악한 제2 홍길동 및 엄귀손 관련 정보를 토대로 제2 홍길동 체포 방도를 마련했을 것으로 판단된다. 그리고 7월 3일 이후에는 의정부 좌참찬의 위치에서 제2 홍길동의 체포를 간접적으로 돕게 되었을 것이다.

이점이 유순 자신은 조정에서는 제2 홍길동에 대한 어떠한 발언도 하지 않고 사태만 지켜본 이유로 판단된다. 유순은 제1 홍길동과 제2 홍길동에 대한 기록의 문제를 푸는데 외교 정통파인 이계동의 전략을 활용하였을 것으로 판단된다. 유순은 이계동과 오랜기간 동안 성향을 같이한 권력 동반자이

결국 도리나 절의는 하나도 없이 연산군 때는 거기에 따르는 것이 유리하고, 종종대에는 또 새로운 분위기에 따르는 것이 이롭다고 생각하는 사람들이 결코 올바른 정치를 할 수 없다고 비판한 것이다. 그는 선비들의 기풍을 함양하지 않으면 나라의 장래가 없다고 주장하였다. 정국공신들이 당연한 것처럼 군림하는 현실은 대단히 잘못된 것임을 지적한 것이었다.

600) 서술의 축소는 『홍길동의 삶과 홍길동전』에서, 조선중후기의 소위 강도 수사 기록을 비교해서 확인했다.

다. 이계동은 북쪽의 오랑캐나 남쪽의 왜구를 방어하는 방책을 강구하면서 서정 계획과 왜구 토벌 계획, 유구와의 관계 등에 대한 창의적 방안을 강구했던 인물로 유순의 제2 홍길동 문제 해결에 협력 했을 가능성이 높다. 유순은 제2 홍길동[601)]을 통해 위기의 엄비와 엄귀손[602)]을 처단하려는 방식을 택한 것으로 추정된다. 즉, 성종은 엄비를 옹호하므로 엄귀손을 벌하지 않으므로, 엄귀손은 방자한 행동을 보였다. 그러나 연산군 때에 들어서자 상황이 크게 달라져서, 유순의 입지는 강화되고, 엄귀손을 지원하던 엄비는 연산군의 생모 폐비 윤씨 사건에 가담했기에, 엄귀손은 곤경에 처하게 된다.

이런 위기 상황의 엄귀손이 만약 유순 자신과 진짜 홍길동인 제1 홍길동과 관계를 폭로하려 한다면, 유순은 엄귀손을 제거할 수 밖에 없었을 것이다. 그래서 유순은 가짜 홍길동인 제2 홍길동 사건이 나자, 그의 와주인 엄귀손이 옥중 죽음을 맞이하게 되는데 어떤 연관이 있었다고 판단된다. 유순은 1500년 가짜인 제2 홍길동의 체포 소식을 전하는 삼정승 즉 한치형, 이극균, 성준과는 모두 궁궐에서 관직을 오랜 기간 같이 해온 친숙한 관계에 있었다. 이러한 조건은 제2의 가짜 홍길동 사건을 자신에게 유리하게 진행되도록 분위기를 이끌어가는데 도움이 될 수 있었을 것이다. 당시는 형벌에 연좌제를 적용하던 당대의 법규였지만, 유순은 범법자로 분류된 사람들을 가능한 한 구제하는데 힘썼던 인물이다. 제1의 진짜 홍길동 문제는 유순 개인의 아니라 가문에 치명적 난관을 가져올 수도 있는 중대 사건이었기에 이를

---

601) 홍길동 사건은 형조에서 심문하지 않고 강상죄로 의금부에서 심문을 한다. 이는 가짜 홍길동이 유순의 주도로 자수를 하였고, 그 댓가로 추방 형식을 빌린 출국의 기회 제공으로 피차간의 차선책을 도모했을 가능성을 충분히 뒷받침해주고 있다.

602) 엄귀손은 홍길동의 와주이다. 엄귀손은 진짜 홍길동과 가짜 홍길동을 다 알고 있었을 것이다. 그때 어린 나이인 윤효빙은 홍길동, 엄귀손의 행동을 보고 배웠다가 자신의 옥사때 배운데로 탈옥한다. 그때 관리인 남세준, 신영홍과 협잡한다. 즉, 홍길동의 타협과 가짜(2차) 홍길동의 탈옥을 보고배워 실천했을 수 있다.

피하려 했을 것이다. 비록 와전이라 해도 홍상직의 모반 혐의가 거론되고, 거기다가 홍상직의 아들인 제1의 진짜 홍길동 문제가 밝혀진다면, 유순 가문과 홍상직 가문은 심각한 타격을 받을 수밖에 없었기 때문이다. 이런 정황들을 보면, 유순은 제1의 홍길동의 출국 때에는 조정에 등장하지 않아지만, 성종실록의 편찬에 제1 홍길동이 홍상직의 서얼로서 장성에 시골 거처를 둔 홍일동의 집에서 자랐다는 사실을『조선왕조실록』의 성종 조애서 을 숨기는 일과 이에 연계된 내용들이 연산군 때에 제2의 홍길동 문제와 차단시키는 일에 개입했을 수 있었다.

유순은 1차로 1460년경에 제2의 홍길동 출국 협상을 주도할 수 있는 위치에 있었고, 성종 21년에 제2 홍길동과 엄귀손의 밀착을 알고 엄귀손을 공격했지만, 당시는 엄비와 성종의 비호 때문에 그를 처벌하지는 못하였다. 그러나 제2 홍길동, 즉 1500년의 제2 홍길동 체포와 관련된 문제 때에는 제2 홍길동과 엄귀손의 관계를 부각시켜서 엄귀손이 감옥에서 끝내 죽게 되는 데 어떤 기여를 하였을 것으로 추정된다. 왜냐하면, 당시 유순은 충분히 정치적 해결을 위한 중재자 역할을 할만한 위치에 있었고, 정치 원로로서 영향력을 행사할 수 있는 위치와 성품을 갖추었기에 제1 홍길동때와 마찬가지로 제2 홍길동 사건도 가장 합리적으로 추진할 수 있는 요건을 누구보다 많이 갖춘 인물이기 때문이다. 즉, 유순은 제1 홍길동의 조카이면서, 거의 같은 나이로서, 성종 때부터 연산군, 특히 중종반정에도 참여한 공신으로 영의정의 지위에까지 오른 인물이다. 이런 조정에서의 지위와 활동으로 인하여 외가인 홍일동과 제1 홍길동의 관계와 제1 홍길동의 출국에 기여하였고, 다시 제1 홍길동의 이름을 사칭한 제2 홍길동이 연산군 때인 1500년에 체포되었을 때에도 여러 가지 정치적인 문제로 얽힌 제2 홍길동 사건을 제1 홍길동 때의 해외출국으로 해결하였던 경험을 바탕으로 해결한 것으로 보인다. 이러한 사실로 보면, 제1 홍길동의 이름을 사칭하며 활동하다 체포된 제2 홍길동이 체포된 이후에 드러난 엄귀손과의 문제 처리에도 깊이 개입한 것으로 추정된다. 자칫하면 40여전에 해외 출국으로 매듭 지은 제1 홍길동의 출국 문제까지 거론될 위기에 처할 것이 자명하기에 유순은 제2 홍길동 문제까지 잘 해결해야 하는 이유가 분명했다. 이러한 유순의 뒤에는 제1 홍길동의 형인 홍일동의 딸로 성종의 후궁이 된 홍숙의가 성종의 후사를 이어 다수의 왕자와 옹주를 지속적으로 탄생시켰기에, 궁중의 인척으로서 든든한 후견인이었던 것이 큰 힘으로 작용한 것으로 판단된다.

4-4. 병조판서 율곡을 복합모델로 투영시킨 홍길동

(1) 신사임당의 흑룡 태몽과 율곡

율곡 이이는 1534년 문과 갑과에 급제하고 조정에 진출하여 병조참판, 평안도 관찰사, 예조참판등을 역임하였다. 1561년 병조판서에 이어 우찬성이 되었다. 사은사로 두 차례 명나라에 다녀왔다.[603] 1568년 명나라를 다녀오느라 6개월의 공백을 두고 한양에 돌아온 율곡은 그 해 11월 다시 호조 좌랑의 직책에 임명을 받는다. 그러나 그는 외할아버지의 병환 소식을 듣자 그 직책에 부임하지 않고 강릉으로 갔다. 당시 사간원에서는 직무 유기를 이유로 그를 파직시킬 것을 요청하였으나 선조 임금은 그의 효행을 들어서 허락하지 않았다.[604]

율곡은 가정 내에서의 서모와의 문제로 출가하여 금강산의 절로 들어가 불교 공부에 심취하여 의암이라는 법명을 받기도 하였다. 벼슬로는 여러 관

603) 황준연, 『이율곡, 그 삶의 모습』, 서울대학교출판부, 2000, 92쪽.

604) 황준연, 『이율곡, 그 삶의 모습』, 서울대학교출판부, 2000, 94~95쪽.

직 중에서도 임란 이전에 맡았던 병조판서로서의 양병의 강조와 서얼 허통 문제, 그리고 어머니 사임당의 흑룡 태몽 등을 포함하여 소설 「홍길동전」의 원천 소재가 되었다.

허균은 「홍길동전」을 창작하면서 1차적으로는 제1 홍길동을 소재로 하고, 2차적으로는 작가인 허균 자신과 가정 그리고 자신이 관심 있게 집중하고 있는 「병론」과 서얼 허통에 따른 인재등용의 문제, 3차적으로는 강릉을 연고로 한 병조판서 출신 율곡과 그의 가정을 소재로 삼아, 소설 「홍길동전」의 표면 서사를 구상하였다. 즉, 소설 속 홍판서의 가정에서 벌어지는 얼출 홍길동이 홍판서의 첩에게 당하는 집안에서의 고통과 마침내 가출을 하여 활빈당 수령으로서의 활동, 자원 병조판서를 제수 받아 중국으로 진출한 후, 중국 괴물 울동을 퇴치하는 등으로 서사화 시켜 홍길동이 보여주는 국제 영웅적 활동의 주요 소재원으로 활용했다.

우선 병조판서의 문제와 관련해서 소재적 원천을 살펴보면, 「홍길동전」에서 주인공인 홍길동의 핵심 모델이 된 홍징의 손자 제1 홍길동에 대해서는 구체적인 활동에 대한 문헌기록이 전혀 없으므로, 작가 허균의 추론이나 상상력에 의존할 수밖에 없다. 이런 조건 때문에 허균은 작품 속에서 활동하는 주인공 홍길동의 삶을 허구적으로 형상할 수 있는 제1 홍길동 이외의 역사 인물 중에서 홍길동의 인간상을 설정하고 서술하는 데 보탬이 될 여러 역사 현실의 인물을 찾아서 그들의 실제 활동의 부분들을 종합하고 재구성하여 서술하는 방식을 택했다. 그 1차 대상을 허균 자신과 당파는 다르지만, 같은 강릉을 공통의 연고로 가진 병조판서 출신 율곡을 주목하게 되었다. 이와 병행하여 작품 속의 홍길동의 모델이 될 여러 복합인물들과 같이 시대 배경도 제1 홍길동의 활동 시대인 세종 시대부터 허균 자신의 당대에 이르는 여러 시대의 문제를 표면서사에서 대표시대를 세종 시대로 설정하고, 표면서사에 연계된 이면서사의 전고에 해당되는 사건은 여러 시대에 걸쳐 허균이 홍길동전을 창작하는 시점까지의 사건들을 선택하여 융합 활용하였다.

「홍길동전」의 시대 배경은 세종시대이다. 그러나 인물 소재의 측면에서 보면, 제1 홍길동을 제외하고는 세종 시대가 아닌, 여러 시대에 활동한 인물들을 소재원으로 삼고 있다. 그 대표적인 경우가 선조와 광해군 시대를 살았던 작가 허균 자신과 자신이 존경하는 명종과 선조 시대의 율곡이다. 이는 작가 허균이 생존한 광해군 시기까지의 여러 명의 병조판서들 중에서, 선조 때에 병조판서를 지낸 율곡을 대표 모델로 선택했다. 율곡은 비록 작가 허균과는 반대 당파의 인물이지만, 대중들에게 좋은 이미지로 잘 알려진 인물로서, 그는 서얼 허통 문제와 더불어 군제에 대한 남다른 개혁적인 성향을 보이면서 외국의 침입을 방어하기 위한 강병론을 주장했던 병조판서이다. 이러한 병조판서 율곡의 태도는 「홍길동전」의 작가 허균에 의해, 홍길동이 임금에게 원했던 관직은 병조판서이고, 조선의 병조판서의 직책을 갖고 중국으로 진출하는 이야기를 설정하였다. 허균은 자신이 존경하는 율곡의 애국 애민적 태도를 홍길동의 인간상과 활약상에 투영시켜 1차적 소망을 실현하는 소재로 삼아 서사를 구성한것으로 판단된다.

율곡의 모친인 현모 신사임당은 외할아버지 이사온은 무남독녀이자 사임당의 어머니인 용인 이씨를 아들처럼 여겨 출가 후에도 친정에서 머물며 살게 했기 때문에 사임당의 어머니는 시가에서 받는 정신적 고통이나 육체적 분주함이 없었다. 이런 모친의 딸로 평온하고 넉넉한 환경에서 출생한 신사임당은 외가에서 어머니와 함께 살았다. 그녀의 부친인 신명화는 신사임당이 13살 되던 1516년에 진사가 되었으나, 벼슬에는 나가지 않았다. 게다가 신명화는 한양에서 공부에 매달려 있었기에, 그의 딸 신사임당과는 16년간이나 떨어져 살았다. 그러던 중에 1519년 조정에 피바람이 불자, 사림파에 가까웠던 신명화는 벼슬을 포기하고 강릉으로 내려와 처가에서 가족과 함께 살았다. 이때, 신명화는 딸에게 글을 가르쳤는데, 신사임당은 자매들 가운데 타고난 재능으로 유난히 영특한 데다가 좋은 환경이 받쳐주어 그녀의 재능을 북돋아 주었다.

신명화는 딸 사임당이 19세가 되자, 딸을 이원수에게 시집을 보낼 때, 딸이 타고난 재능을 발휘하며 살 수 있게 하기 위하여, 사위인 이원수를 처가에서 살 수 있게 하였다. 신명화는 딸이 이원수에게 시집 가는 것은 서운하지 않지만, 딸을 자기 곁에서 떠나보내고 싶지 않다며, 처가살이를 권했다. 그래서 장인의 제안을 받아들인 이원수는 결혼 후에 강릉 오죽헌에서 살았다. 그런데 곧 장인인 신명화가 47세로 세상을 떠나자, 사임당은 부친의 3년상을 치른 후에, 시댁인 파주 율곡리와 어머니 이씨가 홀로 지내는 친정 강릉을 오가며 살았다. 당시는 한양과 강릉을 오가는 것이 보통 힘든 일이 아니었기에, 그 중간 지점인 봉평에 거주지를 마련한 것이 지금의 평창 판관대다. 신사임당은 33세를 전후해서 강릉에서 4년을 살면서 셋째 아들인 율곡을 낳았다. 신사임당이 율곡을 낳은 공간을 기리기 위해서 오죽헌의 몽룡실은 1450년쯤 지어진 독특한 건축 양식의 주택이다. 사임당은 1536년 2월 봉평에서 동해의 선녀가 옥동자를 안겨주는 태몽을 꾸었고, 1536년 음력 12월에 오죽헌에서 해산할 때에는, 용이 서려 있는 꿈을 꾸고 율곡을 낳았다. 율곡은 6세까지 강릉에서 자랐다.[605)]

율곡의 잉태와 관련해서 유명한 전설이 전해져 온다. 율곡의 아버지 이원수는 공부를 게을리해서 신사임당의 애를 태웠다. 신사임당은 남편의 공부를 위하여 10년간 별거를 통보했지만, 이원수는 집에 돌아오기를 반복했다. 참다못한 사임당이 비구니가 되겠다고 말을 해서야 겨우 집을 떠났다. 그런데도 이원수는 부인을 그리워한 나머지 여가를 틈타 봉평 집으로 오던 중에 대화에 이르렀을 때, 날이 저물어 하룻밤을 지내려고 주막에 들었다. 마침 주막의 주모는 과부였는데 그날따라 손님이 없어 깜박 졸다가 꿈을 꾸었는데, 커다란 흑룡이 자기 품안으로 안기는 꿈으로 분명 비범한 인물을 잉태할 태몽이었다. 그러나 남편이 없는 신세여서 한탄을 하고 있었는데, 그때 마침

605) 홍순래, 『꿈해몽』, 스포츠 경향, 2009.10.18.

한 사내가 주막에 들어서는데 비범함이 서려 있었다. 예사롭지 않은 일이라 여긴 주모는 그를 하룻밤 모시려고 했지만, 황당한 일을 당한 이원수는 문을 박차고 나가 그길로 집으로 향했다.[606)]

중종 36년인 1541년, 6세 때 율곡은 어머니를 따라서 강릉의 외가를 떠나 한양의 본가인 수진방[607)]으로 왔다. 48세에 삼청동으로 이사를 했다. 신사임당은 남편이 수운판관으로 아들 율곡과 함께 외지에 나갔을 때, 사임당이 갑자기 세상을 떠났다. [608)]그때 율곡의 나이 16세로 아버지 출장길에 따라갔다가 스승이기도 했던 어머니의 사임당의 임종을 지키지 못했기에 슬픔을 이기지 못한 율곡은 방황했다.

신사임당이 젊은 나이로 세상을 떠난 후, 당시 19세 소년이던 율곡은 새로 들어온 서모를 맞이하게 되었으나, 율곡의 형인 이선과는 새로온 서모는 심한 갈등을 빚었다. 율곡은 서모와 형의 사이를 중재 하고자 애썼으나, 서모의 횡포로 실패하였다. 이런 상황에서 율곡은 끝내 금강산으로 출가를 하여 불교 공부에 열중했으나 산에 오래 머물지는 않고 하산하여 강릉 외가에 있

---

606) 장정예, 〈신사임당〉, 파랑새, 2000, 113~114쪽.

607) 현재의 서울 청진동. 황준연, 『이 율곡, 그 삶의 모습』, 서울대학교출판부, 2000, 27쪽.

608) 봉산서재는 판관대에 얽힌 율곡의 잉태설화를 후세에 전하고 기리기 위해 창건된 사당으로 율곡 이이와 화서 이항로의 영정이 모셔져 있다. 모든 글들에서 신사임당이 임종시 이원수 공은 아들 선과 이(율곡)를 데리고 수운판관직의 업무로 평안도에 갔을때라고 쓰고 있는데, 여기서, 오죽헌 시립박물관장을 역임한 정향교* 박사의 「사임당을 그리다」라는 책에서 조차 "사임당은 남편 이원수가 수운판관이 되어 아들들과 함께 평안도를 갔을 때 갑자기 세상을 떠났다."라며 서술하고 있다. 이러한 글의 원작은 아마도 율곡이 쓴 신사임당의 행장에 관한 「선비행장」이라는 기록의 글 중에서, 이해에 가군(家君)이 조운(漕運)의 일로 관서(關西)에 가셨는데, 이때 아들 선(璿)과 이(珥)가 모시고 갔다. 5월에 조운이 끝나 가군께서 배를 타고 서울로 향하셨는데, 당도하기 전에 자당께서 병환이 나서 17(갑진)일 새벽에 갑자기 서거하시니 향년 48세였다. 그날 가군(家君)께서 서강(西江)에 이르렀는데,~ 하는 글에서 관서(關西)지방을 곧이 곧대로 해석한 것이다.

다가, 1557년에 22세의 나이로 성주 목사 노경린의 딸인 곡산 노씨와 결혼하였다.[609] 율곡과 결혼한 노경린의 딸은 1541년 신축년생으로 그녀는 어린 시절부터 병을 앓아서 건강한 몸은 아니었다. 그러나 율곡이 세상을 떠난 뒤에도 8년을 더 살며 율곡의 산소를 돌보았다고 한다. 그녀에 대한 율곡의 사랑은 알 수 없으나, 율곡의 부인인 곡산 노씨는 율곡을 매우 사랑하였음을 알 수 있다.

율곡의 문인인 사계 김장생이 지은 『행장』에 의하면, 원래 이들 부부 사이에 딸이 하나 있었는데 이 딸이 일찍 죽고 말았다. 이후 두 사람 사이에는 자식이 없었다. 그러나 이 두 사람이 모두 건강이 좋지 못하여 자식을 더 이상 얻지 못한 것은 아닌 것 같다. 왜냐하면, 율곡이 소실을 맞아 들여, 그 여인에게서 두 아들과 딸 하나를 얻었기 때문이다.[610] 율곡의 부인 곡산 노씨는 소실의 존재를 용납하였고, 율곡의 소실이 1574년 6월에 첫 번째 아들 경림을 낳고, 이어서 1579년 3월에 두 번째 아들 경정을 낳는 것을 지켜보았다. 임진왜란은 율곡의 가정에도 큰 불행이었다. 부인인 곡산 노씨는 왜란이 일어나자 피난을 거부했다고 한다. 그리고 율곡의 묘소가 있는 곳에 올라갔다가, 그곳에서 신주를 안은 채 왜군을 만났고, 그 곳에서 죽음을 맞이했다고 전한다.[611] 박세채의 『남계집』[612]에는 율곡이 입산하던 때의 일을 기록하고 있다.

> 율곡 선생이 입산하던 때의 일은 연보에 자세하다. 다만 "부모의 뜻을 어기고 승려가 되었다"는 이야기는 김씨의 기록 〈부계기문〉이나 영남의 상소,

609) 황준연, 『이 율곡, 그 삶의 모습』, 서울대학교출판부, 2000, 56쪽.

610) 같은 책, 59~60쪽.

611) 황준연, 『이 율곡, 그 삶의 모습』, 서울대학교출판부, 2000, 59~60쪽.

612) 박세체는 우암 송시열과 함께 율곡의 문집을 정리하였는데, 이때는 율곡이 세상을 떠난 후 110년이 되던 1694년이었다.

류직의 상소문같은 것인데, 오래도록 계속되어서 선생을 시기하는 큰 계략이 되었다. 놀랍고 슬픈 일이다. 언제나 실제의 자취를 깊이 연구하여 밝히고자 하였으나, 오래도록 그 요령을 얻지 못하였다. 그러나 선생이 "승려가 되었다"는 한 가지 일은 이천휴의 『봉사』와 장계곡의 『만필』에 보이는 것이 극히 명백하여서 다시 변명하여 밝힐 필요가 없다. 오직 "부모의 뜻을 어겼다"는 이야기는 자취가 분명하지 않고, 세에 있어서 막힘이 있어 사람들로 하여금 분명하게 하는 데에 어려움이 있다. 마침 정기암의 『일록』과 조면주의 『기문』을 얻으니, 정기암은 "선생의 서모가 패악함이 심하여 조금이라도 뜻대로 되지 않으면 목매어서 죽으려고 하여 집안 사람들이 달려가 구하여 그치도록 하였고, 또한 서모와 맏형과의 사이가 좋지 않아 선생이 두 사람 사이를 주선하고 사리로 간하기를 힘껏 하였으나, 끝내 되지 않자 마침내 아버지(찬성공)에게 그 일을 울며 아뢰었고, 어느 날에는 책을 넣어 두는 상자를 닫고 떠났는데, 그 중에 부형과 서모 앞으로 된 3통의 편지가 있었다. 그 끝에 '끝내 화합하지 못한다면 차라리 죽어 아무도 모르는 것이 낫다'고 말하였다"라고 하였다. 조면주는 "선생이 집안의 도리가 어긋남을 목도하고 마음을 다하였으나, 일이 결말이 나지 않았는데, 마침 외할머니 이부인이 강릉에 있었으므로 찬성공에게 가 뵙겠다고 말하고 떠날 때에 3통의 편지를 남겼던 것이다. 그 글 뜻은 정기암의 기록과 똑 같았으며 대개 이로써 사람들을 감동케 하려고 하였던 것이다. 마침 어떤 승려가 금강산으로 가는 자가 있음에 함께 가서 잠시 평소의 소망을 풀 곳으로 삼았다……"라고 말하였다. 대개 정기암은 선생과 서로 왕래하던 집안의 아들이고, 조면주의 증조모는 곧 선생의 종매이다. 선생이 금강산에서 강릉으로 왔을 때에, 바야흐로 이부인 곁에 있었는데, 세상이 그 이야기를 전하여 "거짓말이 아니다"라고 하고, 이미 "찬성공에게 울며 고하였다"라고 하고, 또 "강릉으로 외조모를 뵈러 갈 것을 청하였다"고 한 즉은 "부모를 어긴 일"로 지목할 수 없음이 분명하다……. 어떤 사람이 말하길, "선을 배우려는 근본은 그 고명함에 기인한 것이나, 이 일은 또한 인애가 간절한 데서 나온 소치이니 두 가지는 모두 숨길 것이 아니요, 다만 실제 자취에 의거하여 삼가여 전한다면 또한 무엇이 불가할 것인가?"라고 하였다……. 대개 "선을 탐하였다"는 사실이 입산의 본원이다. 선생이 위로 임금에게 아뢰었고, 널리 사우 퇴계 선생에게 고하여 그 당시에 분명하게 알려졌던 것이다. 그 후 선생을 존중하는 자들을 비문에서 칭송하고 소장)에서 밝혔으므로 이 한 길을 따라 반복하지 않은 것이 없었다. 즉 정기암과 조면주의 두 기록이 또한 이것을 익히 알지 못하지는 않았을 것이지만, 특별히 중간에서 들은 바로써 이처럼 상세하게 말한 것이다……. 만약 선생이 스스로 말한 것이 아니라고 한다면, 당시의 일과 의리를 헤아려 보아 의심할 것이 없다. 만약 그릇된 말씀이라고 꺼려 한다면, 저들이 배척하는 바는 아버지와 형에게 죄를 얻어 도망가서 입산했다는 데에 있으니, 여기 적는 바는 외조모를 뵙기를 청하였다가 이를 인연으로 입산했다는 데에 있으니, 바로 불교 공부를 원하였다는 사실과 관련하여 합쳐지게 된다. 그러므로 선생을 시기하는 계략은 공격하지 않아도 저절로 무너지게 될 것이다……. 이에 이 이야기를 기록하여 세상의 이치에 통달한 군자가 바로잡기를 기다린다. 보는 자는 양해하기를 바란다.[613]

이 기록에서 보면, 율곡의 집안은 서모와 큰 형의 사이가 나빠서 율곡이 이를 중재하려 하였으나 뜻대로 되지 않았다. 서모가 그를 사랑하지 않았던 사실도 가슴 아픈 일이었을 것이다. 이에 율곡은 아버지에게 울며 간하였으며, 그래도 가정의 화합이 이루어지지 않았다. 율곡은 아버지, 서모, 큰형에게 각각 편지를 남기고 강릉의 외할머니에게 갔으며, 마침 금강산에 간다는 사람이 있었고, 돌아가신 어머니를 위하여 명복을 빌고자 하는 마음까지 일어났을 것이다. 그리하여 평소에 관심 대상이었던 불교 공부까지를 소망하

613) 『남계 박세채문집』 속집, 권 20, 잡저. 갑술 4월 21일.

여 입산 출가하였다.[614] 이러한 야담의 내용은 율곡의 서모가 권씨라고 한 것과 상통한다.

허균은 당쟁이 치열한 시대를 살아간 서애 류성룡과 율곡 이이에 대해서는 "임금이 아껴서 서로 믿는 사람은 이이였고, 임금이 믿고 나랏일을 맡긴 사람은 류성룡이었다"고 했다. 곧 임금은 신하의 말을 믿고 신하는 임금이 함부로 하지 않을 것을 믿어서 위민정치가 원활히 될 수 있게 한 사람이 이이였고. 나라의 일을 맡기면 자기 능력을 다하여 그 일을 책임 있게 처리함으로써 책임정치를 펼 수 있었던 사람이 류성룡이었다고 했다. 그러나 황희나 허주와는 달리 이 두 사람은 소인들이 쪼아대서 그 능력을 제대로 발휘할 수 없었다고 평했다.

류성룡은 어떤 측면에서 보면 당색으로는 김성일과 같은 동인이었기 때문에, 김성일의 당파에 따른 편파적인 보고에 약간의 변명을 하는 기록은 있지만, 그는 대의로서 국가를 위하고, 백성을 위하는 마음에서는 같은 동인인 김성일의 보고, 특히 사신을 통하여 교감을 부탁한 김성일의 편을 들지 않고, 자신의 소신대로 일본이 쳐들어 올 것으로 본다는 평가를 한 서장관 허성의 발언과 태도 등은 「징비록」에서 다루지 않았다. 즉, 서인의 정사 황윤길은 일본이 많은 병선을 준비하고 있어 반드시 병화가 있을 것이며, 도요토미는 안광이 빛나고 담략이 있어 보인다고 보고 하였지만, 이에 반해 동인의 부사 김성일은 침입할 정황을 발견하지 못했으며, 도요토미는 사람됨이 서목이라 두려워할 것이 없다고 하였다. 이 때 서장관 허성은 동인이었으나, 정사 황윤길과 의견을 같이했고, 김성일을 수행했던 황진도 분노를 참지 못하여 부사의 어리석음을 책망했다고 하였다. 그러나 이들 상반된 보고를 접한 조관들 사이에는 정사의 말이 옳다는 사람도 있었고, 부사의 말이 맞다는 사람들도 많았다. 그러나 동서의 정쟁이 격화된지라, 사실 여하를 묻지 않고

614) 황준연, 『이 율곡, 그 삶의 모습』, 서울대학교출판부, 2000, 42~43쪽.

자기 당파에 속한 사절을 비호하는 느낌마저 없지 않았다. 요행을 바라던 조정은 반신반의하면서도 결국은 김성일의 의견에 따라 각 도에 명하여 성을 쌓는 등 방비를 서두르던 것마저도 중지시켰다.

율곡이 16세인 1554년에 모친 신사임당이 돌아간 이후에 서모 노씨가 왔다. 율곡의 서모는 매우 패악스러웠으나 율곡은 공경하고 효도하여 마침내 즐겁게 했다. 율곡이 일찍 손님과 대좌하고 있는데 어떤 사람이 홍시를 바쳤다. 율곡이 손님의 배고픔을 생각하여 하나는 손님에게 주고 또 하나는 자기가 취하여 서모에게 보내 권하였다. 서모는 두 개가 빈 것을 보고는 크게 꾸짖어 "이와 같이 한다면 무엇 때문에 보낸 것이냐?"고 하였다. 율곡이 재빨리 홍시 두 개를 가지고 와서 사과를 했다. "손님께서 주린 빛이 있었으므로 주었습니다. 저의 과실입니다."고 했다. 그제야 서모는 노여움을 풀고 먹었다."[615)]

『조선왕조실록』의 『명종실록』에는 다음과 같은 율곡의 집안 상황에 대한 주목할만한 내용이 있다.

> 심의겸을 의정부 검상으로……. 이이를 호조 좌랑으로 삼았다.〔이이는 사람됨이 총명 민첩하였고, 널리 배우고 기억력이 매우 뛰어났으며 글도 잘 지어 일찍부터 드러났었다. 한 해에 연이어 사마시와 문과의 두 시험에 장원으로 뽑히자 세상 사람들이 부러워하였다. 다만 소년 시절에 아버지의 첩에게 시달림을 당하여 집에서 나가 산사를 전전하며 붙여 살다가 오랜 기간이 지나서야 돌아왔다. 혹자는 '머리를 깎고 중이 되었다'고 하였다. 그가 읊은 시에 '전생의 몸은 바로 김시습이었고, 이 세상은 바로 가낭선이 되었네'라고 하였다.[616)]

615) 유명종, 『율곡의 학풍과 사상』, 세종출판사, 2002년, 24~26쪽.

616) 『조선왕조실록』, 명종 19년(1564) 8월 30일.

이런 소재를 활용해서, 허균은 「홍길동전」을 창작하면서, 표면서사에서는 신사임당의 청룡꿈을, 홍판서의 청룡꿈으로 대체하였고, 춘섬의 몸에서 태어난 얼출 제1 홍길동이 청룡꿈의 기운으로 병조판서와 율도왕이 되는 것으로 설정하였다. 그러면서 한편으로는 이면서사를 통하여 홍길동의 내포 모델로 율곡의 이미지와 사명당의 이미지 그리고 허균 자신의 이미지 등을 융복합하여 형상하였다.

허균의 외조부는 강릉 사천의 명문 강릉김씨 김광철이다. 허균의 부친 혀엽과 그의 어머니 김씨부인은 외조인 김광철의 탈상 때 제사를 모시기위해 사천 애일당을 찾았고, 김광철의 딸인 김씨부인과 허균의 아버지 허엽은 애일당에서 하룻밤을 지냈고, 그날 밤 애일당에서 허균을 잉태하였다. 사천 애일당에는 그날 허균의 부친 허엽을 통해 애일당의 기운이 허씨가문으로 옮겨졌다는 전설[617]이 전해진다. 허균은 자신이 애일당에서 잉태된 사연과, 어린시절을 보냈던 외가의 사천 교암에 얽힌 전설인 이무기가 바위를 깨고 승천하였다는 전설을 임꺽정의 이미지와 연계시키며, 교암의 이무기가 바위를 깨고 나온 해를 1561년 신유년으로 구체화시켰고, 자신의 호를 이와 연계된 교산으로 삼았다. 허균은 율곡의 모친이 꾼 흑룡의 태몽이 현실에서 율곡이 병조판서가 되는 인연의 소재를 소설 「홍길동전」을 창작하면서 홍길동의 부친 홍판서가 대낮에 꾼 태몽인 청룡꿈[618]을 복선으로 활용하여 홍길동이 병

---

617) 그때는 허균의 외조부의 탈상 때이였다. 이로 보면, 임꺽정의 체포와 교암의 교룡 승천을 연계시키면서, 허균은 자호를 애일당 교암에 연계시켜 교산이라 하였다. 제삿날 처가에서 잉태된 허균에 관한 이야기도 전해진다.

618) 사임당 신씨는 율곡을 낳기 얼마 전에 태몽을 꾸었는데, 그 꿈에서는 검은 용이 침실 쪽으로 날아와서 마루에 서려 있는 것이었다. 이러한 까닭에 율곡이 태어난 방을 몽룡실(夢龍室)이라고 불렀다. 이렇듯 율곡은 흑룡이 바다로부터 어머니 사임당의 침실로 날아든 꿈을 태몽으로 꾸고 출생하였다는 기록은『연려실기술』에서 "이율곡 공은 신명화의 외손이다. 강릉에서 났는데, 탄생하던 신 부인의 꿈에 흑룡이 바다로부터 솟아 올라와 그

조판서를 거쳐서 율도왕까지 되는 이야기로 서사를 진행한다. 홍판서는 의미 있는 낮꿈을 꾸고서도 예절과 품격을 내세우는 부인의 침실에 들지 못하고 거부당하지만, 끝내는 그 꿈을 차를 가지고 온 종 춘섬을 통하여 실현한다.

이런 사연을 지니고 탄생한 율곡을 염두에 두고, 허균은 「홍길동전」을 창작하면서, 장성의 홍징의 손자 제1 홍길동을 핵심 인물 소재로 삼으면서도 그에 관련된 구체적인 활동 자료가 없기 때문에, 이를 보완하기 위하여 강릉에 고향을 둔 자기 부친과는 당색이 다르지만, 서인의 원류에 있었던 병조판서 율곡의 이야기를 가져왔다. 특히 서얼 차대 문제[619]를 해결하려 하였고, 모친인 사임당 사후에 들어온 서모로 인한 가정적인 불화로 형들과 갈등을 빚기도 하였고, 모친 사임당이 흑룡 꿈을 꾸고 태어났기에, 어릴 때 이름이 현룡이었다는 사실 등을 직접소재로 하여 「홍길동전」의 주인공인 홍길동을 형상하였다. 그 외에 복합 인물 소재로 허균 자신 과 임꺽정, 제2 홍길동 등을 소재로하여, 홍판서의 청룡꿈을 가지고 출생한 홍길동이 집안에서 첩 초란에 의해 모함과 핍박을 당하는 이야기, 자원하여 병조판서를 제수받는 이야기 등을 성리이념과 도심을 지닌 국제적 영웅 홍길동을 형상해내는 소재로 활용한 것으로 판단된다. 이러한 설정은 작품 밖의 현실에서의 작가 허균이 현재 자신의 평가를 제대로 받지 못하고, 병조정랑까지는 나아갔으나 병조판서에까지는 오르지 못한 현실에 대한 불만족 또는 자신의 소망을 작품 속에서 실현한 것으로 판단된다.

허균은 자신은 임란을 맞아 모친과 가족을 데리고 강릉으로 피난 길에 올랐지만, 가까이 모셨던 스승 서애 류성룡이 전시 영의정으로, 자신이 형님으

침실로 날아들어 왔었기 때문에 어릴 때의 이름을 현룡이라 하였다."고 전하고 있다.

619) 선조시대에 이르러 신분 등 1,600인이 상서하여 유원하니 임금은 "葵藿向陽不擇旁枝, 人臣願忠, 豈以正嫡"했고, 병조판서 이이가 그들을 통용할 것을 건의하고 성혼, 조헌 등이 연달아 상서하였다(『燕巖集』 卷三三, 擬淸疏通疏).

로 모셨던 사명당은 승려의 신분으로 의병장이 되어 국내외에서 활동한 것을 후에 알게 되었다. 허균은 자신이 전쟁을 맞아 국가적 차원이 아닌 가족적 발상을 벗어나지 못한것에 대한 심각한 성찰의 마음을 성리이념을 지닌 도심의 주인공 홍길동에 투사하여, 영웅적 애민적 국가적 활동을 작품속에서 활발하게 펼치는 것으로 승화시켰다. 허균은 주인공 홍길동의 인간상을 형상하면서, 비교적 자신과 가까이에 있는 병조판서를 지냈던 인물들 즉, 병조판서 율곡, 병조판서 허성 등을 소재로 삼았다.

(2) 병조판서 율곡의 명나라 내왕과 서얼허통의 진언

율곡 이이는 1568년 명나라를 다녀오느라 6개월의 공백을 두고 한양에 돌아왔다.[620] 율곡의 연보에는 율곡이 임금에게 다음과 같이 아뢰었다고 기록하고 있다.

> 나라의 형세가 떨치지 못함이 극도에 달하였습니다. 10년이 못 가서 흙이 무너지는 화가 있을 것입니다. 원하옵건대 미리 10만 명의 군사를 길러서 서울에 2만을 두고 나머지 각 도에 1만 명씩 배치하여 그들에게 세금을 덜어주고 군사훈련을 시켜서 6개월로 나누어 교대로 서울을 지키게 하였다가, 변란이 발생할 경우에는 10만 명을 합쳐서 파수하게 하여 위급할 때를 대비하십시오. 이렇게 하지 않는다면, 하루아침에 갑자기 변란이 일어날 경우, 일반 백성들을 내몰아 전투에 임하게 하는 일을 면하지 못하여, 결국 큰 일이 끝나고 말 것입니다.[621]

---

620) 『조선왕조실록』, 선조 1년(1568) 5월 19일에, 천추사 목첨이 북경에 갔는데 서장관은 이이였다.

621) 이이, 『율곡전서』 권34, 부록2, 연보.

이 기록은 10만 명의 군사를 양성하자는 주장이다. 이런 내용은 이 외에도 사계 김장생이 기술한 행장, 월사 이정구가 쓴 시장, 백사 이항복이 지은 신도비명, 그리고 우산 안방준의 문집인 『우산집』에도 나타난다. 『선조실록』과 『선조수정실록』의 해당 연도 4월의 기록에는 율곡이 '10만 양병설'을 주장하였다는 내용이 없지만, 양병설에 비중을 놓고 보면, 양병의 논리적 근거는 율곡의 상소문 「만언봉사」에 있는, "오늘의 일은 실로 이와 같으니, 10년이 못 가서 반드시 화란이 일어나고 말 것입니다."라는 내용, 사실상 전쟁의 준비방책을 제시하는 「6조계」가 있다으므로, 조선왕조실록의 해당 연도에 10만 양병설의 기록이 없다고 해서 나머지 기록을 부정하기 어렵다.[622] 이처럼 경연에서의 10만 양병설의 주장은 당시 명망이 높은 류성룡에 의해 반대에 부딪친다. 발언의 내용이 기득권층의 질서를 흔드는 평화에 시기에 갑자기 전쟁준비를 한다는 것이 사회에 얼마나 큰 동요를 줄 것인가를 염려한 것이다. 율곡으로서는 사태가 불안하였기에, 목소리를 높여서 사방으로 외쳐대도 호응하는 소리가 없었다.[623]

1573년에 이이 등이 이어 아뢰기를, "국가가 사천에 대하여 입법한 것이 공평하지 못하여 이미 어미의 신분을 따르면서 또 아비의 신분을 따르고 있습니다. 그 폐단의 결과 양민이 전부 사가로 들어가 군정이 날로 줄어드는 상황에 이르고 있습니다." 하니, 상이 이르기를, "이 법은 참으로 온당치 못하다. 대체로 법전은 변경할 수 없으나 이와 같은 법은 변통하는 것이 옳을 듯하다." 하였다. 군신이 법을 변통하는 것이 좋겠다고 찬성을 하니, 상이 수

---

622) 황준연, 『이율곡, 그 삶의 모습』, 서울대학교 출판부, 2000, 211~216쪽.

623) 『선조수정실록』에는 선조 19년(1586) 10월 1일에, 제독관으로 제수된 조헌이 붕당의 시비와 학정의 폐단을 논한 상소문 올린 내용을 전하고 있다. 질정관은 명나라 북경에 가는 신의 수행원으로 특별히 문관 1명을 차출하여, 사행에서의 의문점을 해결하도록 하였다. 처음 조천관(朝天官)이라 하였다가 질정관으로 바꾸었다.

의하라고 명했다.[624] 하였다.

임진왜란이 일어나기 9년 전인 선조 16년인 1583년 1월 22일에 병조 판서 율곡 이이가 병 중에 숙배하고 사직 상소를 올리니, 왕은 아조의 병력이 전조에 못 미치고 있는데 오랫동안 승평을 누린 나머지 병정 또한 해이된 지 오래이다. 나는 가끔 그것을 생각하고 남몰래 걱정하였으며, 실로 적당한 인재를 얻지 못한 것을 한탄하였다. 경은 경장과 개기를 부단히 주장해 왔었으니 이것은 바로 경의 평소의 생각인 것이다. 지금 경이 참으로 기발한 계책을 세워 전래의 폐습을 모조리 혁파하고 이어 양병의 계획을 세운다면 국가에 있어서 다행일 것이다. 『서경』에 '융병을 잘 다스려야 한다.'고 하였고, 유자도 '나라의 큰일은 제사와 군대이다.'고 하였으며, 순자도 '군대가 크게 정리되면 천하를 제어할 수 있고 작게 정리되면 가까운 적을 다스릴 수 있다.'고 하였다. 군대야말로 나라를 다스리는 자가 절대로 소홀히 할 수 없는 것이니 경은 그 점에 대하여 노력하라. 또 병을 조리하면서 행공하더라도 일을 볼 수가 있는 것이니 사면하지 말라." 하였다.

또, 율곡 이이는 20일 후인 1583년 2월 12일에는 육진 방어에 임한 서얼의 과거 허용을 다룬 〈시무 6조소〉를 올렸고, 다시 3월에는 시폐봉사를 올려 세금제도의 개혁, 군병적의 개혁, 주현의 통합, 감사에 오랜 것은 물론, 서얼도 허통하도록 하고, 공사천 중 재주가 있는 자는 양민으로 바꿀 것을 청했다.[625]

선조 16년인 1583년 4월 14일에는 병조판서 이이가 시폐를 들어 상소하자, 서얼 허통 등에 대한 전교를 내리기를, "서얼과 천인을 허통하는 건은 지난 사변 때 경의 헌책에 따라 즉시 시행을 명하였던 것인데 그때 그것을 논의하는 사람들이 있었다. 지금 다시 비변사에 물어 헤아려본 후 마련하여 거행하도록 하겠다." 하였다. 그리고 한 달이 채 지나지 않은 율곡 이이는 2월 15일

---

624) 『조선왕조실록』 선조 6년(1573년) 9월 1일.

625) 유명종, 『율곡의 학풍과 사상』, 세종출판사, 2002, 48~49쪽.

에 병조판서로서 왕에게, “우리나라가 오래도록 승평을 누려 태만함이 날로 더해 안과 밖이 텅 비고 군대와 식량이 모두 부족하여 하찮은 오랑캐가 변경만 침범하여도 온 나라가 이렇게 놀라 술렁이니, 혹시 큰 적이 침범해 오기라도 한다면 아무리 지혜로운 자라도 어떻게 계책을 쓸 수가 없을 것입니다. 옛말에, 먼저 적이 나를 이기지 못하도록 대비한 다음에 적을 이길 수 있는 기회를 기다리라고 하였는데, 지금 우리나라는 하나도 믿을 만한 것이 없어 적이 오면 반드시 패하게 되어 있습니다. 생각이 여기에 미치니 한심하고 간담이 찢어지는 듯합니다. 더구나 지금 경원의 적으로 말하면 1~2년 만에 안정시킬 수 있는 것이 아닌데, 만약 병위를 한번 떨쳐 그들의 소굴을 소탕해 버리지 않는다면 육진은 평온을 누릴 기회가 영원히 없을 것입니다. 지금 서둘러 다스릴 수 있는 힘을 길러 후일의 대책을 세우지 아니하고, 그때그때 미봉책만 쓰려 든다면 어찌 한 모퉁이에 있는 적만이 걱정거리이겠습니까. 아마 뜻밖의 환란이 말할 수 없이 많게 될 것입니다. (중략) 오기는 일개 웅걸한 장군에 불과한 사람이었으나 그의 말에도 ‘도로 편안하게 하여 주고, 의로 다스리며, 예로 움직이고, 인으로 어루만져 주는 것이니, 이상의 네 덕을 잘 닦으면 흥하고 폐하면 쇠한다.’ 하였으며, 또 이르기를 ‘무릇 나라를 다스리고 군대를 통솔함에 있어서는 반드시 예로 가르치고 의로 격려하여 부끄러워할 줄 알게 해야 한다. 사람이 부끄러워할 줄을 알면 크게는 전쟁을 치를 수 있고 작게는 자신을 지켜나갈 수 있다.’ 하였습니다. 오기도 오히려 이러한 말을 남겼는데, 하물며 지금 성왕이 나라를 다스리면서 어찌 교화가 급선무라는 것을 생각하지 않으실 수 있겠습니까. 어리석은 백성들을 하루아침에 갑자기 다 가르칠 수는 없는 일이니 우선 주자부터 가르치기 시작해야 합니다. 신의 생각으로는, 우선 태학과 사학의 관부터 적임자를 골라 선비들을 가르치게 하고, 외방 군읍의 교관들도 비록 다 적임자를 골라 둘 수는 없을지라도 역시 별도의 계책을 세워 유가의 풍속을 일으킴으로써 점점 백성들에게까지 영향이 스며들게 해야 할 것이고 어쩔 수 없는 것으로 생각하여 포기해 버릴 수만은 없는 일입니다."[626] 하였다.

또, 율곡 이이는 1583년 4월 1일에 당파를 초월한 인재 등용과 폐정의 혁신을 "흥망은 조짐이 있고 치란은 기미가 있는 것입니다. 그러나 일이 닥치기 전에 말을 하면 흔히 신임을 받지 못하고 일이 닥친 뒤에 말을 하면 구제하려고 해도 할 수 없습니다. 오늘날의 조정에 대해서는 전하께서는 어떻게 생각하십니까. 동·서로 분류된 뒤로 당파의 색목이 이미 형성되고 나서는 왕왕 당류가 같고 다름에 따라 좋아하고 미워하게 됨을 면치 못하여, 말을 만들어내고 일을 꾸며내는 자가 서로 얽어가며 끝없이 모함하고 있습니다. (중략) 위 아래가 서로 믿지 못해 벼슬아치가 화목하지 못하고 국시가 정해지지 않으므로써 뜬 의논만 마구 퍼지고 있습니다.[627]라며 상소를 올렸다. 또, 그 13일 후인 4월 14일에 율곡 이이가 시폐를 들어 상소하자, 선조는 서얼 허통 등에 대해, "내가 우연히 경이 몇 해 전에 올린 상소문을 보던 중 마침 경의 상소문이 올라왔는데 예나 이제나 정성스럽도다. 이 못난 임금을 잊지 않고 있는 경의 고충에 대하여 매우 가상히 여기는 바이다. 나라 일은 어진 대신이 당연히 맡아 해야 할 것이고, 남행이 대간이 되는 일에 있어서는 기왕의 후회스러움은 어차피 뒤쫓아갈 수 없는 일이지만 한 번도 너무 후회스러운데 두 번 다시 잘못을 저지를 수야 있겠는가. 내 이미 뜻을 결정하였다. 공안 건은 조정과 논의하면 논의가 합일되지 못할 것이라 가볍게 고치지 못하고 있는 일이지만, 설사 고친다고 하더라도 이렇게 다사한 때에 한꺼번에 거행하기는 어려울 것 같고, 군적 건은 본조가 이미 명령을 받들었으니 나머지는 경이 설시를 어떻게 하느냐에 달려 있을 뿐이다. 주현을 합병하는 건은 그것이 과연 과매하고 경천한 뜻에서 나온 것으로서 다른 폐단을 남길까 염려스러워 감히 스스로 옳다고 여겨 변경하지 못하였던 것인데, 경이

626) 『조선왕조실록』, 선조 16년(1583) 2월 15일.

627) 『선조수정실록』, 16년(1583) 4월 1일.

권하고 청하여 마지않으니 한번 시험해보겠다. 감사를 구임하는 건은 그 제도를 창설하기 어려워 지금까지 미루어왔던 것이나 지금 마땅히 경의 의견을 따라 우선 양남에서 시험해볼 것이고, 서얼과 천인을 허통하는 건은 지난 사변 때 경의 헌책에 따라 즉시 시행을 명하였던 것인데, 그때 그것을 논의하는 사람들이 있었다. 지금 다시 비변사에 물어 헤아려본 후 마련하여 거행하도록 하겠다."[628] 하였다. 또, 그 12일 후인 4월 26일에는 홍문관이 양사가 서얼 허통한 일에 대해 대응하는 문제에 대해, "양사가 일을 말할 때 곧바로 처리하지 못할 뿐만 아니라, 요즘 들어 서얼을 허통하도록 한다, 공 · 사천을 양민으로 만든다, 곡물을 바치고 죄를 면한다는 등 실로 국전을 훼손하고 방형을 무시해버리는 일들이 일어나고 있는데도 입을 다물고 한마디 말이 없으니 모두 체차하도록 명하소서." 하니, 답하기를, "양사를 자주 가는 것이 일에는 도움이 없고 다만 번쇄한 결과만을 가져올 뿐이다."하고, 윤허하지 않았다.[629] 하였다. 또, 그 3일 후인 5월 1일에는 "양사가 논계하기를, "비변사 공사의 서얼 · 공사천이 곡물을 바치거나 변지 방어에 임하면 벼슬길을 터주거나 또는 양민이 되게 하는 일, 곡물을 바치고 죄를 면하는 일 등은 모두 거행하지 마소서." 하였으나, 다 윤허하지 않았다."[630]는 농의가 있었다. 또, 그 다음 해인 1584년 3월 4일에는 심희수가 이이가 서얼 허통법을 주장한 이유를 계달하자 그에 답하는 전교를 내리기를, "심희수는 내가 처음 보았으므로 그가 어떤 사람인지를 모르겠으나 오늘의 말은 자못 괴이하다. 대저 말이란 마음의 소리이므로 그 말을 통해서 그의 마음을 헤아릴 수가 있는 것이다. 나는 이이가 죽은 뒤에 별로 다르게 대우한 일이 없는데 감히 '대접하는 도리가 생사에 따라 다르니 생각건대 반드시 상이 그에 대한 뜻이 있는

628) 『조선왕조실록』, 선조 16년(1583) 4월 14일.

629) 『조선왕조실록』, 선조 16년(1583) 4월 26일.

630) 『조선왕조실록』, 선조 16년(1583) 5월 1일.

것이다.' 하니, 이는 몰래 나의 마음을 시험해 보는 것이다. 또 '이이를 중론을 물리치고 등용하였다.' 하였는데, 내가 물리친 것은 간신들이 얽어 모함하는 사설이었는데 그것을 오히려 중론을 배척했다고 할 수 있겠는가? 서얼을 허통하게 하자고 한 일[631]에 대해서는 매우 구차한 일이지만, 조종의 토지를 조석간에 상실하는 것을 민망히 여겨 이를 위해 부득이 시행한 것이지, 이이가 어찌 그 자신이 일찍 죽을 것을 미리 알고 자기의 서자를 위해서 한 일이겠는가. 그런데 이제 '그는 반드시 자기 아들 때문에 이 납속법[632]을 만들었다.'하니, 이는 범범하게 외인들의 가설인 것처럼 하였으나 실상은 그의 행위를 배척한 것이다. 심지어 꿈에 유배당한 신하를 본 것을 시로 표현하여 몰래 써 넣었으니, 이 모두가 음특한 술법인 것이다. 매미처럼 지절거리는 소리는 진실로 따질 것도 없지만 다만 임금이 사람을 쓰는 도리에 있어 일찍 분변하지 않을 수 없는 것이다. 대저 그의 사람됨이 말에 민첩하여 혹 우연히 나온 것인지는 알 수가 없다. 그러나 내 뜻이 이와 같으므로 말하지 않을 수 없다. 정원은 어떻게 생각하는가?" 하니, 회계하기를, "삼가 심희수를 계달한 내용을 들어 보건대 별로 다른 뜻은 없었습니다. 평소 이이가 가사를 돌보지 않은 채 성심으로 국사에 힘쓰는 것을 경모하였는데 이이가 죽은 뒤에 그의 처자가 의지할 곳이 없는 것을 보고 항상 애통한 마음을 품고 있었기 때문에 상께서 특별히 은수를 내려 그의 노고에 보답하기를 바라고 한 말입니다. 다만 말이 경솔하여 잘 다듬고 헤아리지 못한 것뿐이요, 그 사이에 조금도 다른 뜻은 없습니다." 하니, 알았다고 전교하였다.[633]

---

631) 선조 16년(1583)에 이탕개가 침입했을 때 당시 병조판서로 있던 이이가 아뢴 계책 가운데 "자원하여 육진에 나가 3년을 근무하는 사람은 서얼이라도 과거에 응시할 자격을 주고, 공사의 천인은 양민으로 면천시킨다."고 한 부분을 가리킨다.

632) 納粟法.

633) 『조선왕조실록』, 선조 17년(1584) 3월 4일.

율곡의 정치사상을 대표하는 것은 일반백성을 위하는 민본사상으로, 그것은 서얼과 같은 천인들을 보호하고 구제하려는 데까지 나아가고 있다. 율곡은 병조판서로 있으면서 서얼허통을 주장하였지만, 조정에서는 이를 수용하지 않았는데 이 문제에 대하여, 허균은 율곡이 병조판서로서 제시한 정책이 제대로 수용되지 못한 데에 대한 아쉬움을 다음과 같이 남겼다.

> 서얼 공천 · 사천에게 벼슬길을 터주고 종량하게 하는 것을 허락해주도록 다시 명했다. 스스로 장비를 갖추고 변방에 가서 만 3년 동안 방수한 자는 벼슬길을 터주고 종량하게 하였고, 또 변방에 쌀을 바친 서얼도 벼슬길을 터주고 종량하게 하였으며, 첩의 자식과 천첩의 자식은 바치는 것에 차등이 있게 하였다.[634]

또한, 율곡 이이는 1583년 4월 14일 당파를 초월한 인재 등용과 폐정의 혁신을 담은 상소로, "삼가 아룁니다. 흥망은 조짐이 있고 치란은 기미가 있는 것입니다. 그러나 일이 닥치기 전에 말을 하면 흔히 신임을 받지 못하고 일이 닥친 뒤에 말을 하면 구제하려고 해도 할 수 없습니다. (중략) 오늘날의 조정에 대해서는 전하께서는 어떻게 생각하십니까. 동 · 서로 분류된 뒤로 당파의 색목이 이미 형성되고 나서는 왕왕 당류가 같고 다름에 따라 좋아하고 미워하게 됨을 면치 못하여, 말을 만들어내고 일을 꾸며내는 자가 서로 얽어가며 끝없이 모함하고 있습니다. 여론을 주도하는 벼슬아치들 대부분이 동인으로서 그들의 견해에 편벽됨이 없지 않은데, 결과적으로 그러한 폐단은 어질고 어리석음 재주가 있고 없음을 막론하고 오직 동 · 서의 당류를 따지는 것만을 힘쓰기에 이르렀습니다. 그래서 동인이 아닌 사람은 억제하고, 서인을 배척하는 사람을 찬양하여 그것으로써 시론을 정하고 있습니다. 그

634) 『조선왕조실록』, 선조 16년(1583) 4월 1일.

러자 조정에 처음 진출하여 빨리 출신하기를 바라는 사류가 서인을 공격하면 출세의 길이 열린다는 것을 알고는 다투어 일어나 부회하며 인재를 중상하고 선비의 풍습을 무너뜨리고 있는데도 이를 금하지 못하고 있습니다.(중략) 신이 이런 말을 하는 것이 어찌 감히 스스로 옳다고 여겨서이겠습니까. 오직 전하께서 마음 속으로 결단을 내리고 묘당에 자문하신 뒤 신의 말이 옳으면 곧 명하여 시행하시고, 옳지 못하면 즉시 물리치시어 국시가 귀일되고 시비가 모호해지는 잘못이 없게 하소서. 그러면 그 다행스러움이 더욱 클 것입니다. 그리고 성의를 미루어 아랫사람을 접하고 간언을 받아들여 허물을 고치소서. 그리하여 성상의 마음이 이미 바르게 되고 조정이 화목해지면 인재를 얻어서 폐단을 고치는 일에 대해 의논할 수 있을 것입니다. 대체로 인재를 얻는 데 대해서는 진실로 노유들이 늘상 이야기하고 있지만, 실제의 일로써 헤아려 보면 다시 별다른 방책이 없습니다. 공자가 이른바 '정치는 사람에게 달려 있다'라고 한 것이 어찌 우리를 속인 말이겠습니까. 하지만 인재는 다른 시대에서 빌려올 수 없는 것이고 현 시대의 인물을 어떻게 이용하느냐에 달려 있는 것입니다. 백리해가 우나라에 있었어도 우나라가 망하였고 자사가 노나라에 있었어도 노나라가 침탈을 당했습니다. 현인이 있어도 쓰지 않는다면 현인이 없는 것과 무엇이 다르겠습니까. 요즈음 의논하는 이들은 사람을 얻기가 어려운 것을 핑계하여 매양 변통의 논의를 막고 있습니다. 그러나 만약 반드시 옛날 성현과 같은 인재를 얻어야만 나라를 보전할 수 있고, 그런 성현을 얻지 못할 경우엔 차라리 위태롭거나 망하거나 그대로 내버려 둘 수 밖에 없다고 한다면, 인재를 얻어야 한다는 말이 도리어 고질병이 될 것이니, 그렇게 되면 이 세상에서 그 나라를 잃지 않는 자가 거의 드물 것입니다."[635]라 하였다.

이처럼 병조판서 율곡 이이는 서얼 허통의 문제와 당파간의 갈등이 빚어

---

635) 『조선왕조실록』, 선조 16년(1583) 4월 14일.

내는 정치 사회적인 문제를 해결할 수 방식을 다양하게 제시하며 입하게 하고 문무의 과거를 볼 수 있도록 허락해 달라고 임금에게 청하였다.[636]

율곡이 보여준 서얼 허통 등에 대한 주장은 1583년 변방에서 이탕개의 난이 일어나자 당시 병조판서 율곡 이이는 국난을 극복하기 위한 제안으로, 전쟁에서 공훈을 세우거나 군량미를 내면 서얼에게도 벼슬길을 열어주자는 주장으로 나타났지만, 그의 뜻은 양반들의 반대에 부딛혀 좌절되었다. 그러나 이이의 납속 허통 주장은 서얼허통의 물꼬가 됐다. 서얼 허교 주장은 유학자들에 의해 태종 이방원의 유지를 거스르는 행위라는 비난을 계속하였고, 동인에서는 그가 사사로운 원한으로 불교에 입문했던 점을 계속 들먹이며 그가 사회를 어지럽힐 생각으로 서얼의 허통을 주장한다며 공세를 계속하였다. 율곡의 서얼 허통은 신분제를 문란하게 만들 우려가 있다는 동인들의 공격을 받았고, 심지어는 같은 당인 서인들로부터도 비난의 대상이 되었다. 그런데도 동인인 류성룡과 정구가 그의 서얼 허통 주장에 '인재를 가려 쓰는 데는 차별이 있어서는 안된다'며 당색을 초월하여 동의하였다.

이런 견해를 끊임없이 보여준 율곡에 대하여 허균은 다음과 같이 논평하였다.

> 이이가 곤란하게 된 것은 식지가 생각하기를 공안을 고침은 불편하다는 것이요, 별읍에 액외병을 둠은 부당하다는 것이요, 輸栗授爵함은 불의한다는 것이요, 서얼을 通仕함은 불가하다는 것이요, 성보를 고쳐 쌓음은 不合하다는 것이다. 병란을 당한 뒤에야 조정에서 부지런하게 연마를 논구하였다. 구원이 抗戰便民이란 까닭은 이 다섯에서 벗어나지 않음은 무엇인가.
>
> 대개 이이의 선견은 이미 수십년 전에 통촉되었던 것이다. 비록 몇 가지의 시행이 평일에 있어서는 苟且하고 간략함을 알았을지라도 환난을 생각하

636) 조경남, 『난중잡록』 3-1, 65쪽.

고 예방함에도 경장을 하지 않을 수 없었으므로 중인의 기틴을 범하면서도 감히 말하였다. 속사 구견에 매여 요란하다고 생각하였고 불안하다고 생각하여 분연히 심흘하여 그 몸이 용납되지 못하고 나라가 하지 못할 것을 마땅히 여겼다. 그러나 지금의 논자도 힘써 이를 배척하여 남은 힘이 없고 이것을 받들어 다섯 가지를 행하는 것도 오히려 미치지 못하니 이것은 크게 가소롭다.[637)]

임진년 4월에 일본군이 대거 침입해 들어왔는데, 이보다 10년 전 이율곡 선생이 이산해 · 김우옹 · 류성룡 등과 함께 경연에 들어갔다. 율곡이 임금에게 말씀드리기를, '국세가 떨치지 못한지 오래 되었으니 앞날에 닥칠 화를 염려하지 않을 수 없습니다. 10만 군을 양성하여 서울에 2만, 각도에 1만 명씩 배치해서 만일에 대비하는 것이 좋겠습니다. 그러지 않고 안일하게 세월을 보내며 재산 욕심을 내는 것이 습성처럼 되었다가 별안간 난리가 일어나면 훈련되지 못한 백성들을 내몰아 싸울 수밖에 없을 터이니 그리되면 큰 일을 그르칠 것입니다.' 하였으나 찬동하는 이는 한 사람도 없었다. 한 대신이 말하기를 '일이 일어나면, 그때에 가서 잘 도모하여 막으면 될 것입니다'고 하였다. 물러 나오면서 그 대신이 율곡에게 말하기를 '지금같이 태평무사한 때에는 경연에서 임금에게 성학을 공부하시도록 권하는 것이 급선무이지, 군대의 일은 급하지 않은데 공은 무슨 생각으로 우리들과 의논도 없이 단독으로 그런 말씀을 드렸소' 하고 물었다.

율곡이 말하기를, '속된 유신들이 어찌 시무를 알겠소?' 하고는 웃고 대답하지 않았다. "이제 와서 보니 이문성이야말로 참으로 성인이다. 만약 그의 말을 들었더라면 나라 일이 어찌 이 지경에 이르렀겠는가. 또 그 전후의 계책을 혹 비난하는 사람도 있었지만, 지금에는 모두가 착착 들어맞는다. 만일 율곡이 있으면 반드시 오늘에 있어 하였음직한 일을 할 것이니, 진실로 이른바

637) 허균, 『성소부부고』, 정론』.

백 년을 기다리지 않고도 알 일이다."[638)]

당시 시류에 따라 동인에 속했던 허균의 이러한 논평은 국가를 위한 한결같은 마음을 가진 율곡을 초당파적인 인물로 바라보고 평하였던 것으로 이해할 수 있다.

선조 16년인 1583년 4월 14일에 이이가 시폐를 들어 상소하자, 서얼 허통 등에 대한 전교에서 임금은 "내가 우연히 경이 몇 해 전에 올린 상소문을 보던 중 마침 경의 상소문이 올라왔는데 예나 이제나 정성스럽도다. 이 못난 임금을 잊지 않고 있는 경의 고충에 대하여 매우 가상히 여기는 바이다. 나라 일은 어진 대신이 당연히 맡아 해야 할 것이고, 남행이 대간이 되는 일에 있어서는 기왕의 후회스러움은 어차피 뒤쫓아갈 수 없는 일이지만 한 번도 너무 후회스러운데 두 번 다시 잘못을 저지를 수야 있겠는가. 내 이미 뜻을 결정하였다. 공안 건은 조정과 논의하면 논의가 합일되지 못할 것이라 가볍게 고치지 못하고 있는 일이지만, 설사 고친다고 하더라도 이렇게 다사한 때에 한꺼번에 거행하기는 어려울 것 같고, 군적 건은 본조가 이미 명령을 받들었으니 나머지는 경이 설시를 어떻게 하느냐에 달려 있을 뿐이다. 주현을 합병하는 건은 그것이 과연 과매하고 경천한 뜻에서 나온 것으로서 다른 폐단을 남길까 염려스러워 감히 스스로 옳다고 여겨 변경하지 못하였던 것인데, 경이 권하고 청하여 마지않으니 한번 시험해보겠다. 감사를 구임하는 건은 그 제도를 창설하기 어려워 지금까지 미루어왔던 것이나 지금 마땅히 경의 의견을 따라 우선 양남에서 시험해볼 것이고, 서얼과 천인을 허통하는 건은 지난 사변 때 경의 헌책에 따라 즉시 시행을 명하였던 것인데 그때 그것을 논의하는 사람들이 있었다. 지금 다시 비변사에 물어 헤아려본 후 마련하

638) 이이, 『율곡전서』, 35권, 행장.

여 거행하도록 하겠다." 하였다.[639]

이러한 율곡의 견해와 달리, 선조 16년인 1583년 7월 21일에는 홍문관에서, 이이 등을 비판하는 차자를 다음과 같이 올렸다.

홍문관(弘文館)이 상차(上箚)하기를, "임금의 마음은 만사의 근간이요 만화(萬化)의 근원이므로 반드시 거울같이 허명(虛明)하여야만 사물이 비출 때 연치(姸蚩)가 저절로 나타나고, 저울같이 평정(平正)하여야만 일이 닥쳤을 때 경중(輕重)이 저절로 구별되는 것입니다. 만약에 거울이 밝지 못하거나 저울이 형평을 잃게 되면 고운 것이 도리어 추악하게 보이고 추악한 것이 도리어 곱게 보이며, 가벼운 것이 무겁게 되기도 하고 무거운 것이 가벼워지기도 하여 끝내 어느 것이 실상인지를 구별할 수 없게 됩니다. 요즘 삼사와 대신에게 내리신 하교를 보면, 연치와 경중이 중(中)을 잃은 것이 많아 전하의 형감(衡鑑)이 만에 하나 그 허명과 평정을 다하지 못해 그러한 것이 아닌가 염려됩니다. 지난번 전하께서 성혼의 상소로 인하여 삼공(三公)을 불러 이이에 관하여 하문(下問)했을 때, 영상 박순이 언관(言官) 2명을 지척(指斥)하여 상께서 진노하시어 즉시 외직에 보임하도록 명하여 멀리하셨습니다. 아아, 박순은 지위가 재상이고 성혼은 산야(山野)에서 왔으므로 전하의 마음에는 이 두 사람이라면 반드시 어느 쪽에도 간예(干預)되지 않아서 그 말이 지극히 공정할 것이니 그 말에 의거하여 한 세상의 충사(忠邪)를 구별하고 천하의 시비(是非)를 가릴 수 있을 것으로 생각하셨겠지만, 도리어 협사(狹私)의 논리에 자신도 모르게 오도(誤導)를 당하셨으니, 전하께서는 언제나 천하의 참된 시비를 가리시겠습니까.

박순과 성혼·이이는 평소 교계(交契)가 주밀하여 모든 크고 작은 논의에 있어 서로 간여하지 않은 적이 없었습니다. 이이가 곧 성혼이며 성혼이 곧 박

639) 『조선왕조실록』, 선조 16년(1583) 4월 14일.

순이므로 다른 사람으로 구별하여 볼 수가 없습니다. 이이는 원래 서인(西人)의 영수로서 성혼은 그를 사랑한 나머지 그의 악은 모르고 있으며 또 이이의 옳은 것만 보고 잘못은 보지 못하고 있으니 그 자신도 모르는 사이에 한쪽으로 빠져 들게 된 것입니다. 그리고 박순의 말도 어떻게 바른 말이 되겠습니까. 자기에게 잘 대해 주는 자를 좋아하여 음으로 돕고 양으로 찬양하고 있으며, 성혼과는 서로 성세(聲勢)가 되어 그들 마음에는 틀림없이 '우리는 대신(大臣)이요 또 산인(山人)이니 한 사람은 상소를 하고 한 사람은 지명(指名)을 하면 전하는 틀림없이 공정한 말이라 생각하고 믿을 것이다.' 하였을 것이니, 이는 대신이요 산인이라는 형세를 이용하여 저들의 사(私)를 달성하려는 것이니 너무 심하지 않습니까. 이이의 잘못한 일들이 한두 가지가 아닌 것은 모든 사람이 다 알 뿐만 아니라 전하께서도 통촉하고 계신 것으로 숨길래야 숨길 수 없는 일인데 성혼은 이이를 티없는 백옥(白玉)에다 비유하였으니 그것만 보더라도 그의 사를 두둔하는 마음을 알 수가 있습니다. 뿐만 아니라 그는 온 세상 사대부(士大夫)들을 가리켜 모두 사특한 사람들이라 하였는데, 그 많은 사람들이 다 사특하다는 이치가 어떻게 있을 수 있겠습니까. 너무 야박스런 말이었습니다. 그러한 말이 어떻게 인인(仁人) · 군자(君子)의 입에서 나올 수 있는 것입니까. 온 세상이 모두 사특한 사람들이어서 쓸 수가 없다면 전하께서는 장차 그들 두서너 사람만을 데리고 나라를 다스릴 것입니까.

아아, 충사(忠邪)를 분별하는 슬기라면 밝다고 할 수 있겠고, 혐의도 피하지 않는 형적이라면 공정하다 하겠으나, 옛부터 현대신(賢大臣) · 은군자(隱君子)로서 사당(私黨)을 두둔하고 사림(士林)을 해치려고 했던 자를 전하께서는 일찍이 보신 적이 있으십니까. 좌상(左相) 김귀영(金貴榮)은 그래도 자기 소신을 지켜 흔들리지 않고 조정을 어떻게 하면 안정시킬까를 생각하는 사람입니다. (중략) 서얼(庶孽) 허통(許通)의 문제만 하더라도, 이이를 논하게 된 것이 물론 그 일 때문만은 아니지만 이른바 허통이라는 것도 뜻이 다릅니다. 즉 입현 무방(立賢無方)이라는 뜻으로 이유와 조건 없이 허통을 한다면 오히려 그럴 수 있는 일이지만 부방(赴防)·납속(納粟)을 조건으로 허통을 한다는 것은 크게 왕정(王政)의 체통이 아닌 것이니 그 얼마나 구차한 일입니까. 김첨(金瞻)이 말했던 뜻은 이이와는 크게 서로 다른 뜻이었는데 전하께서는 그 말을 지적하여 죄로 삼아 물러가도록 몰아세웠으며, 말 한마디로 모두 체직시켜 조금도 돌아보고 애석해 하는 면이 없었으니 어찌 성명(聖明)의 큰 누가 아니겠습니까. (중략) 이이를 논하는 자들이 만약 그때 직절(直截)하게 논계(論啓)하여 그의 죄를 바로 잡았더라면 비록 사를 끼고 그 쪽을 두둔하고 싶은 사람이 있었다 하더라도 언제 무슨 틈을 타서 시비를 현란시시킬 수 있었겠습니까. 전하께서 이이의 편사함이 이렇게까지 극에 달한 줄은 모르시고 한갓 그의 민첩하고 재주가 많은 것만을 사랑하여 그라면 함께 지치(至治)를 일으킬 수 있으리라고 생각하였으니 '인재를 알아볼 수 있다면 이는 철인(哲人)이다. 그것은 순제(舜帝)도 어려웠던 일이다.'라는 옛 말이 사실인 것입니다. 아아, 앞서는 이이가 상소를 하자 경안(慶安)이 지명(指名)을 하더니 뒤에는 성혼이 상소를 하자 박순이 척명(斥名)을 하였으니, 사림을 몰아내기 위한 전후의 수단이 어쩌면 그렇게도 동일합니까. (중략)" 하니, 윤허하지 않는다고 답하였다.

마침내 선조 30년인 1605년 10월에는 신분 등의 1,600인이 상소를 하게 되자, 선조는 다음과 같이 답하였다.

"나라가 생긴 후 서얼의 구분이 엄격한바 우리 나라가 기강을 유지하는 까닭은 이 때문이다. 변란 이후 윤리기강이 퇴폐하고 명분이 혼란되었다. 서얼이 어찌 氏라 칭할 수 있겠는가. 게다가 만약 稱氏한즉 그들이 장차 국서를 짓겠는가. 국서를 지은즉 이들과 士族은 어깨와 소매를 나란히 하게 될 것이고 이로부터 분수를 넘고 陵僭하는 기풍은 고칠 수 없을 것이다. 다시 법례를 만들어 상세히 참고해서 시행하라."[640)]

작가 허균은 임진왜란 이후에도, 국가의 기강이 바로 서지 못한 채 광해군 시대로 접어들자 조정의 혼란이 증폭되는 상황 속에서, 그가 역사에서 찾아낸 세종시대의 민중영웅인 고려말 홍징장군의 손자요, 경성 절제사를 지낸 홍상직의 서자인 제1 홍길동과 백성들이 가장 존경했던 병조판서인 율곡을 주요 인물 소재로 융합하여 홍길동전의 홍길동을 형상하여 성리소설 홍길동전을 창작한다. 허균이 「홍길동전」을 성리소설로 창작하는데 가장 큰 영향을 미친 것은 다름 아닌 최고의 성리학자요 병조판서인 율곡이었다. 허균은 병조판서 율곡이 마치 정확히 10년 후에 임진왜란이 일어날 것을 예견이나 한 듯이 선조 임금에게 올린 상소문에서, 나라 안과 밖의 방비를 위한 국방정책은 물론 성리학을 통한 백성들의 교화에까지 구구절절 나라와 백성을 생각하는 율곡의 애국 애민 강병의 마음을 보았다.

허균은 이러한 병조판서 율곡의 애민 정신은 군대는 물론 백성들의 마음속에 주자 성리학의 인과 예를 가르쳐 스며들게 함으로써, 스스로 자신을 지키고, 나아가 큰 전쟁이 와도 이겨낼 수 있는 정신을 기르고자 함을 누구보다 절실하게 공감하였다. 이에 허균은 홍길동전을 지으면서 주인공 홍길동을 비록 서얼출신이지만, 성리심을 바탕으로 한 최고의 이상적인 인간상으로 형상해낸다. 즉 세종시대 실존했던 홍상직의 서자 제1 홍길동에 병조판서 율곡의 정신을 융합하여, 가장 이상적인 성리학적 인간상을 홍길동에 새겨 넣는다. 허균은 서얼차대에 막혀 능력과 재주를 갖추었어도 출사길이 막힌 서얼들의 마음을 나라에 대한 저항심을 성리심으로 전환하여 백성 속으로 파고 들어가 그들의 삶을 구휼했던 실존인물 제1 홍길동의 활동과 병조판서 율곡의 애국 애민 강병의 정신을 융합한 성리소설 「홍길동전」을 지어 백성의

640) 『조선왕조실록』, 선조 39년(1606) 10월.

가슴속으로 파고들었다. 즉, 허균은 임진왜란 후에 피폐해진 백성의 삶을 다시 세우기 위한 희망의 상징이 되어 서자출신이 당당히 조선의 병조판서가 되고, 마침내 해외로 진출하여 새로운 나라 율도국의 왕에까지 오르는 희망의 아이콘인 민중 영웅 홍길동의 일대기를 성리소설로 창작하여, 조선 최고의 학자요 병조판서인 율곡의 마음을 현실에서 가장 완벽하게 실현시켰다.

허균은 당파적으로는 동인에 속하였지만 이렇듯 율곡에 대해 높이 평가한 것으로 볼 때, 율곡의 개혁정신이 그만큼 큰 가치와 의미를 지녔던 것임을 말해준다. 그는 병조판서 율곡의 〈병론〉을 높이 평가했을 뿐만 아니라, 그 스스로 이런 〈병론〉을 집필하여 자신의 국방에 대한 견해를 "이이가 곤란하게 된 것은 조정에서 의논하는 자들이 생각하기를 공안을 고침은 불편하다는 것이요, 별읍에 액외병을 둠은 부당하다는 것이요, 수육수작[641] 함은 마땅하지 않다는 것이요, 서얼을 통사함은 불가하다는 것이요, 성보를 고쳐 쌓음은 불합리하다는 것이다. 병란을 당한 뒤에야 조정에서 부지런하게 연마를 논구하였다. 구원이 항전편민[642] 이란 까닭은 이 다섯에서 벗어나지 않음은 무엇인가. 대개 이이의 선견은 이미 수십년 전에 통촉이었던 것이다."라고 평하였다. 이는 당시 시류에 따라 동인에 속했던 허균이 이와 같이 논평한 것을 보면 율곡이야말로 초당적인 인물이라고 보았다.

이처럼 허균은 병조판서 율곡이 임란 10년 전에 주장했던 병론을 실천하여, 미리미리 자주적인 국방 태세를 갖추었다면, 임진왜란 때 자신이 직접 겪은 전쟁의 참상은 물론, 백성들의 삶에 불어닥친 환란을 방지할 수 있을 수 있었을 것이라는 뼈저린 인식을 통해, 율곡의 민본사상에 바탕을 둔 자주국방과 인재 등용의 문제에 있어서 현명한 국가 정책이 당파성이나 고관들의 개인적인 욕망에 따라 좌지우지될 수 없음을 성리소설 「홍길동전」의 주제

641) 輸栗授爵.

642) 抗戰便民.

로 삼았다.

서얼 출신 병조판서의 핵심 모델이 된 제1 홍길동에 대한 구체적인 활동 기록은 해외 출국과 동시에 삭제된 것으로 판단하여 찾을 길이 없었던 허균은 주인공 홍길동의 인간상을 형상함에 있어, 가족 모델의 1차 소재원을 가장 가까운 자신의 가족과 강릉의 양대 명문가로 알려진 병조판서 율곡의 가정에서 찾아 작품에 투사시킨다. 허균의 부친 허엽은 첫째 부인에게서 큰형 허성을 낳은 후 부인이 죽자, 두 번째 부인을 맞이하여 둘째 형인 허봉과 누나 난설헌 그리고 셋째 아들인 자신을 낳는다. 즉, 큰형 허성과는 이복형제지간이지만, 큰 형 허성, 둘째 형 허봉, 누나 허초희와 막내 아들 허균은 동인의 영수 허엽가의 4남매로 유복한 환경에서 잘 자랐다.

그에 비교하여 강릉호수를 사이에 두고 이웃한 서인의 영수요 허균이 평소 존경하던 병조판서 율곡은 어머니 신사임당이 돌아가시자 아버지 이원수가 맞아들인 서모와의 관계에서 형과 서모가 빈번히 일으키는 심각한 갈등을 중간에서 중재하는 피로에 지친 나머지, 불행한 집안을 나와 금강산으로 출가하여 한때 잠깐이나마 불교에 심취했던 것을 알고 있었다.

허균의 근본 생각은 최고의 성리학자요 병조판서인 율곡의 철학과 애민정신을 존경하며 그가 주장한 서얼허통과 십만 양병에 대한 견해 등, 역사적 현실을 작품의 소재로 활용하여 「홍길동전」의 주제를 형상한다. 「홍길동전」의 주인공 홍길동이 지향한 평생의 소원은 서출이지만 병조판서가 되는 것이었다. 이것은 기본적으로 봉건 왕권 체계를 긍정함을 전제로 하고 있고, 그것을 더욱 공고히 하는데 공헌하겠다는 자기 결의 없이는 생각할 수 없는 일이다. 즉, 자신이 요청한 병조판서를 제수해주면, 스스로 잡히겠노라고 한 것이다. 조정에서는 홍길동의 제안을 놓고 찬반양론으로 의견이 갈려 결론이 나지 않는다. 홍길동은 신장을 부려서 군사적 위용을 이루고, 황건역사로 하여금 자기를 참소하는 조정신하를 잡아들여 곤장을 때려서 내쳐버리게

한다.[643)]

여기 참소란 "만민을 소동케 ᄒᆞ고 성상의 근심을 ᄭᅵ치ᄂᆞᆫ 놈을 엇지 일국 ᄃᆡᄉᆞ마를 쥬리오"[644)] 하고 홍길동에 대한 병조판서 제수를 반대한 것을 말한다. 국록을 먹는 신하로서 이것은 당연히 할 수 있고 해야 할 일이다. 이것은 참소라 하고, 더구나 붙잡아 들여 곤장을 때려 내친 홍길동의 처사는 개인적 복수에 가깝다고 보겠다. 그리고 다시 전국의 중과 경화자제(京華子弟)를 잡아들여 지난 일을 꾸짖고 장래를 경계하고 내쳤다. 그 뒤 왕은 사람의 힘으로 도저히 당해내지 못할 것을 알고 그에게 병조판서를 내린다.

평생소원인 병조판서 직첩을 받은 홍길동은 왕께 사은하고 돌아가 다시는 작란치 아니하였다. 왕이 내려준 쌀 2천석[645)]을 배에 싣고 고국을 떠나며, 길동은 대궐을 향해 사배하고 하직하였다. 길동은 자신의 소원인 신분개선이나 과거를 통한 출세의 일이 열리는 것이 충족되자 더 이상 조선사회에서 자신이 할 일이 없는 사람과 같았다. 그리하여 해외로 활동무대를 옮겼다. 그에게 있어 조선사회의 적서차별은 자기 문제가 해결되는 순간 더 이상 관심의 대상이 되지 않는 것 같았다. 출국에 앞서 홍길동은 경화자제와 불승에 대한 최종적 경고와 징계를 하면서도[646)] 일찍이 그 자신이 가장 절통하게 생각하였던 적서차별에 관해서는 더는 아무일도 하는 일이 없었다. 오히려 그 문제는 더 이상 신경을 쓸 필요가 없는 것처럼 보이기까지 한다. 그리고 경판본에서는 홍길동이 율도국왕이 되고 나서 표문을 올려 스스로 신칭하여 조선에의 예속관계를 확인하고 있다. 요컨대 홍길동은 자신의 신분이나 처지의 개선이 달성되고 나자 더 이상 조선의 장래에 대하여 비판적인 것은 고

643) 완판본「홍길동전」외에는 이 내용이 없다.

644) 완판본「홍길동전」23장.

645) 한남서관본「홍길동전」과 경판본「홍길동전」에는 1천석으로 되어 있다.

646) 한남서관본「홍길동전」등의 이본에는 보이지 않는다.

사하고 오히려 긍정하고 협조하는 태도를 나타냈다."[647]

이런 전개에서 중요한 동기가 되는 것에는 율곡의 흑룡 꿈의 소재가 「홍길동전」에서는 서두의 홍판서의 청룡꿈과 결미의 홍길동의 율도왕 즉위와 수미상응하며, 복선으로서의 청룡꿈이 율도왕으로 실현되는 것으로 서사를 전개하고 있다. 허균은 작품의 서사를 진행함에 있어 홍판서에게 청룡꿈으로 예고하였듯이 자식이 왕위에 오르게 하는것이 가장 핵심적인 과제이다. 하늘이 계시한 이 운명적인 과제의 실현에는 병조판서라는 중간 매개가 왕의 자리로 나아가는 영웅적 활동의 가장 핵심을 차지하며 왕으로 나아가는 도약대로 작용한다. 이러한 역할을 수행하는 병조판서 자리가 지닌 의미망은 역대 병조판서 중에서 가장 서얼문제에 대해 개방적이었으며, 국방 문제에서 거대 병력의 양성이 중요함을 역설하였던 역사적 인물인 병조판서 율곡의 이미지를 홍길동의 영웅적 활동의 주요 근거로 활용한 것으로 보인다.

이런 점으로 본다면, 「홍길동전」의 주인공의 모델인 된 홍상직의 서자 홍길동은 작가 자신 및 제1 홍길동과 제2 홍길동, 임꺽정, 그리고 율곡, 서양갑 등을 복합모델로 하여 창작한 역사적 사실과 작가 허균이 영웅 홍길동의 모델로 가장 큰 부분을 할애한 학자요 병조판서인 율곡의 성리이념을 담아낸 팩션형의 전기작품이다. 홍길동이 국내에서 자원 병조판서가 되고, 국외에서는 율도국의 왕이 되는 것은 허균의 허구적 소설 창작의 과정에서 얻어진 결과로, 주인공 홍길동에게 여러 벼슬 중에서도 유독 병조판서를 선택하고, 국왕으로부터 병조판서로 제수받은 후에 중국으로 진출하고, 다시 재출국하여 율도국왕이 되는 서사는 주인공 홍길동을 형상하는 인물의 복합모델 중에 율곡이 병조판서 출신으로 중국을 다녀온 것을 소재로 활용하여 보여준다. 이는 작가 허균 자신을 홍길동에 투사하면서, 제1 홍길동과 함께 율곡 이이의 역사적 사실에서 홍길동의 표면서사의 상당 부분을 채웠기 때문

647) 황패강 · 정진형, 『홍길동전』, 시인사, 1984.119-20쪽.

에 현실에서의 제1 홍길동은 벼슬까지는 하지 못했지만, 작품 속에서는 율곡이이처럼 조선의 병조판서가 활빈당을 이끌고 해외로 진출하는 것으로 그렸다. 허균은 병조판서 홍길동이 임금으로부터 군비로 쓸 양곡을 당당히 빌려서 중국으로 진출하고 그곳에서 체제를 정비하여 기반을 마련한 다음에 제3국인 가상의 율도국으로 진출하는 서사를 구축한다. 그는 현실의 조정에서 당파간의 투쟁, 적서 차별로 인해 유능한 국가 인재를 활용하지 못하는 등의 폐단을 직시하며, 이로 인해 야기된 내우외환, 특히 임진왜란으로 고통받는 국가적 현실을 풍자한다. 허균은 이를 극복하는 대안으로 성리소설을 지어 애국 애민정신을 실천한 현실 참여 정치가요 문인이다. 그는 비록 소설속 주인공이지만 성리학의 근본이념인 성리도심을 지닌 이상적 영웅상인 홍길동으로 하여금, 국내외의 사회적 문제들을 시원하게 해결해 나가는 서사로 백성들의 마음속으로 파고들어, 내우외환으로 시달린 백성들은 물론 적서차별로 인해 출사의 기회가 막힌 서얼들의 마음에 용기와 희망을 심어 주었다.

4-5. 임진왜란 의승장 사명당을 복합모델로 투영시킨 홍길동

사명당이 임진왜란 때에 여러 가지 특별한 활동을 보여주었던 고승이었다. 사명당은 1594년 9월에 선조 임금에게 올린 상소에서, "신은 풍천임씨의 후예로서 조부 때 영남 밀양에 이적하여 밀양부민이 되어 살았는데 불행하게도 신의 나이 15세 때에 어머니를 여의고 연달아 16세 때에 아버지가 돌아가시니 고개를 둘러보아도 주변에는 아무 일가 친천이 없이 부평초 같은 신세가 되어 산림에 들어가서 생애를 구름과 새와 함께 하였다."고 하였다. 이는 사고무친의 신세가 되어 불문에 의지하고자, 김천의 황악산 직지사에 소년시절 입산하여, 신묵화상의 제자가 되어 촌음을 아끼어 불경의 학문을 정진한 하였다.

사명당은 임진왜란이 일어나서 1592년 4월에 왜군이 대거 침입하여 파죽지세로 진격하였고, 조정에서는 6월에 이르러 의주로 옮겨갈 정도로 국가적 위기상황이 고조된다. 이러한 상황에서 명나라의 원군이 오기 전까지 왜군의 북침을 막은 것은 6월 이후 전국적으로 봉기한 의병과 함께 의승군의 활약도 크게 기여한다. 사명당은 적을 교유해서 백성을 구하는 것을 불교 자비의 실천이 승려의 본분임을 인식하고, 선조가 피난을 떠나자 의로써 항거하려고 분연히 일어난다. 그는 승려들에게 "우리가 이 나라에 나서 지금까지 먹고 놀면서 여러 해를 살아온 것은 모두 나라 임금의 은혜이다. 그런데 이런 위급한 때를 당해 어찌 참아 가만히 앉아서 바라볼 수만 있겠는가?"라며, 의병에 동참할 것을 호소한다.

사명당은 정유재란 때인 1594년 9월에는 "신의 나이 이제 이미 오십하나입니다. 지나간 세월이 모두 성명의 덕택인데 감히 바깥에 있는 승려라 하여 밥 한끼 먹을 동안이나마 군부를 잊었겠습니까? 신은 본래 사슴과 같이 사는 몸이라 병가의 일은 알지 못합니다. 그런데도 한 명의 적이라도 죽여서 성상의 망극한 은혜를 갚고자 하니 어찌 의관을 한 자보다 못하겠습니까?"라는 상소를 한다. 여기서 사명당이 강조하고 있는 것은 유학자들 못지않은 임금에 대한 충성의 윤리이다. 그것은 억불정책으로 인해 위축되었던 현실 속에서 그런 승가에 대한 차별적 거부를 뛰어넘어 국가적 차원의 충성심을 표현한 것이다.

사명당은 의승군을 이끌고 왜군을 물리쳐 임금의 은혜를 갚겠다는 군주에 대한 충성의 강한 의지를 표현하고 있다. 황급히 의주로 피난간 선조의 안위에 대한 걱정과 군왕에 대한 사모의 감정이 드러난다. 사명당이 의승군을 조직하고 봉기한 것도 적극적인 국가관에서 비롯된 것이다. 왜적의 침입과 무능력한 위정자로 인해 도탄에 빠진 백성들의 가혹한 현실에 통곡할 만큼 백성에 대한 긍휼과 자비심을 직설적으로 드러내었다. 사명당이 의승군을 조직하여 나선 또 하나의 동기는 기층민에 대한 자비심이다. 불교의 중생 구원이라는 방향성이 왜란이라는 가혹한 현실에 대하여 적극적인 실천적 경향으로 나타난 것으로, 불살생 계율을 초월하여 현실 구원의 방향을 선택한 것이다.

1596년 12월 5일에, 선조는 왜적을 방어하는 여러 방도를 정원에 전교하면서 "유정은 지금 어느 곳에 있는가? 이 사람은 비록 중이기는 하나 장수로 쓸 만한 사람이다. 유정은 영남 사람이니 영남으로 내려 보내어 원수의 절제를 받게 하는 한편, 승군을 거느리고 한쪽을 담당하게 하는 것이 옳을 것이다. 다만 의엄과 유정 두 중에게 공명고신(空名告身)을 지급할 수는 없으나 선과에 대해서는 첩을 많이 만들어 주어 권위가 그들로부터 나오게 한다면 그 부하들에게 호령을 행할 수 있을 것이다. 대체로 이 두 중은 국사에 충성을 다하고 있으니 후하게 대우하지 않을 수 없다."고 하였다.

사명당의 항왜 전투의 성과를 박재광의 「임진왜란 초기 의승군의 활동과 사명당」을 통해서 살펴보면, 48세의 사명당은 금강산 유점사에 있었는데, 부근 아홉 고을의 백성들을 구출한 이후에, 조정의 근왕문과 스승 휴정의 격문을 받고 승병을 모아 평양 근처의 순안으로 가서 서산대사와 합류하여 의승도대장으로 승병 2천 명을 이끌고 평양과 중화 사이의 길을 차단한 뒤 1593년 1월 평양 전투에 참전하여, 명군과 연합해 평양을 탈환함으로써 임진왜란의 흐름을 바꾸게 되었다. 두 달 뒤에도 서울 근교의 노원평 전투에서 큰 전과를 올렸는데, 이 전투는 그해 3월 25일부터 3일 동안에는 양주목사 고언백 등 관군과 연합해 3천 명의 병력으로 왜군을 맞아 맹렬히 싸웠다.

그 한 달 전에 행주산성에서 대패한 왜군 5만 명은 한양에 집결한 뒤 식량과 보급품을 조달하기 위해 양주로 군사 일부를 보냈는데, 그때 사명당은 매복 작전으로 그들을 섬멸하였다. 이 노원평 전투는 왜군을 한양에서 물러나게 만든 중요한 계기가 되었고, 그 공로로 사명당은 선교 양종판사에 제수되었다. 사명당은 여세를 몰아 한양을 수복한 뒤에, 영남 지방으로 이동하여 전투와 축성 및 군량미 조달에 계속 참여하였다.

사명대사의 활동상은 초기의 영동 지방에서의 활동에 이어서, 조선의 관군과 명나라 원군과 합력한 2차 평양수복 전투에서부터 본격화되었다. 1차 평양성 수복이 실패로 끝난 후 조선군이 단독으로 평양성을 수복하려는 움직임이 일어났다. 당시 명의 조승훈은 군이 평양성 공략에 실패하여 타격을 입고 퇴각하였음에도 불구하고 일본군이 추격을 하지 않는 것은 일본군의 전투력이 한계에 도달한 것이라고 판단하였던 것이다. 8월 1일, 순찰사 이원익, 순변사 이빈이 주도가 되어 김응서, 김억추 등 주변지역의 제장들과 함께 평양을 넓게 포위한 후 평양성 공략을 도모하였다. 이때 모아진 조선군 병력은 1만 2천 명을 넘었는데, 이들은 일제히 평양성의 일본군을 공격했다. 이후 수차례에 걸쳐 전투를 벌여 일본군 20여 명을 사살하는 성과를 올리기도 하였으나. 이어 증강된 일본군을 감당하지 못하고 후퇴하였다. 또 8월 16일에는 평양 서윤이 흩어져 달아난 병사를 불러 모아 평양 주변의 일본군을 공격하여 다수를 참살하고 마필을 노획하기도 하였다.

이후에도 이러한 움직임은 계속되어 10월에 조선군 단독으로 평양성을 수복하려는 움직임이 일어났고, 11월 19일에도 사기가 고조된 용감한 의승군으로 하여금 일본군을 평양성 밖의 대동강으로 끌어내어 쳐부수려는 유격전이 조정에서 논의되기도 하였다. 이러한 논의는 강원도에서 출발한 사명당이 의승군 1천 명을 거느리고 황해도 해주를 거쳐 1592년 10월경에 평양성 동쪽에 진을 쳤고, 또 휴정이 이끄는 의승군 1천 5백 명이 순안의 법흥사에서 주둔하고 있어 이들 상호간에 긴밀한 협조가 이루어짐에 따라 전체 의승군의 군대도 커졌고, 무엇보다 의승군의 사기가 고조되고 있었기 때문에 당시 평양성 주변 지역에 주둔하고 있던 관군과 의승군을 활용한다면 평양성 수복이 가능하다는 판단에서 이루어졌던 것이다.

이후 의승군은 이곳에서 무장을 갖추고 전열을 재정비하고 전술을 익히는 등 본격적인 전투를 준비하기 위한 활동을 전개하였는데, 이 당시 도총섭은 휴정이고, 사명당은 부장으로 참모역을 담당하였지만, 휴정이 고령인 관계로 체찰사 류성룡의 지휘를 받아 사명당이 실질적으로 의승군 2천 5백여 명의 의승군을 거느리며 활동을 총괄하였다.

사명대사의 우국 충성심은 그의 문집에 실린 글 「일본 승려 원광과 원길에게 주는 편지」에서도 잘 나타난다. 즉, 이 편지에서는 "나의 본래 서원은 다만 우리나라 백성을 모두 데리고 돌아와 백성들을 두루 구제하라는 서산대사의 명을 따라 수행하는 것뿐인데, 그 서원을 이루지 못하고 빈손으로 돌아왔으니 서운한 마음 금할 길이 없음이로다. 나는 서방으로부터 돌아온 후 몸이 쇠약하여 병이 이미 깊어져서 바로 묘향산에 들어가 스스로 분수를 지키고 죽기를 기다리려 했음이로다. 마침 사신으로 가는 편이 있다기에 곧 문안 편지의 두 글자로 멀리 노형의 고요함 속의 봄 꿈을 깨우게 하는 것이요. 오직 노형은 근본 뜻을 어기지 말고 마땅히 중생들을 구제하려는 서원으로 대장군에게 아뢰어 우리 백성들을 모두 돌려보내도록 하시오. 그리하여 옛날의 맹세함을 어기지 않게 된다면 몹시 다행한 일일 것입니다."라 하였다.

사명당은 그 뒤 직지사의 주지를 지냈으며, 32세 때인 1575년 선종의 중망에 의하여 선종 수사찰인 봉은사의 주지로 천거되었으나 굳이 사양하고, 묘향산 보현사의 휴정을 찾아가서 선의 이치를 참구하였다. 이듬해 해인사에 잠시 머물렀고, 다시 휴정의 곁에서 도를 닦다가 1578년부터 팔공산 · 금강산 · 청량산 · 태백산 등을 다니면서 선을 닦았으며, 1586년 옥천산 상동암에서 깨달음을 얻었다. 오대산 영감사에 머무를 때, 정여립의 역모사건에 연루되었다는 모함을 받아 강릉부의 옥에 갇히게 되었으나, 유생들이 무죄를 항소하여 석방되자 금강산으로 들어왔다.

사명당은 1589년 기축옥사 때에는 오대산 영감란야에 머무르다가 공연히 정여립의 역옥에 걸려 강릉부에 감금되었는데 강릉부 선비들이 그 억울함을 호소하여 풀려 나왔다. 그리고 도원수 권율을 따라 영남으로 내려가서 의령에 군사를 주둔하고 많은 적을 죽였으므로 임금이 매우 가상히 여겨 당상관의 품계를 제수하였다. 갑오년 봄에 대사는 부산의 적의 진영에 들어가서 청정을 타이르기 위하여 무릇 세 번이나 드나들면서 적의 요령을 모두 알았다. 이때 청정이 묻기를, "조선에 보배가 있는가?" 하므로, 스님은 대답하여 말히기를 "조선에는 없다. 보배는 일본에 있다." 하니, 청정이 "어째 그런가?" 하므로 대사는 말하기를 "지금 우리 나라에서는 너의 머리를 보배로 보고 있으니, 이는 일본에 있는 것이다." 하니, 청정은 깜짝 놀라며 탄복하였다. 이런 일이 있는 후에, 임금이 대사를 대궐로 불러 평생의 일을 자세히 묻고 하교하기를 "옛날 중국의 유병충과 요광효는 모두 산인으로서 뛰어난 공을 세우고 그 이름을 후세에 전했다. 지금 나라의 형편이 이와 같으니 만일 그대가 머리를 기른다면 백리의 땅을 맡기고 삼군을 통솔하게 할 것이라." 하였으나, 대사는 감히 그렇게는 할 수 없다고 사양하고 물러나왔다.

사명당은 금강산으로 들어가서 수도하던 중 49세 때인 1592년에 임진왜란이 일어나자, 당시 유점사에 있으면서 인근 아홉 고을의 백성들을 구출하였다. 이때 조정의 근왕문과 스승 휴정의 격문을 받고 의승병을 모아 순안으로 가서 휴정과 합류하였다. 그곳에서 의승 도대장이 되어 의승병 2천명을 이끌고 평양성과 중화사이의 길을 차단하여 평양성 탈환의 전초 역할을 담당하였다. 1593년 1월 명나라 구원군이 주축이 되었던 평양성 탈환의 혈전에 참가하여 혁혁한 전공을 세웠고, 그해 3월 서울 근교의 삼각산 노원평 전투 등에서 크게 전공을 세웠다. 이때 선조는 그의 전공을 포장하여 선교양종판 사를 제수하였다. 그 뒤 전후 네 차례에 걸쳐 적진에 들어가서 가토[648]와 회담을 가졌다. 제1차 회담은 1594년 4월 13일에서 16일에 서생포 일본 본진에서 열렸는데, 강화 5조약으로 제시된, 천자와 결혼할 것, 조선 4도를 일본에 할양할 것, 전과 같이 교린할 것, 왕자 1명을 일본에 보내어 영주하게 할 것, 조선의 대신 · 대관을 일본에 볼모로 보낼 것 등에 대해 하나하나 논리적인 담판으로 척파하였다.

---

648) 加藤淸正.

또한, 제2차 회담은 1594년 7월 12~16일에 있었고, 제3차 회담은 1594년 12월 23일에, 그리고 제4차 회담은 1597년 3월 18일에 있었는데 이때에도 조선을 대표하여 강화 5조약의 모순성을 지적하여 적들의 죄상을 낱낱이 척파하였다. 사명당은 2차의 적진 담판을 마치고 돌아와 선조에게 정황을 보고하는 〈토적보민사소〉[649]를 올렸는데, 문장이 웅려하고 그 논조가 정연한 상소문에서 백성을 보호하고 적을 토벌하는 이론과 실천방도를 제시했다.

사명당은 1595년에는 장편의 〈을미상소〉를 올렸다. 이 상소에서는 백성을 보호하고 적을 토벌하는 이론과 실천 방도를 다음과 같이 제시하였다.

> 신 유정은 미록(麋鹿)과 같이 산야에 사는 몸으로 인륜에 버림받은 물건인지라. 부자의 은혜도 모르는데 하물며 군신의 의리를 알겠습니까. 시변(時變)이 하늘까지 잇닿아 혈기 있는 자는 모두가 일어났으니, 심산궁곡도 누워 있을 곳이 못되어서 나무를 깍아 들고 일어난 것은 형세상 부득이한 일이었습니다. 그런데 성은이 하늘처럼 덮어주시어 윤명(綸命)을 땅에 내려주셨으니, 이 어찌 고목과 같은 미천한 신이 감당할 수 있는 바이겠습니까.
>
> 그래서 하늘에 죽게 해 달라고 빌었는데, 하늘의 꾸지람이 과연 이르러 이수(二豎)가 침노하고 백 가지 질병이 번갈아 공격하여 성명(性命)을 보전하기 어려움을 스스로 알게 되었으니, 이제는 철의(鐵衣)를 벗고 도로 송관(松冠)을 쓰고서 구학(丘壑)에 물러나 죽는 것이 소원입니다. 하지만 구구하나마 나라를 걱정하는 미천한 마음을 끝내 잊을 수가 없으니, 시사를 목격하고서도 어떻게 감히 지위를 벗어나는 일이라고 혐의한 나머지 한마디 말도 하지 않고 황천에까지 한을 안고 갈 수야 있겠습니까. 삼가 시휘(時諱)에 저촉되더라도 죽음을 무릅쓰고 아뢰오니, 삼가 원하옵건대 성명께서는 굽어 살펴 너그러이 용납해 주소서. (중략)

649) 討賊保民事疏.

신이 듣건대, 옛날에 사람을 쓸 때에는 문벌을 논하지 않고 허위에 미혹되지 않았으며, 오직 현능(賢能)한지의 여부만을 따졌다고 하였습니다. 그러므로 고도(鼓刀)에서 기용하기도 하고, 은자(隱者)에서 발탁하기도 하고, 도적 중에서 추천하기도 하고, 관고(管庫)에서 등용하기도 하였던 것입니다. 지금은 그렇지 않아서 얼룩소의 새끼는 비록 털이 붉고 뿔이 제대로 났어도 버림을 받고, 한혈(汗血)의 망아지는 노둔하고 절뚝거리는 말처럼 대우하여 타고 다닙니다. 먼 변방의 외진 곳에 있으면 명당을 지을 좋은 재목이 있어도 사람에게 알려지지 않고, 외모를 꾸미고 공손한 척하는 무리는 개와 염소의 가죽에 호랑이와 표범의 문채를 덮어쓰고 있습니다. 이름이 없는 자는 우연한 한 번 실수로 퇴각을 당하고, 허명(虛名)을 자랑하는 자는 시대의 쓰임에 합당하지 않아도 승진합니다. 이와 같은 상황에서 뜻이 있는 인사가 어떻게 자기의 포부를 펼 수 있겠습니까. 삼가 바라옵건대, 성명께서 사방의 문을 활짝 열어놓고 사방의 눈으로 자신의 눈을 밝게 하며 천지와 같은 도량을 가지신다면, 이 세상을 위해 매우 다행이겠습니다. 신은 듣건대, 나라에 정치가 있는 것은 그물에 벼리가 있는 것과 같다고 하였습니다. 그물에 벼리가 없어도 간추릴 수가 없는데, 하물며 나라의 경우야 말할 필요가 있겠습니까. 신이 삼가 근일의 폐해를 살펴보건대, 만약 기강을 확립하여 진작시키지 않는다면, 어떤 일을 실행하든 간에 모두 맥이 빠지고 해이해지는 지경으로 돌아가고 말 것입니다. 이것이 어찌 아래에 있는 사람들이 죄다 받들어 행하지 않아서 그런 것이겠습니까. 국가의 정령(政令)이 아침에 바뀌고 저녁에 변하며, 달마다 다르고 해마다 같지 않기 때문입니다. 그래서 사람들이 한 가지 영(令)을 보면 곧 일시적인 영이라고 하고, 한 가지 정(政)을 들으면 일시적인 정이라고 하면서 오래도록 시행하여 얻게 되는 효과를 믿지 않으니, 이것이 바로 고식적이 되어 이루기 어렵게 된 까닭입니다.[650]

650) 『조선왕조실록』, 선조 28년(1595), 〈을미상소〉.

사명당은 이처럼 이 상소를 통하여, 목민관을 가려뽑아 백성을 괴롭히는 탐관오리들을 소탕할 것, 일시적인 강화로 국가백년의 대계를 망각하지 말고, 국가의 힘을 회복하는데 만반의 방어책을 세울 것 등을 간절히 호소하였다. 그는 목민관을 가려뽑아 백성을 괴롭히는 탐관오리들을 소탕할 것, 일시적인 강화로 국가백년의 대계를 망각하지 말고, 국세회복에 만반의 방어책을 세울 것 등을 주장하며 전쟁에 대비하는 역사적 안목과 현실을 정확히 파악한 혜안을 보여주고 있다. 또, 군기제조에도 힘을 기울여 해인사 부근의 야로에서 활촉 등의 무기를 만들었고, 투항한 왜군 조총병을 비변사에 인도하여 화약 제조법과 조총 사용법을 가르치도록 했다. 1594년 의령에 주둔했을 때는 군량을 모으기 위하여 각 사찰의 전답에 봄보리를 심도록 했고, 산성 주위를 개간하여 정유재란이 끝날 때까지 군량미 4천여 석을 비축했다. 선조는 스님의 공로를 크게 인정하여, 가선대부동지중추부사의 벼슬을 내렸다.

일본에서는 1599년 3월 대마도주의 사자 파견 이후 수차례에 걸쳐 화회를 청하는 사자를 파견해오면서 포로로 잡혀간 조선인을 동반하여 왔다. 수차례에 걸친 일본의 강화회담의 요청에 조선에서는 그 사실을 명나라에 알리는 한편, 박희근에게 예조의 공문을 가지고 대마도에 다녀오도록 하였다. 1600년 8월에 조선에 와 있던 명나라군도 완전히 철수하고, 같은 해 일본에서는 도쿠가와 이에야스가[651]가 정권을 완전히 장악하게 되자, 강화교섭은 양측 모두 적극적이 되었다. 조선에서는 정식으로 대마도에 사신을 파견하여 상대국의 정세를 탐색하고 교섭을 진행시켰다. 1603년 2월 도쿠가와이에야스가 정이대장군[652]에 오르자 일본 측의 강화교섭 요구는 부산에서 종래와 같이 통상무역을 할 수 있도록 개시를 허가하는 것뿐만 아니라, 정식 통신사 파견 요청으로 확대되었다.

---

651) 德川家康.

652) 征夷大將軍.

조선 조정에서는 1604년 6월에 일본의 국내 사정을 정탐하기 위하여 사명당과 손문욱을 탐적사로 대마도에 파견하였다.

회담을 앞두고 도쿠가와 이에야스는 1월 9일 8만 병력을 이끌고 자신의 세력 거점인 에도를 출발하여 아들 히데타다와 함께 교토에 들어오면서 사명당을 비롯한 사절단 일행을 후시미죠로 불러 이를 참관케 하며 위력을 과시하였다. 그러나 사명당은 도쿠가와 이에야스의 의도된 행동의 의미를 간파하고 당당하게 회담에 임하였다.

사명당이 도쿠가와 이에야스와 강화회담을 갖은 3월 4일은 사명당이 조선을 떠난 지 반 년을 넘긴 시점이다. 그런데, 그 이전에 이미 사명당의 인품과 학식에 일본 승려나 관리들은 승복하고 감명을 받은 것이다. 즉, 사명당이 가는 곳마다 일본 지식인들이 찾아와 시문을 청하였고, 2월 28일에 회담을 앞두고 열린 녹원원에서의 열린 법회에서도 도쿠가와 이에야스의 심복으로, 정치외교 고문역을 맡고 있는 쇼코쿠지[653] 주지 사이쇼 죠타이[654] 등의 일본 승려들에게 불교의 자비정신으로 억울하게 끌려온 조선 포로의 송환을 설득하였다. 회담은 교토 도심에서 남쪽에 자리한 후시미 성에서 이루어졌다. 이 성은 쇼군의 근거지였던 곳으로, 『녹원일록』에 의하면, 도쿠가와 이에야스 부자는 당시 사명당과의 회담에 앞서 군대를 도열시키면서 위용을 뽐냈다고 전한다.

첫째 날의 회담은 3월 20일에 후시미[655] 성에서 이루어졌다. 사명당과 도쿠가와 이에야스의 대담 상황이 일본 막부의 기록에는 남아 있지 않다. 사명당은 귀국길로 봄빛이 무르익은 3월 27일 교토를 떠나 대마도로 향한다. 사명당 일행이 갈 때는 한 달 정도 걸린 뱃길이 돌아올 때는 20일로 줄어든다.

---

653) 上國寺.

654) 西笑承兌.

655) 伏見.

대마도에 도착한 사명당은 대마도주인 소 다케요시[656]의 도움을 받아 여러 지역에 흩어져 있던 조선 포로들을 불러 모았다. 이들에게 필요한 식량 등을 조달받아 드디어 4월 말에 대마도를 출발해 부산으로 향한다. 부산포를 출발할 때는 범선 8척에 불과했으나 돌아올 때는 48척의 크고 작은 배에 포로로 끌려간 천 여명 이상의 포로를 나눠서 태우고 돌아온다. 그가 부산에 도착한 날은 5월 5일로 알려져 있다. 사명당이 구국의 일념으로 부산을 떠난 지 9개월여 만에 그리운 고국 땅을 밟은 것이다.

이때의 상황을 허균이 지은 사명당 비문에는 그 이후 모두 3천 500명의 조선인 포로가 돌아왔다고 기록하고 있다. 또 그 후 1739년에 사명당이 일본에서 남긴 시문과 일기 상소문 등을 모아 수록하여 『분충서난록』을 편집한 신유한은 "죽음을 무릅쓰고 전쟁 끝에 배를 타고 바다를 건너가 교룡이나 독사 같은 왜인들과 더불어 목을 쓰다듬고 즐겁게 이야기하였으니, 담이 크고 마음이 트인 사람이 아니면 어찌 능히 이 일을 감당하겠는가! 생각만 해도 서늘하다."고 하였다.

전쟁 중 의승장 사명당은 선조 30년인 1597년 4월 13일에 다음과 같은 상소를 하였다.

> "신의 어리석은 생각으로는 오늘날의 형세가 싸워도 위태롭고 싸우지 않아도 위태로우니, 싸우지 않아 위태롭기보다는 성을 등지고 한번 싸움을 하여 성패를 결판 짓는 편이 더 낫겠습니다. 더구나 현재의 적병은 그 수가 1만여 명에 지나지 않고, 또 나이 젊고 정예한 자를 보면 모두가 우리나라 사람이었습니다. 신이 출입하는 것을 보고는 희비의 표정이 얼굴에 나타나는가 하면, 더러는 우리나라 사투리로 신을 부르며, "나는 서울 아무 방에 있었고, 나는 아무 도 고을에 있었는데, 적의 위협을 받고서 이곳에 왔다"라고, 하였

656) 宗義智.

으니, 적이 우리나라의 백성을 기반으로 하여 성세를 삼고 있다는 것을 여기에서 알 수 있습니다. 우리나라 중외의 사변 전과 사변 후의 출신 무사로서 활을 쏘는 정병 및 서울 훈련도감의 포수를 남김없이 조발한다면 그 수가 틀림없이 4만~5만을 밑돌지 않을 것이니. 군병이 적을 걱정은 없습니다. 지금 군량이 떨어지지 전에 남하하여 적을 몰아치면서 한편으로는 수군으로 원병의 길을 차단하고, 다른 한편으로는 육로로 덮쳐 곧바로 소굴을 쳐부순다면, 신도 다소의 의병을 이끌고 팔뚝을 걷어붙이고 칼날을 무릅쓰면서 한번 치열한 싸움을 벌임으로써 만에 하나라도 보답할 것을 기약하겠습니다. 이번의 기회를 놓치고 도모하지 않은 채 두어 달 지연시켰다가 적의 대군이 바다를 건너와 몇 보를 진군하게 되면 토붕와해의 형세가 목전에 와 닿게 될 것입니다. 그런데도 조야의 상하는 그럭저럭 구차스럽게 아무 대책도 없이 날을 보내면서 강화의 일이 행여 이루어지기만을 바라고 있는가 하면, 한번 변보가 불순하게 되면 허둥지둥 미쳐 피해 달아나지 못할까 두려워하고, 변보가 다급하지 않으면 마음을 놓은 채 아무 걱정도 하지 않으니, 신은 실로 마음 아프고 절박합니다,

왕자께서 바다를 건너게 해 달라는 요청은, 적의 흉계가 여기에서 그치지 않을 뿐만 아니며, 또한 여기에 그쳐 무사하리라는 보장도 없습니다. 점차 위협하고 끝없이 침책하여 장차 차마 말하지 못할 지경으로 몰아가서 저들의 말이라면 감히 조금도 어이기 못하도록 만듦으로써 마침내 중국으로의 향도가 되도록 한 뒤에야 그만둘 것입니다. 생각이 여기에 이르니, 간담이 갈기갈기 찢어지는 듯하여 차라리 당장 죽어서 아무 것도 모르고 싶습니다.

오늘날 인심이 이완되어 모두가 도피할 생각만을 품고 있어 농사철이 다 지나가고 있는데도 경종할 뜻이 전혀 없으니, 이는 민력이 고갈된 데다가 온갖 부역에 지쳐서 항심을 잃은 탓입니다. 도둑이 일어날 조짐이 있으며, 적병의 움직임도 여름이 아니면 반드시 가을일 것입니다. 그런데도 하루빨리 국가를 튼튼히 하고 외적을 방어할 계획을 세우지는 않고서 신같이 못난 자로

하여금 흉적의 속에 왕래만 시킨다면 수많은 설화를 해 보았자 수모만 더할 뿐 사기(事機)에 무슨 보탬이 되겠습니까?

삼가 바라건대, 전하께서는 오늘날의 형세를 깊이 살피시어 혁연히 분발하여 속히 윤음을 내리시고, 또 체찰사 원수 통제사 등 여러 신하들에게 하유하여 각기 필사의 뜻을 가다듬어 한 번의 진격으로 자웅을 결정짓게 하신다면 종묘사직의 다행이며 국가의 다행이겠습니다.[657)]

이처럼, 조정에서 논의하는 일반적인 내용과 달리, 사명대사는 적진 속을 찾아가 장군과 담판을 하고, 대치하고 있는 전쟁터에서 군사들이나, 백성들의 구체적인 표정을 보고, 목소리를 들으면서, 결사적인 투쟁을 하여 전쟁을 승리로 이끌겠다는 애민 충국의 처지에서 상소를 올렸다.

허균은 전쟁 이전부터 벼슬을 하여 조정의 논의들이 어떻게 전개되는 지를 체험한 인물로, 지금은 유배 끝에 타향의 전라도 부안에서 머물러 집필활동이나 하던 처지에서, 서산대사에 이어 사명대사까지 입적한 이 때, 3년이 되는 시점에 대사의 제자가 찾아와서 스님의 유지에 따라 사명대사의 비문과 문집의 서문을 지어달라는 요청을 받고, 평소 가까이 지냈다고는 하지만 다시 한번 사명대사의 정신과 실천의 생생한 목소리를 접하게 되었다.

1604년 2월 오대산에서 스승 휴정의 부음을 받고 묘향산으로 가던 중 선조의 부름을 받고 조정으로 가서 일본과의 강화를 위한 사신으로 임명받았다. 1604년 8월 일본으로 가서 8개월 동안 노력하여 성공적인 외교성과를 거두었고, 전란 때 잡혀간 3천여 명의 동포를 데리고 4월에 귀국했다. 그해 6월 국왕에게 복명하고 10월에 묘향산으로 들어가 비로소 휴정의 영전에 참배하였다.[658)]

---

657) 사명당, 『분충서난록』, 277쪽.

658) 밀양의 표충사, 묘향산의 수충사에 제향되었으며, 저서로는 문집인 사명대사집 7권과

임진왜란이 끝난 것은 전쟁을 일으킨 도요토미 히데요시가 우연이 득병하여 병석에 신음하다가 죽었기 때문이다. 새로이 정권을 잡은 도꾸가와는 선조에게 강화조약을 맺자고 사신을 보내라고 청하였지만, 겁쟁이 대신들은 두려워 피하기 급급했다. 마침내 사명대사가 선택되어 특명사신으로 부산포에서 일본으로 가는 큰 배에 수행원들과 승선하게 되었다. 사명대사가 승선하기 전 살펴보니, 전송하는 벼슬아치들 가운데 동래부사가 보이지 않았다. 사명당이 수하에게 동래부사가 보이지 않는 이유를 하문하니 "중한테 내가 왜 예를 갖춰 전송하나?" 하고는 병을 핑계로 빠져 실상은 기생들과 가무와 주연을 즐기고 있다는 보고였다. 사명대사는 그 순간 분개했으나, 참고 일본에 건너가 도꾸가와와 강화조약을 맺고 남치해 간 포로 3천 4백여 명을 데리고 고국에 귀환 하는 고금역사에 없는 외교적 대성공을 거두고 부산포로 돌아왔다. 수하의 보고인즉 "흥, 왜 내가 중한테 예를 갖추어야 하나?"고 기생들과 가무와 주연을 즐기고 있다는 것이었다. 이 때 사명대사는 "저러한 수령이 있기에 임진왜란 초기에 부산포에서 패하고, 백성이 도륙당한 것이다." 라며 소리쳐 질타하고, 왕의 특명대신의 권한으로 부사를 잡아와 추상같이 꾸짖고 먼저 목을 베고 뒤에 보고하는 즉 선참후계[659]로 참수하였다. 나라와 백성을 위해서 사명대사는 추상같은 법을 집행했지만, 그것은 피할 수 없는 인과의 씨가 되고 말았다.

그 후 사명대사는 일본국과의 성공적인 외교 성과에 당시 조야는 사명대사를 영웅으로 대접하였다. 그 때, 서산대사의 밀봉의 서한이 전해졌다. 서산대사는 제자 사명에게 "장안에서 영웅 대우에 자족하지 말고 어서 산으로 가라"는 공수신퇴[660]의 글이었다. 사명대사는 스승인 서산대사의 가르침을

분충서난록 1권 등이 있다.

659) 先斬後啓.

660) 功遂身退.

봉대하여 곧바로 해인사 홍제암에 은거한 것이다. 얼마 후 사명대사는 우연 득병으로 신음하는 신세가 되었다.

왕은 약첩과 조속 쾌유를 바라는 서한을 보냈다. 이 무렵, 어느 날 젊은 의원이 찾아와 자신이 사명대사의 병을 치유할 수 있다고 전제하고 무료로 약첩과 침으로 시술하게 해줄 것을 간청하였다. 의원은 사명대사와 조용히 단둘이 되자 의원은 표변하여 눈감고 누워있는 사명대사에게 침이 아닌 비수로 사명대사의 급소를 찔렀다. 사명대사가 눈을 뜨고 이유를 물은 즉 의원은 "저는 아들로서 부친을 죽인 원수에게 복수하는 겁니다." 놀랍게도 그 의원은 과거 부산포에서 선참후계한 부사의 아들이었다. 사명대사는 인과응보라는 것을 깨닫고 소리 쳐 제자들을 부르지 않고 의원에게 신속히 달아날 것을 명했다 한다. 이 비사(秘史)의 진실 여부는 해인사의 노승에게 전해지는 또 다른 인과응보에 대한 전설이다.

선조 27년인 1594년 10월 3일의 〈비변사가 적장 희팔을 회유하는 일, 왕자의 안부서신을 보내는 일을 아뢰다〉에서 다음과 같이 서술하였다.

> 비변사가 유성룡(柳成龍) · 김수(金睟) · 윤선각(尹先覺) · 최황(崔滉) · 한준(韓準) · 성영(成泳). 아뢰기를, "희팔(喜八)은 적진의 부장(副將)으로서 새 사냥을 핑계하여 여러 날을 나오니, 그렇게 해서 아군(我軍)을 견제하여 불의에 습격하려는 계책이 아닌지 모르겠습니다. 흉악한 모의를 헤아릴 수 없으니 회유책을 시행하지 않을 수 없습니다. 유정(惟政)이 내려갈 때에 왕자(王子)의 안부 서신을 보낼 것이라면 속히 보내는 것이 어떻겠습니까?" 하니 답하기를, "아뢴 대로 하라. 다만 왕자의 서신은 앞서 이미 아뢴 대로 할 것을 윤허하였는데, 지금 우도(右道)에서 이미 거사를 하였으므로 전일에 왕래하면서 벌인 회유책이 이미 탄로가 났을 듯하다. 이제 사람을 보낸다 하더라도 적이 반드시 믿지 않아 붙들리게 될까 염려되니 서신을 보내는 일도 매우 어

렵다. 다시 의논하여 아뢰라." 하였다.[661]

선조 27년인 1594년 10월 4일의 〈비변사가 왕자의 서신을 왜에 보내는 일에 대하여 아뢰다〉에서는 다음과 같이 서술하였다.

비변사가 아뢰기를, "왕자 서(王子書)에 대해서는 전일에 아뢴 대로 하도록 윤허를 내리셨습니다. 다만 '우도(右道)에서 이미 거사를 하였으니 전일에 왕래하면서 회유한 술책이 이미 탄로난 듯하다. 이제 사람을 보낸다 하더라도 적이 필시 믿지 않을 것이니 붙잡힐까 걱정된다. 서신을 보내는 일이 매우 난처하니 다시 의논하여 아뢰도록 하라.'고 전교를 하셨는데 성상의 염려하심이 매우 합당합니다. 청적(淸賊)과 평행장(平行長)의 불화가 이미 깊으므로 비록 우도의 일을 듣더라도 만일 회유하는 사인(使人)을 가등청정에게 끊이지 않고 보낸다면, 행장이 패전하더라도 그는 필시 간섭하지 않을 것입니다. 그리고 왕자의 서신은 국서(國書)의 예(例)가 아니고 다만 전일의 구원을 잊기 어렵다는 뜻에서 보내는 것이니 '근래에 통문(通問)하지 못한 것은 천자의 명으로 중국에 왕래하여 이제 겨우 돌아왔기 때문이다. 마침 송운(松雲)이 도착하여 지난 번의 정후(情厚)한 그대의 서신을 보았기 때문에 이제 그가 돌아가는 편에 대략 안부를 묻는다.'하고, 다른 일에 대해서는 '중국 대장이 처리하므로 우리 나라는 모두 그의 지휘를 따른다. 만일 조만간 일이 성사된다면 얼마나 다행이겠는가.' 하는 말로 대략 글을 만들게 하십시오, 그리고 지금 경상도에서 매[鷹子]를 지급하여 그들의 뜻을 맞추어 주었으니 붙들릴 염려는 없을 것입니다. 모든 일의 성패와 이해는 슬기로운 자로서도 미리 헤아리기 어려운 것입니다. 다만 좌·우도(左右道)의 적세(賊勢)가 일시에 함께 일어난다면 그 화는 이루 말할 수 없을 것이기 때문에 신들은 다시 한번 시험해

661) 『조선왕조실록』, 선조 27년(1594) 10월 3일.

봄이 부득이하다고 생각되어 감히 아룁니다." 하니, 답하기를, "유정(惟政)의 왕래는 두 번만 하는 것이 좋을 것이다. 세 번에 이르면 뜻밖의 걱정이 있을지도 모른다. 왕자의 서신을 보낼 때 그 회답에 홀만한 말이 있기라도 하여 나라를 욕되게 하는 일이 있을까 싶어 나의 마음에 매우 어렵게 여긴 것이다. 그러나 경들의 의견이 그러하니 의당 아뢴 대로 하라. 양적(兩賊)이 서로 불화한다 하더라도 함께 다른 나라에 들어와 같은 배를 탄 형세이니 행장이 우리에게 패전하게 될 때 청정만이 보전될 이치는 없는 것이다. 입술이 없으면 이가 차갑게 된다는 형세를 저도 필시 헤아리게 될 것이므로 처음에는 비록 틈이 있었더라도 거제(巨濟)를 만일 빼앗기게 되면 다시 함께 모의하고 힘을 합하여 우리에게 해독을 부릴 것이지 수수방관하고 행장이 패하는 것을 기쁘게 생각하지는 않을 것이다. 더구나 구원하지 않았다가는 관백(關白)에게 주살당할 것이니 교활한 적이 무슨 일을 헤아리지 못하겠는가. 그러나 내가 너무 깊이 염려하고 의심하는 점도 많다."

후에 선조가 세상을 떠난 뒤 병을 얻어 해인사에 가서 치료하고 휴양하였다. 광해군이 여러 차례 내린 약에도 효험이 없어 광해군 2년인 1610년 8월 26일 대중을 모아 놓고, "사대의 가합인 이 몸은 이제 진으로 돌아가려 한다. 어찌하여 이 덧없는 몸을 수고롭게 왕래하는가. 내가 이제 입멸하여 대화에 순응하고자 하노라." 한 뒤 결가부좌한 채 입적하였다. 문하에 송월, 응상 등 많은 제자들이 있었는데, 이들이 다비하여 홍제암 옆에 부도와 비를 세웠다.[662)]

사명대사의 문제자 해안이 대사가 열반에 든지 31년 째 되는 인조 18년에 지은 사명대사 행적에 의하면, "사명대사가 가야산 해인사 홍제암에 들어가

---

662) 밀양의 표충사, 묘향산의 수충사에 제향되었으며, 저서로는 문집인 『사명대사집』 7권과 『분충서난록』 1권 등이 있다.

병을 치료하고 있을 때, 임금은 여러 번 약을 내리셨다. 경술년 가을에 임금이 염려하시고 서울에서 치료하게 하려고 방백으로 도우라고 명령하였다." 고 하였다. 그 해 8월 26일에 사명대사는 모든 승려들을 모아놓고 유언 하기를 "네 가지 요소로 이루어진 이 육신은 이제 진으로 돌아 가려 한다. 무엇하여 번거로이 오고 가고 하면서 이 허깨비 몸을 괴롭히겠는가. 나는 지금 죽음에 들어 자연의 큰 조화에 순응하려 한다." 하면서 시자에게 몸을 씻게 하고 간 뒤에 조용히 앉아 열반에 들었다.

허균은 『사명대사문집』의 서문에서 "1603년 가을에 사명대사께서는 조정의 벼슬을 하직하고 걸사의 몸으로 상원암 옛 사찰로 돌아와서 이때에 감호의 야외로 나를 급히 방문하여 주심을 잊을 수 없으며, 이때 나는 세상에 버린 사람이 되어 겨우 내전을 취하여 읽으면서 젊은 마음을 달래지 않을 수 없음이로다. 그러므로 불가에서 마음을 밝히고 자기 성품이 있는 곳을 봄에 미혹하나마 관견으로 보는 바가 있음이로다. 시험 삼아 한두 가지를 예로 들어 물어 보았더니, 사명대사께서 자세히 이해하고 꿰뚫어 통달함을 초월해서 분명히 깨달은 바가 있어, 육조 혜능대사와 오조 홍인대사의 기풍을 확실히 증득한 바가 있음이로다. 이에 나는 비로소 그가 참되고 오묘한 종지를 바르게 깨닫고, 꽃을 들어 비밀히 전법하신 뜻을 바로 이어받고, 그 세상을 어렵게 구제하는 것은 또한 그 한 실마리에서 나온 것을 비로소 알게 됨이로다. 그는 수일 동안 오묘하고 유익한 불교의 진리를 이야기하므로 나는 일찍이 듣지 못한 바를 더욱 많이 듣게 됨이로다. 이로부터 사명대사께서 서울에 오시면 언제나 서로 왕래하면서 서로 늦게 알게 됨을 한탄함이로다"라 하였다.

이처럼 허균은 둘째 형의 벗이면서 서산대사 휴정의 수제자인 사명당을 형처럼 따르며, 정신적으로 깊은 유대를 갖고 교유하였다.

1603년 가을에 스님이 조정에 사퇴를 빌고 상원사 옛 처소로 돌아와 있다가, 감호 시골집으로 나를 찾아왔다. 그 무렵 내가 세상과 어울리지 못하고, 잠시 불경을 읽으며 장대한 마음을 달래던 터라 불가의 명심견성설(明心見性說)에 약간의 소견을 가지고, 한두 가지를 시험 삼아 논란해 보았더니, 스님이 모두 회통하고 환히 깨달아 진정 조계 · 황매의 기법을 체득하였다. 진종의 적사와 염화의 비밀스런 전법을 통투한 때문에, 세상을 제도하고 어려움을 구제한 것도 그 일단에서 나왔음을 비로소 알게 되었다. 며칠 묘체를 담론하는 사이에 일찍이 듣지 못했던 것을 많이 들었다. 이후부터는 스님이 도성에 오면 문득 서로 오가면서, 서로 늦게 알게 된 것을 유감스럽게 여기었다.

허균은 30세가 되던 1602년에는 고승 서산대사에게 네 차례나 편지를 보내 가르침을 청했다. 여기에서 그는 "남과 나, 그리고 만물이 모두 공이다"라는 말을 쓰고 있으며 벼슬을 그만둔 뒤에는 "스님의 말을 따르겠다"고 하였다. 또 그해 가을에 금강산에 있는 도술원 미타전의 비문을 지었다. 이 글은 왕궁의 원찰이었던 절을 강원도 관찰사가 개축한 후에 비문을 청했기 때문이다. 그는 36세에는 서산대사에 이어 사명대사에게 편지를 보내었다. 여기에서 그는 "스님은 선의 기틀을 통달하지 못한 듯합니다. 마음을 묶어두어 움직이지 않는 것이 어찌 모든 인연을 깨끗이 한 뒤에야 되는 것입니까? 조정에서나 저자에서나 어느 곳에서나 지을 수 있습니다."라고 하며 고승과 선문답을 나누는 모습을 보여준다. 또, 수안군수로 있을 때에는 거실에 부처의 상을 모시기도 했다. 「이나옹이 그린 부처와 조사의 찬」에서는, 한석봉에게 「반야심경」을 금글씨로 베끼게 하고 이정에게 석가모니불, 아미타불, 미륵불과 관세음보살과 달마대사, 육조대사와 유마힐거사, 방온거사를 그리게 하여 가기에다가 찬을 짓고 거실 벽에다 걸어두었다. 또 이것을 '선문법보'라 이름지었다. 이런 점은 문장을 위해 불경을 읽거나 현실의 도피를 위해 불교에 관심을 두거나 불경의 오묘함에 흥미를 갖는 정도를 넘어서서, 불교에 심취하여 공덕을 짓는 독실한 불도로서 불교의 선에 깊숙이 파고들었음을 보여준다.

허균은 1606년에 사명대사에게 보낸 편지에서는 보시하여 착한 인연을 짓고 있었음을 보여주고, 중국에서 가져온 『능가경』을 읽을 수 있을 만큼 불교에 심취하고 빠져 있었다.

> 또, "1610년 9월에 나는 사명대사께서 가야산 해인사에서 입적하셨다는 소식을 뒤늦게 듣고, 만사로써 조상을 하고 또한 선시로써 사명대사의 그윽한 모습을 영원히 볼 수 없는 것을 눈물을 흘리며 스스로 한탄함이로다. 이때 나는 비로소 사명대사께서 우리 중형 하곡을 생각하며 슬퍼하는 그 마음이 또한 내가 이토록 사람의 마음을 끄는 것이 능히 이와 같음인가? 금년에 사명대사의 그 문도 중에 제자이신 혜구스님이 스승이신 사명대사의 옥고와 어록을 가지고 와서 서문을 청하여 말하기를, "우리 사명대사께서 저술하신 바의 게송은 여러 천 수가 되어 일찍이 공의 중형 허봉에게 있었는데, 그 게송이 전쟁으로 모두 불타 없어지고 이 어록은 근일에 수집하여 전체를 태산에 비하면 한 올의 털끝과 같음이로다. 우리들은 스승의 은혜에 보답할 길이 없음으로써 소실되지 않은 글들을 모아 편집해서 이제 출판하려 함이로다. 우리 사명대사께서는 그 게송(시문)의 고하나, 그 도의 깊고 얕음을 알면서도, 그리고 친분이 좋다고 해서 아첨하지 않는 이는 공과 같은 분이 없음이로다. 한 말씀 주시어 이 어록이 영원히 없어지지 않고, 썩지도 않기를 바라며 사명대사에게 큰 은혜가 되기를 서원함이로다."라 하였다.

1612년에 쓴 서산대사의 문집 서문인 『청허당집』의 서에서 허균은 불교도들이 종과 탑 따위나 만드는 기복 불교를 나무라고 서산대사가 불교의 정통을 선양했다고 하여, 교종과 율종을 배격하고 선종의 참 도리를 강조하였다.

또 사명당이 입적한 후에 비를 세우게 되자, 제자들은 사명당의 유언에 따라 비명을 허균에게 부탁하였다. 허균은 당시에 불교를 대표하는 사명당의 불교에서의 위치를 천명하며, 임진왜란 때 큰 공을 세운 고승들의 비문과 문

집의 서문과 발문을 지었기에, 그의 불교에 대한 조예와 신임을 드러내고 있다.[663]

허균이 지은 사명당의 행적을 담은 〈석장비문〉에 의하면, "어머니 달성 서씨의 해산하던 날 꿈에 흰구름을 타고 머리에 누런 두건을 쓴 금빛나는 사람(金人)을 데리고 만길이나 되는 높은 대에 올라가니, 그 위에 백발의 신선이 앉아있으므로 백발의 신선에게 머리가 땅에 닿도록 절을 올리고 나서 사명대사가 탄생하였다"고 하였다. 사명대사는 어려서부터 총명하였다. 다른 아이들과 달리 점점 자라면서 희롱하기를 좋아하지 아니하고, 허튼소리를 하지 않으며, 뭇 아이들과 냇가에서 즐겁게 뛰놀 때도 모래로 탑을 쌓기를 좋아하고, 돌을 세워놓고 부처님이라 하면서 부처라는 돌 앞에 꽃을 바치고, 혹은 밤을 주어다 제당을 차려 예를 갖추기도 하였다. 고기 잡는 사람이 그물로 자라를 잡는 것을 보고는 자비심을 일으켜 밤을 모아주기로 약조하고 자라를 사서 못에 방생하니 뭇 아이들이 감동하여 주은 밤을 모두 사명대사 앞에 놓았다. 그러나 사명대사는 아이들에게 꼭 같은 밤을 나누어주고 자신은 밤 한 알도 취하지 아니했다. 아이들의 입을 통해 이 사실을 안 동리 사람들이 범상한 아이가 아니라고 상찬을 아끼지 않았다."라 하였다.

4-6. 임꺽정, 서양갑 등 7서자를 복합모델로 투영시킨 홍길동

(1) 임꺽정을 복합모델로 투영시킨 「홍길동전」의 팔도의 가짜 홍길동

작가 허균이 홍길동의 모델로 삼은 역사 인물 중에는 1559년 이후 『조선왕

663) 이이화, 『허균의 생각』, 2014, 206~215쪽.

조실록』에 등장하는 극적인 활동을 벌였던 임꺽정의 활동이 보이며, 그들은 임꺽정 일당은 황해도와 경기도 일대에서 관아를 습격하여 관리를 살해하고 재물을 약탈하는 등 행패를 부렸다.

명종 14년인 1559년 3월 27일에는 영의정 상진 · 좌의정 안현 · 우의정 이준경 · 영중추부사 윤원형이 함께 의논하는 기사가 있다.

> "개성부 도사(開城府都事)를 무신으로 뽑아 보내라는 상교(上教)가 지당하나, 비록 무신을 뽑아 보내더라도 별다른 조치 없이 일상적으로만 해나간다면 오히려 이익됨이 없을 것입니다. 삼가 듣건대, 요사이 많은 강적(强賊)들이 본부(本府)의 성저(城底)에 몰려들어 주민을 살해하는 일이 매우 많은데도, 사람들은 보복이 두려워 감히 고발하지 못하고, 관리들은 비록 보고 듣는 바가 있어도 매복을 시켜 포착(捕捉)할 계획을 세우지 못한다 합니다. 지난날 임꺽정(林巨叱正)을【황해도 도적으로 본부 관할지에 살고 있었다.】추적할 즈음에 패두(牌頭)의 말을 듣지 않고 군사 20여 명만을 주어 초라하고 서툴게 움직이다가 마침내 패두가 살해당하게 되었는가 하면,【패두 이억근(李億根)은 일찍이 도적 수십 명을 잡은 적이 있었다. 이때 본부가 신계(新溪)의 첩정을 인하여 군사를 동원하여 적을 포위하였는데, 이억근이 군사를 거느리고 가서 새벽을 이용하여 적소(賊所)에 들어갔다가 일곱 대의 화살을 맞고 죽었다.】바로 뒤를 이어 적을 끝까지 추격하지 않았다가 끝내 적들이 멋대로 날뛰게 하였으니, 매우 놀라운 일입니다. 그러므로 지금 무신을 보내 포착할 방법을 강구해서, 혹은 군사를 거느리고 추격하기도 하고 혹은 문견(聞見)을 근거로 추적하기도 하여 반드시 포착할 것을 기하게 해야 합니다. 만일 태만하여 잡지 못하거나 겁이 나서 추적하지 못한다면 군법으로써 죄를 논하겠다는 것을 각별히 일러서 내려보내고, 유수(留守)에게도 이러한 뜻으로 하유(下諭)하는 것이 어떻겠습니까? 도사의 직무는, 평시에는 본부를 다스리는 것이 그 소임이나, 병무(兵務) 또한 그의 소관이므로, 이같은 도적의 변이 있을 적

에는 군법으로 처리해야만 합니다. 《대전(大典)》에 경내(境內)의 도적을 잡지 못하면 수령 또한 죄가 있다고 하였기에 감히 아룁니다."[664]

이 기사의 끝에, 역사를 편찬하는 사신의 입장을 "도적이 성행하는 것은 수령의 가렴주구 탓이며, 수령의 가렴주구는 재상이 청렴하지 못한 탓이다. 지금 재상들의 탐오가 풍습을 이루어 한이 없기 때문에 수령은 백성의 고혈을 짜내어 권요를 섬기고 돼지와 닭을 마구 잡는 등 못하는 짓이 없다. 그런데도 곤궁한 백성들은 하소연할 곳이 없으니, 도적이 되지 않으면 살아갈 길이 없는 형편이다. 그러므로 너도나도 스스로 죽음의 구덩이에 몸을 던져 요행과 겁탈을 일삼으니, 이 어찌 백성의 본성이겠는가. 진실로 조정이 청명하여 재물만을 좋아하는 마음이 없고, 수령을 모두 공 · 황과 같은 사람을 가려 차임한다면, 검을 잡은 도적이 송아지를 사서 농촌으로 돌아갈 것이다. 어찌 이토록 심하게 기탄없이 살생을 하겠는가. 그렇게 하지 않고, 군사를 거느리고 추적 포착하기만 하려 한다면 아마 포착하는 대로 또 뒤따라 일어나, 장차 다 포착하지 못할 지경에 이르게 될 것이다."[665]라고 하였다.

1559년 4월 21일에는 삼공이 도적을 쫓다 죽은 개성부 포도관 이억근을 포상할 것을 청하는 기록이 있다.

삼공이 검상(檢詳)을 시켜 아뢰기를, "개성부의 포도관(捕盜官) 이억근(李億根)은 평상시 도적을 추적하여 체포하는 일에 힘을 다하였기에, 도적들의 미워하는 바가 되었습니다. 그러다가 임꺽정을 추적하여 체포할 즈음에 뭇도적의 노리는 바가 되어 죽음을 당하였는데, 극히 참혹하여 몹시 가련합니다. 이도 국사(國事)에 죽은 사람이므로, 은혜를 내리는 특전을 시행하지 않을 수

664) 『조선왕조실록』, 명종 14년(1559) 3월 27일.

665) 『조선왕조실록』, 명종 14년(1559) 3월 27일.

없으며, 그 아랫사람으로서 그 난에 함께 죽은 사람도 본부(本府)를 시켜 아울러 방문하게 하여 함께 특전을 시행해야 됩니다. 또 황해도 각 지방의 이민(吏民)으로서, 도적을 고하여 체포하게 한 자도 도적들의 복수로 죽임을 당하였으니 모두 지극히 참혹합니다. 본도의 감사를 시켜 낱낱이 찾아내어 따로 표창하소서. 또 듣건대, 한 백성이 적당(賊黨)을 고발한 일이 있었는데, 하루는 들에 나가 나무를 하다가 도적들에게 붙잡히어 적들이 살해하려 하였습니다. 그 아들이 산 위에 있다가 바라보고는 달려와서 적들에게 말하기를 '너희들을 고발한 것은 나이고 아버지가 아니니, 아버지를 대신하여 죽기를 바란다.' 하였습니다. 적들이 곧 그 아비를 놓아주고 그 아들을 결박하여 촌가(村家)에 도착하여 밥을 짓게 하고는 둥그렇게 둘러앉아 배를 갈라 죽이고 갔다고 합니다. 이 사람은 나라를 위하여 적을 고발했을 뿐만 아니라 그 아비를 위하여 대신 죽고 아비는 면하게 하였으니, 그의 충성과 효도가 지극히 아름답습니다. 본도 감사에게 아울러 찾아내어 치계하도록 하여 포상하소서." 하니, 아뢴 대로 하라고 답하였다.[666]

여기서도, 역사를 편찬하는 사신의 입장을, "도적이 몹시 성함을 보고는 두려워하지 않고 관가에 나와 고발하였고, 아비가 장차 죽는 것을 보고는 급히 달려와서 구원하고 죽음을 대신하였으니 '삶을 버려 의를 취하고, 몸을 죽여 인을 이룬'자라 하겠다. 아, 이는 시골의 한 어리석은 백성이다. 어찌 일찍이 배운 바가 있어서 그렇게 하였겠는가! 타고난 천성은 사람마다 똑같은 바로서 언제든지 없어지지 않음을 보겠다."[667] 하였다.

포도 대장 김순고(金舜皐)가 아뢰기를, "풍문으로 들으니 황해도의 흉악

666) 『조선왕조실록』, 명종 14년(1559) 4월 21일.

667) 『조선왕조실록』, 명종 14년(1559) 4월 21일.

한 도적 임꺽정의 일당인 서임이란 자가 이름을 엄가이(嚴加伊)로 바꾸고 숭례문 밖에 와서 산다고 하므로 가만히 엿보다가 잡아서 범한 짓에 대하여 추문하였습니다. 그가 말하기를, '지난 9월 5일에 우리가 장수원(長水院)에 모여서 궁시(弓矢)와 부근(斧斤)을 가지고 밤을 틈타 성안에 들어가 전옥서(典獄署)의 옥문을 부수고 우리 두목 임꺽정의 처를 꺼내가려고 하였다. 【전날 장통방(長通坊)에서 엄습하여 잡으려 할 때 임꺽정은 달아나고 그의 처 3인만 잡았다.】 그 처를 꺼낸 다음 오간 수구(五間水口)를 부수고 나와야 하는데, 그곳을 지키는 군사들이 비록 알더라도 모두 잔약한 군졸들이라 화살 하나면 겁을 줄 수 있었다. 그런데 우리 중에 곤란하게 여기는 자가 두 사람이 있어 그들을 다 죽였다. 후에 우리 두목의 처가 형조의 전복(典僕)에 소속될 것이라는 말을 듣고는 중지하였다. 오는 26일에 또 평산(平山) 남면(南面) 마산리(馬山里)에 사는 우리 당인 대장장이 이춘동(李春同)의 집에 모여서 새 봉산 군수(鳳山郡守) 이흠례(李欽禮)를 죽이기로 의논하였다. 대체로 이흠례는 신계 군수(新溪郡守)로 있었을 때 우리들을 많이 잡아들였는데 지금 본직에 올랐으니 먼저 이 사람을 해치면 위엄을 세울 수 있을 뿐만 아니라 우리도 후환이 없을 것이기 때문이다.' 하였습니다. 이런 말을 비록 다 믿을 수는 없지만 그 정상을 조사하면 지극히 흉악하고 참혹합니다. 부장(部將) 1인, 군관 1인에게 말을 타고 기일에 맞추어 속히 달려가서 봉산 군수 이흠례, 금교 찰방(金郊察訪) 강여(姜侶)와 함께 몰래 잡게 하는 것이 어떻겠습니까?" 하니, 전교하기를, "아뢴 대로 하고, 선전관 정수익(鄭受益)에게도 아울러 말을 주어 급히 보내라." 하였다.[668)]

황해도 순경사 이사증(李思曾)의 도적을 잡은 【도적의 괴수 임꺽정(林巨正)이다.】 장계(狀啓)를 내리며 일렀다. "이 치계를 보니 도적의 괴수가 잡혔다 하므로 가상하게 여긴다. 이는 평범한 도적이 아니니, 포도 군관과 날래고

668) 『조선왕조실록』, 명종 15년(1560) 11월 24일.

용감한 군사들로 하여금 속히 내려가게 하고 본도의 무반(武班)인 수령 2인을 차사원(差使員)으로 정하여 엄히 호위하여 잡아다 추고하라고 병조에 이르라."[669]

황해도 순경사 이사증(李思曾)의 도적을 잡은 괴수 임꺽정(林巨正)이다. 장계(狀啓)를 내리며 일렀다. "이 치계를 보니 도적의 괴수가 잡혔다 하므로 가상하게 여긴다. 이는 평범한 도적이 아니니, 포도 군관과 날래고 용감한 군사들로 하여금 속히 내려가게 하고 본도의 무반(武班)인 수령 2인을 차사원(差使員)으로 정하여 엄히 호위하여 잡아다 추고하라고 병조에 이르라."[670]

황해도 순경사(黃海道巡警使) 이사증(李思曾)과 강원도 순경사 김세한(金世澣)이 복명하고, 적괴(賊魁) 임꺽정(林巨叱正)을 체포하였다고 입계하니, (실은 임꺽정이 아니고 적당 가도치(加都致)이다. 이사증이 형장으로 협박하여 허위 공초(供招)를 받고 임꺽정이라고 지목하였다.) 전교하였다. "대적(大賊)을 잡았으니 내가 매우 가상히 여긴다."[671]

의금부가 아뢰기를, "서임(徐林) (임꺽정 일당이다.) 을 잡아다가 임꺽정과 대질시키니, 서임이 '꺽정이 아니고 꺽정의 형 가도치인데 또한 큰 도적이다.'고 하였습니다. 진위 여부를 가리기 어려우니 그 처자식을 잡아다가 빙열(憑閱)하게 하는 것이 어떻겠습니까?" 하니, 아뢴 대로 하라고 전교하였다.[672]

여기서도, 역사를 편찬하는 사신의 입장을, "심하다, 장신이 임금을 속임이여. 당초 파견할 때 상이 단단히 마음먹고 반드시 체포하라고 당부하면서 융숭히 위임하였으니 저들 또한 어찌 진력하고자 아니하였겠는가. 그러나

669) 『조선왕조실록』, 명종 15년(1560) 12월 28일.

670) 『조선왕조실록』, 명종 15년(1560) 12월 28일.

671) 『조선왕조실록』, 명종 16년(1561) 1월 3일.

672) 『조선왕조실록』, 명종 16년(1561) 1월 3일.

그 지경에 들어갔을 때 칼과 활을 찬 백성들이 새처럼 산림에 숨어 때없이 출몰하니, 진실로 뛰어난 감식력이 있는 사람이 아니면 어떻게 알아낼 수 있겠는가. 군대가 출동한지 시일이 오래인데 공이 없는 것을 부끄러워하여 일단 혐의쩍은 사람을 잡으면 진위를 따지지 않고 중장으로 협박해 자복을 받음으로써 위임받은 책임을 메우고 외람되어 상을 받으려 하였으니, 그 거짓이 극도에 이르렀다. 하찮은 좀도둑들은 수령 한 사람의 힘으로도 잡을 수 있는데, 지금 외적이 침입해 온 듯이 장수에게 명하여 군대를 동원하였으므로 소문이 굉장하였다. 도적들이 매우 어리석다 하더라도 어찌 앉아서 포박당하겠는가. 아아, 조정의 조처가 이미 마땅함을 잃었으니 무식한 무장들을 탓할 것이 뭐 있겠는가." "윤원형과 심통원은 외척의 명문 거족으로 물욕을 한없이 부려 백성의 이익을 빼앗는 데에 못하는 짓이 없었으니, 대도가 조정에 도사리고 있는 셈이라, 하류들도 휩쓸려 이익을 추구함에 있어 남에게 뒤질세라 야단임은 물론 자기만 알고 임금은 생각하지도 않게 되었다. 백성들이 곤궁하여 재물이 떨어지게 되면 모여서 도둑이 되는 것인데 하나의 도둑이 창도하자 1백 사람이 호응하여 서쪽 변방이 소란스럽게 되었고 양민이 해를 입어 마을이 텅 비게 되었으니, 아, 참혹스럽다."[673] 하였다.

헌부가 아뢰기를, "도적의 두목 임꺽정이 흉악한 무리들을 불러모아 사람을 죽이고 재물을 빼앗는 등 못하는 짓이 없더니 심지어 관군(官軍)에 대적하여 왕사(王使)를 죽이기까지 하였습니다. 나라를 배반한 도적으로 이보다 더한 것이 없으므로 순경사(巡警使)를 특파하여 부월(斧鉞)을 들고 위엄을 보이게 한지 얼마 안 되어 도적의 괴수를 사로잡았다고 복명하니 천심(天心)이 기뻐하셨습니다. 그러나 이제 금부가 추국한 말을 들어보면 그가 임꺽정이 아닌 것이 분명합니다. 처음에 추관(推官) 강여(姜侶)가 자기의 공으로 삼고자

673) 『조선왕조실록』, 명종 16년(1561) 1월 3일.

하여 속여서 첩보(諜報)하였더라도 순경사가 된 이는 널리 고을 사람들에게 보여 진위를 분명히 변별한 다음 실상대로 계문하여야 했습니다. 그런데 그 첩보에 따라 공을 탐해 상을 기만하였으니 죄가 이미 극도에 이르렀습니다. 심지어 정원에 하문하셨을 때에도 상세히 분변하지 못한 이유를 바로 아뢰지 않고, 도리어 다시 더 의심할 만한 것이 없다고 함으로써 상의 면전에서 부정직하게 아뢰었으니 그 죄가 더욱 큽니다. 또 처음 추문할 때 실정을 알아내려고 힘쓰지 않고 마구 때려 상처를 입혔기 때문에 상경하여 질문할 적에 장(杖) 한 대도 치기 전에 먼저 지쳐 죽게 만들었습니다. 만일 도중에서 죽었다면 사람들이 다 그 술책에 빠져 그가 가도치인 줄 몰랐을 것입니다. 중장(重杖)으로 위협하고 무복(誣服)하게 한 것이 의심의 여지가 없습니다. 나랏일이 이 지경에 이르렀으니 매우 해괴하고 경악스럽습니다. 처음 추관 강여는 하옥(下獄)하여 추고하고, 이사증은 먼저 파직시킨 다음 추고하소서." 하니, 답하기를, "이사증과 강여를 모두 추고하여 다스리라."하였다. 세 번 아뢰니 그대로 윤허하였다.[674)]

정원이 평안도 관찰사 이양(李樑)의 계본(啓本)(의주 목사(義州牧使) 이수철(李壽鐵)이 대적(大賊) 임꺽정(林巨叱正)과 한온(韓溫) 등을 붙잡았다.) 으로 입계하니, 전교하였다. "이 치계(馳啓)와 임꺽정의 공초를 보니, 놀랍기 그지없다. 임꺽정과 한온 등은 지금 내려가는 선전관으로 하여금 다치지 않게 속히 묶어오게 하라."[675)]

영부사 · 좌의정 · 우의정 및 금부 당상 · 양사(兩司)의 장관들을 불러 전교하였다. "내가 임꺽정의 공초를 보니 그 흉계를 꾸며 역적질을 한 정상이 몹시 놀랍다. 이 공초 내에 관련된 자가 많다. 서울은 이미 내관(內官)과 선전관으로 하여금 수색하여 붙잡으라 하였다. 지방은 금부 낭청을 나누어 보내 속

674) 『조선왕조실록』, 명종 16년(1561) 1월 7일.

675) 『조선왕조실록』, 명종 16년(1561) 9월 7일.

히 잡아오게 하고, 임꺽정 등이 올라오면 경들이 궐정에서 심문하라."[676]

정원이 유신 죄인(惟新罪人)(김세준(金世俊) 등으로, 임꺽정의 공초에 나온 자들이다.) 을 잡아온 일로 입계하니, 전교하였다. "우선 단단히 가두어 두었다가 임꺽정이 올라오면 대질(對質)시키도록 하라."[677]

정원이 의주(義州) 죄인들을 잡아온 일로 입계하니, 추관들을 불러 전교하기를, "분군기(分軍記)와 한온(韓溫)의 공초를 보니 매우 놀랍다. 그 무리가 반드시 많을 것이고 몹시 흉악한 모의는 말로 형용하기 어렵다. 차차 세밀히 추고하라."하였다. 추관 등이 아뢰기를, "임꺽정이라고 하는 자를 추문해 보니, 사실은 임꺽정이 아닙니다. 스스로 '이름은 윤희정(尹熙鼎)이며 해주(海州)의 군사로서 의주에 가서 변경을 방비했다.'고 말하므로 임꺽정을 아는 사람들에게 보이고 물어보니, 모두들 임꺽정이 아니라고 하며, 봉산(鳳山) 사람도 임꺽정이 아니라고 합니다." 하니, 전교하기를, "도적은 으레히 이름을 수 없이 바꾸는 것이니, 서임(徐林)을 빙문(憑問)하라." 하였다. 추관 등이 아뢰기를, "도적이 이름을 바꾸는 것은 신들도 알고 있습니다. 그러나 모두들 임꺽정이 아니라고 하며, 서임도 또한 '의주 목사가 의복과 신발 등을 후하게 주며 꾀이고 또 엄한 형벌로 위협했기 때문에 임꺽정이라고 말했지만, 실은 임꺽정이 아니다.'라고 말했습니다." 하니, 전교하기를, "큰 도적 무리를 어찌 평문(平問)으로 승복을 받겠는가. 한온도 빙문하라." 하였다. 추관 등이 아뢰기를, "한온을 추문하니, 또한 '나는 윤세공(尹世恭)이며 의주 목사는 이조 낭관 때에 알았다.'고 스스로 말하므로 각사(各司)의 오래된 서리를 불러 물어보니 모두 한온이 아니라고 하였습니다. 그러나, 이 사람이 한온은 아니지만 범법이 많으므로 바야흐로 추고하고 있습니다." 하니, 전교하기를, "상세히 추고하여 아뢰라." 하였다. 추관 등이 아뢰기를, "임꺽정과 한온을 반복해서

---

676) 『조선왕조실록』, 명종 16년(1561) 9월 7일.

677) 『조선왕조실록』, 명종 16년(1561) 9월 11일.

심문해 보니, 임꺽정과 한온이 아닙니다. 그러나, 그들의 정상을 살펴보건대 두 사람 모두 행동이 황당하고, 의주에 있을 때에 받은 공초로 물어보니 입으로 차마 할 수 없는 말을 모두 그들이 했다고 하니, 이는 바로 역적입니다. 임꺽정과 한온이 아니라고 하여 가볍게 처리할 수 없으니, 우선 형추하소서. 의주 목사 이수철(李壽鐵)은 이처럼 중대한 일에 대해 그 출처를 세밀하게 갖추어 기록하지 않았으니, 매우 잘못한 것입니다. 추고하소서." 하니, 전교하기를, "그들이 비록 임꺽정과 한온인지 확실히 알지는 못하지만 흉악한 말을 모두 그들이 했다 하니, 참으로 역적들이다. 아뢴 대로 하라." 하였다. 추관 등이 아뢰기를, "죄인들의 공초를 보니 반역의 정상이 모두 그들의 입에서 나왔습니다. 죄가 막중하니 마땅히 가형해야 합니다. 그러나 이제 새벽이 되었고 이들은 모두 용렬하고 천한 자들이어서 궐정을 더럽혀가면서 추국할 것은 못되니, 내일 삼성 교좌(三省交坐)로 추국을 끝내는 것이 어떠합니까?" 하니, 전교하기를, "아뢴 뜻이 타당한 듯하나 난역(亂逆) 사건은 용렬하고 천한 자라 하여 소홀히 할 수 없다. 어찌 갑자기 삼성 교좌하겠는가. 경들은 밤을 세워 수고하였으니 우선 물러가 조금 쉬었다가 오후에 들어와 한두 차례 가형하고, 추고하지 않은 자들을 아울러 추고하여 아뢰라." 하였다.[678]

정원이 의주(義州) 죄인들을 잡아온 일로 입계하니, 추관들을 불러 전교하기를, "분군기(分軍記)와 한온(韓溫)의 공초를 보니 매우 놀랍다. 그 무리가 반드시 많을 것이고 몹시 흉악한 모의는 말로 형용하기 어렵다. 차차 세밀히 추고하라." 하였다. 추관 등이 아뢰기를, "임꺽정이라고 하는 자를 추문해 보니, 사실은 임꺽정이 아닙니다. 스스로 '이름은 윤희정(尹熙鼎)이며 해주(海州)의 군사로서 의주에 가서 변경을 방비했다.'고 말하므로 임꺽정을 아는 사람들에게 보이고 물어보니, 모두들 임꺽정이 아니라고 하며, 봉산(鳳山) 사람도 임꺽정이 아니라고 합니다." 하니, 전교하기를, "도적은 으레히 이름을 수

678) 『조선왕조실록』, 명종 16년(1561) 9월 21일.

없이 바꾸는 것이니, 서임(徐林)을 빙문(憑問)하라." 하였다. 추관 등이 아뢰기를, "도적이 이름을 바꾸는 것은 신들도 알고 있습니다. 그러나 모두들 임꺽정이 아니라고 하며, 서임도 또한 '의주 목사가 의복과 신발 등을 후하게 주며 꾀이고 또 엄한 형벌로 위협했기 때문에 임꺽정이라고 말했지만, 실은 임꺽정이 아니다.'라고 말했습니다." 하니, 전교하기를, "큰 도적 무리를 어찌 평문(平問)으로 승복을 받겠는가. 한온도 빙문하라." 하였다. 추관 등이 아뢰기를, "한온을 추문하니, 또한 '나는 윤세공(尹世恭)이며 의주 목사는 이조 낭관 때에 알았다.'고 스스로 말하므로 각사(各司)의 오래된 서리를 불러 물어보니 모두 한온이 아니라고 하였습니다. 그러나, 이 사람이 한온은 아니지만 범법이 많으므로 바야흐로 추고하고 있습니다." 하니, 전교하기를, "상세히 추고하여 아뢰라." 하였다. 추관 등이 아뢰기를, "임꺽정과 한온을 반복해서 심문해 보니, 임꺽정과 한온이 아닙니다. 그러나, 그들의 정상을 살펴보건대 두 사람 모두 행동이 황당하고, 의주에 있을 때에 받은 공초로 물어보니 입으로 차마 할 수 없는 말을 모두 그들이 했다고 하니, 이는 바로 역적입니다. 임꺽정과 한온이 아니라고 하여 가볍게 처리할 수 없으니, 우선 형추하소서. 의주 목사 이수철(李壽鐵)은 이처럼 중대한 일에 대해 그 출처를 세밀하게 갖추어 기록하지 않았으니, 매우 잘못한 것입니다. 추고하소서." 하니, 전교하기를, "그들이 비록 임꺽정과 한온인지 확실히 알지는 못하지만 흉악한 말을 모두 그들이 했다 하니, 참으로 역적들이다. 아뢴 대로 하라." 하였다. 추관 등이 아뢰기를, "죄인들의 공초를 보니 반역의 정상이 모두 그들의 입에서 나왔습니다. 죄가 막중하니 마땅히 가형해야 합니다. 그러나 이제 새벽이 되었고 이들은 모두 용렬하고 천한 자들이어서 궐정을 더럽혀가면서 추국할 것은 못되니, 내일 삼성 교좌(三省交坐)로 추국을 끝내는 것이 어떠합니까?" 하니, 전교하기를, "아뢴 뜻이 타당한 듯하나 난역(亂逆) 사건은 용렬하고 천한 자라 하여 소홀히 할 수 없다. 어찌 갑자기 삼성 교좌하겠는가. 경들은 밤을 세워 수고하였으니 우선 물러가 조금 쉬었다가 오후에 들어와 한두 차례 가형

하고, 추고하지 않은 자들을 아울러 추고하여 아뢰라." 하였다.[679)]

추관 등이 추국청(推鞫廳)에 모여 아뢰기를, "지금 이 죄인의 이름이 비록 확실하지 않으나 흉악한 말을 모두 스스로 했다 하니, 이는 역적입니다. 이 같은 옥사(獄事)를 신들이 어찌 심상히 추국하였겠습니까. 반복하여 심문하고 여러모로 살펴보니 임꺽정과 한온은 아닌 듯합니다." 하니, 전교하기를, "윤희정과 윤세공이 국가를 배반하고 흉모를 꾸민 것이 공초에 나타났으니, 임꺽정과 한온에 결부시킬 것 없이 윤희정과 윤세공으로 가형하라." 하였다. 추관 등이 아뢰기를, "윤희정과 윤세공은 이미 승복하였으니, 조율하소서. 또 윤세공의 사람됨이 헤아릴 수 없이 사특하여 관계되지 않은 사람도 모두 사혐(私嫌)으로 인하여 거짓으로 끌어대었습니다. 신언(信彦) 등 8명과 임꺽정의 아내라고 하는 자와 서임(徐林)의 일이 모두 실제가 아니니, 어떻게 해야겠습니까? 전일 유신(惟新) 등에서 잡아온 자들도 또한 모두가 관계되지 않는 사람들이니 아울러 놓아 보내소서." 하니, 전교하기를, "윤희정과 윤세공은 조율하고 공초에 관련된 신언 등은 큰 일에 관련된 자들이니 금부로 하여금 추고하게 하라. 그 밖에는 모두 놓아 보내라. 서임은 전일과 같이 사람을 임명하여 황해도로 데려가게 하되 폐단을 일으키지 말라고 엄하게 경계하여 보내라." 하였다. 윤희정과 윤세공이 사형을 당하였다.[680)]

양사가 아뢰기를, "의주 목사 이수철은 처음에 윤세공을 붙잡아 한온인 줄 알고, 심지어는 이조 낭관으로 있을 때에 얼굴을 자세히 알았다 하며 온갖 형구들을 갖추어 놓고 몹시 참혹한 형벌을 가하여 한온이라고 거짓 승복을 하게 하였습니다. 또 윤희정을 붙잡아 임꺽정이라 하였는데, 처음에 승복하지 않자 혹독한 형벌을 마구 주고 심지어 상자 속에 넣고 그물로 씌워, 또한 임꺽정이라고 거짓 승복하게 하였습니다. 처음에 잘못 알았다고 하더라도 봉산

679) 『조선왕조실록』, 명종 16년(1561) 9월 21일.

680) 『조선왕조실록』, 명종 16년(1561) 9월 22일.

(鳳山) 사람과 면질시켰을 때 진짜가 아니라고 했으면 자세히 분변했어야 옳았는데, 한갓 위엄 위세만을 보여 곤장을 마구 쳤고, 서임과 면질했을 때도 또한 그와 같이 했습니다. 그래서 사람마다 두려워하여 잠시라도 목숨을 지탱하려고 모두 거짓을 진실이라고 하였으니, 이는 이치로 보아 그럴 수 밖에 없었던 것입니다. 서임에게 물건을 후하게 주고 처음부터 끝까지 변하지 말라고 꾀인 것은 말할 것도 없고, 그가 임꺽정의 아내라고 말한 자는 백발이 된 늙은 할미이고, 의붓자식과 사위라는 자는 혹 불로 지지고 혹 사지를 비틀었으며, 의주에서 곤장을 맞아 죽은 자도 또한 한둘이 아닙니다. 이수철은 지식 있는 문관으로서 도리어 공명(功名)을 좋아하는 무부(武夫)와 같은 짓을 하였으니, 국가를 기만한 죄가 매우 큽니다. 파직하고 나서 추고하소서." 하니, 답하기를, "추고는 아뢴 대로 하라. 파직은 지나친 듯하므로 윤허하지 않는다." 하였다. 뒤에 여러 번 아뢰니, 아뢴 대로 윤허하였다.[681]

여기서도, 역사를 편찬하는 사신의 입장을, "이수철이 임금을 기만한 것이 너무 심하다. 윤세공과 윤희정을 붙잡았을 때 사람들이 만약 임꺽정과 한온이 아니라고 하면 반드시 성을 내어 감히 말도 못하게 하고 강제로 임꺽정과 한온이라 하여 거짓 공초를 올리게 하였으니, 이 무슨 마음이었던가. 아아! 부귀영화 얻기를 근심하면 하지 못하는 짓이 없는 것이다. 임꺽정은 국가의 큰 도적으로 오래도록 형벌을 피하여 상의 노여움이 극심하고, 또 관서 지방의 방백과 병사가 모두 왕비의 친정붙이니, 만일 역적을 잡으면 지휘한 공로와 역적을 잡은 공로는 상이 같았을 것이다. 이수철은 상의 뜻을 헤아려 특별한 상을 줄 것이라 생각하고 역적을 잡은 공로를 요행으로 차지하려고 하여 형벌로 위협하고 이익으로 꾀어 끝내 거짓으로 승복하게 했을 뿐만 아니라, 심지어는 얼굴을 자세히 안다고 하여 임금을 기만하였으니, 그 죄는 마

681) 『조선왕조실록』, 명종 16년(1561) 9월 24일.

땅히 사형에 처해야 하는데, 대사에서는 다만 파직시키라고만 청하였다. 아아! 신하가 임금을 기만한 죄가 어찌 파직에 그칠 뿐이겠는가. 근래 국가에 기강이 없고 사람들은 붕당을 지어 어떻게든 혐의를 피하며 묵묵히 따르기만 하는 것이 풍속이 되어 버렸는데, 이른바 언책을 맡은 자들도 또한 이와 같으니, 그 죄는 이수철과 다를 것이 없다."[682] 하였다.

정원이 황해도 관찰사 김주(金澍)의 계본【적들이 해주(海州)에서 평산(平山) 지방으로 들어가 대낮에 민가 30여 곳을 불태우고 많은 사람을 살해하였다.】으로 입계하니, 상이 삼공 · 영부사 · 병조와 형조의 당상관 · 포도 대장 등을 불러 전교하기를, "적변(賊變)이 이와 같으니, 매우 놀라운 일이다. 지난해 순경사(巡警使)가 갔을 때 만약 오래 머물렀으면 적을 거의 섬멸하였을 것인데, 잠깐 갔다가 즉시 돌아와 다만 도적에게 비웃음만 당했으니, 조정에서 잘 조처하지 못한 듯하다. 지금 서임(徐林)에게만 맡겨놓고 예사롭게 보고 있어서는 안 된다. 경들은 의논하여 아뢰라." 하였다. 이준경 등이 아뢰기를, "하찮은 적들이 오래도록 법망을 피해 다니며 살인과 약탈을 멋대로 자행하여 하나의 적국(敵國)처럼 되었는데도 그 도의 수령은 멀리서 보고 위축되어 감히 어찌하지를 못하니, 그 도의 백성들은 도적이 있는 줄만 알고 나라가 있는 줄은 모릅니다. 기강이 이 지경에 이르렀으니, 몹시 통분스럽습니다. 생각건대 황해도에는 본래 주장(主將)이 없습니다 비록 감사(監司)가 있지만 으레 모두 유신(儒臣)이라서 조치가 잘못되고, 백성을 통솔하는 자가 없어 도적들이 횡행하게 되었으니, 부득이 경장(京將) 중에서 위망(威望)과 지략(智略)이 있는 자를 가려 보내고 굳세고 용맹스러운 자들을 뽑아 거느리게 해야 합니다. 또 한 도의 군대를 동원하여 그 중에서 도적의 실정을 잘 아는 자를 통부(統部)에 나누어 정하여 이목(耳目)으로 삼아 도적의 종적(蹤跡)을 알아내

682) 『조선왕조실록』, 명종 16년(1561) 9월 24일.

사방에서 공격하고 포위해야 합니다. 그렇게 하면 도적이 하나도 살아남지 못하게 될 것입니다. 그런데 황해도에서 일을 거행하려면 반드시 경기 · 함경도 · 평안도 · 강원도에 먼저 조치 하여 모든 일을 준비하게 하고, 경장(京將)도 즉시 황해도로 내려보내야 하며, 경장의 통보를 기다려서 이 네 도가 서로 약속하고 일제히 군대를 일으켜 수포(搜捕)하여 도적이 빠져 나가지 못하게 한 뒤라야 일을 이룰 수 있을 것입니다." 하니, 전교하기를, "지금 도적의 세력이 성하여 적국과 같으니, 지금 만약 힘을 다하여 엄히 다스리지 않으면 이는 몇 도의 백성들을 모두 도적의 손에 주는 것이다. 후환이 이루 말할 수 없을 것이니, 특별히 조치하여 기필코 모두 잡으라." 하였다. 이준경 등이 경장(京將)의 망단자(望單子)【황해도에 남치근(南致勤), 강원도에 김세한(金世澣)인데, 토포사(討捕使)라고 칭하였다.】로 입계하기를, "군관(軍官)은 이 사람들이 직접 뽑아 데리고 갈 것입니다. 내일 양변(兩邊)의 포도 대장과 병조 · 형조 당상을 패초하여 함께 사목(事目)을 의논하고 내보내는 것이 어떻겠습니까?" 하니, 아뢴 대로 하라고 전교하였다.[683)]

여기서도, 역사를 편찬하는 사신의 입장을, "국가에 선정이 없고 교화가 밝혀지지 않아 재상들의 횡포와 수령들의 포학이 백성들의 살과 뼈를 깎고 기름과 피를 말려 손발을 둘 곳이 없고 호소할 곳도 없으며 기한이 절박하여 하루도 살기가 어려워 잠시라도 연명(延命)하려고 도적이 되었다면, 도적이 된 원인은 정치를 잘못하였기 때문이요 그들의 죄가 아니다. 어찌 불쌍하지 않은가. 근본을 생각해 보면 해결하기 어려운 것이 아닌데, 이준경은 외람되이 재상 지위에 앉아서 인을 행하는 방도를 연구하여 힘써 교화의 정치를 거행하지는 아니하고 도리어 조그마한 새앙쥐 때문에 천균(千鈞)의 쇠뇌를 쏘려고 하니, 어쩌면 그리 오판하는가. 황해도의 도적이 비록 방자

683) 『조선왕조실록』, 명종 16년(1561) 10월 6일.

하다고 하지만 그들의 무리는 8~9명에 지나지 않으며, 모이면 도적이고 흩어지면 백성이다. 깊은 산골에 나누어 숨어 붙잡을 만한 자취도 없고, 적국이 진을 치고 침입하여 교전할 수 있는 것과도 다르니, 비록 네 도의 병력을 합하여 일시에 책응하려고 하지만 어디서부터 착수하겠는가. 흉년과 세금으로 백성들이 지쳐 스스로 무너지려고 하는 형편인데, 또 군대를 일으켜 변방에 오래 머무르게 하여 재물을 많이 허비해서 공사의 재정이 모두 고갈되게 하고 거기다가 주장의 횡포와 군졸의 침탈을 더한다면, 백성이 어떻게 살겠는가. 이는 네 도의 백성을 모두 도적으로 만드는 것이다. 임꺽정을 비록 잡더라도 종기가 안에서 곪아 혼란이 생길 것인데, 더구나 임꺽정을 꼭 잡는다고 단정할 수도 없지 않은가. 전일의 군대가 공적을 이루지 못한 것이 이미 본보기가 되는데도, 이준경은 임금의 뜻만 따르고 상진 등은 구차히 동조하며 간관들은 입을 다물고만 있다. 나랏일이 날마다 그르게 되어 가는데도 구원하는 자가 없으니, 탄식하며 눈물을 흘릴 뿐이다."[684] 하였다.

"우리 나라는 3면(面)에서 적의 침입을 받으니 평온할 때에도 마땅히 위태로움을 잊지 말아 무비(武備)를 닦고 족식 족병(足食足兵)의 도(道)를 항시 강구해야 하는데 근래 무비가 해이하다. 지난 을묘년 왜변 뒤로 비록 무예를 단련하는 일이 더러 있었지만 세월이 오래되어 으레 거행하지 않는다. 요즈음 일로 말하건대 임꺽정이 조그만한 도적으로 많은 죄를 짓고도 오래도록 법을 피하고 있는데 국가에서는 치욕만 당하고 쉽게 잡지 못하니, 이는 오로지 경외(京外)가 무비를 닦지 않았기 때문이다. 뒷날 또 을묘년 같은 변고가 있으면 어떻게 하려는지 모르겠으니, 한심스러운 일이다. 전에 만든 절목(節目)을 세밀히 살펴 밝히고, 이 조목을 가지고 삼공 · 영부사 · 호조 · 병조 · 비변사

684) 『조선왕조실록』, 명종 16년(1561) 10월 6일.

가 함께 의논하여 다시 자세히 살핀 뒤에 마련하여 서계하되, 미진하거나 빠뜨리는 일이 없도록 하라.”

조목은 다음과 같다. 1. 서울과 지방에서 문음(門蔭)으로 처음 입사(入仕)한 사람은 음직에만 등용할 것이 아니라, 무재(武才)가 있는 자를 시험하여 합격한 자는 혹 찰방에 의망할 것. 1. 서울과 지방의 양반 자제, 각사(各司)의 서리 · 전복(典僕), 향리, 관속의 모든 담당 군사와 보인(保人) · 양인(良人) · 공천(公賤) · 사천(私賤)으로서 나이가 젊고 활을 쏠 줄 아는 자를 모두 뽑아 매월 날짜를 정해놓고 장편전(長片箭)을 별도로 시험하고, 기사(騎射)할 수 있는 자는 기사를 하게 하며, 그 중에 능하지 못한 자는 창(槍)을 익히게 하여, 영구히 규칙을 세워 태만하지 못하게 하고, 별도로 시관을 정하여 재능을 시험하고 연말에 합산하여 우열을 가릴 것. 1. 지방에서 항상 점검하여 많은 성과가 있는 자와 점검하지 않아 성과가 없는 자가 있으니, 감사 · 병사 · 수사는 순찰하여 성적을 매기는 데 상고하고, 혹 특별히 어사와 경차관을 보내 잘하고 못하는 것을 시험하여 상을 주거나 승진을 시키거나 파직을 시킬 것. 1. 서울과 지방의 잔약한 민가 이외에 군기(軍器)를 마련할 만한 집에는 화살과 장편전 등을 비치하게 하고 간혹 점검할 것.】

또, 명종 17년인 1562년 1월 3일에는 정원이 황해도 토포사 남치근의 서장에 도적 임꺽정 등이 서흥 땅에 머물러 있었는데, 군관 곽순수 · 홍언성 등이 사로잡았다고 입계하니, 전교하였다. “선전관과 금부 낭청과 포도 군관 등을 속히 보내어 잡아오도록 하라.”[685]고 명하는 기록이 있다. 이후 명종은 1월 8일에 토벌군들을 치하했고, 그 뒤로도 임꺽정의 잔당들은 남아 저항했지만 대부분 처단하였다. 가짜 임꺽정 체포로 여러 번 곤란을 겪었던 점, 명종이 임꺽정의 범죄를 역모 행위로 간주하여 좌의정과 우의정에게 임꺽정이 잡히

685) 『조선왕조실록』, 명종 17년(1562) 1월 3일.

면 궁궐에서 심문을 지시[686] 한 다음과 같은 기록들이 있다.

전교하였다. "국가에 반역한 큰 도적 임꺽정 등이 이제 모두 잡혀 내 마음이 매우 기쁘다. 토포사 남치근, 군관 곽순수 · 홍언성 및 전 사복(司僕) 윤임(尹霖)에게 각각 한 자급씩을 더해 주고, 종사관(從事官) 한홍제(韓弘濟) · 박호원(朴好元)에게는 각각 말을 내려 주라."[687]

영의정 상진(尙震), 좌의정 이준경(李浚慶), 우의정 심통원(沈通源), 영부사(領府事) 윤원형(尹元衡), 병조 판서 정응두(丁應斗), 참판 성세장(成世章), 참의 유잠(柳潛) 참지 박대립(朴大立), 형조 판서 권철(權轍) 참판 강사상(姜士尙) 참의 유순선(柳順善) 이 모여 서임(徐林)을 처리하는 일을 의논하였다. 상진이 의논드리기를, "서임의 흉사(兇詐)한 정상이 꼭 없다고 할 수는 없습니다. 극형(極刑)을 적용하지 않는다 하더라도 참작해서 처리하는 것이 타당할 듯합니다." 하고, 이준경이 의논드리기를, "흉악한 인간이 본성은 끝내 변화시킬 수 없습니다. 지금 비록 놓아주더라도 끝내는 극악한 도적이 될까 염려됩니다. 따라서 단서를 가지고 끝까지 추문하여 실정을 밝혀 뒷날의 근심을 제거하는 것도 안 될 것은 없습니다. 다만 생각하건대 나라에서 이미 그를 살려주었고 또 그의 한패거리들을 잡는 데에 조금이나마 공로가 있었으니, 특별히 호생지덕(好生之德)을 베푸는 것이 어떠하겠습니까?" 하고, 심통원이 의논드리기를, "서임이 처음엔 적당(賊黨)에 들어 있었지만 그 도적들을 배신하고 귀순해 왔고, 그가 해 온 일이 모두 적도들에게 해를 끼친 것이어서 적도들이 서임을 원망하고 미워하여 원수로 삼은 지가 오래되었는데, 어떻게 그들과 몰래 통하면서 감싸 줄 수가 있었겠습니까. 조정의 신의를 잃는 것은 곤란할 듯합니다." 하고, 윤원형이 의논드리기를, "서임이 10월부터 오랫동

686) 『조선왕조실록』, 명종 16년(1561) 9월 7일.

687) 『조선왕조실록』, 명종 17년(1562) 1월 8일.

안 남치근을 따라 행동을 했으니 어느 겨를에 도망가 숨어 있는 적도들과 비밀히 내통할 수 있었겠습니까. 나라에서 사형을 감해 준 은혜에 보답하고자 도적들을 잡는 것을 지도(指導)해 줬으니, 그 도적의 무리들이 분개하고 미워하여 해치려고 하는 것은 이치상 당연한 일입니다. 지금 만약 그를 형신한다면 도적들의 술수에 빠지는 것이 될 듯합니다." 하고, 정응두 등 7인이 의논드리기를, "이미 죽이지 않겠다고 허락해 준 터에 이제 자세히 살피지도 않고 느닷없이 형신을 가한다면, 조정의 신의를 잃을 뿐만 아니라 아마도 뒤에 귀순해 오는 자들을 막는 결과가 될 것입니다." 하니, 전교하기를, "이 의논들을 살펴보니 모두 타당하다. 자세히 살펴서 회계하라고 금부에 이르라."하였다. 금부가 회계하기를, "서임을 그 무리들과 면질(面質)시켜 보았는데, 별로 밝힐 만한 게 없습니다." 하니, 서임은 분간(分揀)하여 도로 방면하라고 전교하고, 이어 전교하기를, "서임이 포적(捕賊)한 공이 없지 않으니 포도청에 속하게 하여 대장의 명령을 듣게 하고 마음대로 출입을 하지 못하도록 하라." 하였다.[688]

그 이후에도 1594 1월 11일에 대신 등을 행궁에서 인견하고 송유진 역모, 김덕령 등의 문제에 대해 다음과 같이 논의하였다.

영의정 유성룡, 우찬성 최황(崔滉), 이조 판서 김응남(金應南), 병조 참판 심충겸(沈忠謙)이 청대(請對)하니, 상이 행궁(行宮)의 편전에서 인견하였다. 유성룡이 아뢰기를, "홍가신(洪可臣)이 아산(牙山)에 피난가 있으면서 신에게 보낸 편지에 '어떤 도적들이 천안에서 와서 진을 치고 둔취하여 있다가 개현사(開玄寺)로 갔다.'고 하였습니다. 예로부터 병화(兵禍)를 겪은 뒤에는 으레 무뢰배들이 모여 도둑이 되었는데 때로는 그 세력이 번성해지기까지 하

688) 『조선왕조실록』, 명종 17년(1562) 1월 13일.

였으니 일찍 도모하지 않아서는 안 됩니다." 하니, 상이 이르기를, "영상의 말이 옳다. 늦추어서는 안 된다." 하였다. 최황이 아뢰기를, "아산에는 공세창(貢稅倉)이 있으니 모름지기 모략(謀略)이 있는 자를 가려서 맡겨야 됩니다. 신의 자식 최유원(崔有源)이 아산 군수로 있는데 3일 대낮에 기병과 보병 40여 명의 적도(賊徒)가 그 고을에 사는 임희지(任羲之)의 집을 포위하고는 '군량과 군기를 얻고자 한다.' 하므로, 희지가 '우리 집에 어찌 군기가 있겠는가.' 하니, 도적이 '우리가 수색하여 볼 터이니 부인들은 피하게 하라.' 하였답니다. 희지도 피하여 달아나니, 도적이 '그대는 유사(儒士)이고 범한 죄도 없는데 무엇 때문에 피하는가?' 하더랍니다.

신의 자식이 관노(官奴)를 차견하여 두 번이나 보장(報狀)을 보냈다고 하는데 지금까지 오지 않는 것을 보면 중간에 저지당한 환란이 있었는가 합니다. 또 들리는 바에 의하면 적도가 민간의 소를 탈취하여 그 가운데 작은 것은 잡아먹고 큰 소는 도로 돌려주면서 '이것으로 농사를 지으라.' 하였으며, 그들의 대장(大將)은 가야산(伽倻山)에 있다고 합니다." 하니, 상이 이르기를, "찬성(贊成)이 들은 것도 내가 들은 것과 같다." 하자, 성룡이 아뢰기를, "홍가신이 서간(書簡)에 '도적들이 작은 종이에다 유고서(諭告書)를 만들어 백성들에게 두루 보였는데, 그 내용은 「백성들이 고통을 견디기 어려운 처지이므로 우리가 그대들을 위해서 나왔다.」고 했다' 하였습니다." 하였다. 상이 이르기를, "악비(岳飛)가 용맹을 떨치는 것이 때때로 신(神)과 같았는데도 종택(宗澤)[689] 이 '그대는 적 몇 명을 대적할 수 있는가?' 하니, 악비가 '용맹은 믿을 것이 못 된다. 도략(韜略)을 알아야 적병을 대적할 수 있는 것이다.' 하므로, 종택이 '그대는 항오(行伍) 가운데 있을 사람이 아니다.'라고 하였다. 지금 덕령이 스스로 5~6리(里) 밖에다 진을 치고 단기(單騎)로 돌입하

689) 종택(宗澤)은 원전에는 하북 초토사 장소(張所)와의 대화로 기록되어 있다. 『송사(宋史)』 권365 악비 열전(岳飛列傳).

여 짓밟을 수 있다고 하였으니, 이 사람에게 큰일을 맡겨서는 안 되겠다." 하고, 또 이르기를, "경성의 간세인(奸細人)이 도적과 서로 내통할 경우도 없지 않으니 살피지 않을 수 없다." 하니, 충겸이 아뢰기를, "전번 해서(海西)의 도적 임꺽정(林巨叱正)의 말에 '우리 당여 가운데 1인이 정원의 사령(使令)이 되어야 한다.' 하였는데, 이는 조정의 일을 탐지하기 위해서였던 것입니다." 하였다. 상이 이르기를, "비록 미세한 공사(公事)라 할지라도 내가 반드시 직접 가지고 보겠으니 내관(內官)은 한 사람도 전독(傳讀)시키지 말고, 정원에서도 직접 처리하도록 하라. 그리고 무군사(撫軍司)와 충청 감사 · 병사 및 양호(兩湖)의 순변사(巡邊使)에게 다음과 같은 내용으로 하서하라.

'충청도 도적의 일을 언자(言者)들이 많이 우려하고 있기 때문에 이미 하서한 바 있다. 이제 강첨의 장계를 보건대, 그 도적들이 점점 번성하여 가는 것을 알 수 있다. 이는 병란이 발생한 이후 해야 할 역사(役事)가 너무 많아 조발(調發)과 전수(轉輸)는 물론 곡식을 거두고 세금을 매겨 독촉해 온 지가 이제 이미 3년이나 되어 백성들이 명령을 감당하지 못하고 있는 실정이어서 살아갈 길이 막연한 탓으로 감히 뛰쳐나와 노략질하게 된 것이니 이는 사세의 필연이다. 그리고 본도(本道)에는 의병이라 이름하는 자들이 곳곳에 둔취하여 있었는데 왜적이 물러간 뒤 조정에서 제때에 선처해서 통속(統屬)이 있게 하지 못한 관계로 그들 스스로 둔취해 있으면서 지니고 있던 무기로 여염(閭閻)을 노략질하게 되었고 이것이 점점 성하여져 제어하기 어려운 사나운 도적이 된 것이다. 그 이유를 궁구하여 보면 이 두 가지 단서에 기인된 것이다. 이제 많은 군마(軍馬)를 출동시켜 풀베듯 참획하려 한다면 도적들이 서로 고동(鼓動)하여 스스로 보존할 계책을 세울 것이니, 그렇게 되면 난을 중지시키려다 도리어 난을 가중시키는 꼴이 된다. 그러니 한편으로는 그들을 효유하여 점차 평민으로 돌아가게 하고, 그 가운데 극심한 자만을 체포하여 벰으로써 스스로 두려워하여 흩어지게 해야 된다. 그리고 반드시 백성의 고통에 대해 강구하여 급하지 않은 요역(徭役)과 응당 감해야 할 과납(科納)은 이를 견감시킴으로써 덕의(德意)를 베푸는 것이 바로 재앙을 사전에 방지하는 방법이다. 그렇게 하지 않으면 살 곳을 잃은 백성들이 서로 추부(趨付)하게 될 것이니 이들을 제거하기가 더욱 어려워질 것이다.'"[690] 하였다.

이들 기록을 종합해보면, 명종 시대의 도적으로 지목된 임꺽정은 1559년에 개성 근방에서 출몰하자 개성부 포도관 이억근이 군인 20여 명을 데리고 그들의 소굴을 습격했다가 오히려 죽음을 당했다. 이에 조정에서는 개성부 유수에게 도둑의 두목을 잡으라는 엄한 명을 내렸다. 한 달이 지나도 잡지 못하자 임금은 도둑 잡기를 게을리하는 수령에게는 엄벌을 가하고, 공을 세우면 후한 상을 내리는 조처를 취하였지만, 작은 도둑무리만 잡았을 뿐 별다른 성과를 올리지는 못했다. 1560년 8월에는 서울에까지 임꺽정과 그 일당이 출몰하였다. 장통방[691]에서 그들을 잡으려 하자 활을 쏘아 부장을 맞히고 달아났다. 이 때 임꺽정의 아내와 졸개 몇 사람을 잡았고, 그때 임꺽정의 아내를 형조 소속의 종으로 삼게 하였다. 이 해 10월에는 금교역을 통해 서울로 들어오는 길을 봉쇄하고 연도를 삼엄하게 경비하였다. 그러나 이들은 봉산에 중심 소굴을 두고 평안도의 성천 · 양덕 · 맹산과 강원도의 이천 등지에 출몰하며 더욱 극성을 떨었다. 이들은 황해도에서 빼앗은 재물을 개성에 가서 팔기도 하고, 서울에 근거지를 마련하고 겁탈을 일삼았다. 이리하여 황해도 일대는 길이 막혀서 통행을 할 수가 없었다. 이들은 이 때 벼슬아치의 이름을 사칭하고, 감사의 친척이라고 가장하면서 관가를 출입하고, 정보를 캐내기도 하였다. 이 해 12월에 엄가이라는 도둑 두목이 숭례문 밖에서 잡혔는데, 그가 바로 임꺽정의 참모인 서림이었다. 서림의 입을 통해, 임꺽정 일당이 장수원에 모여 있으면서 전옥서를 파괴하고 임꺽정의 아내를 구출할 계

690) 『조선왕조실록』, 선조 27년(1594) 1월 11일.

691) 현재 서울특별시 종로구 종로 2가 부근.

획이 있다는 사실이 탄로 났다. 또, 이들이 평산 남면에 모여 자신들이 여러 차례 잡은 공으로 영전한 봉산군수 이흠례를 죽일 계획을 세웠다는 사실도 알아냈다. 그리하여 조정에서는 평산부와 봉산군의 군사 500여 명을 모아 평산 마산리로 진격하였다. 그 때 도둑무리는 산을 따라 내려오면서 관군을 무찔러 부장 연천령을 죽이고 많은 말까지 빼앗아 달아났다. 이에 임금은 황해도 · 평안도 · 함경도 · 강원도 · 경기도 등 각 도에 대장 한 명씩을 정해 책임지고 도둑을 잡게 하였다. 이 무렵 서흥부사 신상보가 도둑 무리의 처자 몇 명을 잡아 서흥 감옥에 가두었는데, 백주에 도둑 무리 1대가 들이닥쳐 옥사를 깨고 처자들을 구출한 사건도 발생했다. 같은 해 12월에는 황해도에 순경사로 파견된 이사증이 임꺽정을 잡았다는 보고가 올라왔다. 그러나 의금부에서 추고해보니 임꺽정의 형인 가도치였다. 그리하여 그 책임을 물어 순경사 이사증은 파직, 추관 강려를 하옥하게 하는 조처를 내렸다. 5도의 군졸들이 도둑을 잡으려 내왕하는 동안 민심은 흉흉해졌고, 관군의 물자마저 대느라 백성들의 원성이 들끓었으며 무고한 사람들이 잡혀가 죽임을 당했다.

1561년 9월에 평안도관찰사 이량은 의주목사 이수철이 임꺽정과 한온을 잡았다고 조정에 보고하였다. 이들을 의금부에 데려와 조사를 하니 해주 출신의 군사인 윤희정과 윤세공이었다. 이들은 의주목사의 꾐에 빠져 거짓 자복했는데, 서림이 이들을 보고 가짜라고 지적한 것이다. 이에 이수철에게 책임을 물어 파직시켰다. 이 해 10월 임꺽정 일당이 해주에서 평산으로 들어와 대낮에 민가 30여 호를 불태우고 많은 사람을 죽인 사건이 일어났다. 이에 조정에서는 서림을 통해 임꺽정을 꾀어낸다는 방침을 바꾸고 새로운 조처를 모색하였다. 그리하여 황해도 토포사로 남치근, 강원도 토포사로 김세한을 임명해 정병을 딸려 보냈다. 이어 개성과 평양의 성내를 샅샅이 뒤졌으며 서울에는 동대문과 남대문 등에 수문장의 수를 늘리고 날짜를 정해 새벽부터 일시에 수색하였다. 그리하여 백성들 중 조금이라도 잘못이 있는 자는 달아났다. 이에 포졸들은 달아나는 자들을 잡아들였고 조금이라도 수상쩍으면 감옥에 넣어 온종일 서울은 호곡소리로 들끓었다 한다.

이러한 사실을 전하는『조선왕조실록』기록 외에도『기재잡기』에는 임꺽정이 잡힐 적의 정황[692]을, 남치근이 재령땅에서 진을 설치하니 임꺽정은 날쌔고 건장한 자만을 데리고 구월산에 들어갔고 나머지 무리에게는 요소 요소를 지키게 하였다. 산을 올라가며 계속 수색하며 남은 무리를 죽이자 임꺽정은 골짜기를 넘어 도망했는데, 계속 민가를 수색하자 임꺽정이 민가에 뛰어들어왔다. 임꺽정이 주인 노파를 위협해 도둑이야 라고 소리치며 나가게 하였다. 이에 임꺽정이 칼을 빼고 뛰어나오며 도둑놈은 달아났다고 소리쳤다. 군졸들이 혼란한 틈을 타 술렁거리자, 군졸의 말을 빼앗아 타고 달아나다가 서림이 “저 놈이 임꺽정이다.”라고 소리쳐 끝내 상한 몸으로 잡혔다는 것이다. 임꺽정은 조정에서 그의 이름을 알고 대대적인 수색을 벌인 지 약 3년 만에 잡혔고, 잡힌 지 약 15일 만에 죽음을 당하였다.

허균은「홍길동전」을 창작할 때, 제1 홍길동을 핵심 모델로 삼으면서, 백년 이전의 실존 인물인 제1 홍길동에 대한 문헌 기록은 물론 전승 자료 또한 거의 남아 있지 않으므로, 소설로서의 허구화 하는 데에는 연산군 시대의 제2 홍길동보다는 자신의 시대와 근접한 임꺽정의 실재 활동을 많이 활용한 것으로 판단된다. 특히, 1561년이 임꺽정 활동의 절정 시기였고, 1562년은 임꺽정 체포되어 처형되었다는 사실을 고려하여 1561년에 교문의 교룡이 승천하였다고 전하였다. 이는 허균의 의식 속에는 임꺽정의 체포와 의 교룡 승천, 허균의 자호와 애일당 등, 작품의 이면서사에서는 서출 홍길동과 임꺽정의 좌절 그리고 병조판서 이율곡의 좌절을 융합하여,「홍길동전」에서 홍길동이 활빈당 수령을 거쳐서 율도국 국왕으로까지 나아가는 영웅의 승리담으로

692) 임거정의 난리의 참상을 “賊發三年 五官見殘 官軍敗潰 動數道之兵 僅能捕一賊而良民死者 罔有紀極”이라 하였다.

재구성하였다.[693] 이런 점은 대도 임꺽정이 체포된 해를 맞추어 백두대간에서 강릉 사천 애일당으로 뻗어 내려간 산인 교산, 그 교산이 바다로 휘돌어 가는 바닷가에 파도가 부딪치는 두 조각난 큰 바위가 있는데, 이 바위는 이무기가 바위를 가르고 하늘로 치솟았다해서 교암이라는 이름이 붙었다. 허균은 바로 애일당 근처에 있는 이 바위의 전설에 새로운 의미를 부여하였다. 임꺽정이 체포되던 바로 그 해인, 신유년인 1561년에 이무기가 이 바위를 깨고 날아올랐다는 새로운 전설을 부여한 것이다. 그러면서 자신의 호를 교산이라 하였다.

그래서 그는 교산이라는 호를 부르고 들을 때마다, 「관동별곡」의 풋잠 속에 만났던 지상에 잠시 내려온 신선이라던 적선 송강, 그리고 용이되지 못한 이무기의 꿈과 같은 임꺽정의 포부, 여기에 피난길에 아내와 자식을 잃어버렸던 참상 등이 자신 앞에 병풍같이 펼쳐진 백두대간과 끝없이 펼쳐진 수평선 사이에 존재한 자신이 호로 삼은 교산을 볼때마다, 시를 지으며 이런 감정을 가라 앉히고, 강릉에 여러차례 머물 때마다 이러한 것들을 술회하였다.

허균은 1569년에 강릉 사천에서 태어났다. 서쪽에서 굽이쳐 오던 오대산 줄기가 바다 끝에서 잦아지며 만들어 놓은 조그만 야산은 용이 되지 못한 구렁이인 이무기가 기어가듯 꾸불꾸불한 모양을 이루고 있다고 해서 교산이라 불렸다.[694] 이 교산 아래에 허균의 외가인 애일당이 있었고, 허균은 자신의 호를 이 지명을 따라 교산이라 하였다.[695]

---

693) 박은봉, 〈홍길동은 실존 인물이 아니다?〉, 『한국사 상식 바로잡기』, 책과 함께, 2008.

694) 『소학』의 '효자애일(孝子愛日)'이란 말처럼, 애일당이라는 이 집의 이름은 '날을 아껴 부모님께 효성을 다해야 한다'는 뜻이 담겨 있는데, 외조부가 모친을 모실 때 지은 이름이었다. 허균은 이후에 초당과 서울의 건천에서도 거처하였는데, 임진왜란이 일어나자 함경도로 피난을 갔다가 이곳 강릉 사천을 찾아가서 2년간 살면서, 외조부가 노모를 모시기 위해 이곳을 마련했던 것처럼, 자신의 어머니를 이곳에서 모셨다.

695) 애일당 뒤 언덕에는 허균의 시비가 세워져있는데, 그가 40세 전후에 지은 것으로 여겨지

허균은 임진왜란을 당하여 어머니와 아내를 보호하며 함경도로 피난을 갔다가 배를 타고 외가가 있던 사천으로 왔다. 그가 어린시절 놀던 사천 바닷가에는 '교문암'이라는 바위가 있었고, 외조부 김광철이 지은 애일당이 세월을 이기지 못하고 개수하고 어머니와 함께 그곳에 거처하였다.[696] 허균의 「애일당기」에 "외조부께서 바닷가 제일 가까운 땅을 가려서 당을 마련하니 아침에 일어나 창을 열면 해돋이를 볼 수 있어 그 모친을 위해 애일당이라고 하였다"라고 기록되어 있다.[697] 「애일당기」에서는 "강의 동쪽 산은 북대로부터 내려와 꾸불꾸불 연속된 것이 용처럼 생겼는데, 바닷가에서 홀연히 솟구쳐 사화산의 수자리가 되었다. 수자리 아래에는 옛날에 큰 바위가 있었는데, 강이 무너질 때 늙은 교룡이 그 밑바닥에 엎드려 있었다. 그 교룡이 가정 신유년 가을에 그 바위를 깨뜨리고 떠나는 바람에 두 동강이 나서 구멍 뚫린 것이 문과 같이 되었으므로, 후세 사람들이 교문암이라 불렀다."이다.[698]

또, 교산이 태어난 1501년의 신유년에는 제2의 홍길동 사건이 일어났었고, 그 다음의 신유년인 1561년에는 대도적 임꺽정 사건이 발생하다. 두 번째의 신유년인 1561년에 임꺽정이 체포된 것을 염두에 두고, 교문암의 이름

는 「누실명(陋室銘)」이라는 시가 새겨져 있다.차를 반 항아리 달이고 향 한 심지를 피웠네. 외딴 집에 누워 건곤고금(乾坤古今)을 가늠하노니 사람들은 누추한 집이라 하여 살지 못하려니 하건만, 나에게는 신선의 세계인저'라고 하여 허균은 이곳을 신선세계로 표현하였다.

696) '애일'은 세월이 가는 것을 애석히 여긴다는 뜻으로, 효자가 부모를 오래 모시고 싶어하는 마음을 나타낸 것이다. 허균의 외조부는 애일당에서 새벽에 일어나 창을 열고 해돋이를 보면서 모친을 봉양했다. 허균 또한 이곳에서 외조부의 효성을 받들어 어머니를 모시면서 '愛日堂記'라는 글을 남긴다. 『부고』 권칠, 문부, 「애일당기」.

697) 『명주의 향기』(명주군, 1988)에서는 "이런 것으로 미루어 김광철이 모친을 위해 건립한 것으로 여겨진다."고 하였다.

698) 김기설 교수의 설화집? (제보자, 염재근 73세, 1987. 10. 5. 사천면 미노리 3반).

을 빌려 교산을 자신의 호로 삼았다는 것은 「애일당기」[699]의 다음의 기록과 관련이 있다.

> 교암(蛟岩)은 강원도 강릉시 사천면 사천진리 바닷가에 있는 바위로 예전에 바다에서 도룡이가 승천하면서 꼬리로 이 바위를 쳤다고 하여 생긴 이름이다. 교암은 도룡이가 꼬리로 쳐서 금이 가고 갈라져 있으며, 그 옆에는 뜬바위 · 음바위 · 난자석이 같이 어울려 있다. 교암 서쪽에 있는 사화산에는 사화산 봉수터가 있는데, 이 봉수터는 남쪽으로는 월대산 봉수대, 북쪽으로는 주문을 산 봉수대와 이어졌다. 이 봉수터에서 산줄기를 따라 서쪽으로 가면 교산 허균이 태어난 애일당터가 있다. 교암에는 영락계 계원들이 쓴 '영락대'란 글씨가 새겨져 있고, 그 옆에 있는 뜬바위는 바위가 돌에 받혀 떠 있고, 음바위는 바위에 구멍이 뚫려 있는 것이 마치 여성의 성기처럼 생겼고, 난자석은 바위에 점이 박혀 있다.[700]

또, 허균은 자신의 아호를 딴 교산에 대해서 고향에 돌아온 심정을 시로 지었다.

> 걸음이 사촌에 이르자 갑자기 얼굴빛이 환하게 되노라.
> 주인이 돌아올 날들을 교산은 여태 기다리고 있었구나.
> 붉은 빛 정자에 혼자 오르니 하늘이 바다로 이어졌구려.
> 아득하여 넓게 퍼진 그곳 나는 지금 봉래산에 들었구려.[701]

---

699) 2015년 당시에는, 사천 현장에서의 지방 문화재 소개에는 1501년(연산군 7년)과 신유년을 1561년으로 교체 오기하고 있다. 초기에 허경진의 〈허균평전〉에서 1501년으로 기록한 오류의 여파로 수정과 재오류를 거듭하고 있다.

700) 김기설, 『강릉지역 지명유래』, 인애사, 1992, 120쪽.

701) 行至沙村忽解顔 蛟山如待主人還 紅亭獨上天連海 我在蓬萊縹緲間.

"예전에 이무기가 여울 속에 또아리치고 있었다지만, 허균이 태어나기 8년 전에 그에게 자리를 물려주고 이곳을 떠났다. 오늘의 주인은 허균, 그는 이곳의 이름을 따서 자기의 호까지도 교산이라 지었거니와, 이제 한 두 해를 이곳에서 이무기처럼 웅크리고 있어야 했다."[702]는 표현이 적절하다. 이러한 상황은 허균이 35세 되던 1603년에 춘추관 편수관을 지내다가 벼슬에서 떨어져서 낙향하면서 그간 보고싶었던 철원을 거쳐, 금강산을 지나 교산에 이르는 과정에 느낀 심회를 푼 시에서 아기장수형 전설과 같은 민간전승에서 자주 등장하는 이무기를 탁월한 능력이 있어도 현달하지 못하는 자신을 비유하고 있다.[703]

허균은 자신을 여러 용들 중에서도 반룡에 자신을 비유하고 있다. 「지사촌」[704]에서도 자신이 교문암에서 승천한 용이 되어서 봉래산에 다시 돌아와 살리라고 몇 번이나 다짐[705] 하고 있다.

걸음이 사촌에 이르니
갑자기 얼굴이 환해져라
주인이 돌아올 날을
교산은 여지껏 기다리고 있었네.
붉은 빛 정자에 홀로 오르니
하늘이 바다에 이어졌어라.
아득히 넓게 펴진 그곳
아, 나는 지금 봉래산에 들어 있어라.

---

702) 허경진, 『허균』 평민사, 1983, 196쪽.

703) 임철호, 「아기장수설화의 전승과 홍길동전, 구비문학연구, 4집, 2쪽.

704) 至沙村.

705) 허경진, 『허균』 평민사, 1983, 195쪽.

"이전에 이무기가 여울 속에 또아리치고 있었다지만, 허균이 태어나기 8년 전에 그에게 자리를 물려주고 이곳을 떠났다. 오늘의 주인은 허균, 그는 이곳의 이름을 따서 자기의 호까지도 교산이라 지었거니와, 이제 한 두 해를 이곳에서 이무기처럼 웅크리고 있어야 했다."[706]는 표현이 적절하다.

교문암의 전설은 아기장수 전설의 변이된 형태로 강릉에는 이와 유사한 전설도 다음과 같이 전하고 있다.

> 예전에 한 노파가 바닷가를 다녀오는데 동굴 안에서 짐승의 울음소리가 났다. 그래서 그 속을 들여다보니 한 마리의 말이 울고 있다가 노파의 인기척을 알아차리고 동굴 속으로 깊숙히 도망갔다. 한데 이상한 것은 그 후 동굴 근처에 있는 둥근 돌이 하루하루 자라나는 것이다. 처음에는 물 속에 잠겨 있더니 차차 커져서 물 위로 나오게 되었다. 이 이야기는 동네에 퍼지고 관가에까지 알려졌는데, 당시 고을 원님은 마음이 좋지 못한 사람이라서 이 돌이 큰 장군이 태어날 징조라는 걸 예감하고 빨리 깨 버리라고 명령하였다. 그래서 깨 보았더니 그 속에서 날개가 나있는 한 아이가 나왔다. 마지막 깃이 나지 않아 날지 못하는 아기를 원님은 죽여버리도록 명령하였다. 그 아기가 죽은 후 동굴 속에서 말이 뛰어나와서 발광을 하다가 돌에 머리를 부딪쳐 죽었다. 이 말은 하늘에서 내려온 말이었는데 장차 나라를 다스릴 아기가 죽어버리자 자기도 따라 죽었던 것이다. 그 후부터 이 동굴을 말구멍이라고 부르기 시작했는데 이 동굴은 가장 높은 산 위에 구멍과 통하고 있기 때문에 하늘의 말이 자랄 수 있었다고 한다."[707]

---

706) 허경진, 『허균』, 평민사, 1983, 196쪽.

707) 「고전 문학 작품의 이해」, 210쪽.1971년 7월 25일, (제보자 김종철,충남 보령군 능천면 독산리 남, 20세).

이처럼 교산 허균이 1561년을 유독 강조한 이유는, 그 때보다 60년 전인 1500년에는 제2 홍길동이 체포되어 의금부에 잡혔다는 사실, 그리고 그 제2 홍길동이 비밀리에 탈출 또는 처형으로 사건이 마무리 된 것과 다시 그 후 60년 뒤에 일어난 임꺽정 사건을 연계시켜 표현한 것이다.

허균은 금강산을 지나며 지은 「명연」이란 한시[708]에서는 "지금은 깊은 못 속에 잠겨서 어둠 가운데 웅크리고 있지만 언젠가는 천둥을 치면서 용이 되어 하늘로 오를 날을 기다리는 이무기는 허균 자신의 모습이었다. 이 봉래산을 다 넘어가면 사천의 교산 아래 옛집이 그를 기다리고 있었다."[709]고 하였다. "개심대에 올라 신선과 만나는 꿈을 꾸다가, 정양사에서 자던 날에는 달빛 속에서 바람 맞으며 스스로 신선이라도 된 듯하였다. 세상의 미련을 아주 끊지는 못했기에 비록 상놈들이 메어주는 가마를 타고 노닐었던 금강산이지만, 언젠가는 다시 여기에 와서 용이 되어 살고 싶었다."[710]고 하였다.

허균은 1569년 11월 3일에 태어났다. 그가 타고난 사주는 기사년 병자월 임신일 계묘시였다. 별을 보며 사람의 운명을 점쳐주는 사람이 그의 사주를 이렇게 풀어주었다. "액이 많고 가난하며, 병이 잦고 뜻한 바가 이뤄지지 않겠다. 그러나 재주가 뛰어나서 그 이름이 천하 후세에 전해질 것이다." 그 시대 사람들은 자기가 태어난 생년월일에 매겨진 여덟 글자의 간지에 따른 팔자가 태어날 때부터 죽을 때까지 자기의 삶을 결정짓는다고 생각했다. 묘시에 태어난 허균에게 주어진 운명은 마갈궁으로 당나라의 한퇴지나 송나라

---

708) 허균의 의식 속에 자리한 이무기를 연관 짓는 시로, "그늘진 웅덩이를 엿보니 까마득히 깊기만 한데/ 거뭇한 물안개가 그윽히 물굽이를 둘러싸네./그 밑엔 천년 묶은 이무기가 있어/ 꿈틀 꿈틀 깊은 곳에 또아리치고 살아라./ 때때로 흰 기운을 토해내면/ 흩어져 연기 아득해질 뿐이지만/ 언젠가는 천둥과 비를 일으키며/ 날아서 신선세계로 올라가리라."라 하였다.

709) 허경진, 『허균』, 평민사, 1983, 193쪽.

710) 허경진, 『허균』, 평민사, 1983, 193쪽.

소동파도 묘시에 태어났기에 평생토록 비방과 칭찬이 늘 함께 따라다녔다. 허균도 벼슬길에서 명예와 치욕이 늘 함께 있었기에, 그는 어릴적 사주풀이가 생각나서 자기의 운명을 스스로 풀어보는 해명문을 다음과 같이 지었다.

> 옛날을 살펴보면 한퇴지의 신궁이 마갈궁이었고, 소동파의 명궁 또한 마갈궁이었으니, 이들이 바로 묘시에 태어났다. 아! 슬프다. 나 또한 묘시에 태어난 사람이다. 그 문장과 기이한 재주로는 감히 이 두 분을 바라볼 수 없지만 부딪히는 일들이 시기 받는 것으로 보아, 시대에 받들어지지 못한 채 곤궁하고 버림받은 자취는 천년을 사이에 두고도 신수가 같다. 아! 괴이하구나. 일을 꾀하되 언제나 이루지 못하고 …… 언제나 거슬리는구나. 또한 마갈의 궁이여! 귀신의 화액이 되었구나. 아아! 하늘도 슬퍼해주지 않는 구나. 어려운 액을 당하여 죽음에 이르렀구나.

허균은 여러 차례 어려운 화액에 빠져 죽을 뻔했던 자신의 운명을 탄식했다. 비록 때를 잘못 타고 태어나 용이 되어 승천하지 못한 이무기를 상징하는 교산이라는 호를 갖고 살았던 그는 더욱 더 교문암의 교룡같이 되려고 몸부림을 치며, 숙명으로만 받아들일 수 없는 자신의 사주와 팔자를 거부하기 위해서 개혁의 길을 걸었다. 재능있는 서얼들과 백성들의 편에서서 애민과 애국의 삶을 살았던 허균은 자신에게 하늘이 준 재능을 발휘하여 백성들 속에 스며드는 성리소설 「홍길동전」을 창작함으로써 성리학자 율곡이 실현하고자 했던 생활철학을 소설로 펼쳐 마침내 세상에 그 이름을 남긴 것으로 판단된다. 그는 당대 최고의 명문인 동인의 영수 허엽의 막내 아들로 아쉬움 없는 가정에 태어나 유복하게 자랐다. 그는 스스로의 의식과 행동에서는 인과 의를 내세우는 유가 윤리와 성리학의 도심을 지키면서도, 천부적인 인간의 자유 정신을 지키기 위하여 유가의 관습과 규범에 사로잡힌 이들과는 길을 달리하며, 오히려 재능있는 서얼들의 편에 서서 논설을 쓰고, 또 이런 개혁 평등사상을 소설에 담아 성리소설 「홍길동전」을 창작하기에 이르렀다. 그는 비록 작품속에서나마 자신의 확고한 뜻을 바탕으로 성리학적 이상세계를 실현해 나갔다. 끝내 서자출신이 병조판서가 되고, 중국을 거쳐 율도국을 정복하여 왕이 되는 이야기 속에 그의 서사적 자아는 더 이상 교룡이 아닌 청룡이 되어 하늘의 기운을 타고 율도왕에 등극하고, 마침내 성리학적 이상국을 다스리는 최고의 왕이 된 것이다.

허균은 자신의 운명에 대한 스스로의 판단과, 자기 이전이나 당대에 살았던 몇몇 인물들의 삶을 역사적 현실을 사실 소재로 융합시켜서 『홍길동전』에서 서출로 태어난 홍길동에게 투사하였다. 그는 홍길동이 본질적인 삶의 정체성을 성리철학의 도심의 수준을 갖춘 존재인가를 출생에 얽힌 청룡 꿈에 견주어 다음과 같이 서술하였다.

> 길이 끊어져 승상이 갈 바를 모르더니 문득 청룡이 물결을 헤치고 머리를 들어 고함 하니, 산이 무너지는 듯하더니 그 용이 입을 벌리고 기운을 토하여 승상의 입으로 들어 뵈거늘, 깨고 보니 평생 대몽이라.

이처럼 홍판서의 꿈속에서, 홍길동은 산을 무너뜨릴 만한 힘을 지닌 청룡의 모습으로 나타난다. 그러나 이 청룡이 사람의 몸을 입는 과정에서부터 그의 운명은 일그러진다. 조선 사회에서 떳떳한 사대부의 길을 걸으며 자기의 포부를 펴기 위해서는 정실부인의 몸에서 태어나야 한다. 그런데 홍승상이 안채에 들어가 부인의 손을 끌어 잡는 순간, 부인은 "승상은 나라의 재상이라 체위 존중하시거늘, 백주에 정실에 들어와 노류장화같이 하시니, 재상의 체면이 어디 있나이까."라고 나무라며 옷자락을 떨치고 밖으로 나갔다. 승상이 그 좋은 꿈을 헛되이 버리고 싶지 않아서, 마침 눈에 뜨인 계집종 춘섬을 이끌고서 길동을 배게 하였다. 이 장면은 정실부인이 체면을 내세우던 그 순간이 바로 홍길동에게는 운명의 갈림길이 되었다.

작가 허균이 홍길동의 모델로 삼은 역사 인물 중에는 1560년과 1561년에 최후의 극적인 활동을 벌였던 호민형 의적 임꺽정이 있다. 임꺽정은 백정이라는 직업을 가진 천민이었지만, 허균은 자신의 외가인 강원도 사천의 교암에서 이무기가 바위를 깨고 하늘로 올랐다는 전설에서 제시한 해가, 1561년인 점과 자신의 호를 이 교암과 연계시킨 교산이라 한 점 등은 「홍길동전」의 홍길동 모델은 홍상직의 얼자 홍길동인 제1 홍길동을 표면서사의 표제 모델로 삼으면서도, 이면의 서사를 통한 복합모델로는 작가로서의 허균 자신을 물론 병조판서들인 율곡과 형인 허성 그리고 임꺽정 등을 고려한 것이 얼출 홍길동이 활빈당 수령, 병조판서를 거쳐서 중국에 진출하여 울동을 퇴치하며 백씨녀와 조씨녀를 구출하고 끝내는 중국을 벗어나 해외의 섬나라인 율도국의 왕으로 등극하게 함으로써, 홍판서의 얼자 홍길동은 홍판서의 첩 초란이 자신의 경쟁자가 된 춘향모인 여종 춘섬과 홍길동을 제거하기 위하여 관상녀와 자객 특을 동원하여 장차 역적이요 모반자가 될 홍길동을 제거할 것이므로, 홍판서 가정의 멸문지화를 피하기 위해서 홍길동을 죽여 없앰으로써 후환을 방지해야 한다는 술수에 대한 비판을 홍길동이 율도왕으로 등극하는 조선에서의 모반자가 아니면서도, 능력을 갖춘 영웅임을 작품의 전반적인 서사를 통하여 보여준다.

(2) 서양갑 등의 서자 7인을 모델로 투사시킨 서자 활빈당 홍길동

1608년 드디어 광해군 시대가 도래했지만, 광해군은 선조와 후궁 공빈 김씨 사이에 태어난 서자로서 광해군이 왕이 되었을 때 조선 팔도의 서자들은 만세를 불렀고, 바로 그해 서얼인 박응서, 심우영, 서양갑, 박치의, 이경준, 박치인, 허홍인이 적서 차별을 없애 달라는 상소를 올렸으나 무시당했다. 좌절한 이들은 스스로를 죽림칠현이라 부르며 경기도 여주 여강 변에 토굴을 짓고 음풍농월하며 살았다. 칠서라 불리운 그들 중 한명인 서양갑은 어려서부터 재주가 있었으나 서얼 차대로 관리에 등용되지 못함을 불만으로 여겨 오던 중, 같은 서출인 박응서·심우영·박치의·박치인·이경준·김평손 등과 함께 소양강 부근을 근거로 강변칠우·죽림칠우를 자처하며 시와 술로 교유하였다. 광해군 때인 1612년 조령에서 은상인을 살해하고 은 600~700냥을 강탈하다가 체포되었다. 이때 목숨을 살려준다는 이이첨·정인홍 등 대북파의 꾀임에 빠져 인목대비의 아버지이자 영창대군의 외조부인 김제남과 모의하여, 영창대군을 옹립하려는 계획을 하였다고 허위진술을 함으로써, 계축옥사를 불러일으키고 자신도 죽임을 당하고 말았다.[711]

> 광해군 5년(1613) 4월 25일에는 "서인(庶人) 서양갑(徐羊甲)·심우영(沈友英)·허홍인(許弘仁)·박응서(朴應犀)·박치의(朴致毅) 등이 생사를 같이 할 친구 관계를 맺고 때도 없이 어울려 돌아다녔다. 양갑은 고(故) 목사 서익(徐益)의 첩의 아들이고 우영은 고 감사 심전(沈銓)의 첩의 아들이고 응서는 고 정승 박순(朴淳)의 첩의 아들로서 모두 명가(名家) 출신이었을 뿐만 아니라 꽤나 글을 잘 한다는 이름들이 있었는데, 과거 시험을 보는 데에는 관심을 두지 않고 장사하는 일에 힘을 기울였다. 그리고 기유년부터는 여주(驪州) 강변으로 거처를 옮긴 뒤 각 집안을 합쳐 재물을 공동으로 사용하면서 매우 사치스러운 생활을 하였으므로 그 고을 사람들이 매우 이상하게 여겼는데, 양갑과 치의 등의 강도 사건이 드러나자 그들이 도적이었다는 사실을 사람들이 비로소 깨닫게 되었다.

광해군 때의 강변칠우[712]의 대표 인물인 서익은 명종 때인 1554년 13세 때

711) 『조선왕조실록』, 광해군 5년(1613) 5월 5일.

712) 死囚朴應犀告變 作傭於李爾瞻之謀 應犀者朴思庵淳之孽子 與徐羊甲 沈友英 許弘仁 柳仁發朴致毅 李耕中等 者同意合 結爲死友 以名家庶孼 更挾文藝 或耽禪學 或習兵書 平日往

향시에 장원하고, 1564년 생원시에 합격하였고, 1569년에는 별시문과에 병과로 급제, 병조 · 이조좌랑, 교리, 사인을 역임하고, 외직으로 서천군수 · 안동부사 · 의주목사 등을 지냈다. 문장과 도덕, 그리고 기질과 절개가 뛰어나 이이 · 정철로부터 뜻을 같이 하는 벗으로 인정받았다. 서익은 1585년에 의주목사로 재직 중에 정여립을 비판하고, 정여립으로부터 탄핵을 받은 이이와 정철을 변호하는 상소를 올렸다[713]가 파직되기도 하였다. 의주에서는 이이의 영향을 받아 육조방략으로써 북방을 선무하였으며, 돌아와서는 12책략을 올리기도 하였다. 서익 묘비의 서두에서는 북변 방어 대책의 개혁을 주장한 율곡 이이의 뜻을 이어받은 사람이 서익이라고 기록하고 있다. 또한 서익이 서인과 동인을 화해시키고자 노력했던 일, 정여립의 사람됨을 미리 알고 왕에게 알렸던 일 등을 서술하였다.

> 1585년 5월 28일에는 "서익의 상소에 대해 분분히 논하지 말라고 비망기로 일렀다. "이 상소를 보니 그 내용이 궤탄하고 미묘하여 헤아리기가 어렵다. 대개 내가 등용한 현인은 이이와 성혼이기 때문에, 무릇 이 두 사람을 공격하는 자는 반드시 간사한 자라고 하였다. 류성룡도 역시 한 군자이다. 나는 그를 당금의 대현인이라고 불러도 좋으리라 여긴다. 그 사람됨을 보고 그와 더불어 얘기하다 보면 깨닫지 못하는 사이에 심복할 때가 많다. 어찌 학식이 있고 기상이 그와 같으면서 크게 간사한 사람 일리가 있겠는가. 어느 담이 큰 자가 감히 이런 말을 했는가. 그러나 나같이 아둔 용렬하고 무식한 사람이 어찌 감히 나의 의견만을 옳다고 할 수 있겠는가. 정여립의 사람됨에 이르러

來交遊者 及許筠李再榮李士浩之類 戊申春 徐羊甲 沈友英輩 與李耕俊今慶孫等聯名上疏 冀通仕路不見施 怏怏而歸 作窟驪江 爲同産一室之計 積粟旗麟 爲他日避兵之資 或稱竹林七賢 或倣桃園結義 縱跡詭秘 人英測其所爲(『逸史記聞』).

713) 『조선왕조실록』, 선조 18년(1585) 5월 28일.

서는 내가 누차 만나서 그 사람됨을 살펴보니, 기질이 매우 강한 자인 듯하나 실로 그가 어떠한 사람인지를 모르겠다. 그러나 정여립도 이미 인품을 갖춘 사람인데, 차마 그 입에서 어찌 류성룡을 거간이라고 지목하는 말이 나왔겠는가. 반드시 그럴 리가 없을 것이다. 그러나 정여립이 이이에게 보낸 편지에서 말한 것에 대해서는, 서익의 말도 근거가 있는 것 같다. 대저 인정이 분분하게 시끄러운 것은 매우 아름답지 못한 일이다. 또 그의 상소를 보건대, 품은 생각을 반드시 진달 한다는 것은 내가 가상하게 여긴다." 하였다.[714]

1583년 12월 11일에 해주 사는 유학 박추가 김성일 등이 동 · 서 분당의 주역이라고 상소하기를, "대개는 '김성일(金誠一)은 경박한 무리들과 결탁하여 동서(東西)의 치열한 패싸움을 한 것은 오히려 허봉(許篈)보다 더하였다.(중략) 이경률(李景嵥) · 이징(李徵)은 선봉노릇을 하여 그 모두가 송응개보다 더한 자들인데, 그들만이 죄의 그물에서 빠졌기 때문에 음(陰)이 성하고 양(陽)이 미약하여 가을에 천둥이 치고 겨울에 안개가 일고 온갖 변괴가 일어나고 있다."[715]

9일 비로소 사헌부의 전날의 차자(箚子)를 보았더니, 미숙(美叔) 등 세 사람과 김응남(金應南)을 위시한 여러 사람들의 보외(補外)를 구제하기 위해서 논한 것이다. 또 박제의 상소를 보니, 아뢰기를, "김귀영(金貴榮)은 당초 시비를 분변할 적에 모른다고 대답했고, 정지연(鄭芝衍)은 어진 이를 배척하고 악한 자와 한 당파가 되었으며, 송응개 · 허봉 · 박근원은 화(禍)를 일으킨 앞잡이이고, 김효원(金孝元) · 서인원(徐仁元) · 김응남 · 김첨(金瞻) · 홍진(洪進)은 화를 일으키도록 사주(使嗾)한 자들이고, 이산해(李山海)는 김응남의 처남으로 겉으로는 후덕한 척하나 속으로는 음흉하고, 박승임(朴承任)은 어진 이를 훼방하고, 이개(李漑)는 어진 이를 질투하며 유능한 이를 미워하고,

---

714) 『조선왕조실록』, 선조 18년(1585) 5월 28일.

715) 『조선왕조실록』, 선조 16년(1583) 12월 11일.

김우굉(金宇宏)은 음흉하고 사특하며, 김귀영은 아첨을 잘 떨고, 홍혼(洪渾)은 잘 속이고 음흉하며, 홍여순(洪汝淳)은 간사하고 사나우며, 정희적(鄭熙績)은 사리에 어둡고 무식하며, 나 우성전(禹性傳)은 음험하고 비루하며, 이경률(李景嵂)은 거짓되고 악독하며, 이징(李徵)은 완악하고 천박합니다. 박승임 이하는 간인(奸人)에 견강부회하여 화를 일으킨 원흉으로 지목되고 있으니 모조리 사람이 살 수 없는 곳으로 축출하고 견강부회한 간인은 모두 내치어 보외(補外)해야 합니다."라고 하였다.[716)]

이외에도 1587년 3월 1일의 〈성균 진사 조광현 · 이귀 등이 스승 이이가 무함당한 정상을 논한 상소문〉은 다음과 같다.

성균 진사 조광현(趙光玹) · 이귀(李貴) 등이 상소하여, 스승 이이(李珥)가 시배(時輩)들에게 무함(誣陷)당한 정상을 극력 논하였는데, 모두 수만언(數萬言)이었다.【이때 조정 논의가 성혼(成渾) · 이이(李珥)의 당에 대한 공격을 거르는 날이 없었다. 선비로서 성혼 · 이이의 문정(門庭)에 조금이라도 가까이한 자는 차례로 배척당하였다. 그래서 성혼 · 이이를 위하여 감히 말하는 자가 없었다. 관학 유생(官學儒生)이 오현(五賢)의 종사(從祀)를 청하는 것을 명분으로 삼아 유생들을 불러 모으고는 상소 끝머리에 '정도(正道)를 그르치고 진리를 어지럽히며 이름을 낚고 성예(聲譽)를 구하였다.'는 등의 말을 몰래 첨가하여 성혼 · 이이를 공격하였는데, 전일 성혼 · 이이를 존숭하던 무리들도 모두 알지 못하고서 거기에 서명하였다. 이귀의 이름도 거기에 들어 있었으므로 이귀가 성내어 동료를 거느리고 소장을 갖추어 이를 변명하고자 하였으나, 여러 사람들이 화를 두려워하여 모두 흩어지고 말았다. 그래서 유독 조광현과 소장을 지어 동서(東西) 논의의 수말(首末)을 두루 진달하는 한편 조

716) 『계감일록』, 선조 16년(1583) 9월 9일.

헌(趙憲)의 논의가 치우쳤음을 말하고 힘써 손순(遜順)하여 중도에 맞게 하려 하였는데 조광현은 그것은 감히 하지 못하였다. 이귀가 이에 이경진(李景震)을 시켜 별도로 상소하게 하고 그가 지은 소장도 올렸다.】

(중략) 옛날 동서로 당파가 나뉘어질 적에 조짐은 심의겸(沈義謙)과 김효원(金孝元)에게서 일어났으나 실지는 전후배(前後輩)의 사이가 서로 좋지 못한 데에서 연유된 것입니다. 서로 사이가 좋지 못하였으므로 같은 사류(士類)이면서도 의심과 간격이 일어나 참소와 이간이 행해져서 결국 배척이 유발되었으니, 이것이 동서의 당이 처음으로 나뉘어지게 된 이유입니다. 그러나 당초에는 모두 사류였지만, 심의겸과 김효원 두 사람이 서로 좋아하지 않게 됨에 따라 전후배의 사이가 서로 좋지 않게 되었습니다. 하지만 그때만 해도 조정에는 성대한 화기가 있었는데, 두 사람의 친구로서 조정에 벼슬하고 있는 자가 각각 시비를 다투어 서로 합일되지 못하게 된 뒤에야 같은 동아리끼리 상종하면서 서로 번갈아가며 결점을 헐뜯고 사람마다 편견을 고집하여 서로 승부를 다투었습니다. 을해년에는 서인이 요로를 담당하고 을해년 이후에는 동인이 용사(用事)하여 서로 공격하였는데, 계미년에 이르러 괴란(壞亂)이 극도에 달하였습니다.[717]

17일. 맑다. 정철(鄭澈)이 네 번째로 사직서를 올리니 말미를 더 주다. 성혼(成渾)이 사직 상소문을 올렸다. 임금께서 옥당의 차자에 답하기를, "지극한 말이로다. 나에게 이와 같은 신하가 있으니 나라 일은 다시 근심할 것이 없을 것이다. 차자에서 말한 뜻을 다시 유념하겠노라." 하다. 옥당의 차자에 대략 아뢰기를, "사림(士林)은 본래 같은 사림인데 처음에는 사소한 일로 인하여 점점 어긋나게 되어 '동(東)이다, 서(西)이다' 란 두 이름을 내걸게 되었습니다. 식자(識者)들은 이로 인하여 혼란이 일어날 것이라고 근심하고 있었던 것입니다. 이때 이조 판서 이이(李珥)가 동 · 서 양인의 화평의 의론을 강

717) 『선조(수정실록)』 20년(1587) 3월 1일.

력히 주장하여 위로 임금님에게 알려서 이것을 사림에게 유시(諭示)하게 된 것은 사실은 나라를 위한 것이지 다른 아무것도 아니었습니다. 그러나 도리어 서인을 도와주고 동인을 억누른다고 의심을 받게 되어 그 결과 의논이 분분하게 되어 바야흐로 동 · 서 양인이 대립하여 싸우게 된 것입니다. 만약 이이의 화평론이 당시에 행해졌다면 어찌 오늘날과 같은 일이 있겠습니까. 그러나 이이를 배척한 사람들도 처음에야 어찌 감히 이이를 공격할 마음을 먹었겠습니까. 이이에 대한 의심이 오래오래 쌓인 나머지 한두 사람이 주장하니까 나머지 사람들은 이것을 대항하지 못하고 마침내 이렇게 된 것입니다. 송응개(宋應漑) 등 세 사람은 정말 죄가 없다고는 할 수 없으나 그렇다고 귀양을 보낸다는 것은 너무 과중한 것입니다. 귀양 가는 길은 근 20년 동안 귀양간 사람이 없어서 가시가 나 있는데 한 번 이 길을 다시 열게 되면 맑고 밝은 조정에 큰 흠이 될 것입니다. 신(臣)등은 조정의 의향도 이로 인하여 그치지 않을 것으로 생각합니다. 여태까지 조정에서의 병폐는 모두 의심[疑]이라는 한 글자에 있는 것입니다. 대체 사람이란 남과 나와의 사이에서 지극히 공명하지 못한 것을 의심하게 되면 서로 어긋나게 되고, 서로 어긋나게 되면 그 다음은 서로 막히게 되어 말을 다하지 못하게 되고 정을 통하지 못하게 되는 것이니, 단지 상대방의 잘못만 보고 옳은 점은 보지 못하기 때문에 점점 알력이 생기는 것입니다. 이것은 옛날부터 내려오는 공통된 병폐지만 오늘날에 있어서는 특히 심한 것입니다. 만약 이러한 폐단을 제거하지 못하게 될 것 같으면 결국 무엇으로 저쪽과 이쪽을 합하여 사림(士林)을 통일하게 되겠습니까. 요즈음 사간원에서 올린 차자를 보니, 비록 쌍방을 진정시키려는 계획에서 나온 것이기는 하지만 아직도 지나치게 염려한 나머지 뜻이 편벽되고 말이 어긋나는 것을 면치 못하고 있으니 괴상하기 짝이 없습니다. 대체로 항간의 근거 없는 말들은 사대부(士大夫)로서는 귀로 듣기는 하지만 입으로는 말할 수 없는 것입니다. 그런데도 그 사람은 누구의 처제(妻弟)이며 누구는 누구와 혼인하였으니 누구가 말하는 것은 공명한 것이 아닌 것이다. 누구의 말은 어떤 사람들한테서 나왔으며 누구는 누구의 친우이며 어느 곳의 유생은 뉘집의 문객(門客)이라는 등등 상소문(上疏文)의 논리(論理)는 틀에 박힌 듯이 익숙한 것이니 먼 지방의 빈한한 선비들이 쓸 수 있는 것이 아닙니다. 아무 근거도 없는 일을 한결같이 의심하여 말을 만들어 갑자기 남에게 악명을 뒤집어씌우고 있으니 그 일이 어찌 어두움이 되지 않겠습니까."라고 하다. 이 글은 부제학 홍성민(洪聖民)이 자기 집에서 지어 온 것을 수찬(修撰) 백유함(白惟咸)이 찬동하고, 이덕열(李德悅)은 힘써 말리려 했으나 말리지 못하자 자기 이름은 적지 않았다 한다. 《명현록》을 교정하다.

이처럼 칠서자의 부친들을 보면, 의주 목사 서익은 북쪽 변방 방어의 대책에 대한 개혁을 주장한 율곡 이이의 뜻을 이어받았다.[718] 또, 박순은 영의정으로, 심우영의 부친은 심전은 감사(관찰사)로, 이제신은 병사로, 김계휘는 감사로서, 이경준은 병사 이제신의 서자였다. 박치인은 평난공신 박충간의 서자였다. 이러한 고관들의 서자들인 7인은 결의하고 벗이 되어 문예를 뽐내고 병서를 익혔다.[719]

이들은 광해 무신년 서양갑 등이 상소하여 서얼에게도 벼슬길을 열어줄 것을 청하였으나 허락받지 못했다. 여강 가에 담을 치고 살며 자칭 강변칠우이라 했다. 서로 술을 권하고 시를 읊거나 놀이로 칼싸움을 하며 슬픈 노래를 부르다가 노래가 끝나면 통곡했다. 그들은 강변에 정자를 짓고 '무륜'이라 편액했으니 이미 임금 섬기기를 끊은 것이다. 무뢰배와 결당하여 열읍의 봉물을 탈취하고, 상인들의 재화를 겁략 등 도적질을 일삼았다.

1608년 광해군 시대가 되자 서자들은 큰 기대를 하였는데, 서얼인들인 박

718) 서익은 이순신이 초기 관직에 처해 있을 때, 그 인물됨을 제대로 알아보지 못한 한계는 있었다.

719) 박충간은 확인이 되지 않는다.

응서, 심우영, 서양갑, 박치의, 이경준과 박치인, 허옹인이 조정에 상소를 연명으로 올려 서얼에 대한 차별을 없애달라고 했지만 받아들여지지 않았다. 그러자 그들은 서로 죽림칠현이라 부르며 경기도 여주 여강 가에 움막을 짓고 음풍농월하며 살았다.

심우영은 경기도 관찰사 심전의 서자이다. 허균의 전처인 청송 심씨는 안동 김씨인 친아버지 김대섭과 친어머니인 청송 심씨 심전의 딸이므로, 심우영은 서얼이지만, 허균의 처남이 된다. 심의겸의 손자인 심광세는 부안 현령으로 재임하고 있던 때 공주목사에서 파직되어 낙심하고 있던 허균에게 전답과 가옥을 마련해 주었다. 허균은 『성소부부고』에서 허균이 이정의 애사를 쓰면서 "친구인 심우영 · 이경준과 아주 도탑게 지내어 마치 형제 같았다." 라고 하여 심우영과의 친분을 언급했다. 또, 허균의 제자였던 기준격의 상소에서는, 심우영은 허균이 친히 기른 자, 허균의 처가집 친족으로서 서로 친밀하기가 한 몸과 같은 것은, 온 나라에서 다 아는 바라고 하였다. 또 허균 자신도 시문을 지어 심우영에게 주며 '나의 벗 심군'이라고 하였다.

『회덕군지』[720]의 서양갑 관련 기록에, 유몽인은 『어우야담』에서 허균을 평하기를, 허균의 매형 우성전이 그의 시를 보면서 "뒷날 문장을 잘하는 선비가 되기는 하겠지만, 허씨 집안을 뒤엎을 자도 반드시 이 아이일 것이다." 하였다.

> "광해군 때는 서얼 가운데 호걸들이 일시에 이름을 떨쳤는데 박응서, 심우영, 서양갑, 허홍인, 박치의, 이경준, 김경손 무리들이 자칭 '강변칠우(江邊七友)', 또는 '죽림칠현'이나 '여강칠현(驪江七賢)'이라고 하면서 소양강 가에다 소굴을 만들고, 무륜당(無倫堂)을 설치하였다.(주: 계축년 봄에 박응서 서양갑 심우영 이경준 박치인 박치의가 死生之友로 의리를 맺고, 소양강 가에서

720) 송백헌, 『회덕군지』, 대전광역시.

같이 살았다. 그 집 이름을 무륜당이라 하고, 시와 술로 스스로 즐겼다. "강변칠우"라고도 칭하고, "죽림칠현"이라고도 칭하며. 무리를 맺어 도둑질하였다. 조령에서 서울 장사꾼을 죽였다가, 포도청에 잡혔다.-金時讓 〈荷潭破寂論〉: 박응서는 영의정 박순의 서자인데, 허균 이재영과 가깝게 사귀었다. 광해군 즉위 초에 이들이 연명으로 상소하여 庶孼許通을 청했지만 허락되지 않자, 1613년 조령에서 은상인을 죽이고 은자 6,7백냥을 약탈했다가 발각되어 모두 잡혔다. 그는 대북파 이이첨의 꾐에 빠져서, 영창대군을 옹립하기 위한 자금을 마련하려고 강탈했다고 거짓으로 자백하였다. 그의 자백에 따라 영창대군은 강화에 유배되고, 인목대비의 아버지인 김제남도 처형되었으며, 소북파 일당이 숙청된 계축옥사가 일으났다. 일곱 명의 사얼 가운데 박응서 혼자만 용서받아 풀려났지만, 결국 1623년 인조반정 때에 잡혀서 처형되었다.) 그 행위가 양산박(梁山泊) 낙초(落草)의 소설 가운데 인물과 다른 점이 없었다.

영의정 박순의 서자인 박응서는 1612년 조령에서 다른 강변칠우와 함께 상인을 죽이고 재물을 빼앗고 1년 후 계축년 봄 관군에게 체포되었다. 계축옥사 당시 이이첨의 사주를 받고 강변칠우가 조령에서 상인을 죽인 것에 대해, "우리들은 절도가 아닙니다. 장차 큰일을 일으키려고 식량과 기계를 준비하려 한 것입니다. 일찍이 일곱 친구와 함께 국구 김제남과 내통하여 영창대군을 임금으로 세우려 하였습니다."[721] 하였다. 이 진술로 인해서 대부분의 강변칠우 구성원들, 김제남과 영창대군은 역모죄로 몰려서 사망하고 박응서는 병이 들어서 보증인을 세워서 석방하게 했다. 신하들이 강력하게 처벌해야 한다고 반발했지만, 광해군은 "옛날부터 고변이란 으레 그 계획에 끼었던 자에게서 나오는 법이니, 죽음을 면해주고 상을 주어 자수하는 길을 열지 않을 수 없다."라고 말해서 처벌하라 명하지 않았다.

---

721) 『조선왕조실록』, 광해군 5년(1613).

『일사기문』[722]에는 칠서자가 대부분 명가의 서출이었다고 했으며 문예를 지녔다고 했는데, 특히 심우영은 시를 잘 지었다고 하며 은진훈도를 역임했다. 이들이 서출이었지만 명가의 출신이었기 때문에 교육을 받았을 수 있었고 정계와 학계의 많은 인사들과 접촉할 수 있어 정계는 물론 국내 사정에 밝을 수 있다. 그리고 교육을 충분히 받았으므로 의식이 상당히 발달하여 자신들에 대한 사회적인 처우에 더욱 비분했을 가능성이 있었다고 본다. 뿐만 아니라 서양갑이 본인의 진술은 아니지만 그와 가장 가까웠던 심우영의 공술에서 자신을 제갈량과 왕맹에 비교했다고 하니 자신이 있었음을 알 수 있다. 기준격의 말에 따르면 서양갑의 자가 석선이었는데 허균이 자신이 본 바로 당세의 영웅은 오직 서석선이 있을 뿐이라 했다고 한다.

허균은 홍상직의 서자 제1 홍길동을 핵심 인물로 삼고, 서양갑을 비롯한 여주 강변에서 집단 생활을 하면서 활동을 하던 7서자도 복합모델로 삼아, 「홍길동전」에서 홍길동의 서얼 문제를 발단에서부터 문제로 제기하였다. 적서 문제는 서류 정도전이 난을 일으키자 태종이 이를 미워하여 서류의 등용을 불허했고 성종 시대에 이르러서는 경국대전을 편찬하면서 서얼금고법을 결정했다.[723] 그 후 유자광이 서류로서 난을 일으키자 그 법은 더욱 엄격해졌지만, 서류 중에도 인재가 많아 유학자들이 여러 차례 상소하여 그 폐단을 제거하려고 하였으나 이루어지지는 않았다.

---

722) 死囚朴應犀告變 作亻庸於李爾瞻之謀 應犀者朴思庵淳之孼子 與徐羊甲 沈友英 許弘仁 柳仁發朴致毅 李耕中等 者同意合 結爲死友 以名家庶孼 更挾文藝 或耽禪學 或習兵書 平日往來交遊者 及許筠李再榮李士浩之類 戊申春 徐羊甲 沈友英輩 與李耕俊今慶孫等聯名上疏冀通仕路不見施 怏怏而歸 作窟驪江 爲同産一室之計 積粟旗鱗 爲他日避兵之資 或稱竹林七賢 或倣桃園結義 縱跡詭秘 人英測其所爲(『逸史記聞』).

723) 국초 서류 정도전의 난에 질린 태종이 서선의 상소를 가납하여 서류에게 일체 인재등용의 길을 막았고, 성종 때 경국대전에 이르러 서얼 영세금고법으로 자자손손 그 길이 막았고, 그 후 유자광의 서자들의 반란에 이르러 일층 그 법이 강해졌다.

4-7. 기축옥사 관련 이흡을 핵심모델로 투사시킨 포도대장 이흡

작가 허균이 역사 인물에서 가져온 의도적인 모델로서 작가가 적극적으로 실명으로 등장시키는 사례임을 알 수 있다. 이처럼 작품 속 포도대장 이흡의 모델로 추정되는 작품 밖의 실존 인물 이흡은 선조 때 사헌부 헌납 등을 지냈던 인물이다. 『조선왕조실록』에는 1589년의 기축옥사 때 최영경을 국문하다 옥사하게 한 일로 파직후에 유배를 당했다고 기록하고 있다. 그러나 그는 사후에 신원이 되어 좌찬성에 추증되었고, 아흥군에 봉해졌다.

「홍길동전」의 작가 허균과 동시대에 살았던 실존 인물 이흡은 『조선왕조실록』에 여러 차례 등장한다.

> 정사(政事)가 있었다. 유희서를 개성부 유수로, (중략) 이흡을 사람됨이 망독(妄毒)하여 최영경의 옥사(獄事)를 날조할 때 팔을 걷어붙이고 나섰다. 사간원 헌납으로 삼았다.
>
> 이흡은 사람됨이 망독(妄毒)하여 최영경(崔永慶)의 옥사(獄事)를 날조할 때 팔을 걷어붙이고 나섰다.[724)]
>
> 정원이 아뢰기를, "최영경을 죄주기를 청할 때의 양사(兩司)는 본원(本院)에 상고할 만한 문적(文籍)이 없으므로 이조에 물어보았더니 '그때의 양사는, 대사간 이해수(李海壽), 사간 이정립(李廷立), 헌납 이흡(李洽), 정언 구성(具宬) · 이상길(李尙吉), 대사헌 윤두수(尹斗壽), 집의 송상현(宋象賢), 장령 장운익(張雲翼) · 성식(成軾), 지평 민선(閔善) · 이유징(李幼澄)이었는데, 사간원은 재차 국문할 것을 논계하였고, 사헌부는 원찬(遠竄)할 것을 논계하였다.'합니

724) 『조선왕조실록』, 선조 34년(1601) 5월 3일.

다. (중략) 전교하기를, "그때 양사를 다 알지는 못하나 윤두수 · 이해수가 양사의 장관이 된 것은 나도 분명히 기억하여 알고 있다. 그때 간원이 재차 국문하기를 계청하였는데, 이해수는 정철의 심복으로서 위인이 가장 사독(邪毒)하여 살무사와 같은 성격을 가지고 있었으니, 최영경을 죽이자는 논의는 결단코 이 사람이 한 짓이다. 이해수가 정철의 심복이 되었음은 누가 알지 못하겠는가. 그리고 나머지 사람들은 지금 간당(奸黨)인지 여부를 논하지 않고 범연히 같이 참여하였다고 하여 같은 죄를 주면 불가하지 아니한가. 간원의 5인이 어찌 모두 정철에게 빌붙은 자이겠는가. 이 뜻을 양사에 말하라." 하였다.[725]

장령 조정견이 와서 아뢰기를, "이흡(李洽) 등이 간흉에게 편당하여 처사(處士)를 얽어 죽인 한 가지 일을 가지고 신들이 여러 날 논집하였으나, 성상의 비답에는 '이미 치죄하였다.'고 만하시니, 신 등의 의혹은 더욱 심해집니다. 저들은 이목(耳目)의 관원이 된 몸으로 한결같이 간신 정철의 사주를 듣고 최영경을 재차 국문하기를 청하여 끝내 옥중에서 죽게 함으로써 어진이를 죽였다는 누명을 청조(淸朝)에 남기게 하였습니다. 저들은 권간(權奸)이 있는 줄만 알고 군부가 계신 줄은 알지 못하였으니, 그 죄가 어찌 삭직하는 정도로 그칠 수 있겠습니까. 청컨대 이흡 · 구성 · 이상길 등을 아울러 찬출(竄黜)하여 물정을 쾌하게 하소서 (중략), 답하기를, "구성 등은 문외 출송하라. 우의정의 일은 윤허하지 않는다." 하였다.[726]

헌부가 아뢰었다. "이흡 등이 간흉에게 이(虱)처럼 빌붙어 어진 선비를 모함하여 죽인 죄가 어찌 문외 출송(門外黜送)에 그칠 뿐이겠습니까. 신들이 찬출(竄黜)하자고만 청한 것도 말감(末減)한 것이었습니다. 이목(耳目)을 담당한 관원의 신분으로서 한결같이 간사한 정철(鄭澈)의 사주를 받아 최영경(崔永慶)을 다시 국문하자고 청하기까지 하였으니, 이는 진실로 옥사(獄事)를 이

725) 『조선왕조실록』, 선조 35년(1602) 2월 12일.

726) 『조선왕조실록』, 선조 35년(1602) 2월 26일.

루려고 한 것입니다. 그저 간흉에게 아첨할 줄만 알았지 군부(君父)가 있는 줄은 모르고서 성조(聖朝)에 처사(處士)를 죽였다는 누명을 끼치게 하였으니, 그 흉참(兇慘)한 마음가짐이 어찌 간사한 정철과 조금인들 다르겠습니까. 급제 이흡 · 구성(具宬) · 이상길(李尙吉) 등을 모두 찬출하여 물정을 통쾌하게 하소서."[727)]

동지사 정엽(鄭曄)이 아뢰기를, "붕당의 화가 이미 50년이 되어가므로 나뉘어 헤어지고 어그러져 벌어지는 것이 날로 더욱 심합니다. 기축년의 역변(逆變)은 진신(縉紳) 사이에서 일어났으므로 당시에 옥사(獄事)를 다스린 것이 혹 지나침을 면하지 못했고 일이 지난 뒤에도 남을 죄에 빠뜨리려는 일이 더욱 심해졌습니다. 최영경(崔永慶)의 죽음을 정철(鄭澈)의 죄안(罪案)으로 삼은 것으로 말하면 이제까지도 구실로 삼습니다. 최영경을 다시 국문(鞫問)한 일은 구성(具宬)이 경솔히 발론하고 이해수(李海壽)가 대사헌으로서 수일 동안 연계(連啓)하여 곧 윤허받았으므로 그 뒤에 이해수와 구성 · 이상길(李尙吉) · 이흡(李洽) 등이 벌을 같이 받았습니다.[728)]

이흡의 부친은 한양군 이홍준이며, 모친은 한승정의 딸이다.[729)] 이증의 문인으로 1573년에 생원이 되고 1582년 식년문과에 병과로 급제, 승문원에 등

727) 『조선왕조실록』, 선조 35년(1602) 3월 1일.

728) 『조선왕조실록』, 인조 2년(1624) 5월 27일.

729) 공은 성이 이씨이고 휘가 여발이고 자가 군실이다. 관향이 한산이니, 가정선생 휘 곡과 목은 선생 휘 색이 문장과 절의로써 부자간에 대를 이어 고려 말엽에 크게 현달하였다. 조선조에 들어와 대대로 벼슬이 이어지고 공훈과 덕업이 서로 계승되었다. 고조 휘 홍준은 동지중추부사로 한양군에 봉해지고 좌찬성에 추증되었으며, 증조 휘 흡은 사헌부 장령으로 좌찬성에 추증되고 아흥군에 봉해졌다. 조고 휘 의배는 정사공신에 책훈되고 한천군에 봉해졌는데, 병자년에 남한산성이 포위당했을 적에 공청도 병마절도사로 근왕하였다가 쌍령진에서 목숨을 바치니, 영의정으로 추증되었다.

용된 뒤 정언 · 헌납 · 장령 등 요직을 지냈다. 1589년 정여립의 모반을 계기로 기축옥사가 일어났을 때 헌납이었는데, 당시 양사는 거의 서인일파들이 차지하여 동인으로서 연루자인 최영경을 국문하도록 하였고, 그 결과 최영경은 옥중에서 죽게 되었다. 그 뒤 세자 책봉문제로 서인의 영수인 정철이 실각하자 그를 포함하여 기축옥사 때 양사에 있었던 관리들은 모두 파직되었다. 그 뒤 여러 지방관을 거쳐 문학 · 장령 · 헌납 등 중앙요직에 올랐다. 그러나 1602년 최영경 옥사사건이 다시 거론되면서, 당시 양사의 관리였던 사람들은 모두 관직을 삭탈 당하였다. 이 때 그도 관직을 삭탈당하고 옥구에 귀양을 가서 6년 만인 1607년 풀렸으나, 그 이듬 해 죽었다. 1612년에 도승지를, 1623년에 이조판서를, 그의 둘째 아들 이의배가 인조반정 때에 정사공신으로 봉하여졌기 때문에 1630년에는 좌찬성을 각각 추증받고 아흥군에 봉하여졌다.

최영경은 조식의 문인으로 어려서부터 학문에 재질을 보였으며, 여러 번 초시에 합격했으나 복시에서 실패하였다. 학행으로 1572년 경주참봉에 제수되었으나 나가지 않았고, 이듬 해에는 주부에 제수되었으나 역시 나가지 않았을 뿐만 아니라, 연이어 수령 · 도사 · 장원 등에 제수되었으나 나가지 않았다. 당시 안민학이 자주 찾아와 정철을 칭찬하고 만나볼 것을 권했지만, 단호히 거절하였고, 1575년에는 선대의 논밭이 있는 진주의 도동으로 은거하였다. 마침 나라에서 사축에 제수하고 그를 부르자, 잠시 나가 취임했지만 곧 그만두었다.

그는 퇴계와 남명의 제자인 정구 · 김우옹 · 오건 · 하항 · 박제인 · 조종도 등과 교유하며 학문에 몰두하였으며, 1576년에는 덕천서원을 창건하여 스승 조식을 배향하였다. 1581년에는 사헌부지평에 임명되었으나 붕당의 폐단을 논하는 사직소만 올리고 나가지 않았다. 또, 1585년에는 『소학』 · 사서의 언해를 위한 교정청 낭청에 임명되었으나 나가지 않았다. 그는 1590년 정여립 역옥사건이 일어나자 유령의 인물 삼봉으로 무고되어 옥중에서 죽었다. 이 죽음에 대해 당시 서인에 속한 정적 정철과의 사이가 특히 좋지 않아 기축옥사의 위관으로 활동한 정철의 사주로 죽은 것으로 의심을 받기도 하였다. 그러나 최경영은 사후인 1591년에 신원되어 대사헌에 추증되었다.

4-8. 허균의 첩 추섬을 모델로 투영시킨 홍길동의 모친 춘섬

허균의 효행을 비롯한 친모에 대한 기록은 잘 보이지 않는다. 허균의 큰형 허성은 모친이 허균이 33세 때인 1601년에 진안에서 세상을 떠났다.

허균의 소설 「홍길동전」의 경우를 보면, 홍판서의 종으로 홍길동의 모친 이름은 춘섬으로 등장한다. 그런데 공교롭게도 기록으로 전하는 허균의 첩으로 추섬이 등장한다.

> 역적 허균(許筠) · 하인준(河仁浚) · 현응민(玄應旻) · 우경방(禹慶邦) · 김윤황(金胤黃)을 서쪽 저자거리에서 정형하였는데, 그때 백관에게 명하여 차례대로 서게 하였다. 허균은 처음에는 형신을 하지 않아 결안을 받지 못하였는데 〈협박하여 공초를 받지 못하게 한 것이다〉 단지 기준격의 전후 소 중에 나타난 흉모의 곡절과, 김윤황을 사주하여 흉격을 화살에 매어 경운궁 가운데 던지게 한 것과, 남대문의 흉방에 대해서 하인준이 허균이 했다고 이른 것, 몰래 승도들을 모아 난을 일으키려고 모의한 것, 산에 올라가 밤에 소리쳐서 도성의 백성들을 협박하여 나가게 한 것, 유구(琉球)의 군대가 원수를 갚으러 와서 섬에 숨어있다고 한 설 등이 모두 허균이 한 것이라고 전후의 흉모에 대해 윤황과 하인준이 일일이 승복한 죄인데, 허균은 아직 승복하지 않았으므로 결안할 수 없다면서 붓을 던지고 서명하지 않으니, 좌우의 사람들이 핍박하여 서명케 하였다. ㅇ적 하인준은 흉방에 동참한 죄이다. ㅇ적 현응민은 역적 균의 이목과 복심이 되어 밤낮으로 함께 거처하면서 무릇 그가 행

하는 일은 참여하여 알지 못하는 것이 없었다는 것과 남대문의 흉방을 응민이 썼고 산에 올라 밤에 소리친 것을 응민이 하였다는 주장이 허균의 첩인 추섬(秋蟾)의 공초에서 나온 죄이다.[730]

광해군 10년인 1618년 8월 24일의 기록에는 다음과 같은 추섬을 신문하는 기록이 있다.

추섬(秋蟾)을【허균이 거느렸던 첩이다.】형신하니, 승복하였다. 공초하기를, "경운궁의 흉격과 흉서, 남대문의 흉방은 허균이 모두 스스로 한 짓입니다. 흉역스러운 일은 현응민과 함께 모의했고, 방을 붙인 사람은 응민이 항상 왕래하였으니 이 사람이 반드시 하였을 것입니다. 추대하려던 곡절에 대해서는 알지 못합니다. 그리고 '의창군(義昌君)을 사람들이 추대하고자 한다.'라고 매양 말했는데, 현응민과 장응기(張應麒) 등도 그렇게 말했습니다. 허균이 역모를 꾸민지 이제 3년이 되었는데 밤에 소리를 쳐서 도성 중의 사람들이 다 나가게 한 뒤의 그 계획은 반드시 까닭이 있었을 터인데 그 모의는 알지 못하겠습니다. 승군(僧軍)과 포수(砲手)를 이끌고 8월을 기한으로 삼았으며 거사는 15일로 정했다고 하였습니다. 〈대하는 사람은 모두 허균의 일족으로 아랫사람인 허실(許實) · 허부(許宻) · 허채(許寀) 및 허채의 형인데, 허채의 형은 이름이 기억나지 않습니다." 하였다.[731]

여기서 보면, 허균이 역적으로 몰려 고문을 받을 때 열여덟 살이던 추섬도 잡혀가서 문초를 받았다. 허균과의 관련성을 심문을 받을 때, 현응민은 "앞뒤의 흉서는 모두 내가 한 것이고 허균은 알지도 못한다. 나를 죽이면 그뿐

730) 『조선왕조실록』, 광해군 10년(1618) 8월 24일.

731) 『조선왕조실록』, 광해군 10년(1618) 8월 24일.

이요, 허균을 죽이는 것은 실로 원통하다." 하였다. 현응민과는 달리 허균의 첩 추섬을 형신하니, 승복하였다. 공초하기를, "경운궁의 흉격과 흉서, 남대문의 흉방은 허균이 모두 스스로 한 짓입니다. 흉역스러운 일은 현응민과 함께 모의했고, 방을 붙인 사람은 응민이 항상 왕래하였으니 이 사람이 반드시 하였을 것입니다. 추대하려던 곡절에 대해서는 알지 못합니다. 그리고 '의창군을 사람들이 추대하고자 한다.'라고 매양 말했는데, 현응민과 장응기 등도 그렇게 말했던 1583년 4월 14일니다. 허균이 역모를 꾸민지 이제 3년이 되었는데 밤에 소리를 쳐서 도성 중의 사람들이 다 나가게 한 뒤의 그 계획은 반드시 까닭이 있었을 터인데 그 모의는 알지 못하겠습니다. 승군과 포수를 이끌고 8월을 기한으로 삼았으며, 거사는 15일로 정했다고 했습니다. 추대하는 사람은 모두 허균의 일족으로 아랫사람인 허실 · 허부 · 허채 및 허채의 형인데, 허채의 형은 이름이 기억나지 않습니다.[732] 하였다.

> 허채와 허친이 공초하기를, "허균과 그의 누이인 김성립(金誠立)의 처가 한마음으로 신의 아비를 할머니에게 이간질하여 신의 어미와 신의 아비로 하여금 삼 년간을 각각 거처하게 하였습니다. 신의 아비가 죽으면서 비록 신의 할머니에게 감히 원망을 돌리지는 못했으나 신의 형제는 허균을 하늘에 이르도록 원망하여 원수와 같이 보았으며, 허균도 신의 형제를 역시 그렇게 보았습니다. 허균이 행하는 평범한 일에 대해서도 역시 알지 못했는데, 하물며 의창을 추대한다는 것과 같은 설을 어떻게 참여하여 들을 수 있었겠습니까. 추섬이 현응민 · 박수 등과 몰래 간통해서 그 사실이 서울 안에 전파되었으므로 신들이 때때로 한가한 이야기 거리로 삼았는데, 추섬이 이 말을 듣고는 원망하였습니다. 필시 이 때문에 무함하는 말을 한 것일 겁니다." 허부(許富)가 공초하기를, "추섬은 본래 음행이 있었는데, 신이 항상 그것을 말해 왔으므

---

732) 『조선왕조실록』, 광해군 10년(1618) 8월 24일.

로 혐원을 품고 이렇게까지 무함하는 것입니다. 관작 문서에 있어서는, 신과 역적 정필은 본래 서로 알지 못하고 조금도 혐원이 없는데 신을 이렇게까지 극도로 무함하니, 백방으로 생각해 보아도 그 연유를 알 수가 없습니다. 역적 허균은 평상시 자잘한 일도 오히려 숨겼으니, 이른바 문서를 신이 어떻게 알 수 있겠습니까."[733] 하였다.

여기서 주목해야 할 점은, 허균의 애첩 추섬이다. 사실과 허구를 결합시킨 팩션소설의 특징을 보여주는 「홍길동전」에서는 실존 인물인 작가의 첩 추섬에게 역할과 이름을 약간 달리한 채, 홍길동의 어머니인 춘섬으로 변용하여 대표적인 여성으로 등장시켰다. 춘섬은 처음에는 홍판서의 여종으로 홍길동을 낳게 되고, 그 후로 홍판서의 귀여움과 질투하는 홍판서의 첩 초란의 핍박 속에서 고난을 겪지만, 집을 떠난 아들 홍길동이 활빈당 수령, 병조판서를 거치고, 끝내는 홍길동이 율도국 왕이 됨으로써, 현숙한 며느리인 중국의 거부 백용의 딸과 조씨녀를 거느리며 만년의 행복을 누리는 여성의 주역이 되었다.

이러한 사실들로 보면, 허균은 「홍길동전」을 창작할 때에, 표면서사의 전고의 수준에서의 이면사사에서, 자신의 애첩인 추섬을 염두에 두고, 홍판서의 종이요, 홍길동은 모친의 이름을 춘섬으로 설정한 것으로 추정된다. 이런 설정에는 허균이 애첩의 이름을 소설의 역사 속에 남겨주고자 한 것으로 보인다. 그러나 역사 현실에서의 추섬은 허균의 재판에 증인으로 호출되어서는 허균의 편에 서주지를 않았다. 그 이유는 여러 가지일 것이다.[734]

이때 추섬은 허균에게 유리한 증언을 하지는 않았다. 그렇게 된 데에는 심한 고문 때문에 추섬은 시키는 대로 응했는지 모른다. 이런 사실들을 근거로

---

733) 『조선왕조실록』, 광해군 10년(1618) 9월 4일.

734) 그 예로, 허균이 모반에 참여하였기에 사실대로 증언한 경우, 모반에 참여하지 않은 것을 알면서도 고문에 의해 거짓 증언을 하였을 경우가 대표적이다.

추정해보면, 허균은 애첩 춘섬과 이름이 유사한 추섬을 「홍길동전」에 홍길동의 생모로 등장시킨 것으로 해석할 수 있다. 즉, 청룡꿈을 꾼 홍판서를 모셔서 홍길동을 낳지만, 홍판서의 첩이 되어 길동을 낳은 후, 온갖 시샘과 핍박 속에 눈물과 한숨으로 세월을 보내는 전형적인 조선 시대 여인상을 대표한다. 이 작품에서 춘섬의 고통은 잘 나타나 있지 않지만, 어찌보면 홍길동과 더불어 엄격했던 조선 시대의 신분 제도가 낳은 피해자라고 할 수 있다. 또, 초란은 곡산의 기생 출신으로 홍문의 총애를 받는 첩이다. 홍문의 사랑을 독차지하는 길동을 해칠 계략을 짜는 간악한 인물이다. 교활하고 시기와 질투심이 강한 성격으로 길동과 갈등을 일으키는 역할로 등장한다.

5

「홍길동전」의 확장 지향적 서사와 국내에서의 활동

5-1. 「홍길동전」의 호민형 영웅담의 서사구조와 원심적 서사공간

(1) 서출이 병조판서에 오르기까지의 국내 중심의 사건

「홍길동전」은 네 단계의 서사적 내용인 집안에서의 천대, 활빈당의 의적행위, 임금 직접 대면 및 병조판서 제수, 해외 진출 및 이상국가 건설로 전개된다. 1단계에서는 서얼차별의 신분제도에 관한 사회적 문제가 제시된다. 아버지를 아버지라 부르지 못하던 그의 가출은 불가피한 망명으로 이어진다. 2단계의 해인사 약탈, 함경도 감영 습격, 그 밖에 다수의 홍길동의 작란은 의적행위로 나타난다. 이 의적행위의 내면적인 의미는 계층 간의 빈부의 차이에 대한 불만이다. 악하면서도 강한 관료들의 재물의 축적과, 선하면서도 약한 백성들의 극심한 빈궁 사이의 타당성 없는 불평등에 대한 반발이다. 홍길동이 이러한 의적행위를 하는 동안에는, 서자의 문제는 부각되지 않는다. 3단계에서 길동은 임금 앞에 나아가 자기가 의적이 된 동기를 "사방에 오만하게 다니며 관부에 작폐하고 조정에 득죄함을 임금님이 직접 알게 하려 함"이라고 하여 서얼차별 문제의 심각성을 밝힌다. 그래서 왕으로부터 서얼로서는 오를 수 없는 병조판서의 벼슬을 제수 받게 된다.

사람대접을 못 받고, 벼슬길에 오르지 못하는 서자 홍길동이 양반이 되어, 이루고 싶었던 병조판서의 꿈을 이루게 됨으로써 그 한은 해소된다. 백성의 편에서 벌인 의적행위가 하나의 방편이 되었다. 그러나, 탐관오리도 그대로 있고, 가난한 백성도 그대로 있다. 극심한 빈부의 차이와 불평등의 문제도 그대로일 뿐만 아니라, 조선조의 서자 문제도 해결되지 않았다. 서얼이라는 욕구와 불만은 통쾌하기 그지없는 의적 행위로 어느 정도 풀 수가 있었지만, 사회에서 왕과 관료로부터 승인을 받을 수는 없었기 때문에, 그는 처벌의 대상이 되어 관군의 추격을 받게 되었고, 왕 앞에서 친국을 당하게 된다.

서얼 허통을 통해 과거에 응시하여 관리가 되는 점진적인 승직의 절차를 결과로 얻게 되는 병조판서가 아닌 활빈당 수령으로 보여준 자신의 능력을 근거로 직접 군왕에게 병조판서 제수를 요청하는 국내에서의 최대 사건이 된 병조판서 제수를 받은 홍길동은 군왕에게 "신의 소원을 들어 주시니 전하를 하직하고 조선을 떠나가 옵니다. 복망 전하는 만수무강 하소서"라고 만족해하며 조선을 떠나겠다고 하였다. 이는 어떤 면에서는 현실적으로는 뛰어넘을 수 없는 제도의 벽을 뼛속 깊이 인식하고 옆길로 돌아간 것으로, 소극적인 차원에서 많은 상소를 올렸던 서얼 허통의 수준과는 차원이 다른 수준에서 대사건에 해당한다.

「홍길동전」의 전반부 중에서 1단계는 홍판서 가정에서 당하는 홍길동의 고통과 그 박해를 돌파해 나가는 가출 사건으로 전개된다. 즉, 「홍길동전」의 주인공 홍길동은 세종 때, 홍희문 밖에 사는 홍승상의 몸종인 춘섬의 몸에서 태어났다. 그런데 홍길동의 잉태와 출생에서는 응당 정실 부인의 몸에서 태어날 아들이 어쩌다가 천비의 몸을 빌어 태어나게 되었다는 것이다. 이러한 출생담은 그 뒤에 닥쳐올 일련의 운명적 사건에 대한 암시를 내포한다. 그가 천비소생으로 아무리 천대를 받고, 불우한 처지에 놓이게 되더라도 언젠가는 성공하여 영화롭게 되리라는 복선이 깔려 있다. 청룡꿈 속에 암시된 특출한 존재로서 잉태된 홍길동은, 하늘로부터 특별히 점지된 존재이기 때문에 그는 속세에서 살면서 끝내 천속한 상태로 생을 마치지는 않을 것이라는 대전제를 발단에서부터 독자에게 제공하고 있다. 홍길동이 비상한 인물이라는 암시는 그가 어떤 시련과 위기에서도 쉽사리 굴복하지 않으며, 도술과 지혜를 중심으로 갖가지 시련을 극복하며 최종적 승자가 된다. 그러므로 홍길동은 '천생'으로 출생한 천생 아닌 존재라는 점을 본질로 삼고 있다.[735]

---

735) 황패강, 정진형, 『홍길동전』, 시인사, 1984, 8~10쪽.

홍길동은 일찍이 "대장뷔 세상의 나ᄆᆡ 공ᄆᆡᆼ을 본밧지 못ᄒᆞ면 찰ᄒᆞ리 병법을 외와 대장닌을 요하에 빗기ᄎᆞ고 동졍셔벌ᄒᆞ여 국가의 대공을 세우고 일홈을 만ᄃᆡ의 빗ᄂᆡ미 쟝부의 쾌ᄉᆞ라"라고 하여 자신이 서얼방한 제도에 걸려서 대장부의 쾌사를 이룰 수가 없음을 통탄하였다. 또 가출을 각오했을 때 "장뷔 셰샹의 처ᄒᆞᄆᆡ 남의 쳔ᄃᆡ 바드미 불가ᄒᆞ온지라 쇼ᄌᆡ 자연 긔운을 억졔치 못ᄒᆞ여 모친 슬하를 써나려 ᄒᆞ오니"라고 하여, 서자이기 때문에 받는 천대를 면하기 위서 집을 떠나겠다고 하였다. 이 두 가지 목적을 이루는 데에 직접적 장애가 되는 것은 서얼방한이라는 적서차별의 제도였으므로, 홍길동이 병조판서를 제수받는 데까지는 분명히 홍길동이 목적을 성취하였다."[736]

홍길동은 자객을 보내 자신을 없애려는 집안의 음모 때문에, 정당방위지만 보낸 자객을 죽이고 살인자가 되어, 끝내 호부호형을 허락하는 홍판서를 뒤로하고 집을 떠난다. 이러한 사실은 홍길동이 호부호형의 문제, 자기의 친모인 춘섬과 부친인 홍판서 그리고 정실부인인 유씨, 또한 초란과의 갈등에서 오는 자기 모친의 불안정한 삶에 대한 걱정 등이 가정에서 벌어지는 사건의 핵심이다. 홍길동은 초란 일당의 살해 음모를 극복하고 관상녀, 무당, 특재를 죽인 후에야 비로소 호부호형을 허락 받는다. 그리고 주인공은 여기에 만족하거나 안주하지 않고, 2차적인 욕망을 향해 나아가는 것으로 전개된다.

홍길동은 산중에 있는 도적의 소굴에 들어가 활빈당을 조직하여 그 수령이 되어 부패한 사회의 개혁에 나서서 기이한 계책으로 해인사의 보물을 탈취하였으며, 그 뒤로 활빈당이라 자처하며 기이한 계략과 도술로써 팔도 수령들의 불의한 재물을 탈취하여 빈민들에게 나누어 준다. 또, 홍길동이 함경도 감영의 재물을 탈취해가자 함경 감사가 조정에 장계를 올려 좌 · 우포청으로 하여금 홍길동이라는 대적을 잡게 한다. 이에 우포장 이흡이 길동을 잡

736) 이재수, 『한국소설연구』, 선명문화사, 1973, 167쪽.

으러 나섰으나 우롱만 당하고 만다. 그러자 나라에서는 홍길동을 강도로 규정하고 홍길동 체포령을 내렸으나 호풍환우하고 둔갑장신하는 초인간적인 홍길동의 도술을 당해낼 수는 없었다. 그러자 조정에서는 홍판서를 시켜 회유하고 홍길동의 형인 인형도 가세하여 홍길동의 소원대로 병조판서를 제수한다. 홍길동은 서울에 올라와 병조판서가 된다. 여기서 보면, 전반부에서는 홍길동이 지향하는 두 가지 목표는 서자라는 장애를 극복하고 병조판서에까지 오르는 것이다.

(2) 병조판서가 제도를 거쳐 율도국 국왕이 되는 국외의 사건

조선의 병조판서 경력을 가진 홍길동은 바다 건너 중국에 가서 제도 주변에 정착을 하여 힘을 기르고, 울동을 처단한 후에 갑부인 백용의 사위가 된다. 홍길동은 이러한 기반 위에서 남쪽 섬나라인 율도국을 공격하여 율도왕이 됨으로써, 자신이 꿈꾸던 이상국가를 건설하게 된다. 조선의 병조판서 홍길동의 율도국 진출은, 1단계의 활빈당의 주동이 되어 펼치는 의적행위에 대응된 것으로, 해외로 진출하여 중국을 거쳐 율도국으로 진출한 후, 왕위에 오르는 것으로 종결된다. 병조판서 홍길동의 최종 목표가 율도왕이 되는 것은, 반정이나 혁명으로 조선의 왕이 되는 길과는 다른, 조선 왕에 대한 충의의 표현이며, 아울러 재능의 과시 또는 증명에 해당된다.

홍길동이 조선에서 중국 제도로 진출할 때, 홍길동은 군왕에게 중국에서 활동할 군자금으로 사용할 양곡 2천 석[737]을 특별히 요청한다. 이런 설정은 작가 허균이 역사 인물 홍길동의 실제적인 활동에서 있었던 사실을 소재로 삼은 데서 기인한 것으로 판단된다. 이러한 가능성은 다음과 같은 『조선왕조

737) 이본에 따라 천 석, 또는 2천 석 등으로 나타난다.

실록』의 1530년 12월 28일의 〈청탁의 폐해 · 도둑의 추문과 체포 등에 대한 논의〉에 관한 기록을 통해 짐작해볼 수 있다.

이언적이 아뢰기를, "근래에 염치의 풍속은 없어지고 탐오의 풍속이 크게 일어나 외방의 수령 · 첨사 · 만호 등이 모두 이러해서 백성의 고혈(膏血)을 긁어내고 세금 징수하기를 끝없이 하되 조금도 기탄이 없습니다. 옛말에 '물의 근원이 맑으면 흐르는 물도 맑다.'고 하였습니다. 조정은 온 나라의 근본이기 때문에 조정에 만약 절의(節義)와 청소(淸素)의 풍습이 있으면 수령은 의당 조심하고 면려할 것이며, 변장(邊將)에 이르기까지도 군졸을 침탈(侵奪)하지 못하게 되어 또한 염치의 풍속이 없지 않을 것입니다. 그리고 첨사나 만호를 만약 공도(公道)로 조금 쓸만한 사람을 가려서 차임한다면 군민(軍民)을 침탈하고 학대하는 일이 어찌 이 지경에 이르겠습니까. 요즈음은 무재(武才)를 가리지 않고 현부(賢否)를 묻지도 않은 채 일체 권세 있는 사람에게 청탁한 자만을 주의(注擬)를 하고 있기 때문에 첨사나 만호가 되고자 하는 자는 뇌물을 가지고 권귀(權貴)를 섬겨 첨사와 만호의 자리를 얻게 되면 당참전(堂參錢)이라 빙자하여 허비하는 면포(綿布)가 거의 수십 동(同)에 이르는데, 그 면포는 모두 부상 대고(富商大賈)에게서 꾸어온 것이기 때문에 그 부상 대고들이 첨사나 만호의 임소(任所)에 내려가서 군민들에게 배로 징수하고 있으니, 이와 같은 폐단은 이루 다 말하기 어렵습니다. 신은 들으니 무반(武班) 중에서 까닭없이 산관(散官)이 된 사람 및 파직되어 침체된 사람 중에 쓸만한 사람이 많이 있다고 하는데, 병조가 따로 그 사람을 뽑아 공도(公道)로 제수해서 만약 방어하는 일에 유력(有力)한 자와 염근의 공효가 있는 자는 감사가 치계(馳啓)하여 그대로 현직에 제수하면, 변장을 권장 면려함이 지극하게 될 것이고 군민에게 끼쳐지는 폐단도 적어질 것입니다. 그러나 근래에는 공도가 없어져서 모두 청탁을 일삼기 때문에 조정에도 절의(節義)의 풍습이 없어졌는데 하물며 변장이겠습니까." 하니, 상이 이르기를, "나라의 근본인 백성이

이같이 지쳤으니 지극히 한심스럽다. 정치를 하는 데는 마땅히 사람을 가리는 것을 주로하는 것이니, 옛말에 '정치하는 것은 사람에게 달려 있다.' 한 것도 이 때문인 것이다. 대신이 경연 때마다 매양 이에 대해 말하고 있다. 그러나 이와 같은 폐풍을 갑자기 고치기는 곤란하다. 그리고 군영(軍營)에 접수된 군사와 군장(軍裝)을 병조와 도총부(都摠府)에서 살피지 않아서는 안 된다. 그러나 자주 적간하면 빠지게 될 자가 반드시 많아져서 외방의 군사가 반은 속전(贖錢)을 내게 될 것이다. 서울에도 이와 같은데 더구나 외방이겠는가." 하였다. 만종이 아뢰기를, "금부에 가둔 도둑들이 매우 많다고 하는데 이들이 어찌 모두 도둑이겠습니까. 마땅히 유사에게 맡겨 다스리게 해야 할 것이나, 조옥(詔獄)에서 추문케 하는 것이 사체에 어떻겠습니까?" 하니, 상이 이르기를, "보통 때에는 도둑들을 조옥에서 추문한 일이 없었다. 다만 지금 경기 감사 남세준(南世準)의 말을 들으니 '이 도둑은 삼도(三道)로 나누어 노략질할 설계를 했다.'고 하였고, 적괴(賊魁) 순석(順石)의 초사(招辭)에도 이 말이 있는 것을 보면 심상한 도둑이 아닌 듯하다. 그래서 내 생각으로는 형조는 다른 공사(公事)가 매우 많이 있어서 오로지 이 도둑만 다스릴 수가 없다. 옛날 홍길동(洪吉同)【도둑의 괴수였음.】의 유(類)를 금부에서 추문한 전례가 이미 있기 때문에 이제 전례를 참작하여 한 것이다." 하였다. 참찬관 황사우(黃士祐)가 아뢰기를, "지금 도둑이 고해 바친 사람을 수포(搜捕)하는 곳에는 매우 소요되는 폐단이 있다고 합니다. 도둑이 고해 바친 자를 잡지 않아서는 안 되지만, 그러나 도둑은 꾀가 많아서 같은 무리를 고하지 않으므로 그 인고된 자들은 모두 도둑이 혐의하고 원망하던 사람들입니다. 그러니 처음 유사에게 다스리도록 하는 것이 옳았고 조옥(詔獄)으로 추문케 한 것은 옳지 않습니다. 그리고 이 도둑들이 이름은 비록 큰 무리라고 하지만 겁박하고 약탈한 일은 아직 근거가 없지 않습니까. 옛날에는 도둑들이 발생하면 이천석(二千石)[738]

---

738) 옛날 중국 한나라의 관제에 관리의 등급을 나누되 봉록의 다과(多寡)로 기준을 했다. 그

이 다스릴 수 없게 된 다음에 경사(京師)에서 추문하였는데 지금에는 참인지 허위인지도 따져보지도 않고 잡아다 조옥에 가둠으로 하여 매우 시끄럽게 되었습니다. 게다가 각 고을에서 한 사람을 잡는 데 있어 이름이 조금 비슷하기만 한 자면 모두 잡아들이므로 그 이름이 조금 비슷한 자도 모두 도주함으로써 깊은 산 궁벽한 골짜기에서 얼어죽을 지경에 이르게 되니, 도둑이 아니었던 자가 도리어 도둑이 되는 것도 이치로 보아 없지도 않을 것입니다. 금부에게 신속히 판결케 하는 것이 어떻겠습니까?" 하니, 상이 이르기를, "감사가 '이들은 보통의 도둑이 아니다.'고 하기에 나의 뜻은 수령으로 하여금 체포하게 했다가 잡지 못하면 부득이 조정에서 장수(將帥)에게 명하여 가서 잡게 하려 하였는데 마침내 큰일로 확대 되었기 때문에 전례에 의하여 조옥에서 추문하게 했던 것이다. 그러나 갇혀 있는 많은 사람들을 속히 판결하지 않을 수 없기에 이 뜻으로 자주 금부에 일렀다." 하였다. 영사 장순손이 아뢰었다. "신이 추관(推官)이 되었으니 마땅히 동료와 더불어 함께 의논하여 아뢰어야 할 일입니다. 이 도둑들은 모름지기 분리해 가둬 놓고 추문함이 좋겠습니다. 60여 명을 한곳에 가두어 말이 서로 통하게 함은 매우 좋지 않습니다. 홍길동(洪吉同)의 유들은 신이 찰리사(察理使)로 가서 추국(推鞫)했는데 홍길동이란 자가 당상의 의장(儀章)을 했기 때문에 수령도 그를 존대하여 그의 세력이 치성하게 되었었습니다. 그래서 길동이란 자를 조옥에서 추국하였던 것입니다."[739]

여기서 거론된 2천석은 단순한 양곡의 수량을 뜻하는 것 이외에도, 위의 『조선왕조실록』에서 거론하고 있는 "옛날에는 도둑들이 발생하면 2천석이 다스릴 수 없게 된 다음에" 처럼, 2천석은 지장 관장의 1년간의 녹봉을 뜻하기

중에 이천석이 있는데, 태수의 녹질(祿秩)이 이천 석임.

739) 『조선왕조실록』, 중종 25년(1530) 12월 28일.

도 한다, 이 대목에서는 도적 순석에 대한 논의이지만, 여기서도 과거의 도적인 홍길동의 사례를 거론하는 것으로 보아서, 작가 허균은 이런 상황을 종합적으로 고려하여 홍길동이 왕에게 2천석을 요구한 것으로 판단할 수 있다. 물론 현재까지 전하는 「홍길동전」 텍스트가 모두 2천석으로 나타나는 것은 아니다.[740)]

홍길동은 당상관 차림을 하고 자칭 첨지라 칭하면서 관탈 양곡을 굶주리는 백성들을 위한 구휼미로 사용했다면, 그것이야말로 혜민, 광혜, 활빈등으로 표현될 수 있는 의로운 활동이다. 홍길동이 무장을 하고, 집단적 행동으로 관청의 창고와 악덕 관리들의 개인 창고 내지 사찰의 창고를 털어 이런 구휼 활동을 했다고 해도, 『조선왕조실록』에서 홍길동의 활동을 사실대로 평가하고, 기술할 수 있는 처지가 아니었을 것이 분명하다. 이런 상황을 작가 허균은 호민의 시각, 원민 시각에서 바라보고, 홍길동의 활빈당 활동으로, 나아가서는 병조판서를 제수받은 이후에 출국하면서 함께 떠나는 일행들의 해외 교두보 마련까지의 양곡으로 사용하는 것으로 설정한 것으로 판단된다.

이러한 설정은 작가 허균이 병조판서가 된 홍길동이 출국 때 군왕에게 요구한 정조 2천석 소재는 이미 홍길동의 현실 활동에 있었던 사실을 작품 속에 투영시킨 것과 더불어, 현실에서는 임진왜란과 정유재란을 당하여 명나라에 어쩔 수 없이 구원병을 요청하고, 그 파견된 명나라 군대를 지워하는 보급의 문제에서 엄청난 어려움을 겼었던 현실을 상기시키면서, 조선에서 병조판서 홍길동이 이끄는 활빈당 중심으로 군사 조직은 중국의 현지 지원을 받지 않는 조선 파견군대의 자족 능력을 보여주려는 국가적인 자존심을 드러내는 행위였다.

---

740) 이본에 따라서는 천석 등으로 나타나기도 한다.

5-2. 가정에서 전개하는 서자 홍길동의 활동상

(1) 가정에서 펼치는 서자 홍길동의 저항성

(가) 홍판서의 서자 홍길동은 도술과 무술로 자객을 제압

조선시대 세종조 이조판서 홍모의 서자로 용꿈을 태몽으로 홍길동이 태어난다. 홍길동은 점점 자라면서 총명해지나 서자[741] 라는 이유로 아버지를 아버지라 부르지 못하고, 형을 형이라 부르지 못하고, 집안의 비복에게 조차 천대 받자 고민하여 집을 나갈 결심을 한다. 초란이 관상녀로 하여금 거짓 관상을 보게 하여, 길동이 집안 식구들과 떨어져 기거하던 중 초란이 보낸 자객에게 죽을 뻔하나 도리어 자객과 관상녀를 도술로써 죽이고는, 대감께 하직하고 집을 떠난다.

화셜 됴션국 셰종됴 시졀의 ᄒᆞᆫ ᄌᆡ샹이 이시니 셩은 홍이오 명은 뫼라. ᄃᆡᄃᆡ 명문거족으로 쇼년 등과ᄒᆞ여 벼ᄉᆞᆯ이 니조판셔의 니르ᄆᆡ, 물망이 됴야의 웃듬이오, 츙효 겸비ᄒᆞ기로 일홈이 일국의 진동ᄒᆞ더라. 일즉 두 아들을 두어시니, 일ᄌᆞᄂᆞᆫ 일홈이 인형이니 뎡실 뉴시 쇼ᄉᆡᆼ이오, 일ᄌᆞᄂᆞᆫ 일홈이 길동이니 시비 츈셤의 쇼ᄉᆡᆼ이라.

션시의 공이 길동을 나흘 ᄯᅢ의 일몽을 어드니, 문득 뇌정벽녁이 진동ᄒᆞ며 청룡이 슈염을 거ᄉᆞ리고 공의게 향ᄒᆞ여 다라들거ᄂᆞᆯ, 놀나 ᄭᆡ다르니 일장츈몽이라. 심즁의 ᄃᆡ희ᄒᆞ여 ᄉᆡᆼ각ᄒᆞ되, 'ᄂᆡ 이졔 룡몽을 어더시니 반ᄃᆞ시 귀ᄒᆞᆫ 자식을 나흐리라' ᄒᆞ고 즉시 ᄂᆡ당으로 드러가니, 부인 뉴시 니러 맛거ᄂᆞᆯ, 공

---

741) 조선 시대의 신분 제도에는, 어머니의 신분에 따라 자식의 신분이 결정되었다. 본부인에게 태어난 아들을 적자, 어머니가 첩인 아들을 서자. 어머니가 천인인 종의 자식인 경우는 서자라 하였다.

이 흔언이 그 옥슈를 니그러 졍이 친압고져 ᄒᆞ거ᄂᆞᆯ, 부인이 졍ᄉᆡᆨ 왈,

"샹공이 쳬위 죤즁ᄒᆞ시거ᄂᆞᆯ, 년쇼 경박ᄌᆞ의 비루ᄒᆞ믈 힝코져 ᄒᆞ시니 쳡은 봉힝치 아니ᄒᆞ리로쇼이다." ᄒᆞ고, 언파의 손을 ᄯᅥᆯ치고 나가거ᄂᆞᆯ, 공이 가쟝 무류ᄒᆞ여 분긔ᄅᆞᆯ ᄎᆞᆷ지 못ᄒᆞ고 외당의 나와 부인의 지식이 업스믈 한탄ᄒᆞ더니,

맛츰 시비 츈셤이 ᄎᆞᄅᆞᆯ 올니긔로 그 고요ᄒᆞ믈 인ᄒᆞ여 츈셤을 잇글고 협실의 드러가 졍이 친압ᄒᆞ니, 이 ᄯᆡ 츈셤의 나히 십팔이라. ᄒᆞᆫ 번 몸을 허ᄒᆞᆫ 후로 문외의 나지 아니ᄒᆞ고 타인을 취ᄒᆞᆯ ᄯᅳᆺ이 업스니, 공이 긔특이 넉여 인ᄒᆞ여 잉쳡을 삼아더니, 과연 그 달붓허 ᄐᆡ긔 잇셔 십 삭만의 일ᄀᆡ 옥동을 ᄉᆡᆼᄒᆞ니, 긔골이 비범ᄒᆞ여 진짓 영웅 호걸의 긔상이라. 공이 일변 깃거ᄒᆞ나 부인의게 나지 못ᄒᆞ믈 한ᄒᆞ더라.

허균의 「홍길동전」이 당시 사회문제를 반영한 측면의 핵심은, 홍판서의 서자로 태어난 신분 설정이 넓은 의미에서의 적자와 서자의 문제를 다루고 있는 것이다. 혈육상 분명 아버지의 자식이면서도 아버지라 부를 수도 없었던 서얼들이 지닌 불평등에 대한 불만, 즉 가정에서의 평등을 벗어난 현실적 모순으로 천륜에 위배되는 사회적 규범의 부조리를 전반부 서사의 핵심소재로 다루었다. 인간의 윤리를 강조한 유학을 신봉한 사회에서 암묵적으로 인정되었던 지배계층 주변의 적서 차대에 대한 가족 사회의 문제를 서얼들은 벼슬길에 오를 수 없다는 관료 선발의 제도적 불평등의 문제를 「홍길동전」에서는 전반부의 발단 대목에서 표면서사의 중심으로 다루고 있다.

홍판서의 첩인 초란은 쟁총의 상대인 종 춘섬의 몸에서 서자[742]로 출생한

742) 조선 시대의 신분 제도에는, 어머니의 신분에 따라 자식의 신분이 결정되었다. 본부인에게 태어난 아들을 적자, 어머니가 첩인 아들을 서자. 어머니가 천인인 종의 자식인 경우는 서자라 하였다.

홍길동을 제거하려는 불순한 동기로 이런 음모를 주도적으로 꾸미고 실천하게 된다. 물론 홍판서의 부인과 장자인 홍인형은 나라의 장래와 장차 가문에 닥쳐올 앙화를 근심하여 홍판서를 위하여 부득이한 동조를 한다. 관상녀의 말을 들은 홍대감은 "이 놈이 본릭 범상훈 놈이 아니요. 또훈 쳔싱되물 즈튼훅여 만일 범남훈 마음을 머그면 누딕 갈츙보국훅던 일이 쓸딕 업고 딕화 일문의 밋츠리니 밀이 져을 업셰여 ㄱ화를 덜교져 훅누 인졍의 츳마 못홀빅라"[743]고 어찌할 바를 몰라 고민 끝에 병이 생겨 침식이 쾌하지 못하던 터이다. 일가의 장래를 생각할 때 길동을 미리 없애어 화근을 끊어버리는 것이 상책이겠으나, 인정에 차마 그렇게 할 수 없었다.

초란의 사주를 받아 홍길동의 목숨을 노린 특재라는 자객은 도리어 홍길동에게 죽임을 당하였다. 부득이 하게 살인을 한 홍길동은 그대로 집안에 머물러 있을 수 없게 되었다.[744] 그렇게 되자 홍길동은 목숨을 구하기 위하여 집을 떠나기로 하고 모친에게 가 동기를 "소직 이졔 목숨을 도망훅여 집을 써누오니 모친은 불효직을 싱각지 마르시고 계시오면 소즈 도라오 뵈올 날이 잇스오니"[745]라 하였다.

> 홀노 탄식훅여 왈 딕장부 세상의 나믹 공밍의 도학을 빅화 츌쟝입상훅여 딕장인슈을 요하의 츠고 딕장단의 노픠 안즈 쳔병만마을 지위즁의 너허두고 남으로 초를 치고 북으로 즁원을 뎡훅며 셔으로 쵹을 쳐 스업을 일운 후의 얼골을 긔린각의 빗닉고 일홈을 후셰에 유젼훅미 딕장부의 써써훈 일이라 옛스룸이 이르긔를 왕후장상이 씨업다 훅엿시니 날을 두고 이르민ㄱ 셰상스

743) 완판본「홍길동전」, 5장.

744) 한남서관본 홍길동전에서는 특재 · 상녀로 나타나고, 어청교본「홍길동전」에서는: 특재 · 상녀 · 무녀로 나타난다.

745) 완판본「홍길동전」, 9장.

룸이 갈관박이라도 부형을 부형이라 ᄒᆞ되 나ᄂᆞᆫ 홀노 그러치 못ᄒᆞ니 이 어인 인싱으로 그러ᄒᆞᆫ고 울억ᄒᆞᆫ 마음을 것잡지 못ᄒᆞ야 칼을 잡고[746]

이처럼 홍길동은 떳떳하게 세상에서 출장입상하여 포부를 크게 펴고자 바랐지만, 천한 종의 몸에서 출생한 서자였기 때문에 부형을 부형으로 부르지 못하고, 출세의 길 또한 막혀 억울함을 금치 못하였다. 그는 부친 홍대감에게 통사정해 보았으나, "직상의 천싱이 너쁜 아니라. ᄀᆞ장 방ᄌᆞᄒᆞᆫ 마음을 주지 말라. 일후의 다시 그런 말을 번거이 ᄒᆞᆫ 일이 잇스면 눈 압푸 용납지 못ᄒᆞ리라."[747] 하고 심한 꾸중을 들었을 뿐이다. 홍길동의 억울함은 끝내 풀 길을 찾지 못한 채 깊은 곳에 쌓여갈 뿐이었다.

이렇게 되자 홍길동은 자탄하는 가운데 평소의 울분을 표현하면서, 좌절을 벗어나려 하였다.

『이몸미 당당히 조션국 병조판셔 인슈을 씌고 상장군이 되지 못ᄒᆞᆯ진ᄃᆡ ᄎᆞ라리 몸을 산즁의 붓쳐 셰상영옥을 모르고져 ᄒᆞ오니』[748]

그는 자신의 울분을 펴기 위해 반사회적 활동을 생각하기보다는, 세상영욕을 버리고 산속에 은거해 버리려는 소극적인 태도를 보이는 것이 아니라, 병조판서나 상장군이 되어 군사대권을 한손에 쥐고 천하를 호령하는 것이었다. 그러나 천생의 그로서는 도저히 바라볼 수 없는 분에 넘는 소원임은 너무나 명백했으므로 홍길동은 자신의 출가를 만류하는 어머니에게 장길산을 본받아서 세상을 벗어나려 한 것으로 표현하였다.

746) 완판본 「홍길동전」, 2장.

747) 완판본 「홍길동전」, 3장.

748) 완판본 「홍길동전」, 3장.

(나) 홍길동이 겪는 가정에서의 핍박은 사화와 옥사의 은유

작가 허균은 역사적 소재로서의 홍길동 가정의 사건은 고려말에 실제 사건인 홍징 장군과 그 아들 홍상직이 주변으로부터 당하는 사건 중에서, 1460년대에 제1 홍길동이 비밀 출국을 하게 된 사건으로까지 확장된 소재를 전고로 삼았다. 그래서 허균은 1500년 연산군 때 체포된 제2 홍길동의 사건과, 조정에서의 사화와 반정을 융합적이고 개방적인 사건 소재를 전고로 활용하여, 홍길동의 가정 속에서의 갈등과 홍길동의 망명도생으로서의 가출을 서사의 축으로 삼아 전개한다. 즉, 역사적 소재는 개인으로서의 제1 홍길동인 홍징의 손자 홍길동의 사건과, 정치적인 사건으로서의 제2 홍길동 시대인 1500년을 전후한 시기의 사화인 1498년의 무오사화에 이어서, 1504년의 갑자사화, 1545년에는 을사사화에 이르기까지 치열하고 극심하게 일어난 사화들을 내면서사를 통해 은유적 의미를 형상시키는 전고 차원에서 시대적 배경이 될만한 복합 소재로 삼았다. 1498년에 일어난 무오사화는 제2 홍길동이 대낮에도 당상관 차림으로 활동하다가 1500년에 체포되기 2년 전의 일이었다.

작품 밖의 현실에서 제2 홍길동이 사회에 물의를 일으키며 활동하던 시기는 무오사화가 일어난 전후의 근접한 시기였다. 무오사화의 경우는 「조의제문」이 발단이 되었다. 사림파가 「조의제문」을 실으려는 사실을 알게 된 훈구파는 연산군에게 그 사실을 알렸다. 죽임을 당한 의제는 단종을 의미하고, 왕을 죽인 항우는 세조를 상징한다고 여겼던 것이다. 그들은 「조의제문」이 세조가 단종을 쫓아내고 왕위에 오른 일을 비유적으로 비난하고 있다고 주장했다. 그리고 사림파들이 세조의 뒤를 이은 성종과 연산군의 즉위도 올바른 왕위 계승이 아니라고 생각하고 있다며 몰아갔다. 그러자 「조의제문」을 실록에 실으려던 사림파들은 갑자기 연산군을 반대하는 이들이 되어 버렸다. 연산군은 신하들의 힘을 누르고 왕권을 강화시키고 싶은 욕심이 있었다. 게다가 번번이 자신과 의견 충돌을 일으키는 사림파를 못마땅하게 생각하던 차에, 연산군은 이것을 하나의 기회로 삼아 불같이 화를 냈다. 당시에 김종직은 오래 전에 죽고 없었는데, 김종직의 무덤을 파헤쳐 시체를 토막 내는 '부관참시'라는 형벌을 가하였다. 이는 죽은 사람을 다시 한 번 죽이는 것으로서, 이를 실록에 실으려고 했던 김일손도 벌을 받았다.

1498년 무오사화는 국왕과 일부 대신들이 김종직 일파를 명분으로 삼아 삼사에게 경고한 사건이었고, 1519년의 기묘사화는 조광조를 중심으로 한 기묘사림의 급진적 개혁정치를 정지시킨 국왕과 대신들의 전격적인 숙청이었다. 1545년의 을사사화는 주로 신하들끼리의 충돌이었다. 이렇듯, 각 사화는 개별적으로 서로 상이한 상황에서 벌어진 내우의 실체를 보여주었다. 갑자사화는 수많은 정치적 숙청 중에서도 대단히 처참하고 기이한 사건이었고, 무오사화의 원인과 본질은 상당히 복잡하고 심층적인데, 그것은 권력의 자의성과 자율성을 혼동하면서 전제왕권의 몽상과 폭정으로 점차 침몰 되어가는 국왕이 벌인 폭력의 극치였기에 그것을 막을 수 있는 길은 강제 폐위의 길밖에는 다른 길이 없었다.

연산군 때인 1498년 무오사화 이후 대신들의 태도에도 변화가 일어났다. 대신들도 국왕의 일탈을 자주 강력히 간쟁 했고, 결과적으로 삼사와 비슷한 입장에 서게 되었다. 본원적으로 긴장과 비판의 관계에 있던 대신과 삼사가 같은 의견을 갖게 되었다는 사실은 폭정의 심각성을 반증하였다. 대신들이 본격적으로 간언에 참여한 시점은 1499년이었다. 그 해 3월 27일 좌의정 한치형, 우의정 성준, 좌찬성 이극균, 우찬성 박건, 좌참찬 홍귀달, 우참찬 신준 등 주요 대신들은 국왕의 사치를 줄여야 한다는 10개 항에 걸친 긴 상소를 올렸다. 또, 1502년 3월에는 삼정승인 한치형 · 성준 · 이극균이 시폐 10조도 올렸다. 여기서는 당시의 폐단을 집약하면 재정 유용의 중지였기에 대신과 삼사가 문제의식을 공유하면서 국왕은 점차 고립되었다. 그러나 국왕은 이런 변화의 원인을 성찰하지 않고 더욱 큰 분노만을 느끼고 무차별적이고 직접적인 숙청이 필요하다고 결단하였다.

또, 1504년에 갑자사화의 발단은 국왕의 하사주를 이세좌가 엎지른 실수[749]와 손녀를 입궐시키라는 왕명을 홍귀달이 즉시 따르지 않은 사건이었다. 연산군은 이런 대신의 행동을 능상의 표본으로 지목했다. 주목할 사항은 이번에도 국왕의 근본적 분노가 삼사를 향해 있었기에 연산군은 이런 무엄한 능상을 비판하지 않았다고 삼사를 질책했다.

갑자사화의 규모와 방식은 매우 거대하고 참혹했다. 피화 대상은 현직 대신과 삼사를 아우른 거의 모든 신하들을 넘어 이미 사망한 사람들에게까지 확대되었으며, 그 방식도 일반적인 처형 외에 부관참시, 쇄골표풍,[750] 파가저택처럼 극한적인 형벌이 적용되었다. 239명의 피화인 중에서 사형과 옥사 · 부관참시의 극형을 받은 부류는 절반이 넘었다. 사화의 발단을 제공한 두 인물이 모두 대신이었고, 연산군이 '갑자육간'이라고 지목한 좌의정 이극균 · 예조판서 영의정 이세좌 · 윤필상 · 성준 · 한치형, 좌의정 어세겸은 모두 당대 최고의 대신들이었으며, 부관참시된 한명회 · 정창손 · 심회 등도 대표적인 훈신이었다.

연산군은 200명이 넘는 대규모의 인원을 참혹한 방법으로 처벌하는 거대한 폭력으로 신하들을 완벽하게 제압한 뒤, 자신의 욕망을 전혀 제한받지 않고 자유롭게 현실화할 수 있었다. 반정으로 폐위될 때까지 꼭 2년 반 동안 연산군이 보여준 행태는 함부로 음탕한 짓을 함이라고 표현할 수밖에 없는 것으로, 가해자는 국왕 한 사람이었으며 피해자는 대신과 삼사를 중심으로 한 거의 모든 신하들이었다.

통시대적이고 거시적 차원에서 「홍길동전」의 특성을 보면, 표면서사의 1부에 해당하는 홍길동의 탄생과 가정에서의 핍박, 즉 홍판서의 첩인 초

749) 『조선왕조실록』, 연산군 3년(1497), 9월 11일.

750) 碎骨飄風, 破家瀦宅.

란의 모함으로 홍길동이 목숨에 대한 위협적인 상황까지 겪으며 출가하는 이야기를 다루면서, 허균은 백성들 속에 성리심에 대한 철학을 쉽고 자연스럽게 스며들게 하는 방법으로 「홍길동전」을 성리소설로 창작한다. 이를 위해 허균은 심성 가전소설의 전통을 발전시킨 이중의 서사구조 방식을 개발하여, 표면서사의 이면에 역사적 정치적인 전고를 내장시키는 방법을 구사한다. 우선 배경을 세종 시대로 삼아, 궁궐에서 전개된 왕권의 치열한 다툼인 왕자의 난을 시작으로 하여, 제2 홍길동이 활동하다 체포된 연산군 시대와 자신이 「홍길동전」을 창작하는 시점인 중종 반정 직전까지의 역사 현실에서의 정치적 사건들을 무르녹여서, 풍자 또는 우의적인 방법을 통해 문제 제기와 아울러 해결 방안까지를 성리소설 「홍길동전」에 담아내었다.

또, 성리소설이라는 측면에서 「홍길동전」을 바라보면, 이 작품은 표면서사에서 보여주는 가정에서의 1차적 욕구 불만은 주인공 홍길동이 홍판서의 몸종인 춘섬의 몸에서 태어나 비복들의 천대와 나이 열 살이 되도록 호부호형을 하지 못하는 것으로부터 시작되었고, 이것은 2차로 사회적 욕구로 확장된다. 홍판서의 정실부인 유씨는 초란의 모함에 협력하는 관상녀의 말을 듣고는 홍길동을 집안 후원에 유폐시킨다. 그후 홍길동은 밤마다 잠을 이루지 못하고 불안한 생활을 계속하게 된다. 그때 마침 공이 월색을 구경하다가 길동의 배회함을 보고는 불러서, "너는 무슨 흥이 있기로 밤이 깊도록 잠을 자지 않고 마당에 거닐고 있느냐?"는 질책에 응대하지만, 초란 일당의 살해 음모를 극복하고 관상녀, 무당, 특재를 죽인 후 비로소 호부호형을 허락받고, 출가를 결정하게 된다.

작가 허균은 통시대적으로 역사, 정치, 사회문제에 연계된 소재를 가져와서, 이미 성종시대 쯤에 출국한 제1 홍길동 사건과, 그 후 몇 십년 후인 연산군 때에 체포된 제2 홍길동 사건을 연계시킨다. 또한 홍상직의 서자인 제1 홍길동은 조카인 유순과 또 다른 조카인 연산군과는 친인척 관계가 성립한다. 그의 형인 홍일동의 딸은 성종의 후궁으로 들어가서 왕자와 옹주를 여럿 출산하였기에, 홍일동의 손자와 손녀들도 제1 홍길동과는 매우 밀접한 친인척 관계를 가진다. 허균은 이런 거시적인 안목으로 역사 현실에서 소재를 가져와 소설「홍길동전」에 투사시켰다.

허균은 이런 상황을 작품 속에서 세종 때 출생한 홍판서의 적자 홍인형과 서자 홍길동으로 설정하였다. 이러한 홍길동이 홍판서의 첩인 초란의 모함에 의해서 죽을 위기에 몰렸다가, 자객인 특을 죽이고 가출한 사건의 표면서사에, 작가 허균은 그 이면서사에 전고형 주제를 내장시켰다. 즉, 제1 홍길동 시대부터 제2 홍길동 시대까지, 성종부터 연산군 때까지, 나아가서는 인조반정 때까지의 역사 정치 사건들을 은유적으로 제시하고자 함이다.

허균은「홍길동전」의 서사를 진행함에 있어 1400년대 중반에서 1600년대 초반에 이르는 거의 200년에 걸친 시간 위에서 일어났던 역사, 그 중에서도 정치 사회적인 문제, 특히 내우에 해당되는 사화, 옥사, 반정 등을 작품에 형상하며 내장시킨 전고의 의미망으로 살펴 보면, 성리소설의 이중의 서사구조를 통해, 표면서사에서 단순히 홍판서 집안의 서자 홍길동이 집안에서 겪는 설움을 홍판서의 첩에 의한 모함으로 핍박과 죽임을 당할 뻔한 이야기에 머물지 않고, 그 이면에 역사적 정치적 사회적인 전고를 내장시켰다. 이는 성리소설의 특징인 이중서사구조를 통해 은밀히 내장된 이면서사의 의미망으로, 세종 시대 이후에 특히, 성종과 연산군, 중종 시대에 걸쳐서 연속적으로 일어난 사화와 반정의 이면사를 통시적이고, 거시적인 차원에서 은유적으로 다루고 있는 성리소설「홍길동전」의 진면목인 것이다.

(2) 가정에서 당하는 핍박 대목의 텍스트별 실상

「홍길동전」의 여러 이본들은 구체적인 문장에서는 차이가 있지만, 전반적인 플롯상에서는 큰 차이가 없다. 그러나 부분적인 서술에서는 여러 가지 표현이나 시대 배경 등에서 차이를 보여준다.

> 화셜 대명 경ᄐᆡ 년간의 조션국 셰죠됴 ᄯᆡ의 동화문 밧긔 일위 ᄌᆡ상이 〃시니 셩은 홍이오 명은 □□라 대〃□□이오 청덕슈□□□□ ᄯᅩᄒᆞᆫ 공검졍직ᄒᆞ여 □□□ □즉 용문의 올나 벼ᄉᆞᆯ이 □□□□□ 물망이 놉흐며 츙효 겸젼□□□ 츄앙ᄒᆞᄂᆞᆫ ᄇᆡ 되고 상이 □□□□□□□ 금ᄇᆡᆨ으로ᄡᅥ 만히 상사□□□□□ 일국의 진동□□□□은 인형이니 졍실 유부인 쇼ᄉᆡᆼ이오 쇼년의 등과ᄒᆞ여 벼ᄉᆞᆯ이 한림의 거ᄒᆞ엿고 ᄎᆞᄌᆞ 길동은 시비 츈낭의 쇼ᄉᆡᆼ이라[751]

이때, 즉 "경ᄐᆡ 년간의 조션국 셰죠됴 ᄯᆡ"에서의 경태는 명나라 경제의 연호이므로 조선조 세종 32년인 1450년에서 세조 1년인 1456년 사이를 지칭한다. 게다가 경태 년간에 속하면서 '세조' 때라 했으니, 세조 원년인 1455년과 1년인 1456년으로 구체적으로 제한된다. 일반적으로, 조선조 국문소설의 서두에 제시되는 시간 설정은 조선의 묘호만이 제시된다. 그러나, 여기에서 1455년과 1456년이 적시된 것은 작가의 철저한 계획에 의한 것으로 판단된다. 이는 한문전기나 한문소설에서 찾아볼 수 있는 국문소설의 서두로서는 극히 예외적인 것이기 때문에 일반적 전사자나, 세책업자들의 개입에 의하여 첨가, 또는 변개되면서 새롭게 나타난 것으로 판단하기에는 어렵다. 또, 이러한 시기의 제한적이며 구체적인 제시가 작가가 의도하는 서사적 구조나 의미와 긴밀한 복선에 의한 결과이다.

751) 조종업교수 소장본 필사「홍길동전」.

5-3. 사회에서 전개하는 활빈당수 홍길동의 활동상

(1) 사회에서 펼치는 활빈당수 홍길동의 불의에 대한 공격과 의협성

홍길동은 출가하고 나서 사방을 주류하던 끝에 결국 도적 굴에 들어가 괴수가 되었다. 그가 적당의 괴수가 된 동기는 "오날날 하날니 지시ᄒᆞᄉᆞ 위연이 이고ᄃᆡ 이르러시니 녹님호걸의 웃듬 장슈 되미 엇더ᄒᆞ요"[752] 하는 그의 말에서 볼 수 있다. 그것을 '하늘의 지시'로 받아 들였고, 도둑을 '녹님호걸'[753]로 보고 그 으뜸장수가 되는 일을 '불감청일지언정 고소원'이라 생각하는 눈치가 보인다. 재가시절 병조판서 인수를 띠고 상장군이 되지 못할 바엔 차라리 산중에 들어가 세상 영욕을 모르고 살겠노라던 그가 어찌하여 산중 도둑의 괴수되기를 결심하게 되었는지 그간의 사정은 확실치 않다.

도둑의 괴수가 된 홍길동은 그 집단을 이름하여 활빈당이라고 하였다. 그리하여 나라 각처에서 갖은 작란과 노략질을 일삼았다. 해인사 · 함경감영을 비롯한 각읍 수령방백의 부정한 재물을 앗아 혹 불쌍한 백성을 구제하기도 했다. 그러나 도둑들에게는 백성의 재물은 추호도 탈취하지 말[754]것을 당부하였다. 그러나 당초 그의 본심은 활빈당 활동에 있었던 것은 아니다. 그 역시 봉건사회의 선비 일반이 갖는 포부와 이상을 품었던 것이니 몸을 녹림호걸 붓쳐시나 본심이 아니라 입신양명하여 위로 임군을 도와 백성을 건지고 부모에게 영화를 뵈일 것이어늘 남의 천대를 분하게 여겨 이 지경에 이르렀

752) 완판 「홍길동전」, 10장.

753) 후한 시기의 말에, 중국 호북성 녹림산의 의적과 관련된 말이다. 김태준 「홍길동전의 이상주의」(신동욱 편 『허균의 문학과 혁신사상』, 새문사, 1981, 55쪽.

754) 완판 「홍길동전」, 14장.

으니 차라리 이로 인하여 큰 이름을 얻어 후세에 전하리라[755]고 하였다. 그가 천비소생이 아니었더라면, 따라서 위와 같은 활빈당 활동은 생각할 수 없는 일이다. 큰 이름을 후세에 남긴다는 것이 결국 반사회적인 약탈행위가 되어버렸는데, 이로 미루건대 그는 이름을 구하는 소영웅적 인물인 듯이 보인다. 더욱이 다음과 같은 사태에 이르러서는 그의 동기에도 불구하고 사회의 기본질서를 흔들어 놓는 중대한 사실이 아닐 수 없었다.

> 『길동이 혹 쌍교를 타고 단으며 슈령을 임으로 츌쳑ᄒᆞ고 혹 창고을 통기ᄒᆞ여 ᄇᆡᆨ셩을 진휼ᄒᆞ며 죄인을 ᄌᆞ부 ᄃᆞᄉᆞ리며 옥문을 열고 무죄ᄒᆞᆫ ᄉᆞ람은 방송ᄒᆞ며 단이되 각읍이 종시 그 종젹을 모로고 도뢰혀 분쥬ᄒᆞ여 일국이 흉흉ᄒᆞᆫ지라.』[756]

홍길동이 도둑의 괴수됨은 그의 본심이 아니었다. 어디까지나 정당하게 사회에 참여하고 싶었으나 그것이 용납되지 않았던 까닭에 결국 부정적 사회참여를 일삼게 되었다. 이왕 이렇게 된 바에는 도둑들의 괴수로써, 이름을 후세에 남기겠다는 생각을 가지게 되었다. 개인적 욕구불만이 정당한 충족의 기회를 얻지 못하매 반사회적 행위로나마 대리 보상하게 되었다고 보인다. 그러나, 뒷날 여덟 길동의 입을 빌어 "중의 시기하는 자 있으서 보전치 못함이 몸을 산림에 부쳐 초목과 함께 늑자하였더니 하늘이 미워하여서 적의 무리에 빠졌사오니"[757]라고 한 것을 보면 그의 본심은 어디까지나 산림에 묻혀 세상 영욕을 모르고 지내는 것이었고, 사세부득이해서 적당에 가입하

755) 완판 「홍길동전」, 14장.

756) 완판 「홍길동전」, 13장. 이 대목은 당상관 의장을 하고 수령의 대우를 받았다는 제2 홍길동의 경우와 상통한다. (『조선왕조실록』, 중종 25년(1530) 12월 28일).

757) 완판 「홍길동전, 21장.

여 활동하게 되었다는 것이다. 홍길동의 논리에는 어딘가 이중성이 보인다. 산림에 은거하는 것이나, 적당의 괴수로 활동하여 이름을 남기는 것이나 다 그의 바라는 바가 되는데 실제로는 후자를 선택했다. 명분론적으로는 전자요, 결과론적으로는 후자에 속한다.

현전하는 여러 「홍길동전」 텍스트에서는, 홍길동은 출가를 한 다음 산으로 들아가서 활빈당 수령이 된 다음에는 불의한 세력인 함경감영의 토착에 대하여, 해인사 승려들의 비행에 대하여 공격을 감행하며 백성들을 위한 활빈당 활동을 전개하는 의협심을 발휘한다. 홍길동으로 대변된 활빈당의 활동은 도적 집단의 활동에 속하는 것이다. 『조선왕조실록』에서 어떤 사관이 "모이면 도둑이요 흩어지면 백성이라"고 말한 그대로 숲 속에 군도를 이루고 있지만 흩어지면 바로 백성인 것이다. 곧, 백성의 한 존재 형태이다. 단지 왕조의 지배 체제를 벗어나서 따로 집단을 형성하고 관인 양반층을 상대로 적대적인 무력 행사를 감행하던 점이 특이하다. 말하자면 당시 지배 체제에 저항적인 백성의 집단으로 농민 출신이 주축으로 봉건세력에 대한 매우 적극적인 저항이었다.[758)]

홍길동은 출가 후에, 도당에 가입하여 활빈당 수령이 되는데, 이것은 개인의 힘이 집단의 힘으로 확대되는 결정적 계기를 마련해 준다. 즉, 홍길동은 가정을 뛰쳐나가 도당의 괴수가 됨으로써 이제 개인의 불만은 집단의 불만으로 확대된다. 홍길동이 지닌 신분 제약에서 오는 불만은 집단의 불만으로 확대되고, 그 불만의 성격이 변질되기는 하지만, 신분 불만에서 부패한 사회구조에 대한 불만적 집단을 대변하는 인물로 변신하였다. 이는 홍길동이 산으로 들어가서 이미 집단으로 형성된 도적떼의 두목인 활빈당 수령이 됨으로써 개인적 불만이 사회적 불만으로 확대된 것이다.

그 대표적인 사건의 하나가. 해인사의 재물을 탈취로 나타났다. 그는 해인

758) 임형택, 「홍길동전의 신고찰」, 『창작과 비평』, 1984, 239쪽.

사의 재물 탈취에 성공함으로써 지도자로서의 지위를 확보하게 되었다. 그는 이어서 조선왕조의 탄생지인 함경감영을 습격한다. 홍길동이 조선팔도의 여러 감영 가운데 하필 함경감영을 습격하는 것은 조선왕조에 대한 강력한 도전에 해당되는 일부 사건이다. 함경감영 습격을 통해 홍길동은 무장력을 강화하고 자신들의 대의를 선전할 뿐만 아니라 한낱 도둑떼를 활빈당으로 만들어 변혁의 동력으로 전환시켰다.

작가 허균은 이러한 표면적인 사건을 통하여 본질적으로는 홍길동이 조선의 국왕이나 왕권을 공격하여 제압하는 모반 내지 반정이라는 과감한 혁신 의지를 우의적인 기법을 구사하여 성리소설로 펼쳤다. 「홍길동전」의 제1부와 제2부는 결국 홍길동이 국내에서의 한계에 과감하게 도전하여 그 한계를 극복해내는 야성미를 보여준다. 즉 불가능에 도전해서 끝내 이루어내는 하나의 길을 반복해서 일관성 있게 보여주고 있다. 허균의 「홍길동전」을 유기적인 관계상에서 거시적으로 바라보면, 허균이 작품에 투사시킨 현상적인 표면서사에서는 유능한 인재가 병조판서가 되어 중국에서의 능력 검증을 거쳐, 제3국인 율도국을 정벌하는 서사가 핵심이다.그러나 허균은 이런 조선의 인물이 보여준 국제적 성과가 '홍길동'이라는 홍판서의 서얼이 병조판서가 되어 이룬 것임을 강조함으로써, 서얼 차대가 가진 『경국대전』을 제정한 이후의 인사 제도가 가진 병폐를 지적하고 있다. 이런 표면서사의 이면에는 출중한 유학자요, 병조판서였던 율곡이 서얼 허통 문제와 강병론을 중심으로 수차례의 상소를 올렸지만, 수용하지 않은 조정의 한계와 그 결과로 임진왜란이라는 참혹한 댓가를 치루면서 백성들의 삶은 더욱 궁핍한 상태로 빠져들었고, 정신적으로도 희망을 잃은 백성들은 집단적 심리 치유의 대상이 되어버렸기에, 허균은 이러한 현실에 대한 해결 방안으로 반정 차원의 정치적 대혁신을 통해 국정을 쇄신해야 함을 이면의 핵심주제로 삼고 있다.

홍길동이 수령이 되어 벌린 활빈당의 첫 번째 활동은 남쪽 경상도 합천 해인사에서 재물을 탈취한 사건이다. 길동은 산에서 의적이 된 후에 무리들과 더불어 무예를 연습한 뒤, 몇 달이 안되어 구성원들이 제대로 정제되었다. 홍길동이 두목이 되기 전에도, 합천 해인사의 재물을 탈취하고자 했으나 지략이 부족해서 뜻을 못 이루고 있었는데, 길동이 활빈당의 수령이 되고나서 첫 번째 벌인 해인사 습격 사건에서 무리들은 이 일의 성공이 '길동의 지략의 덕'이라고 믿고 길동의 공을 크게 사례하였다. 무리들은 이 일이 있은 후에 홍길동을 더욱더 활빈당의 우두머리로 받들게 되었다. 이 사건은 홍길동의 2차적 욕망인 사회적 욕구 완성의 첫 출발인 셈이다. 둘째는 북쪽 함경도 감영의 재물 탈취와 백성에 대한 활빈 활동이다. 홍길동은 활빈당을 이끌고 조선 팔도를 돌아다니며, 불의로 취득한 재물을 가진 두령들의 재물을 빼앗아서 가난한 자들에게 나누어 주었다. 함경 감사가 탐관오리로서, 백성의 고혈을 착취함으로 백성들의 삶이 도탄에 빠져 허덕이고 있는 것을 알고는 함경 감영을 치기로 결정하였다. 함경 감영에서 양곡과 군대의 무기를 탈취하여 함경 감사를 혼란케 하였다.

(2) 해인사와 함경감영 습격 대목의 텍스트별 활동의 실상

홍길동의 활빈당 운동을 통한 사회활동은 의와 백성들을 위한 행동으로서 크게 대별되는 두 개의 활동으로 설명할 수 있다. 하나는 함경감영과 해인사의 공격이었고, 또 하나는 병조판서 직위의 요청이었다. 이는 각각 당대 사회에 대한 홍길동의 부정적 참여와 긍정적 참여로 규정할 수 있겠다. 이러한 국내적 활동의 비판적 활동은 국외적 활동의 대안적 활동으로 그 영역을 확장시킨다. 이러한 홍길동의 활동은 단계별로 세 단계를 설정할 수 있다.

홍길동은 백성의 재물을 범하지 않음은 물론, 불쌍한 백성을 구제한다. 탈취의 대상은 사찰이나 수령방백의 부정한 재물이다. '활빈당'이란 이름을 붙인 것으로 보아 의적을 자처하고 있다. 홍길동의 활빈당은 국가 위난에 대비하여 병법을 익히는 충의의 군단이다. 그러나, 위의 논리는 함경감영의 군기고를 털기 위한 구실이 되고 있다.[759] 홍길동의 '충군'과 '애국'에는 어느덧 아전인수격인 이중적 논리의 허구가 도사리고 있다. 홍길동은 여덟 길동으로 화하여 왕 앞에서 하는 말 가운데, "나라의 소유물은 모두 백성이 생산한 것인데, 이의 분배는 잘못되어 있다는 전제가 길동의 말 뒤에 숨어 있는 것으로 보아야 한다."[760]고 하는 견해가 있으나, 앞의 군기고 탈취의 경우와 마찬가지로 자기 합리화를 위한 구차한 궤변으로 보는 것이 옳다. 실제로 분배에 대한 투철한 논리가 있었다면, 그것은 소설 전편을 통해 꾸준히 추구되어야 마땅한 것이다. 적어도 그와 같은 상태의 개선 징후가 보일 때까지는 계속되어야 한다. 그러나, 그의 의적 활동을 통한 분배는 그가 병조판서를 제수받기까지만 지속된다.

활빈당의 활동 공격의 대상이 된 함경감영은 조선왕조의 탄생지인 함경도의 감영이며, 국경의 감영이라는 상징성이 있다. 팔도의 여러 감영 중에서 함경감영을 공격의 대상으로 삼은 것은 조선왕조에 대한 준 선전포고에 해당하는 것이다. 국경을 맡은 국가의 경비조차도 무력함을 상징적으로 보여준 것이다. 즉, 조정에서는 활빈당을 한낱 도둑떼로 치부하고 있지만, 홍길동이 이끄는 활빈당의 능력과 이념은 조정의 수준을 능가하는 실천력을 구비하고 있음을 무력 행사를 통하여 입증하고 있는 것이다.

> 일일은 길동이 졔인을 모호고 의논 왈, 이졔 함경감새 탐관오리로 쥰민고택하여 백셩이 다 견디지 못하는지라 우리 등이 그져 두지 못하리니 그대 등은 나의 지휘대로 하라.[761]

---

759) 한남본에서는 함경감사가 탐관오리로 준민고택하여 백성이 도탄에 빠졌으므로 이를 구제하기 위해 감영의 전곡과 군기를 수탈한 것으로 나타났다.

760) 서종문, 「홍길동전에 나타난 현실인식문제」, 『허균문학과 혁신사상』, 새문사, 1981, 1~16쪽.

761) 경판 30장본 「홍길동젼」.

위와 같은 서사는 허균과 같이 역대 치란의 흥망사를 살펴보고 그것의 궁극적인 문제에 깊은 통찰을 갖지 않은 이로서는 그 처음 진술이 불가능하다고 볼 수 있다. 왜냐하면 이것은 단순히 함경감사에만 국한되는 문제가 아니라, 모든 독재자와 폭군들에게 두루 통하는 말이기 때문이다.

홍길동을 앞세운 활빈당이 함경감영을 선택했다는 것은 우선 함경도가 북방 변경이라는 역사적 지리적 의미가 깔려있으며, 중앙 권력의 힘으로부터 가장 멀리 떨어진 변경이라는 의미가 있다. 함경도는 신흥하는 후금과의 접경 지역으로, 명나라보다는 청나라와의 관계, 함경도에 관부를 대표하는 함경감영은 조선왕조를 군사적으로 지켜야 하는 최북방 요새지역임을 주목한 것이다. 지역의 권력 책임자는 개인의 안위보다는 국가적 사명감을 가진 최고의 충신이요, 능력 있는 군사지도자가 감영을 지켜야 함에도 불구하고, 함경감사와 그 주변 관리들은 사적인 욕망과 탐학에 빠져 책임을 저버리고 있음을 지적한다. 허균은 함경감사나 관리들이 백성들의 이런 심성을 헤아리지 못하고, 탐관오리로서의 헛점만을 드러내고 있음을 우회적으로 설정하여 서사를 전개한다. 허균은 홍길동과 활빈당으로 하여금 타락한 관리들이 자리하고 있는 함경감영을 공격함으로써, 여타의 감영을 공격하는 것보다 더 깊은 병영의 해이성을 작품을 통해 지적하고 있는 것이다.

허균의 수많은 글 가운데 국방에 관한 글은 특별히 비장하게 토로하였다. 그가 중국의 제자백가를 평론하면서 법가에 속하는 관자, 상앙, 한비자 등의 부국강병 정책을 극구 칭찬한 이유도 여기 있다.[762)]

> 이후로 길동이 ᄌᆞ호를 할빈당이라 ᄒᆞ여 됴션 팔도로 단니며 각읍 슈령이 불의로 ᄌᆡ물이 잇스면 탈취ᄒᆞ고, 혹 지빈무의ᄒᆞᆫ ᄌᆡ 잇스면 구제ᄒᆞ며, ᄇᆡᆨ셩을 침범치 아니ᄒᆞ고, 나라의 쇽헌 ᄌᆡ물은 츄호도 범치 아니ᄒᆞ니, 이러무로

762) 한영우, 『허균평전』, 민속원, 2022, 216쪽.

제적이 그 의취를 항복ᄒᆞ더라.

일〃은 길동이 졔인을 모호고 의논 왈, "이졔 함경감ᄉᆡ 탐관오리로 쥰민고ᄐᆡᆨᄒᆞ여 ᄇᆡᆨ셩이 닷 견ᄃᆡ지 못ᄒᆞᄂᆞᆫ지라. 우리 등이 그져 두지 못ᄒᆞ리니 그ᄃᆡ 등은 나의 지휘ᄃᆡ로 허라." ᄒᆞ고, ᄒᆞᆫ아식 흘녀 드러가 아모 날 밤의 긔약을 졍ᄒᆞ고 남문 밧긔 불을 지르니, 감ᄉᆡ ᄃᆡ경ᄒᆞ여 그 불을 구허라 ᄒᆞ니, 관쇽이며 ᄇᆡᆨ셩드리 일시의 ᄂᆡ다라 그 불을 구헐ᄉᆡ, 길동의 슈ᄇᆡᆨ 적당이 일시의 셩즁의 다라드러 창고를 열고 젼곡과 군긔를 슈탐ᄒᆞ여 북문으로 다라나니, 셩즁이 요란ᄒᆞ여 물쓸틋 ᄒᆞᄂᆞᆫ지라. 감ᄉᆡ 불의지변을 당ᄒᆞ여 아모리 헐 쥴 모로더니, 날이 ᄇᆞᆰ은 후 살펴보니 창고의 군긔와 젼곡이 뷔여거ᄂᆞᆯ, 감ᄉᆡ ᄃᆡ경실ᄉᆡᆨᄒᆞ여 그 도젹 잡기를 힘쓰더니, 홀연 북문의 방을 붓쳐시되, "아모 날 젼곡 도젹ᄒᆞᆫ ᄌᆞᄂᆞᆫ 할빈당 ᄒᆡᆼ슈 홍길동이라." ᄒᆞ엿거ᄂᆞᆯ, 감ᄉᆡ 발군ᄒᆞ여 그 도젹을 잡으려 ᄒᆞ더라.[763)]

홍길동은 2차로 해인사의 승려들을 골려주는 것을 통해, 홍길동이 이끄는 집단의 힘이 얼마나 강력한가를 보여 준다. 이는 부정적 참여에 따른 비판적 활동과 긍정적 참여에 따른 비판적 활동과 대안적 활동의 양상을 보여준다. 홍길동을 앞세운 활빈당이 해인사를 공격한 것은, 문학적 배경이 된 「수호지」의 사찰 공격의 영향도 있었지만, 작가가 판단한 사원의 타락상에 그 의미가 있다. 선불교의 요람이요, 존경하는 불승 사명대사 등의 자취가 있는 사찰이 대중신앙으로 타락하여, 축재에만 몰두하고 있음을 비판하는 것이다. 즉, 불교를 비판함에 목적을 두고 있는 것이 아니라, 대승불교나 선교 도량의 원래의 모습, 즉 사찰의 본질의 회복을 촉구하는 이면 주제가 내장되어 있다.

763) 경판 30장본 「홍길동전」.

각셜. 길동이 부모를 니별ᄒᆞ고 문을 나ᄆᆡ 일신이 표박ᄒᆞ여 졍쳐업시 ᄒᆡᆼᄒᆞ더니, ᄒᆞᆫ 곳의 다다르니 경ᄀᆡ 졀승ᄒᆞᆫ지라. 인가를 ᄎᆞᄌᆞ 졈〃 드러가니 큰 바회 밋히 셕문이 닷쳐거늘, 가마니 그 문을 열고 드러가니 평원 광야의 슈ᄇᆡᆨ호 인ᄀᆡ 즐비ᄒᆞ고, 여러 ᄉᆞᄅᆞᆷ이 모다 잔치ᄒᆞ며 즐기니, 이곳은 도젹의 굴혈이라. 문득 길동을 보고 그 위인이 녹〃지 아니물 반겨 문왈, "그ᄃᆡ는 엇던 ᄉᆞᄅᆞᆷ이완ᄃᆡ 이 곳의 ᄎᆞᄌᆞ 왓ᄂᆞ뇨. 이 곳은 영웅이 모도여시나 아직 괴슈를 졍치 못ᄒᆞ여시니, 그ᄃᆡ 만일 용녁이 잇셔 ᄎᆞᆷ예코져 헐진ᄃᆡ, 져 돌을 드러보라." 길동이 이 말을 듯고 다ᄒᆡᆼᄒᆞ여 ᄌᆡᄇᆡ 왈,

"나는 경셩 홍판셔의 쳔쳡 쇼ᄉᆡᆼ 길동이러니, 가즁 쳔ᄃᆡ를 밧지 아니려 ᄒᆞ여 ᄉᆞ히 팔방으로 졍쳐업시 단니더니, 우연이 〃 곳의 드러와 모든 호걸의 동뇨되물 니르시니, 불승감ᄉᆞᄒᆞ거니와 쟝뷔 엇지 져만ᄒᆞᆫ 돌 들기를 근심ᄒᆞ리오."ᄒᆞ고, 그 돌을 드러 슈십 보를 ᄒᆡᆼᄒᆞ다가 더지니, 그 돌 무긔 쳔 근이라. 졔젹이 일시의 칭찬 왈, "과연 쟝ᄉᆞ로다. 우리 슈쳔 명 즁의 이 돌 들 ᄌᆡ 업더니, 오날〃 하날이 도으샤 쟝군을 쥬시미로다."ᄒᆞ고, 길동을 상좌의 안치고 술을 ᄎᆞ례로 젼ᄒᆞ고, ᄇᆡᆨ마를 잡아 ᄆᆡᆼ셰ᄒᆞ며 언약을 크게 ᄒᆞ니, 즁인이 일시의 응낙ᄒᆞ고 죵일 즐기더라.

이후로 길동이 졔인으로 더부러 무예를 연습ᄒᆞ여 슈월지ᄂᆡ의 군법이 졍졔ᄒᆞᆫ지라. 일〃은 졔인이 니르되, "아등이 발셔 합쳔 하인ᄉᆞ를 쳐 그 ᄌᆡ믈을 탈취코져허나 지략이 부죡ᄒᆞ여 그죠를 발치 못ᄒᆞ여더니, 이졔 쟝군의 〃향이 엇더ᄒᆞ시이잇고?" 길동이 쇼왈, "ᄂᆡ 장ᄎᆞ 발군ᄒᆞ리니 그ᄃᆡ 등은 지위ᄃᆡ로 허라."ᄒᆞ고, 청포흑ᄃᆡ의 나귀를 타고 죵ᄌᆞ 슈인을 다리고 나가며 왈, "ᄂᆡ 그 졀의 가 동졍을 보고 오리라." ᄒᆞ고 가니, 완연ᄒᆞᆫ ᄌᆡ샹가 ᄌᆞ졔라. 그 졀의 드러가 먼져 슈승을 불너 니르되, "나는 경셩 홍판셔ᄃᆡᆨ ᄌᆞ졔라. 이 졀의 와 글공부ᄒᆞ라 왓거니와, 명일의 ᄇᆡᆨ미 이십 셕을 보닐 거시니, 음식을 졍히 찰이면 너의들노 ᄒᆞᆫ가지로 먹으리라." ᄒᆞ고, ᄉᆞ즁을 두루 살펴보며 후일을 긔약ᄒᆞ고 동구를 나오니, 졔승이 깃거ᄒᆞ더라. 길동이 도라와 ᄇᆡᆨ미 니

십셕을 보ᄂᆡ고, 즁인을 불너 왈, ᄂᆡ 아모날은 그 졀의 가 이리〃〃 ᄒᆞ리니, 그ᄃᆡ 등은 뒤흘 좃ᄎᆞ와 이리〃〃 허라." ᄒᆞ고, 그 날을 기다려 죵ᄌᆞ 슈십 인을 다리고 하인ᄉᆞ의 니르니, 졔승이 마ᄌᆞ 드러가니, 길동이 노승을 불너 문왈, "ᄂᆡ 보ᄂᆡᆫ 쌀노 음식이 부죡지 아니ᄒᆞ더뇨?" 노승 왈, "엇지 부죡ᄒᆞ리잇가. 너무 황감ᄒᆞ여이다." 길동이 샹좌의 안고 졔승을 일졔이 쳥ᄒᆞ여 각기 상을 밧게 ᄒᆞ고, 먼져 슐을 마시며 ᄎᆞ례로 젼ᄒᆞ니, 모든 즁이 황감ᄒᆞ여 ᄒᆞ더라. 길동이 상을 밧고 먹더니, 문득 모ᄅᆡ를 가마니 닙의 너코 ᄊᆡ무니 그 쇼ᄅᆡ 큰지라. 졔승이 듯고 놀나 샤죄ᄒᆞ거ᄂᆞᆯ, 길동이 거즛 ᄃᆡ로ᄒᆞ여 ᄭᅮ지져 왈, "너희 등이 엇지 음식을 이다지 부졍케 ᄒᆞ뇨. 이ᄂᆞᆫ 반다시 능멸ᄒᆞ미라." ᄒᆞ고, 죵ᄌᆞ의게 분부ᄒᆞ여 졔승을 다 ᄒᆞᆫ 줄의 결박ᄒᆞ여 안치니, ᄉᆞ즁이 황겁ᄒᆞ여 아모리 헐 쥴 모로ᄂᆞᆫ지라. 이윽고 ᄃᆡ적 슈ᄇᆡᆨ여 명이 일시의 다라드러 모든 ᄌᆡ물을 졔 것 가져가듯ᄒᆞ니, 졔승이 보고 다만 닙으로 쇼ᄅᆡ만 지를 ᄯᆞ름이라.

잇ᄊᆡ 불목한이 맛참 나갓다가 이런 일을 보고 즉시 관가의 고ᄒᆞ니, 합쳔 원이 듯고 관군을 죠발ᄒᆞ여 그 도젹을 잡으라 ᄒᆞ니, 수ᄇᆡᆨ 쟝교 도젹의 뒤를 ᄶᅩᆺ칠ᄉᆡ, 문득 보니 ᄒᆞᆫ 즁이 숑낙을 쓰고 쟝삼 닙고, 뫼의 올나 웨여 왈, "도젹이 북편 쇼로〃 가니 ᄲᆞᆯ니 가 잡으쇼셔." ᄒᆞ거ᄂᆞᆯ, 관군이 그 졀 즁인가 ᄒᆞ여 풍우갓치 북편 쇼로〃 ᄎᆞᄌᆞ 가다가, 날이 져문 후 잡지 못ᄒᆞ고 도라가니라.

길동이 제젹을 남편 ᄃᆡ로〃 보ᄂᆡ고 졔 홀노 즁의 복ᄉᆡᆨ으로 관군을 속여 무ᄉᆞ히 굴혈노 도라오니, 모든 ᄉᆞᄅᆞᆷ이 발셔 ᄌᆡ물을 슈탐ᄒᆞ여 왓ᄂᆞᆫ지라. 일시의 나와 사례ᄒᆞ거ᄂᆞᆯ, 길동이 쇼왈, "쟝뷔 이만 ᄌᆡ죄 업스면 엇지 즁인 괴슈 되리오." ᄒᆞ더라.

불도라 ᄒᆞ옵난 거시 셰상을 소긔고 ᄇᆡᆨ셩을 혹게ᄒᆞ여 갈지 아니ᄒᆞ고 ᄇᆡᆨ셩의 곡식을 취ᄒᆞ며 ᄶᆞ지 아니ᄒᆞ고 ᄇᆡᆨ셩의 의복을 소겨 부모의 발부ᄅᆞᆯ 상ᄒᆞ야 오랑ᄏᆡ 모양을 승상ᄒᆞ며 군부을 ᄇᆞ리고 부셰ᄅᆞᆯ 도망ᄒᆞ오니 이예 더ᄒᆞᆫ 불의

지ᄉᆞ 업ᄉᆞ오며[764]

불교에 관한 홍길동의 견해는 숭유척불의 조선 선비들의 일반적 견해와 거의 일치한다.[765] 홍길동의 해인사의 공격은 남북 변경 지역이라고 할 수 있는 경남에 위치한 절이다. 함경도가 북쪽 이민족과의 경계 지역이라면, 해인사가 있는 경상도 남부는 남쪽의 왜와 근접한 지역이다. 특히, 경상도 합천 해인사는 국민의 종교적 지향을 표상하는 전통 사찰이다. 여기에는 몽골의 침입에 불력으로 대응하고자 하는 승려를 비롯한 국민들의 종교적 염원이 담긴 『대장경』의 보관처다. 해인사 장경각에 있는 『팔만대장경』은 단순한 불경의 보관처요, 경전이라는 의미 이상의 불력을 통한 종교적 기원이 서려 있는 곳이다. 나라가 위기에 처했을 때 그 마지막 안식처요, 종교적 위안처가 될 수 있는 해인사에 거주하는 승려들은 여타 사찰의 승려들보다 더욱 절실한 구국의 이념을 가짐이 당연하다. 임진왜란을 당해서도 이런 불가의 전통은 서산대사, 사명대사를 비롯한 의승장, 의승군들의 구국적 활동으로 이어져, 국가의 위난을 이겨내기도 했다. 이런 임진왜란 때의 대표적 승병장이요, 종전 후 일본을 내왕하며, 화친의 교섭과 포로쇄환에 큰 공적을 남긴 사명당의 비문이 있는 곳이 바로 해인사이다. 홍길동의 해인사 승려 우롱 사건은 구국의 대표적 승려의 활동을 기리는 '사명당비'가 있는 해인사라는 신성한 산사에서 타락한 승려들이 과거 공부를 위한 유생들에게 공부방으로 제공되고 있는 사실을 풍자하는 것이다. 고관과 부호들이 자제들을 위한 공부방으로 제공하고 획득하는 재물의 혜택은 바른 불도의 길과 조선 대표 사찰의 길이 아님을 작가 허균이 소설 속의 홍길동을 내세워 질타하고 있는 것이

764) 경판 30장본 「홍길동전」.

765) 한남본 「홍길동전」은 해인사 약탈 장면만 나오고, 불교에 대한 홍길동의 논평은 보이지 않는다.

다. 이런 측면에서 보면, 허균이 홍길동을 내세워 불의와 탐학에 대한 공격 대상으로 해인사를 선택하여 서사를 전개하는 핵심의미는, 불교의 종교적인 교리나, 의승으로 활동했던 임진왜란 때의 승려들의 호국 의식과 구도자로서 부처님의 자비행을 대각하기 위한 선가 사찰의 진정한 길을 깨닫게 하려는 것으로 보인다.

(3) 홍길동에 우롱당하는 포도대장 이흡의 등장

홍길동의 활빈당의 3차 활동은 방어적인 것으로 전환된 점이 특징이다. 포도대장 이흡의 공격에 대한 방어 수준에서 홍길동의 능력은 재확인 된다. 군주와 포도대장 이흡은 무능력의 상징으로 나타난다. 즉, 이흡의 무능에 대한 우롱과 풍자다.

가난하고 억눌린 사람들의 입장을 대변하여 사회 정의가 구현되는 새로운 세상을 간절히 바라는 마음의 표현이다. 작가 허균은 새로운 세상의 도래를 현실과의 직접적인 대결에서 찾고 있다. 세상을 바꿀 수 있는 힘의 원천을 문제의 당사자인 홍길동과 그가 거느린 도적떼인 활빈당의 활동을 통해서 찾고 있다. 그래서 「홍길동전」에서는 이상국가에 관한 주제를 다루고 있다. 조선조 역사상 섬이 이상국가의 상징으로 등장하게 되었다.

허균은 「홍길동전」에 포도대장 이흡에 대한 조롱대목을 의도적으로 배치하여, 이흡의 허만한 자기 과신을 폭로한다. 포도대장 이흡은 홍길동의 조선팔도에 걸친 의로운 애민 활동을 벌이는 활빈당 활동을 단순한 도둑떼들의 횡포로 규정하고, 조정 차원에서 체포하려는 나라의 뜻을 실현하고자 자신있게 나타난 인물이다.

작가 허균은 이 대목에서 재물이 아닌 성리심을 벗어나 인심에 기울어진 인간의 심성을 폭로하고 성찰하게 하는 쪽으로 서사의 방향을 전개한다. 활빈당 수령 홍길동은 '청의동자'로 변신하여 포도대장 이흡의 인심에 따른 자만을 유감없이 폭로한다. 물론 비현실적인 도술로서 이흡을 혼내 주었으나, 이것은 활빈당의 수령으로서의 조직에 대한 기대감에 기인한 욕구의 완성이라고 보아진다. 또한 그는 우포장 이흡을 잡아 인간적으로 대함으로써, 성리도심을 지닌 홍길동의 포용력과 인간심성을 보여준다. "그대가 나를 잡고저 나섰다 하기에 그 용력과 뜻을 알아보고자 어제 내가 청포소년으로 그대를 인도해서 이곳으로 데리고 와서 내 위엄을 보이려 함이니라" 하고 좌우에 늘어선 역사들에게 명해 결박한 것을 풀게 하고 당상에 올라 앉게 하여 술까지 권한다. 당시 부패한 탐관오리들의 비인간적인 것에 대하여 홍길동의 넓은 도량과 인간적인 측면을 보여준다.

포도대장은 서울의 치안을 담당하는 왕의 최측근 무관이다. 그런 중요한 직책에 있는 사람을 작가 허균은 형편없는 인물로 묘사했다. 길동은 포도대장을 마음대로 농락하는데, 용력이나 배포에서 포도대장은 길동의 상대가 되지 못한다. 조선시대 무관으로서 가장 높은 품계인 종2품의 포도대장이, 있는 힘을 다해 소년을 발로 찼으나 소년은 꿈적도 하지 않는다. 그리고 승냥이나 이리가 오면 어떻게 하느냐고 겁을 낸다. 아무리 산속이라지만, 포도대장이 승냥이나 이리를 무서워해서는 안 될 것이다. 작가의 이러한 설정은 당대 사회가 갖고 있던 포도대장에 대한 일반적인 인식이 어떠했는지를 잘 보여준다.

이는 홍길동이 포도대장을 농락할 정도의 무술 실력을 갖추고 있었다는 점을 보여주며, 홍길동의 다음 행보에 해당하는 병조판서 자천에 대한 복선의 기능을 하기도 한다. 즉, 포도대장 이흡은 신출귀몰하는 홍길동의 도술을 당해낼 수 없었듯이, 조정에서는 홍길동의 능력을 넘어서는 재주를 갖춘 인재가 없었으므로, 홍길동은 스스로 자천하여 제수받은 병조판서의 직함을 가지고, 자신의 한을 풀어준 임금께 감사하고 활빈당 무리를 이끌고 중국의 제도로 가서 율도국 진출의 거점을 마련한다.

「홍길동전」에 등장하는 인물 중에서 포도대장 이흡은 허균이 살던 시대에 같이 실존했던 인물이다. 허균은 작품 속이지만, 주인공 홍길동으로 하여금 무능한 신하들의 대표로 포도대장 이흡을 내세워 그 우롱을 극대화 한다. 집요하다 할 정도로 실명을 노출시킨 이유는 『조선왕조실록』과 『연려실기술』에 등장하는 다음의 기록을 통해서 보면 짐작이 된다.

이흡은 선조 때의 문신으로 1589년 기축옥사 때 최영경을 국문하다 옥사하게 한 일로 파직 · 유배되었던 인물이다. 후에는 좌찬성에 추증되고 아흥군에 봉해졌다. 이흡을 포도대장의 실명으로 노출 시킨 의도적 창작 행위는 작가 허균이 기축옥사를 전고로 삼고자 한 결과이다. 기축옥사의 주역은 홍문관 수찬을 지낸 명문 동래 정씨 가문의 정여립이라는 인물이다. 그는 봉건제도의 모순이 궁극적으로 신분 차별에 있음을 갈파하고, 당시 팽배해 있던 사회적 모순과 갈등을 극복하려 했던 혁명가였다. 그는 전라도 전주, 진안, 금구지방을 중심으로 대동계를 조직하여 양반 · 천민을 가릴 것 없이 누구나 계원으로 참여할 수 있도록 문호를 개방하였다. 또 그동안 양반들의 전유물이었던 예, 악, 사, 수, 서, 어 등 6예를 신분의 고하를 막론하고 익히게 하였다. 홍길동이 주창했던 신분 차별의 극복을 통한 활빈의 이념을 다시 한 번 이 땅에 펼쳐보고자 했던 것이다. 또한 "천하는 공물이어서 따로 주인이 있을 수 없다"는 천하공물사상[766]을 부르짖음으로써 조선왕조라는 절대군주제에 대한 부정을 실천해 나갔다.[767] 그러나 사상의 자유가 없던 시대였으므로, 그는 역모자로 몰려서 목숨을 잃게 되었다. 조정에서는 그의 정신을 심정적으로 동조했던 동인 인사들을 무려 1,300명이나 처형하는 피의 보복을 자행했다. 이 사건 이후 억눌린 자의 고통을 대변해 주는 개혁의 흐름은 더욱 희미해 졌지만, 억압할수록 해방을 꿈꾸는 일부 민초들은 폭압 속에서도 강인한 생명의 싹을 키워나갈 수 있는 힘을 허균은 「홍길동전」에 담아냈다.

---

766) 天下公物思想.

767) 이긍익, 『연려실기술』, 권 11, 포강도 임꺽정.

5-4. 포도대장 이흡의 모델이 된 기축옥사의 관련 인물 이흡

정여립은 25세에 문과에 급제했으나 관직에는 나아가지 않고 성혼과 이이를 찾아가 학문을 토론하곤 했다. 선조 17년인 1584년에 우의정 노수신이 정여립을 천거했다. 노수신은 김효원과 심의겸 사이에 인사 문제가 발생했을 때, 동인 김효원의 편을 들었던 일로 인해 동인으로 분류되는 인물이었다. 정여립은 노수신의 천거로 수찬이 된 후, 당시 집권세력인 동인에 들어가 이이를 배반하고 성혼을 헐뜯었다. 이로 인해 선조 임금의 미움을 사서 관직에 오래 있지는 못했다. 정여립은 서인 사람들을 비판하고, 동인인 류성룡 등에게 접근했다. 그러나 서인 측에서 그를 비난하자 벼슬을 접고 전라도 금구로 내려가 그곳에 별장을 짓고 학문을 강론한다고 위장하여 사람을 모았다. 그리고 황해도로 가서는 변숭복 · 박연령 등 정치 불만세력을 포섭했다. 얼마 뒤에 그는 당대에 떠돌던 목자는 망하고 전읍은 흥한다는『정감록』에 나오는 참언을 옥판에 새겨 승려 의연으로 하여금 지리산의 석굴 속에 감추어 두게 한 다음 자신이 우연히 이것을 얻은 것처럼 꾸몄다. 여기에서 목자는 곧 조선왕조를 세운 이씨이고, 전읍은 정씨 성을 가진 사람이 나라를 일으킨다는 내용이다. 정여립은 의연에게 각 지방을 다니면서 '왕의 기운은 전라도에 있고, 전주의 남문 밖에 있다'고 소문을 퍼뜨리게 했다. 진주의 남문은 정여립이 태어난 곳이다. 마침내 정여립은 반란을 결심하고 황해도와 전라도에서 모은 사람들을 선동하여 서울로 진격하려고 했다. 그러나 그전에 승려 의암의 밀고와 정여립의 제자인 조구의 자백으로 역모는 사전에 발각되었다. 이러한 사실을 알게 된 안악군수 이축이 황해감사 한준에게 보고했고, 한준이 조정에 장계를 올렸다. 기축옥사는 1589년(선조 22) 10월에 정여립이 역모를 꾀하였다 하여, 3년여에 걸쳐 관련된 수많은 동인계 유학자들이 피해를 입은 사건이다. 사건의 발단은 1589년 10월 황해도 관찰사 한준과 재령군수 박충간, 안악군수 이축, 신천군수 한응인 등이 전 홍문관 수찬이었던 전주사람 정여립이 역모를 꾀하고 있다고 고변함으로써 시작되었다. 이들의 고변에서 열거된 정여립의 역모죄상은 그가 벼슬에서 물러난 뒤, 전주와 진안 · 금구 등지를 내왕하면서 무뢰배와 공 · 사노비들을 모아 대동계라는 단체를 만들어 매월 활쏘기를 익혔다는 것이다. 또 당시 민간에 유포되어 있던 도참설을 이용해 민심을 현혹시킨 뒤, 기축년 말에 서울에 쳐들어갈 계획을 세우고, 그 책임 부서까지 정해 놓았다는 것이다. 이 보고를 받은 조정에서는 선전관과 의금부도사를 황해도와 전라도에 파견하여 사실을 확인하도록 하였다. 정여립은 안악에 사는 변숭복에게서 그의 제자였던 안악교생 조구가 자복했다는 말을 전해듣고, 아들 옥남과 함께 도망하여 진안에 숨어 있다가 자결하였다. 그리고 옥남은 잡혀 문초를 받은 끝에 길삼봉이 주모자이고, 해서 사람 김세겸 · 박연령 · 이기 · 이광수 · 변숭복 등이 공모했다고 자백하였다. 그 결과 다시 이들이 잡혀가 일부는 조구와 같은 내용을 자백하고, 일부는 불복하다가 장살당하였다.

임진왜란 3년 전인 1589년 10월에 일어난 기축옥사로 인하여 동인에 대한 박해가 더욱 심해지고 서인인 정철이 옥사를 엄하게 다스려서 당시 동인의 지도자급 인물들이 연루되어 처형 또는 유배당하였다. 그 가운데 같은 해 12월에는 호남 유생 정암수를 비롯한 50여인의 상소로 정인홍 · 우성전 등 30여인이 연루되어 처형되거나 유배되었다. 한편, 진주에 거주하던 처사 최영경은 모주인 길삼봉으로 지목되어 옥사하였는데, 연좌 또한 지극히 모호한 내용이 많아 문제가 되었다. 그 뒤 약 3년여 동안 정여립과 친교가 있었거나, 또는 동인이라는 이유로 처형된 자가 무려 1,000여 사람에 이르렀다.

선조 22년인 1589년 10월 1일의 『선조 수정 실록』의 기록은 다음과 같다.

> 이진길을 하옥하도록 명하였다. 정여립은 도망 중에 자살하였다. 상이 역당을 친국(親鞫)하였다. 정여립이 도망하여 진안의 산골짜기에 숨어 있었는데 【진안 죽도(竹島)에 여립의 서사(書舍)가 있었으므로 그 근처에 숨어 있

었다.】 현감 민인백(閔仁伯)이 수색하여 잡았다. 여립이 정옥남 등 3인과 밭가 풀더미 속에 숨어 있었는데 관군이 포위하자 여립은 형세가 궁박하게 되어 칼로 변숭복을 먼저 베고 다음에 옥남을 베었는데 옥남이 칼날을 피하였으므로 죽이지 못하였다. 여립은 즉시 칼을 땅에 거꾸로 꽂고 목을 늘여 꽂아 죽으니 그 소리가 소 울음소리 같았다. 인백이 산 채로 잡으려고 군사에게 다그치지 말게 하고 그의 자(字)를 부르며 말하기를, "대보(大甫)야! 내 말을 들으라. 조정에서 대보가 딴 마음이 없음을 알 터이니 스스로 변명하라." 하였으나, 여립이 응하지 않고 이에 죽었다. 옥남 · 박춘룡(朴春龍)이 포박되어 해서의 죄인과 함께 궐정(闕庭)에 잡혀왔는데 상이 친히 임어하여 국문하였다. 옥남의 공초에, "길삼봉(吉三峰)이 모주(謀主)이고 해서 사람 김세겸(金世謙) · 박연령(朴延齡) · 이기(李箕) · 이광수(李光秀) · 박익(朴杙) · 박문장(朴文長) · 변숭복(邊崇福)이 수시로 왕래하며 교제가 친밀하였으며, 중 의연(義衍), 도사 지함두(池涵斗)가 서당에 주재하여 함께 거처하며 모의하였습니다." 하였다. 이때 이광수 등은 이미 조구(趙球)의 초사(招辭)에 나왔으므로 해서로부터 잡아왔고, 박연령은 망명하다가 횡성 산골짜기에서 잡혔다. 지함두도 뒤에 체포되었는데 초사는 대개가 같아 모두 조구 등의 말과 동일했다. 지함두가 입을 함부로 놀려 말하기를, "패공(沛公)이 죽었으나 천하에 어찌 패공될 사람이 없겠는가" 하였는데, 정홍(鄭泓) · 방의신(方義信) · 황언륜(黃彦倫) 등과 함께 모두 복주(伏誅)되었다. 이진길(李震吉) · 정여복(鄭汝復) 형제 · 한경(韓憬) · 송간(宋侃) · 조유직(趙惟直) · 신여성(辛汝成) 등은 장하(杖下)에서 죽을 때까지 승복하지 않았고, 의연은 도망하여 김제 대숲 속에 숨어 있다가 맨 뒤에 잡혀 복주되었다.[768)]

또, 이 사건으로 선조 27년인 1594년 5월 19일에 최영경은 다음과 같이 추

768) 『조선왕조실록』, 『선조수정실록』 22년(1589) 10월 1일.

궁을 받게 되었다.

> 상인(喪人) 정종명(鄭宗溟)의 상소로 인하여 정원에 전교하기를, "최삼봉(崔三峯)에 대한 말은 그때 역적의 공초(供招)에 있었고 정집(鄭緝)은 내가 친히 국문했었는데, 정집의 초사(招辭)에서는【정집은 역적 정여립(鄭汝立)의 조카이다.】이 말이 없었다. 그러나 승지만 알고 있으라. 그리고 최영경(崔永慶)에게는 이미 추증(追贈)하라고 했는데 어찌 가부에 대한 논의가 없는가? 환도(還都)한 직후에 최영경의 처자가 굶주려 죽게 되었다는 말을 듣고 해사에 명하여 양식을 주어 구제하라고 하였는데, 양식을 주어 구제해 주었는지 모르겠다." 하였다. 회계하기를, "비변사 낭청을 불러 대신에게 문의하여 보니 대신이 '당초 전교에는 추증할 것으로 명이 내렸었다.'고 하였습니다. 그리고 이 내용을 대신에게 말했으나 별로 의계(議啓)한 내용이 없으므로 회계하지 않았습니다." 하니, 전교하기를, "그렇다면 정원에서는 당초 살펴서 조처했어야 마땅했을 듯하다." 하였다. 이덕열(李德悅)이 회계하기를, "당초 최영경을 추증하는 일은 좌부승지(左副承旨) 구성(具宬)이 맡았었는데 나가 있습니다. 영경을 추증하는 일에 대해서는 승전(承傳)을 받들게 하는 것이 어떻겠습니까?" 하니, 아뢴 대로 하라고 전교하였다.

임진왜란 3년 전인 1589년 10월 기축옥사가 일어났을 때, 옥사의 최고 지휘관은 위관 정철이었다. 당시 남명 조식의 제자인 선비 최영경은 같은 남명의 제자인 정인홍과 함께 스승 조식이 세상을 떠난 이듬해에 행실이 높고 뛰어난 선비로 조정에 추천되어 수령으로 임명되었다.

1589년 10월 28일에는 생원 양천회가 상소하기를, "신은 호남 출신으로 역적의 정상을 자세히 알고 있으니, 흉악하기 짝이 없고 탐학스럽고 음란하여 사림의 매도를 받아온 지가 이미 오래되었습니다. 다만 그가 당초 글 읽는 사류에 붙어 세상을 속이고 명예를 차지할 계획을 세웠는데, 이발 형제가 남도에 왕래하면서 서로 결합하였습니다. 그때 이이와 성혼이 세상에서 큰 명성을 지니고 있었는데 이발 형제도 그들을 존경할 때였으므로 여립을 천거하여 새로 그 문하에 드나들다가, 이이와 성혼이 세력을 잃은 뒤에는 여립이 맨 먼저 창끝을 돌려 이 발등과 안면을 바꾸고 붕당을 지어 남을 참소하고 재난을 만들어 충현들을 모함할 계획을 세웠는데, 다행히 하늘이 내린 감계가 매우 밝아 간사한 짓을 환히 살피고 채용하지 않으셨습니다. 그러므로 여립이 앙심을 품고 상을 원망하여 역모를 일으켰으니, 불궤의 마음을 몰래 지니고 도참설을 퍼뜨려 어리석은 백성들을 유혹하고 도당을 모아들인 음모 비계와 패역 완흉은 신하로서 차마 들을 수 없는 것으로, 예로부터 난신적자가 아무리 많았어도 여립보다 더한 자는 없었습니다. 다행히 종묘사직의 위의 영령과 천지의 묵우로 흉모가 먼저 드러나자 형세가 궁지에 몰려 스스로 목찔러 죽었으니, 어찌 국가의 큰 경사가 아니겠습니까. 그러나 정여립이 여기에 이르게 된 근원을 따진다면, 당국자와 이미 통하고 결탁하여 상하를 의논하고 성세를 서로 의지하였기 때문입니다. 그리하여 여립이 비록 밖에 있으면서도 멀리서 조정의 권력을 잡아 의기가 양양하고, 기염이 성대하여 그 위엄이 시골을 휩쓸고, 권력이 주현을 눌러 제 마음대로 거리낌이 없어 그와 친한 자는 서로 엄폐하여 악을 함께 하고, 생소한 자는 위력에 눌려 감히 잘못을 지적 배척하지 못한 채 그를 떠받들고 양성시켜 오늘에 이르렀으니, 그 유래가 매우 심원합니다. 이에 당국자를 몰래 권하여 추쇄하는 일을 적극 주장하게 함으로써, 민생을 술렁거리게 하여 그들의 환심을 상실시킨 뒤에 전관 중 친절한 자에게 몰래 부탁을 넣어, 막료의 자리를 도모하게 하여 일을 꾸밀 계략을 세웠다가 천점를 얻지 못하여 그 소원이 이루어지지 않자, 다시 봉명신을 사주하여 일시에 부윤과 판관을 파직시켰으니, 이는 모두 허점을 타서 반란을 일으키려는 계략이었습니다. 그런데 내외의 신하가 그 술책에 빠져 비위를 맞추기에만 급급하였으니, 신은 생각이 여기에 미치면 자신도 모르게 간담이 서늘해집니다. 다행히 흉괴가 이미 주륙되고 남은 무리가 점차 체포되어 가니, 이는 깊이 염려할 바가 아닙니다. 다만 신이 오늘날 크게 걱정하는 바는, 팔도의 기근이 한창 더하고 민생의 곤고가 더욱 심한 일입니다." 하였다.

이 사건에 대하여『연려실기술』에는 다음과 같이 기록하고 있다.

갑오년(1594)에 대사헌 김우옹(金宇顒), 대사간 이기(李墍), 장령 기자헌(奇自獻) 등이 정철이 최영경(崔永慶)을 죽인 죄를 논하자, 사간 정엽(鄭曄), 집의 신흠(申欽), 정언 이시발(李時發) 등이 논의가 일치하지 않는다는 이유로 피혐하니, 옥당에서 세 사람을 체직하기를 청하였고, 시론(時論)이 크게 변하여 김응남(金應南), 정탁(鄭琢)이 서로 이어서 정승이 되었다.

신축년(1601)에 이덕형(李德馨)이 체찰사가 되어 이귀(李貴)를 영남으로 보내 군무(軍務)를 감독케 하였다. 이귀가 정인홍(鄭仁弘)이 지방에 있으면 세력을 부린다는 이유로 자못 추궁을 하니, 인홍이 노하여 제자인 문경호(文景虎) 등으로 하여금 상소하여, 최영경(崔永慶)을 무함하여 살해할 때에 성혼(成渾)이 그 의론을 주장하였다고 논하게 하였다. 임금이 옳게 여기자 대사헌 황신(黃愼)이 피혐하면서 다투어 변론하니, 임금이 황신은 제 좋아하는 편에 아부한다고 여겨 체직하고 이조의 관원을 다 체직하였다.[769)]

임인년(1602) 1월에 유영경(柳永慶)이 이조 판서가 되었는데, 그는 바로 소북의 영수였다. 대간들이 성혼을 탄핵하여 벼슬을 추삭(追削)하고, 최영경에게 죄 주기를 청했던 대간들을 탄핵하여 구성(具宬) · 이상길(李尙吉) · 이흡(李洽)등을 귀양 보냈으며, 또 다른 의론을 논한 대간 이성록(李成祿) · 민유경(閔有慶)을 배소(配所)로 나누어 보냈다.[770)]

769)『연려실기술』에는 제18권, 선조조 고사본말.

770)『하담록(河潭錄』.

최영경은 남명 조식의 문인이며, 효행으로 이름이 높았으며 벼슬이 지평 사축에 이르렀다. 그는 한양에 거주하였고, 부모의 장례로 가산을 다 사용하여 가난하게 살던 중에 마을에 비범한 사람이 있다는 소문을 들은 안민학이 성혼에게 소개하였고, 성혼이 최영경을 방문함으로써 이름이 널리 알려졌다. 후에 진주에 있으면서 남명 조식을 스승으로 섬겼다. 선조 6년에 선조가 선비의 추천을 명하였을 때 이지함, 정인홍 등과 함께 천거되었고, 선조는 이들에게 6품직을 제수하였으나, 이지함과 최영경은 받아들이지 않았다. 선조 14년에는 지평으로 제수되었으나 거절하였고, 선조 16년에도 받아들이지 않았다. 기축옥사 때 정여립과 친한 관리로 지목되었다. 모주인 길삼봉으로 무고되어 심문을 받았으나, 증거가 없어 풀려났다. 이튿날 간원의 상소로 다시 옥에 갇혔고, 갇혀 있는 동안 병을 얻어 사망하였다. 동인들은 당시 서인의 영수였던 정철이 죄를 씌운 것으로 의심하였고, 후에는 성혼에 그 책임을 돌렸다. 조사를 받던 중에 정여립과 친하다고 하여 관작이 삭탈되었으나, 1591년에 부제학으로 임명된 김성일의 끈질긴 요구로 되돌려졌다. 1594년에는 대사헌으로 추증되었으며, 1602년에는 이조의 요청으로 최영경의 동생 최여경에게 관직을 내렸다.

최영경이 붙잡혔을 때 다음과 같이 하소연을 하였다는 기록이 있다.

> "나는 정여립과 한 번도 편지를 주고 받은 일이 없다."고 하였는데, 최영경이 가지고 있던 문서 가운데 정여립의 편지가 있었다. 상감께서는 '하늘의 그물은 넓고 커서 성글은 듯 하지만 빠져나갈 수가 없다'는 노자의 말씀을 인용하시며, 그의 거짓말한 죄를 물으셨다. 그러자 공이 임금의 물음에 대해 변론하기를, "최영경의 말이 어느 해 이후로는 한 번도 편지를 주고 받은 일이 없다고 하였는데, 이것은 그가 말한 해 이전에 한 편지이므로 속인 것은 아닙니다."라고 변호하였다. 또 최영경의 문서 가운데 양산에서 보낸 청어 팔십 두름과 함안에서 보낸 칠십 두름, 안골포 만호가 보낸 오백 두름의 기록이 적혀

있었다. 임금께서 그것이 나온 내력을 물으시니, 최영경이 대답하기를 "양산은 함안 땅의 작은 지명으로, 이것은 다 함안에 사는 저의 사내종이 보내온 것입니다." 라고 변명하였다. 그러나 그 때 사람들이 다 이르기를, "함안이라면 군수 권용중이 보낸 것이고, 양산 역시 따로 그곳 군수가 보낸 뇌물일 것인데, 최영경이 임금께 거짓말로 꾸며댄 것이니 이는 옳지 못한 일이다."라고 하였다. 그러나 당시 조사관이던 공께서는 역적의 옥사에 관련되지 않은 것이라 하여 다시는 사실 여부를 캐묻지 않으셨다. 이 밖에도 공은 일이 있을 때마다 최영경을 구하려고 애쓰셨다.

그런데, 최영경에 대한 신응구의 말은 사실과 다르다. 지난 해에 신응구[771]가 말하기를, "최영경은 그 기상이 깨끗한 사람이다. 다른 사람이 보낸 선물을 사양함과 받음에 있어서 그 명분을 분명히 하는 바는 우계선생도 미치지 못할 정도이다."라고 하였다. "그러나 위의 문서를 보건데 만호가 보내준 청어 오백 두름과 함안, 양산에서 보낸 것들이 다 관가의 물건들이다. 받은 것이 이같이 많은데 어찌 사양함과 받음이 분명하다고 하겠는가? 신응구가 최영경을 추켜 세운 말은 잘못된 것이다."[772]

허균은 성리소설「홍길동전」을 통해, 동인 선비 1,000여 명이 몰살당한 유사이래 가장 슬픈 역사적 사건인 기축옥사를 동시대를 살았던 실존인물 이흡을 실명으로 노출시켜 포도대장 이흡으로 형상하였다. 이는 당시 조정의 붕당으로 인한 내우의 풍자이며, 군사 전초기지인 함경감영의 습격 사건을

771) 신응구(1553~1623)는 호는 만퇴헌으로, 성혼 · 이이의 문인이다. 1613년 이이첨등이 폐모론을 주장하자 관직에서 물러나 충청도 남포로 낙향하였다. 그 뒤 조정에서 여러 차례 불렀으나 나가지 않다가 인조반정 후에 형조참의 · 동부승지 · 좌부승지 등을 거쳐 장례원판결사 · 춘천부사를 역임하였다.

772)『사계전서』, 제1권, 행장 송강문청공 행록.

통해서는 외환에 대비한 변방의 허술한 행정기강의 해이를 풍자했다. 해인사 사찰 습격사건을 통해서는 임란의 애국 의승장 사명당을 비롯한 승병들의 활동과는 거리가 먼 사찰의 축재와 타락상을 고발함으로써 정신적인 지주로서의 종교계의 기강 해이를 풍자했다.

허균은「홍길동전」을 통해, 종교적 행정적 경제적으로 총체적 난국에 봉착한 조선의 내우 외환에 대한 깊은 고뇌와 성찰을 통해 조정과 신하들에는 각성을 촉구하고 전쟁 후에 가난으로 고통받는 백성들을 구휼하고, 유능한 인재임에도 그 재주를 나라를 위해 쓰지 못하는 현실의 악법인 서얼차대에 대한 정면승부를 한다. 즉, 백성을 가난으로부터 구하고, 실력을 갖춘 유능한 인재라면 적서차별 없이 등용하는 문제를 스스로 자천하여 해결하고, 국가적으로는 치안을 확립하고, 국토를 방어할 수 능력을 갖춘 최적의 병조판서의 인물형을 홍길동으로 형상하여 현실적인 대안을 제시하였다. 작가 허균은 나라와 백성이 총체적인 난국에 봉착해있는 내우외환의 현장을 이중의 서사구조 속에 핵심 문제로 내장시키고, 이에 대한 대안을 소설형식을 취하여 국난 극복을 위한 최선의 타개책을 성리 소설로 풀어내었다. 나아가서는 내우외환의 위험요소를 원천적으로 제거할 수 있는 정신적인 힘과 지혜를 전하고자 했다. 이런 의도를 살리기 위하여 구사한 이중의 사사구조에서 표면적 시사에서 이면적 서사로 전환하는 연결고리 같은 전고로 허균과 동시대의 역사 인물이요,기축옥사와 연관된 인물의 한 사람인 이흡을 홍길동을 체포하려는 포도대장의 실명으로 등장한다. 길동이 도술을 써서 청포소년으로 등장하여, 우포장 이흡을 간단히 우롱함으로 길동에게 봉변을 당하는 사건이다. 이것은 당대 사회에 대한 길동의 강력한 도전을 국가적 차원에서 응징하고자 하였음을 보여준다. 길동이 합천 해인사나 함경감영을 공략했을 때는 길동의 힘이 그 지역에만 머물렀고, 길동을 잡는 책임도 그 지역 책임자에게만 지워졌으나, 길동의 힘이 전국적으로 확산되자, 길동의 힘에 대한 국가적 차원의 강력한 대응이 나타나게 되었으며, 그 결과 국가의 힘을 상징하는 우포장 이흡이 길동을 잡는 일에 나서게 된다. 이렇게 되면 길동의 힘은 국가 차원의 대응이 필요한 상황에까지 확대되었다는 것으로, 문제의 심각성은 더욱 고조된다. 그런데 상황은 길동을 잡으러 온 우포장 이흡까지도 길동에게 간단히 우롱당한다는 데서 길동의 강력해진 힘은 국가까지도 어찌할 수 없는 존재가 되었기에, 마침내 더 이상 국가에는 길동을 제어할 능력 있는 자가 없으므로, 길동의 힘이 곧 국가의 힘임을 상징적으로 보여준다.

홍길동을 체포하러 나섰다가 홍길동의 도술에 휘말려 망신을 당하는 포도대장의 장면을 살펴보면, 허균은 홍길동을 통해 펼치는 영웅적 활동이, 조정에 대한 반란이 목적이 아니라는 것을 서사를 통해 충분히 표현하고 있다. 그는 서얼 출신이 그 능력을 인정받아 조선의 병조판서가 되고, 무리를 이끌고 국외로 진출하여 무대를 중국을 거쳐 율도국으로 확장시키며 나아가 조선이 아닌 율도국의 왕이되는 서사로 마무리한다. 그가 국내에서 벌인 활빈당 수령로서의 활동은 조선 조정의 기강 해이로 삼정의 문란을 작파하여 규범이 지켜지는 나라로 백성이 가난에서 벗어나 평화로운 삶을 살아가는데 활빈당 활동의 목표를 두었다. 홍길동은 무술이 빼어남은 물론이고, 초인을 둔갑시켜 8명의 홍길동을 만들고, 공중으로 오르내리는 등의 도술과 둔갑술로 팔도를 지배할 수 있는 신비한 능력을 가졌지만, 이러한 환술로 반정을 일으켜 조선의 왕이 되고자 하지 않고, 자원 병조판서를 제수받는 것으로 조선에서의 활빈당 활동을 마무리한다. 허균은 활빈당수 홍길동이 임금에게 그 인품과 능력을 인정받아 병조판서가 되고, 또한 쌀 2천 석을 빌려 따르던 무리와 함께 해외로 나가는 서사는, 반정이나 혁명과는 전혀 다른 성리이념의 실현임을 우회적으로 제시하고 있다.

홍길동은 조선에서는 자신을 체포할 능력을 가진 자가 없음을 잘 알지만, 자신으로 인해 난처한 입장에 놓인 이복형인 홍인형을 위해 자수를 한다. 경상감사인 형을 감동시키는 홍길동의 자수는, 성리학의 근본 이념인 인륜을 따르고 효를 중시하는 성리도심의 실현을 보여준다.

ᄎᆞ시 팔도의셔 다 길동을 ᄌᆞᆸ아 올니〃, 됴정과 쟝안 인민이 망지쇼죠ᄒᆞ여 능히 알 니 업더라. 샹이 놀나샤 만죠를 모호시고 친국ᄒᆞ실ᄉᆡ, 녀ᄃᆞᆲ 길동을 ᄌᆞᆸ아 올니〃 져의 셔로 닷토아 니르되, "네가 졍 길동이오, 나ᄂᆞᆫ 아니라."ᄒᆞ며 셔로 ᄊᆞ호니, 어ᄂᆡ 거시 졍 길동인지 분간치 못ᄒᆞᆯ네라. 샹이 고이히 녁이샤 즉시 홍모를 명쵸허ᄉᆞ 왈, "지ᄌᆞᄂᆞᆫ 막여뷔라 ᄒᆞ니, 져 여ᄃᆞᆲ 즁의 경의 ᄋᆞ들을 ᄎᆞᄌᆞᄂᆡ라." 홍공이 황공ᄒᆞ여 돈슈청죄 왈, "신의 쳔ᄉᆡᆼ 길동은 좌편 다리의 불근 혈졈이 잇ᄉᆞ오니 일노 좃ᄎᆞ 알니로쇼이다." ᄒᆞ고, 여ᄃᆞᆲ 길동을 수지져 왈, "네 지쳑의 님군이 계시고 아ᄅᆡ로 네 아비 잇거ᄂᆞᆯ, 이럿틋 쳔고의 업ᄂᆞᆫ 죄를 지어시니 쥭기를 앗기지 말나."ᄒᆞ고, 피를 토ᄒᆞ며 업더져 긔졀ᄒᆞ니, 샹이 ᄃᆡ경허샤 약원으로 구허라 ᄒᆞ시되 ᄎᆞ되 업ᄂᆞᆫ지라. 여ᄃᆞᆲ 길동이 〃 경상을 보고 일시의 눈물을 흘니며 낭즁으로 죠ᄎᆞ 환약 일기식 ᄂᆡ여 닙의 드리오니 홍공이 반향 후 졍신을 ᄎᆞ리ᄂᆞᆫ지라. 길동 등이 샹긔 쥬왈, "신의 아비 국은을 만히 닙어ᄉᆞ오니 신이 엇지 감히 불측ᄒᆞᆫ ᄒᆡᆼᄉᆞ를 ᄒᆞ올잇가마ᄂᆞᆫ, 신은 본ᄃᆡ 쳔비 쇼ᄉᆡᆼ이라 그 아비를 아비라 못ᄒᆞ옵고, 그 형을 형이라 못ᄒᆞ오니, 평ᄉᆡᆼ 한이 ᄆᆡᆺ쳐습기로 집을 바리고 젹당의 ᄎᆞᆷ네ᄒᆞ오나 ᄇᆡᆨ셩은 츄호불범ᄒᆞ옵고 각읍 슈령의 쥰민고ᄐᆡᆨᄒᆞᄂᆞᆫ ᄌᆡ물을 탈취ᄒᆞ여ᄊᆞ오나, 이졔 십년을 지ᄂᆡ면 써나 가올 곳이 잇ᄉᆞ오니 복걸 셩샹은 근심치 마르시고 신을 ᄌᆞᆸᄂᆞᆫ 관ᄌᆞ를 거두옵쇼셔." ᄒᆞ고, 말을 맛치며 여ᄃᆞᆲ 길동이 일시의 너머지니, ᄌᆞ시 본즉 다 쵸인이라. 샹이 더옥 놀나시며 졍 길동 ᄌᆞᆸ기를 다시 ᄒᆡᆼ관ᄒᆞ여 팔도의 나리시니라.

ᄎᆞ셜. 길동이 쵸인을 업시ᄒᆞ고 두로 단니더니, ᄉᆞᄃᆡ문의 방을 븟쳐시되, "요신 홍길동은 아모리 ᄒᆞ여도 ᄌᆞᆸ지 못ᄒᆞ리니 병죠판셔 교지를 나리시면 ᄌᆞᆸ히리이다." ᄒᆞ엿거ᄂᆞᆯ, 샹이 그 방문을 보시고 됴신을 모하 의논ᄒᆞ시니, 졔신 왈, "이졔 그 도젹을 ᄌᆞᆸ으려 ᄒᆞ다가 ᄌᆞᆸ지 못ᄒᆞ옵고 도로혀 병죠판셔 졔슈ᄒᆞ시문 불가ᄒᆞ너이다." 샹이 올히 역이샤 다만 경상감ᄉᆞ의게 길동 ᄌᆞᆸ기를 ᄌᆡ촉

ᄒᆞ시더라.

이ᄯᅵ 경상감ᄉᆡ 엄지를 보고 황공송율ᄒᆞ여 엇지ᄒᆞᆯ 쥴 모로더니, 일〃은 길동이 공즁으로 나려와 졀ᄒᆞ고 왈, "쇼졔 지금은 정작 길동이오니 형장은 아모 염녀 마르시고 쇼졔를 결박ᄒᆞ여 경사로 보ᄂᆡ쇼셔." 감ᄉᆡ 이 말을 듯고 집슈유체 왈, "이 무거ᄒᆞᆫ 아희야, 너도 날과 동긔여ᄂᆞᆯ 부형의 교훈을 듯지 아니ᄒᆞ고 일국이 쇼동케 ᄒᆞ니 엇지 ᄋᆡ둛지 아니리오. 네 이졔 정작 몸이 와 나를 보고 즙혀 가기를 ᄌᆞ원하니 도로혀 긔특ᄒᆞᆫ ᄋᆡ로다." ᄒᆞ고, 급히 길동의 좌편 다리를 보니 과연 홍졈이 잇거ᄂᆞᆯ, 즉시 ᄉᆞ지를 결박ᄒᆞ고 함거의 너허 건장ᄒᆞᆫ 장교 슈십을 갈히여 쳘통갓치 ᄊᆞ고 풍우갓치 모라가되, 길동의 안ᄉᆡᆨ이 죠곰도 변치 아니ᄒᆞ더라.

여러 날만의 경셩의 다〃르니, 궐문의 니르러ᄂᆞᆫ 길동이 ᄒᆞᆫ 번 몸을 요동ᄒᆞᄆᆡ 쳘삭이 ᄭᅳᆫ허지고 함게 ᄭᆡ어져 공즁으로 오르며 표연이 운무의 뭇쳐가니, 쟝교와 제군이 어이업셔 공즁만 바라보고 다만 넉슬 일ᄒᆞᆯ ᄯᆞ름이라. 헐 슈업셔 이 연유로 상달ᄒᆞ온ᄃᆡ 샹이 드르시고 왈, "쳔고의 일런 일이 어ᄃᆡ 잇스리오." ᄒᆞ시고 크게 근심ᄒᆞ시니, 졔신 즁 일인이 쥬왈, "길동의 소원이 병죠판셔를 ᄒᆞᆫ번 지ᄂᆡ면 됴션을 써나리라 ᄒᆞ오니, ᄒᆞᆫ번 졔 원을 풀면 졔 스ᄉᆞ로 샤은ᄒᆞ오리니, 이 ᄯᆡ를 타 즙으미 조흘가 ᄒᆞ나이다." 샹이 올히 역이ᄉᆞ 즉시 홍길동으로 병죠판셔를 졔슈ᄒᆞ시고, ᄉᆞ문의 방을 붓치니라. 잇ᄯᅵ 길동이 〃 말을 듯고 즉시 ᄉᆞ모관ᄃᆡ의 셔ᄯᅵ 〃고 놉흔 쵸헌을 타고 ᄃᆡ로상의 완연이 드러오며 니로되, "이졔 홍판세 샤은ᄒᆞ라 온다."ᄒᆞ니, 병죠 하쇽이 마ᄌᆞ 호위ᄒᆞ여 궐ᄂᆡ의 드러갈ᄉᆡ, ᄇᆡᆨ관이 의논ᄒᆞ되, "길동이 오날 ᄉᆞ은ᄒᆞ고 나올 거시니 도부슈를 ᄆᆡ복ᄒᆞ엿다가 나오거든 일시의 쳐 쥭이라." ᄒᆞ고 약쇽을 정ᄒᆞ여더니, 길동이 궐ᄂᆡ의 드러가 슉ᄇᆡᄒᆞ고 쥬왈,

"소신이 죄악이 지즁ᄒᆞ옵거ᄂᆞᆯ, 도로혀 텬은을 닙ᄉᆞ와 평ᄉᆡᆼ 한을 푸옵고 도라가오니, 영결 젼하ᄒᆞ오니 복망 셩샹은 만슈무강ᄒᆞ쇼셔." ᄒᆞ고, 말을 맛치며 몸을 공즁의 소〃와 구름의 ᄊᆞ이여 가니, 그 가ᄂᆞᆫ 바를 아지 못ᄒᆞᆯ너라.

샹이 보시고 도로혀 ᄎᆞ탄 왈, “길동의 신긔ᄒᆞᆫ ᄌᆡ죠ᄂᆞᆫ 고금의 희한ᄒᆞ도다. 제 지금 됴션을 ᄯᅥ나노라 ᄒᆞ여시니 다시ᄂᆞᆫ 작폐할 길 업슬 거시오, 비록 슈상ᄒᆞ나 일단 쟝부의 마음이라. 죡히 념녀 업슬이라.” ᄒᆞ시고, 팔도의 ᄉᆞ문[773)]을 ᄂᆞ리와 길동 ᄌᆞᆸᄂᆞᆫ 공ᄉᆡ를 거두시니라.

홍길동은 1차는 가짜로 자수하고, 2차는 진짜로 자수한다. 이복형인 홍인형은 감동으로 눈물을 거듭 흘린다. 이는 작가 허균의 현실에서 일어났던 자신의 친형인 허봉이 율곡을 비판하였던 것과 같이, 당파성으로 인하여 병조판서 율곡을 비판하던 것에 대한 성찰적인 의미의 표현과 아울러, 허균자신과 가족이 과거에 행했던 옳지 못했던 부분을 홍길동의 부친과 형을 위해 스스로 잡히고자 자수하는 부분에 투영하여 소설을 통해 성찰하는 의미로도 해석이 된다. 허균은 영웅 홍길동의 인간상을 성리이념에 따른 도심의 인간상으로 형상하여, 성리소설의 기준이 되는 도심의 홍길동이 효와 충을 실현하려는 진정성을 크게 부각시킴으로서, 성리학을 소설에 무르녹여 백성의 마음속으로 파고들었음이 여실히 드러나는 대목이다.

ᄎᆞ시 샹이 팔도의 힝관허샤 길동을 ᄌᆞᆸ아드리라 ᄒᆞ시되, 그 변홰 불측ᄒᆞ여 쟝안 ᄃᆡ로〃 혹 쵸한도 타고 왕ᄂᆡᄒᆞ며, 혹 각읍의 노문 노코 쌍교도 타고 왕ᄂᆡᄒᆞ며, 혹 어ᄉᆞ의 모양을 ᄒᆞ여 각읍 슈령 즁 탐관오리ᄒᆞᄂᆞᆫ 쟈를 문득 션참후계ᄒᆞ되, 가어ᄉᆞ 홍길동의 계문이라 ᄒᆞ니, 샹이 더옥 진노허ᄉᆞ 왈, “이 놈이 각 도의 다니며 이런 작난을 ᄒᆞ되, 아모도 ᄌᆞᆸ지 못ᄒᆞ니 이를 장ᄎᆞᆺ 엇지 ᄒᆞ리오.” ᄒᆞ시고, 삼공뉵경을 모와 의논ᄒᆞ시더니, 연ᄒᆞ여 장게 오르되, 다 팔도의 홍길동이 작난ᄒᆞᄂᆞᆫ 장계라. 샹이 ᄎᆞ례로 보시고 크게 근심허샤 좌우를 도라보시며 문왈, “이 놈이 아마도 ᄉᆞ름은 아니요 귀신의 작폐니, 됴신 즁 뉘 그

---

773) 사문(赦文)은 특별한 경우 죄인을 놓아 줄 적에 임금이 내리던 글.

근본을 짐작ᄒᆞ리오."일인이 츌반 쥬왈, "홍길동은 젼님 니죠판셔 홍모의 셔ᄌᆞ요 병됴좌랑 홍인형의 셔졔오니, 이졔 그 부ᄌᆞ를 나릭ᄒᆞ여 친문ᄒᆞ시면 자연 아르실가 ᄒᆞᄂᆞ니다." 샹이 익노 왈, "니런 말을 엇지 이졔야 ᄒᆞᄂᆞᆫ다." ᄒᆞ시고 즉시 홍모ᄂᆞᆫ 금부로 나슈ᄒᆞ고, 먼져 인형을 잡아드려 친국ᄒᆞ실ᄉᆡ, 텬위 진노허ᄉᆞ 셔안을 쳐 가로샤되, "길동이란 도젹이 너의 셔졔라 ᄒᆞ니, 엇지 금단치 아니ᄒᆞ고 그져 두어 국가의 ᄃᆡ환이 되게 ᄒᆞᄂᆞ뇨. 네 만일 잡아드리지 아니ᄒᆞ면 너의 부ᄌᆞ의 츙효를 도라보지 아니리니 ᄲᆞᆯ니 잡아드려 됴션 ᄃᆡ변을 업게 허라." 인형이 황공ᄒᆞ여 면관돈슈 왈, "신의 쳔헌 아니 잇셔 일즉 ᄉᆞᄅᆞᆷ을 죽이고 망명 도쥬ᄒᆞ온 지 슈 년이 지나오되, 그 죵젹을 아옵지 못ᄒᆞ와 신의 늙은 아비 일노 인ᄒᆞ여 신병이 위즁ᄒᆞ와 명지죠셕이온 즁, 길동니 무도불측ᄒᆞ무로 셩상의 근심을 끼치오니 신의 죄 만ᄉᆞ무셕이오니, 복망 젼하ᄂᆞᆫ 하히지턱을 드리옵셔 신의 아비 죄를 사허샤 집의 도라가 죠병케 ᄒᆞ시면, 신이 죽기로뻐 길동을 잡아 신의 부ᄌᆞ의 죄를 쇽ᄒᆞ올가 ᄒᆞ나이다." 샹이 문파의 텬심이 감동허ᄉᆞ, 즉시 홍모를 샤ᄒᆞ시고 인형으로 경상감ᄉᆞ를 졔슈허ᄉᆞ 왈, "경이 만일 감ᄉᆞ의 긔구 업스면 길동을 잡지 못ᄒᆞᆯ 거시오. 일년 한을 졍ᄒᆞ여 쥬ᄂᆞ니 슈이 잡아드리라." ᄒᆞ시니, 인형이 ᄇᆡᆨᄇᆡ 샤은ᄒᆞ고 인ᄒᆞ여 ᄒᆞ직ᄒᆞ며 즉일 발힝ᄒᆞ여 감영의 도임ᄒᆞ고 각 읍의 방을 붓치니, 이ᄂᆞᆫ 길동을 달ᄂᆡᄂᆞᆫ 방이라. 기 셔의 왈, "ᄉᆞᄅᆞᆷ이 셰상의 나ᄆᆡ 오륜이 웃듬이오 〃륜이 〃 시ᄆᆡ 인의녜지 분명ᄒᆞ거ᄂᆞᆯ, 이를 아지 못ᄒᆞ고 군부의 명을 거역ᄒᆞ여 불츙불효되면 엇지 셰상의 용납ᄒᆞ리오. 우리 아오 길동은 이런 일을 알 거시니 스ᄉᆞ로 형을 ᄎᆞᄌᆞ와 사로 잡히라. 우리 부친이 널노 말ᄆᆡ암아 병니 골슈ᄒᆞ시고 셩샹이 크게 근심ᄒᆞ시니, 네 죄악이 관영ᄒᆞᆫ지라. 이러무로 나를 특별이 도ᄇᆡᆨ을 졔슈ᄒᆞ샤 너를 잡아드리라 ᄒᆞ시니, 만일 잡지 못ᄒᆞ면 우리 홍문의 누ᄃᆡ 쳥덕이 일죠의 멸ᄒᆞ리니 엇지 슬푸지 아니리오. ᄇᆞ라ᄂᆞ니 아오 길동은 일를 ᄉᆡᆼ각ᄒᆞ여 일즉 자현ᄒᆞ면 너의 죄도 덜닐 거시오 일문을 보죤ᄒᆞ리니, 아지 못게라, 너ᄂᆞᆫ 만 번 ᄉᆡᆼ각ᄒᆞ여 ᄌᆞ현허라." ᄒᆞ엿더라.

감ᄉᆞ 이 방을 각 읍의 붓치고 공ᄉᆞ를 젼폐ᄒᆞ여 길동이 ᄌᆞ현ᄒᆞ기만 기다리더니, 일〃은 ᄒᆞᆫ 쇼년이 나귀를 타고 하인 슈십을 거ᄂᆞ리고 원문 밧긔 와 뵈오물 청ᄒᆞᆫᄃᆡ, 감ᄉᆡ 드러오라 ᄒᆞ니, 그 쇼년이 당상의 올나 ᄇᆡ알ᄒᆞ거ᄂᆞᆯ, 감ᄉᆡ 눈을 드러 ᄌᆞ시 보니, ᄊᆡ로 기다리던 길동이라. ᄃᆡ경 ᄃᆡ희ᄒᆞ여 좌우를 물니치고 그 손을 잡고 오열유체 왈, "길동아, 네 ᄒᆞᆫ 번 문을 나ᄆᆡ ᄉᆞᄉᆡᆼ존망을 아지 못하여 부친계셔 병입고황[774]ᄒᆞ시거ᄂᆞᆯ, 너ᄂᆞᆫ 가지록 불효를 ᄭᅵ칠ᄲᅮᆫ 아녀 국가의 큰 근심이 되게 ᄒᆞ니, 네 무ᄉᆞᆷ 마음으로 불츙불효를 ᄒᆡᆼᄒᆞ며, ᄯᅩᄒᆞᆫ 도젹이 되여 셰상의 비치 못헐 죄를 ᄒᆞᄂᆞᆫ다. 이러무로 셩상이 진노ᄒᆞ샤 날노ᄒᆞ여금 너를 잡아드리라 ᄒᆞ시니, 이ᄂᆞᆫ 피치 못헐리라. 너ᄂᆞᆫ 일즉 경ᄉᆞ의 나아가 텬명을 슌슈허라." ᄒᆞ고, 말을 맛츠며 눈물이 비오듯 ᄒᆞ거ᄂᆞᆯ, 길동이 머리를 숙이고 왈, "ᄉᆡᆼ이 〃의 니르믄 부형의 위ᄐᆡᆨᄒᆞ물 구코져 ᄒᆞ미니, 엇지 다른 말이 잇스리오. ᄃᆡ져 ᄃᆡ감계셔 당쵸의 쳔ᄒᆞᆫ 길동을 위ᄒᆞ여 부친을 부친이라 ᄒᆞ고 형을 형이라 ᄒᆞ여더들 엇지 이의 니르리잇고. 왕ᄉᆞᄂᆞᆫ 일너 쓸ᄃᆡ 업거니와, 이졔 쇼졔를 결박ᄒᆞ여 경ᄉᆞ로 올녀 보ᄂᆡ쇼셔." ᄒᆞ고 다시 말이 업거ᄂᆞᆯ, 감ᄉᆡ 이 말을 드고 일변 슬허ᄒᆞ며 일변 쟝계를 ᄲᅧ 길동을 황쇄 족쇄ᄒᆞ고 함거의 시러 건쟝ᄒᆞᆫ 쟝교 십여 명을 ᄲᆡ 압영ᄒᆞ게 ᄒᆞ고, 쥬야 ᄇᆡ도ᄒᆞ여 올녀 보ᄂᆡ니, 각 읍 ᄇᆡᆨ셩드리 길동의 ᄌᆡ죠를 드러ᄂᆞᆫ지라, ᄌᆞᆸ아오믈 듯고 기리 모여 구경ᄒᆞ더라.[775]

작가 허균은 홍길동이 굳이 병조판서를 지목하여 되고자 했던 것에 중요한 의미를 담아놓았다. 단순한 중앙권력의 획득이라는 의미보다는 육조의 판서 중에서도 병조판서가 해야 될 시대적 의미가 중요함을 반영한 것이다. 임란을 겪으면서 국가가 이민족의 침공으로 초토화되고 있을 때, 백성은 말

774) 병입고황(病入膏肓)은 고(膏)와 황(肓)에 병이 들은 불치의 병을 얻음을 뜻함.

775) 경판 30장본「홍길동전」.

할 것도 없고, 군신이 가장 갈망했던 것은 군사적 영웅이었다. 이런 군사적 영웅을 선발하고, 활용할 수 있는 최고 관리가 병조판서인 것이다. 유능한 병조판서를 등용한다는 것은 팔도에 흩어져 있는 능력 있는 장군과 병사들을 뽑아 훈련하여, 국가의 안보에 힘쓸 수 있음을 뜻하는 것이다. 그러나 조선은 전란 이전에도, 이후에도 국가의 강토를 수호할 수 있는 군사 지도자를 다스리는 유능한 병조판서를 발굴하여 그 직책을 맡게 하지 못했음을 비판하기도 한다. 이렇게 본다면, 홍길동이 보여준 두 가지 행동 체계는 상보적인 기능을 가진다. 활빈당 당수가 되어 함경감영과 경상도 해인사를 공격한 것은 허술한 국방과, 종교 지도자들의 정신적 해이에 대한 비판적 저항이며, 또한 병조판서가 된다는 것은 능력 있는 자가 그 자리에 임명되어 제 기능을 수행하는 긍정적 참여라는 양가적 의미를 갖는다. 이런 저항과 참여가 상승작용을 이루면서, 홍길동의 두 가지 대응을 모두 다 받아들일 수 없는 조선 조정의 상황을 알기에, 이를 벗어나 돌파구를 찾은 것이 제도를 거친 율도행이다.

6

중국에서 출발한 조선 병조판서 홍길동의 율도왕 등극

6-1. 중국 제도에서 펼치는 조선 병조판서 홍길동의 의협성

홍길동이 병조판서를 소망한 이유는 국외로 활동 배경을 바꾸어 조선의 힘을 세계에서 펼치겠다는 홍길동의 포부는 1차로 중국으로 진출하여 중간 기착지인 남경 부근의 제도로 나아간다.

"우리 나라에서 가장 중시하는 곳은 兵曹이다. 그래서 祖宗朝에 병조판서가 된 자는 대부분 변방의 일을 아는 자를 임용해서 오래 맡겼다. 김종서 같은 분은 10년 동안 체직하지 않았다. 李季仝과 柳聃年은 무신이었으나 또한 십 수년이나 나라의 군무를 도맡아서 작은 일은 모두 자신이 결단하고 큰 일은 대신에게 아뢰나 대신도 그의 조치를 따르고 약간 수정할 뿐이었다.

비변사가 설치되면서부터는 대소 군정의 처리를 모두 비변사에서 맡게 되었는데, 유사당상 몇 사람이 전적으로 관장하고 정승의 지시를 받아 시행하였으므로 병조에서는 멍하니 무슨 일을 할지를 몰랐다. 근래에는 내지의 병사와 수사까지도 비변사에서 신임하게 되어 병조의 권한이 더욱 줄어들었다."

"경오년(1510년)에 삼포에서 왜적이 반란을 일으켰을 때 柳公聃年이 병조판서로 있었다. 정릉이 公卿들을 引對하여 征討를 의논하려고 할 때 삼공이 먼저 공에게 "防禦使로 삼을 만한 자가 누구인가?" 하니, 공이 즉시 대답하기를 "一路는 제가 가서 막겠고 다른 一路는 달리 막을 만한 사람이 있습니다." 하므로, 삼공이 누구냐고 물으니, 공이 "말하면 반드시 다투어 헐뜯을 것이니 主上의 앞에서 아뢰겠습니다." 하였다. 引對할 때에 과연 주상께서 "누가 장수로 삼을 만한가?" 하므로, 공이 "좌로는 신이 맡겠고, 우로는 쓸 만한 사람이 있기는 하지만 사람들이 반드시 안 된다고 말 것이니, 주상께서 衆論을 물리치고 등용하신다면 신이 응당 천거하겠으나 그렇지 않다면 말씀드릴 수 없습니다." 하니, 상이 중론에 흔들리지 않겠다고 허락하였다. 공이 그제서야, "전에 승지를 지낸 황형이 바로 적임자입니다." 하였다. 좌우에서 과연

"그 사람은 일찌기 자기의 장인을 매질하여 버림을 당했으니 다시 등용해서는 안 됩니다." 하므로, 공이 "지금은 孝己나 尾生과 같은 훌륭한 행실이 있는 자라도 전쟁의 성패에는 도움이 안 되니 등용할 수없읍니다. 설사 황형이 그런 잘못이 있었다 하더라도 지금 사세가 시급하니 다른 것을 따질 때가 아닌데다가 그는 사실 그런 악한 일이 없었습니다. 계란 두 알을 받았다고 해서 干城같은 인재를 버리는 것은 예로부터 옳지 않게 여겼읍니다." 하였다. 成昌山이 또한 공의 의논에 극력 찬동하였으므로 마침내 황형은 공과 함께 각기 좌 우방어사로 임명되었고 출정하여 왜적을 무찔다. 결국 국가가 그에 의하여 무사하게 되었으니 이는 유공의 힘이었다."[776)]

위의 인용을 두고 볼 때, 병조판서 유담년은 홍길동 시대와 가까우며, 그 때의 병조판서 이야기를, 허균은 소설 속에서 홍길동이 일시 병조판서를 하는 것으로 서술하고 있다. 이는 병조판서의 중요함과 그런 중요한 자리를 출신의 지체나 사소한 사건으로 문제 삼아서는 부국강병의 나라가 되기 어렵다는 것을 보여준다. 특히, 연산군 때의 이계동, 유담년은 허균과 같은 마을에 살던 전대의 정치인이므로 허균에게는 이런 사실들이 더욱 실감나게 느껴졌을 것이다.

허균의 한문단편 「장생전」도 현실 초극의지가 강렬히 노정되어 있는 소설이다. 장생도 역시 뛰어난 능력의 소유자였으며, 현실 도전의 의지를 보여주고 있으나 실제로 그는 현실 속에서 비렁뱅이 노릇이나 할 수밖에 없었으며, 그 외의 어떤 긍정적인 노력이나 적극적인 의지도 보여주지 못한다. 그는 다만 술에 대취하여 수표교 아래에 빠져 죽은 인간적 한계를 드러내 줄 뿐이다. 그러나, 장생도 죽은 후에 다시 친구인 무인 홍세희의 눈앞에 나타난다. 홍세희가 조령에서 장생을 만났을 때 장생은 "나는 실은 죽은 것이 아닐세,

---

776) 『성소부부고』 설부 〈성옹식소록〉, 민족문화추진회역, 성소부부고 3권, 148~49쪽.

바다 동쪽을 향해 일국토를 찾아가는 것이라네"[777]라고 말하는 있다. 이는 장생도 장산인과 마찬가지로 죽었으면서도 죽지 않은 인물로 형상화되어 있어 현실 초극의 의지를 보여주고 있다.

「홍길동전」의 길동도 탁월한 능력의 소유자인 것은 한문단편 속의 주인공과 동일하다. 그러나, 길동도 현실의 부조리 때문에, 긍정적 수용이 불가능하며 현실에서 좌절할 수밖에 없는 인물로 나타난다. 길동에의 병조판서 제수는 미봉책에 불과하며, 근본적인 문제의 해결일 수는 없다. 길동은 현실적 장벽이 자신의 탁월한 능력에도 불구하고 넘기 힘든 시대적 한계임을 인식한다. 여기에서 율도국은 길동에게 새로운 시야를 열어주는 개안의 표적으로 등장한다. 율도국은 현실 초극 의지의 구체적 표현이다. 극복할 수 없는 현실적 장벽을 넘어설 수 있어야만 하는 의지적 세계의 표현인 것이다. 이런 의미에서 보면, 「홍길동전」의 율도국은 「남궁선생전」의 치상산이나 「장산인전」의 금강산, 「장생전」의 해동의 일국토와 연결 될 수 있는 세계다. 이들은 모두 부조리한 현실을 초극하려는 의지의 산물이기 때문이다. 치상산이나 금강산이 현실 속에 존재하는 가능성의 세계의 표현이라 할 수 있다. 이런 사실은 어떤 의미에선 「남궁선생전」이나 「장산인전」 보다 「장생전」이나 「홍길동전」이 보다 깊은 현실적 좌절을 보인 작품이라 할 수 있고, 현실 극복의 의지를 강하게 표명한 작품이라 할 수 있다."[778]

홍길동이 율도왕이 되기까지, 국내에서는 능력보다는 신분 문제가 우선이지만, 국외에서는 신분보다는 능력이 우선이다. 홍길동은 신분이 우선인 조선에서 서자의 신분이었지만, 빼어난 능력으로 활빈당을 이끄는 수령이 되었고, 임금에게 자청하여 병조판서 직위까지 쟁취한 능력자이다. 그럼에도 홍길동은 율도국 정벌에 성공하기 위해 그 준비 작업을 철저히 한다.

---

777) 吾實非死也 向海東 覓一國士去矣.

778) 장덕순, 「허균문학의 문학사적 위치」, 『허균연구』, 새문사, 1981, Ⅱ59~61쪽.

허균은「홍길동전」을 구상하면서 국내편에서의 1부 활동에는 포도대장 이흡을 역사적 사건인 기축옥사의 전고 차원에서 실명으로 등장시키고, 국제편인 2부에도 역사 실존인물인 마숙을 실명으로 등장시킨다. 마숙은 홍길동의 휘하에 임명된 장군인데, 이 이름의 인물로는 중국의 정사『명세종실록』에 동지나해에서 해상활동을 하다가 한반도에 표류한 국적 불명의 해상 집단의 우두머리이다. 마숙은 동지나해를 주요 무대로 일본과 중국을 왕래하면서 교역을 하던 무리의 한 사람으로 이러한 무리는 마숙을 비롯하여 1천여 명에 달하는데, 이들은 보통 장사꾼과는 달리 화포 등의 무기를 지녔다. 풍랑을 만나 우리나라 서해안에 표류 되어 왔을 때, 조정에서는 이들 무리들이 조선인이 아니라며, 명나라에 송환을 통보하였다.[779)]

6-2. 중국 진출 후의 율동 퇴치 대목의 텍스트별 실상

현재 전하는「홍길동전」의 대표적인 텍스트만으로는 허균이 직접 서술한 원전의 내용이 어떤 것인지는 확정할 수는 없지만, 아래의 몇몇 이본들을 통해서 이야기의 큰 흐름을 짐작해볼 수 있다.

홍길동이 율도국으로 진출하는 중간 거점으로 삼은 중국의 제도에 관한 서술을 여러 이본 텍스트를 통해 살펴보면 다음과 같다.

① 경판 30장본「홍길동젼」

각셜. 길동이 경죠 일쳔 셕을 엇고 삼쳔 젹당을 거ᄂᆞ려 됴션을 하직ᄒᆞ고

---

779)『명세종실록』, 1547년 3월조.

ᄃᆡ희의 ᄡᅧ 남경 ᄯᆞᆨ 제도셤으로 드러가 슈십만 집을 지으며 농업를 힘쓰고, 혹 ᄌᆡ죠를 ᄇᆡ아 무고를 지으며 군법을 연습ᄒᆞ니, 이 곳은 본ᄃᆡ 그윽ᄒᆞᆫ 곳이라 알 이 업고, ᄯᅩᄒᆞᆫ 가산이 부요ᄒᆞᆫ지 라. 일〃은 길동이 제인을 불너 왈, “ᄂᆡ 망당산의 드러가 살촉의 바를 약을 어더 올 거시니 여등은 그 ᄉᆞ이 ᄋᆡ구를 잘직히라.” ᄒᆞ고, 즉일 발션ᄒᆞ여 망당산으로 향헐ᄉᆡ, 슈일만의 낙쳔 ᄯᆞᆨ히 니르려난 그 곳의 만셕군 부ᄌᆞ 잇스니 셩명은 ᄇᆡᆨ용이라.[780)]

② 「홍길동전」의 텍스트 중에서 89장본 필사본 「홍길동전」의 본문은 다음과 같다.

“이적에 낙천현에 한 부자 있으되, 성은 백이요 명은 용이라. 일찍 한 딸을 두었으되, 인물이 만고절색이라. 폐월수화지태 있고, 겸하여 시서백가어를 능통하니, 그 부모 지극히 사랑하며 두목지 인물풍채와 이적선 같은 문장 서랑을 얻어 봉황의 쌍유함을 보고자 하나, 아름다운 재사를 만나지 못하여 백룡 부부 주야 탄식하더니, 이윽고 천지명랑하며 소저 간데없는지라. 백룡 부처 망극하여 사면으로 찾아도 종적이 없는지라. 부처 식음을 전폐하고 거리로 다니며 왈, “아무 사람이라도 내 여식을 찾아주면 내 딸로 배필을 삼고 수만 재를 주리라.” 하며, 슬피 울고 다니더라.

이적에 길동이 망당산에서 약을 캐며 두루 구경하더니, 문득 일락서산하고 숙조투림하는데 갈 길이 희미하여 산정 배회하더니, 문득 사람이 들레며 화광이 비치거늘, 길동이 다행히 나아가 보니, 사람은 아니요, 괴물 수백 명이 처자 하나를 잡아가지고 가며 즐기거늘, 자세히 보니 형용은 사람 같으나, 과연 울동이란 짐승이 여러 해를 산중에 있어 변화무궁한지라. 길동이 생

780) 경판 30장본, 「홍길동젼」. 이윤석, 『홍길동전 연구』(계명대학교 출판부, 1997), 재인용. 이하 「홍길동전」 원문 인용은 동일함.

각하되, '내 주유천하하여 아니 간 곳이 없으되 저러한 짐승은 보지 못하였더니, 이곳에 와 괴이한 것도 볼 뿐 아니라, 또한 인간 처자를 잡아가니, 내 이제 저것을 잡아 처자의 위태함을 구하리라' 하고, 몸을 감추어 활로 쏘니, 그것이 크게 소리하고 수백 소졸을 데리고 달아나거늘, 길동이 따라가 잡고자 하다가 밤이 깊고 그 뒤를 알지 못하고 그 처자 구하지 못함을 분히 여기고 슬퍼하다가, 수풀을 의지하여 밤을 지내고 내려와 가보니 그 놈이 피 흘린 자취 있거늘, 그 자취를 좇아 수 리를 들어가니 석실이 있어 가장 웅장하더라.

길동이 석문에 나아가니 문 지킨 울동이 보고 문왈, "그대는 어떠한 사람인데, 이 깊은 산중에 들어왔는고?" 길동이 보니, 과연 밤에 보던 무리라. 심중에 대희하여 생각하되, "아무렇거나 나중에 보리라" 하고, 이에 가로되, "나는 조선 사람이더니, 의술을 위업하여 약을 캐려고 이곳에 들어왔더니, 갈 바를 몰라 민망하던 차에 그대를 만나니, 청컨대 수고를 아끼지 말고 길을 가르치소서." 하되, 그것이 이 말을 듣고 대왈, "그대 일찍 의술한다 하니, 상처도 능히 고치느냐?" 대왈, "옛날 화타 편작의 술법이 내 복중에 들었으니 어찌 상처를 근심하리오?" 하되, 그것이 기꺼 왈 "하늘이 우리 대왕을 위하여 그대를 보냄이로다." 길동이 짐짓 모르는 체 하고 물어 왈, "이 어찌된 말이뇨? 그 연고를 듣고자 하노라."

그것이 이르되, "어제 우리 대왕이 새로 부인을 얻어 오는 길에 난데없는 화살이 들어와 맞아 밤에 합궁도 못하고, 지금 병환이 만분 위중한지라. 그대 좋은 선약을 가르쳐 높은 재주를 빛내게 하라." 하고 급히 안으로 들어가더니, 이윽고 그것이 나와 청하거늘, 길동이 따라 정전에 이르니 탑상에 기화요초 만발하고 일개 으뜸 울동이 누워 신음하는 소리 있거늘, 살펴보니 또 석실에 한 여자 있어 들보에 목을 매고 죽으려 하되, 그 뒤에 두 여자 있어 못 죽게 붙들고 실랑이 하는 형용을 보니. 간밤에 보던 처자라. 길동이 탑하에 나아가 보고 속여 이르되, "병이 그다지 중치 아니하니, 내 낭중에 선단이, 화하는 약이 있어, 먹으면 독기가 없고 새살이 나오나니, 대왕은 한번 먹으면

창처도 없이하고, 또한 장생불사하리라.”

울동이 이 말을 듣고 크게 기꺼워 왈, “복이 스스로 삼가지 못하여 환을 자취하매 병이 죽을 곳에 미쳤으니, 어찌 분치 아니하리오? 천우신조하와 선생을 만났으니, 복의 병이 장차 회춘하리로다. 바라건대 선생은 좋은 약으로써 급히 살리소서.” 길동이 즉시 낭중으로 선약 한 봉을 내어 타 먹이니, 울동이 이윽하여 배를 두드리며 소리를 크게 질러 왈, “내 너로 더불어 전일 원수 아니거든 무슨 일로 나를 해코자 하여 죽을 약을 먹인다.”

모든 울동들을 불러 왈, “천만의외에 저 흉인을 만나 나를 죽게 하니, 너희는 저놈을 죽여 내 원수를 갚게 하라.” 하고 인하여 죽으니, 모든 울동이 통곡하며 일시에 칼을 들고 내달아 길동을 향하여 꾸짖어 왈, “우리 왕공을 해하여 죽게 한 흉적은 칼을 받으라.” 하고 달려들려 하거늘, 길동이 대소하고 가로대, “내 어찌 네 왕공을 죽였으리오. 이 다 천수라.” 하니, 모든 울동이 대로하여 달려들거늘, 길동이 비록 대적코자 하나 손에 촌검이 없는지라. 어찌 능히 막으리오. 형세가 급하여 몸을 공중에 날려 달아나니, 모든 울동이 본디 수 천년 도를 닦은 요귀라. 또한 풍운을 부리는 고로, 길동이 달아남을 보고 모든 울동이 일시에 소리하고 바람을 좇아 타고 오거늘, 길동이 하릴없어 진언을 외우니, 문득 공중에서 무수한 신병이 내달아 모든 울동을 결박하여 계하에 꿇리거늘, 길동이 그 놈의 칼을 앗아 무수한 울동을 베고, 바로 들어가 그 여자를 죽이려 하니, 그 여자 등이 슬피 울며 고하여 왈, “첩 등은 요괴가 아니요, 요귀에게 잡혀와 죽지 못하옵고 지금 살아 있아오니. 바라건대 장군은 첩 등의 잔명을 구원하옵소서.” 하거늘, 길동이 문득 생각하고 그 여자를 청하여 거주와 성명을 물으니, 하나는 정씨요, 하나는 조씨요, 한 처자는 낙천현 백룡의 딸이라. 길동이 들으매 양가의 여자더라.

즉시 데리고 낙천현에 이르러 백룡을 찾아보고 사연을 이른대, 백룡 부부 그 여아를 보고 대희하여 대연을 배설하고 모든 친척과 인리 중인을 다 청하여 즐기고, 인하여 길동으로 사위를 삼으니 그 혼구의 성비함이 측량없더라.

이튿날 정 · 조 양인이 홍생을 청하여 치사 왈, "우리가 다 죽을 사람이더니 천행으로 장군을 만나 힘입어 세상에 다시 나왔사오니 어찌 다른 데를 가리오. 원컨대 장군은 첩 등을 버리지 아니하시면 슬하에 있어 은혜를 만분지일이나 갚사오리다." 하거늘, 길동이 마지못하여 두 여자로 첩을 삼으니라.[781)]

③ 정우락본 「길동녹」의 본문은 다음과 같다.

ᄎ셜. 잇ᄯᅢ 길동이 졔 곳ᄃᆡ 도라가 졔적을 분부ᄒᆞᄃᆡ, "내 단여 올 곳 이시이 여등은 빈거히 츌입말나. ᄂᆡ 도라오기랄 기다리라." 하고, 즉시 구름을 타고 남경으로 향ᄒᆞ다가 ᄒᆞᆫ 곳의 다〃라이 이ᄂᆞᆫ 률도국이라. 그 경셩의 드려가 ᄉᆞ면을 ᄉᆞᆯ펴보이 산쳔이 청슈ᄒᆞ고 인물이 변셩ᄒᆞ여 가히 안신ᄒᆞᆯ 곳지라. 마암에 흠션불의ᄒᆞ고 ᄯᅩ 남경의 드려가 두로 구경ᄒᆞ고, 도라오ᄂᆞᆫ 길의 졔도라 ᄒᆞᄂᆞᆫ 셤듕의 두로 단며 산쳔을 ᄉᆞᆯ펴보이 일봉산이 쳔ᄒᆞ 명산이라. ᄉᆞ면이 뉵칠빅이오, 슈회 금히 죠흔지라. 셤듕의 헤오ᄃᆡ, '니 다시 죠션의셔ᄂᆞᆫ 범남ᄒᆞᆫ 에ᄉᆞ랄 힝치 못ᄒᆞ리이 이곳의 와 아직 은거ᄒᆞ엿다가 쟝ᄎᆞᆺ 대ᄉᆞ랄 도모ᄒᆞ리라' 하고 표현히 도라와 졔적다려 일너 ᄀᆞᆯ오대, "여 등은 물역을 가지고 양구양천의 드려가 슈빅 션쳔을 지어 모월 모일의 경셩 한강 어귀예 대령ᄒᆞ라. 내 나라ᄒᆡ 드려가 졍죠 일쳔 셕만 구득ᄒᆞᆯ 거시이 긔약을 어긔지 말나." ᄒᆞ고, 문득 간 대 업더라.[782)]

④ 조종업본 「홍길동젼」

이 이본은 후반부의 낙장으로 원문을 확인할 수 없다.

---

781) 필사본 89장본, 「홍길동전」.

782) 필사본, 「길동녹」.

⑤ 동양문고본 「홍길동젼」의 본문은 다음과 같다.

일일은 길동이 제인 등을 불러 일러 왈, "내 망당산에 들어가 살촉에 바를 약을 얻어 올 것이니, 여등은 그 사이 액구를 잘 지키라." 하고, 즉일 발선(發船)하여 망당산으로 향할새, 수일 만에 남경땅에 이르러는, 이곳에 만석꾼 부자가 있으니, 성명은 백룡이라. 일찍 한 딸을 두었으되 인물과 재질이 비상하고 시서 능통하니, 그 부모 극히 사랑하여 영웅호걸을 구하여 사위를 삼고자 하더니, 일일은 풍운이 대작하고 천지 아극하더니 백룡의 딸이 간데없는지라, 백룡의 부부가 슬퍼하여 천금을 흩어 사면으로 찾으되, 그 종적을 알 바 없는지라. 거리로 다니며 왈, "아무라도 내 딸을 찾아주면 만금을 줄 뿐만 아니라 마땅히 사위를 삼으리라." 하거늘, 길동이 지나가다가 이 말을 듣고 심중에 측은하나 하릴없어 망당산에 이르러 약을 캐며 들어가더니, 날이 이미 저문지라. 정히 주저하더니, 문득 사람의 소리 나며 등촉이 조요하거늘, 그곳을 찾아 가니 문득 사람의 소리 나며 등촉이 조요하거늘, 그곳을 찾아 가니 무슨 괴물이 무수히 당을 지어 있거늘, 가만히 엿본즉 비록 사람의 형용 같으나 필경 짐승의 무리라.

원래 이 짐승은 울동이란 짐승이니, 여러 해 산중에 있어 변화가 무궁한지라. 길동이 생각하되, '이 같은 것은 본 바 처음이라. 저것을 잡아 세상 사람을 구경시키리라.' 하고, 몸을 감추어 활로 쏘니, 그 중 으뜸인 놈이 맞은지라. 소리를 지르거늘, 보니 그 짐승이 맞았는지라. 길동이 큰 나무에 의지하여 밤을 지내고 두루 더듬어 약을 캐더니, 문득 괴물 수삼 십 명이 길동을 보고 놀라 문왈 "이곳에 아무라도 올라오지 못하거늘, 그대는 무슨 일로 이곳에 이르렀나요?" 길동이 답왈, "나는 조선 사람으로서 의술을 아옵더니, 이곳에 선약이 있다는 말을 듣고 찾아 들어왔노라." 한대, 그것이 듣고 대희하여 왈 "이부인(二婦人)을 우리 대왕이 새로 정하고 작야에 잔치하여 즐기더니, 불행하여 천살을 맞아 불분사생(不分死生)하온지라. 그대 선약을 써 우리 대왕을 살려내시면 은혜를 갚사 오리니. 한가지로 처소에 돌아가 상처를 보심이 어떠하시뇨?"

길동이 생각하되, '이 놈이 내 살에 상한 놈이로다.' 하고, 한가지로 들어가 보니, 화각이 장대한 가운데 흉악한 요괴 좌탑 상에 누었다가 길동이 이름을 보고 몸을 겨우 기동하며 왈, "복이 우연히 무슨 살을 맞아 죽기에 이르렀더니, 오늘날 그대를 만남에 이는 하늘이 명의를 지시하심이로다. 바라건대 재주를 아끼지 말라." 하거늘, 길동이 사사하고 속여 이르되 "이 상처가 대단치 아니하니, 먼저 내치할 약을 쓰고 외치할 약을 바르면 쾌차하오리니 생각하여 하소서."

그 요괴 곧이듣고 대희하는지라. 길동이 그 중 독한 약을 내어주며 일러 왈, "이 약을 이제로 급히 갈아 쓰라." 하니, 모든 요괴들이 기뻐하여 즉시 온수에 먹이니. 식경은 하여 그 요괴 배를 두드리고 눈을 실룩거리며 소리를 지르더니 두어 번 뛰놀다가 죽는지라. 모든 요괴 등이 이 경상을 보고 칼을 들고 왈, "너 같은 융적을 죽여 우리 대왕의 원수를 갚으리라." 하고 일시에 달려드니, 길동이 홀로 당치 못하여 공중으로 솟으며 활로 무수히 쏘니, 모든 요괴가 아무리 조화가 있은들 어찌 길동의 신기한 술법을 당하리오. 한바탕 싸움에 모든 요괴를 다 죽이고 도로 그 집에 들어가니, 한 돌문 속에 두 여자 있어 서로 죽으려 하거늘, 길동이 보고 또한 계집 요괸가 하여 마저 죽이려 하니, 그 계집이 애걸하거늘, 길동이 칼을 들고 들어가니, 그 계집이 울며 왈, "첩 등은 요괴 아니요, 인간 사람으로서 이곳에 잡혀와 우금 벗어나지 못하옵더니, 천행으로 장군이 들어와 허다 요괴를 다 죽이고 첩 등의 잔명을 구하여 고향에 돌아가게 하옵시니, 은혜 백골이 진토가 되어도 다 갚지 못하리로소이다." 하거늘, 길동이 생각하되 행여 백룡의 딸인가 하여 문득 보니 짐짓 화용월태 경국지색이라. 인하여 거주성명을 물으니, 하나는 백룡의 딸이요, 하나는 조철의 딸이다.

길동이 내심에 희한히 여겨 그 여자를 인도하여 이에 낙천현에 이르러 백룡을 찾아보고 전후수말(前後首末)을 일일이 이르고 그 여자를 뵈니, 백룡 부부가 그 여아를 보고 여취여광(如醉如狂)하여 서로 붙들고 울며, 또한 조철도 그 여자를 만나보니 조금 더 하더라. 백룡과 조철이 서로 의논하고 대연을 배설하여 홍생을 맞아 사위를 삼으니, 길동이 나이 이십이 넘도록 원앙의 재미를 모르다가 일조에 양처를 취하니, 그 견권지정(繾綣之情)이 여산약해(如山若海)러라. 날이 오래매 처소를 생각하고 두 집 가산을 치행하여 제도로 가니, 모든 사람이 반기더라.

⑥ 경판 24장본 「홍길동젼」의 본문은 다음과 같다.

각셜. 길동이 됴션을 ᄒᆞ직고 남경 ᄯᅡ 졔도섬으로 드러가, 슈쳔 호 집을 짓고 농업을 힘쓰고 ᄌᆡ됴을 ᄇᆡ화 무고을 지으며 군법을 연습ᄒᆞ니 병졍양족ᄒᆞ더라. 일〃은 길동이 살쵹의 바를 냑을 어드러 망당샨으로 향ᄒᆞ더니, 낙쳔 ᄯᅡ의 이르러는 그곳의 부ᄌᆞ ᄇᆡᆨ농이랑 ᄉᆞ름이 니스니, 일즉 한 ᄯᆞᆯ을 두어시되 ᄌᆡ질이 비상ᄒᆞᄆᆡ 부뫼 ᄋᆡ즁ᄒᆞ더니, 일〃은 광풍이 ᄃᆡ작ᄒᆞ며 ᄯᆞᆯ이 간 ᄃᆡ 업는지라.[783]

⑦ 55장본 「홍길ᄯᅩᆼ젼」의 본문은 다음과 같다.

팔일만에 안남국을 왔는지라. 해변에 배를 대이고 분부하여 왈, "제사(諸士)는 아직 이곳에 머물러 있으라. 내 강남 지경을 살피고 올 것이니 있으라." 하고, 홀로 행하며 안남국 천축 상상봉에 올라가 국형을 살펴보니, 옥야천리에 천부지토 지피상 대해에 선천이 나열하여 안남국을 이뤘으니, 팔순 일지맥이 동남으로 떨어져 천리 행룡하여 백두산이 생겼으며, 또 한 일지맥

783) 경판 24장본 「홍길동젼」.

이 일떠 와 조선국이 생겼고, 또 한 일지맥이 만리 행룡하여 북경 대명부 되었으며, 또 한 가지는 중흥하여 안남국이 되었는지라. 길동이 산기를 탐하여 천촉산 상봉에 올라가니, 일대 기봉이 기운을 내어 일장지지 생겼으니, 좌우의 만첩청산이 사모를 쓴 듯 벌여있고, 문필봉이 좌우에 벌였으며 장군대를 응하였으니. 구강왕 경포대로 동화 수구를 막았으니, 층암절벽이 병풍을 둘렀으니, 한 가운데 일장지지 생겼으니 천하대지라. 길동이 일어서서 춤추어 왈, "이곳은 부친 백세후 신후지지라." 하고, 포산 같은 바위를 안아다가 그 땅에 놓아 타인이 보지 못하게 하고 내려오더니, 점점 산하에 이르러 그 앞에 큰 집을 지었으니, 장원이 십리를 연접하고 수천 간 와가를 지었으니, 본래 이 집은 백룡의 집이라. 가계 현하에 제일 부요, 금은 보물이 불가승수요, 산호잠이 수백 속이요, 우일낭 진주가 수백 석이라. 옛날 석숭이라도 이에서 더치 못할러라.

백룡이 한 딸을 두었으니, 유한지덕과 요조지색이 천하의 제일이라. 이러므로 백룡 부부가 사랑하여 왕가지상을 가진 사람을 만나면 배필을 삼고자 하더라. 백룡의 여자 홀연 간 곳이 없는지라. 백룡 부처 방황실색하여 사처로 간 곳을 탐지하되 소식을 알지 못하여 주야로 통곡하더라.

각설 길동이 산기를 탐하고 나려오다가 석각암상에 올라앉았더니, 홀연 흉악한 사람이 등에 일색 미인을 지고 올라와 굴복하여 주왈, "소장은 안남국 옥화산에 있삽더니, 소장이 간밤에 천문을 보오니 조선국 병조판서 홍원수 이곳에 왕림하여 안남국 왕 할 기상 있삽기로 왕비 할 처자를 모셔왔나이다." 하고 일색 미인을 내려놓으니, 샛별 같은 추파와 단순호치며 세류같은 가는 허리는 일지춘풍에 모란꽃이 휘이는 듯, 요요정관한 태도는 추천명월이 벽공에 걸렸는 듯한지라. 길동이 한 번 바라보매 온화한 기질이 강남의 제일 절색이라. 마음에 흠탄할러라.

소저 천만 뜻밖에 풍운벽력에 잡혀와 정신을 버렸더니, 홀연 추파를 들어 살펴보니, 한 사람이 몸에 청포옥대를 띠고 석각상에 좌정하였으니, 천하영

준호걸이요, 양비간에 강산정기를 인하였으니, 강남왕을 불원에 할 기상을 가졌는지라. 소저가 마음에 탄복하고 앉았더니, 길동의 기상을 보니, 입은 단사를 찍은 듯하고, 신장이 일장 삼 척이요, 곰의 등에 이리 허리요, 만부부당지용 가졌는지라. 길동이 나아가 그 장수의 손을 잡고 문왈, "그대의 성명은 뉘라 하며, 나를 위하여 전정대사를 마련하여 주느뇨?" 기인이 주왈, "소장의 이름은 울장이요, 산중에 몸을 감추어 천시를 대하옵더니, 간밤에 처문을 보온 즉, 장군이 좌정하옵신 줄을 알고 왕비를 모셔왔나이다.

이제 강남을 치실진대 소장으로 선봉을 정하여 강남국을 불과 순일지내에 얻사오리다. 강남국을 불통무지지요, 산천이 험악하여 졸연히 얻지 못하리다."

길동이 이 말을 듣고 대열하여 소저를 울장에게 업히우고 포구 산중으로 돌아오니, 활빈당 제인이 다 나와 영접하는지라. 길동이 제인을 명하여 울장에게 차례로 뵈인 후에 음식을 찬란히 차려 울장을 관대하고, 술을 내어와 즐길새, 울장이 왈, "이제 강남을 치려하오니 백룡의 재물을 얻어야 군량과 병기를 준비하며 양초 유여하리니, 빨리 소저를 옥교에 모시고, 홍원수는 청려를 타고, 울장은 금안백마를 타고 백룡의 집에 나아가니, 이때에 백룡 부처 소저를 잃고 식음을 전폐하고 주야 통곡하더니, 일일은 시비 들어와 고왈, "난데없는 일행이 옥교를 옹위하여 들어오나이다," 하거늘, 백룡 부처 대경하여 중문 밖에 나가보니, 과연 허다 일행이 들어오는지라. 백룡이 괴히 여겨 일행을 맞더니, 문득 옥교를 메이고 들어와 교자 문을 열고 소저를 인도하여 방중에 들매 완연히 월패 소저라. 백룡 부부 여취여광하여 소저를 붙들고 통곡 왈, "네 어디를 갔다가 일행을 데리고 왔느냐?" 소저 울장의 전후수말을 갖춰 고한대, 백룡이 이 말을 듣고 대경대희하여 외당에 나아가 양인을 위로하여 상석에 앉히고 주찬을 내어와 양인을 관대한 후에 길동을 살펴보니, 청포옥대에 기상이 활여하고 양미간에 금수강산 정기를 가졌으니 진실로 왕할 기상을 가졌는지라. 백룡이 대희하여 우양을 많이 잡고 음식을 많이 준비하여 설연할새, 택일하여 길례를 지낼새, 칠보화관에 명라를 걸었으니 녹의홍상 패옥소리 쟁연하고, 봉미 홍안에 홍원수를 맞아 교배석에 나아가 홍사로 인연을 맺은 후에 등촉을 물리고 양인이 취침할새, 원앙이 녹수에 노님 같더라.[784)]

길동이 ᄃᆡ희하여 활빈당 삼ᄇᆡᆨ 명을 ᄇᆡ의 싯고 강남으로 힝할ᄉᆡ, 일변 금병을 노픠 달고 수로 말니을 힝할ᄉᆡ, 물결른 잔〃ᄒᆞ고 쳔무녈풍하ᄆᆡ 팔 일만의 알남국을 왓는지라. ᄒᆡ변의 ᄇᆡ을 ᄃᆡ이고 분부하여 왈, "제ᄉᆞ는 아직 이곳제 머물너 이스라. ᄂᆡ 강남 지경을 살피고 올 거시니 이스라." ᄒᆞ고, 홀노 힝ᄒᆞ며 알남국 쳔촉상 〃봉의 올나가 국형을 살펴보니 옥야 쳘니의 쳔부지쵸디, 피상 ᄃᆡᄒᆡ의 산쳔이 난녈ᄒᆞ여 알남국을 니려스니, 팔순 일지ᄆᆡᆨ이 동남으로 써러져 쳘니 힝농하여 ᄇᆡᆨ두산이 삼겨스며, 쏘 한 일지ᄆᆡᆨ이 날쳐와 죠션국이 삼겻고, 쏘 한 일지ᄆᆡᆨ이 말니 힝농ᄒᆞ여 북경 ᄃᆡ명부 되여시며, 쏘 한 가지는 중흥하여 알남국이 되엿는지라. 길동이 산긔을 탐ᄒᆞ여 쳔촉산 상봉의 올나가니, 일ᄃᆡ 긔봉이 긔운을 ᄂᆡ여 일장지〃 상겨스니, ᄌᆞ우의 만쳡청산이 ᄉᆞ모 쓴듯 벼려잇고, 문필봉이 ᄌᆞ우의 벼려스며 상군ᄃᆡ을 웅ᄒᆞ여스니, 구강왕 경포 ᄃᆡ로 동화 수구을 막아스니, 층암절벽이 방풍을 둘너스니, 한 가온ᄃᆡ 일장지〃지 삼겨스니 쳔하ᄃᆡ지라. 길동이 니려셔〃 춤추워 왈, "이곳즌 부친 ᄇᆡᆨ 세 후 시우지〃라." ᄒᆞ고, 포산 갓튼 바우을 안아다가 긔 다의 노와 타인이 보지 못하게 하고 나려오더니, 졈〃 산하의 닐으여 그 압펴 큰 집을 지여스니, 장원 이십 니을 넌졉ᄒᆞ고 수쳔 간 와가을 지어스니, 볼ᄂᆡ 이 집은 ᄇᆡᆨ농의 집이라.[785)]

---

784) 필사본, 55장본「홍길ᄯᅩᆼ젼」.

785) 필사본, 55장본「홍길ᄯᅩᆼ젼」.

⑧ 86장본 「홍길동전」의 본문은 다음과 같다.

각설리ᄅᆞ. 이 ᄂᆞᆯ 한혜청으 분부ᄒᆞ여 전죠 천석과 이조 천석을 서강으로 ᄉᆞ고 지ᄃᆞ리더니, 문득 선척이 드러와 미죠 천석을 실고, 길동과 수천 적당을 천은을 축수ᄒᆞ고 ᄇᆡ을 밧비 제으 죠선을 더ᄂᆞ 남경 근처로 일르 제도ᄅᆞ ᄒᆞ난 성중으로 드러ᄀᆞ, 춘절르난 농업을 심씨고 츄동으 군범을 심씨니, 곡식이 국여ᄒᆞ고 ᄌᆡ조 더욱 신기ᄒᆞ여 천ᄒᆞ으 망농 쌍이ᄅᆞ.

원ᄂᆡ으 그 섬 듕으 근처으 안광이ᄅᆞ ᄒᆞᄂᆞᆫ ᄆᆡ시 잇시되, 놉기난 만여 ᄌᆞᆼ이요, 골르리 집고 축히 천연이ᄅᆞ. ᄉᆞᆫ즁으 울동이ᄅᆞ ᄒᆞ난 김ᄉᆡᆼ니 잇시되 슈철연을 디ᄂᆡᄆᆡ ᄌᆞ연 신기ᄒᆞ여 ᄉᆞ람으 형용을 무릅시고 언어 말 능통ᄒᆞ난지라. ᄌᆞᆼ졸 천여 명을 거나리고 ᄒᆞᆫ 곳슬을 웅성ᄒᆞ여 ᄌᆞ칭 게왕이 하고, 민간을 다니면 풍우을 불르며 ᄌᆡ물도 탈취ᄒᆞ고, 혹 ᄋᆞ람ᄃᆞ온 여ᄌᆞ 잇서면 도적ᄒᆞ여 첩을 ᄉᆞᆷ난디ᄅᆞ. 그 근처으 ᄉᆞ람머디 부들지 못ᄒᆞ거날, 길동니 이 말을 듯고 ᄆᆡ일 ᄌᆞᆸ기을 ᄉᆡᆼ각ᄒᆞ더ᄅᆞ.[786]

⑨ 77장본 「홍긜동전」의 본문은 다음과 같다.

각셜이라. 잇ᄯᆡ 긜동이 슈만 군졸을 거나러 조선을 ᄒᆞ직ᄒᆞ고, ᄉᆞᆷ쳑 셕 ᄇᆡᆨ미을 실고 강효의 흘이셔 망〃 ᄃᆡᄒᆞ을 게네여 남경 근쳐의 드러 도라가난, 셤듕의 창곡을 짓고 군긔을 슈보ᄒᆞ여 양초을 무슈아 ᄊᆞ고 ᄆᆡ일 엄심ᄒᆞ더라. 긜동이 군졸 불너 왈, "ᄂᆡ 망당ᄉᆞᆫ의 드러가 ᄉᆞᆯ축의 발 악을 ᄏᆡ여 올 거신이 너히 등은 도상을 직키라." ᄒᆞ거날, 좌우 응낙ᄒᆞ고 ᄒᆞ직ᄒᆞ니 ᄯᅩ 분부, "ᄂᆡ 쟈우 변긔의 달을 이니 드러오지 못ᄒᆞ게 ᄉᆞᆷ엿시이 너히 등 면지 츌입지 못ᄒᆞ리라." ᄒᆞ고, 모든 군ᄉᆞ을 이별ᄒᆞ고 긜동이 ᄇᆡ을 ᄐᆞ고 슈도을 월셥ᄒᆞ여 육지의

786) 필사본, 86장본 「홍길동전」.

나러 향ᄒᆞᆯᄉᆡ, 슈십 이을 힝ᄒᆞ여 낙천골을 다〃르니 그 읍 즁의 만셕군 거부 잇시되 명은 ᄇᆡᆨ웅이이ᄅᆞ.[787)]

⑩ 완판 36장본「홍길동젼」의 본문은 다음과 같다.

이날 길동 삼쳔 젹군을 거ᄂᆞ려 망〃ᄃᆡ히로 ᄯᅥᄀᆞ더니, 셩도라 ᄒᆞᄂᆞᆫ 도즁의 이르러 창고을 지으며 궁실을 지여 안돈ᄒᆞ고, 군ᄉᆞ로 ᄒᆞ여곰 농업을 심쓰고, 각국의 왕ᄂᆡᄒᆞ야 믈화을 통ᄒᆞ며, 무예을 슝상ᄒᆞ야 병법을 ᄀᆞ르치니, 삼연지ᄂᆡ예 군긔 군량이 뫼갓고, 군ᄉᆞ 강ᄒᆞ야 당젹ᄒᆞ 리 업슬네라. 일〃은 길동이 제군의게 분부 왈, “ᄂᆡ 망당산의 드러ᄀᆞ 살촉의 발을 약을 ᄏᆡ여 오리라.” ᄒᆞ고 ᄯᅥ나 낙쳔현의 이르니, 그 ᄯᆞ희 만셕군 부ᄌᆞ 잇스되 셩명은 ᄇᆡᆨ용이라.[788)]

각셜. 길동이 정죠 일천 셕을 엇고 삼쳔 젹당을 거ᄂᆞ려 됴션을 하직ᄒᆞ고 ᄃᆡ히의 ᄯᅥ 남경 ᄯᆞ 제도셤으로 드러가 슈십만 집을 지으며 농업를 힘쓰고, 혹 ᄌᆡ죠를 ᄇᆡ아 무고를 지으며 군법을 연습ᄒᆞ니, 이 곳은 본ᄃᆡ 그윽ᄒᆞᆫ 곳이라 알 이 업고, ᄯᅩᄒᆞᆫ 가산이 부요ᄒᆞᆫ지라.

일〃은 길동이 제인을 불너 왈, “ᄂᆡ 망당산의 드러가 살촉의 바를 약을 어더 올 거시니 여등은 그 ᄉᆞ이 ᄋᆡᆨ구를 잘 직히라.” ᄒᆞ고, 즉일 발션ᄒᆞ여 망당산으로 향헐ᄉᆡ, 슈일만의 낙쳔 ᄯᆞ히 니르려난 그 곳의 만셕군 부ᄌᆡ 잇스니 셩명은 ᄇᆡᆨ용이라. 일즉 ᄒᆞᆫ ᄯᆞᆯ을 두어시되 인물과 ᄌᆡ질이 비상ᄒᆞ고 겸ᄒᆞ여 시셔를 능통ᄒᆞ며 검슐이 ᄯᅩᄒᆞᆫ 유명ᄒᆞ니, 그 부뫼 극히 ᄉᆞ랑ᄒᆞ여 텬하 영웅 호걸 곳 아니면 ᄉᆞ회를 삼지 아니려 ᄒᆞ여 두로 구ᄒᆞ더니, 일〃은 호련 풍운이 ᄃᆡ작ᄒᆞ고 텬지 아득ᄒᆞ더니, ᄇᆡᆨ룡의 ᄯᆞᆯ이 간 ᄃᆡ 업ᄂᆞᆫ지라. ᄇᆡᆨ룡의 부뷔 슬허

787) 필사본, 77장본「홍길동전」.

788) 완판 36장본「홍길동전」.

ᄒᆞ여 쳔금을 훗터 ᄉᆞ면으로 ᄎᆞᄌᆞ되 맛츰ᄂᆡ 그 종젹을 알 길 업ᄂᆞᆫ지라. 부뷔 쥬야로 통곡ᄒᆞ여 거리로 단기며 왈, "아모라도 ᄂᆡ ᄯᆞᆯ을 ᄎᆞᄌᆞ쥬면 만금 ᄌᆡ물을 쥴ᄲᅮᆫ 아니라 맛당이 ᄉᆞ회를 삼으리라." ᄒᆞ거ᄂᆞᆯ, 길동이 지나다가 이 말을 듯고 심즁의 측은이 역이나 혈 길 업셔 망당산으로 향ᄒᆞ여 약을 ᄏᆡ며 깁히 드러가더니, 날이 임의 져문지라 졍이 쥬져ᄒᆞ더니, 문득 ᄉᆞᄅᆞᆷ의 소ᄅᆡ 나며 등촉이 죠요ᄒᆞ거ᄂᆞᆯ, 심즁의 다ᄒᆡᆼᄒᆞ여 그 곳을 ᄎᆞᄌᆞ 가니, ᄉᆞᄅᆞᆷ은 아니요 괴물이 무슈이 당을 지어 안져 셔로 조화ᄒᆞ거ᄂᆞᆯ, 가마니 여어 본 즉, 비록 ᄉᆞᄅᆞᆷ의 형용이나 필경 즘ᄉᆡᆼ의 무리라. 원ᄂᆡ 이 즘ᄉᆡᆼ은 울동이란 즘ᄉᆡᆼ이니, 여러 ᄒᆡ 산즁의 잇셔 변홰 무궁ᄒᆞᆫ지라. 길동이 ᄉᆡᆼ각ᄒᆞ되, 'ᄂᆡ 두루 단여보아스나 이 갓튼 거슨 본 ᄃᆡ 쳐음이라. 이제 져 거슬 잡아 셰상 ᄉᆞᄅᆞᆷ을 보게 ᄒᆞ리라' ᄒᆞ고, 몸을 감쵸와 활노 쏘니, 그 즁 웃듬 놈이 마즌지라. 그 거시 쇼ᄅᆡ를 지르고 다라나거ᄂᆞᆯ, 길동이 다라잡고져 허다가 ᄉᆡᆼ각ᄒᆞ되, '밤이 임의 깁혀고 산이 험ᄒᆞ니 엇지 잡으리오' ᄒᆞ고, 큰 남계 의지ᄒᆞ여 밤을 지ᄂᆡ고, 궁시를 감쵸아 업시ᄒᆞ고 두로 더듬어 약을 ᄏᆡ더니, 문득 괴물 슈삼 명이 길동을 보고 놀ᄂᆡ 문왈, "이 곳은 아모라도 올나단니지 못ᄒᆞ거ᄂᆞᆯ, 그ᄃᆡᄂᆞᆫ 무삼 일노 이 곳의 니르러ᄂᆞ뇨?" 길동이 답왈, "나ᄂᆞᆫ 됴션 ᄉᆞᄅᆞᆷ으로셔 의슐을 알더니, 이 곳의 션약이 잇단 말을 듯고 ᄎᆞᄌᆞ 왓더니, 우연이 그ᄃᆡ를 만나시니 심이 다ᄒᆡᆼᄒᆞ도다."

그 거시 듯고 ᄃᆡ희ᄒᆞ여 길동을 ᄌᆞ시 보며 왈, "나ᄂᆞᆫ 이 산즁의 잇션 지 오ᄅᆡ더니, 우리 ᄃᆡ왕이 부인을 ᄉᆡ로 졍ᄒᆞ고 작야의 작치ᄒᆞ여 즐기더니, 불ᄒᆡᆼ이 텬살을 마ᄌᆞ 만분 위즁ᄒᆞ온지라. 그ᄃᆡ 날을 위ᄒᆞ여 션약으로쎠 우리 쥬왕을 살니시면 은혜를 즁히 갑ᄉᆞ오리니, ᄒᆞᆫ가지로 쳐쇼의 도라가 상쳐를 보시미 엇더ᄒᆞ니잇고."

길동이 〃 말을 듯고 혜오ᄃᆡ, '이 놈이 작야의 ᄂᆡ 살의 상헌 놈이로다' ᄒᆞ고, ᄒᆞᆫ가지로 가며 보니, 길의 피 흘녀 그 문의 니르러더라. 그 거시 길동을 문의 셰우고 드러가더니 이윽고 나와 쳥ᄒᆞ거ᄂᆞᆯ, 길동이 드려가 보니, 화각이 장여ᄒᆞᆫ 가온ᄃᆡ 흉악ᄒᆞᆫ 요괴 좌탑의 누어 신음ᄒᆞ다가 길동의 니르물 보고 몸을 겨오 긔동ᄒᆞ며 왈, “복이 우연이 무슨 살을 마ᄌᆞ 쥭기의 니르러쓰니, 앗가 시자의 말을 듯고 그ᄃᆡ를 쳥ᄒᆞ여시니 이ᄂᆞᆫ 하ᄂᆞᆯ이 명의를 지시ᄒᆞ여 복을 살니미라. ᄇᆞ라ᄂᆞ니 그ᄃᆡᄂᆞᆫ ᄌᆡ죠를 앗기지 말나.”

길동이 ᄉᆞ〃ᄒᆞ고 속여 이르되, “이 상쳐를 보니 별노 즁상치 아니ᄒᆞ여스니, 몬져 ᄂᆡ치헐 약을 쓰고 후의 바를 약을 쓰면 불과 삼 일이면 쾌ᄎᆞᄒᆞ리니, 그ᄃᆡᄂᆞᆫ ᄉᆡᆼ각ᄒᆞ여 ᄒᆞ쇼셔.”

그 요괴 고지 듯고 ᄃᆡ희ᄒᆞᄂᆞᆫ지라. 길동이 본ᄃᆡ 온갓 환약을 가지고 단니더니, ᄎᆞ시 이 일을 보고 그 즁 독ᄒᆞᆫ 약을 ᄎᆞᄌᆞ ᄂᆡ여 소뇨를 쥬며 왈, “이 약을 급피 가라 쓰라.” 모든 요괴 ᄃᆡ희ᄒᆞ여 즉시 온슈의 가라 먹이니, 식경은 ᄒᆞ여 ᄇᆡ를 두다리고 눈을 실녹이며 소ᄅᆡ를 지르더니, 두어 번 뛰놀다가 쥭ᄂᆞᆫ지라. ᄌᆞ근 요괴등이 이 형상을 보고 길동의게 다라드러 칼노 지르려 ᄒᆞ며 왈, “ᄂᆡ 너갓튼 흉젹을 버혀 우리 ᄃᆡ왕의 원슈를 갑흐리라.” ᄒᆞ고, 일시의 다라드니, 길동이 홀노 당치 못ᄒᆞ여 공즁의 쇼〃며 풍ᄇᆡᆨ을 불너 큰 바ᄅᆞᆷ이 니러나게 ᄒᆞ고 활노 무슈이 쏘니, 모든 요괴 아무리 쳔 년을 묵어 죠홰 잇스나 엇지 길동의 신긔ᄒᆞᆫ 슐법을 당ᄒᆞ리오. ᄒᆞᆫ밧탕 ᄊᆞ홈의 모든 요괴를 다 쥭이고 도로 젹실의 드러가 요괴를 씨업시 쥭이더니, ᄒᆞᆫ 돌문 쇽의 두 쇼년 녀ᄌᆡ 잇셔 〃로 쥭으려 ᄒᆞ거ᄂᆞᆯ, 길동이 보고 계집 요괴라 ᄒᆞ여 마ᄌᆞ 쥭이려 ᄒᆞᆫᄃᆡ, 그 계집이 울며 ᄋᆡ걸 왈, “쳡 등은 요괴 아니뇨 인간 ᄉᆞᄅᆞᆷ으로셔 이곳 요괴의계 즙히여 와 버셔나지 못ᄒᆞ무로 쥭으려 ᄒᆞ더니, 텬힝으로 쟝군이 드러와 허다 요괴를 다 쥭여 업시ᄒᆞ시ᄆᆡ, 쳡등을 요괴로 아지 마르시고 잔명을 구ᄒᆞ여 고향의 도라가게 ᄒᆞ옵쇼셔.” 울며 무슈이 ᄋᆡ걸ᄒᆞ니, 길동이 그 형상을 보고 젼의 올 제 길의셔 ᄯᆞᆯ 일흔 ᄉᆞᄅᆞᆷ의 말을 드려ᄂᆞᆫ지라, 힝해 그 녀ᄌᆡ가 ᄒᆞ여 ᄌᆞ시 보니, 화용월ᄐᆡ 진짓 경국지ᄉᆡᆨ이라. 인ᄒᆞ여 거쥬를 무르니 ᄒᆞᆫ나흔 낙쳔현 ᄇᆡᆨ용의 ᄯᆞᆯ이오, ᄒᆞᆫ아흔 됴쳘의 ᄯᆞᆯ이라. 길동이 ᄂᆡ심의 희한이 역겨 즉시 그 녀ᄌᆞ를 인도ᄒᆞ여 낙쳔현의 가 ᄇᆡᆨ용을 ᄎᆞᄌᆞ 보고 젼후슈발을 니르며 그녀ᄌᆞ를 뵈니, ᄇᆡᆨ용의 부뷔 일허던 녀ᄋᆞ를 보고 여취여셩ᄒᆞ여 셔로 붓들고 울며, 됴쳘도 ᄯᅩᄒᆞᆫ 그 녀ᄋᆞ를 만나 쥭어던 ᄌᆞ식 보니도곤 더ᄒᆞ더라. 이 날 ᄇᆡᆨ용이 됴쳘과 의논ᄒᆞ고 즉시 일가 친척을 모흐고 ᄃᆡ연을 ᄇᆡ셜ᄒᆞ며 홍ᄉᆡᆼ을 마ᄌᆞ ᄉᆞ회를 삼으니, 쳣ᄌᆡᄂᆞᆫ ᄇᆡᆨ쇼졔오, 둘ᄌᆡᄂᆞᆫ 됴쇼졔라. 길동이 나히 이십이 넘도록 원앙의 ᄌᆞ미를 모로더니 일죠의 양쳐를 취ᄒᆞ여 양가로 낙을 보니, 그 견권지졍이 비헐 ᄃᆡ 업더라.

이러무로 나리 오ᄅᆡᄆᆡ 쳐쇼를 ᄉᆡᆼ각ᄒᆞ고 졔도로 갈ᄉᆡ, 두 집 가산이며 모든 친척을 거ᄂᆞ리고 졔도로 가니, 모든 ᄉᆞᄅᆞᆷ이 반기며 별노이 부인 쳐쇼를 졍ᄒᆞ고 셰월을 보ᄂᆡ더니, 이 ᄯᆡᄂᆞᆫ 칠월 망간이라. 길동이 일〃은 마음이 ᄌᆞ연 슬허ᄒᆞ더니 문득 텬문을 살피고 눈물을 흘니거ᄂᆞᆯ, ᄇᆡᆨ쇼졔 문왈, "무ᄉᆞᆷ 일노 슬허ᄒᆞ시나니잇고?" 길동이 탄왈, "나ᄂᆞᆫ 텬지간의 용납지 못헐 불효ᄌᆡ라. ᄂᆡ 본ᄃᆡ 이곳 ᄉᆞᄅᆞᆷ이 아니오 됴션국 홍승샹의 쳔쳡 쇼ᄉᆡᆼ으로 ᄉᆞ람의 ᄎᆞᆷ녀치 못ᄒᆞᄆᆡ 평ᄉᆡᆼ 한이 ᄆᆡ친지라. 쟝부의 지긔를 펼 길 업ᄂᆞᆫ고로 부모를 하직ᄒᆞ고 이곳의 와 몸을 의지ᄒᆞ여시나, ᄂᆡ 녀양 부모의 안부를 텬샹 셩두로 살피더니, 앗가 건상을 본즉 부친계셔 병환이 위즁허샤 오ᄅᆡ지 아니ᄒᆞ여셔 세상을 ᄇᆞ리실지라. ᄂᆡ 몸이 만 니 밧긔 잇셔 밋쳐 득달치 못ᄒᆞᄀᆡ기로 일노 인ᄒᆞ여 슬허ᄒᆞ노라."

ᄇᆡᆨ쇼졔 그졔야 그 근본을 알고 비감ᄒᆞ여 ᄒᆞ더라. 잇튼날 길동이 월봉산의 올나가 일장 ᄃᆡ지를 엇고, 그 날부터 역군을 푸러 산역을 시쟉ᄒᆞ되, 셕물 범졀이 국능의 갓갑게 허라 ᄒᆞ고, 졔인 즁 지모잇ᄂᆞᆫ ᄌᆞ를 불너 큰 ᄇᆡ ᄒᆞᆫ 쳑을 쥰비ᄒᆞ되 됴션국 셔강 〃변의 ᄃᆡ후허라 ᄒᆞ고, 즉시 머리를 ᄭᅡᆨ가 ᄃᆡᄉᆞ의 모양으로 져근 ᄇᆡ를 타고 됴션국으로 향ᄒᆞ니라.[789]

789) 완판 36장본「홍길동젼」.

⑪ 서강대 30장본 韋島王傳

吉童分付黨流曰, “此白米積置于庫中 待我歸也, 我日後歸去矣.”諸人應諾而向韡島也. 吉童送諸人 而向深山, 遊覽景物 而漸〃行 至樂天縣 玩其物色矣.[790)]

이들 텍스트를 통하여 공통 화소를 중심으로 핵심 내용을 살펴보면, 허균의 원문에서 있었을 가능성이 아주 높다. 홍길동이 홍판서 집안의 서자로 태어나 적서차별에 의해 출사의 길이 막혔으나, 자기방어적 행동으로 도적의 무리인 활빈당 속에 들어가 능력을 인정받아 수령이 되지만, 그는 이에 안주하지 않고, 이것을 기반으로 직접 왕에게 자원하여 아주 특별한 사례로서의 병조판서의 직위를 가지고, 중국으로 진출한다. 이는 서류들에게도 능력에 따라 출세할 수 있다는 희망과 용기를 주었으며, 나라에 대해서도 서류라도 인재를 채용해야 한다는 경고를 발한 것이다. 왕으로부터 규정에도 없는 특별한 은전을 받은 홍길동은 병조판서를 허락한 임금의 은혜에 감축하는 구체적인 행동은 개인의 영달보다 서류에게도 적자와 같이 은전이 내린데 대하여 서류를 대신하여 고마움을 표시로 끝나지 않고, 해외로 눈을 돌려서 모반의 길을 피한다. 이런 홍길동의 행동은 개인의 영달을 위한 것 같으면 호부호형의 허락을 받고 병조판서의 제수를 받았으면 거기에 만족할 수 있을 것이되 길동은 다시 나라를 떠나서 기어이 이상국을 건설한 것이다.[791)]

홍길동은 나라에서 병조판서를 제수 받아 서민들의 관계 진출에 희망을 주었고, 자기의 무한한 능력에 따라 왕까지 될 수 있는 나라의 건설, 즉, 이상 국가를 건설하여 자기의 최종적인 욕구를 완결하고 있다. 국내에서 병조

790) 필사본, 서강대 30장본「위도왕전」.

791) 정주동,『고대 소설론』, 형설출판사, 1985, 326~327쪽.

판서를 제수 받은 후 조선을 떠나 율도국에 이르러 산천도 구경하고 인심도 살피며 길동은 사람 살기에 알맞은 곳이라고 판단하여 마음속으로 큰 일을 도모하겠다는 의지를 보였다. 이러한 표면서사의 전개는 작가의 의도에서는 내우외환에 시달리는 조선의 상황과 판이한 성리입국의 이상을 제대로 실현하는 율도국으로 표상된 이념적인 국가를 건설하는 데에는 적서 차별를 철폐하는 길과, 사화와 옥사에 휘말리지 않는 활빈당 수령이나 병조판서 홍길동같은 맡은 당파성에 구애받지 않는 자신에게 주어진 직책을 충실히 해내는 인물과 사건으로 귀결한다.

허균은 자신이 역사에서 발굴하여 「홍길동전」의 인물 소재로 삼은 실존인물인 홍상직의 아들 홍길동은 병조판서를 제수받지 못하였음은 물론, 당시까지의 조선 역사에서 그 어떤 누구도 서얼로서 그 지위에 오른 적이 없는 병조판서를 홍길동이 쟁취하는 것에 중요성을 두고 있다. 즉, 서자출신 홍길동이 삼망[792]의 과정을 거치지 않고 임금으로부터 직접 병조판서를 제수받아서, 조선에서 그 직위에 오르지 않고, 1차로는 중국으로 진출하고, 나아가서 2차로 율도왕에 등극하는데 이것은 애초에 홍판서의 청룡꿈과 중국 망탕산의 천지기운이 호응을 이루는 사건으로 구성한 것이다. 허균은 한문으로 표기한 「남궁선생전」「장생전」「손곡산인전」 등과는 달리 「홍길동전」의 경우에는 한글로 표기하여 독자의 폭을 평서민이나 여성들까지 포함하는 이 소

792) 조선시대는 국초 이래로 삼망제를 실시, 관직 제수의 최종결정권을 국왕이 행사하였다. 국왕의 자의나 무자격자의 제수, 전주(銓注)를 관장한 이조 · 병조 관리의 전횡이나 정실 인사 등을 방지하고 공정한 인사 행정을 운영하기 위해, 문무반의 정기 인사인 도목정(都目政)과 관리의 유고 등으로 인한 임시 인사인 전동정(轉動政)을 할 때 이루어졌다. 즉, 이조 · 병조에서 시(時) · 산(散) 각 품의 관인이 본인의 성명 · 나이 · 출신 · 관력(官歷) · 4조(四祖: 부 · 조부 · 증조부 · 외조부)를 기록한 관리의 신원대장인 정안(政案)을 참고하여 제수를 요하는 관직당 3인을 국왕에게 추천하면, 국왕이 이 중 1인의 성명 위에 낙점으로 제수자를 선정하는 것이었다.

설의 내용과 부합하는 획기적 발상으로 한글 성리소설 「홍길동전」을 창작하였다. 이런 작가 허균의 창의성은 작품의 구조와 주제에서 독자들에게 인기를 얻게 되었는데, 이는 일반 관찬 역사에서는 지워버린 고려말 홍징장군의 아들인 홍상직의 서얼 실존인물 홍길동을 찾아냈고, 그의 국내외에서의 삶을 추적하여 표면서사의 기본으로 삼은 점이다. 허균은 논설 「호민론」 「유재론」에서 제기한 인재 활용의 이론과 홍길동을 주축으로 한 현실의 여러 인물 모델을 융합하여 전후반의 서사를 완성하였다. 전반부에서는 허균이 창조한 인간형인 서얼 출신 홍길동의 활빈당 활동과 자원 병조판서 되기, 후반부에서는 조선의 병조판서 출신이 중국에 건너가서 괴물 울동으로 상징된 반성리학적 인심의 존재와 싸워 이기고, 망탕산을 거쳐서 전쟁 끝에 율도국의 왕으로 등극한 후, 자신이 태어난 조선과는 형제국의 관계를 이룬다는 행복한 결말로 서사를 완성한다. 이는 임란을 당한 백성들에게 정신적, 외교적, 군사적 승리감을 제공함으로 문학의 치유 기능을 수행함으로 서민 독자들에게 큰 호응을 얻을 수 있었다.

허균은 서출 홍길동의 영웅적 일생을 당연히 남성적 측면에서 전개하고 있지만, 그 이면서사나 여백을 통해서는, 누이의 현실적 한을 그녀의 사후에 영혼을 향하여, 불행한 삶에 대한 해원의 이야기로 당대와 후대의 독자들에게 향수되기를 바라는 깊은 작가 의식을 형상하여 「홍길동전」에 담아냈다. 특히, 이런 인문학적 해석은 「홍길동전」의 표면서사만으로는 접근할 수 없는 작품의 이면세계로서, 허균이 한편으로는 통속적인 이해 수준에서, 서자 홍길동의 출세담으로 대중적 흥미를 제공하면서도, 다른 한편으로는, 명문가의 자식으로 태어난 대학자요, 당대 대문장가인 자신이 중국 소설에서도 찾아볼 수 없는 혁신적인 기법인 이중적 서사의 의미망으로 한 많은 누이 난설헌에게 헌정하는 동생의 작품으로 해석할 수 있는 이면적인 주제도 포함하고 있다. 이는 표면서사 뒤에 자리한 함축적인 작가의 소망인 이상적인 행복한 부부의 모델로, 현실에서는 만족한 삶을 채우지 못했던, 조선의 대표적인 남성 인물인 율곡과 여성 인물인 허초희의 결연을 이상적 가정의 모델로 삼아 신원형 사랑을 표면서사로 설정한 것이다. 자신이 두 사람에게 제공하는 천상결연과 같은 화려한 소망과 추모의 마음이, '서얼의 율도왕 되기'라는 표면서사의 이면에, 작가 허균의 개인적인 메시지로 담겨 있는 것이다.

허균은 「홍길동전」에서, 현실에서는 자신의 당파와는 반대편인 서인이지만, 고향 강릉에서는 경포호수를 사이에 두고 이웃한 유명 병조판서 율곡의 이미지를 가져와서 여러 인물모델 중 대표 모델로 홍길동에 투사하였다. 홍길동이 조선의 병조판서가 가 되어 해외로 진출하여 벌이는 1차 국외 활동은 중국 제도에서, 망탕산의 지하 요괴 울동을 물리쳐 아내를 얻는 사건이고, 2차로는 조선도, 중국도 아닌 제3국, 율도국을 정벌하여 왕이 되는 사건으로 서사를 진행하였다.

울동에 납치된 백용의 딸과 조씨녀는 이면서사에서는 전자는 허엽의 딸이요 누나인 난설헌에 대한 아픔의 회복이요, 백용을 최고 부자로 설정한 것은 합리적인 방법으로 경제와 경영을 하여 얻은 부유함을 비판의 대상 탐재와 같이 다룬 것은 잘못되었다. 왕과 신하들 백성들이 경제정책과 경제노동으로 부를 획득하는 것이 오히려 나라가 관리가 백성이 해야할 복지의 근본이다. 그럼에도 불구하고 경제정책 경영 해외무역 국내교역 등을 못했기 때문에 백성이 가난하다. 그 가난을 해결한 것을 도적으로 몰아서는 안된다. 이에 비해 조씨녀는 조광조의 사림정책이 제대로 전개되는 것을 막은 훈구세력들의 방해를 고발하는 것이다, 그래서 조씨녀로 비유되는 납치된 여인은 그 부자가 조광조와 그 가족 그에 연루되어 피해된 가족들에 대한 비유다. 중국에서도 해내지 못한 그런 문제들을 조선의 병조판서의 도심에서의 활동이 황제의 기운을 가지고 있다는 망탕산에서 그 해결잭을 실천하고, 그 여세를 중국의 황궁으로가서 반역하는 것이 아니라, 중국도 아니요 조선도 아닌 제3의 해양 섬나라에 세워 보는 것이 허균의 도심에 의한 경제 정치에 대한 대안이었다.

7

당파성을 넘어선 병조판서
율곡과 난설헌의 이념적 혼사

7-1. 이면서사에 내장된 울동 퇴치 대목의 은유적인 의미

(1) 난설헌을 투사시킨 울동에게 납치된 중국 백씨의 딸

계미삼찬은 허봉을 위시한 동인계 간관들이 율곡 이이를 탄핵했다가 도리어 화를 입은 사건이다. 50세를 다 못 살았던 이이는 알려진 바와 같이 건강 상태가 좋지 못했다. 그가 병조판서로서 재임할 때 니탕캐의 침입을 평정하는 와중에, 선조의 부름에 입궐 중 쓰러져 지체한 일이 있었다. 이를 두고 젊은 대간들인 송응개, 이발, 허봉은 임금의 총애를 시험한 것이라 몰아세운 적이 있었다. 그 후에 이들은 영의정 박순과 율곡의 학문의 벗인 성혼 및 선조에게까지 배척을 받게 되어, 허봉은 벼슬길이 막히고 한양 출입을 금지당한 채 지방을 떠돌다 객사했다. 이를 염두에 두고, 허균은 최영경을 핍박한 성혼의 제자 이흡을 「홍길동전」 속에서 포도대장 이흡으로 실명으로 등장시켜서, 활빈당 수령인 홍길동에게 우롱당하게 한 것으로 판단된다. 허봉은 허성보다 세 살 아래이나 문과에는 11년 먼저 급제하였다. 당대 최고의 시인으로 칭송되었으며, 동생 허난설헌의 시작에 많은 영향을 주었다. 1583년 동인의 중진으로 송응개, 박근과 함께 서인 율곡 이이를 탄핵하는 계미당론을 주도하다가 유배되었다. 이 사건이 계미삼찬이다

허균은 율곡을 비판한 소위 계미삼찬의 허봉을 통해 보는 가족사로 본 적대관계의 율곡과, 자신이 객관적으로 인식한 임란 이전에 보여준 병조판서 율곡의 애국과 충신을 통합하여, 율곡을 존경의 대상으로 삼아 성리소설 「홍길동전」을 창작하였다. 이러한 허균의 성리소설 작가로서의 태도는 선조 때로부터 극심해진 동서인 사이의 당파 간의 극단적인 대립이 국가적인 비극이요 백성들의 생활을 도탄에 빠트리는 내외외환의 근본임으로 이해하고, 소설을 통해서만이라도 당파성을 극복하고 성리 도심으로 살아가는 사

회를 작품 속에서 홍길동이라는 영웅적 인물의 서사화로 전개시키고자 하였다.

허균은 「홍길동전」에서 서출 홍길동의 애민과 저항의 문제를 다루면서, 세종시대의 실존인물인 제1 홍길동을 주인공으로 하여 당대의 정치 사회문제에 대한 원천적 대안을 제시하였다. 그는 표면서사의 전반부에 서얼로 태어난 홍길동이 집안과 사회에서 탄압과 박해를 받는 서사와 중국의 괴물 울동에게 잡혀서 고생을 하는 백씨와 조씨 이야기를 연결하여 그 서사의 이면에 조선의 최고 여류 문장가인 누이 난설헌의 슬픈 운명과, 더 나아가 사림 군자정치를 외쳤던 조광조가 펴지 못한 뜻을 우의적으로 새겨넣었다. 홍길동은 조선의 병조판서 자격으로 조선을 출국하여 중국으로 진출한다. 그는 중국의 괴물 울동에게 억류되어 있던 조씨와 백용의 딸 백씨를 구해내고, 그 두 여인을 부인으로 맞이하였다. 허균은 여기서 홍길동의 이미지에 조선의 최고 병조판서이며, 서인의 영수격인 율곡을 형상하고, 울동에게 억류되었던 갑부 백용의 딸인 백씨는 자신의 누이이며, 동인의 영수인 허엽의 딸 난설헌으로 형상하여 이념혼사로 전환하였다. 동서분당의 치열한 당파싸움과 사화와 옥사로 얼룩진 조선의 정치사회를 봉합하는 최고의 대안으로 이념혼사라는 대안을 제시하며, 성리입국 조선의 이상적인 국가관을 원천에서 다시 상기시키는 대담한 서사를 망탕산의 울동 대목에 배치시켰다.

1606년 1월에 황제의 손자가 탄생한 경사를 반포하기 위하여 대제학 유근을 원접사로, 예조 판서 이호민을 관반으로 삼았는데, 유근이 허균 · 조희일 · 이지완을 종사관으로 삼았다.[793)]

원접사 유근(柳根)이 아뢰기를,

"근래 들은 바로는 사람들의 칭찬에 오르내리는 사람이 홍서봉(洪瑞鳳) ·

793) 『조선왕조실록』, 『선조수정실록』 39년(1606) 1월 1일.

허균(許筠) · 김상헌(金尙憲) · 이민성(李民宬) · 조희일(趙希逸) 등 약간명이라고 합니다. 그중 홍서봉은 지금 성주 목사(星州牧使)로 나가 있고 김상헌은 경성 판관(鏡城判官)으로 나가 있고 이민성은 포폄(褒貶)에서 하등을 받았으므로 감히 대동하고 가기를 청할 수 없습니다. 허균은 한산직(閑散職)에 있기는 하나 지금 도하에 머물러 있으니 군직(軍職)에 붙여 대동하고 가기를 청하는 바입니다. 조희일은 승문원 박사이나 이는 곧 참하관(參下官)입니다. 일찍이 듣건대 박증영(朴增榮)은 직장(直長)으로 중국 사신 동월(董越)이 나왔을 적에 종사관이 되었었으나 그뒤로는 참하관으로서 종사관이 되었다는 말을 아직 듣지 못하였습니다. 그러나 신이 본 바로는 병술년 사이에 중국 사신이 나온다는 소식이 있었을 때 대제학 이산해(李山海)가 봉교 이호민(李好閔)을 대동하고 가려고 하여 그를 6품에 올려줄 것을 계청하려다가 마침내 사신이 나오지 않았기 때문에 입계하지 않았었습니다. 참하관을 6품으로 올리는 일은 아래에서 감히 마음대로 할 수는 없으므로 박증영의 선례에 따라 조희일을 대동하고 가기를 청하는 바입니다. 필선(弼善) 이지완(李志完)을 대동하고 가야 하는데 지금 성천에 가 있습니다. 조사(朝辭)를 생략하고 대동하고 가겠다는 뜻으로 도감(都監)에서 이문(移文)하여야 합니다. 황공스럽게 감히 여쭙니다." 하니, 상이 모두 윤허하였다.[794]

선조 39년인 1606년 4월 6일의 〈원접사 유근이 중국 사신을 접대하고 보고하다〉에서는 다음과 같이 기술하고 있다.

원접사 유근(柳根)이 치계하였다.

"이 달 3일 양사(兩使)가 황주(黃州)에 도착한 곡절에 대해서는 이미 치계하였습니다. 부사(副使)가 먼저 봉산(鳳山)으로 향하려 하였는데, 상사(上使)

794) 『조선왕조실록』, 선조 39년(1606) 1월 4일.

가 통관(通官)을 시켜 신에게 말하기를 '나는 할 일이 있어 이곳에서 좀더 머물렀다가 뒤따라 가겠다. 원접사가 계속 나를 수행하였으니, 이번엔 부사를 수행하여 먼저 가도록 하라.' 하였습니다. 신이 재삼 사양했으나 끝내 허락을 받지 못하여 어쩔 수 없이 상사의 분부대로 부사를 수행하여 먼저 떠나게 되었습니다. 그리고 신의 종사관 이지완(李志完) · 허균(許筠)에게 관찰사 심열(沈悅)과 함께 머물면서 사후(伺候)하게 하였습니다. 부사는 동선로(洞仙路)를 따라 오전 중에 봉산에 도착하였습니다."

선조 39년인 1606년 7월 22일의 〈원접사와 반송사의 일기에 관해 연릉 부원군 이호민이 아뢰다〉에서는 다음과 같이 기술하고 있다.

연릉 부원군(延陵府院君) 이호민(李好閔)이 아뢰기를, "전부터 원접사(遠接使)와 반송사(伴送使)의 일기는 일행의 종사관 1명을 뽑아서 맡아 수정하게 한 것이 통례입니다. 임인년에 신이 과분하게 원접사가 되었을 때에도 종사관 허균(許筠)을 뽑아 수정하게 하였는데, 복명(復命)한지 얼마 안 되어 허균이 문사 낭청(問事郎廳)으로 몇 달 동안 국청(鞫廳)에 참가하였기에 탈고(脫稿)할 여가가 없었습니다.'라고 분부하셨습니다.

신이 삼가 분부를 듣고 황공하여 물러나와 허균에게 빨리 수정을 완료하라고 독촉하였더니, 허균이 왕복길의 일은 한 글자도 기록하지 않고 심지어 날씨의 흐림이나 맑음도 꼬박꼬박 기록하지 않은 채, 단지 신이 날마다 올렸던 장계의 초안을 가지고 수정해 내려고 하였는데, 그것조차 제때에 하지 않았습니다. 신이 허균이 수정해 놓은 것을 가져다 보았는데 장계의 초안에서 단지 이두(吏讀)만 빼었으므로 문맥이 끊어져 연결되지 않을 뿐만이 아니라, 장계에 실린 일 이외에 기록할 만한 일들이 많이 있었는데도 전혀 기록하지 않았습니다. 이로써 상께 보여드릴 수가 없었으므로 신이 할 수 없이 스스로 초안을 잡았습니다."[795] 하니, 답하기를, "윤허한다. 대죄하지 말라." 하였다.

1606년 8월 6일의 〈원접사로서 조사를 접대한 대제학 유근을 인견하여 대화하다〉에서는 다음과 같이 기술하고 있다.

> 대제학 유근(柳根)을 인견하였다. 상이 이르기를, "경은 원접사(遠接使)로 먼 곳을 돌아다녔으니 얼마나 수고로왔는가? 조사(詔使)를 접대함에 있어서 오로지 경의 수고가 컸으니, 내가 가상하게 여긴다." 하니, 유근이 아뢰기를, "모두 신이 지은 것입니다. 다만 회문시(回文詩)는 허균(許筠)을 시켜서 지었고 파자시(破字詩)는 이지완(李志完)을 시켜서 지었습니다."하였다. (중략) 상이 이르기를, "경의 종사관 허균(許筠)과 조희일(趙希逸)은 그 재주가 필시 넉넉할 것이다." 하니, 유근이 아뢰기를, "허균은 시격(詩格)은 높지 않지만 총명하고 박식하여 중국 사신을 접대함에는 이 사람보다 나은 자가 없었습니다. 조희일은 재주가 많지만 제술(製述)이 미숙합니다. 이지완(李志完)도 재주가 있어 잘 합니다."하였다. 미시(未時)에 파하고 나갔다.[796]

1598년 정유재란 때 원정 나온 명나라의 오명제에게 허난설헌의 시 200여 편을 명나라에서 편찬한 『조선시선』, 『열조시선』 등에 실리게 했다. 이때 명나라 사신 주지번과 양유년을 만나서 그동안 보관한 누나 허난설헌의 시집을 주어서 중국에서 난설헌 시집으로 간행할 수 있도록 했다. 스스로도 누이의 유고를 모아 조선 최초의 여성문집인 〈난설헌집〉을 1608년에 출간했다. 이렇게 동생 허균에 의해 중국에 전해선 난설헌의 시는 조선과 중국에서 대대적인 인기를 얻었다. 그는 주지번에게 그동안 보관하던 누이 난설헌의 시선

---

795) 『조선왕조실록』, 선조 39년(1606) 7월 22.

796) 『조선왕조실록』, 선조 39년(1606) 8월 6일.

집을 명의 사신인 주지번에게 주었고, 그녀의 사후 18년 뒤에 중국에서 『난설헌집』이 출간되었다. 1607년 상의원정을 거쳐 그해 봄 삼척부사로 나갔다.

허균은 누이 허초희를 천재문인으로 지극히 따랐고, 누이로부터 한시의 지도도 받은 처지였기 때문에 그녀의 글을 늘 자랑스러워하였다.

이처럼 허난설헌은 이 상량문에서 여성으로 감히 이룰 수 없는 현실의 한계를 뛰어넘는 가상의 신선계를 설정하여, 이상세계 속의 주인공으로 변신하는 모습을 그렸다는 점에서 현실 초극의 사상이 담아냈다.

문체는 집을 지을 때 대들보를 올리며 행하는 상량의식에 쓰이는 형식의 상량문과 마찬가지로 포량의 동 · 서 · 남 · 북 · 상 · 하의 육위가 묘사되고, 이 광한전이 신선세계에서 오래오래 서 있기를 기원하는 문장으로 끝난다. 이 상량문에서 허초희는 여성으로서 실현 불가능한 현실세계의 이상을 가상세계인 선계에 설정하여 초속적인 이상향을 실현하고 있다.

백옥루는 문인이 사후 승천하여 거처하는 누각으로 전하여 문인의 죽음에 대한 만사를 지칭하기도 한다. 이처럼 중국에서 시인이나 화가가 죽으면 올라간다고 하는 하늘의 높은 누각인 백옥루를 소재로 지은 허초희의 「광한전백옥루상량문」에는 이러한 전고가 있다. 즉, 그 유래는 당나라 때의 사람 이하가 그 시대의 많은 시인들 중에서도 특이한 존재로 회자 되던 문인이었다. 그는 어려서부터 총명하고 글재주가 뛰어나 천재 소리를 들었으나, 왕족의 후예로서 지체가 높은데도 불구하고 집안이 몰락한 데다 운도 따르지 않아 빛을 못 보고, 비분에 차서 어렵고 고통스런 현실의 삶을 살았다. 그러다가 27살의 아까운 나이에 요절했는데, 이하가 막 숨을 거두려고 할 때 놀라운 일이 일어났다. 붉은 옷을 입은 천사 하나가 수레를 타고 하늘에서 내려온 것이다. 천사는 이하에게 "하나님께서 '백옥으로 된 누각'을 만들어 놓고 기다리십니다. 당신으로 하여금 기를 쓰도록 하기 위함이지요. 당신은 이승에서 슬프고 불운한 삶을 보냈으나, 하늘나라에선 기쁨과 즐거움만 있고 슬픔이나 고통은 없을 것입니다." 하였다. 그러더니 이하를 수레에 태우고 하늘로 올라갔다고 한다. 그의 시는 과장된 기교와 환상적인 묘사, 날카로운 현실 비판과 솔직한 애정 표현 등의 특색을 보였다.

허균이 공주목사로 재직하던 1608년 4월에는 이 「광한전 백옥루 상량문」을 다시 목판본으로 간행하여 『난설헌집』에 덧붙여 실었다. 이 글은 그가 편집한 『난설헌집』에 전하는 유일의 산문이다.[797)]

허균은 1570년에 지은 누이의 「광한전 백옥루 상량문」을 누이의 사후인 1605년 5월에 자신이 수안 군수로 재직하면서 석봉 한호의 글씨로 충천각에서 목판본으로 1차 간행하였다. 이 목판본은 다시 1606년에 사신으로 왔던 중국인 주지번의 요구에 의하여 중국으로 건너갔다.

허균의 누나 난설헌 허초희는 조선시대의 여성으로서 드물게 자와 호를 지녔다. 부친 허엽은 동인의 거두이며, 경상감사 시절, 병을 얻어 귀가하던 중에 상주에서 객사하였다. 그는 화담의 수제자로서 그의 딸인 허난설헌에게 도교에 관심을 갖는데 영향을 주었다. 난설헌의 큰 오빠인 허성은 한씨부인의 아들로서 허엽의 장남이다. 임진왜란이 발발하기 전, 서인의 정사 황윤길과 함께 서장관으로 일본에 다녀왔다. 이조, 병조판서를 역임하였고, 형제 중 제일 오래 살았던 인물이다. 허엽의 첫째 부인인 한씨부인은 딸 둘과 허성을 낳고 죽었으며, 허엽은 둘째 부인으로 강릉김씨를 맞이하여 허봉과 허초희, 허균을 낳았다. 난설헌의 둘째 오빠인 허봉은 여동생 난설헌에게 자신의 친구이며, 당대의 시인인 손곡 이달을 소개하여 시를 공부하게 하였다.

난설헌은 15세 무렵에 안동김씨 김성립과 혼인하였는데, 김성립과의 결혼생활은 난설헌의 글과 시에서 보이는 것과 동생 허균의 글로 보아, 매우 불

797) 『난설헌집』에 있는 「광한전백옥루상량문」은 요산군에서 간행된 목판본 「광한전백옥루상량문」과 몇 글자의 차이가 발견될 뿐이다. 『난설헌집』에는 모두 시만 실려 있고, 산문은 이 상량문 1편뿐이다.

행한 결혼생활을 했던 것으로 보인다.

허난설헌의 남편인 김성립은 아내인 난설헌이 죽던 해에 문과에 급제하여 벼슬길에도 잠시 나갔었고, 난설헌과는 비교할 수 없지만, 시문에도 어느 정도 평판이 있었던 인물이었다.

두 자녀의 죽음과 친정의 몰락, 시어머니와의 불화로 인한 학대와 질시로 허난설헌의 삶은 평탄하지 못했으며, 남편의 사랑도 얻지 못하여, 그녀의 삶은 불행하였다. 이러한 고통으로 인해, 그녀는 1589년에 시름 시름 앓다가 세상을 뜨고 말았다. 자살로 삶을 마감했다고 주장하는 이도 있지만, 이는 심증에 불과하다.

임진왜란이 반발하기 3년 전에 그녀가 죽었기 때문에, 임진왜란과 허난설헌은 직접적인 상관은 없지만, 허난설헌의 오빠인 허성이 1590년에 종사관의 신분으로 조선통신사의 서장관이 되어 일본을 방문했고, 동생 허균은 임진왜란 때, 함경도로 피난 가던 중에, 부인이 첫아들을 낳다가 죽고, 이어 아들도 병을 얻어 죽었으며, 난설헌의 남편인 김성립은 전쟁 중에 왜병과 싸우다 전사하므로, 후에 조정에서는 전사한 김성립에게 이조참판이 추증하였고, 그의 부인인 난설헌에게도 정부인으로 추증하였다.

허난설헌은 여덟 살에 「광한전백옥루상량문」을 지을 정도로 천부적 재능을 갖추었고, 주위의 있는 책이란 책은 읽지 않은 것이 없어서, 초당에 쌓인 만권의 책은 모두 그녀의 작품의 소재로 활용 되었다고 보아도 과언이 아니다. 난설헌의 시에서 가장 많이 등장하는 꽃은 난초다. 단아한 자태와 은은한 향기가 난설헌과 어울렸다. 난설헌은 신선 세계에 관해 듣고 상상한 것들을 모아 87편의 시를 지었다. 그녀는 현실에서 만족을 느끼지 못했기에, 꿈과 신선의 세계를 자주 소재로 삼았을 것이다. 그녀는 마치 신선 세계가 자신의 고향이고, 인간 세계는 잠시 머물다 가는 곳으로 묘사하는 시를 썼다. 불행한 결혼생활과 몰락하는 친정을 바라보며 괴로움과 고통속에서 시를 지었다. 더욱이 역설적으로 보면, 난설헌의 작품 창작에 기여한 바가 가장 큰 인물은 남편인 김성립이라 할 수 있다. 왜냐하면, 난설헌의 시에는 삶의 외로움과 고단함이 고스란히 담겨 있기 때문이다. 신혼 살림을 차린 방에 오지도 않는 남편을 혼자서 기다리며 지은 시와, 아이 둘을 먼저 하늘나라에 보내고 지은 시에는 자식 잃은 어미의 애통한 마음이 절절하게 담겨있다. 혼인 시기는 정확히 알려져 있지는 않지만 15세 즈음이며, 난설헌의 불행은 결혼과 함께 시작되었다고 볼 수도 있다. 그녀의 시댁인 안동김씨 집안은 5대나 문과에 합격했을 정도로 유망한 집안이었음에도 불구하고, 그녀의 남편 김성립은 과거에 계속 떨어져 난설헌이 죽던 해에 겨우 병과로 급제했다. 재주와 학식보다 바람기가 있어 난설헌의 애간장을 많이 태웠던 것 같다. 과거준비를 한다는 핑계로 집에도 잘 오지 않았다. 허균의 글에 의하면 고부 관계도 좋지 않았다고 전해진다. 그녀의 결혼 생활은 한마디로 '고립무원'의 상태였음을 짐작할 수 있다. 명망높은 친정 아버지인 허엽은 경상감사 벼슬을 마치고, 서울로 올라오던 길에 상주 객관에서 객사했고, 오빠 허봉은 율곡을 탄핵했다 하여 귀양을 갔고, 귀양살이를 마친 후에도 계속해서 세상을 떠돌다가 역시 객사했다. 이와 같은 친정의 상황들이 난설헌을 한없이 좌절과 우울감에 빠져들게 했을 것이다.

허균은 1589년 5월 3일, 그의 나이 21세 되던 해에 누나 난설헌이 죽자, 그의 죽음을 슬퍼하며 「훼벽사」를 지었다. 허균은 난설헌 사후에 친정 등에 남겨진 시와 자신이 외우고 있던 시들을 모아서 이듬 해인 1590년에는 난설헌의 시 210편을 정리하여 시집 『난설헌고』를 엮었다. 11월에는 서애 류성룡에게 보여주며 서문을 받았다. 이때 서애는 난설헌의 시를 보며 "훌륭하도다. 부인의 말이 아니다. 허씨의 집안에 뛰어난 재주를 가진 사람이 이토록 많단 말인가, 돌아가 간추려서 보배롭게 간직하여, 반드시 전하도록 하는 것이 옳다."고 하였다. 하늘이 내린 시의 신선으로 불리는 허초희는 스물일곱의 꽃다운 나이에 죽었다. 그녀가 남긴 시에는 "부용꽃 서른 아홉송이가 차가운달 빛에 떨어지네"[798)][799)]라는 내용에서 보이듯이 아마도 자신의 짧은 생애를 예감이라도 한 듯하다.

허균은 누나 허초희에 대한 추모의 마음이 크고 깊었다. 허난설헌은 임종 때 자신의 글을 모두 소각하라고 유언을 하였지만, 동생 허균으로서는 차마 그 뜻을 온전히 따를 수 없었기에, 친정에 보관되어 있던 작품들과 함께 편집, 명나라 사신 주지번 · 양유년에게 보여 출간하게 함으로써 처음으로 중국의 문사들에게 허난설헌의 시[800)]가 소개되었다. 난설헌의 시에는 공부하는 남편 김성립과 떨어져 살아야 했고, 부부간의 사랑도 미흡한데다 시집 식구의 사랑도 받지 못하며 두 자녀마저 잃은 아픔이 「규원」·「춘일유회」·「추한야좌」에 담겨 있다. 특히, 「곡자」는 사랑하는 자녀를 잃고 몸부림치는 슬픈 모성을 그렸다. 이 외에도 멀리 산사에 있는 오빠 허봉에 대한 간절한 그리움의 정을 읊은 「기하곡」, 갑산으로 귀양가는 오빠 허봉을 한나라의 현신 가의에 비하면서 조정에 대한 측면적 공격을 암시하는 「기하곡적갑산」 같은 남매지간의 우애를 드러낸 시도 있다. 이처럼 허균의 누나 허초희는 『태평광기』와 같은 책을 즐겨 읽어서 신선에 대한 이해가 깊었기에, 풍부한 상상력으로 신선세계인 광한전 백옥루의 상량식에 초대받는 상량문을 창작한 「광한전백옥루상량문」에는 신선적 분위기와 도가의 용어가 적절하게 배합되어 있다.

"보배로운 보개(寶蓋)가 하늘에 드리워지니 구름 수레가 색상의 경계를 넘었으며, 은빛 누각은 해에 비치니 노을 난간이 미혹된 티끌 세상에서 벗어났

---

798) 芙蓉三九朶 紅墮月霜寒.

799) 몽유광상산(夢遊廣桑山) 부분.

800) 『난설헌집』에 수록된 작품으로는 210수의 한시를 비롯하여 「광한전백옥루상량문」 등이 있다. 이외에도 『지봉유설』에 전하는 「독서강사」와 「채련곡」, 『동양여시선』에 전하는 「빈녀음」, 송계연월옹의 『고금가곡』에 실린 「규원가」, 『정일당잡지』에 실린 「봉선화가」가 있다.

다. 신선의 나팔이 기틀을 움직여서 구슬기와 궁전을 짓고, **푸른 이무기**가 안개를 불어서 구슬나무 궁전을 지었다. 청성장인(靑城丈人)은 옥 휘장의 도술을 다하고, 벽해왕자도 금궤짝의 묘방을 다 베풀었다.

이는 하늘이 지은 것이지, 사람의 힘이 아니다. 주인의 이름은 신선 명부에 오르고, 벼슬도 신선 반열에 들어 있어서, 태청궁에서 용을 타고 아침에 봉래산을 떠나 저녁에 방장산에서 묵었다. 학을 타고 삼신산을 향할 때에는 왼쪽에 신선 부구(浮丘)를 붙잡고, 오른쪽에 신선 홍애(洪崖)를 거느렸다. 천 년 동안 현포(玄圃)에서 살다가 꿈속에 한 번 인간 티끌 세상에 늦었는데, 황정경을 잘못 읽어 무앙궁에 귀양왔다. 적승(赤繩) 노파가 인연을 맺어주어, 다함이 있는 집에 들어온 것을 뉘우쳤다. 병 속의 신령스러운 약을 잠시 현사(玄砂)에 내리자, 발 아래의 달이 문득 계수나무 궁전으로 몸을 숨겼다. 웃으면서 붉은 티끌과 붉은 해를 벗어나 자미궁의 붉은 노을을 거듭 헤치며, 난새와 봉황이 피리 부는 신령스러운 놀이의 옛모임을 즐겁게 계속하였다. (중략)

"어영차 동쪽으로 대들보 올리세. 새벽에 봉황타고 요궁에 들어가 날이 밝자 해가 부상 밑에서 솟아올라 일만 가닥 붉은 노을 바다에 비쳐 붉도다. 어영차, 남쪽으로 대들보 올리세. 옥룡이 하염없이 구슬못 물 마신다. 은평상에서 잠자다가 꽃그늘 짙은 한낮에 일어나, 웃으며 요희를 불러 푸른 적삼 벗기네. 어영차, 서쪽으로 대들보 올리세. 푸른 꽃 시들어 떨어지고 오색 난새 우짖는데, 비단 천에 아름다운 글씨로 서왕모 맞으니, 날 저문 뒤에 학 타고 돌아가길 재촉한다. 어영차, 북쪽으로 대들보 올리세. 북해 아득하고 아득해 북극성에 젖어 드는데, 봉새 날개 하늘 치니 그 바람 힘으로 물이 높이 치솟아 구만리 하늘에 구름 드리워 비의 기운이 어둑하다. 어영차, 위쪽으로 대들보 올리세."[801]

801) 허난설헌, 「광한전백옥루 상량문」.

여기에서는 광한전 주인의 신선생활을 묘사하고, 그가 여러 신선들을 초대하기 위하여 광한전을 짓게 된 배경을 묘사하였다. 이 모임에 수십 명의 신선들이 동원되고 여러 기술자들이 동원되었지만, 상량문을 지을만한 시인이 없었다. 그래서 작가가 초대되어 이 상량문을 짓게 되었다는 것이다. 난설헌 허초희는 이 상량문에서 여성으로 감히 이룰 수 없는 현실의 한계를 뛰어넘는 가상의 신선계를 설정하여 이상세계 속의 주인공으로 변신하는 모습을 그렸다는 점에서 현실초극의 사상이 담겨있다.[802)]

그가 어릴 때 지은 작품으로 전하는 「광한전 백옥루상량문」은 옥황상제가 살고 있는 궁전 중에서 가장 장려한 백옥루의 상량문으로, 이 문장 가운데에는 유명한 신선과 시선 이백, 그리고 「광한전 백옥루상량문」을 짓게 하기 위하여 상제의 사자가 데려갔다는 이장길을 등장시키고 있다. 그렇지만, 시의 큰 흐름 속에는 선계를 현실을 완전히 초월할 수 있는 영역으로 묘사되지 않고, 결혼이 있고 실망 · 질투와 한없는 외로움과 기다림 같은 현실과 연관된 세계를 통하여 규방의 한을 달래면서 현실을 떨쳐버리는 작가의 심경이 상징적으로 표출되어 있는 점으로 보아 만년 작으로 보기도 한다.

자신의 혼인 생활의 불행과 함께 가장 사랑하던 오빠 허봉이 이이를 탄핵하다 유배된 사건인 계미삼찬으로 귀양 간 지 5년 만에 객사하는 등의 충격과 슬픔을 겪어야 했던 말년의 현실도피적인 작품들이었다. 게다가 가혹한 현실로부터 초탈하여 선경의 이상향을 그린 선시들도 포함되어 있었다. 이런 신선 사상은 도교가 집안의 학문이라 할만큼 조예가 깊었던 친정의 영향을 받았기에, 창작된 작품의 대부분이 선시들이다. 「몽유광상산시서」는 죽기 전 마지막 꿈속에서 본 천상 선계의 사방의 전경 중 가장 아름다운 선계에서, 선녀의 황홀한 인도를 받아 노닐던 광상산의 선경을 묘사하였다. 그녀에게는 자신의 아픔 못지 않게 친정에 계속되는 불행한 상황이 삶의 의욕을 잃

802) 설성경 · 최영, 『홍길동전 바로알기』, 나녹, 2019, 246쪽.

어버리게 하였다. 그리하여 그녀는 27세의 아까운 나이로 짧은 인생을 마감하였다. 이렇게 살다 간 누나를 허균은 「홍길동전」 속에서 가장 중요하고 의미 있는 부분에 그 이미지를 투영시킴으로써 누나에 대한 존경과 우애를 보여주었다.[803)]

허균은 「홍길동전」에서 홍길동의 혼사담의 이면서사에 자신의 누이인 난설헌을 백씨녀의 모델로 삼은 것이 특징이다. 허균의 누이인 난설헌의 죽음은 허균의 의식형성에 많은 영향을 끼쳤다. 허균의 나이 21세 되던 해에 그토록 따르던 누이 난설헌이 세상을 떠났다. 이 시기는 허균에게 연쇄적으로 밀어닥친 시련과 고통의 시기다. 허난설헌은 명망가의 여식으로 빼어난 재주를 가지고 태어나고 성장했다. 그녀의 내면적 자신감과 재능은 봉건 예교의 굴레 속에서 활짝 피어나지도 못한 채 고사해버렸다. 허난설헌의 시에서 도가적 분위기의 시어들이 수없이 등장하는 것은 현실 굴레로부터의 탈출과 정신적 초극을 드러내고 있다고 해도 과언이 아니다. 허난설헌이 자기 정체성을 지키기 위해 몸부림치는 과정에서 보여준 이단적 요소들은 동생 허균에게 와서 증폭된 것으로 보아진다.

작가 허균이 작품의 구상에서 우선 순위로 삼았던 것은 그의 스승 손곡 이달의 「반죽원」이라는 작품이다. 손곡은 서출로서 고통을 받으면서 문학 작품을 통하여 조정에서는 왕과 왕비 및 후궁, 개인 가정에서는 남편과 그 처첩이나 여종의 문제들을 드러내기 위해 중국의 전고로 가져와서 「반죽원」이라는 작품을 지었다. 이 작품은 반죽을 주제로 읊은 오언고시로 『손곡집』 권5에 실려 있으며, 중국 요임금의 두 딸이며, 순임금의 왕비들인 아황 · 여영에 관한 고사를 소재로 한 작품이다. 「반죽원」의 소재가 된 반죽의 유래는, 순임금이 남쪽으로 순행하였다가 창오 지대에서 죽었다. 그의 처 아황 · 여영이 그를 못잊어 하며 슬피 울었다. 그녀들의 눈물이 대나무에 떨어져 반점

803) 설성경 · 최영, 『홍길동전 바로알기』, 나녹, 2019, 247쪽.

무늬가 되었기에 반죽이라 부르게 되었다. 이들은 결국은 상수에서 빠져 죽었다는 고사를 전반부에서 소개하였고, 후반부에서는 작자의 감회가 서술되어 있다. 순임금이 묻혀있는 구의묘에는 구름이 깊고, 창오산에는 해가 떨어졌다. 남은 한은 강물에 남아 도도히 흘러가 돌아오지 않는다고 하였다. 「반죽원」의 주제는 생사가 나뉘는 별리의 슬픔이다. 시의 소재로 많이 선택되는 이별의 슬픔을 작자는 무리 없는 구상과 평이한 시어로 순탄하게 전개시키면서도, 무한한 여운을 남기고 있다.

손곡 이달의 두 제자인 허균과 난설헌의 남매는 스승 이달의 정서가 부각된 작품을 받아들임으로, 허균은 「홍길동전」의 작가가 되어, 현실에서의 불행한 삶을 살다간 누나 난설헌 허초희를 작품 속에서나마 중국 갑부의 딸인 백씨녀 다시 태어나게 했다. 허균은 천재시인인 누이 난설헌이 불행한 결혼생활로 고통을 겪다가 젊은 나이에 세상을 떠난 것을 위로하기 위하여 한편에서는, 누이의 한시 작품을 역사상 최초로 중국에서 출간하게 하고, 다른 한편에서는 자신이 지은 소설 「홍길동전」 속에서나마, 주인공 홍길동의 두 아내 중의 한 명이 되게 설정함으로써, 홍길동이 율도왕에 오르자, 누이는 율도왕의 왕비가 된다.

허균은 「홍길동전」을 창작하면서, 홍길동에게 두 아내를 배필로 설정한다. 표면서사에서의 발단은 홍길동이 비록 적자가 아닌 서자로 태어났지만, 홍판서가 낮꿈에서 얻은 청룡 꿈이 홍길동의 탄생과 연결되어 있기 때문에 이 청룡 꿈은 작품의 전반적인 구조에서 서사를 이끌어가는 핵심적인 논지에 해당한다.

허균은 1604년에 「서애 정승께 올림」이라는 편지에서 누이 난설헌의 시집을 발간을 위한 서문을 부탁하면서 “1591년에 작고한 누님의 시집 서문을 지어주셨으나, 제가 그것을 외우지 못한 채 난리를 만나 분실하였으니, 불민한 죄를 어떻게 면하겠습니까? 요즘 어떤 사람이 그 서문이라고 하면서 보여주기에 읽어보니 딴 세대에 있었던 일과 같아 진본인지 아닌지를 판별할 수 없었습니다. 삼가 기록하여 집사에게 바치오니, 노사께서 잘못된 곳을 바로 잡아주시는 것이 어떻겠습니까? 그읏이 책 머리에 올려서 간행하고 싶어서입니다. 남쪽으로 바라보니 멀기만 하여 마음에 있는 말을 다하지 못합니다. 삼가 바라건대, 도를 위하여 몸을 잘 보중하소서. 두루 갖추지 못합니다."라고[804] 적고 있다. 또, 허균은 일찍 세상을 떠난 누이 난설헌을 위로하는 글 「훼벽사」의 서문에서 "나의 죽은 누님은 어질고도 글재주가 있었지만, 그 시어머니에게 잘못 보였으며, 두 아들을 잃은 뒤에 드디어 한을 품고 죽었다. 그를 생각할 때마다 사무치는 슬픔을 어찌할 수 없었다. 그러다가 황태사의 사를 읽었는데, 그가 누이 홍씨의 죽음을 애통해하는 정이 간절하고도 사무쳤다. 나는 천년 뒤에 태어난 몸이지만, 동기를 그리워하는 슬픔이 이처럼 서로 같기에, 그의 글을 본받아서 나의 슬픔을 달래고자 한다."[805]고 하였다. 또, 1608년에 편찬한 「난설헌집 발」에서는 "부인의 성은 허씨인데, 스스로 호를 난설헌이라 하였다. 균에게는 셋째 누님인데, 저작랑 김성립에게 시집갔다가 일찍 죽었다. 자녀가 없어서 평생 매우 많은 글을 지었지만, 유언에 따라 불태워버렸다. 전하는 작품이 매우 적은데, 모두 균이 베껴서 적어 놓은 것이다. 그나마 세월이 오래 갈수록 더 없어질까 걱정되어, 이에 나무에 새겨 널리 전하는 바이다."[806] 하였다.

작가 허균은 동인의 영수인 허엽의 아들로서, 선조 때 절정을 보인 동서 당파로 인한 갈등의 선봉이 된 작음 형 허성의 문제에 대한 성찰의 자세에서 혁신 「징비록」을 창작하는 심정에서 큰 형인 허봉이 일본 통신사로 갔다가 보고하는 자리에서 당파성을 떠난 객관적 실상을 보고하며 일본이 쳐들어올 것이라는 서인측 정사의 보고와 같이 한 것 등을 고려하여, 아주

804) 1604년 8월, 「서애 정승께 올림」.

805) 허균, 「훼벽사」.

806) 1608 4월 상순에 허균 단보가 피향당에서 지음.

특이한 발상으로 「홍길동전」의 이면서사를 통한 율곡과 허초희의 이념혼사를 비유적으로 설정하였다. 이러하 허균의 고도로 기획된 갈등을 너머서는 성리이념의 의미를 작품 속에 교묘하게 투영시키는 방법과 기술은 서인의 대표인 덕수이씨 가문의 율곡과 동인의 대표인 양천허씨 가문의 난설헌의 혼사를 통한 결연은 비록 당대 현실에서는 불가능한 일이었지만, 작가 허균은 「홍길동전」의 가장 깊숙한 내면에 동인과 서인 사이의 갈등을 해소하는 가장 아름다운 화합을 염원하며 이념혼사를 이중서사 구조 속에 내장시켰다.

혼례는 가장 이상적인 두 남녀의 결합인 동시에 두 가문의 결합이고, 일생을 함께 화목한 가정을 위해 최선의 노력을 기울여야 하는, 인간의 삶에서 가장 중요하면서도 아름다운 화합의 최절정이다. 그러므로 허균은 조정도 확장된 하나의 가정으로 보고, 거시적인 '가화만사성'의 개념 위에서 이념혼사를 제시한 것이다. 허균은 「홍길동전」의 표면서사의 주인공인 홍길동의 1차 모델은 홍징장군의 손자 홍길동이지만, 망탕산에서 괴물 울동으로부터 구해낸 백용의 딸과의 혼례담의 이면에 내장시킨 혼사의 주인공은 홍길동의 여러 복합모델 중에 대표로 설정한 병조판서 율곡이다. 즉, 표면서사에서 확장된 작가의 이면서사의 의식세계에서는, 중국의 지하 공간에서 괴물 울동과 맞서서 납치된 두 처녀를 구출해 내는 홍길동의 영웅적 활동과 갑부 백용의 딸로서 괴물 울동에 납치되어 고통 받는 백씨녀를 작품 밖의 현실 소재에서는 최고의 여류시인이자, 어릴 때 이미 「백옥루상량문」을 지은 천재시인인 누이 난설헌을 투사하고 있다. 허균의 누이 허초희는 남편 김성립과 시어머니로부터 소박을 당하는 불행한 삶을 살다가 안타깝게도 27세의 젊은 나이로 요절하였다. 작가 허균은 자신이 지극히 따르던 누이 허초희의 불행한 삶에 대한 애틋함을, 「홍길동전」의 가장 깊은 심층 주제를 담아낸, 지하 괴물 울동 퇴치 대목에서, 울동으로부터 자신을 구해준 백씨녀가 영웅 홍길동과 이루는 혼사담의 이면에 투사하여, 율도왕의 왕비가 되어 가장 행복한 여인으로 작품 속에서 나마 영원히 살게 해준 것이다.

작가 허균은 조선의 서얼 출신이 홍길동이 활빈당 수령이 되고, 이를 토대로 조선의 병조판서로서 중국에 진출한 다음에는, 지하 괴물 울동을 처치하고 납치된 두 여인을 구출하고, 그 두 여인이 홍길동의 두 아내가 되는 것으로 설정하였다. 작품의 대단원에 가서는 홍길동이 율도왕이 됨으로써, 그 두 아내는 율도왕의 두 왕비인 백왕비와 조왕비가 된다. 이는 홍판서의 정부인인 유씨와 첩 초란, 그 집안에서 가장 천대 받던 여종 춘섬의 몸에서 서출로 태어난 홍길동이, 조선도 중국도 아닌 제3 세계인 율도국의 왕이 될 뿐만 아니라, 두 왕비를 거느리고 행복한 왕가를 꾸려나간다는 서사는 비록 소설이지만, 허균은 당시 매우 특출한 혼사담을 「홍길동전」을 통해 전개한 것이다. 이러한 설정의 유사 전고로는, 중국의 순임금이 요임금의 두 딸인 아황과 여영을 두 왕비로 맞이했고, 그 아황 여영은 자매로서, 두 왕비의 위치에 있으면서도 불화 없이 순임금을 극진히 모심으로, 사후에 열녀의 화신으로서 신격이 되어 황능묘의 신으로 추앙받는 전고를 활용하였다. 홍판서의 첩인 초란의 부도덕은 물론 홍판서의 가정적인 불화와는 전혀 다른, 그 아들 홍길동이 이룬 가정의 모습은 아버지 홍판서와는 대조적이다. 즉, 두 여인을 부인으로 두고, 가족간에도 화목을 이룸으로써, 허균은 아황 여영의 전고를 활용하여 「홍길동전」의 주제 담론을 드러낸다.

작가 허균의 깊은 속마음은 「홍길동전」의 전체 텍스트 중 가장 깊숙한 곳에서 생성되고 변용되고 있음을 알 수 있다. 즉 허균은 청룡의 이미지를 가진 홍길동이 가정과 사회를 넘어 나라를 대표하는 인물이 되고 국제적인 영웅이 되어 마침내 율도국의 왕이 되는 영웅담으로 서사를 확장해가는 구조 속에 이중서사 기법을 구사하여 심층주제를 풀어간다. 가장 심층 주제가 전개되는 대목은 망탕산에서 울동을 퇴치하는 대목이다.

허균은 영웅 홍길동과 지하 괴물 울동의 대결에서, 홍길동이 활과 독약으로 울동을 죽이는 것은 홍길동이 위기에 빠진 백룡의 딸을 구하여 부인으로 맞이하는 것으로, 이는 작품 밖의 역사 소재에서 조선의 의승장 사명당과 일본의 덕천가강을 상대로 일본에서 벌이는 위대한 외교 담판을 연상하게 한다. 사명당은 이 담판을 끝내고 귀국길에 전쟁 때 잡혀간 천 명 이상의 포로를 데리고 귀국하였다. 다른 한편으로는 허균의 가장 속 깊은 곳에 자리 잡고 있는 누나 허난설헌과 이율곡의 위대한 혼사이야기를 이면서사에 내장시켰다. 강릉을 배경으로, 대관령 산신을 모시는 강릉 단오 축제에서 신격으로 모시는 신라의 명장 김유신 장군을 모시고 치르는 위대한 혼사, 즉 당쟁의 양대 산맥인 서인가의 율곡과 동인가의 허초희의 혼사는 한 집안의 혼사를 넘어서는 사회와 국가로 확장되는 이념혼사이다. 이 아름다운 화합은 당쟁이 성립될 수 없는 상황, 즉 가정이나 조정이 대립과 갈등을 그 원천에서부터 제거한 평화로운 화합을 이룰 때, 가정이나 국가가 내우외환의 위기에 직면하더라도 이를 극복할 수 있는 원동력이 화합에서 비롯됨을 강조한 것의 소설 내의 변용으로 이런 상징적인 대목이 설정되었다.

율곡과 난설헌은 27년의 차이가 있다. 그러나 두 사람은 강릉 출신일 뿐만 아니라. 강릉 중에서도 경포를 사이에 둔 두 마을인 오죽헌과 초당에서 태어났다. 작가 허균은 누나 난설헌이 강릉 초당에서 명가의 딸로서 자유로운 학문과 창작활동의 분위기에서 천재 시인으로 함께 성장한 것과는 달리, 한없이 불행한 삶을 살다가 27세로 요절한 것을 늘 가슴 아프게 생각했다.

허균은 누나에 대한 해한을 여기서 끝내지 않고, 당시에 능력이 있지만, 차별을 받던 서얼들을 지지하는 소설 「홍길동전」을 창작하면서, 중국 부자 백용의 딸에 누나의 이미지를 투사시킨다. 백용의 딸인 백소저는 후에 서얼 출신 민중영웅이요, 병조판서에까지 오르는 영웅 홍길동의 배우자가 된다. 홍길동이 중국에 진출하였을 때, 중국 갑부 백용의 딸인 백소저는 지하괴물 울동에게 납치되어 있었고, 홍길동은 그녀를 괴물 울동으로부터 구해낸다. 딸의 구출에 감동한 백용은 자신의 딸을 홍길동의 아내로 삼게 한다. 이 상황을 중국 거부 백용의 딸의 관점에서 본다면, 1기의 초기에는 거부의 딸로 태어나고, 2기에는 괴물 울동에 납치되어 지하에서 고초를 겪지만, 3기에는 의로운 영웅 홍길동이 괴물에게서 구출해주고, 홍길동의 부인이 되고, 4기의 만년에는 율도국 왕비가 되는 아주 특별한 일생을, 특히 행복한 결말의 주역이 되는 것이다. 이는 홍길동이 홍판서의 서자이지만, 청룡 꿈을 갖고 태어나서, 활빈당수가 되고, 병조판서가 되고, 율도왕이 되는 영웅적 일생이 다른 한편에서는, 중국 갑부의 딸과 하늘이 맺어준 아름답고 거룩한 혼사를 이루고, 조선도 중국도 아닌 남쪽 바다의 이상국인 율도국에서 왕과 왕비가 되어 장자를 대신하여 부모를 모신 모신 후 행복한 삶을 누렸다는 이야기로 「홍길동전」을 마무리하였다.

이러한 작품 설정은 작가 허균이 누나 난설헌의 가사 「규원가」에 표출된 시적 자아의 주된 정서가 원망이었기에, 이를 안타깝게 바라보았던 동생으로서, 누나 사후에 창작하게 된 소설 「홍길동전」에서, 누나의 한을 해소시키는 일부 내용을 담아 창작한 것으로 판단된다. 즉, 중국의 거부 백용의 딸의 처지로 보면, 이런 「규원가」를 노래하는 상황보다는 더 극한적 고통의 삶인 괴물에게 납치되어 매일 지하국에서 생명의 위협을 느끼는 공포의 나날을 겪고 있는 상황에서, 뜻밖에 조선의 민중영웅이요, 활빈당수를 거친 병조판서 홍길동이, 자신을 납치한 지하의 괴물 울동을 처단하고 구해줌으로써, 어둠에서 밝음으로의 대반전을 이룬 기쁨의 상황을 맞이한 것이다. 여기에 천생의 연분인 병조판서 홍길동과 혼사를 이루는 행복의 상황을 맞이하게 된 것이다. 이로써 부자 백용의 사위가 된 홍길동은, 자신의 꿈을 펼치기 위해 무력적 기반을 다진 후, 남쪽 바다의 섬나라 율도국을 정복하고 율도 왕위에 오른다. 이러한 영웅 홍길동의 아내가 된 백용의 딸은 왕비가 되고 괴물에게 억류되었을 때와는 비교할 수 없는 최고의 행복을 누린다. 허균은 이런 행복한 율도왕비의 자리에 누나 난설헌을 이면에 투사하여, 요절한 천재 시인인 누나의 한을 풀어준다. 물론 작품의 서사적 전개는 이런 부분을 생략하고 쪽으로 서술되어 이러한 여성의 일대기는 강조되지는 않았지만, 현명한 독자들이나 특히 여성 독자들이 작품을 읽어나갈 때는 여성 주인공 쪽에서 받아들이기가 쉬우므로, 이런 여백으로 자리하고 있는 왕비가 된 백용의 딸이 누릴 수 있는 율도국 왕비로서의 행복한 삶은 충분히 서사의 숨겨진 이면에서 자리하고 있다.

(2) 조광조를 투사시킨 울동에 납치된 중국 조철의 딸

정암 조광조는 중종반정 후 조정에 출사, 유교적 이상 정치를 현실에 구현하려는 다양한 개혁을 시도하였지만, 시대를 앞서간 개혁정책은 기묘사화로 물거품 되었지만, 그가 꿈꾸었던 이상사회는 후학들에 의해 조선 사회에 구현되었다. 조광조는 어릴 적에 김굉필에게 수학하여 성리를 깊이 연구하고 이 학문을 진작시키는 것을 자기의 임무로 삼으므로, 학자들이 추대하여 사림의 영수가 되었다. 그는 지치주의를 내세워 요순시대, 은나라의 탕왕, 주나라의 문왕과 무왕처럼 왕도정치를 시행해서 성리학적 이념과 규범이 잘 실현된 이상사회를 건설하자는 것이었다. 이를 위해서는 무엇보다 왕도정치의 정점에 있는 임금의 수양이 우선돼야 했고, 그래서 왕을 가르치는 경연을 중시했다. 그는 신하는 왕에게 충성해야 마땅하지만, 그 왕보다 더 중요한 것은 그 시대 조선사회가 추구해야 하는 성리학 이념의 실현이라고 판단했다. 조광조는 세조나 연산군대의 정치는 결국 왕이 성리학의 이념 위에 군림했기 때문에 문제가 생긴 것으로 인식했고, 중종과 같은 왕도 얼마든지 그러한 전철을 밟을 수 있으리라 여겼다. 조광조의 정치관은 유교를 정치와 교화의 근본으로 삼아 왕도정치를 실현해야 한다는 것이었다. 이 왕도정치의 구체적 실현방법으로 왕이나 관직에 있는 자들이 몸소 도학을 실천궁행해야 한다고 주장했는데, 이것을 지치주의 · 도학정치라고 했다. 그는 지치정치를 실현하기 위해서는 다스림의 근본인 군주의 마음을 바로잡지 않으면 안 되며, 군주의 마음이 바르지 않으면 정치가 제대로 설 수 없고 교화가 행해질 수 없다고 생각했다. 또 뜻을 세움이 크고 높아 시류에 구애되지 않아야 함을 논하고, 조종의 옛 법을 갑자기 고칠 수는 없지만, 만일 현실에 맞지 않는 것이 있으면 역시 변통이 있어야 하는 변법주의를 주장했다.

조광조는 이런 제안을 통하여, 지난날의 사림의 참화를 거울 삼아, 임금이 격물 · 치지 · 성의 · 정심의 공을 이룸으로써 마음을 밝혀 군자와 소인을 분별해야 이상정치를 실현할 수 있다고 했다.

중종은 성종 19년인 1488년에 연산군의 이복동생으로 태어나 진성대군에 봉해졌다. 하지만 1506년 박원종 등이 중종반정을 일으켜 연산군을 폐위하고 13세인 그를 왕으로 추대했다. 반정을 주도한 사람은 성희안으로, 평소 연산군의 방탕과 폭정에 불만을 품고 있다가 풍자적이고 훈계적인 시를 지어 올렸는데, 이것이 연산군의 미움을 샀다. 연산군은 당시 이조참판 겸 부총관이었던 성희안을 종9품 무관인 부사용에 임명했다. 그 후, 성희안은 박원종을 만나 반정을 모의하였다. 1506년 9월 1일 훈련원에 무사들을 결집하여, 창덕궁 어귀의 하마비동에서 영의정 유순, 우의정 김수동 등을 만나 성종의 계비이며 진성대군의 어머니인 대비 윤 씨에게 거사 계획을 알렸다. 부정적인 반응을 보이던 대비는 신료들의 요청이 계속되자 연산군 폐위와 진성대군의 추대를 허락하는 교지를 내렸다.

대비의 교지를 받은 반정 세력은 권신, 임사홍, 신수근 등 연산군의 측근을 죽인 다음 궁궐을 에워싸고 옥에 갇혀 있던 자들을 풀어 종군하게 했다. 다음 날 박원종 등은 군사를 몰아 경복궁에 들어가 연산군에게 옥새를 내놓을 것을 요구하였다. 사태의 심각함을 안 연산군은 옥새를 내줬고, 반정군의 호위를 받으며 경복궁에 도착한 진성대군은 조선 제11대 왕 중종으로 등극하였다. 중종은 연산군 때의 폐정을 잘 알고 있으므로 새로운 왕도 정치의 이상을 실현하기 위해 노력했지만, 당파 사이의 논쟁이 끊이지 않아 1519년에는 기묘사화가 일어났다.

기묘사화의 발단은 조광조를 비롯한 삼사 인물은 대부분 30대 신진 관료로서, 현실 세계의 복잡한 변수에 대해 융통성 있게 대처하기보다는 원칙과 이상에 입각해 엄정하게 비판하는 데 앞장섰다. 그들이 강력한 개혁을 추진할 수 있었던 원동력은 중종의 확고한 신임이었다. 특히 중종은 조광조를 철저히 신봉해 등용한 지 2년 반 만에 당상관으로 올리는 등 파격적으로 승진시켰다. 현량과의 기본 취지는 사장에만 치중하는 과거제도의 폐단을 극복하기 위해 학문과 덕행이 뛰어난 인재를 천거한 뒤, 간단한 시험으로 관리를 뽑는 제도였다. 중종 14년인 1519년 시행되어 김식 등 28명이 선발되었는데 이들은 조광조와 연관된 기묘사림의 일원이었다. 조광조 등은 중종반정 공신 중에는 자격이 없는 사람이 있으므로 왕권 강화를 위해 삭훈을 밀어붙였다. 이는 급진적이라 대신들은 물론 중종조차 반대했지만, 조광조는 귀양을 가거나 죽더라도 달게 받아들이겠으니, 조속히 윤허해 달라고 주청했다. 기묘사림은 중종의 윤허를 얻어냈고, 정국공신 중 76명의 공신호가 삭제되고, 토지와 노비마저 환수당했다. 기묘사림은 이 조처로 결정적인 승기를 잡은 듯 했지만, 나흘 뒤 전격적으로 사화가 일어났다. 기묘사림은 이때 결정적 패배를 맞이하게 되었다. 이는 조광조 등 신진 세력이 중종의 신뢰는 얻었지만, 정국공신을 중심으로 한 대신들의 마음은 읽지 못했기 때문이다. 기득권 세력들은 현량과로 기묘사림이 대거 진출해 입지가 불안한 상태에서, 설상가상으로 이어진 삭훈으로 현실적 기반이 무너지자 자구책을 강구했기 때문이었다.

훈구파 중에 조광조 등 신진사류에 강한 불만을 가지고 있던 예조판서 남곤과 도총관 심정은 홍경주와 모의하여, 대궐 후원의 나뭇잎에 과일즙으로 '주초위왕'(走肖爲王)이라는 글자를 써 벌레가 갉아먹게 한 다음에 궁녀로 하여금 이것을 왕에게 바쳐서 의심을 조장시켰다. 또한 홍경주를 시켜 조광조 등이 붕당을 짓고, 사리를 취하며, 젊은 사람으로 하여금 나이 든 사람을 능멸하고, 낮은 이가 귀한 이를 업신여겨 국세를 기울게 함으로, 조정을 날로 그르친다고 탄핵하게 했다. 신진사류를 비롯한 조광조의 도학정치와 급진적 개혁에 염증을 느끼고 있던 중종은 훈구파의 탄핵을 받아들여 1519년 조광조는 사사되었고, 사림 세력들은 유배되고, 조광조에 동정적이던 정광필과 김전 등은 좌천되었다. 반면에 삭훈당한 정국공신들은 원래대로 회복되면서, 기묘사화는 일단락되었다.

이 사화는 반정공신들과 훈구대신들의 견제에서 벗어나기 위한 방편으로, 조광조를 파격적으로 기용했던 중중 또한 자신의 기반을 강화하자, 이제 더 이상 조광조에게 휘둘릴 나약한 왕이 되는것을 원치 않았다. 1519년 중종이 조광조를 전격적으로 숙청한 것도 왕권에 대한 조광조의 도전에 계속 수세적인 입장을 취하지 않으리라는 계산에서 였다. 그리고 그러한 판단에 훈구파 대신들이 큰 힘을 불어넣어 주었던 것이다. 기묘사화의 비극은 왕권에 대한 견제 장치로서, 성리학의 이념을 무기로 하여 등장한 신권의 도전에서 조광조가 패배한 것이다.

이렇게 전개된 기묘사화로 조광조는 좌절했지만, 작가 허균은 「홍길동전」을 통하여, 현실 조정의 정치적인 혼란상과 거의 같은 시기에 사회적으로는 백성들 사이에 홍길동과 장영기 일당의 집단적인 행동이 일어났다. 예종, 성종 시대를 거쳐서 조광조가 활동하던 중종 시대에는, 제1 홍길동의 순수성이 변질 되어 단순 도적화이된 제2 홍길동 세력들이 엄귀손의 후원하에 사회적 믈의를 일으키며 도적 행각을 벌이고 있었다.

허균 당대의 정치 현실로 보면, 부친 허엽은 결과적으로 선조 때의 치열한 당쟁의 원류에 있었던 인물이다. 이러한 사실은 국가기록인 실록 중, 『선조수정실록』에서 "동지중추부사 허엽이 졸하였다. 허엽의 자는 태휘, 호는 초당이다. 젊어서 화담 서경덕을 따라 배웠고 노수신과 벗하였으므로 사류로 이름이 드러나게 되었다. 동,서의 당이 갈라진 뒤로 허엽은 동인의 종주가 되어 의논이 가장 엄격했다. 세 아들인 성, 봉, 균과 사위인 우성전, 김성립은 모두 문사로 조정에 올라 논의하여 서로의 수준을 높였기 때문에 세상에서 일컫기를 허씨가 당파의 가문 중에 가장 치성하다'고 하였다."[807]고 기술하고 있다.

한편, 허균은 「관동별곡」을 지은 정철보다는 33년 뒤인 1569년에 출생하였다. 그는 1603년에 정6품의 사복 시정 자리에서 파직되어 고향 강릉으로 가는길에, 금강산을 지나면서 금강산 기행을 다룬 「풍악기행」을 지었다. 그는 이 글에서 특히, 「노객부원」을 주요 삽화로 다루었다. 전란으로 고통받는 백성들의 한을 안타까움으로 바라보는 서술을 통해, 같은 금강산을 지나 강릉으로 가는 길에, 허균은 송강 정철이 지었던 군주를 향한 충신연주가의 속성을 지닌 「관동별곡」과는 다른 관점의 서술을 보여준다. 그는 또 같은 금강산 기행을 「동정부」로도 읊으면서, 여기에서는 자신의 슬픈 심정을 암시나 하듯이 폭포수와 담천을 바라보면서 「명연」[808]이라는 시를 짓기도 하였다.

송강은 「관동별곡」에서 서정적 자아를 통하여 자신을 진선에 비유를 하였지만, 그 후에 기축옥사 연루자 처벌을 집행하면서 1,000여 명의 선비를 죽이는 대참사의 주동자가 되었다. 여기에 비하여, 그 뒤의 「풍악기행」, 「동정부」의 작가인 허균은 「몽기」의 우회적 총체적 문집의 간접 전고를 통하여, 자신이 진정한 적선임을 구체적으로 서술하였다. 「몽기」는 송강이 군주를 향하여 보여주는 충신의 모습을 비유한 연주곡과는 방향성이 달랐다. 허균은 내우외환으로 빈궁한 삶에 허덕이는 백성들을 바라보며 한없는 애민의 마음을 보여주었다. 이러한 그의 정서는 송강 정철이 보여준 진선의 이미지와는 정

---

807) 『선조수정실록』, 선조 13년(1580) 2월 1일.

808) 허균의 꿈과 그 마음이 담긴 시로, 제목이 명연(鳴淵) 이란 작품이 있다. 울음을 토해내는 연못이라는 뜻을 담고 있다. 이는 허균의 나이 서른 다섯쯤 되는 젊은 시절에 혁신의 시대를 꿈꾸며 쓴 시로 여겨진다. 결국, 자신을 용이 되지 못한 이무기에 비유하여 노래한 애절한 시도 있다.

반대로써, 성리소설 「홍길동전」을 지으면서, 백성의 삶을 구휼하는 민중 영웅 활빈당수 홍길동과, 병조판서 홍길동의 거침없는 야성적인 영웅상에 투영시켰다. 이는 마치 정철이 기축옥사의 위관으로서 정여립, 최영경 등 동인계 정치가와 학자들에게 가했던 비극적인 참상에 대해, 포도대장 이흡을 실명으로 등장시켜 풍자하였던 것처럼, 병조판서로서 중국에 진출한 홍길동의 첫 활동에 해당하는 망탕산 지하괴물 울동에게 납치된 두 여인을 구출해 내는 이야기로 은유 내지 풍자하면서, 표면서사 뒤에 내장시켜 기축옥사의 정치적 이면사를 지혜롭게 고발하였다.

(3) 당파에 의한 사화·옥사의 극복인 도심 회복의 이념 혼사

붕당대립의 직접적인 발단은 선조 8년인 1575년에 이조전랑 직을 둘러싼 김효원과 심의겸의 반목에서 비롯되었다. 전랑 직은 그 직위는 정5품으로 낮은 편이지만 인사권을 쥐는 직책으로, 판서나 국왕이 임명하는 것이 아니고, 전임자가 후임자를 추천하면 공의에 부쳐서 선출하였으므로 관료들 간의 집단적인 대립의 초점이 되었던 것이다. 김효원과 심의겸의 암투는 가속화되었고 급기야 이들을 중심으로 조정은 두 편으로 갈라지고 말았다.[809)]

율곡 이이가 죽자 동서의 대립이 더욱더 극심화 되었음을 『조선왕조실록』에서도 붕당의 폐해에 대해 특별히 거론하고 있음을 확인할 수 있다. 임진왜란 직전에 동인과 서인을 대표한 이들이 통신사로 다녀왔을 때, 서장관으로 동행한 자신의 형인 허성이 같은 당파인 동인의 부사인 김성일의 권유에도 불구하고 당파성을 넘어서, 국가적 차원에서 반대 당파인 서인 황윤길의

809) 김효원의 집이 도성 동쪽에 있다하여 이들 일파를 동인이라 부르고, 심의겸의 집이 도성 서쪽에 있다하여 이들 일파를 서인이라 불렀다. 이이의 중재에도 불구하고 두 당은 서로 대립하였다.

의견과 같은 보고를 하였다.[810] 통신사는 직접 본 전쟁준비에 한창인 왜국의 모습을 제대로 보고했으나, 서인의 정사 황윤길의 정확한 보고를 외면당하고, 태평하기를 바라는 요행심으로 동인의 부사 김성일의 의견을 따랐기 때문에, 대비하지 않고 있다가 1592년 4월에 도요토미는 15만 대군으로 원정군을 조직해서 조선을 침범하였다.

동인과 서인의 당파성을 뛰어넘는 이념 혼사는, 이미 허균 자신이 동인의 영수의 아들로서, 서인의 영수인 심의겸 집안과 혼인을 하였고, 특히 처 외삼촌 심우영을 공주 목사 때에 현장에서 같이 데리고 살았으며, 심우영은 허균이 7서 사건으로 재판을 받을 때도 신의를 지켰고, 그의 주변에는 서양갑 등 소위 7서자들이 함께 활동하였기 때문이다.

허균은 임진왜란이라는 국가적 재앙에 대한 대비를 제대로 하지 못한 채, 왜국의 침략을 당해 나라와 백성이 겪은 고통의 역사를 소설 속에서나마 그 원천적 해결을 해보고자 노력하였다. 그는 성리소설의 이중 서사구조 방식을 활용하여 현실의 역사에서는 당파싸움으로 인하여 나라와 백성이 위기에 빠졌지만, 작품 안에서는 이념혼사라는 가장 아름다운 대화합을 통해, 당쟁의 불씨를 제거하는 기발한 발상을 하였다. 즉, 서인계의 율곡을 상징하는 홍길동과 동인계의 백씨녀를 상징하는 허엽의 딸인 난설헌을 혼사로 연결함으로써, 동인과 서인의 당파를 초월한 대혼사담으로 풀어낸 것이다. 작가 허균은 역사 현실의 사건을 가져와서 표면서사의 이면에 문제 제기 또는 대안을 내장시키는 방법을 최초로 구사하여 소설의 사회적 기능을 부각시켰다.

정여립을 대상으로하여 동인과 서인간의 당쟁으로 번진 기축옥사는 당시 동인계 선비가 1천여명이나 죽임을 당한 조선 최대의 비극이었다. 허균은 당쟁이 야기한 최악의 상황이었던 기축옥사에 직접적 연관이 있는 인물인 이흡을 실명으로 포도대장에 투사하여 기축옥사의 사건을 이면서사에서 풍자

810) 설성경 · 최영, 『홍길동전 바로알기』, 나녹, 2019, 27쪽.

하였다. 또 그와 비슷한 유사 사건인 사림파와 훈구파의 대립으로 결국은 성리학을 기반으로 혁신적인 도학정치를 펼치고자 했으나 실패로 끝난 정암 조광조의 기묘사화를 상징하는 인물로 울동에게 억류되었던 두 여인 중 또 다른 한 사람인 조씨녀에 투사하기도 하였다.

허균은 결국은 영웅 홍길동에게 구출되어 두 부인중 한 명인 조씨녀를, 백씨녀와 함께 요임금의 두 딸이며, 순임금의 두 부인이 되는 아황과 여영에 투사하여 중국의 역사를 전고로 활용하여 현실에서는 조광조의 혁신정치가 실패로 끝났지만, 작품속에서는 울동에게 죽지 않고, 율도왕의 왕비가 되는 표면서사의 이면에 당파싸움으로 실패한 조광조의 성리학에 기반한 이상적인 도학정치를 율도국에서 실현할 것에 대한 복선으로 내장시켰다.

허균이 소설 창작하는 시점인 광해군 때는 난정의 시대였기에, 작가로서의 허균은 지난 역사에서 보여준 내우외환의 비극성을 반면교사로 삼아 당파성을 초월한 성리이념의 실현을 위해, 이념혼사라는 강력한 방법을 통해서라도 당파성을 제거해야 함을 혁신 「징비록」을 짓는 다는 심정에서 성리소설 「홍길동전」으로 독자들에게 흥미 이상의 윤리적 도덕적 가치를 부여하고, 나아가서는 서얼들은 물론 상층 양반들에게도 「수호지」와 다른 재미와 주제를 담아내면서,광해 난정시대를 극복하는 지혜를 성리학적 이상세계가 가정과 사회 국가에서 실현되기를 바라는 염원을 대 주제로 하였다.

홍길동은 본능과 충동이 강하고 놀라운 용력을 직설적으로 행사하는 인물이다. 이는 소박하나, 용맹한 민중의 기질과 상통하는 것이다. 작자는 작품에서 현실의 민중을 인물의 본질로 하고 거기에 영웅적 특성을 첨가 조화시켜 이상주의적 민중의 전형을 창조해 놓았다. 바꾸어 말 하면 그는 민중적 영웅이다. 길동의 욕구는 바로 민중 의식의 실천 욕구라 할 수가 있다.

율도국 정벌이야기는 길동이 직접 율도국을 공격하여 왕위를 차지하는 왕위 등극담이다. 율도국의 이상국 개척은 은둔형 해외 개척의 측면보다는 정신적 승리를 기반으로한 제한적 항왜의식에 의한 적극적 행위의 결과로 이해

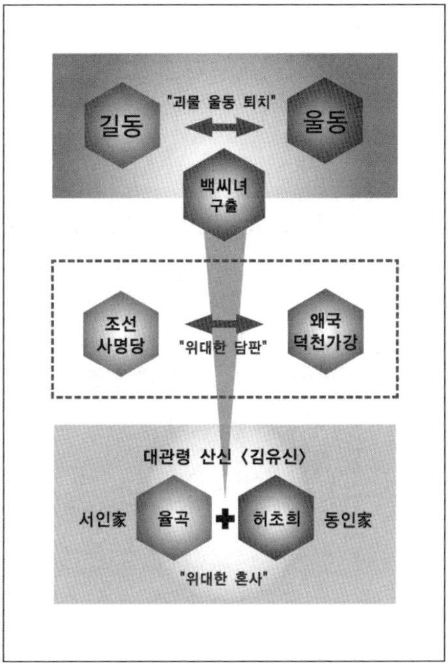

〈그림 1〉

된다. 이는 임란이라는 전쟁 후에 생겨난 전쟁 체험 작가의 임란 설화의 적극적 수용의 한 양상이다. 또 임란 설화의 수용이라는 단순 기능 이상의 의미인 군담계 영웅소설의 시발이 된다는 측면에서 우리 소설사에 기여하고 있다.[811]

한편, 허균이 「홍길동전」을 창작하기 직전인 1609년인 광해군 1년 7월에는, 경상도 유생 이전 등이 오현의 문묘 종사를 주장하였다. 즉, 문왕 공자를 모시는 성균관 문묘에 조선 유림의 대표적인 선비로 김굉필 · 정여창 · 조광조 · 이언적 · 이황 등 다섯 사람을 배향하자는 주장이었다. 그런데 문묘 종사 논의가 구체화 되면서 조정에서 불화가 일어났다. 당시 북인들은 남인들의 정신적 지주인 이언적과 이황이 포함된 반면, 자신들의 스승인 서경덕과

811) 서대석, 『군담소설의 구조와 배경』, 이화여자대학교 출판부, 1985, 204쪽.

조식이 누락되었다며 반발했다.

또, 허균이 세상을 떠난 이후지만, 『연려실기술』 별집 제11권 「정교전고」에는 종종 때의 일을 다음과 같이 전하고 있다.

> 공물과 대동미 진상에 대하여, 조광조가 일찍이 경연에서 아뢰기를, "우리나라의 전세는 30분의 1이오나 공물은 과다하므로, 이 때문에 민생이 날로 곤궁하오니 경비의 지출을 적당히 재감해야만 백성들이 편안하게 할 수 있을 것입니다. 이제 각 읍의 공안을 보니, 토산이 공평하지 않고 또 모두 방납하여 한 되의 쌀을 바칠 자에게는 한 말을 징수하고, 한 필의 베를 바칠 자에게는 세 필을 징수하였습니다. 구습을 고치지 않고 폐단을 쌓아 이 지경에 이르렀사오니, 만약 백성의 사정에 맞는 것이 있으면 역시 조종의 법을 따라 그 규모를 고쳐야 할 것입니다." 하였다.[812)]
>
> 임진왜란 후에 공물법이 더욱 무너졌으므로, 갑오년 봄 선조 27년 에는 공안(貢案)을 상정(詳定)하도록 명하여 옛 안을 감성하고, 일체 토산으로 증감하도록 하였으나, 모두 정리하지 못하고 중지하니, '공물을 쌀로 바치자'는 논의가 이에서 비롯하였다. 영상 류성룡(柳成龍)이 차자를 올리기를, "국가의 전세(田稅)는 십일제(什一制)보다 경하오나, 세 외(外)에 공물, 진상 및 각 계절의 방물(方物) 같은 것이 매우 많사옵니다. 그 처음 공물을 마련할 즈음에, 전결의 수로써 균일 · 공평하게 펴지 않아서, 1결에 대한 공물의 값을 혹은 1~2두의 쌀을 내는 것도 있고, 혹은 7~8두 혹은 10두의 쌀을 내는 것도 있어 백성의 부역이 고르지 못함이 이와 같사오니, 만약 곧 변통하지 않으면 백성은 소생될 희망이 없고, 나라는 저축의 길이 없을 것입니다. (중략) 그 진상(進上)에서도 역시 그러하니, 모두 쌀과 콩으로 값을 내게 하여, 전라도는 군산(群山) 법성창(法聖倉)에 바치게 하고, 충청도는 공진(貢津) 가흥창(可興倉)

812) 조광조, 『정암집』.

에, 강원도는 흥원창(興元倉)에, 황해도는 금곡(金谷) 조읍창(助邑倉)에, 경상도는 본도의 소복(蘇復)을 기다려 본도에 바치게 하여 군량을 삼게 하고, 함경 · 평안도는 본도에 쌓아 두게 하고, 5도의 쌀과 콩은 모두 경창(京倉)에 수송케 할 것입니다. 각 사의 공물과 방물의 진상은 물품을 헤아려 값을 정하기를 제용감(濟用監)에서 모시[苧布]를 진헌하는 예와 같이 하여, 유사로 하여금 사서 쓰게 하고, 만약 군수 물자가 부족하거나 국가가 따로 부세를 징수할 일이 있으면 공물의 진상을 수를 헤아려 재감(裁減)하면 창고 안에 있는 쌀과 콩을 가져가 써도 무궁할 것입니다. 신은 듣자오니, 명 나라에서는 외방에서 진상하는 일이 없고, 다만 13성에서 거둔 은(銀)으로 광록시(光祿寺)에 부쳐두고, 모든 진공할 물품을 모두 바꾸어 사서 쓰며, 만약 따로 쓸 일이 있으면 특히 감선(減膳)을 명하여 그 대가의 은을 쓰기 때문에, 먼 곳의 백성들이 서울로 운수하는 노고가 있음을 모르고 사방의 공장의 백물이 서울로 모여들지 않은 것이 없다고 하니, 이는 그 입법의 장점으로서 우리나라에서 마땅히 취하여 본받을 점입니다. 이 법의 시행으로 1년에 7만여 석을 얻을 것이오니, 진공 이하 모든 수요를 서울로부터 바꾸어 쓰면 백성도 또한 조금 소생할 것이오나, 이의가 있으면 도로 그 법을 폐지하소서." 하였다.[813)]

허균은 「홍길동전」을 창작하면서, 이런 화소들을 융합시켜서, 중국의 제도로 진출한 홍길동이 망탕산의 요괴 울동을 죽이고, 그에게 납치된 두 여인을 구하는 이야기로 전환시켰다.[814)]

이는 허균이 성리소설 「홍길동전」을 통하여 중종 때 사림정치를 이끌었던 정암 조광조의 개혁정치가 현실에서는 성리이념이 무르녹은 도학정치가 제대로 별현되지 못하고, 도심을 벗어난 행동으로 인해 결국 정암에 의한 개혁

813) 이긍익, 『연려실기술』 별집 제11권 정교전고(政敎典故).

814) 설성경 · 최영, 『홍길동전 바로알기』, 나녹, 2019, 205쪽.

정치는 실패했지만, 「홍길동전」에서는 괴물 울동에 잡혀서 펴지 못한 개혁정치를, 조선의 병조판서 출신 홍길동이 울동을 처치하고 구해낸 두 여인을 부인으로 맞이하고, 후에 율도국의 왕위에 오름으로써, 두 부인인 백씨녀와 조씨녀는 율도왕비가 된것으로 개혁정치가 실현되고 있음을 보여주고자 한 것으로 판단된다.

괴물 울동의 상징성을 마음 다스리는 공부를 매우 중요하게 생각한 남명 조식과 연관 지어서 생각해보면, 남명은 마음 다스리는 학문의 요체로 경의지학을 내세웠다. 그는 "경으로써 안을 곧게 하고 의로써 밖을 곧게 한다."[815)]고 하여, 마음을 곧게 하는 것은 경을 통해서 가능하며, 마음 바깥의 일을 반듯하게 처리하는 것은 의를 기준으로 해야 한다고 하였다. 그는 경과 의를 마치 하늘에 해와 달이 있는 것과 같아서, 영원히 바뀔 수 없는 것이라고 했다.

허균은 「홍길동전」을 창작하면서, 국내에서의 활빈당 사건의 확장이라 할 수 있는 중국 진출 후에 벌어지는 첫 번째 사건에서, 중국의 갑부 백용의 딸과 함께 울동에 체포되어 있던 조씨녀의 이면에 내장시킨 우의적 인물로 정암 조광조를 선택했다. 표면서사에 드러난 인물은 조씨의 딸이라는 것만 드러냈지만, 은유로 내장시킨 이면서사로 보면, 중국 갑부 백용의 딸과 짝을 이루는 조씨너는, 전자가 허엽의 딸인 난설헌을 투영시킨 것과 짝을 이루어, 사림 개혁정치의 상징인 정암 조광조를 우의화 하여 「홍길동전」을 성리소설로 창작하였음을 알 수 있다.

한편, 허균은 1531년 친구인 이준경이 『심경』을 보내오자 친구에게 감사하는 뜻으로 마음 다스리는 공부에 정진할 것을 다짐하면서, "마음은 죽고 몸뚱아리만 걸어 다닌다면 짐승이 아니고 무엇이겠는가. 그렇다면 내가 이군을 저버린 것이 아니라, 바로 이 책을 저버린 것이며, 이 책을 저버린 것이

815) 敬以直內 義以方外.

아니라, 바로 내 마음을 저버린 것이다. '내 마음을 저버리면, 마음이 죽은 것이니' 슬프기로는 마음이 죽은 것보다 더 큰 것이 없다"라고 했다. 마음을 잘 다스리지 못하면 짐승과 다름이 없다고 하여, 괴물 울동은 순수한 마음을 상실한 거대한 힘의 괴물을 상징하고 있음을 보여주기도 한다.

율도국의 왕이 된 홍길동은 조선인으로서의 자긍심을 드러낸다. 당시 외교 관계로 볼 때 조선은 중국의 속국이었다. 때문에 약한 조선으로서는 그들의 무리한 요구를 거절할 수가 없었고 항상 불편한 관계를 유지하고 있었다. 때문에 부강한 국가를 건설하여 자주적인 국가 유지의 욕망을 나타내 준다고 볼 수도 있다. 이 부분은 너무 확대해석한 면이 없지 않으나, 허균의 『유재론』에서 주장한 적서 차별에 의한 인재 등용 제한의 불편과 부당성을 간접적으로 비판함이다. 즉, 서자라도 자기의 능력과 포부에 의하여 무한한 가능성이 있음을 나타내 주고 있다. 홍길동은 조선을 벗어나 율도국에서 왕이 됨으로써, 신분적 속박을 극복하고 인간의 진실된 삶을 영위하며 최종적인 자아실현의 욕구를 완성시켰다.

허균은 『성소부부고』에서 이정의 애사를 쓰면서 "친구인 심우영 · 이경준과 아주 도탑게 지내어 마치 형제 같았다."고 하여 심우영과의 친분을 언급했고, 이후 허균의 제자였던 기준격이 상소에서 심우영은 허균이 친히 기른 자라며, 심우영은 허균의 처가집 친족으로서, 서로 친밀하기가 한몸과 같았다는 것은 온 나라에서 다 아는 바라고 하며, 일찍이 시문을 지어 심우영에게 주면서 '나의 벗 심군'이라"고 할 정도였다.

이러한 발상은 작가 허균이 창의성을 최대한 발휘하고 고심한 결과에서 나온 것으로, 경포 호수를 중심으로 지역의 수호신으로서의 대관령 산신인 김유신 장군신을 상좌에 모시고, 경포호수 동쪽에는 정치적으로 동인의 가문을 대표하는 초당 양천 허씨가의 부친 허엽과 그 딸인 허초희가 신부측이 되고, 서쪽에는 정치적으로 서인의 가문을 대표하는 덕수 이씨가의 모친 신사임당과 그 아들인 율곡이 신랑측이 되어서, 역사적인 혼사를 올리는 장면을 소설로 그려본 것이다.

더 나아가 율도국의 왕이 되어 나라를 강병부국으로 이끄는 지도력을 발휘하는 군주의 가정과 그 나라의 백성이 누리는 태평성대는, 곧 현실의 광해 난정시대를 만든 군주와 동인과 서인, 남인과 북인 등으로 분파되어 갈등하는 조정에 대한 풍자와 비유이며, 이러한 갈등을 해결하는 대안을 서사로 제시한 것이기도 하다.

표면서사의 이면에는 현실에서 동인 세력과 서인 세력이 갈등하는 음의 세계를 벗어나, 다른 차원에서의 이념적 소망인 양의 세계로의 전환을 지향하는 작가 허균의 대망,즉, 성인들이 알려준 재도문학의 세계가 한시나 고급 문학에서만이 아니라, 패설로 치부되던 소설문학에서도 그런 정통 문학의 길을 제시할 수 있음을 성리소설「홍길동전」으로 증명하고 있다.

이처럼 허균은 100년 이상의 역사에 걸친 통시대적 정치사에서 홍상직의 서자인 제1 홍길동을 호출하여 기리면서 성리학에 기반한 이념적인 영웅상을, 홍판서의 아들 홍길동으로 내세우면서도, 다른 한편으로는 작가 허균 당대의 역사 인물인 이흡을, 또 자신의 가족이나 주변의 인물들인 허엽, 허성, 허봉, 난설헌, 심지어 애첩 추섬 등을 모델로 하여, 작품 속에 투사시켜서 등장인물로 형상화하였다. 특히, 홍길동의 경우는 역사 인물인 홍상직의 아들 홍길동만이 아니라, 작가 허균 자신과 서양갑 등 의 7서, 이달 등을 함께 무르녹여 투영시키는 복합 인물모델 형상기법을 활용하였다. 이런 기법 활용의 절정에는 누나 허초희와 강릉 경포호를 사이에 둔 율곡을 이념 혼사의 주역들로 투영시켜, 내우외환의 근본이 된 동서 붕당의 문제를 성리학에 기반하여 이념 혼사로 전개한 것이다. 즉, 작가 허균의 가장 속마음이 주제로 내재되어 있는 중국 망탕산에서 벌이는 울동과의 대결 장면에서 허균은 울동에게 납치된 부자 백용의 딸을 구한 홍길동이 백용의 딸과 혼인하는 장면의 표면서사의 이면에 누이 허초희와 율곡의 이념혼사를 내장시켰다. 이는 성리소설의 이중서사 구조를 활용한 은유 방식으로, 홍길동의 영웅상을 형상하는데 대표적인 인물모델로 투사된 율곡과, 안타까운 천재 여류시인인 누이 허초희 불행한 삶을 행복한 이념혼사로 풀어내는 성리소설의 이중 서사구조의 절정을 보여주는 작가의 특출한 창작력이 발휘된 것으로 판단된다.

허균은 내우외환을 해결하는 원천은 붕당정치가 아닌 화합의 정치에서 찾고자 했다. 그래서 그는 성리소설 「홍길동전」의 첫 배경을 홍판서 집안의 이야기로부터 시작하였다. 홍판서 집안의 불화, 즉 온갖 권모와 술수, 모함과 시기가 난무하는 집안에서 핍박을 견디다 못해 출가하는 주인공 홍길동의 표면서사 이면에는 당파싸움으로 인한 현실의 조정에서의 불화와 갈등을 내장시켰다.

허균은 홍판서 집안의 불화와 조정에 닥친 내우외환을 동시에 이중서사 기법으로 전개하는 성리소설을 통해 이념혼사라는 기발한 대안을 제시한 것이다.

홍판서의 집안을 확장하면 그대로 조정의 모습이므로, 자신이 「홍길동전」을 창작하는 목적이 바로, 유교입국 조선이 성리학의 통치이념 위에서 평화로운 이상 국가를 지향하던 초창기 스승들의 성리도심을 회복하는 조정 내의 정치 분위기가 새롭게 조성되기를 바라며, 그 염원을 담아 임금부터 백성들까지 모두 읽을 수 있는 소설로 성리학의 개념을 풀어쓴 것이다.

「홍길동전」의 가장 핵심 대목으로서, 홍길동과 지하 괴물 울동의 대결 사건은 이 작품 전체 서사의 중간 부분에 위치하며, 유일하게 지하세계에서 일어나는 사건이다. 앞서 주인공 홍길동의 탄생은 부친 홍판서의 부인도 아니요, 첩도 아닌, 여종 춘섬을 모친으로 하여 태어난다. 이에 반하여, 홍길동의 혼사는 중국 부자 백룡의 딸과 조씨녀 등 두 여인을 부인으로 맞이한다. 홍길동의 출생을 지상세계의 사건으로 볼 때, 홍길동은 천한 종의 신분을 가진 춘섬의 모태에서 태어난 천한 존재지만, 천상세계와 연계시켜보면, 청룡의 기운을 타고 난 고귀한 존재이다. 홍길동이 가진 이 두 가지 속성 중에서, 천상의 이미지를 지상의 이미지와 연계시켜서 한 차원 높은 수준의 영웅으로 전환시키는 사건이, 지하 괴물 울동을 처단하고 납치된 여성들을 구출하여 그 여인들을 아내로 맞이하는 홍길동의 혼사 사건이다.

이 부분에 대한 세 가지 텍스트는 공간배경을 달리하고 있는 상이한 문장들이지만, 조선의 병조판서 홍길동과 중국의 지하 괴물 울동의 대결, 그리고 이어진 혼사 문제라는 동일한 사건으로 되어 있다. 그러면서 홍길동의 제2의 인생인 혼사문제는, 제1부 인생이 서얼출신이었던과는 전혀 상반된 최고의 무술 능력을 인정받고 그로 인해 최고 부자의 사위가 된다는 설정도 변함이 없으므로, 이 내용은 허균이 창자간 원초 텍스트의 내용으로 보아 무방할 것이다. 이를 전제로, 이 대목의 의미를 살펴보면, 조선의 병조판서 홍길동이 중국 황제를 공격하는 모반자가 되지 않고, 시야를 남쪽으로 돌려 율도로 진출하여 왕이 된 것을 주목할 필요가 있다. 이는 홍길동이 출가를 하여 활빈당 당수가 되고, 자신의 능력을 가지고 왕의 최측근 무술 능력자인 포도대장 이흡을 농락하면서, 끝내 조선의 왕을 공격하여 자신이 왕이 되는 것이 아니라, 조선왕의 지원을 받아 중국으로 진출하는 것과 강력한 군사력을 어떻게 사용하는 가를 살피는 홍길동이 지향하는 방향성에서는 조선과 중국에서 행하는 것이 모반이나 혁명에 대해서는 목표가 없다는 것과 일치한다.

허균은 여기서 한 단계 더 나아가, 홍길동과 백용의 딸인 백소저와의 혼사는 1차적으로는 경포 호수를 사이에 둔 동인 가문과 서인 가문의 대립을 넘어선 화합을 뜻하고, 2차적으로는 내우와 외환의 근본 문제가 되는 대립과 갈등이라는 분쟁의 씨앗으로서의 원천을 근본에서 해결하려는 의지를 내포하고 있다. 즉, 동인과 서인간의 화합만이 아니라, 홍길동이 서자라는 조건은, 적자와 서자의 문제를 적서허통으로 해결하는 뜻으로, 유가 관직 중에서도 문반 출신과 무반 출신의 차대는 평등으로 해결하며, 더 나아가서 억불숭유 정책에 따른 유가와 불가의 차별도 평등과 화합으로 나아가기를 상징적으로 표현한 것이다. 이처럼 허균은 정치 사회의 여러 분야에 걸친 불평등이

야기하는 갈등을, 평등과 화합이라는 대전환의 혁신으로, 바르게 제자리로의 환원을 염원하며 「홍길동전」에서 주인공 홍길동의 캐릭터를 통해 구체적인 서사로 보여준 것이다. 이것은 또 자아에 대한 세계로서의 환경에서만이 아니라, 내적 자아로서의 개인이 자신의 본성과 욕망의 갈등에서 벗어나, 하늘로부터 받은 성과 이의 세계 즉, 천균의 세계로 환원됨으로 진정한 인격체가 되고, 도학을 펼칠 수 있는 토대가 된다는 성리학 시대의 본원으로 회귀함을 뜻하기도 한다.

허균은 이에 또 한 차원의 생각을 덧입혀 내장시킴으로서 허균자신의 개인적인 염원도 혼사로 이념혼사로 풀어낸다. 짧은 생애를 불행하게 살다간 천재 시인인 누나 허난설헌에 대한 애닯은 마음을 성리 도심을 갖춘 최고의 영웅인 홍길동이 국내에서 병조판서를 제수받고 해외로 출국한 후, 국제적 영웅으로 발돋움하는 첫 번째 활동에서 괴물 울동을 퇴치하고 구해낸 백용의 딸을 신부로 맞이하는 장면에 투사시켰다.

허균은 영웅 홍길동에 대표 모델로 투영 시킨 당대 최고의 학자요, 정치가요, 병조판서인 율곡을 울동을 제압한 홍길동과 백용의 딸에 투사시킨 자신의 누이 허난설헌을 비록 작품 속에서 나마 이념혼사를 이룸으로서, 경포호수를 사이에 두고 가까이 살았던 명망높은 두 가문의 혼사인 동시에, 동인의 대표 가문과 서인의 대표가문의 혼사라는 당대 최고의 이념혼사를 이룸으로써, 개인과, 가문과, 나라의 한을 동시에 풀어내었던 최고의 성리소설을 창작해냈다.

이는 허균은 당시 내우외환의 근본적인 문제가 붕당의 갈등에서 비롯된 결과임을 누구보다 잘 알고 있었기에, 이를 원천에서 해결하기 위해서는 당쟁의 차원을 넘어서는 온전한 화합을 혼사에 비유하여, 조정의 국론이 백성과 나라를 사랑하는 방향으로 하나를 이루어 성리학적 이상국가인 부국안민의 나라를 실현하는 길임을 성리소설 「홍길동전」으로 제시한 것이다.

「홍길동전」의 제2부인 중국에서의 사건은 중국의 역사 신화 공간인 망탕산을 핵심 배경으로, 국내에서 홍판서의 얼자로 태어난 타의에 의해 주어진 출생에서의 신분적인 천인이라는 것과 대조적인 자의에 의해 선택된 한 차원 높아진 자신의 지위를 개척해 간 망탕산에서 사건들이다. 이러한 설정은 홍길동의 새로운 운명을 국제적 영웅으로 형상화시키는 근본이 된다.

그 첫 번째 사건은 표면서사로서는 울동과의 대결이다. 그 대결은 울동에 의해 지하동굴에 갇혀 지내던 백용의 딸과 조씨녀의 구출이다. 이 두 여성을 구출하는 것은 홍길동이 중국에서 역사상 유명한 순임과 그의 두 부인인 아황 여영에 홍길동을 동일시시키는 것이다. 그 두 번 째는 이면서사로는 백씨녀는 자신의 누이 난설헌에 비유하여 병조판서의 이미지를 투사시킨 동인과 서인가의 화합을 성리이념을 은유적으로 표현한 율곡과 이념혼사이다. 세 번째는 홍길동과 조씨년의 혼인은 사림 개혁을 은유한 훈구세력에 축출당한 조광조와 연계된 사화와, 정여립과 연계된 기축옥사의 두 사건을 신원하는 성리이념을 투사시킨 표면서사에 해당한다.

이런 은유적인 수준의 조선에서의 정치적 갈등이 없는 세상을 보여주는 것이 홍길동이 사화와 옥사의 주체를 상징하는 울동을 퇴치하고, 성리이념을 제대로 펼칠 수 있는 나라를 상징하는 중국 밖의 제3국인 율도국 국왕으로 등극시킴으로써, 홍길동이 조선에서 모반자가 되지 않으면서도, 홍길동이 조선이 성리입국으로 시작하여 동서분당과 조정에서 군주와 권력을 장악한 세력가들이 옥사와 사화의 주역이 되어 국정을 파탄에 빠뜨리고, 백성들을 빈궁으로 몰아넣는 암울한 시대를 벗어날 수 있다는 희망의 주제를 조선 얼자 출신의 국제 영웅으로 설정한 것이다. 이것이 「홍길동전」의 주제를 넘어서는 아젠다 차원의 혁신 조선의 정책 모델로서의 율도왕 홍길동 이야기의 바탕이 된다.

7-2. 율도국의 왕위에 오른 조선 병조판서 홍길동

(1) 조선의 병조판서가 중국 남쪽에 위치한 율도국 정벌

조선의 서출 병조판서가 율도국 왕이 된다는 이념적인 서사는 홍판서의 청룡꿈 설정의 가장 강력한 배경에서부터 시작된다. 집을 나온 홍길동이 모반의 주인공도 아니고, 또한 거국적인 도적도 아닌, 부패한 사회로 인하여 가장 고통받는 백성들을 위해 활동하는 의적형 활빈당의 당수가 된다. 또한 능력을 인정받아 조선의 왕으로부터 병조판서를 제수받은 뒤에는 국내 정치 문제와는 상관이 없는 중국으로 진출한다.[816)]

허균은 국방에 대한 자신의 의견을 병론으로 제시하였지만 실현되지 않았고, 결국 그가 죽은 지 9년 만인 1627년에는 정묘호란이 일어났고, 18년 만인 1636년에는 병자호란이 일어났다. 이는 정치가 군주의 전단에 의해 다스려졌을 때 생길 수 있는, 전란의 피해를 일깨운 것이다. 허균은 특히, 능력 있는 신하가 있어야 하므로 그런 국가적 인재가 필요함을 강조하며, "조야의 재능있는 유자들은 권력을 등에 업고 무뢰함을 행하여 정도를 방해하는 권신들 때문에 재능이 크게 쓰이지 못하여 결국 군주는 이상정치를 할 수 없다"는 점을 제시하였다. 그러기에 나라가 어지러운 처지에 이르렀을 때는 훌륭한 인재들이 나타나 신하로서 헌신적인 보필을 하여야 함을 강조하였다. 권신과 소인배들이 권력의 중심에 있으면 나라가 곤궁해지므로, 군

---

816) 정여립이 대동계를 통해서 구시대의 적폐인 조선왕조를 타도하고 만백성이 평등한 대동세상을 열려고 한 과격한 방식이 아닌 온건한 방식의 하나로, 허균 당대의 광해군 시대의 혼란상을 극복하면서 사림파의 조광조거 훈구파와 맞서면서 정치 개혁을 추구한 형태 등을 등을 복합시키면서, 그 중간 형태로 홍길동의 율도국 왕위 등극담을 허균이 설정한 개혁의 수준으로 해석된다.

주는 밝은 총명성으로써 아랫사람을 살피고, 믿음으로써 신하에게 맡겨정치를 안정시켜야 함을 주장하였다.

허균이 홍길동을 병조판서를 제수받은 후에 조선을 떠나는 것으로 설정한 것은 반정의 뜻을 은폐하기 위한 우회적인 방법일 수 있다. 국내에서 직접 반정을 도모하는 홍길동이 아니라, 시대 배경은 세종 시대로 설정하고, 공간 배경은 중국과 제3국인 가상의 율도국으로 바꾸어, 중국에서 기반을 구축하여 율도국을 공격하여 정복함으로써 율도국의 국왕이 된다는 것이다. 이것은 허균이 반대당파의 인물들이 모반 선동을 했다는 역모죄의 공격을 막아낼 수 있는 안전 장치를 해놓은 것이다. 즉, 작가 허균으로서는 이미 여러 차례 반대당파의 사람들로부터 갖가지 명목으로 비탄을 받아 여러 차례 파직을 당한 경험이 있었기에, 비록 소설이라 할지라도 이런 방어적인 태도가 필요했던 것이다.

현실의 조정이 비록 극심한 모순을 보이고 있지만, 반정이나 혁명을 통한 급진적인 개혁은 체제 자체를 바꾸고 사회제도를 근본적으로 개혁해야 하는 만큼 어려운 것이었다. 특히, 임진왜란 직전에 율곡이 상소를 통해 제안했던 제도권 속의 개혁조차도 조정에서 수용되지 않았고, 여타의 개혁적인 인사들의 의견이 정책으로 반영되지 않는 상황에서, 임진왜란으로 당파간의 갈등은 더욱 심화되고, 광해군의 난정으로 국가 사회가 총체적인 위기에 도달하였기 때문이다. 이는 허균이 「홍길동전」을 창작한지 얼마 지나지 않아, 인조반정으로 광해군이 실각하여 폐주가 된 사실에서도 확인된다. 이런 정치사회의 혼란상을 외면할 수 없었던 작가 허균으로서는 〈유재론〉과 〈호민론〉에서 제기한 논설의 사례로, 세종 때의 홍상직의 서얼인 홍길동을 내세우고, 자신의 의지와 율곡의 의지 등을 융합하여 홍길동을 형상하면서, 조선의 병조판서 출신으로 율도국까지 진출하는 획기적인 발상을 소설에 담아 표현하게 된 것이다.

작가 허균은 홍길동 집단이 임금으로부터 받은 쌀 2천 석을 배에 싣고 무리를 이끌고 조선을 떠나, 군사력을 기르기 적합한 장소인 중국의 제도에 들어간다. 홍길동은 이곳에서 율도국을 정복하기 위한 힘과 경제력을 비축한다

「홍길동전」의 후반부를 대표하는 남해의 섬나라인 율도국에 관한 서술은 텍스트에 따라서 상당한 차이를 보인다. 경판 「홍길동전」의 한 이본인 경판 30장본에서는 율도국 장면의 첫 화소가 율도국의 소개와 평소의 뜻에 따른 출격대목으로 설정되어 있다.

> ᄎᆞ시 율도국이란 나라히 잇스이 지방이 슈쳔 니오 ᄉᆞ면이 막히여 진짓 금셩쳘이오 텬부지국이라 길동이 ᄆᆡ양 이 곳을 유의ᄒᆞ여 왕위를 앗고져 ᄒᆞ더니 이제 삼년샹을 지ᄂᆡ고 긔운이 활발ᄒᆞ여 셰상의 두릴 ᄉᆞᄅᆞᆷ이 업ᄂᆞᆫ지라 일〃은 길동이 졔인을 불너 의논 왈 ᄂᆡ 당쵸의 ᄉᆞ방으로 단닐 졔 율도국을 유[817]의ᄒᆞ고 이곳의 머무더니 이졔 마음이 ᄌᆞ연 ᄃᆡ발ᄒᆞ니 운싊 녈니물 알지라 그ᄃᆡ 등은 나를 위ᄒᆞ여 일군을 죠발ᄒᆞ면 죡히 율도국 치기ᄂᆞᆫ 두리지 아니리니 엇지 ᄃᆡᄉᆞ를 도모치 못ᄒᆞ리오 ᄒᆞ고 길동이 스ᄉᆞ로 션봉이 되고 마슉으로 후군장을 삼아 졍병 오만을 거ᄂᆞ리고 ᄐᆡᆨ일 츌ᄉᆞᄒᆞ니

이 대목에서 보면, 율도국은 면적이 수천리나 되고 군사적으로는 사면이 막히여 방어하기에 적절한 천부의 나라이다. 그래서 홍길동이 평소 이 나라는 자신이 왕이 되어 자신의 이상적인 이념을 펼치며 다스려 볼 만한 나라로 생각하고 있었다. 그래서 그 뜻을 실현하고자 율도국을 공격하여 왕위를 빼앗고자 하던 중, 운수가 열려 출격의 기운이 되는 시기를 타서 군사를 일으켜 스스로 선봉이 되고, 후장군으로 마숙을 삼아 오만병으로 출격한 것이다.

---

817) 경판 30장본 「홍길동전」.

그 다음에 이어지는 화소에서는 다음과 같은 율도국 군대와 대결하는 내용이 중심을 이룬다.

이ᄯᆡᄂᆞᆫ 갑ᄌᆞ 츄구월이라 길동이 ᄃᆡ군을 휘동ᄒᆞ여 율도국 쳘봉산하의 다〃르니 쳘봉 ᄐᆡ슈 김현츙이 난ᄃᆡ업ᄂᆞᆫ 군ᄆᆡ 니르물 보고 ᄃᆡ경ᄒᆞ여 일변 왕의게 보ᄒᆞ고 일군을 거ᄂᆞ려 ᄂᆡ다라 ᄊᆞ호거ᄂᆞᆯ 션봉장 길동이 마ᄌᆞ ᄊᆞ홀ᄉᆡ 현츙이 본ᄃᆡ 용ᄆᆡᆼ이 〃시무로 길동이 죠련이 파치 못헐 쥴 알고 졔쟝을 모하 의논 왈 "우리 이곳의 드러와 발셔 군긔 마필은 만히 어더시나 두리ᄂᆞᆫ 바ᄂᆞᆫ 다만 양식이라 만일 날이 오ᄅᆡ도록 파치 못ᄒᆞ며 ᄃᆡᄉᆞ를 닐우지 못ᄒᆞ리니 계교로써 쳘봉 ᄐᆡ슈를 ᄌᆞᆸ고 그 군양을 어더 도셩을 치면 엇지 쉽지 아니리오" ᄒᆞ고 쟝슈를 동셔남북의 보ᄂᆡ여 ᄆᆡ복ᄒᆞ고 후군쟝 마슉으로 졍병 오쳔을 거ᄂᆞ려 ᄊᆞ홈을 도〃케 ᄒᆞ니 ᄐᆡ슈 김현츙이 ᄂᆡ다라 ᄊᆞ홀ᄉᆡ 슈합이 못ᄒᆞ여 마슉이 거즛 ᄑᆡᄒᆞ여 본진으로 도라오니 현츙이 뒤흘 ᄯᆞ로ᄂᆞᆫ지라 길동이 ᄯᆡ를 타 공즁을 향ᄒᆞ고 진언을 념ᄒᆞ니 이윽고 오방신쟝이 ᄃᆡ군을 거ᄂᆞ려 일시의 에워ᄊᆞ니 동은 쳥졔쟝군이오 남은 젹졔쟝군이오 셔ᄂᆞᆫ ᄇᆡᆨ졔쟝군이오 북은 흑졔쟝군이오 가온ᄃᆡ 길동이 황금 투고의 ᄃᆡ도를 들고 즛쳐 드러가니 반합이 못ᄒᆞ여 현츙의 탄 말을 질너 업지르고 ᄃᆡ즐 왈 "네 죽기를 앗기거든 쾌히 항복ᄒᆞ여 텬명을 어긔지 말나" ᄐᆡ싊 ᄋᆡ걸 왈 "쇼쟝이 인의 ᄌᆞᆸ히여 왓스니 잔명을 구ᄒᆞ쇼셔" ᄒᆞ거ᄂᆞᆯ 길동이 ᄐᆡ슈의 항복ᄒᆞᄂᆞᆫ 냥을 보고 좌우를 명ᄒᆞ여 그 ᄆᆡᆫ 거ᄉᆞᆯ 글너 위로ᄒᆞ고 인ᄒᆞ여 쳘봉셩을 직히게 ᄒᆞ고 군ᄉᆞ를 거ᄂᆞ려 도셩을 칠ᄉᆡ 먼져 격셔를 써 율도왕의게 젼ᄒᆞ니 그 격셔의 왈 "의병쟝 홍길동은 글월을 율도왕의게 젼ᄒᆞᄂᆞ니 ᄃᆡ져 님군은 ᄒᆞᆫ ᄉᆞᄅᆞᆷ의 님군이 아니오 텬ᄒᆞ ᄉᆞᄅᆞᆷ의 님군이라 이러무로 셩탕이 빌걸ᄒᆞ시고 무왕이 빌쥬ᄒᆞ시니 텬되 ᄌᆞ연ᄒᆞᆫ 일이라 ᄂᆡ 일즉 긔병ᄒᆞ여 율도국을 치ᄆᆡ 먼져 쳘봉을 항복밧고 물미듯 드러오니 지나ᄂᆞᆫ 바의 다 투항 아니 리 업ᄂᆞᆫ지라 이제 왕이 ᄊᆞ호고져 ᄒᆞ거든 ᄊᆞ호고 그러치 아니ᄒᆞ거든 일즉 항복ᄒᆞ여 살기룰 도모허라" ᄒᆞ여더라 율도왕이 남필의 ᄃᆡ경 왈 "아국이 젼혀 쳘봉을 밋고 지ᄂᆡ거ᄂᆞᆯ 이제 쳘봉을 일허시니 엇지 젹세를 당ᄒᆞ리오" ᄒᆞ고 인ᄒᆞ여 ᄌᆞ결ᄒᆞ니 셰ᄌᆞ 왕비 다 ᄌᆞ결ᄒᆞᄂᆞᆫ지라[818]

여기서 보면, 갑자년 가을에 홍길동이 율도국 철봉산 태수 김현충을 공격하니 태수는 율도왕에게 이 사실을 알리면서 대응하므로 홍길동은 원정군으로서의 승리를 할 수 있는 양곡을 마련하기 위하여 계교로 철봉태수를 잡고 그 군량 확보하는 데 성공한다. 즉, 홍길동은 이 전투에서 도술을 부려 철봉군을 청제장군, 적제장군, 백제장군, 흑제장군의 오방장군을 거느리고, 포위하니 태수 김현충은 항복하게 된다. 이 성을 근거로 삼아 율도왕이 있는 도성을 공격하니, 율도왕은 홍길동의 격서를 읽고, 적세를 당할 수 없음을 판단하고 자결하고, 세자와 왕비 또한 뒤따라 자결하는 것으로 서술되고 있다.

또, 율도국을 정벌한 후에는, 이 나라를 화소로 다음과 같은 본문으로 서술하고 있다.

길동이 셩즁의 드러가 ᄇᆡᆨ셩을 안무ᄒᆞ고 우양을 잡아 졔쟝 군졸을 호궤ᄒᆞ고 길동이 왕위의 즉ᄒᆞ니 을츅 뎡월 이십팔 일이라. 졔쟝을 다 각〃 봉작ᄒᆞᆯ식 마슉으로 좌승상을 삼고 쇠쳘노 우승상을 삼고 그 남은 ᄉᆞ름을 다 각각 벼ᄉᆞᆯ을 도〃고 김길노 슌문안찰ᄉᆞ를 ᄒᆞ여 율도국 삼ᄇᆡᆨ육십 쥬를 슌힝케 ᄒᆞ니 만죠ᄇᆡᆨ관이 일시의 쳔셰를 부로고 하례ᄒᆞ며 원근 ᄇᆡᆨ셩드리 숑덕 아니 리 업더라. 왕이 인ᄒᆞ여 부인 ᄇᆡᆨ시와 됴시로 왕비를 봉ᄒᆞ고 부친을 츄죤ᄒᆞ여 현덕왕을 봉ᄒᆞ고 모친 츈낭으로 ᄃᆡ비를 봉ᄒᆞ고 ᄇᆡᆨ용 됴쳘노 부원군을 봉ᄒᆞ여 궁실을 사급ᄒᆞ고 부친 능호를 션능이라 ᄒᆞ여 능상의 올나 제문 지어 졔ᄒᆞ고 **모부인 유시로 현덕왕비를 봉ᄒᆞ며** 환쟈와 시신을 졔도로 보ᄂᆡ여 ᄃᆡ비와 왕비를 영졉ᄒᆞ여 오니라 왕이 즉위 삼년의 일국이 ᄐᆡ평ᄒᆞ여 ᄉᆞ방의 일이 업고

818) 경판 30장본「홍길동전」.

국ᄐᆡ민안ᄒᆞ니 왕의 덕ᄐᆡᆨ이 셩탕의 비길너라.[819]

이 장면은 을축년 정월에 율도국을 정복한 홍길동이 입성하여 왕위에 올라, 마숙은 좌승상을 삼고, 최철은 우승상을 삼고, 김길은 수문안찰사를 삼아 율도국 삼백육십주를 지키게 하니, 만조백관이 천세를 부르고 축하하며 백성들은 모두 송덕하였다는 내용으로 시작된다. 율도왕이 된 홍길동이 백씨부인과 조씨부인을 왕비를 봉하고 부친을 추존하여 현덕왕으로 봉하고, 모친 춘랑은 대비로 봉한 후 부친의 능에 제사를 지낸다. 또, 모부인 유씨는 현덕왕비를 봉하고, 대비와 왕비를 제도에서 영접하여 와서 살아가니 왕의 덕택으로 일국이 태평하였다고 서술하고 있다.

이어지는 화소에서는 조선국왕에 대한 율도왕의 보은 이야기로, 다음과 같은 본문으로 진행되고, 다음 화소는 조선왕의 대응과 형 인형의 율도국 방문이야기이고. 그 다음 화소는 율도왕의 부귀와 후손 이야기이고, 그 다음 화소는 천상으로 복귀하는 작품의 대단원으로 다음과 같이 서술되고 있다.

왕이 등극 삼십년의 년긔 칠슌이 된지라 셰상이 오ᄅᆡ지 아니믈 짐작ᄒᆞ고 젹숑ᄌᆞ의 ᄌᆞ최를 ᄎᆞᆺ고져 ᄒᆞ더니, 일〃은 왕이 후원 영낙젼의 올나 니원 풍악을 갓쵸고 비빙과 시녀를 모화 즐기며 산천경ᄀᆡ를 완상ᄒᆞ여 노ᄅᆡ를 지어 부르니, 그 노ᄅᆡ의 왈 "셰상ᄉᆞ를 ᄉᆡᆼ각ᄒᆞ니 풀끗희 이슬갓도다 ᄇᆡᆨ년을 산다허나 이 ᄯᅩᄒᆞᆫ 부운이라 귀쳔이 ᄯᆡ 잇스미여 다시 보기 어렵도다 텬지정슈를 인녁으로 못ᄒᆞ리로다 슬푸다 쇼년이 어제러니 금일 ᄇᆡᆨ발될 쥴 엇지 알이오 아마도 안긔ᄉᆡᆼ과 젹숑ᄌᆞ를 좃ᄎᆞ 셰상 니별ᄒᆞ미 가ᄒᆞ도다" ᄒᆞ고, 두 왕비와 ᄒᆞᆫ가지로 죵일 열낙ᄒᆞ더니 문득 오ᄉᆡᆨ 구름이 젼각을 두루며 향ᄂᆡ 진동ᄒᆞ더니 일위 ᄇᆡᆨ발 노옹이 쳥여장을 집고 쇽발관 쓰고 학창의 닙고 누상의 오르

819) 경판 30장본「홍길동전」.

며 공슌이 일너 왈 "그ᄃᆡ 인간 부귀와 영녹이 엇더ᄒᆞ뇨? 이제 우이 셔로 쳐쇼의 모일 ᄯᆡ를 만나시니 ᄒᆞᆫ가지로 가미 엇더ᄒᆞ뇨" ᄒᆞ고 집헛던 육한장으로 난간을 치니 호련 뇌졍벽역이 텬지 진동ᄒᆞ더니, 문득 왕과 두 왕비 간ᄃᆡ 업ᄂᆞᆫ지라. 삼ᄌᆞ와 모든 시네 이를 보고 망극ᄒᆞ여 일장통곡허다가 거즛 관곽을 갓쵸와 예로써 신능을 졍ᄒᆞ여 안장ᄒᆞ고 능호를 형능이라 ᄒᆞ이라. 셰ᄌᆡ 즉시 왕위의 올나 만됴를 모화 됴회를 베풀고 쳔세를 부르며 각읍의 ᄉᆞ문을 나리와 ᄇᆡᆨ셩을 안무ᄒᆞ며 십년 부셰를 견감허라 ᄒᆞ시니, 만셩 인민이 그 덕을 일캇더라. 왕이 친이 졔문 지어 션능의 친졔ᄒᆞ시고 졔신을 ᄎᆞ례로 벼살을 도〃니 됴얘 칭평ᄒᆞ고 년〃 풍등ᄒᆞ여 격양가를 부르더라. 이런 고로 셰월이 여류ᄒᆞ여 왕이 ᄯᅩᄒᆞᆫ 삼ᄌᆞ를 두어스니, ᄯᅩᄒᆞᆫ 춍명ᄒᆞ여 ᄌᆡ죠와 덕힝이 비헐 데 업ᄂᆞᆫ지라. 이러무로 후셰의 그 ᄌᆡ와 츙효를 알게 ᄒᆞ미오. ᄃᆡ〃로 계〃승〃ᄒᆞ여 ᄐᆡ평으로 누리더라.[820)]

여기서 보면, 율도왕은 삼십년 동안 왕위에 있는 후 칠십의 나이로 지상의 삶을 마친다. 적송자와 같은 신선의 뒤를 따르고자 하여 후원 영락전에 올라 풍악을 즐기고 산천경개를 완상한 후 "세상사를 생각하니 풀끝에 이슬 같다. 백년을 산다고 하나 이 또한 부운이라. 귀천이 때 있음이여 다시 보기 어렵도다. 천지정수를 인력으로 못하리라. 슬프다 소년이 어제러니 금일 백발될 줄 어찌 알리오. 아마도 안기생과 적송자를 따라 세상 이별함이 가하도다" 하고, 왕비들과 함께 종일 즐기다가 오색구름이 전각을 두르며 향내가 진동터니 백발노옹이 누상의 오르며 공순이 일너 왈 "그대 인간 부귀와 영욕이 어떠하뇨? 이제 서로 처소에 모일 때를 만났으니 함께 감이 어떠하뇨?" 하고 짚었던 육환장으로 난간을 치니 홀련 뇌성벽력이 천지를 진동하더니 문득 율도왕과 두 왕비 사라졌다. 이런 율도왕의 천상 복귀는 작품의 서두에

---

820) 경판 30장본「홍길동전」.

제시되었던 홍판서의 태몽과 호응하는 사건으로, 이 작품의 도선적 분위기를 최대한 보여주는 것으로 실존인물 홍길동이 지녔던 환술이 빼어난 인물이라는 특성을 충분히 반영한 것으로 평가할 수 있다. 이 점이 홍길동의 국내에서의 활약상에서 보여준 도술의 의미나, 율도국 공격의 도술성과도 맥락을 같이하는 부분이기 때문이다.

이러한 율도국 부분은「홍길동전」전개의 대단원으로서, 허균의 창작 의도에 따라 제1 홍길동이 출국하여 유구국으로 갔다는 역사적 사실, 또 형이 유구국 사신을 맞이하는 유구통 외교관이었다는 사실, 나아가서는 동아시아에서 유구는 대표적 국제 교역국이라는 경제적인 측면까지 종합적으로 고려하여, 당파성에 휘말려서 사화와 옥사같은 내우 문제를 극복하는 정국 운영 방안과 외교 경제 문제를 개방적이고 대국적 차원에서 혁신적인 전환을 제시하는 성리이념을 실현하는 얼자 출신 병조판서의 중국 진출과, 제3국의 해외 개척담을 제시한 것이다,

율도국이라는 나라의 작명은 율도국이 조선과 중국과 같은 고유 명사가 아닌, 작가 허균이 지어낸 가공의 소설에서 만 존재하는 나라의 이름임을 알 수 있다. 그 뜻은 여러 가지로 해석할 수 있겠으나, 그 중심에 담긴 의미는 서출 홍길동의 일생이 보여준 삶의 내용이나 지향점으로 본다면, 율도국의 율은 법률로서의 율과, 성리심으로서의 도가 균형 잡히고 온전하게 실현되는 이상적인 나라, 도가에서 가장 높이는 저절로 다스려지는 행복한 나라인 화서국과 같은 부국강병, 태평성대의 나라라는 뜻으로 해석될 수 있다.

(2) 해동제국에 대한 허균의 특출한 발상과 유구

허균은 홍길동의 최종 목적지를 실존 인물 홍길동이 유구로 짐작되는 율도국으로 진출하여, 적봉 홍가와라로 활동한 것을 왕이 되는 이야기로 그림

으로써, 홍길동의 영웅적 삶의 대미를 장식하고자 한 것으로 판단된다. 허균은 소설 속에서 홍길동이 남경의 남쪽에 위치한 해중의 율도국의 왕에 등극하는 것으로 서사를 전개한다. 이런 설정에서는 율곡의 호에서 율의 이미지와, 『해동제국기』에도 등장하는 유구국의 주요 지명의 하나인 율도, 그리고 유구라는 실제 나라 이름 등이 율도국이라는 작품 속의 나라 이름을 설정하는 복합 소재 내지 이미지의 토대가 되었다고 본다.

1471년에 작성한 『해동제국기』에는 일본국 본도, 일본국 구주도, 일본국 일지도, 일본국 대마도, 유구국 도가 있다. 그 뒤에, 추가한 것으로, 1차 추가인 1473년, 2차 추가인 1474년, 3차 추가인 1501년 기록이 있다. 3차는 1501년 유구사신이 왔을 때, 병조판서 이계동이 건의하고, 성희안이 유구사신에게 들은 내용을 기록하였다. 이때 전후 시기는, 제2 홍길동이 체포된 1500년 직후이고, 제1 홍길동의 출국, 유구행이 이루어진 1460년 경으로 보면, 가짜 홍길동도 제1 홍길동 때처럼 해외로 추방하였거나, 아니면 탈출하였을 것으로도 볼 수 있다.

신숙주가 일본에 다녀와서 1차로 1471년에 『해동제국기』를 작성하였고, 2차로는 1501년 유구사신이 왔을 때 병조판서 이계동이 건의하고, 성희안이 유구사신에게 들은 내용을 기록하였던 것처럼, 3차로 허균이 소설 「홍길동전」을 혁신 「징비록」으로 창작하면서, 중국 밖의 동남아 3국인 조선, 왜국, 유구 중에서 그 세력이 1위인 조선, 2위인 왜국, 3위인 유구의 관계로 놓고, 왜국에 시달리는 유구국을 왜국이 아닌 조선이 중국의 묵인하에 형제국으로 삼기 위해 군사를 앞세운 공격적인 외교력 확장으로 서사를 전개한 것으로 판단된다.

즉, 허균은 왜국이 임진왜란으로 조선을 침공하고, 대마도주가 유구를 침공하는 것과는 달리, 조선의 병조판서 홍길동이 중국을 거쳐서 율도국을 점령함으로써, 왜국의 침략을 받지 않는 평화로운 나라, 조선으로서도 유구국과 형제국이 됨으로써, 평화 유지를 계획하여 소설 속에서 나마 해결하고자 한 것이다. 이는 무력이 약한 조선이 군사 강국으로 자존할 수 있고, 왜국을 중국과 조선의 양쪽에서 견제할 수 있는 국제 질서의 혁신안을 혁신「징비록」 차원에서 제시한 것이 허균의 생각이 아닐까? 이런 추정이 가능한 것은 허균이 처형될 때 뒤집어쓴 죄명이 유구 군대가 남산에 들어와 숨어 있다는 유언비어를 퍼트린 죄와, 허균의 형인 허봉이 유구 외교관으로서 활동 등이 관련이 있다.

홍길동이 병조판서를 제수 받아 평생의 소원을 풀고 난 다음, 수천리나 되는 천부의 나라 율도국을 정복하여 왕이 되어 태평성대의 이상국을 이루고 다스려가는 것은, 실존인물 홍길동의 일생에서 삶의 꽃에 해당 된다. 허균은 「홍길동전」을 창작하면서, 비록 홍길동이 유구까지 진출하는 그 험난한 표류의 고통이나, 초기 정착 과정에서 겪었을 고난과 시련에 대해서는 사실적인 서술이 불가능 했지만, 당대 소설창작의 수준에서는 한 조선인의 불굴의 이념과 성공담을 유감없이 소설이라는 허구적 세계를 통해 형상해내는 데는 성공하였다고 판단된다.

그동안 학계에서는, 「홍길동전」의 이상국 건설은 적서차별이 없는 이상국이며, 항상 소국으로 피지배 피압박적인 위치에 있던 조선 사람의 웅지를 품은 홍길동이 소천지에 국척하지 말고 모름지기 해외로 진출하여 신천지를 찾아 개척한 사실을 높이 평가[821]하면서도, 이를 가공의 사건으로만 판단했기 때문에, 현실감이 떨어졌던 것이다. 그래서 홍길동이 병서를 공부하고, 무예를 연습한 것은 장차 동정서벌 신천지를 개척하기 위한 수단인 동시에, 유사시에 응하려는 허균이 평소에 품고 있던 국방사상의 발원'[822]으로만 보게 되었다. 아니면, 「홍길동전」 후반의 핵심화소인 제도를 거쳐 율도로 진출하는 홍길동의 진출로는 실존인물 홍길동이 1차 정착지를 거쳐, 2차 정착지

821) 정주동, 『홍길동전 연구』, 문호사, 1961, 197~198쪽.

822) 위의 책, 197~198쪽.

로 나아가는 유구열도의 세력 확장 방식과 흡사함을 나타내고 있다.

이와는 달리 홍길동의 출국과 투쟁의 낭만적 형상화는 실존인물 홍길동의 좌절을, 사실로 인정하기를 거부하는 민중의 의지가 홍길동을 재생시켜 제3의 세계로 망명하게 했다고 해석하였다. 그리고 「홍길동전」은 낭만적 신비적 요소로 말미암아 현실적 사회상과 사회적 모순을 객관적 구체적으로 묘파하지 못하고 다분히 주관적 추상적 환상적으로 제시하는 데 그친 것으로 보았다.[823] 또, 소설 「홍길동전」 속에는 길동이 율도왕이 되어 나라를 다스린 지 3년 만에 '산에 도적이 없었다'고 하고 있다. 그런데 그가 그전에 살았던 나라 조선에는 도적이 있었다. 바로 그가 그 도적의 수괴였고, 그가 거느리고 있는 무리가 지난 날의 도적이었던 것이다.[824] 그러나 율도국은 주인이 없는 물건이 땅에 떨어져 있어도 줍는 사람이 없게 되었다고 하고 있다. 이것은 율도국이 제 것 만으로도 넉넉한 고른 풍요의 나라가 되었음을 의미함과 동시에 뺏고 빼앗기는 일이 있을 수 없는 세계로 빈부의 심한 격차와 탐관오리의 수탈이 없음을 뜻한다.[825] 이런 바른 정치가 통하고, 사회 윤리질서가 지켜지는 세계를 율도국을 선정한 것도 실은 실재인물 홍길동이 유구에서 펼쳤던 의로운 이웃, 나아가서는 민중의 지도자로서 활동했던 실재적인 상황에 소재적 원천을 두고 있는 것이다.

선행 연구사에서도 한편으로는 작가 허균이 외국 사정에 잘 통하고, 평소에도 국방문제에 관해 유달리 관심을 갖고 있었으며, 특히 북방의 호국과 더불어 남방의 유구민의 침입을 우려하였으므로, 그가 훈련 시킨 정예 병사들로 하여금 무력으로 치게 한 율도국은 유구일지도 모른다'[826]고 하였으며,구

823) 임형택, 「홍길동전의 신고찰」, 정규복편, 『한국고소설연구 2』, 이우출판사, 1983, 341쪽

824) 장량수, 『의적소설사』, 문예출판사, 1991, 61쪽.

825) 장양수, 앞의 책, 61쪽.

826) 정주동, 『홍길동전연구』, 문호사, 1961, 197~198쪽.

체적인 근거는 제시하지 못하였다 해도 유구가 율도국을 지칭하는 것으로 추정하기도 하였다. 그러나 홍길동이 역사적 현실 속에서 유구로까지 자신의 삶을 확장했다는 사실이 드러나는 지금의 시각에서 본다면, 율도왕이 되는 사건의 골격은 허균이 역사적 현실 사건을 적극적으로 수용한 것이었다. 즉, 율도왕 홍길동의 소재적 원천을 인지하지 할 수 었었던 연구자들은, 역사상 실재하지 않았던 사건을 소설 속에서 허구화시킨 내용이라는 선입관 때문에, 이 부분에 대한 의미를 보다 적극적으로 설명해내지 못했던 것이다. 이러한 현상은 「홍길동전」의 초기 연구사에서 「홍길동전」의 후반부는 구성상 모순을 자아내는 사족으로까지 평[827]하는 결과를 가져오기도 하였다.

「홍길동전」을 유구에까지 나가 해외 개척자로서의 모습을 보인 실존 인물 홍길동의 실명 소설이라는 점에서, 이 작품의 해석을 달리해야 할 것이다. 이러한 시각에서 「홍길동전」에 서술된 율도국 부분을 다시 주목할 필요가 있다. 그러므로 적서의 차별이 없는 선치, 덕치의 평화의 나라요, 이상국인 율도국은 새로이 지향해야 할 앞날의 조선을 암시하고 있다.'[828]는 평가에서처럼, 이러한 이상을 실제로 실현한, 한 영웅적 인물이 우리의 역사 속에서 영원히 사라질뻔한 사실을 작가 허균이 발굴하였고, 그 실존 인물 홍길동을 모델로 하여 창작한 성리 소설이 「홍길동전」이라는 평가를 해야 하는 시점에 이르렀다.

(3) 율도국 국왕 등극 대목의 텍스트별 실상

경판 30장본의 이러한 내용은, 완판 36장본의 경우에는 달리 표현되고 있다. 완판 36장본의 경우는 율도국 대목의 시작을 이루는 첫째 화소가 율도국

827) 김동욱, 「홍길동전의 비교문학적 고찰, 『허균연구』 새문사, 1986, 1-98쪽.

828) 정주동, 『홍길동전 연구』, 문호사, 1961, 195쪽.

소개와 홍길동의 출정 의지로 이야기가 서술된다.

> 근쳐의 ᄒᆞᆫ 나라이 잇스니 일홈은 율도국이라. 즁국을 셤긔지 아니ᄒᆞ고 슈십ᄃᆡ를 전ᄌᆞ전손ᄒᆞ야 덕화유ᄒᆡᆼᄒᆞ니 나라이 ᄐᆡ평ᄒᆞ고 ᄇᆡᆨ셩이 넉〃ᄒᆞ야날 길동이 졔군과 의논 왈 “우리 엇지 이 도즁만 직키여 셰월을 보ᄂᆡ리요. 이졔 율도국을 치고져 ᄒᆞ나니 각〃 쇼견의 엇더ᄒᆞ뇨?” 졔인이 즐겨 원치아니ᄒᆞ 리 업난지라.[829]

경판 30장본에 비하여, 보다 간략하게 제시되고 있지만, 그 표현 또한 단순한 축약은 아니다. 또, 이어지는 둘째 화소는 율도국 군대와 대결하는 내용이 다음과 같은 서술로 제시되고 있다.

> 즉시 ᄐᆡᆨ일 츌ᄉᆞᄒᆞᆯᄉᆡ, 삼 호걸노 션봉을 ᄉᆞᆷ고 김인슈로 후군장을 ᄉᆞᆷ고 길동 스ᄉᆞ로 ᄃᆡ원슈 되야 즁영을 총독ᄒᆞ니, 긔병이 오쳔이요 보졸이 〃만이라. 금고ᄒᆞᆷ셩은 강산이 진동ᄒᆞ고 긔치검극은 일월을 ᄀᆞ리왓더라. 군ᄉᆞ을 ᄌᆡ촉ᄒᆞ여 율도국으로 향ᄒᆞ니 이른 바 당ᄒᆞᆯ ᄌᆡ 업셔, 단ᄉᆞ호쟝으로 문을 여러 항복ᄒᆞᄂᆞᆫ지라 슈월지간의 칠십여셩을 졍ᄒᆞ니 위엄이 일국의 진동ᄒᆞᄂᆞᆫ지라. 도셩으 십니 밧긔 진을 치고 율도왕으게 격셔ᄅᆞᆯ 젼ᄒᆞ니, 그 글의 ᄒᆞ엿시되 “의병장 홍길동은 ᄉᆞᆷᄀᆞ 글월을 율도왕 좌하의 드리나니 나라난 ᄒᆞᆫ ᄉᆞ름이 오ᄅᆡ 직키지 못ᄒᆞᄂᆞᆫ지라 시고로 셩탕은 하걸을 치고 무왕은 상쥬을 ᄂᆡ치시니 다 ᄇᆡᆨ셩을 위ᄒᆞ야 난ᄃᆡ을 평정ᄒᆞ는 ᄇᆡ라. 이졔 의병 이십만을 거ᄂᆞ러 칠십여성을 항복 밧고 이예 이르럿시니 왕은 ᄃᆡ셰을 당ᄒᆞᆯ 듯ᄒᆞ거든 ᄌᆞ웅을 결단ᄒᆞ고셰 궁ᄒᆞ거든 일직 항복ᄒᆞ여 쳔명을 순슈ᄒᆞ라.” ᄒᆞ고 다시 위로왈 “ᄇᆡᆨ셩을 위ᄒᆞ야 슈히 항셔을 올이면 일방 봉작으로 ᄉᆞ직을 망케 아니ᄒᆞ리라” ᄒᆞ여더라. 이젹의 율도

829) 완판 36장본 「홍길동젼」.

왕이 불의에 일홈 업난 도젹이 칠십여쥬을 항복바도믜 향ᄒᆞ는 곳마닥 당젹지 못ᄒᆞ고 도셩을 범ᄒᆞ면 비록 지혜 잇는 신ᄒᆞ라도 위ᄒᆞ여 ᄡᅴᄒᆞ지 못ᄒᆞ더니, 믄득 격셔을 드리믜 만조졔신이 아모리 ᄒᆞᆯ 쥴 모로고 장안이 진동ᄒᆞ는지라. 졔신이 의논 왈 “이졔 도젹의 ᄃᆡ셰을 당치 못ᄒᆞᆯ지라. ᄡᅡ호지 말고 도셩을 구지 직키고 긔병을 보ᄂᆡ여 그치즁 군량 슈운ᄒᆞ는 길을 마그면 젹병이 나쇼와 ᄡᅡ홈을 엇지 못ᄒᆞ고, ᄯᅩ 물너갈 길이 업ᄉᆞ오면 슈월이 못ᄒᆞ야 젹장의 머리을 셩문의 달니이ᄃᆞ 의논이 분운ᄒᆞ더니, 슈문장이 급고왈 “뎍병이 발셔 도셩 십이 밧긔 진을 쳣나이ᄃᆞ” 율도왕이 ᄃᆡ분ᄒᆞ여 정병십만을 조발ᄒᆞ여 친이 ᄃᆡ장이 되야 ᄉᆞᆷ군을 ᄌᆡ촉ᄒᆞ야 호슈을 맛어 진을 치니라. 이젹의 길동이 형지을 슈탐ᄒᆞᆫ 후의 제장과 의논 왈 “명일 오시면 율도왕을 ᄉᆡ로 자불 거시니 군령을 어긔오지 말나” ᄒᆞ고, 졔장을 분발ᄒᆞᆯ ᄉᆡ ᄉᆞᆷ 호걸을 불너 왈 “그ᄃᆡ는 군ᄉᆞ 오쳔을 거ᄂᆞ려 냥관 남편의 복병ᄒᆞ엿다ᄀᆞ 호령을 지다려 이리〃〃 ᄒᆞ라” ᄒᆞ고 후군장 김인슈을 불너 왈 “그ᄃᆡ는 군ᄉᆞ 이만을 거ᄂᆞ려 남관 우편의 ᄆᆡ복ᄒᆞ엿ᄃᆞᄀᆞ 호령을 지다려 이리〃〃 ᄒᆞ라” ᄒᆞ고, ᄯᅩ 좌선봉 ᄆᆡᆼ츈을 불너 왈 “그ᄃᆡ는 쳘긔 오천을 거ᄂᆞ려 율왕과 ᄡᅡ호다ᄀᆞ 거즛 ᄑᆡᄒᆞ야 왕을 인도ᄒᆞ여 양관으로 다라나다ᄀᆞ 츄병 양관 어귀에 들거든 이리〃〃 ᄒᆞ라” ᄒᆞ고, ᄃᆡ쟝긔치와 ᄇᆡᆨ모황월을 쥬니라. 잇틋날 평명의 ᄆᆡᆼ춘이 진문을 크게 열고 ᄃᆡ장긔치을 진젼의 셰우고 웨여 왈 “무도ᄒᆞᆫ 율도왕이 감히 쳔명을 항거ᄒᆞ니 날을 당젹ᄒᆞᆯ ᄌᆡ조 잇거든 샐니 나와 ᄌᆞ웅을 결단ᄒᆞ라” ᄒᆞ며, 진문의 치돌ᄒᆞ며 ᄌᆡ조을 비양ᄒᆞ니 젹진 선봉 한셕이 웅셩츌반 왈, “너희난 엇더ᄒᆞᆫ 도젹으로 쳔위을 모로고 ᄐᆡ평시졀을 불난케 ᄒᆞ는다 오날〃 너희을 ᄉᆡ로잡아 민심을 안돈ᄒᆞ리라” ᄒᆞ고, 언필의 샹장이 합젼ᄒᆞ야 ᄡᅡ호더니, 슈합이 못ᄒᆞ야 ᄆᆡᆼ춘의 칼이 빗나며 ᄒᆞᆫ셕의 머리을 버혀 들고 좌츙우돌ᄒᆞ여 왈 “율왕은 무죄ᄒᆞᆫ 장졸을 상치 말고 슈히 나 항복ᄒᆞ여 잔명을 보젼ᄒᆞ라” ᄒᆞ니, 율왕이 션봉 ᄑᆡᄒᆞ믈 보고 분긔을 이긔지 못ᄒᆞ야 녹포운갑의 ᄌᆞ금투고을 쓰고 좌슈의 방천극을 들고 졀리ᄃᆡ완마을 ᄌᆡ촉ᄒᆞ야 진젼의 나셔며 왈 “젹장은 잔말〃고 ᄂᆡ의 창을 바드라” ᄒᆞ고, 급피ᄆᆡᆼ춘을 취ᄒᆞ여

ᄡᅡ호니 십여합의 ᄆᆡᆼ춘이 ᄑᆡᄒᆞ여 말머리을 둘너 양관으로 향ᄒᆞ니 율도왕이 ᄶᅮ지져 왈 "적장은 닷지 말고 말게 나려 항복ᄒᆞ라" 말을 ᄌᆡ촉ᄒᆞ야 ᄆᆡᆼ춘 ᄯᆞ라 양관으로 ᄀᆞ더니 적장이 골 어귀에 들며 군긔을 바리고 ᄉᆞᆫ곡으로 닷ᄂᆞᆫ지라. 율도왕이 무슨 ᄀᆞᆫ계 잇ᄂᆞᆫᄀᆞ 의심ᄒᆞ다ᄀᆞ 왈 "네 비록 ᄀᆞᆫᄉᆞᄒᆞᆫ ᄭᅬ히 잇시나 ᄂᆡ 엇지 겁ᄒᆞ리요" ᄒᆞ고, 군ᄉᆞ을 호령ᄒᆞ야 급피 ᄯᆞ로더니, 이적의 길동이 장ᄃᆡ의셔 보다ᄀᆞ 율도왕이 양관 어귀에 들믈 알고 신병 오천을 호령ᄒᆞ야 ᄃᆡ군과 합세ᄒᆞ야 양관 어귀예 팔진을 쳐 도라갈 길을 막으니라. 율도왕이 적장을 좃ᄎᆞ 골의 들ᄆᆡ 방포소ᄅᆡ 나며 ᄉᆞ면 복병이 합세ᄒᆞ여 그 세 풍우ᄀᆞᆺ튼지라. 율도왕 ᄭᅬ여 ᄉᆡᆨ진 쥴 알고 세궁ᄒᆞ여 군ᄉᆞ을 도로혀 나오더니 양관 어귀에 밋츠니 길동의 ᄃᆡ병이 길을 막어 진을 치고 항복ᄒᆞ라. ᄒᆞᄂᆞᆫ 소ᄅᆡ 쳔지 진동ᄒᆞᄂᆞᆫ지라. 율왕이 심을 다ᄒᆞ야 진문을 헤치고 드러ᄀᆞ니 문득 풍우ᄃᆡ작ᄒᆞ고 뇌셩벽녁이 진동ᄒᆞ며 지척을 분별치 못ᄒᆞ여, 군ᄉᆞ 크게 어지러워 갈 바을 모로더니, 길동이 신병을 호령ᄒᆞ여 적장과 군졸을 일시의 결박ᄒᆞ엿ᄂᆞᆫ지라. 율왕이 아믈ᄒᆞᆯ 쥴 모로고 크게 놀ᄂᆡ여 급피 헤친들 팔진을 어이 버셔나리요. 필마단창으로 동셔을 모로고 횡횡ᄒᆞ더니, 길동이 제장을 호령ᄒᆞ야 결박ᄒᆞ라 ᄒᆞᄂᆞᆫ 소ᄅᆡ 츄샹ᄀᆞᆺ튼지라. 율왕이 ᄉᆞ면을 살피니 군ᄉᆞ ᄒᆞᆫ나도 ᄯᆞ로난 ᄌᆡ 업스ᄆᆡ 스ᄉᆞ로 버셔나지 못ᄒᆞᆯ 쥴 알고 분긔을 이긔지 못ᄒᆞ야 ᄌᆞ결ᄒᆞᄂᆞᆫ지라. 길동이 ᄉᆞᆷ군을 거나려 승젼고을 울니며 본진으로 도라와 군ᄉᆞ을 호케 후의 율도왕을 왕녜로 장ᄉᆞᄒᆞ고 ᄉᆞᆷ군을 ᄌᆡ촉ᄒᆞ야 도셩을 에워ᄊᆞ니, 율도왕의 장ᄌᆞ 흉변을 듯고 ᄒᆞ날을 우러〃 탄식ᄒᆞ며 인ᄒᆞ여 ᄌᆞ결ᄒᆞ니, 제신이 ᄒᆞᆯ일업셔 율국ᄉᆡ슈를 밧드러 항복ᄒᆞ난지라.[830]

이처럼, 경판 30장본보다 전투 장면이 상당히 확대되어, 치열한 무술의 공방이 주축이 되어 독서의 흥미를 고조시킨다. 동시에 전투의 방식도 도술성이 짙은 경판 30장보다는 사실적인 전술로 진행이 되고, 율도왕 또한 장렬한

830) 완판 36장본, 「홍길동전」.

죽음에 이를 때까지 저항을 하다가 전사를 하게 된다. 이러한 두 판본의 차이에 나타나는 텍스트 간의 차이는, 작자가 창작한 원전에서 어느 한 계보의 텍스트는 개작가에 의하여 후대적인 변모를 겪었음을 보여주는 증거가 된다.

① 경판 30장본 홍길동전

샹이 표문을 보시고 ᄃᆡ경ᄃᆡ찬허ᄉᆞ, 즉시 홍인형을 명쵸ᄒᆞ시고 율왕의 표문을 뵈시며 희환ᄒᆞ물 닐ᄏᆞ를시니, 잇ᄠᆡ 홍인형의 벼ᄉᆞᆯ이 참판의 거ᄒᆞᆫ지라. 이날 맛참 길동의 셔찰을 보고 놀나던 ᄎᆞ의 샹의 젼교ᄒᆞ시믈 듯고 즉시 예궐ᄒᆞ여 복지 쥬왈, "신의 ᄋᆞ오 길동이 타국의 가 비록 귀히 되여ᄉᆞ오나 실노 셩샹의 ᄃᆡ덕이오니, 알외을 말ᄉᆞᆷ 업ᄉᆞᆸ거니와, 신의 망뷔 산쇼를 졀노 ᄒᆞ여금 율도국 근쳐의 썻ᄉᆞ오니, 이졔 젼ᄒᆡ 신을 위ᄒᆞ여 일 년 말미를 쥬옵시면 단녀올가 ᄒᆞ나이다."

샹이 올히 역이ᄉᆞ 의윤ᄒᆞ시고, 인ᄒᆞ여 홍인형으로 율도국 위유ᄉᆞ를 졔슈ᄒᆞ시며 유셔를 나리오시니, 참판이 하직슉ᄇᆡᆨᄒᆞ고 집의 도라와 모부인긔 탑젼 셜화를 고ᄒᆞ니 부인 왈, "금일 길동의 셔출을 보니 날다려 단녀가믈 닐너시나 긔력이 부족ᄒᆞ여 ᄉᆡᆼ의치 못ᄒᆞ엿더니, 네 이졔 쇼분 말미를 어덧다 ᄒᆞ니 쬬각이 신통ᄒᆞᆫ지라. ᄒᆞᆫ가지로 가리니 너는 밧비 ᄒᆡᆼ쟝을 찰히라." ᄒᆞ여, 참판이 말유치 못ᄒᆞ여 모부인을 ᄆᆡ시고 길을 더니, 삼 삭만의 졔도 산ᄒᆞ의 니르니, 율왕이 발셔 멀니 나와 마자 지영 ᄃᆡ위 엄슉ᄒᆞ고, 여러 왕비드리 ᄒᆞᆫ가지로 나와 마즈ᄆᆡ 위의 거록ᄒᆞ더라. 인ᄒᆞ여 산쇼의 올나 쇼분ᄒᆞ고, 궐ᄂᆡ의 드러가 ᄃᆡ연을 ᄇᆡ셜ᄒᆞ고 경ᄒᆞ헐니, 각읍 슈령이 모다 각〃 비단을 드리며 쳔셰를 부르니, 만셩 인민이 즐거 아니 리 업더라. 이련 고로 여러 날이 되여더니, ᄐᆡ부인 유시 호련 득병ᄒᆞ여 ᄇᆡᆨ략이 무효ᄒᆞᆫ지라. 부인이 탄왈, "몸이 만니타국의 와 쥭으니 ᄒᆞᆫ심허나 너의 부친 산쇼를 ᄒᆞᆫ 번 보고 고국의 도라가지 못ᄒᆞ고 쥭으니, 슬푸다, 텬명을 엇지ᄒᆞ리오." 졸ᄒᆞ니, 궁즁이 망극 ᄋᆡ통ᄒᆞᄂᆞᆫ지라. 형뎨 쟝예를 갓초와 션능의 합장ᄒᆞ고 쥬야 스러ᄒᆞ더니, 슈월이 지ᄂᆡᆫ 후 인형이 왕다려 일너 왈, "우형이 〃 곳의 은 지 발셔 삼 삭이 지ᄂᆡᆫ지라. 불ᄒᆡᆼᄒᆞ여 모친이 기셰ᄒᆞ시니, 망극ᄒᆞ믄 피ᄎᆞ 일반이로ᄃᆡ, 오ᄅᆡ 머무지 뭇ᄒᆞ고 본국의 도라가리니, 써나미 심이 겨련하나 머물 길 업스니 현지ᄒᆞᆫ 보즁허라." ᄒᆞ고, 즉일 발ᄒᆡᆼᄒᆞ여 〃러 날만의 됴션의 득달ᄒᆞ여 입ᄂᆡ 슉ᄇᆡᆨᄒᆞ고 이련 연유를 샹달ᄒᆞ온ᄃᆡ, 샹이 ᄯᅩᄒᆞᆫ 그 모상 만ᄂᆞᆫ 일을 비감이 역이시고, 삼 년이 지ᄂᆡᆫ 후 즉시 닙죠ᄒᆞ물 당부ᄒᆞ시더라.

ᄎᆞ셜. 율도국왕이 형장을 보ᄂᆡ고 졍ᄉᆞ를 다ᄉᆞ리더니, 모친 ᄃᆡ비 ᄯᅩᄒᆞᆫ 득병ᄒᆞ여 졸ᄒᆞ니, 왕의 ᄋᆡ통ᄒᆞ물 층양치 못ᄒᆞᆯ너라. 녜를 갓쵸와 션능의 안쟝ᄒᆞ고 죠셕져젼을 지셩으로 지ᄂᆡ니, 그 효ᄒᆡᆼ이 잇스물 가히 알지라.

셰월이 여류ᄒᆞ여 삼 년을 지ᄂᆡ고 나라 졍ᄉᆞ를 게을니 아니ᄒᆞ니, 강구의 동요와 노인의 격양가ᄂᆞᆫ 요슌의 비길너라. 왕이 일즉 삼ᄌᆞ 이녀를 두어시니, 쟝ᄌᆞ의 명은 헌이라, 이ᄂᆞᆫ ᄇᆡᆨ시 쇼ᄉᆡᆼ이오, ᄎᆞᄌᆞ의 명은 창이라, 이ᄂᆞᆫ 됴시 쇼ᄉᆡᆼ이오, 삼ᄌᆞ의 명은 열이라, 궁인의 쇼ᄉᆡᆼ이오, 이녀도 궁인의 쇼ᄉᆡᆼ니, 부풍모습ᄒᆞ여 기〃 긔골이 장ᄃᆡᄒᆞ고 문장 필법은 구예 일셰 긔남ᄌᆡ라. 왕이 아름다이 여겨 쟝ᄌᆞ로 셰ᄌᆞ를 봉ᄒᆞ고 기ᄎᆞᄂᆞᆫ 다 각〃 봉군ᄒᆞ며 이녀ᄂᆞᆫ ᄎᆞ〃 부마를 간ᄐᆡᆨᄒᆞ니, 그 거록ᄒᆞ미 일국의 진동ᄒᆞ며 그 위의 비길 ᄃᆡ 업더라.

왕이 등극 삼십 년의 년긔 칠슌이 된지라. 셰상이 오ᄅᆡ지 아니믈 짐작ᄒᆞ고 젹숑ᄌᆞ의 ᄌᆞ최를 ᄎᆞᆺ고져 ᄒᆞ더니, 일〃은 왕이 후원 영낙젼의 올나 니원풍악을 갓쵸고 비빙과 시녀를 모화 즐기며 산쳔경기를 완상ᄒᆞ여 노ᄅᆡ를 지어 부르니, 그 노ᄅᆡ의 왈, 셰상ᄉᆞ를 ᄉᆡᆼ각ᄒᆞ니 풀ᄭᅳᆺ히 이슬갓도다. ᄇᆡᆨ 년을 산다허나 이 ᄯᅩᄒᆞᆫ 부운이라. 귀쳔이 ᄡᅥᆨ 잇스미여 다시 보기 어렵도다. 텬지졍슈를 인녁으로 못ᄒᆞ리로다. 슬푸다 쇼년이 어졔러니 금일 ᄇᆡᆨ발될 쥴 엇지 알이오. 아마도 안긔ᄉᆡᆼ과 젹숑ᄌᆞ를 좃ᄎᆞ 셰상 니별ᄒᆞ미 가ᄒᆞ도다. ᄒᆞ고 두 왕비와 ᄒᆞᆫ가지로 죵일 열낙ᄒᆞ더니, 문득 오ᄉᆡᆨ 구름이 젼각을 두루며 향ᄂᆡ 진동ᄒᆞ더니, 일위 ᄇᆡᆨ발 노옹이 청여장을 집고, 쇽발관 쓰고, 학창의 닙고 누상의 오르며 공슌이 일너 왈, "그ᄃᆡ 인간 부귀와 영녹이 엇더ᄒᆞ뇨. 이제 우이 셔로 쳐쇼의 모일 ᄯᆡ를 만나시니 ᄒᆞᆫ가지로 가미 엇더ᄒᆞ뇨." ᄒᆞ고, 집헛던 육한장으로 난간을 치니, 호련 뇌정벽역이 텬지 진동ᄒᆞ더니 문득 왕과 두 왕비 간ᄃᆡ 업ᄂᆞᆫ지라. 삼ᄌᆞ와 모든 시녀 이를 보고 망극ᄒᆞ여 일장통곡허다가 거즛 관곽을 갓쵸와 예로써 신능을 정ᄒᆞ여 안장ᄒᆞ고 능호를 형능이라 ᄒᆞ이라.

셰ᄌᆡ 즉시 왕위의 올나 만됴를 모화 됴회를 베풀고 쳔셰를 부르며, 각 읍의 ᄉᆞ문을 나리와 ᄇᆡᆨ셩을 안무ᄒᆞ며, 십 년 부셰를 견감허라 ᄒᆞ시니, 만셩 인민이 그 덕을 일캇더라. 왕이 친이 졔문 지어 션능의 친제ᄒᆞ시고 제신을 ᄎᆞ례로 벼살을 도〃니, 됴얘 칭평ᄒᆞ고 년〃 풍등ᄒᆞ여 격양가를 부르더라. 이런고로 셰월이 여류ᄒᆞ여 왕이 ᄯᅩᄒᆞᆫ 삼ᄌᆞ를 두어스니, ᄯᅩᄒᆞᆫ 춍명ᄒᆞ여 ᄌᆡ죠와 덕힝이 비헐 데 업ᄂᆞᆫ지라. 이러무로 후셰의 그 ᄌᆡ와 츙효를 알게 ᄒᆞ미오. ᄃᆡ〃로 계〃승〃ᄒᆞ여 ᄐᆡ평으로 누리더라.[831]

작품의 결미에서 보여주는 여러 텍스트 간의 변이의 거리는 작품의 여타 부분에 비하여 작품의 후반, 특히 율도국 정벌 대목 이후에 더욱 현저히 나타나고 있어, 이 대목이 개작자 자신의 의도를 개입시키고 싶은 욕구가 가장 강력한 대목이거나, 독자들의 관심이 강화되었던 부분이다.

「홍길동전」의 서두를 시작하는 홍판서의 청룡 태몽은 사대부의 이상을 실현하는 복선으로, 홍판서의 청룡 태몽을 받은 그의 아들 길동은, 현실에서 율도왕의 모습으로 그 꿈을 실현한다. 그러므로 홍길동이 율도국을 건설하고 율도왕이 된 후에 조선의 조정 및 자신의 가족들에 대한 충효심의 발휘는 홍길동의 활동은 반역이나 해외의 제3 국가의 정복전쟁의 의미보다는조선에서의 개혁에 대한 은유적인 표현으로서, 적서의 허통, 동서 당파 사이의 치

831) 경판 30장본「홍길동전」.

열한 갈등이 없는 성리본심에 의한 군신과 신하들, 그리고 군신민의 이상적 인 관계 회복을 제시한 이면 주제를 지닌 작품임을 보여준다.

8

「홍길동전」의 율도왕 등극의 기반이 된 야성미

8-1. 세종의 해외정책과 대마도 개척

허균은 세종을 존경하였기에, 최초로 한글을 사용하여 대중 취향의 영웅 소설 「홍길동전」을 지었다. 그는 주인공인 영웅 홍길동의 일대기에 성리학의 진수를 무르녹여 대중 속으로 자연스레 스며드는 성리소설을 창작하였다. 허균은 「홍길동전」의 시대 배경을 "조선국 세종조 시절에 한 재상이 있으니"라 하여, 자신이 존경하는 세종시대로 설정하였다.

세종은 해외정책은 대마도 개척이라는 점을 하나의 특징으로 삼고 있다. 세종시대에 살았던 역사 인물인 최윤덕은 군인의 아들로 태어났지만, 일찍이 어머니를 여의고, 그릇 만드는 천인 밑에서 자랐다. 『연려실기술』을 보면 최윤덕은 어려서부터 힘이 셌고, 활쏘기에 천부적인 재능이 있었다. 산속에서 소에게 꼴을 먹이다가 덤벼드는 호랑이를 화살 한 대로 쏘아죽였다는 전설로도 유명하다. 최윤덕이 역사적인 명장에 오르게 된 계기는 세종과의 만남이었다. 즉, 세종 재위 15년째인 1433년 압록강 건너 파저강 인근 여진족을 대파한 '파저강토벌' 때의 일이다. 이때의 흥미로운 이야기가 16세기 후반에 편찬된 『국조정토록』에 나온다. 그의 군사들이 적진에 들어가 야영 울타리를 만들고 있는데, 갑자기 큰 노루 네 마리가 울타리 안으로 뛰어 들어왔다. 가뜩이나 불안해하던 군사들이 당황하며 술렁였다. 느닷없는 산짐승의 출현을 놓고 다들 이게 무슨 징조냐며 수군거렸다. 그때 최윤덕이 군사들을 모아 놓고, "무왕께서 주왕을 정벌하려고 하수를 건널 때, 흰 물고기가 왕이 탄 배 안으로 들어왔다. 그때 뱃사람이 '흰색은 주왕이 다스리는 상나라의 색인데, 왕의 배에 들어왔으니 곧 상나라 사람들이 그대 무왕에게 귀의할 것'이라고 말했다. 지금 우리는 야인들을 정벌하러 가는 길이다. 노루는 들에 사는 짐승인 바, 그들이 제 발로 걸어와서 사로잡히니, 이는 필시 야인이 섬멸될 징조로다"라고 하였다. 한 치 앞을 내다볼 수 없는 불확실한 상황에서 최윤덕은 고전, 즉 『서경』 속 이야기를 들어 예기치 않은 사건을 긍정적으로 해석하며 병사들에게 용기를 불어넣었다. 그리고 이것이 군사들의 사기를 북돋아, 이어지는 전투를 승리로 이끄는 원동력이 되었다. 당시 세종은 "파저강 토벌의 공로는 대마도 정벌의 열 배가 된다."고 하면서 크게 기뻐하였다. 단 9일간의 전투로 430여 명의 여진족을 참살 또는 생포해 적을 제압한 것도 놀라웠지만, 두만강과 압록강까지 국경선을 끌어올리겠다는, 태종 시대 이래의 숙원 해결의 길이 이 토벌을 통해 열렸기 때문이다. 그런데 전승 소식을 들은 세종은 고민에 빠졌다. 개선장군 최윤덕의 공로를 어떻게 포상해야 하는지를 놓고 신하들의 의견이 분분했다. 영중추부사라는 정1품의 무임소장관 자리를 맡기자는 제안도 있었고, 좌의정에 임명하자는 의견도 있었다. "정승의 자리는 그 임무가 막중하므로 전공을 세웠다고 그 벼슬을 줄 수는 없다. 과연 최윤덕의 덕망이 우의정에 적합한 지 의논해서 아뢰라"라는 것이 세종의 대답이었다. 숙의 끝에 신하들은 모두가 입을 모아 "최윤덕의 덕망은 공평하고 청렴하고, 정직하고, 부지런하며, 조심하여 공적인 것을 받드는 사람이니, 비록 수상, 즉 영의정을 삼을지라도 부끄러움이 없습니다" 고 말했다. 비단 전투만 잘한 공로자가 아니라, 백성과 관료들의 신뢰를 충분히 받을 수 있는 뛰어난 지도자였다는 것이다.

세종 때의 대마도 정벌, 선조 때의 임진왜란으로 인한 고통, 대마도주의 유구 침공, 이기빈의 유구 태자 살인사건, 홍길동, 임꺽정, 서양갑 등 서얼출신들의 활동, 율곡의 서얼허통에 관한 상소 및 10만 양병 정책 제안 등은, 허균이 「홍길동전」을 창작하는데 뒷받침을 해준 소재가 된 것으로 판단된다.

허균은 세종의 대마도 정책의 이념적 완성형으로 대마도의 유구 침공, 이기빈의 유구태자 살인 등을 염두에 두고, 임진왜란의 비통함을 씻는 것 등을 고려하여, 대마도가 침공한 유구를 작품 속에서 공격하여, 유구를 태평국으로 만드는 문무 조화의 힘을 보여주었다. 즉, 허균은 세종과 대마도 정벌 및 해외정책의 완성을 이념적 소설로 풀어내기 위해 세종시대를 배경으로 하고, 대마도 및 유구국을 제압하여 평화로운 세상을 만드는 서사로 완성하였다. 작품 속에서 서자 출신으로 병조판서에 오르고 끝내 율도국의 왕에까지 오르는 홍길동의 이미지를 형상하였다. 그는 주인공 홍길동을 대표 인물 모델인 병조판서 율곡의 이미지와 융합시켜서 성리학의 이념과 서얼허통 및 10만 양병등의 이미지를 표면서사 이면에 내장시켜 성리소설의 이중 서사 방식을 활용하여, 「홍길동전」을 창작해냈다.

8-2. 절의파와는 다른 길을 걸어간 신숙주의 『해동제국기』

허균은 세종의 성군으로서의 업적은 높이 추앙하면서도, 왕위 계승의 문제에 있어서 만큼은, 장자 계승이라는 명분 때문에, 병약한 장자 문종에게 왕위를 물려줄 것이 아니라, 상대적으로 활동적이었던 수양대군을 후계 군주로 세웠다면, 역사의 길이 보다 밝게 전개되었을 것이라는 점을 인식한 것 같다.

허균은 집현전 학자들이 사육신은 절의파로, 그렇지 못한 신숙주 같은 계유정난의 공신들은 생육신으로 나뉘는 평가의 큰 갈림길이 생기는 역사 정치현실에 대한 강력한 성찰을 전제로하여, 역사에서 지워버린 인물인 세종시대에 출생한 홍상직의 서자인 제1 홍길동을 인문학적 탐색으로 발굴하여 「홍길동전」을 창작하였다.

허균은 「홍길동전」을 창작하면서, 서두에 시대 배경을 세종 시대로 설정하였다. 그는 핵심 소재로 내세운 제1 홍길동이 세종시대 인물이라는 것 못지않게, 세종의 「훈민정음」 창제 정신과 그의 애국 애민 정책을 「홍길동전」 속에서 펼쳐 보이겠다는 작가의 의지가 반영된 것으로 판단된다. 그러한 해석이 가능케하는 것은 홍길동이 조선의 병조판서가 되어 중국에 진출하고, 중국에서는 괴물 울동을 제압한 다음, 다시 울동으로부터 구출한 두 여인을 함께 아내로 맞이하고, 더 나아가 율도국을 정벌하여 국왕으로 등극하게 설정한 것을 보면 알 수 있다.

허균의 생각 지도에 따른 이러한 발상이 「홍길동전」의 야성미의 근본이다. 즉, 허균은 임진왜란이라는 전쟁의 참상을 단순히 체험한 시대에 살았던 인물이라는 차원을 넘어서, 자신의 아내와 갓 태어난 아들을 왜군에게 잃어버린 가족 차원에서도 엄청난 비극을 겪었던 인물이고, 전쟁 중에 왕을 보필하는 국정의 최고 책임자인 영의정이 자신의 스승인 서애 류성룡이었고, 자신이 친형처럼 따랐던 사명당은 의승장으로서 전쟁터를 누비며 가장 큰 활약을 하였던 인물이며, 전쟁 후에는 통신사로 왜국에 직접 건너가서 최고 권력자와 직접 담판을 하여, 전쟁 포로를 귀환시킨 1등 공신이었다.

이런 점들을 고려한다면, 허균은 「홍길동전」을 창작하면서, 주인공 홍길동을 외침에 대한 방어 수준을 넘어서는 군사 지도자로서, 조선의 병조판서가 되고, 중국에 진출해서도 울동이라는 지하 괴물을 퇴치하는 수준을 넘어서, 제3국인 율도국까지 정벌하는 국제적 군사 영웅의 능력을 발휘하는 등, 조선 문학 최고의 군사적 능력을 갖춘 영웅으로 형상해낸 것이다.

이런 영웅상의 세 축에는 세종시대 제1 홍길동이라는 역사 인물을 중심으로 임진왜란 직전의 병조판서 율곡과 의승장 사명당, 비록 도둑으로 조정에서는 규정했지만, 민중들의 지지를 받았던 임꺽정, 서류 서양갑 등의 행동과 생각을 무르녹여서 표면서사와 이면서사라는 이중 서사구조 위에 성리학적 이상형과 이상사회 더 나아가 이상국가를 지향하는 이념을 담아 성리소설 「홍길동전」으로 창작하였다.

「홍길동전」에 나타난 홍길동의 야성미는 우선 홍길동이 보여주는 공간 이동에서 찾아볼 수 있다. 홍길동은 조선에서 출발하여 중국을 거쳐서 율도국까지 진출하는 인물이다. 그는 신분으로 볼 때는 조선에서 홍판서의 둘째 아들로, 여종인 춘섬에게서 태어난 서자이다. 출생은 천한 신분이지만, 활빈당 수령으로 활동한 다음에는 자원 병조판서가 되어 중국에 진출하고, 다시 제3국인 중국 남경 남쪽에 위치한 섬나라인 율도국에 진출하여 율도국왕에 오른 인물이다.

작가가 홍길동의 영웅적 일생을 이렇게 설정한 것은, 역사 현실에 등장하는 제1 홍길동이 유구의 남쪽 팔중산 지역으로 진출한 것과는, 중국을 거쳐서 간다는 점에서 상이한 것이다. 그러나, 작가 허균의 거시적인 안목에서 보면, 역사 인물 홍길동은 남양 홍씨의 후손으로써, 남양 홍씨 중에서도 중국에서 귀화한 소위 당홍계의 홍씨인 홍은열의 후손이라는 점을 고려하고 있음을 알 수 있다.

소설 속의 홍길동이 조선의 병조판서가 되어 중국에 진출한 다음에, 다시 율도국에까지 진출하였다는 공간적인 이동 궤적으로 볼 때, 본래 홍길동의 선대는 중국에서 조선으로 진출하여 귀화하여 살았고, 그 후손 중에 홍판서의 서자로 출생한 홍길동이 조선국 내에서 그의 재능을 적서차대법에 의해서 출사하지 못하게 되자, 자원하여 임명받은 병조판서가 되어 귀화하기 전의 조상들이 살던 중국으로 복귀한다, 그러나 그 중국 또한 울동이라는 악한 괴물이 설치는 나라임을 확인하고, 갑부 백씨의 딸과 함께 잡혀있던 조씨 처녀를 납치한 울동을 처단하고, 울동에게서 구한 두 처녀를 부인으로 삼고, 조상들이 조선으로 진출한 것과는 동선을 달리하여 율도국으로 진출한다.

이런 점을 고려한다면, 「홍길동전」은 홍길동의 선대에서 홍길동에 이르는 홍씨 가문의 역사를 서사에 녹인 것이라고도 볼 수 있다. 즉, 중국에서 조선으로, 조선에서 중국으로, 다시 중국에서 율도국이라는 3국을 이동하면서, 끝내는 홍길동이 모계로는 서자의 신분이지만, 율도국의 왕이 된다는 특이한 일생을 보여주는 야성적인 태도와 가문 단위에서는 다국적인 삶을 살아간 영웅담을 보여주는 특이한 작품에 해당한다.

이런 공간 이동, 국적 전환의 삶을 보여주는 홍씨 가문의 한 인물인 홍길동의 일생이 보여주는 궤적은 일반인은 물론 여타의 영웅들에 비해, 야성미를 발휘하여 폭넓은 공간이동과 확장성을 보여준 인물로 평가할 수 있다.

이런 홍길동의 삶은 작품 밖에서 현실의 조선 역사에 비추어 볼 때, 허균은 내우외환의 현실에서 어느 한 곳에만 머물거나, 한 나라에서만 살아갈 수 없는 어려운 현실을 단적으로 보여준 것으로 판단된다. 특히 기축옥사 등으로 유능한 인재들이 모함과 술수로 억울하게 비극적인 죽음을 당한 현실을 풍지하고 비판하면서, 성리 본심을 지닌 홍길동은 끝내 하늘이 내려준 원래의 순수심성을 지킨 도심의 인간으로 살아가면서, 자신에게 주어진 불의의 세계와 맞서는 유가 정신, 성리학의 정신을 성공적으로 실현한 영웅의 이념적인 삶을 소설을 통해 보여준 것이 「홍길동전」임을 알 수 있다.

8-3. 성리심의 회복에 따른 정당 방위와 내우외환의 극복

(1) 초란의 모함과 자객의 공격에 맞선 홍길동의 도술과 무술력

「홍길동전」의 발단 부분인 홍판서 가문의 사건들은 표면서사로 볼 때, 전체 서사 중에서 가장 구체적인 진술로 전개되는 핍진한 사건의 서술을 주목해 볼 때, 주요 인물들의 심리적 추리까지도 묘사하고 있다. 작가 허균은 이미 선행 창작인 한문 단편 「남궁선생전」 등에서 이러한 표현 내지 서술 능력을 보여주고 있다. 즉, 「남궁선생전」에서는 남궁두가 아내의 정부를 죽이고 몸을 피하는 장면이 「홍길동전」에서 홍길동이 자객 특재를 죽이고 망명도생하는 장면과 유사하다.

허균은 「홍길동전」 서사의 이면서사에서 초란의 모함과 자객의 공격은 거듭된 옥사와 사화, 반정, 특히 동서 분당 이후에 격심해진 연산군 시대의 옥사와 사화, 그리고 작가 허균 당대의 광해군 시대의 반정 직전의 정치적 사회적 혼란상과 이로 인한 백성들의 경제적인 결핍 상황을 고발하는 현실적인 문맥의 메시지가 강력하게 담겨 있다.

이런 작가의 태도는 작품의 전개 대목에서 구체적으로 제시되는 기축옥사 관련 전고를 통해서 보여줄 이면서사의 메시지에서, 정여립의 대동계 사건으로 죽어간 동인계 유학자들에 대한 고발과 신원을, 위관인 서인계 인사 정철의 무리한 해결로 인하여, 조정에 진출한 나라의 유능한 인재들은 물론, 앞으로 조정에 진출하게 될 싹까지도 말려버린 대사건을 풍자하고 있다.

자신의 논설 〈유재론〉에서 거론하는 국가 인재의 빈곤을 야기하는 근본적인 사건이 되었음을, 초란과 관상녀, 자객인 특재 등, 홍판서 집안의 내적인 문제를 비유적으로, 우회적으로 내세워 다른 어떤 대목에서보다도 사실적으로 묘사하며 서사화한 것으로 판단된다.

이런 점은 성리소설의 한 특징을 단적으로 보여주는 것으로, 작가가 성리본심을 지닌 인물인 홍길동과 성리 본원심을 상실하고 당파에 치우쳐, 온갖 모함과 살인 등을 자행하는 조정의 신하들을 풍자하고 고발하는 것이다. 그러나 서사가 중 후반으로 전개되면서 홍판서 집안의 문제가 아닌 사회 여러 조직에 대한 문제, 내지는 조정에 대한 문제로 전개되기 때문에, 반대 당파에 의한 공격을 방어하기 위한 장치로, 그 부분의 서술 측면에서는 도술을 구사한다거나, 보다 사실적이지 않은 개괄적인 표현 방식으로 의도적인 전환을 하고 있다. 이는 작가의 서술이나 묘사 능력의 부족이 아닌, 허균이 가진 인식능력의 반영으로 대사회적 반응을 충분히 고려한 결과이다. 이러한 서술 기법은 망탕산의 울동 대목을 거쳐서, 율도국 공격 장면에서도 그대로 적용되는 논리이다.

(2) 서출 홍길동의 자원 병조판서로 국방력 증강

작가 허균은 홍길동이 홍판서의 서출이라는 조건을 극복하고, 병조판서가 되어 중국으로 진출한 다음, 조선왕에 대한 충의를 저버리지 않았다. 물론 부모와 형제간의 혈육 관계도 확고하게 지켰다. 율도왕은 서자이면서도 율도국에 부친의 묘를 쓴다는 것, 부친의 묘를 일봉산이 아닌 곳에 쓰고, 모친은 모셔와 아버지 영위에 조석 향찬을 올리도록 한다. 이 대목에서 효를 중시하는 성리소설의 특징이 잘 표현되고 있음을 알 수 있다. 조선조에서 제사권은 바로 상속권과 직결되는데, 비록 홍판서의 서자로 태어났지만, 길동이 홍승상의 제사를 모시게 된다는 것은 집안의 정통성이 홍길동에게 돌아간 것임을 뜻한다. 이는 허균의 이념이 강하게 투영된 것으로, 결국 적장자가 아닌 서자라도 능력을 가졌다면 가치판단이나, 가문 계승에 있어서 주체가 될 수 있음을 시사하고 있다. 홍길동이 서얼 출신이요, 시비의 천생이라는 원천의 문제가 아니라. 하늘이 내린 능력으로서, 한 나라의 군주가 된 자가 획득하는 새로운 정통성을 제시하고 있는 것이다. 이는 홍길동이 부친의 삼년상을 모시고 난 후에 군사 훈련과 군량 비축에 힘을 쏟는데, 허균은 길동이 율도국 정벌을 염두에 두고 있으나, 우선 부모에 대한 효와 예를 다 한 후에 율도국을 치는 것으로 서사를 전개하고 있음이, 성리소설의 특징을 잘 나타내고 있음을 알 수 있다.

허균은 홍길동전의 후반부를 조선의 병조판서 홍길동이 율도왕에 등극한 후, 태평스런 나라를 이루어, 결국엔 자신이 원하는 새로운 세상을 만들어내는 것으로 서사를 전개한다. 즉, 홍길동이 조선왕에게 표문을 바치고 쌀 2천석을 갚는 것은 길동이 자신의 성공과 영화를 조선에 알린다는 의미가 있다. 그 표문에서 비록 자신을 낮추어 신하의 의미로 표현하고 있지만, 안남국의 신하가 조선왕을 만났을 때 홍길동은 조선왕과 대등한 관계가 된다. 조선왕이 홍길동의 이복형 인형을 율도국 위유사로 삼아 그 모친을 모시고 율도국에 가서 부친의 산소에 소분하는 것을 허락하는 것은 홍길동이 부모에 대한 효를 실현하는 것이며, 자신의 영화를 가족들에게도 보이는 것이다.

홍길동은 말년에 왕위를 태자에게 전하고, 선도를 배워 마침내 신선이 되어 지상을 떠난다. 이본에 따라서는 홍길동은 왕 노릇에 만족하지 않고, 신선의 도를 닦는다. 이것은 홍길동이 완성된 인간의 모습인 신선이 되어 자기

완성을 한다.[832)]

율도왕이 된 홍길동의 삶은 홍길동이 조선에서 출가하기 전에 모친에게 “옛날 장충의 아들 길산을 본받아, 13세에 어미를 이별하고 운봉산에 들어가 도를 닦아 아름다운 이름을 후세에 전하되, 그 처음과 끝을 알 사람이 없사옵나이다. 소자도 또한 그런 사람을 본받아서 세상을 벗어나려 하오니, 엎드려 바라건대 모친은 자식이 있다 마시고 세월을 보내면, 후일에 서로 찾아 모자의 정을 이을 날이 있으리이다.”고 했던 약속의 실천이다.

홍길동은 장길산이 운봉산에서 도를 닦아 신선이 되는 것처럼, 자신도 율도왕이 된 후에 부부가 함께 영신산에 들어가서 선도를 닦고 늙은 도사의 안내를 받아 함께 신선이 되어 하늘로 올라갔다. 홍길동이 율도왕으로 끝나든, 천상 신선으로 반본 하든, 행복한 서출 병조판서가 왕이 되는 이야기라는 영웅적 일생을 기본으로 하고 있다. 즉, 「홍길동전」의 주제는 서출 홍길동의 지도력에 따른 율도왕 되기와 가족 사이의 우애와 부친에 대한 효, 나아가서 조선왕에 대한 변함없는 충성심을 담아 표현함으로써, 성리소설의 전형을 보여준다.

홍길동이 보여주는 정의에 대한 심판자의 역할은 다양하다. 가정과 사회, 국내, 국외 등 비록 처한 환경과 상황은 각각 달랐지만, 주인공 홍길동이 문제를 해결해나가는 행동 방식은 한결같이 성리이념, 즉 도심을 지키고 실현하는 선한 영웅으로서의 언행을 한결같이 보여준다. 그 첫 번째가 초란의 모함으로 자신을 죽이려한 자객 특과의 결투이고, 두 번째가 활빈당 수령으로서, 가난에 시달리는 어려운 백성들을 구휼하는 의적 행위이고, 세 번째가 중국에 진출하여 만나게 된 괴물 울동과의 대결이고, 네 번째는 율도국을 정벌하여 율도국 왕이 되는 사건이다. 이 사건들은 선악의 삼각구도 위에서 주인공 홍길동이 악인을 징계하는 심판자 내지 해결사의 위치에서 실행하는

832) 이윤석, 『홍길동전 연구』, 계명대출판부, 1997, 179~184쪽.

역할로 귀결되는데, 그 공간이 조선에서는 8도에서 일어나는 여러 가지 사건으로 전개되고, 국외에서는 중국은 물론 제3국인 율도국에까지 그 범위를 넓히고 있다. 「홍길동전」의 주인공인 홍길동은 조선에서 시작하여 중국과 제3국 율도국에까지 경계없이 선악의 삼각구도 위에서 성리철학에 근거한 악과 악인들을 징벌하는 존재로서의 야성미를 보여준다.

허균은 이렇듯 표면서사와 이면서사의 이중서사 구조방식을 활용하여, 현실 상황과 문제에 대한 이념적 해결을 작품 속에서 보여준다.

허균이 작품 속에서 홍길동이 가진 성리본심 내지 도심을 통하여, 현실에서 갈등하고 대립하는 상황을 이념적으로 평화롭게 해결해가는 모습을 보여줌으로써, 모든 갈등을 야기시키는 원천 즉, 가정이나 사회, 국가 등에서, 성리도심을 발휘하여 원만히 해결되기를 바라는 학자로서, 정치가로서 염원을 담아 작가적 역량을 발휘하여 하나의 이념적 대안을 제시한 것이 「홍길동전」이다.

허균은 「홍길동전」의 서사의 발단에 홍판서 집안에서 벌어지는 사건으로부터 서사를 이중 서사구조를 점층적으로 확장시켜 나간다. 즉, 홍판서의 첩 초란이 자객을 동원하여 홍길동을 죽이려는 모함의 상황을, 현실 조정의 상황으로 우의화한 사화와 옥사에 대한 풍자이며, 특히 이흡을 포도대장으로 내세운 위관 정철이 정도전과 최영경 등 동인계 인사 일천 여명을 제거한 조선 최대의 내우인 기축옥사에 대한 성찰이다. 또한, 군사 양성을 통한 국방문제를 제대로 처리하지 못한 영토 수호에서 보여준 국가행정의 대실책을 대한 비판과 능력 있는 인재 선발로 병조판서의 지휘력을 발휘하여 중국을 거쳐서 제3국의 국왕에까지 진출하는 왜란에 대한 정신적 승리로서의 혁신 「징비록」에 해당하는 주제의식을 가지고, 홍상직의 서출 홍길동을 현실 역사 속에서 발굴하여, 그 홍길동에 자신과는 반대 당파인 서인이지만, 자신의 이념과 일치하는 정책과 국방 지휘력을 갖춘 능력 있는 병조판서 율곡과 재능있는 서출 인물들을 융합하여 성리도심을 지닌 이상적인 인간상인 주인공 홍길동을 형상하여 현실을 극복해나가는 주도적인 영웅의 삶을 펼쳐 보인 것이 「홍길동전」이다.

허균이 「홍길동전」을 창작하던 당시의 원전 「홍길동전」에서부터 있었던 서술인지, 아니면 후대의 개작에 의한 것인지는 분명하지 않지만, 완판본 「홍길동전」의 마지막 문장에서는, 율도국은 중국을 섬기지 않고, 조선을 섬기는 것을 분명히하고 있을 뿐만 아니라, 홍판서의 서자로서 부모에 대한 효심과 형제 사이의 우애를 저버리지 않는 도심의 홍길동이 행한 조선 출신 병조판서의 삶을 평하면서, 말미에 붙인 소견에서 "미재라 길동의 행사여 쾌달한 장부로다. 비록 천생이나 적원을 풀어버리고 효우를 완전히 하여 신수를 쾌하나니 만고에 희한한 일이기로 후인이 알게 한 바이러라."라고 소설 창작의 목표를 분명히 밝히고 있다.

8-4. 해외 진출 대목으로 본 홍길동의 야성적 성향

(1) 홍길동의 중국 진출과 율도왕 등극에서 보인 개척정신

허균은 광의의 산문 작품으로 단편소설로는 「남궁선생전」을 창작하면서 치상산을 배경으로 삼았고, 「장산인전」에서는 금강산을 배경으로 삼았고, 「장생전」에서는 해동의 한 나라를 배경으로 삼았던 경험을 가진 작가이다.

허균은 한문 단편과는 다른 한글 소설인 「홍길동전」에서는 소설사에서 처음으로 조선의 홍길동이 해외에 진출하여 끝내 왕위에까지 오르는 충격적인 발상을 한글소설로 창작해냄으로써, 당시 시대배경상 불가능에 가까운 특수한 상황을 소설속에서 현실화시켜낸 명작가이다.

허균이 창작한 한문 단편이나 한글소설의 대부분은 부조리한 현실에 처해 있으면서도 부정적인 환경에 도전하는 존재들의 의지를 담아내고 있다.

허균은 한문 단편에서 대부분 사실적인 공간을 배경으로 삼고 구체적인 명칭도 실재하는 이름인 치상산이나 금강산과 같은 고유명사를 사용하였지만, 「홍길농전」에서는 공간 배경을 설정하면서, 율도국 이외의 지명들은 전반적으로 조선이나 중국에 실재하는 것들을 사용하였으나, 홍길동이 왕이 되는 율도국 만큼은 유구나 동남아의 어느 나라를 구체적으로 설정하지 않고, 가상의 나라인 율도국으로 설정하고 있다. 허균이 이렇게 설정한 배경에는 특별한 전략과 대망이 있었던 것으로 판단된다. 율도국이 아닌 구체적인 나라를 제시한다면 역사 현실에서는 홍길동이 그 나라의 국왕에 오르지 못한 역사 현실 때문에 사실성이 떨어지게 된다. 한편으로는 자신이 지워진 역사에서 찾아낸 세종 때의 실존인물인 제1 홍길동이 해외로 출국하여, 유구의 남쪽 팔중산 지역의 한 섬인 석원도에서 민중영웅으로 활동한 구체적인 정보를 당시에는 입수하지 못했지만, 작가로서 자신이 발굴한 주인공 홍길동에 대한 이념적인 허구로서의 소망을 율도국의 왕위에 올랐다는 다소 과장된 설정으로 서사를 전개한 것이다.

이는 「홍길동전」을 통해 내우외환의 고통 속에 있는 백성들에게 위로와 소망을 주는 현실 극복의 진취적인 영웅상인 홍길동의 야성미의 최고 지향점을 율도국의 왕으로 보여주는 허균의 작가적 대망이 반영된 것이라 판단된다.

이런 사실은 한문 단편 「남궁선생전」이나 「장산인전」 보다 「장생전」이 깊은 좌절을 현실에서 보이면서 오히려 현실 극복의 의지를 강하게 표명한 작품[833] 이었듯이, 홍길동 역시 애초에 홍판서의 여종 춘섬의 몸에서 태어난 천인의 신분이었지만, 조선사회의 신분적 제약을 넘어서는 적극적인 현실 극복형 인물로 설정하였다.

833) 장덕순, 『허균문학의 문학사적 위치』, 『허균연구』, 새문사, 1981, Ⅱ 59~61쪽.

허균은 이러한 설정을 통해, 작품 밖의 서자들은 물론, 어렵게 살아가는 일반 백성들에게도 호부호형의 수준을 넘는 혁명적 수준의 희망을 전하고자 했다. 왕후장상의 씨가 따로 없듯이,[834] 성리도심과 능력을 갖춘다면 작품속 현실에서 홍길동이 펼치는 활약상에 독자인 백성들이 자신의 삶과 처지를 대입하며 현실극복의 의지를 북돋우기를 바라는 성리소설의 특징을 잘 살려낸 것으로 판단된다.

허균이 「홍길동전」을 창작할 당시의 조선의 백성들은 막강한 권력을 가진 지배 계층에 압박과 설움을 당하던 시대였다. 이런 사회적 분위기 속에서 백성들은 홍길동같은 영웅의 탄생을 간절히 원했다. 백성들은 신출귀몰한 도술과 둔갑술로 부패한 양반과 탐관오리들을 혼내주는 홍길동의 활약에 박수를 치며 통쾌해 했다. 그러나 비록 탐관오리의 재물이라 해도 다른 사람의 재물을 훔치는 것은 의롭지 않은 행동이다. 그러나 양반과 상민을 구분 지어 엄격하게 차별하던 조선 시대에 대범하게 양반과 관리에 맞선 홍길동은 민중의 영웅이었다. 홍길동은 이처럼 차별과 억눌림 속에서 살아온 백성들의 소망이 만들어 낸 영웅이다. 홍길동은 자신의 한계를 극복하고 원하던 것을 모두 이루었다. 아버지를 아버지라 형을 형이라 부르고 싶었던 한을 풀었고, 당시 사회제도 아래에서는 꿈도 꿀 수 없었던 관직에 오르고, 마침내는 한 나라의 왕이 되기까지 하는 사건을 통하여, 주어진 한게를 뛰어넘고자 하는 야성적 의지는 결코 소설 속에만 국한된 것이 아니라는 의미의 확장까지 열어주었다. 또한 허균은 그 혁명성의 힘을 완화시키는 창작 기술을 조선 밖의

834) 중국의 진나라 이세 황제 때 오광과 진승이 부하들을 규합하여 진나라에 반기를 들면서 "장사가 죽지 않는다면 모르지만 한번 죽을 바에야 큰 이름을 얻어야 할 것이다. 도대체 왕후장상의 씨앗이 본래 있는 것이겠는가."라며, 진나라에 반기를 들고 일어났다. 오광은 진나라 양하인으로 스스로 초왕이 되어 세력을 확장했으나 마침내 패망하였고, 진승은 진나라에 대한 봉기는 진나라가 망하고 한나라가 일어난 계기가 되었다.

가상국가인 율도국이야기로 전환시키는 창작기술을 펼쳐보이면서, 국외로 출국한 제1 홍길동 집단의 사건을 역사에서 의도적으로 감춰 버린 것에 대한 반항 내지 역사 기술의 정의 실현이라는 문학의 힘도 과시하였다.

(2) 대마도 번주의 유구 침공에 대한 비판과 임진왜란의 야성적 해한

현재 국문학계에서는 통설로 1612년에 허균이 「홍길동전」을 창작한 것으로 알고 있지만, 만약 1612년 이후에 「홍길동전」이 창작되었다면, 허균이 「홍길동전」에서 아주 특별히 설정한 율도국의 의미는 새로운 해석의 지평을 열 수 있다. 즉, 허균이 「홍길동전」의 창작 소재로 삼았던 제주도 목사가 일으킨 유구태자 사건이, 창작 시점과 가장 근접한 소재이기에 율도국 설정의 배경이 될 수 있음을 보여주기 때문이다.

『조선왕조실록』에는 1546년 2월에는 유구에 표착한 제주인 박손 등 12인 동지사 편에 북경을 우회하여 송환된 일이 있고, 1589년 8월에는 진도에 표착한 유구상인 30인을 동지사 편에 북경에 보낸 일이 있고, 1596년 8월에는 동지사 편에 1589년 표착한 유구 상인 송환에 대한 감사 자문에 대한 회답 자문의 내용이 있고, 1607년 2월에는 유구국 중산왕의 세자 상녕이 자문을 보내어 예물을 보내온 일이 있으며, 1607년 3월에는 유구국 중산왕에게 후의에 답하고 이웃 사이에 영원히 우호를 맺을 것을 다짐한 일이 있다. 또, 1607년 12월에는 유구국왕이 사신을 통하여 자문을 보내온 일 등 6건이 유구의 『역대보안』에 기록되어 있다. 그리고 『역대보안』에는 1597년부터 1638년까지 12건이 기록되어 있는데, 그 회수는 조선에서 유구에 보낸 자문이 7건, 유구에서 조선에 보낸 자문이 5건이 수록되어 있다. 더구나 이 시기 왕래한 문서중 임란 후의 기록 등은 양국이 모두 국난을 의식해서인지, 유난히 명의 책봉국임과 우호교린을 강조하는 내용이 많다. 예를 들면, 1607년 12월 유구국왕이 조경사신을 통해 답한 자문의 내용 중에는 형제국으로서 우호교린을 강조하고 있다.

"폐방이 근년에 명나라로부터 官服을 내려받고 왕작을 습봉하도록 하는 은혜를 받아, 비로소 귀국과 함께 형제나라로서의 떳떳함을 맺을 수 있게 되었으며, 같이 울타리 구실을 하는 나라로서 중임을 맡은 신하가 되었습니다. 그리고 또 천하가 태평하여 파도가 일지 않아 항해하는 배가 편안한 은혜를 입어 국가는 태평하고, 백성은 편안하니 賊酋가 의기를 상실하여 감히 다시는 사마귀처럼 무모하게 중원을 엿보지 못할 것입니다. 돌이켜보면 명나라의 위험스런 명령과 신령한 밝음으로 그들을 굴복시켜 편안하도록 할 수 있을 것이며 우방이 화목하면 복은 저절로 이룰 것입니다. 지금부터 영원토록 맹약을 맺어 귀국은 형이 되고 폐방은 아우가 되어, 형제가 명나라를 부모처럼 우러러 섬기며, 즐겁고 화목하게 빙문하기를 청합니다. 하늘과 땅이 다하도록 함께 하기를 바라면서 이렇게 자문으로 답합니다."

또한 유구에서는 조선의 광해군의 즉위와 책봉을 축하하고, 조선에서는 대마도주가 유구를 침입하여 유구의 상녕왕이 납치되었다가 풀려난 것에 대한 위로와 양국간에 교린을 다짐하는 자문을 1610년부터 1621년 사이에 문서로 교환히였다. 이처럼, 양국 모두 임진왜란 이후에는 새로운 국난의 위기에 접어들게 되면서 교린국으로서 일본에 대한 공동방어라는 입장이 강조되었다.[835] 이러한 상황 속에서 유구왕과 광해군은 어느 왕 때보다 우의가 돈독한 관계를 유지하고 있었다. 이런 상황에서 유구 상녕왕의 태자를 조선의 제주목사가, 제주에 표착한 유구태자의 배에 실려있던 재물을 착취하기 위하여 태자를 죽였다는 것은, 도덕적으로 외교적으로 있을 수 없는 너무나 참담한 사건이었다. 그러나 조선 조정에서는 끝내 한마디 변명도, 용서도 구하

835) 손승철, 『근세조선의 한일관계연구』, 국학자료원, 1999. 188~189쪽.

지 않았다. 이러한 정치적 외교적 문제는 연암 박지원 등이 뒷날 다시 거론하며 작품 창작을 통해 유구태자의 원혼을 위로하기도 하였다. 이는 정치인들이 못다 한 국제적 사건에 대한 참회적 자세에서 의미 있는 창작을 한 것으로 판단된다.

이런 점으로 볼 때, 허균의 「홍길동전」은 1612년 부안에서 창작한 것이 학계의 통설이나, 창작 시기를 열어둔다면, 허균이 「홍길동전」을 창작하는 과정에서 홍길동의 율도국 정벌과 율도왕 되기의 소재에 의미 있는 해석을 덧보탤수 있다.

허균은 정치와 외교와 국방에 각별한 관심을 가진 작가이다. 그가 조선의 지방관인 제주 목사 이기빈이 벌인 유구태자 살해사건이라는 국제적 외교적 참사에 대한 참회와 위로를 「홍길동전」의 율도국 정복과 율도왕 소재에 무르녹여 표현했을 것이다. 대마도주 도진이 유구를 정복하여 유구의 상진왕을 납치하였고, 그 아버지의 송환을 위해, 유구태자가 보석금을 배에 싣고 대마도로 가는 도중 표류하여, 제주에 표착한 것을 제주목사 이기빈 등이 재물을 탈취하고, 태자와 그의 백성들을 무참히 죽이고, 배까지 불태운 사건에 대한 상황을 허균은 「홍길동전」의 율도국과 율도왕소재의 이면서사에 유구에 대한 참회와 대마도주에 대한 응징에까지 의미망을 넓혀볼 수 있다.

즉, 대마도가 정벌하여 속국으로 삼은 유구, 즉 소설 속에서 유구로 상징되는 율도국을, 조선의 홍길동이 재정벌하고 왕위에 등극하여, 다시 율도국을 강병부국의 평화로운 나라로 다스리는 이야기 속에 조선의 참회와, 대마도주 도진에 대한 응징을 담아냈을 것이다.

성호 이익의 부친 이하진은 사헌부 대사헌에서 사간원 대사간으로 환임되었다가 1680년 경신대출척 때 진주목사로 좌천, 다시 평안도 운산에 유배되었다. 이익은 부친의 유배지인 운산에서 1681년에 부친 이하진과 후부인 권씨 사이에서 태어났고, 곧 선영이 있는 안산의 첨성리로 돌아와, 어머니 권씨 슬하에서 자랐다. 10세가 되어서도 글을 배울 수 없으리만큼 병약했으나,

더 자라서는 둘째 형 이잠에게 글을 배웠다. 25세 되던 1705년 증광시에 응했으나, 녹명이 격식에 맞지 않았던 탓으로 회시에 응할 수 없게 되었다. 다음 해 9월에 둘째 형 이잠은 장희빈을 두둔하는 소를 올렸다는 이유로, 역적으로 몰려 17, 18차의 신문을 받은 끝에 47세를 일기로 옥사하였다.

이익은 이 사건을 계기로 과거에 응할 뜻을 버리고 평생을 첨성리에 칩거하였다. 그는 재야의 선비로서 일평생 은둔생활을 하였다. 47세 되던 해에 조정에서 이익의 명성을 듣고 선공감 가감역을 제수했으나, 나가지 않았다. 그러나 세월이 지남에 따라 가세는 퇴락되었고, 이익 부자의 오랜 질역은 쇠운을 재촉하였다. 64, 65세 때에 이미 뒷잔등의 병이 악화되었고, 70세가 넘어서는 일찍이 괴과로 급제해 예조정랑 · 만경현감을 지낸 외아들 이맹휴 마저 오랜 병고 끝에 죽었으며, 70세 후반기에 들어서는 반신불수가 되어 기거마저 불편할 지경이었다. 83세 되던 1763년 조정에서는 늙은이를 예우하는 법에 따라 이익에게 첨지 중추부사의 은전을 베풀었으나, 그 해 오랜 병고 끝에 죽었다.

그의 증조부 이상의는 일찍이 이수광과 더불어 주청사로 중국에 다녀온 일이 있고, 이익의 딸이 이수광의 후손과 결혼한 것으로 보아 이익 · 이수광의 양가는 세교집안이었다. 그는 허목 · 윤휴 등의 뒤를 이어 주자에게로만 치우치는 폐풍에서 벗어나 수기치인 학의 부흥을 기하였다. 그것은 단순한 부흥이 아니라 부흥이 바로 혁신을 의미하였다. 이익은 이이와 유형원의 학풍을 존숭해, 당시의 사회실정에 깊은 관심을 가지고 세무에 실효를 거둘 수 있는 재구의 준비가 있어야만 실학이라고 보았다.

이익은 이른바 붕당은 쟁투에서 일어나고, 쟁투는 이해관계에서 일어나는 것이라 하였다. 또한 이해가 절실하면 그 당이 뿌리 깊고, 이해가 오래 계속되면 그 당이 견고하게 되는 것은 세가 그렇게 만든다는 것이다. 즉, 이익이 하나이고, 사람이 둘이면 두 당이 생기고 이가 하나인데 사람이 넷이면 네 당이 생기게 마련이나, 이익은 고정되어 변함이 없는데, 사람만 더욱 늘어나면 십붕팔당으로 분열되지 않을 수 없다 하였다. 그리하여 당시 양반사회와 관료제도의 모순을 지적하였다. 즉, 양반들은 실제 생업에 종사하지 않고 오로지 관작을 얻는 일만을 목표로 삼으니, 그것은 관작을 얻어 관리가 되면 부가 따르기 때문이라 하였다. 따라서, 양반이라면 누구나 먼저 관리되기에만 열중한다는 것이다. 그러나 고정된 정치기구 밑에서 관리 등용에는 일정한 한계가 있게 마련이다. 고질화 된 붕당의 폐풍을 고치고 나라와 사회를 안정시키려면, 한편으로 인재 등용의 방법을 고쳐서 문벌이나 당색 중심의 정치를 타파하고, 다른 한편으로는 관료기구를 개편하는 동시에 생업에 종사하지 않고, 사치한 소비생활을 하는 양반들의 생리를 고쳐나가야 한다고 주장하였다.

이익은 영조 때의 인물로서, 홍길동이 활동한 지 200년 이후의 시점에서 홍길동 관련 전승을 기록하며, 황해도에서 홍길동은 큰 강도로 인지된다고 했다. 이익이 전하는 강도 홍길동은, 제1 홍길동이 아닌, 충청도권의 제2 홍길동에 대한 와전도 아니고, 제3의 홍길동을 지칭한 것이다. 시대마다 홍길동의 이름을 걸고 새로운 홍길동으로 부활하는 것이다. 그들은 홍길동의 이름을 빌려서 활동하고 전파되었는데, 이들의 결속력과 신출귀몰한 무용담은 그의『성호사설』에 기록되었다.

그는 이 책의 인사문에 실린, 대도 임꺽정 조에서는 "옛날부터 서쪽 지방에는 큰 도둑이 많았다. 그 중에 홍길동이라는 자가 있었는데, 세대가 멀어서 어떻게 되었는지 알 수 없으나, 지금까지도 장사꾼들의 맹세하는 구호에까지 홍길동이라는 이름이 들어 있다"[836]고 적고 있다. 홍길동은 조선 말기

---

836) 이러한 연산의 폭정은 끝내 인륜을 파괴하는 행동으로까지 이어져 조선왕조실록은 끝내 연산을 유례없는 폭군으로 기록하고 옛부터 황해도의 많은 큰 도적 중에 홍길동이란 자가 있는데, 세대가 오래되어 어떠한지는 알 수 없으나 지금도 저자거리 아이들의 맹세하는 말속에까지 들어와 있다.(星湖僿說類選 卷9 論史門 4 林居正).

의 상인들까지도 추앙하는 인물이었고, 홍길동을 추앙하면서 자신들이 홍길동의 후예라는 강한 자부심을 가지고 있었다.

이익은 제1 홍길동에 대한 정보는 얻지 못했고, 연산군 때 체포된 제2 홍길동이 활동하던 연산군 초기 집권 시절, 왕실 소속의 종이 지방 관장을 능멸하고, 백성이 낸 세금을 무단히 사찰로 실어 나르고, 왕실 재산 관리업무를 맡은 내수사가 대낮에 관부에 들어가 약탈을 자행했던 특이한 시대의 모습과, 다시 중종 시대에 등장한 제3 홍길동에 대한 소문을 기록한 것이다.

1606년인 선조 39년에도 각자 '적의 정황'을 탐지하여 서로 명나라를 통해서 정보를 전달하고 화환을 서로 위로하자는 국서를 보내었다.[837] 이처럼 조선과 유구의 관계는 왜의 장애로 인해 어쩔 수 없이 북경을 통해 양국의 사신 간에 국서를 전달하는 형식으로 이뤄졌다. 1606년에 풍신수길 죽음에 대한 통보 감사, 책봉국간 우호를 다짐하였고,[838] 1607년에는 유구국의 세자가 동지사편에 자문과 예물을 보내왔다. 중국을 통해 유구국 중산왕에게 자문을 보내고, 우호교린 다짐 광해군 원년 3월 계묘 유구국왕이 조경사신을 통해 자문을 보내 표민송환에 감사, 광해군 원년 12월 무진[839]인 1607년 2월에 유구국 중산왕의 세자 상녕이 자문을 보내어 예물을 보내온 일이 있었다, 1607년 3월에 유구국 중산왕에게 후의에 답하고 이웃사이에 영원히 우호를 맺을 것을 다짐한 일이 있었고, 1607년 12월 유구국왕이 조경사신을 통해 답한 자문의 내용 중에는 "폐방이 근년에 명나라로부터 관복을 내려받고 왕작을 습봉하도록 하는 은혜를 받아, 비로소 귀국과 함께 형제나라로서의 떳떳함을 맺을 수 있게 되었으며, 같이 울타리 구실을 하는 나라로서 중임을 맡은 신하가 되었습니다. 그리고 또 천하가 태평하여 파도가 일지 않아 항해하

837) 「역대보안초」, 『조선유구관계문서』 제 9 .

838) 『역대보안』 권 39.

839) 손승철, 『근세조선의 한일관계 연구』, 1999, 국학자료원, 163~164쪽.

는 배가 편안한 은혜를 입어 국가는 태평하고, 백성은 편안하니 적의 우두머리가 의기를 상실하여 감히 다시는 사마귀처럼 무모하게 중원을 엿보지 못할 것입니다. 돌이켜보면 명나라의 위험스런 명령과 신령한 밝음으로 그들을 굴복시켜 편안하도록 할 수 있을 것이며 우방이 화목하면 복은 저절로 이룰 것입니다. 지금부터 영원토록 맹약을 맺어 귀국은 형이 되고 폐방은 아우가 되어, 형제가 명나라를 부모처럼 우러러 섬기며, 즐겁고 화목하게 빙문하기를 청합니다. 하늘과 땅이 다하도록 함께 하기를 바라면서 이렇게 자문으로 답합니다."[840]라는 내용으로 명의 책봉과 형제국으로서 우호 교린을 강조하고 있다.

허균은 왜국의 유구 침공에 대한 재차 침공하여 정벌함으로써, 임진왜란에 대한 국가와 백성의 아픔을 성리소설「홍길동전」으로 창작하여 해한의 차원에서 독자들에게 다가갔다고 본다. 허균의「홍길동전」창작이 1612년 이후에 창작되었다면, 허균은 대마도 번주의 류큐 침공 사건과, 1613년 유구태자를 죽이고 재물을 갈취한 탐욕의 지방관 제주목사 이기빈 사건은 물론, 임진왜란 때 조선이 왜국에 당한 비극적 상황을 정신적인 차원에서의 승리와 치유로 전환하여, 홍길동의 율도국 정벌과 율도왕에 등극하는 것으로 홍길동의 야성미를 국제적으로 과시하는 의도를 포함하였을 것으로 판단된다.

또 이와는 다른 측면에서 보면, 조선 침략을 준비하던 일본은 유구와 가장 가까운 규슈 남쪽의 사쓰마번을 통해 군량미 비축과 군사적 도움을 요구했다. 그러나 유구왕은 단박에 거절하고, 왕을 책봉해준 명나라 조정에 일본이 전쟁을 일으킬 것이라는 정보를 조선에 알려주었다.

일본이 조선에서 쫓겨간 뒤에도 사쓰마번은 에도막부와 명나라의 화평 중재를 유구국에 요구했으나, 유구국은 다시 거부한다. 결국 사쓰마번의 무력 침공으로 오키나와 열도의 위쪽 부분을 빼앗기고 사실상 유구국은 일본에

---

840) 『조선왕조실록』, 광해군 원년(1609) 12월 21일.

복속된다. 이후 조선과의 공식 교류는 끊어지고, 표류민 송환만 되풀이됐다.

제주목사 이기빈이 유구국 태자를 죽이는 만행을 저지르고, 훗날 유배되어 죗값을 치르기는 했으나, 한동안 제주도 주민들은 유구국에 표류할 경우, 보복을 당하지 않기 위해 제주인임을 밝히지 않아야 한다는 수칙을 외우고 다녔다고 한다.[841)]

이러한 상황들로 미루어 보면, 대마도 번주 시마주는 1609년 3월 22일, 100여 척의 함선에 3천여 명의 병사를 싣고 가와야마항을 출발하여, 4월 1일 유구에 상륙했고, 4월 5일 수리성을 함락하였다. 유구는 제대로 저항도 못해보고 불과 닷새만에, 대마도주의 무력 침공에 굴복하고 말았다. 5월 17일 사스마 군은 상녕왕과 왕자, 관리들 100여 명을 포로로 잡아 사스마 번으로 끌고 갔다. 사스마번은 도요토미 히데요시가 조선을 참략 할 당시 유구에 군량미 징발을 요구하였는데, 유구가 이를 거부했다. 사스마번이 유구를 침공한 이유는 단기적으로는 유구를 정벌해서 얻은 이익으로 사스마가 임진왜란과 일본 내전 참전 때에 들어갔던 군비의 손실을 충당하기 위함이었고, 장기적으로는 중국과 유구 사이의 무역 이익을 갈취하고자 함이었다.[842)]

허균은 1609년 종사관으로 명나라에 갔을 때, 이재영과 이정을 데리고 갔다. 이정은 불우한 화가였는데, 한 고관이 이정에게 그림을 부탁했다. 그러자 이정은 술을 마시며 빈둥거리다가, 뇌물 짐을 가득 실은 소들이 대갓집 솟을대문 안으로 들어가는 그림을 그려놓고 도망쳤다. 바로 고관이 뇌물을 받는 사실을 풍자한 것이다. 이러한 모습의 이정은 불행한 삶을 살다가 먼저 죽었는데, 이때 허균은 또 이런 글을 남겼다.

> 서쪽에서 온 사람이 말하기를 이정이 죽었다고 하니 이 말이 사실인가? 통

---

841) 노형석 기자.

842) 강효백, 『중국의 습격』, 휴멘앤 북스, 2012.

곡하며 피눈물이 흐른다. 하늘이여, 원통하도다. 나는 누구와 함께 물외에서 노닐까? 세상 사람들은 그의 그림을 중히 여기나 나는 그 사람됨을 중히 여기네.

또, 허균은 1614년 또 사신으로 임명을 받아 중국에 가게 되었다. 명나라의 기록에 선조와 광해군에 대한 기록이 잘못된 것을 바로잡기 위해 변무사로 파견되어 가면서, 많은 자금을 가지고 갔다. 광해군이 내탕금을 몽땅 내준 것이다. 그런데 정작 그 돈을 로비 자금으로 쓰지 않고 책을 몽땅 사가지고 와서 강릉에 도서관을 만들어 보관하고, 선비들에게 읽게 했다. 현응민은 이런 허균의 일에 군말 없이 협조했고, 나중에 허균의 모반죄에 연루되어 그도 함께 죽었다. 허균은 이들과 어울리며 문학과 사상의 폭을 넓혀 나갔다.

허균은 외교관으로 활동하면서 중국 쪽의 정보가 많았으며, 특히 유구에 대한 지식과 정보가 많았다. 게다가 허균이 1618년 교수형을 당할 때의 죄명 중에는 모반 혐의와 함께 유언비어 날조도 포함되어 있었는데, 그가 유포했다는 유언비어의 내용은 유구의 병사가 남해안에 정박하여 한양으로 공격해 온다는 것이었으므로, 유구와 조선의 관계에 대한 이러한 해석을 가능하게 한다.

「홍길동전」은 율도국 건설 이전과 이후로 나누어 율도국 부분은 작품의 구성상 인과적 계기가 없이 이루어졌다는 견해[843]는 적서차대의 철폐에 함몰될 작품해석이다. 홍길동이 율도국의 왕이 된 것은, 서자 출신이 최고의 지위에까지 오르는 영웅 홍길동의 궁극의 목표 달성에 해당하는 것이다. 이는 홍길동이 비상한 태몽을 얻어 탄생한 진정한 영웅의 모습을 보여주면서, 새로운 이상적 세계질서를 수립하고 주재하는 영웅소설의 본래의 진면목을 율도왕

843) 이재수, 『한국소설 연구』, 선명문화사, 1969.

이야기로 마무리 한다.[844] 이 부분을 중심으로 「홍길동전」을 보면, 작품의 주제는 영웅의 대망과 그 결과로서의 율도왕 등극에 놓이게 된다.

율도국의 설정에서 보여준 작가 허균의 의도는 세종시대의 주체적 문화강국의 시대를 설정하여, 조선 안에서의 홍길동이 겪는 적서차별의 해결을, 나라 밖인 중국과 조선도 아닌 제3국에서 보여주려는 작의 기획이다. 즉, 조선이 강대국인 중국의 하위에 놓인 약소국 내지 조공국의 차이를 벗어나는 한 사례를 조선의 병조판서가 중국의 최대 강자인 지하 괴물과의 승부에서 이기고, 황제가 봉토해주는 봉토왕을 조선의 홍길동이 자원하여 병조판서를 제수받은 것처럼, 조선의 병조판서가 자원 선택하여 율도왕이 되는 이야기로 설정하였다. 이런 이치로 보면, 「홍길동전」은 제1부는 조선 안에서 홍판서 집의 서자 홍길동이 적서차별의 제도를 벗어나 활빈당의 당수로 나아가 자원하여 왕으로부터 병조판서를 제수받아 적서차별을 극복하는 서얼의 영웅담이요, 제2부는 조선 밖의 세계에서는 조선의 병조판서가 중국의 병부상서에 비유되어, 중국의 사회악에 해당하는 지하 괴물 울동을 격파하고, 인질로 잡혀있는 중국 백성을 상징하는 부자 백용의 딸과 조씨녀를 구출하여 부인으로 맞이하는 이야기다. 결말로는 망탕산의 천자 기운을 받아 중국의 황제가 내리는 봉토가 아닌 조선의 병조판서로서 율도국을 정복하여 국왕이 됨으로써, 조선과 중국의 차별을 극복하는 이중서사 층위상에서 전개함으로써 중국에 대한 조선의 자주 정신을 이면서사로 드러내고 있다.

허균의 「홍길동전」에는 '항산자는 항심이요, 무항산자는 무항심'라는 『맹자』의 논리가 깔려 있다. 『맹자』 양혜왕 조의 자국의 이익을 위한 천승국, 만승국의 비유와 의와 민의 문제를 융합 수용한 군사 외교론 및 현실적으로 왜국이 중국을 치러나서는데 조선은 길을 빌려달라는 요구와, 그러면서 먼저 조선을 침략하여 식민지화하려는 정한론 등에 대한 의식과, 외교통 집안으

844) 김진영, 「율도왕전(길동전) 연구」, 『고전문학연구』, 5집, 1990, 31~32쪽.

로서의 환경적인 영향이 보인다. 이로 보면 「홍길동전」은 초당 허엽의 중국, 허성의 일본, 허봉의 유구, 허균의 중국, 허초희의 중국, 사명당의 일본 등, 허균 주변의 국제적 외교 활동가들이 겪은 경험과 의식 위에서 형성된 퓨전형 소설화의 결실이라 할 수 있다.

허균은 율도국의 비밀에서, 율도국만은 유구국이나 대만으로 표시하지 않고, 중국 남경 남쪽의 적당한 크기의 나라로 삼은 것은 여러 가지 의미를 중첩시키기 위한 의도이며, 인물 형상에서도 표면에는 홍상직의 아들을 내세우면서도 내면의 본질에서는 율곡 사명당 허균 자신 등을 융합하여 재형상시킴으로서 초영웅으로 설정하는 원리로 서사를 전개한다.

또, 표면상은 유가적 세계를 제시하면서도 내면의 본질에서는 불가의 상과 비상 차원의 참선의 세계를 내포시키는 기법을 구사한다. 이는 홍길동의 율도왕 되기는 천상의 이치에 따라서, 자원 율도왕, 봉토왕을 통한 조선의 주체적인 독립국임을 문학으로 선언한 것으로 해석 할 수 있다.

또 허균 자신이 광해군의 국왕 승인 자격 문제로 중국의 공인을 받기 위해 외교 활동을 하였던 외교 정치 경험에 의한 발상으로, 중국의 승인을 받는 조선의 스트레스를 문학적으로 풀어낸 것일 수도 있다. 허균은 세종시대를 배경으로 하여 조선의 자주성을 드러낸 최고의 산물인 문자 창제 등에 대한 자부심을 드러내기 위해, 최초로 한글로 성리소설을 지은 것으로 판단된다. 「홍길동전」에서 홍길동의 율도국왕 등극은 1609년 대마도주의 유구 점령과 연관해서 살펴보면, 그 이상의 역사적 정치사적 의미로 해석할 수 있다,

> 1609년 3월 초순, 도진씨는 와산구고를 총대장으로 하여 약 3천 명의 병사와 100척여의 군선을 유구에 보냈다. 철포대를 주축으로 하여 싸웠던 살마군은 암미대도, 덕지도, 중영낭부도를 차례로 공략하여 3월말 중승도 북부의 운천항에 상륙하여 금귀인성을 함락시켰다. 살마군이 진공하여 오자, 가재도구를 동서남북으로 옮기는 모양은 전대미문의 일이었다'고 사카이의 승

에게 상영에 잡혀있던 희안의 일기에 적혀있던 것처럼 국내는 크게 동요되었다. 세력을 얻은 살마군은 더욱 독곡을 공략하여 육로와 해로에서 수리, 나패로 공격하여, 4월 1일 왕도 수리에 도달하였다. 기다의 전란을 경험하였던 살마군을 앞에 두고, 왕부군은 저항하는 술책도 없이 패하여, 상영은 성을 열고 화의를 요구하였다. 싸움에서 이긴 살마군은 4월 중순에 상영을 시작으로, 중신을 백명 넘게 잡아 살마로 개선하였다. 상영은 약 2년간 억류되었고, 그 사이에 도진가구에 동반하여 준부의 가강과 에도의 장군, 수충에게 알현하였다. 도진씨는 그곳에서 가강에게서 유구를 얻고, 그 뒤에 대도를 할양받아 초기의 목적을 이루었다.[845)]

허균은 「홍길동전」을 통해서 홍길동이 지향하는 이상향 율도국을 건설하기까지, 서출로서 의적인 활빈당수를 거쳐, 조선의 병조판서가 되고, 해외로 나가 율도국왕에 등극하여, 이상적인 군주로서 율도국을 강병부국의 나라로 통치하는 활약상을 보여주었다. 그는 광해 난정시대에 유교 사회를 혁신시킬 적극적인 방안을 소설로 제시하면서 자신의 논설이나 한시로 제시한 사회 개혁이나 사회 반영의 치세 전반에 대한 개혁이론들을 융합시켜서 「홍길동전」에 투사시켰다. 그는 금과옥조로 섬기는 양반사회에서 신분 계급의 타파와 적서를 차별하지 않는 과감한 인재 등용은 물론, 당시 조정이나 지방 관료들을 비판하고, 그 대안을 영웅 홍길동을 통해 혁신적으로 때로는 초인적 도술을 구사하면서까지 제도의 문제를 혁신하고자 했다. 올바른 제도라도 주체의 실천상에서 생기는 모순을 해체시키는 홍길동의 혁신 지향의 야성적 행동을 적극적으로 표현했다. 나라 밖으로 나간 길동은 요괴를 물리치고, 아내를 얻은 후 율도국의 왕이 된다. 율도왕의 힘은 국내에서의 길동의 한계의 극복인 동시에, 국내에서 온전히 발휘했던 힘을 총체적으로 집결하

---

845) 新城俊昭, 『琉球, 琉球史』, 1977.

여 증폭시키고 확산된 상태에서 발산하는 힘이다. 길동의 힘은 조선이라는 당대 사회에서는 더 이상 확대될 수 없었기에, 중국의 남경 부근 제도에서 힘의 방향이 선회하여 발산한다. 길동의 힘은 국내적 제약을 벗어나, 그 힘의 일부가 괴물 울동과의 승부에서 1차로 발산하고, 이어진 길동의 최종적인 힘의 발산은 탄생의 청룡꿈에서 예시되었듯이, 왕이 되기 위한 가장 강력한 발산을 펼친다. 국왕의 자리를 걸고 펼치는 가장 강력한 힘의 발산인 대승부는 마침내 율도국이라는 이상적인 국가를 이룩하는 데까지 확대된다.

율도국왕이 되는 승부는 조선이라는 제한된 세계에서는 모반이요, 반정에 해당되는 행위이지만, 타국의 왕이요, 조선 활빈당, 병조판서 출신이 해외로 진출하여 왕이 되는 것은, 「수호지」를 넘어서는 야성적 활동에 해당한다. 폭정을 하는 기존 율도왕과의 승부이기에, 홍길동의 승부는 모반과 반정을 피해가면서, 그에 준하는 굴절된 형식의 국왕 자리 차지하기라는 이중의 효과를 얻게 된다. 즉, 표면서사로는 해외 영토의 개척이면서, 이면서사에서는 홍길동이 조선의 왕이 되기에 충분한 능력을 구비한 영웅이라는 점을 은밀히 은유하고 있음이다. 즉, 조선왕과 율도왕이라는 하위적 분류의 왕의 이야기가 아닌, 청룡꿈을 갖고 태어난 홍길동이 제반 장애를 극복하고, 결국 왕위에 오르는 이야기로 본다면, 이면서사에서는 능히 모반이요. 반정의 담론으로 인식될 수 있는 영웅담이다.

8-5. 허균이 「홍길동전」을 통해 구현한 야성미의 본질과 서사구조

허균은 1612년 8월 부모와 형제의 혈륙의 마지막으로 허셩까지 세상을 떠나자 혈륙이 모두 세상을 떠난 상황에서, 형의 찬구로 살았던 자신이 특히 따랏던 임란의 의승장이요 난후에도 쇄환사로 일본을 다녀온 사명당의 비문을 지으면서 느낀 바를 토대로 「홍길동전」을 지었다. 이런 창작의 환경은 이흡을 포도대장으로 내세워 기축옥사 등을 풍자함은 물론, 광해군의 생모의 죽음에 얽힌 사건 등과 같은 자신과 자신이 모신 광해군의 가족사에 얽힌 견해를 거의 100년 전의 복잡한 가족사를 가진 홍징 홍상직 홍일동과 홍길동의 문제를 융합합 소재로 삼아, 현실에서 일어나는 갈등으로 파생되는 내우외환의 본질을 주인공의 도심에 근거한 성리이념으로 해소하여 행복한 결말에 이르는 영웅서사담을 표면서사 못지 않게 전고로 연계되는 갈등 많은 현실 문제를 이면사사로 삼는 성리소설을 창작하게 되었다.

허균에게 두 형인 허성과 허봉은 그가 과거에 급제한 후에 조정에 나아가 관직 생활을 하는데 동인의 영수인 허엽 못지 않는 정치적 후견인이었다.

허성은 병조판서 등을 역임하면서, 부친 허엽의 후광을 받으며 조정의 중신으로 활동하였다. 그러하지만, 좀더 자세히 그의 삶을 파고들어가 보면, 임진왜란과 정유재란 때에는 극심한 당파간의 투쟁과 갈등, 그리고 중국과 왜국 사이에 전개되는 전쟁 중에서의 복잡한 외교 관계는 그를 여러 차례 고통 속에 빠지게 하였다. 또, 허봉은 젊은 나이로 율곡을 비판한 소위 계미삼찬으로 인하여 일찍 관직에서는 역풍을 맞아 서인들의 공격 대상이 되어 좌절 속에 일찍 세상을 떠났지만, 허균에게는 영의정의 중직을 맡이 임진왜란의 어려움을 다스린 서애 류성룡과의 사제 관계를 맺어준 은인이요, 서얼이지만 천재 시인인 이달을 스승으로 맺어준 인생 최고의 지원자였다.

허균은 「홍길동전」을 창작하면서 이런 가족들의 실제담을 세종시대 홍상직의 얼출로 추정되는 홍길동 이야기와 무르녹여서 가정에서는 천대받고 모함당하는 서러운 존재였지만, 가출하여 헌탁한 사회에서는 의로운 행동으로 활빈당 수령으로 탐학한 관리들에 맞서서 가난한 백성을 구제하였다. 자원 병조판서의 직을 얻어서 중국으로 진출하고, 중국에서는 나라를 어지럽히는 괴물 울동에 납치되어 고통받는 백씨녀와 조씨녀를 구출하고 두 아내로 맞은 다음에 조선에서 데려간 부하들을 조련하여 군사력을 증강한 다음에 남해에 제3국 섬나라인 율도국을 공격하여 왕위에 오르고, 조선의 부모를 모시고, 조선과는 형제국의 관계를 맺는 영웅의 일대기를 보여주었다. 이런 표면서사에 연계되고 내장된 이변서사에서는 비유나 상징, 때로는 전고를 통하여 16세기인 세종 시대에서 예종에서 성종을 거쳐서 시대 이르는 홍상직의 얼자 홍길동의 이야기를 했다. 작가 허균이 살았던 17세기의 선조와 광해군 시대에 걸친 사화와 옥사들을 비롯하여 기축옥사를 거쳐서 임진왜란과 정유재란의 7년 전쟁을 겪는 내우외란의 비극적인 시대까지 소재로 삼았다. 다시는 이런 어두운 시대를 되풀이 하지 않는 강력한 군사력이 밑받침이 되는 성리이념이 살아있는 평와와 행복의 나라를 만들자는 소망을 성리이념을 흥미로운 이야기로 풀어낸 성리소설 「홍길동전」을 혁신 「징비록」과 같은 차원에서 창작해내었다. 이런 허균의 가족과 개인의 심정을 서서적 자아로 투사시킨 홍길동을 통하여 실현한 것은, 광해난정 하에서의 국가의 정체성 회복을 위해서는 인조반정과 같은 반정이나 준혁명적인 변혁이 필요하다는 것을 우회적으로 표현했다. 홍판서의 얼출이 중국에서의 무력 능력을 길러 제3국을 정벌한다는 은유적인 방식으로 표현했다.

9

마무리

허균은 초당 허엽의 아들이었다. 그의 부친 허엽은 화담 서경덕과 퇴계 이황의 제자이며 붕당시대에 동인의 영수였다. 그의 스승인 서애 류성룡은 임진왜란 때 영의정을 지냈으며, 큰형인 허성은 임진왜란 직전에 일본을 정탐하기 위해 통신사의 서장관이 되어 일본에 다녀온 외교관이었다. 허성은 귀국하여 조정에 보고를 할 때, 동인이면서도 같은 동인계 부사인 학봉 김성일의 부탁을 따르지 않고, 서인계 정사인 황윤길과 같은 의견을 내어, 일본의 도요토미 히데요시가 조선을 쳐들어올 것이라는 직언을 하였다. 허성은 임란 이후에는 병조판서까지 지냈다. 이런 명문가의 분위기 속에서 유복하게 자란 허균은 예교에 구속받지 않고 이상사회를 동경하며 자기의 계획을 실천에 옮기는데 주저함이 없었고, 사회제도의 모순을 비판하는 경세가요 진보적인 사상가였다.

허균은 1612년에 그의 대표작 「홍길동전」을 지었다. 그는 소설 「홍길동전」의 대표 모델을 역사 실존인물로서 성종 시대에 조선을 떠난 이민자 홍상직의 서출 홍길동을 발굴하여 설정하였다. 그가 역사에서는 지워졌으나 인문학적 탐색으로 찾아낸 홍길동은, 고려 말에 활동하던 홍징장군의 손자요, 세종 때 경성 절제사를 지낸 홍상직의 아들이었다. 그의 부친 홍상직은 가문이 모반에 연루되어 멸문지화의 위기에서 도망자로 숨어다닐 때인 1440년경에 서출 만득자로 홍길동을 얻었다. 그는 청년 시기에 조선을 출국하여, 유구의 팔중산 지역에서 적봉 홍가와라라는 민중의 지도자로 살다가 1500년에 세상을 떠난 조선과 유구 두 나라에서 활동한 인물이었다.

허균은 「홍길동전」 창작 당시에 이런 역사 인물 홍길동에 대한 문헌 기록은 찾을 수 없었지만, 전남 장성에서 전하는 구전 내용을 토대로 발굴한 이 인물을 핵심 모델로 삼으면서, 그 위에 선조 때 병조판서를 지낸 율곡과 서얼 출신 문인인 스승 손곡 이달, 형님처럼 따랐던 의승장 사명당 등을 복합 모델로 하여 홍길동이라는 이념적인 영웅상을 형상하여 성리소설 「홍길동전」을 창작했다.

허균이 이런 인물들을 융복합하여 주인공 홍길동을 영웅으로 형상하여 「홍길동전」을 창작한 동기는 형처럼 모시던 임진왜란의 의승장 사명당의 비문과 문집의 서문을 지었기 때문이었다. 승려인 사명당이 자신보다 국가를 위해 전쟁과 외교의 일선에서 활동한 사실에 크게 감동하고 깨달은 바가 있어 참회의 자세에서 「홍길동전」을 창작하게 된 것으로 판단된다. 그러므로 「홍길동전」에서 서출 홍길동의 영웅담 속에 강병부국과 보국안민의 주제를 서얼 차대의 철폐위에 내세웠다. 특히, 홍길동의 율도국 정벌 이야기의 역사 소재로는 세종 시대에 잦은 왜구의 침입을 막기 위해 그 본거지인 대마도를 정벌한 사건과, 1609년에 대마도가 유구를 침략한 사건에 대해 작품 속에서 응징하고, 유구의 평화를 지켜주는 의미도 포함되어 있다. 홍길동이 중국에 진출하여 괴물 울동을 퇴치하고 두 처녀를 구하는 이야기는, 처녀들을 납치해서 아내로 삼으려는 악의 상징인 괴물 울동을 처단하고, 고통 속에 있던 여성들을 구출함이 목포였다. 괴물 울동으로부터 구해낸 그 처녀들은 홍길동의 아내가 되고, 후에 홍길동이 율도왕이 되자 율도왕비가 된다. 이 서사의 이면에는 비록 이념혼사라는 우회적 방법을 통해서라도, 동인과 서인의 당파 갈등을 해소하고자 하는 성리이념이나 도심 차원에서의 결연을 내포하고 있다. 허균은 「홍길동전」의 가장 깊숙한 곳에 괴물 울동의 횡포처럼, 현실에서 일어나는 사화와 옥사가 빚어내는 정치적 갈등을 풍자하고 해소하고자 성리학을 응용한 성리소설 「홍길동전」을 창작한 것으로 판단한다.

「홍길동전」은 중국의 「수호지」를 본받으면서도, 앞선 시기의 김우옹의 심성소설인 「천군전」의 이중서사 방식을 계승 발전시켜, 속 이야기에 당대의 정치 갈등을 포함 시켜 조선형으로 더욱 발전시킨 「혁신 수호지」였다. 그 결과 표면서사에 연계된 전고에 따른 이면서사를 통하여 기축옥사를 환기시키는 차원에서, 최경영의 옥사와 관계가 깊은 인물인 이흡을 지목하여, 작품 속에 포도대장 이흡으로 전환시키고 그 실명을 노출하였다. 작가 허균은 정여립 사건에서 비롯되어 동인계 관료와 수천명의 유학자들에게 피해를 준 최대의 정치적 참사인 기축옥사를 환기시킴으로써, 나라를 위태롭게 하는 내우외환의 문제를 이념적인 방식으로 해결하는 원리를 서얼 출신 영웅 홍길동을 통해 제시하고자 하였다.

또한, 허균은 주인공 홍길동을 통해 적서 차별의 사회적 분위기를 창조적으로 뛰어넘는 민중 영웅 홍길동이, 의적 활빈당의 당수가 되고, 실력으로 자원 병조판서를 제수받아 해외로 출국하여 율도왕이 되는 서사를 통해, 재능있는 조선의 인재들을 적서 차대와 당쟁의 희생물로 삼은 기축옥사 사건을 원천에서 재고하게 하였다. 이는 조선 최대의 내우를 원천에서 제거하는 성리도심의 회복과, 이를 위정자로부터 백성에 이르기까지 확산시키고자 하는 간절한 염원이었다.

「홍길동전」의 전반적인 구조는 전반부의 국내편과 후반부의 해외편으로 구분할 수 있다. 전반 국내편에서는 서출인 홍길동이 병조판서가 되는 이야기가 핵심을 이루고, 후반부 해외편에서는 조선의 병조판서 홍길동이 바다 건너 중국으로 진출하여, 중국의 사회악인 괴물 울동을 퇴치시키고, 망탕산 기운을 받아 제3국인 율도국을 정복하여 왕위에 오르는 것이 핵심이다. 서사적 전개에 있어서 가장 큰 특징은 정치 사회적 풍자나 개혁을 위한 비판을 이중 서사구조 위에서, 각각의 주제도 이중으로 제시하는 방식으로 전개했다는 점이다.

표면서사로 보면, 조선의 왕 되기의 모반형 주제를 굴절 완화시켜 율도왕 되기로 전환시켰지만, 허균이 「홍길동전」을 창작할 당시로 보면, 후궁 소생으로 왕위에 오른 광해군의 난정과 명나라와 금나라 등에 대한 국제 외교 문제, 즉, 정치는 정치대로, 민생은 민생대로 백성들의 궁핍과 적서 차대 등으로 당면한 현실의 문제를 직시하여 풍자하고 있다. 이면서사로 보면, 허균은 「홍길동전」의 서두에서, 홍판서의 낮 꿈이자 홍길동의 탄생꿈인 청룡 꿈을 전후반의 서사를 통합하는 연결고리로 사용하고 있다. 이는 망탕산의 울동 퇴치 작전과 율도국을 점령하여 왕이 되는 이야기에 투사된 은유로서, 표면서사의 율도왕 되기가 아닌, 조선의 왕 되기가 투사된 모반의 주제와 혁명의 메시지를 내포하여 이면서사로 전개한 결과다. 그러기에 독자들은 조선 활빈당의 해인사 사찰과 함경 감영 공격, 중국 제도의 괴물 울동 공격, 율도국 정벌 등으로 계속되는 사건의 전개에서 여타 작품에서는 볼 수 없는 남성적인 야성미의 쾌감을 느낀다. 즉, 자유와 정의를 위해 싸우는 공격과 해결의 주체인 홍길동의 야성미에 매력과 호감을 느끼게 된다.

허균은 당시 조정에서 사화와 옥사 등으로 치열한 정치적 갈등이 빚어지던 시기에, 작품 속에서 홍길동을 활빈당수로 내세워 관리들의 부정부패를 처리하는 활약상을 표면서사로 펼친다. 여기서 허균은 구체적인 역사 현실에서의 갈등에 대해 직접적인 서술은 하지 않지만, 이와 연관된 이면서사에서 당시의 내우외환을 환기시키는 가장 결정적인 근거로서, 홍길동을 체포하겠다고 나선 포도대장의 이름을 이흡이라는 고유명사를 노출시켰다. 이 역사 인물 이흡은 기축옥사에서 최영경의 처벌을 주장하며, 옥중에서 억울한 죽음을 맞게 한 간관의 한 사람이었다.

이처럼 허균은 작품 안에서 구체적인 사건을 서술하지는 않지만, 작품 밖의 역사 인물인 제1 홍길동의 활동 시기부터, 연산군 초기 제2 홍길동의 활동 시기를 거쳐, 창작 당시인 광해군 시대까지의 여러 역사적 인물 등을 작품 속에서 이면의 주제를 이끌어가는 인물 모델로 삼고 있다. 그렇다면, 허균이 「홍길동전」을 창작한 동기와 목적은 단순히 지난 시대의 역사 인물인 홍징장군의 손자 홍길동이라는 인물을 발굴하여 전기를 쓰는 것과는 다른 목적이 있었음을 알 수 있다. 즉, 허균은 「홍길동전」을 통하여 지난 시대의 흥미로운 이야기를 전달하는 것 외에도, 현재 자신이 처한 현실, 즉 광해군 당시의 난정의 문제를 부각시키고, 임진왜란 이후 쇄락해진 국력과 사회적인 혼란, 위정자의 무능과 관리들의 당리당략에 따른 부정부패상을 폭로함으로써, 일반 백성들도 사회적 자아에 눈을 뜨고, 당면한 현실의 문제점들을 직시하게 하고자 함이 「홍길동전」 창작의 또 다른 주제요, 목표로 삼았다. 이로써, 사회의 모순된 문제들을 바로 잡고, 자신의 운명을 스스로 개척해 나가는 자주 의식의 기운이 일부 지각자와 평민들 사이에서 일어나게 되었다. 특히 적서차별의 타파, 불의한 관권에 대한 항거와 빈민의 구제, 무위도식하는 자들에 대한 징계 등, 주인공 홍길동이 이러한 사상의 실천을 위하여 직접 행동은 허균의 사상 및 그의 욕구와도 일치한다. 그 사례는 선조 41년 봄, 명문의 서자들인 서양갑, 박응지, 심우영 등이 서자에게도 등용의 길을 열어 달라는 상소문을 올렸고, 이 상소가 거절당하자, 분개한 이들은 극단적인 사회 개혁을 모의하게 되었으며, 허균은 이러한 모의에 대한 명분을 제공하는 핵심적 역할을 했던 것으로 추정할 수 있다.

작품 안에서 홍길동이 활빈당이라는 공동체를 통해 친민중적인 영웅으로서의 삶을 펼치는 것은, 당대의 현실에서 기대하던 실제 영웅의 탄생에 대한 독자들의 꿈을 실현시켜 주는 기능을 했다. 즉, 제도적 질곡에서 신음하는 사람들의 정신적 좌절감을 희망찬 미래에 대한 기대감으로 충만하게 했다. 특히, 후반부의 율도국의 건설은 국내에서의 장벽을 해외공간으로 이동시켜 시원하게 해소시켰다. 그러나 일반적 서사 체계에서는 작품의 논리적 결함을 지적을 받기도 한 이상국으로 설정된 율도국은, 중국 남경에서 더 남쪽 바다로 진출한 곳이며, 율도국 자체는 살기 좋은 곳이고 인물이 번성한 곳으로 묘사하였다. 약간의 도적이 있었음이 암시되고는 있으나, 그것은 어느 사회에나 있을 법한 일이며, 불의가 지배하는 곳은 아니었다. 허균은 그곳을 홍길동이 이상을 펼칠 새로운 무대로 제시하며, 특히 작품에서 활빈당의 활동과 도둑들을 훈련시켜 해외로 이민 내지 해외에 새로운 국가를 건설하는 발상은 진취적인 사회 개혁의식으로서 작가 허균이 제시하는 시대를 뛰어넘는 혁신성이라 할 수 있다.

지금까지 학계에서는 「홍길동전」을 본격적인 영웅소설이면서도, 당시의 시대 상황을 작품의 주제로 형상한 현실비판의 사회소설[846]로 파악하였다. 이번 연구에서는 이제까지의 수준을 넘어서서 「홍길동전」의 가치와 수준을 한 단계 더 높인 연구 결과를 제시하고자 한다. 이 연구는 필자가 평생 한국 고전문학의 연구 방법론에 천착함으로써 개발에 성공한 한국적 문학 연구 방법인 〈광통학〉의 방법으로 논증하고 분석한 결과이다.

거시적이면서도 미시적이고, 역사적이면서도 공시적인 접근 방법을 통하여 「홍길동전」을 분석한 결과, 허균이 창작한 「홍길동전」은 내우외환의 문제를 야기시키는 요소들을 원천에 해소하는 성리학에서의 도심을 지키는 주인공 홍길동을 내세워 성리학적 이상국과 이상사회의 이념을 누구나 알기 쉽게 소설로 풀어 쓴 성리학의 응용소설이다. 즉, 허균의 「홍길동전」은 17세기에 창작된 이래, 21세기에 와서야 비로소 개발된 한국의 〈광통학〉의 방법론으로 그 진면목을 찾아내었고, 그 결과 대중 통속소설을 넘어선 성리소설임을 밝혀 그동안 「홍길동전」이 지닌 문학사적 위상을 한층 더 들어 올린 연구 성과를 내놓게 되었다.

「홍길동전」의 본질적 주제는, 중앙에서 활동했던 당대 최고의 정치가요 문인인 허균이 내우외환의 직접, 간접 원인이라 할 수 있는 동서붕당을 중화시키는 애국 애민의 정신을 야성적 쾌남인 주인공 홍길동을 내세워 풀어가는 성리학적 정치 담론으로 해석된다. 여기서 작가 허균의 의도는 율도국이라는 이상국가를 건설하는 것으로 현실의 문제를 풀어감으로써, 장소의 설정을 달리한 우회적 표현의 반정소설로 해석할 수 있다. 허균이 설정한 율도국은 권력의 압제도 없고, 부패와 부정, 빈곤과 신분 차별이 없는 이상사회요, 중국이나 조선의 지배권 밖에 있는 독립적이고 주체적인 이상 국가를 상징한다.

이 저술에서는 17세기의 선구적 작가 허균이 날카로운 안목으로 창작한

---

846) 박태상 · 설성경, 『고전소설의 구조와 이해』, 1986, 13쪽.

성리소설 「홍길동전」의 본질을 문학연구의 인문학적 확장 연구방법인 〈광통학〉의 수준에서 논증하였다. 이러한 결과를 토대로, 성리소설 「홍길동전」의 야성미의 미학적 가치를 현대적으로 재창조함으로써, 고전소설의 원형 또는 재형상화된 현대 예술작품으로 세계인들이 향수할 수 있는 새로운 길이 열리게 되기를 기대한다.

참고문헌

강동엽, 「홍길동전의 주제고」, 『동악어론문집』 8집, 동국대 동악어문학회, 1972.

______, 「허균의 '전'에 대한 고구」, 『한국한문학연구』 2, 1977.

강동혁, 「교산의 현실과 그 이상」, 논문집 4, 건국대 대학원, 1970.

구자균, 『조선평민문학사』, 민학사, 1974.

______, 근대적 지식인 허균, 인물한국사 3, 박우사, 1965.

구중서, 「홍길동전」, 한양 313, 한양사, 1964.

권순긍, 「홍길동전의 수용양상과 시대적 의미」, 성대대학원, 1983.

권혁래, 『〈홍길동전〉과 다시 쓰기 출판물』, 『온지논총』 29집, 온지학회, 2011.

김광순, 『한국고소설사와 론』, 새문사, 1990.

김규태, 「홍길동전에 미친 수호전의 영향」, 『문예사상연구』 2호, 한국고전연구회, 1981.

김기동, 「홍길동전의 소재론」, 『이병주선생 회갑기념논총』, 이우출판사, 1981.

______, 「문헌설화에 나오는 홍길동」, 『한국문학연구』 4집 동국대 한국학연구, 1981.

김동욱, 「홍길동전의 국내적 소원」, 『심악이숭녕박사송수기념논총』, 을유문화사, 1968.

김동욱 편, 『허균의 문학과 혁신사상』, 새문사, 1981.

______, 「이씨조선의 이방인 허균」, 사상계 68, 사상계사, 1959.

______, 「허균론」-허위의 장벽을 향하여, 세대 7, 세대사, 1963.

김동욱, 「허균과 여성」-이조관헌의 일생에 관한 연구사에서-아세아 여성연구 6, 숙명여대 아세아여성문제연구소, 1968.
______, 「홍길동전의 국내적 소원」, 이숭녕박사송수기념논총, 을유문화사, 1968.
김병모, 『김수로왕비 허황옥』, 조선일보사, 1994.
김병욱, 「홍길동전 소고」, 서강 1, 서강대, 1970.
______, 「소설의 유형」-홍길동전을 중심으로, 월간문학 28, 월간문학사, 1971.
______, 「홍길동전과 전기적 유형」, 『허균의 문학과 혁신사상』, 새문사, 1981.
김세익, 「홍길동전의 홍길동에 대하여」, 역사과학 1, 1963.
김수자, 「홍길동전 연구」-배경, 주제, 구성, 문학적 가치를 중심으로, 국어국문학연구 3, 이화여대 국어국문학회, 1961.
김열규, 「홍길동전의 시간론적인 몇 가지 문제」, 『허균연구』, 새문사, 1981.
김 영, 「조선후기 전의 변화양상에 관한 연구」, 「국어교육연구」, 인하대, 1995.
김영실, 「홍길동전 소고」-근세 반항문학론을 위한 시고, 논문집 3, 진주교대, 1969.
김일근 '「활빈당 발령장 원본 5장」 발견', 중앙일보 1982.
김일렬, 「홍길동전의 부통일성과 통일성」, 어문학 27, 한국어문학회, 1972.
김일열, 『고전소설신론』, 새문사, 1991.
김진세, 「허균연구」-전기 및 사상을 중심으로, 국문학연구 2, 서울대, 1964.
김진세, 「홍길동전의 작자고」-하나의 가설제기를 위하여, 논문집 1, 서울대교양과정론문집』 1집, 1969.
김진영, 「허균의 인물관과 소설」, 『고전소설 연구의 방향』, 한국고전문학연구회, 새문사, 1985.
김춘택, 『우리나라 고전소설사』, 한길사, 1993.
김태식, 「김해 수로왕릉과 허왕후릉 보수과정 검토」, 『한국사론』 41 · 42, 1999.
김태준, 『조선소설사』, 학예사, 1939.
______, 「홍길동전 연구」, 조선소설강좌(1), 신동아 58, 신동아사, 1936.
김태준, 「홍길동전의 이상주의」, 『허균의 문학과 혁신사상』, 새문사, 1981.
김현룡, 「교산의 남궁선생전 연구」, 『단대국문학론문집』 5, 6 합병호, 1972.

김혜숙, 「홍길동전 연구」, 이화여대 『국어국문학연구』 2집, 국어국문학회, 1959.
려증동, 「홍길동전의 구조론」, 『상산 이재수박사 환력기념논문집』, 1972.
유탁일, 『완판방각소설의 문헌학적 연구』, 학문사, 1981.
문경현 역편, 『허난설헌전집』, 보문각, 1972.
민긍기, 「〈홍길동전〉 주인공의 탄생에 관하여」, 「열상고전연구」 제7집, 열상고전연구, 1994.
민병덕, 「홍길동전의 문학사회적 고찰」, 『출판학』 16호, 한국출판학회, 1973.
민병덕, 「홍길동전의 독자의식」-독자론적 이해를 위한 시론, 장암전영선생화갑기념논총, 호서문화사, 1971.
민영대, 「홍길동전의 주제연구」, 『국어국문학』 83호, 국어국문학회, 1980.
박노춘, 「홍길동전 목판본 편고」, 『가람 이병기 박사 송수논문집』, 삼화출판사, 1966.
박성의, 『한국고대소설론과 사』, 집문당, 1986.
박영호, 『허균문학연구』—도교사상을 중심으로—, 한양대 박사학위논문, 1991.
박찬승, 「활빈당의 활동과 그 성격」, 『한국학보』 35, 1984.
박찬승, 『근대이행기 민중운동의 사회사』, 경인문화사, 2008.
박희병, 「조선후기 전의 소설적 성향연구」, 「대동문화연구」, 대동문화연구원, 1992.
배종호, 「허균문학에 나타난 철학사상」, 『허균연구』, 새문사, 1981.
백승종, 「고소설 홍길동전의 저작에 대한 재검토」, 『진단학보』, 80호, 1995.
백종군, 「홍길동전의 한 고찰」, 용봉 3, 전남대, 1972.
사재동 편, 『한국서사문학사의 연구』 I ~ V, 중앙문화사, 1995.
서대석, 『군담소설의 구조와 배경』, 이화여자대학교 출판부, 1985.
______, 「허균문학의 연구사적 비판」, 『허균연구』, 새문사, 1981.
서종문, 「홍길동전에 나타난 현실인식문제」, 『허균문학과 혁신사상』, 새문사, 1981.
설성경, 「실존인물 홍길동의 생애 재구」, 『동방학지』 96집, 1997.
______, 『홍길동의 삶과 홍길동전』, 연세대대학교 출판부, 2002.
______, 『홍길동전의 비밀』, 서울대학교 출판부, 2004.

설성경 · 최영, 『홍길동전 바로알기』, 나녹, 2019.

소재영, 두 사상의 연맥–율도와 무인도에 비친 교산 허균의 이상론, 어문론집 12, 고려대국어국문학 연구회, 1970.

______, 「허균의 생애와 문학」, 『허균연구』, 새문사, 1981.

송성욱, 「홍길동전 이본신고」, 『서울대 관악어문연구』, 13집, 1988.

송재소, 「허균의 사상사적 위치」, 『허균연구』, 새문사, 1981.

송준호, 『손곡 이달시 역해』, 학자원, 2017.

신구현, 「홍길동전의 현대적 연구」, 금성 1, 금성사, 1937.

신기형, 「홍길동전의 연구 및 검토」, 한국소설발달사, 창문사, 1960.

신태수, 『금오신화』의 세계관적 기저와 그 소설사적 위상」, 「어문학」 87, 한국어문학회, 2005.

심경호(역), 『매월당 김시습 금오신화』, 홍익출판사, 2000.

안대회(역), 『국조시산』, 태학사, 1999.

안창수, 「금오신화의 의미구조와 작가의식」, 『영남어문학』 26, 영남어문학회, 1994.

오세창, 「활빈당고」, 『사학연구』21, 1969.

예종숙, 「비교문학을 위한 시도」–홍길동전과 수호전을 중심으로, 국어국문학연구 3, 청구대 국어국문학회, 1959.

유홍렬, 「홍길동전을 지은 허균과 그의 신앙」, 『카톨릭청년』, 1955.

윤성근, 「홍길동전의 신분상승」, 『문맥』 창간호, 경북대 국어교육과, 1973.

윤영옥, 「홍길동전고」, 『영남어문학』 1, 영남어문학회, 1974.

이가원, 『한문학연구』, 탐구당, 1969.

______, 『유교반도 허균』, 연세대학교출판부, 2000.

이강옥, 「〈홍길동전〉의 제문제와 그 해결」, 『한국고전소설론』, 한국고전소설편찬위원회편, 새문사, 1990.

이경선, 『삼국지연의의 비교문학적 연구』, 일지사, 1978.

이규룡, 「홍길동전의 문학적 가치」, 『국어국문학 연구』 2, 청구대 국어국문학회,

1958.
이긍익, 『국역연려실기술』, 민족문화추진회, 1967.
이능우, 「허균론」, 논문집 5, 숙명여대, 1965.
______, 「홍길동전과 허균의 관계」, 『국어국문학』42 · 43호, 국어국문학회, 1969.
______, 「홍길동전 연구의 현황과 문제점」, 『한국학보』 8, 일지사, 1977.
이문규, 『허균산문문학연구』, 삼지원, 1986.
______, 『허균문학의 실상과 전망』, 새문사, 2005.
이보상, 「홍길동전」, 계명 15 · 16호, 계명구락부, 1926~1927.
이복규, 「〈홍길동전〉 작가 논의의 연구사적 검토」, 『논문집』 20집, 서경대학교, 1992.
이상백, 「서얼금고 시말」, 「동방학지」 1호.
이상익, 「허균의 문학이론」, 「청파문학」 13집, 숙대 국어국문학과, 1980.
이상익, 「홍길동전과 수호전의 비교연구」–작품을 중심으로, 국어교육연구사, 한국국어교육연 구회, 1962.
이석래, 「고대소설에 미친 야담의 영향」, 『성곡논총』 3, 성곡학술문화재단, 1972.
이윤석, 『홍길동전 연구』, 계명대학교출판부, 1997.
______, 『홍길동전 필사본 연구』,경인문화사, 2015.
______, 『홍길동전의 작가는 허균이 아니다』. 한뼘책방, 2018.
이수봉, 「홍길동전과 서유기의 유사점 비교」, 『클로바』 25, 남성여고, 1965.
이이화, 「허균의 진보적 혁신사상」, 『문학사상』, 5호, 문학사상사, 1973.
______, 『허균의 생각』, 여강출판사, 1991.
이재수, 『한국소설연구』, 선명문화사, 1969.
이종주, 「한문본 홍길동전의 해제를 위한 도론」, 『서강어문』 제6집, 서강대출판부, 1988.
이주형, 「주인공의 변신을 중심으로 본 홍길동전」, 『한국학보』 17집, 일지사, 1979.
이훈종, 「홍길동의 결혼에 대한 고찰」, 『인문과학논총』 11호, 건국대 인문과학연구소, 1978.

이혜순, 「홍길동전에 나타난 반항의 형태」, 『이대 한국문화연구원논총』 26, 1975.
임형택, 「홍길동전의 신고찰(상)」, 『창작과 비평』 41, 창작과 비평사, 1976.
______, 「홍길동전의 신고찰(하)」, 『창작과 비평』 43, 창작과 비평사, 1977.
유우선, 「홍길동전에 나타난 저항성 고찰」, 『용봉논총』 9집, 전남대 인문과학연구소, 1979.
유홍렬, 「홍길동전을 지은 허균과 그의 신앙」, 『카톨릭 청년』 9-3.4, 1955.
장덕순, 「허균문학의 문학사적 위치」, 『허균연구』, 새문사, 1981.
장량수, 『한국의적소설사』, 문예출판, 1991.
장정룡, 『허난설헌평전』, 새문사, 2007.
장효현, 「홍길동전의 생성과 유전에 대하여」, 『국어국문학』 129호, 2001.
장주옥, 「수호전과 홍길동전의 비교연구」, 『향란문학』 5호, 성신여사대, 1975.
정규복, 「홍길동전이본고」, 『국어국문학』 48 · , 국어국문학회, 1970.
______, 「홍길동전 이본고」 (2), 『국어국문학』 51, 국어국문학회, 1971.
정규복 · 소재영 · 김광순 편, 『한국고소설연구』, 이우출판사, 1983.
정병욱, 「홍길동전」-이상과 낭만의 소설, 사상계 132, 사상계사, 1964.
정주동, 「홍길동전을 둘러싼 몇 가지 문제」, 『국어국문학』 20호, 국어국문학회, 1959.
______, 『홍길동전연구』, 문호사, 1961.
______, 「허균, 홍길동-홍길동전의 반항」, 한국인의 인간상 5, 신구문화사, 1965.
______, 「김시습과 허균의 동질성 및 시습에 대한 균의 관심」, 『국어국문학』 28, 국어국문학회, 1965.
______, 「허균 · 홍길동전」, 『한국의 고전백선』, 신동아사, 1969.
______, 『고대소설론』, 형설출판사, 1988.
정진석, 「조선문학론-홍길동전에 나타난 반항과 체념」, 『민족문화』 2, 전국문화단체총연합회, 1946.
정창범, 「홍길동전의 저항정신」, 『문학춘추』 2권 3호, 문학춘추사, 1965.
조동일, 「영웅의 일생, 그 문학사적 전개」, 『동아문화』 10, 서울대, 1971.

______, 「영웅의 일생과 홍길동전」, 『허균연구』, 새문사, 1981.

______, 『한국소설의 이론』, 지식산업사, 1977.

조성환, 『홍길동전의 종합적 연구』, 원광대학교, 박사학위논문, 1985.

조주현, 「홍길동전의 저항문학적 고찰」, 『고려대어문논집』 11집, 1968.

조희웅, 「국문본 고전소설 형성연대 고구」, 『국민대학논문집』 12, 1977.

주길순, 「고대소설의 유형설정 문제-홍길동전을 중심으로-」, 『맥』 8, 조선대학생회, 1968.

진영환, 「홍길동전에 나타난 인간상 연구」, 『논문집』 17집, 대전공전, 1976.

차용주, 「허균론재고」, 『아세아연구』 48호, 고려대 아세아문제연구소, 1972.

최기숙, 「귀신의 처소, 소멸의 존재론-『금오신화』의 '환상성'을 중심으로」, 『돈암어문학』 16, 돈암어문학회, 2003.

최범훈, 「홍길동전의 어학적 고찰」, 『우리문학연구』 1집, 우리 문학연구회, 1976.

최삼룡, 「홍길동전에 나타난 도선사상 연구」, 논문집 24집, 전북대, 1982.

최선욱, 「홍길동전의 신화비평적 고찰」, 『한국언어문학』 17 · 18집, 1979.

최영호, 「홍길동전의 비교문학적 고찰」, 『국어교육연구』, 1집, 대구대, 1978.

한영환, 「한국소설사 출발의 문제점」, 「어문논총」 제2집, 서정범교수화갑기념, 경희대 대학원 국어국문학과, 1986.

황패강, 『조선왕조소설연구』, 단국대출판부, 1978.

허경진, 『평전 허균』, 평민사, 1984.

______, 『손곡 이달시선』, 평민사, 1991.

______, 『허균평전』, 돌베개, 2002.

______ · 장정룡(역), 『성소부부고』, 난설헌출판사, 2018.

______ (역), 『난설헌집』, 평민사, 1999.

허미자, 『허난설헌연구』, 성신여자대학교출판부, 1984.

현길언, 「홍길동전의 주제에 대한 고찰」, 『북천심여택선생 기념논총』, 형설출판사, 1982.